20世纪中国古代文化经典域外传播研究书系

张西平　　总主编

中国古典文学的英国之旅

——英国三大汉学家年谱:翟理斯、韦利、霍克思

葛桂录　主编

中原出版传媒集团
大地传媒

大象出版社
·郑州·

图书在版编目(CIP)数据

中国古典文学的英国之旅；英国三大汉学家年谱：翟理斯、韦利、霍克思／葛桂录主编.— 郑州：大象出版社, 2017.12
（20世纪中国古代文化经典域外传播研究书系）
ISBN 978-7-5347-8246-6

Ⅰ.①中… Ⅱ.①葛… Ⅲ.①汉学家—年谱—英国 Ⅳ.①K207.8

中国版本图书馆 CIP 数据核字（2016）第 288480 号

20 世纪中国古代文化经典域外传播研究书系
ZHONGGUO GUDIAN WENXUE DE YINGGUO ZHI LÜ

中国古典文学的英国之旅
——英国三大汉学家年谱：翟理斯、韦利、霍克思

葛桂录　主编

出 版 人	王刘纯
项目统筹	张前进　刘东蓬
责任编辑	成　艳
责任校对	李婧慧　马　宁　毛　路　张迎娟
装帧设计	张　帆

出版发行　大象出版社（郑州市开元路 16 号　邮政编码 450044）
　　　　　发行科　0371-63863551　总编室　0371-65597936
网　　址　www.daxiang.cn
印　　刷　郑州市毛庄印刷厂
经　　销　各地新华书店经销
开　　本　787mm×1092mm　1/16
印　　张　32
字　　数　488 千字
版　　次　2017 年 12 月第 1 版　2017 年 12 月第 1 次印刷
定　　价　96.00 元

若发现印、装质量问题，影响阅读，请与承印厂联系调换。
印厂地址　郑州市惠济区清华园路毛庄工业园
邮政编码　450044　　　电话　0371-63784396

总 序

张西平[①]

呈现在读者面前的这套"20世纪中国古代文化经典域外传播研究书系"是我2007年所申请的教育部哲学社会科学研究重大课题攻关项目的成果。

这套丛书的基本设计是:导论1卷,编年8卷,中国古代文化域外传播专题研究10卷,共计19卷。

中国古代文化经典在域外的传播和影响是一个崭新的研究领域,之前中外学术界从未对此进行过系统研究。它突破了以往将中国古代文化经典的研究局限于中国本土的研究方法,将研究视野扩展到世界主要国家,研究中国古代文化经典在那里的传播和影响,以此说明中国文化的世界性意义。

我在申请本课题时,曾在申请表上如此写道:

研究20世纪中国古代文化经典在域外的传播和影响,可以使我们走出"东方与西方""现代与传统"的二元思维,在世界文化的范围内考察中国文化的价值,以一种全球视角来重新审视中国古代文化的影响和现代价值,揭示中国文化的普世性意义。这样的研究对于消除当前中国学术界、文化界所存在的对待中国古代文化的焦虑和彷徨,对于整个社会文化转型中的中国重新

[①] 北京外国语大学中国海外汉学研究中心(现在已经更名为"国际中国文化研究院")原主任,中国文化走出去协同创新中心原副主任。

确立对自己传统文化的自信,树立文化自觉,都具有极其重要的思想文化意义。

通过了解20世纪中国古代文化经典在域外的传播与接受,我们也可以进一步了解世界各国的中国观,了解中国古代文化如何经过"变异",融合到世界各国的文化之中。通过对20世纪中国古代文化经典在域外传播和影响的研究,我们可以总结出中国文化向外部世界传播的基本规律、基本经验、基本方法,为国家制定全球文化战略做好前期的学术准备,为国家对外传播中国文化宏观政策的制定提供学术支持。

中国文化在海外的传播,域外汉学的形成和发展,昭示着中国文化的学术研究已经成为一个全球的学术事业。本课题的设立将打破国内学术界和域外汉学界的分隔与疏离,促进双方的学术互动。对中国学术来说,课题的重要意义在于:使国内学术界了解域外汉学界对中国古代文化研究的进展,以"它山之石"攻玉。通过本课题的研究,国内学术界了解了域外汉学界在20世纪关于中国古代文化经典的研究成果和方法,从而在观念上认识到:对中国古代文化经典的研究已经不再仅仅属于中国学术界本身,而应以更加开阔的学术视野展开对中国古代文化经典的研究与探索。

这样一个想法,在我们这项研究中基本实现了。但我们应该看到,对中国古代文化经典在域外的传播与影响的研究绝非我们这样一个课题就可以完成的。这是一个崭新的学术方向和领域,需要学术界长期关注与研究。基于这样的考虑,在课题设计的布局上我们的原则是:立足基础,面向未来,着眼长远。我们希望本课题的研究为今后学术的进一步发展打下坚实的基础。为此,在导论中,我们初步勾勒出中国古代文化经典在西方传播的轨迹,并从理论和文献两个角度对这个研究领域的方法论做了初步的探讨。在编年系列部分,我们从文献目录入手,系统整理出20世纪以来中国古代文化经典在世界主要国家的传播编年。编年体是中国传统记史的一个重要体裁,这样大规模的中国文化域外传播的编年研究在世界上是首次。专题研究则是从不同的角度对这个主题的深化。

为完成这个课题,30余位国内外学者奋斗了7年,到出版时几乎是用了10年时间。尽管我们取得了一定的成绩,这个研究还是刚刚开始,待继续努力的方向还很多。如:这里的中国古代文化经典主要侧重于以汉文化为主体,但中国古代文化是一个"多元一体"的文化,在其长期发展中,少数民族的古代文化经典已经逐步融合到汉文化的主干之中，成为中华文化充满活力、不断发展的动力和原因之一。由于时间和知识的限制，在本丛书中对中国古代少数民族的经典在域外的传播研究尚未全面展开，只是在个别卷中有所涉猎。在语言的广度上也待扩展，如在欧洲语言中尚未把西班牙语、瑞典语、荷兰语等包括进去，在亚洲语言中尚未把印地语、孟加拉语、僧伽罗语、乌尔都语、波斯语等包括进去。因此，我们只是迈开了第一步，我们希望在今后几年继续完成中国古代文化在使用以上语言的国家中传播的编年研究工作。希望在第二版时，我们能把编年卷做得更好，使其成为方便学术界使用的工具书。

中国文化是全球性的文化，它不仅在东亚文化圈、欧美文化圈产生过重要影响，在东南亚、南亚、阿拉伯世界也都产生过重要影响。因此，本丛书尽力将中国古代文化经典在多种文化区域传播的图景展现出来。或许这些研究仍待深化，但这样一个图景会使读者对中国文化的影响力有一个更为全面的认识。

中国古代文化经典的域外传播研究近年来逐步受到学术界的重视，据初步统计，目前出版的相关专著已经有十几本之多，相关博士论文已经有几十篇，国家社科基金课题及教育部课题中与此相关的也有十余个。随着国家"一带一路"倡议的提出，中国文化"走出去"战略也开始更加关注这个方向。应该说，这个领域的研究进步很大，成果显著。但由于这是一个跨学科的崭新研究领域，尚有不少问题需要我们深入思考。例如，如何更加深入地展开这一领域的研究？如何从知识和学科上把握这个研究领域？通过什么样的路径和方法展开这个领域的研究？这个领域的研究在学术上的价值和意义何在？对这些问题笔者在这里进行初步的探讨。

一、历史：展开中国典籍外译研究的基础

根据目前研究，中国古代文化典籍第一次被翻译为欧洲语言是在1592年，由来自西班牙的传教士高母羡（Juan Cobo，1546—1592）[①]第一次将元末明初的中国

[①] "'Juan Cobo'，是他在1590年寄给危地马拉会友信末的落款签名，也是同时代的欧洲作家对他的称呼；'高母羡'，是1593年马尼拉出版的中文著作《辩正教真传实录》一书扉页上的作者；'羨高茂'，是1592年他在翻译菲律宾总督致丰臣秀吉的回信中使用的署名。"蒋薇：《1592年高母羡（Fr.Juan Cobo）出使日本之行再议》，硕士论文抽样本，北京：北京外国语大学；方豪：《中国天主教史人物传》（上），北京：中华书局，1988年，第83—89页。

文人范立本所编著的收录中国文化先贤格言的蒙学教材《明心宝鉴》翻译成西班牙文。《明心宝鉴》收入了孔子、孟子、庄子、老子、朱熹等先哲的格言,于洪武二十六年(1393)刊行。如此算来,欧洲人对中国古代文化典籍的翻译至今已有424年的历史。要想展开相关研究,对研究者最基本的要求就是熟知西方汉学的历史。

仅仅拿着一个译本,做单独的文本研究是远远不够的。这些译本是谁翻译的?他的身份是什么?他是哪个时期的汉学家?他翻译时的中国助手是谁?他所用的中文底本是哪个时代的刻本?……这些都涉及对汉学史及中国文化史的了解。例如,如果对《明心宝鉴》的西班牙译本进行研究,就要知道高母羡的身份,他是道明会的传教士,在菲律宾完成此书的翻译,此书当时为生活在菲律宾的道明会传教士学习汉语所用。他为何选择了《明心宝鉴》而不是其他儒家经典呢?因为这个本子是他从当时来到菲律宾的中国渔民那里得到的,这些侨民只是粗通文墨,不可能带有很经典的儒家本子,而《菜根谭》和《明心宝鉴》是晚明时期民间流传最为广泛的儒家伦理格言书籍。由于这是以闽南话为基础的西班牙译本,因此书名、人名及部分难以意译的地方,均采取音译方式,其所注字音当然也是闽南语音。我们对这个译本进行研究就必须熟悉闽南语。同时,由于译者是天主教传教士,因此研究者只有对欧洲天主教的历史发展和天主教神学思想有一定的了解,才能深入其文本的翻译研究之中。

又如,法国第一位专业汉学家雷慕沙(Jean Pierre Abel Rémusat,1788—1832)的博士论文是关于中医研究的《论中医舌苔诊病》(*Dissertatio de glossosemeiotice sive de signis morborum quae è linguâ sumuntur, praesertim apud sinenses*,1813,Thése,Paris)。论文中翻译了中医的一些基本文献,这是中医传向西方的一个重要环节。如果做雷慕沙这篇文献的研究,就必须熟悉西方汉学史,因为雷慕沙并未来过中国,他关于中医的知识是从哪里得来的呢?这些知识是从波兰传教士卜弥格(Michel Boym,1612—1659)那里得来的。卜弥格的《中国植物志》"是西方研究中国动植物的第一部科学著作,曾于1656年在维也纳出版,还保存了原著中介绍的每一种动植物的中文名称和卜弥格为它们绘制的二十七幅图像。后来因为这部著作受到欧洲读者极大的欢迎,在1664年,又发表了它的法文译本,名为《耶稣会士卜弥格神父写的一篇论特别是来自中国的花、水果、植物和个别动物的论文》。……

荷兰东印度公司一位首席大夫阿德列亚斯·克莱耶尔（Andreas Clayer）……1682年在德国出版的一部《中医指南》中，便将他所得到的卜弥格的《中医处方大全》《通过舌头的颜色和外部状况诊断疾病》《一篇论脉的文章》和《医学的钥匙》的部分章节以他的名义发表了"[①]。这就是雷慕沙研究中医的基本材料的来源。如果对卜弥格没有研究，那就无法展开对雷慕沙的研究，更谈不上对中医西传的研究和翻译时的历史性把握。

这说明研究者要熟悉从传教士汉学到专业汉学的发展历史，只有如此才能展开研究。西方汉学如果从游记汉学算起已经有七百多年的历史，如果从传教士汉学算起已经有四百多年的历史，如果从专业汉学算起也有近二百年的历史。在西方东方学的历史中，汉学作为一个独立学科存在的时间并不长，但学术的传统和人脉一直在延续。正像中国学者做研究必须熟悉本国学术史一样，做中国文化典籍在域外的传播研究首先也要熟悉域外各国的汉学史，因为绝大多数的中国古代文化典籍的译介是由汉学家们完成的。不熟悉汉学家的师承、流派和学术背景，自然就很难做好中国文化的海外传播研究。

上面这两个例子还说明，虽然西方汉学从属于东方学，但它是在中西文化交流的历史中产生的。这就要求研究者不仅要熟悉西方汉学史，也要熟悉中西文化交流史。例如，如果不熟悉元代的中西文化交流史，那就无法读懂《马可·波罗游记》；如果不熟悉明清之际的中西文化交流史，也就无法了解以利玛窦为代表的传教士汉学家们的汉学著作，甚至完全可能如堕烟海，不知从何下手。上面讲的卜弥格是中医西传第一人，在中国古代文化典籍西传方面贡献很大，但他同时又是南明王朝派往梵蒂冈教廷的中国特使，在明清时期中西文化交流史上占有重要的地位。如果不熟悉明清之际的中西文化交流史，那就无法深入展开研究。即使一些没有来过中国的当代汉学家，在其进行中国典籍的翻译时，也会和中国当时的历史与人物发生联系并受到影响。例如20世纪中国古代文化经典最重要的翻译家阿瑟·韦利（Arthur David Waley，1889—1966）与中国作家萧乾、胡适的交往，都对他的翻译活动产生过影响。

历史是进行一切人文学科研究的基础，做中国古代文化经典在域外的传播研

---

① 张振辉：《卜弥格与明清之际中学的西传》，《中国史研究》2011年第3期，第184—185页。

究尤其如此。

中国学术界对西方汉学的典籍翻译的研究起源于清末民初之际。辜鸿铭对西方汉学家的典籍翻译多有微词。那时的中国学术界对西方汉学界已经不陌生，不仅不陌生，实际上晚清时期对中国学问产生影响的西学中也包括汉学。[①] 近代以来，中国学术的发展是西方汉学界与中国学界互动的结果，我们只要提到伯希和、高本汉、葛兰言在民国时的影响就可以知道。[②] 但中国学术界自觉地将西方汉学作为一个学科对象加以研究和分梳的历史并不长，研究者大多是从自己的专业领域对西方汉学发表评论，对西方汉学的学术历史研究甚少。莫东言的《汉学发达史》到1936年才出版，实际上这本书中的绝大多数知识来源于日本学者石田干之助的《欧人之汉学研究》[③]。近30年来中国学术界对西方汉学的研究有了长足进展，个案研究、专书和专人研究及国别史研究都有了重大突破。像徐光华的《国外汉学史》、阎纯德主编的《列国汉学史》等都可以为我们的研究提供初步的线索。但应看到，对国别汉学史的研究才刚刚开始，每一位从事中国典籍外译研究的学者都要注意对汉学史的梳理。我们应承认，至今令学术界满意的中国典籍外译史的专著并不多见，即便是国别体的中国典籍外译的专题历史研究著作都尚未出现。[④] 因为这涉及太多的语言和国家，绝非短期内可以完成。随着国家"一带一路"倡议的提出，了解沿路国家文化与中国文化之间的互动历史是学术研究的题中应有之义。但一旦我们翻阅学术史文献就会感到，在这个领域我们需要做的事情还有很多，尤其需要增强对沿路国家文化与中国文化互动的了解。百年以西为师，我们似乎忘记了家园和邻居，悲矣！学术的发展总是一步步向前的，愿我们沿着季羡林先生开辟的中国东方学之路，由历史而入，拓展中国学术发展的新空间。

[①] 罗志田：《西学冲击下近代中国学术分科的演变》，《社会科学研究》2003年第1期。
[②] 桑兵：《国学与汉学——近代中外学界交往录》，北京：中国人民大学出版社，2010年；李孝迁：《葛兰言在民国学界的反响》，《华东师范大学学报》（哲学社会科学版）2010年第4期。
[③] [日]石田干之助：《欧人之汉学研究》，朱滋萃译，北京：北平中法大学出版社，1934年。
[④] 马祖毅、任荣珍：《汉籍外译史》，武汉：湖北教育出版社，1997年。这本书尽管是汉籍外译研究的开创性著作，但书中的错误颇多，注释方式也不规范，完全分不清资料的来源。关键在于作者对域外汉学史并未深入了解，仅在二手文献基础上展开研究。学术界对这本书提出了批评，见许冬平《〈汉籍外译史〉还是〈汉籍歪译史〉？》，光明网，2011年8月21日。

二、文献：西方汉学文献学亟待建立

张之洞在《书目答问》中开卷就说："诸生好学者来问应读何书,书以何本为善。偏举既嫌绛漏,志趣学业亦各不同,因录此以告初学。"[1]学问由目入,读书自识字始,这是做中国传统学问的基本方法。此法也同样适用于中国文化在域外的传播研究及中国典籍外译研究。因为19世纪以前中国典籍的翻译者以传教士为主,传教士的译本在欧洲呈现出非常复杂的情况。17世纪时传教士的一些译本是拉丁文的,例如柏应理和一些耶稣会士联合翻译的《中国哲学家孔子》,其中包括《论语》《大学》《中庸》。这本书的影响很大,很快就有了各种欧洲语言的译本,有些是节译,有些是改译。如果我们没有西方汉学文献学的知识,就搞不清这些译本之间的关系。

18世纪欧洲的流行语言是法语,会法语是上流社会成员的标志。恰好此时来华的传教士由以意大利籍为主转变为以法国籍的耶稣会士为主。这些法国来华的传教士学问基础好,翻译中国典籍极为勤奋。法国传教士的汉学著作中包含了大量的对中国古代文化典籍的介绍和翻译,例如来华耶稣会士李明返回法国后所写的《中国近事报道》(*Nouveaux mémoires sur l'état présent de la Chine*),1696年在巴黎出版。他在书中介绍了中国古代重要的典籍"五经",同时介绍了孔子的生平。李明所介绍的孔子的生平在当时欧洲出版的来华耶稣会士的汉学著作中是最详细的。这本书出版后在四年内竟然重印五次,并有了多种译本。如果我们对法语文本和其他文本之间的关系不了解,就很难做好翻译研究。

进入19世纪后,英语逐步取得霸主地位,英文版的中国典籍译作逐渐增加,版本之间的关系也更加复杂。美国诗人庞德在翻译《论语》时,既参照早年由英国汉学家柯大卫(David Collie)翻译的第一本英文版"四书"[2],也参考理雅各的译本,如果只是从理雅各的译本来研究庞德的翻译肯定不全面。

20世纪以来对中国典籍的翻译一直在继续,翻译的范围不断扩大。学者研

---

[1] 〔清〕张之洞著,范希曾补正:《书目答问补正》,上海:上海古籍出版社,2001年,第3页。
[2] David Collie, *The Four Books*, Malacca: Printed at Mission Press, 1828.

究百年的《论语》译本的数量就很多,《道德经》的译本更是不计其数。有的学者说世界上译本数量极其巨大的文化经典文本有两种,一种是《圣经》,另一种就是《道德经》。

这说明我们在从事文明互鉴的研究时,尤其在从事中国古代文化经典在域外的翻译和传播研究时,一定要从文献学入手,从目录学入手,这样才会保证我们在做翻译研究时能够对版本之间的复杂关系了解清楚,为研究打下坚实的基础。中国学术传统中的"辨章学术,考镜源流"在我们致力于域外汉学研究时同样需要。

目前,国家对汉籍外译项目投入了大量的经费,国内学术界也有相当一批学者投入这项事业中。但我们在开始这项工作时应该摸清世界各国已经做了哪些工作,哪些译本是受欢迎的,哪些译本问题较大,哪些译本是节译,哪些译本是全译。只有清楚了这些以后,我们才能确定恰当的翻译策略。显然,由于目前我们在域外汉学的文献学上做得不够理想,对中国古代文化经典的翻译情况若明若暗。因而,国内现在确立的一些翻译计划不少是重复的,在学术上是一种浪费。即便国内学者对这些典籍重译,也需要以前人的工作为基础。

就西方汉学而言,其基础性书目中最重要的是两本目录,一本是法国汉学家考狄编写的《汉学书目》(*Bibliotheca sinica*),另一本是中国著名学者、中国近代图书馆的奠基人之一袁同礼1958年出版的《西文汉学书目》(*China in Western Literature: a Continuation of Cordier's Bibliotheca Sinica*)①。

从西方最早对中国的记载到1921年西方出版的关于研究中国的书籍,四卷本的考狄书目都收集了,其中包括大量关于中国古代文化典籍的译本目录。袁同礼的《西文汉学书目》则是"接着说",其书名就表明是接着考狄来做的。他编制了1921—1954年期间西方出版的关于中国研究的书目,其中包括数量可观的关于中国古代文化典籍的译本目录。袁同礼之后,西方再没有编出一本类似的书目。究其原因,一方面是中国研究的进展速度太快,另一方面是中国研究的范围在快速扩大,在传统的人文学科的思路下已经很难把握快速发展的中国研究。

当然,国外学者近50年来还是编制了一些非常重要的专科性汉学研究文献

---

① 书名翻译为《西方文学作品里的中国书目——续考狄之汉学书目》更为准确,《西文汉学书目》简洁些。

目录,特别是关于中国古代文化经典的翻译也有了专题性书目。例如,美国学者编写的《中国古典小说研究与欣赏论文书目指南》①是一本很重要的专题性书目,对于展开中国古典文学在西方的传播研究奠定了基础。日本学者所编的《东洋学文献类目》是当代较权威的中国研究书目,收录了部分亚洲研究的文献目录,但涵盖语言数量有限。当然中国学术界也同样取得了较大的进步,台湾学者王尔敏所编的《中国文献西译书目》②无疑是中国学术界较早的西方汉学书目。汪次昕所编的《英译中文诗词曲索引:五代至清末》③,王丽娜的《中国古典小说戏曲名著在国外》④是新时期第一批从目录文献学上研究西方汉学的著作。林舒俐、郭英德所编的《中国古典戏曲研究英文论著目录》⑤,顾钧、杨慧玲在美国汉学家卫三畏研究的基础上编制的《〈中国丛报〉篇名目录及分类索引》,王国强在其《〈中国评论〉(1872—1901)与西方汉学》中所附的《中国评论》目录和《中国评论》文章分类索引等,都代表了域外汉学和中国古代文化外译研究的最新进展。

  从学术的角度看,无论是海外汉学界还是中国学术界在汉学的文献学和目录学上都仍有继续展开基础性研究和学术建设的极大空间。例如,在17世纪和18世纪"礼仪之争"后来华传教士所写的关于在中国传教的未刊文献至今没有基础性书目,这里主要指出傅圣泽和白晋的有关文献就足以说明问题。⑥ 在罗马传信部档案馆、梵蒂冈档案馆、耶稣会档案馆有着大量未刊的耶稣会士关于"礼仪之争"的文献,这些文献多涉及中国典籍的翻译问题。在巴黎外方传教会、方济各传教会也有大量的"礼仪之争"期间关于中国历史文化研究的未刊文献。这些文献目录未整理出来以前,我们仍很难书写一部完整的中国古代文献西文翻译史。

  由于中国文化研究已经成为一个国际化的学术事业,无论是美国亚洲学会的

---

① Winston L.Y.Yang, Peter Li and Nathan K.Mao, *Classical Chinese Fiction: A Guide to Its Study and Appreciation—Essays and Bibliographies*, Boston: G.K.Hall & Co., 1978.
② 王尔敏编:《中国文献西译书目》,台北:台湾商务印书馆,1975年。
③ 汪次昕编:《英译中文诗词曲索引:五代至清末》,台北:汉学研究中心,2000年。
④ 王丽娜:《中国古典小说戏曲名著在国外》,上海:学林出版社,1988年。
⑤ 林舒俐、郭英德编:《中国古典戏曲研究英文论著目录》(上),《戏曲研究》2009年第3期;《中国古典戏曲研究英文论著目录》(下),《戏曲研究》2010年第1期。
⑥ [美]魏若望:《耶稣会士傅圣泽神甫传:索隐派思想在中国及欧洲》,吴莉苇译,郑州:大象出版社,2006年;[丹]龙伯格:《清代来华传教士马若瑟研究》,李真、骆洁译,郑州:大象出版社,2009年;[德]柯兰霓:《耶稣会士白晋的生平与著作》,李岩译,郑州:大象出版社,2009年;[法]维吉尔·毕诺:《中国对法国哲学思想形成的影响》,耿昇译,北京:商务印书馆,2000年。

中国学研究网站所编的目录,还是日本学者所编的目录,都已经不能满足学术发展的需要。我们希望了解伊朗的中国历史研究状况,希望了解孟加拉国对中国文学的翻译状况,但目前没有目录能提供这些。袁同礼先生当年主持北平图书馆工作时曾说过,中国国家图书馆应成为世界各国的中国研究文献的中心,编制世界的汉学研究书目应是我们的责任。先生身体力行,晚年依然坚持每天在美国国会图书馆的目录架旁抄录海外中国学研究目录,终于继考狄之后完成了《西文汉学书目》,开启了中国学者对域外中国研究文献学研究的先河。今日的中国国家图书馆的同人和中国文献学的同行们能否继承前辈之遗产,为飞出国门的中国文化研究提供一个新时期的文献学的阶梯,提供一个真正能涵盖多种语言,特别是非通用语的中国文化研究书目呢?我们期待着。正是基于这样的考虑,10年前我承担教育部重大攻关项目"20世纪中国古代文化经典在域外的传播与影响"时,决心接续袁先生的工作做一点尝试。我们中国海外汉学研究中心和北京外国语大学与其他院校学界的同人以10年之力,编写了一套10卷本的中国文化传播编年,它涵盖了22种语言,涉及20余个国家。据我了解,这或许是目前世界上第一次涉及如此多语言的中国文化外传文献编年。

尽管这些编年略显幼稚,多有不足,但中国的学者们是第一次把自己的语言能力与中国学术的基础性建设有机地结合起来。我们总算在袁同礼先生的事业上前进了一步。

学术界对于加强海外汉学文献学研究的呼声很高。李学勤当年主编的《国际汉学著作提要》就是希望从基础文献入手加强对西方汉学名著的了解。程章灿更是提出了十分具体的方案,他认为如果把欧美汉学作为学术资源,应该从以下四方面着手:"第一,从学术文献整理的角度,分学科、系统编纂中外文对照的专业论著索引。就欧美学者的中国文学研究而言,这一工作显得相当迫切。这些论著至少应该包括汉学专著、汉籍外译本及其附论(尤其是其前言、后记)、各种教材(包括文学史与作品选)、期刊论文、学位论文等几大项。其中,汉籍外译本与学位论文这两项比较容易被人忽略。这些论著中提出或涉及的学术问题林林总总,如果并没有广为中国学术界所知,当然也就谈不上批判或吸收。第二,从学术史角度清理学术积累,编纂重要论著的书目提要。从汉学史上已出版的研究中国文学的专著中,选取有价值的、有影响的,特别是有学术史意义的著作,每种写一篇两三千字的书目提要,述其内容大要、方法特点,并对其作学术史之源流梳理。对这些海外汉学文献的整理,就是学术史的建设,其道理与第一点是一样的。第三,从学术术语与话语沟通的角度,编纂一册中英文术语对照词典。就中国文学研究而言,目前在世界范围内,英语与汉语是两种最重要的工作语言。但是,对于同一个中国文学专有名词,往往有多种不同的英语表达法,国内学界英译中国文学术语时,词不达意、生拉硬扯的现象时或可见,极不利于中外学者的沟通和中外学术的交流。如有一册较好的中英文中国文学术语词典,不仅对于中国研究者,而且对于学习中国文学的外国人,都有很大的实用价值。第四,在系统清理研判的基础上,编写一部国际汉学史略。"①

历史期待着我们这一代学人,从基础做起,从文献做起,构建起国际中国文化研究的学术大厦。

三、语言：中译外翻译理论与实践有待探索

翻译研究是做中国古代文化对外传播研究的重要环节,没有这个环节,整个研究就不能建立在坚实的学术基础之上。在翻译研究中如何创造出切实可行的中译外理论是一个亟待解决的问题。如果翻译理论、翻译的指导观念不发生变革,一味依赖西方的理论,并将其套用在中译外的实践中,那么中国典籍的外译将不会有更大的发展。

外译中和中译外是两种翻译实践活动。前者说的是将外部世界的文化经典翻译成中文,后者说的是将中国古代文化的经典翻译成外文。几乎每一种有影响的文化都会面临这两方面的问题。

中国文化史告诉我们,我们有着悠久的外译中的历史,例如从汉代以来中国对佛经的翻译和近百年来中国对西学和日本学术著作的翻译。中国典籍的外译最早可以追溯到玄奘译老子的《道德经》,但真正形成规模则始于明清之际来华的传教士,即上面所讲的高母羡、利玛窦等人。中国人独立开展这项工作则应从晚清时期的陈季同和辜鸿铭算起。外译中和中译外作为不同语言之间的转换有

---

① 程章灿:《作为学术文献资源的欧美汉学研究》,《文学遗产》2012年第2期,第134—135页。

共同性,这是毋庸置疑的。但二者的区别也很明显,目的语和源语言在外译中和中译外中都发生了根本性置换,这种目的语和源语言的差别对译者提出了完全不同的要求。因此,将中译外作为一个独立的翻译实践来展开研究是必要的,正如刘宓庆所说:"实际上东方学术著作的外译如何解决文化问题还是一块丰腴的亟待开发的处女地。"[1]

由于在翻译目的、译本选择、语言转换等方面的不同,在研究中译外时完全照搬西方的翻译理论是有问题的。当然,并不是说西方的翻译理论不可用,而是这些理论的创造者的翻译实践大都是建立在西方语言之间的互译之上。在此基础上产生的翻译理论面对东方文化时,特别是面对以汉字为基础的汉语文化时会产生一些问题。潘文国认为,至今为止,西方的翻译理论基本上是对印欧语系内部翻译实践的总结和提升,那套理论是"西西互译"的结果,用到"中西互译"是有问题的,"西西互译"多在"均质印欧语"中发生,而"中西互译"则是在相距遥远的语言之间发生。因此他认为"只有把'西西互译'与'中西互译'看作是两种不同性质的翻译,因而需要不同的理论,才能以更为主动的态度来致力于中国译论的创新"[2]。

语言是存在的家园。语言具有本体论作用,而不仅仅是外在表达。刘勰在《文心雕龙·原道》中写道:"文之为德也大矣,与天地并生者何哉?夫玄黄色杂,方圆体分,日月叠璧,以垂丽天之象;山川焕绮,以铺理地之形:此盖道之文也。仰观吐曜,俯察含章,高卑定位,故两仪既生矣。惟人参之,性灵所钟,是谓三才。为五行之秀,实天地之心。心生而言立,言立而文明,自然之道也。傍及万品,动植皆文;龙凤以藻绘呈瑞,虎豹以炳蔚凝姿;云霞雕色,有逾画工之妙;草木贲华,无待锦匠之奇。夫岂外饰,盖自然耳。至于林籁结响,调如竽瑟;泉石激韵,和若球锽:故形立则章成矣,声发则文生矣。夫以无识之物,郁然有彩,有心之器,其无文欤?"[3]刘勰这段对语言和文字功能的论述绝不亚于海德格尔关于语言性质的论述,他强调"文"的本体意义和内涵。

---

[1] 刘宓庆:《中西翻译思想比较研究》,北京:中国对外翻译出版公司,2005年,第272页。
[2] 潘文国:《中籍外译,此其时也——关于中译外问题的宏观思考》,《杭州师范学院学报》(社会科学版)2007年第6期。
[3] 〔南朝梁〕刘勰著,周振甫译注:《文心雕龙选译》,北京:中华书局,1980年,第19—20页。

中西两种语言,对应两种思维、两种逻辑。外译中是将抽象概念具象化的过程,将逻辑思维转换成伦理思维的过程;中译外是将具象思维的概念抽象化,将伦理思维转换成逻辑思维的过程。当代美国著名汉学家安乐哲(Roger T. Ames)与其合作者也有这样的思路:在中国典籍的翻译上反对用一般的西方哲学思想概念来表达中国的思想概念。因此,他在翻译中国典籍时着力揭示中国思想异于西方思想的特质。

语言是世界的边界,不同的思维方式、不同的语言特点决定了外译中和中译外具有不同的规律,由此,在翻译过程中就要注意其各自的特点。基于语言和哲学思维的不同所形成的中外互译是两种不同的翻译实践,我们应该重视对中译外理论的总结,现在流行的用"西西互译"的翻译理论来解释"中西互译"是有问题的,来解释中译外问题更大。这对中国翻译界来说应是一个新课题,因为在"中西互译"中,我们留下的学术遗产主要是外译中。尽管我们也有辜鸿铭、林语堂、陈季同、吴经熊、杨宪益、许渊冲等前辈的可贵实践,但中国学术界的翻译实践并未留下多少中译外的经验。所以,认真总结这些前辈的翻译实践经验,提炼中译外的理论是一个亟待努力开展的工作。同时,在比较语言学和比较哲学的研究上也应着力,以此为中译外的翻译理论打下坚实的基础。

在此意义上,许渊冲在翻译理论及实践方面的探索尤其值得我国学术界关注。许渊冲在20世纪中国翻译史上是一个奇迹,他在中译外和外译中两方面均有很深造诣,这十分少见。而且,在中国典籍外译过程中,他在英、法两个语种上同时展开,更是难能可贵。"书销中外五十本,诗译英法唯一人"的确是他的真实写照。从陈季同、辜鸿铭、林语堂等开始,中国学者在中译外道路上不断探索,到许渊冲这里达到一个高峰。他的中译外的翻译数量在中国学者中居于领先地位,在古典诗词的翻译水平上,更是成就卓著,即便和西方汉学家(例如英国汉学家韦利)相比也毫不逊色。他的翻译水平也得到了西方读者的认可,译著先后被英国和美国的出版社出版,这是目前中国学者中译外作品直接进入西方阅读市场最多的一位译者。

特别值得一提的是,许渊冲从中国文化本身出发总结出一套完整的翻译理论。这套理论目前是中国翻译界较为系统并获得翻译实践支撑的理论。面对铺天盖地而来的西方翻译理论,他坚持从中国翻译的实践出发,坚持走自己的学术道路,自成体系,面对指责和批评,他不为所动。他这种坚持文化本位的精神,这种坚持从实践出发探讨理论的风格,值得我们学习和发扬。

许渊冲把自己的翻译理论概括为"美化之艺术,创优似竞赛"。"实际上,这十个字是拆分开来解释的。'美'是许渊冲翻译理论的'三美'论,诗歌翻译应做到译文的'意美、音美和形美',这是许渊冲诗歌翻译的本体论;'化'是翻译诗歌时,可以采用'等化、浅化、深化'的具体方法,这是许氏诗歌翻译的方法论;'之'是许氏诗歌翻译的意图或最终想要达成的结果,使读者对译文能够'知之、乐之并好之',这是许氏译论的目的论;'艺术'是认识论,许渊冲认为文学翻译,尤其是诗词翻译是一种艺术,是一种研究'美'的艺术。'创'是许渊冲的'创造论',译文是译者在原诗规定范围内对原诗的再创造;'优'指的是翻译的'信达优'标准和许氏译论的'三势'(优势、劣势和均势)说,在诗歌翻译中应发挥译语优势,用最好的译语表达方式来翻译;'似'是'神似'说,许渊冲认为忠实并不等于形似,更重要的是神似;'竞赛'指文学翻译是原文和译文两种语言与两种文化的竞赛。"①

许渊冲的翻译理论不去套用当下时髦的西方语汇,而是从中国文化本身汲取智慧,并努力使理论的表述通俗化、汉语化和民族化。例如他的"三美"之说就来源于鲁迅,鲁迅在《汉文学史纲要》中指出:"诵习一字,当识形音义三:口诵耳闻其音,目察其形,心通其义,三识并用,一字之功乃全。其在文章,则写山曰峻嶒嵯峨,状水曰汪洋澎湃,蔽芾葱茏,恍逢丰木,鳟鲂鳗鲤,如见多鱼。故其所函,遂具三美:意美以感心,一也;音美以感耳,二也;形美以感目,三也。"②许渊冲的"三之"理论,即在翻译中做到"知之、乐之并好之",则来自孔子《论语·雍也》中的"知之者不如好之者,好之者不如乐之者"。他套用《道德经》中的语句所总结的翻译理论精练而完备,是近百年来中国学者对翻译理论最精彩的总结:

译可译,非常译。

忘其形,得其意。

得意,理解之始;

忘形,表达之母。

---

① 张进:《许渊冲唐诗英译研究》,硕士论文抽样本,西安:西北大学,2011 年,第 19 页;张智中:《许渊冲与翻译艺术》,武汉:湖北教育出版社,2006 年。
② 鲁迅:《鲁迅全集》(第九卷),北京:人民文学出版社,2005 年,第 354—355 页。

　　　　故应得意，以求其同；

　　　　故可忘形，以存其异。

　　　　两者同出，异名同理。

　　　　得意忘形，求同存异；

　　　　翻译之道。

　　2014年，在第二十二届世界翻译大会上，由中国翻译学会推荐，许渊冲获得了国际译学界的最高奖项"北极光"杰出文学翻译奖。他也是该奖项自1999年设立以来，第一个获此殊荣的亚洲翻译家。许渊冲为我们奠定了新时期中译外翻译理论与实践的坚实学术基础，这个事业有待后学发扬光大。

四、知识：跨学科的知识结构是对研究者的基本要求

　　中国古代文化经典在域外的翻译与传播研究属于跨学科研究领域，语言能力只是进入这个研究领域的一张门票，但能否坐在前排，能否登台演出则是另一回事。因为很显然，语言能力尽管重要，但它只是展开研究的基础条件，而非全部条件。

　　研究者还应该具备中国传统文化知识与修养。我们面对的研究对象是整个海外汉学界，汉学家们所翻译的中国典籍内容十分丰富，除了我们熟知的经、史、子、集，还有许多关于中国的专业知识。例如，俄罗斯汉学家阿列克谢耶夫对宋代历史文学极其关注，翻译宋代文学作品数量之大令人吃惊。如果研究他，仅仅俄语专业毕业是不够的，研究者还必须通晓中国古代文学，尤其是宋代文学。清中前期，来华的法国耶稣会士已经将中国的法医学著作《洗冤集录》翻译成法文，至今尚未有一个中国学者研究这个译本，因为这要求译者不仅要懂宋代历史，还要具备中国古代法医学知识。

　　中国典籍的外译相当大一部分产生于中外文化交流的历史之中，如果缺乏中西文化交流史的知识，常识性错误就会出现。研究18世纪的中国典籍外译要熟悉明末清初的中西文化交流史，研究19世纪的中国典籍外译要熟悉晚清时期的中西文化交流史，研究东亚之间文学交流要精通中日、中韩文化交流史。

　　同时，由于某些译者有国外学术背景，想对译者和文本展开研究就必须熟悉

译者国家的历史与文化、学术与传承，那么，知识面的扩展、知识储备的丰富必不可少。

目前，绝大多数中国古代文化外译的研究者是外语专业出身，这些学者的语言能力使其成为这个领域的主力军，但由于目前教育分科严重细化，全国外语类大学缺乏系统的中国历史文化的教育训练，因此目前的翻译及其研究在广度和深度上尚难以展开。有些译本作为国内外语系的阅读材料尚可，要拿到对象国出版还有很大的难度，因为这些译本大都无视对象国汉学界译本的存在。的确，研究中国文化在域外的传播和发展是一个崭新的领域，是青年学者成长的天堂。但同时，这也是一个有难度的跨学科研究领域，它对研究者的知识结构提出了新挑战。研究者必须走出单一学科的知识结构，全面了解中国文化的历史与文献，唯此才能对中国古代文化经典的域外传播和中国文化的域外发展进行更深入的研究。当然，术业有专攻，在当下的知识分工条件下，研究者已经不太可能系统地掌握中国全部传统文化知识，但掌握其中的一部分，领会其精神仍十分必要。这对中国外语类大学的教学体系改革提出了更高的要求，中国历史文化课程必须进入外语大学的必修课中，否则，未来的学子们很难承担起这一历史重任。

五、方法：比较文化理论是其基本的方法

从本质上讲，中国文化域外传播与发展研究是一种文化间关系的研究，是在跨语言、跨学科、跨文化、跨国别的背景下展开的，这和中国本土的国学研究有区别。关于这一点，严绍璗先生有过十分清楚的论述，他说："国际中国学（汉学）就其学术研究的客体对象而言，是指中国的人文学术，诸如文学、历史、哲学、艺术、宗教、考古等等，实际上，这一学术研究本身就是中国人文学科在域外的延伸。所以，从这样的意义上说，国际中国学（汉学）的学术成果都可以归入中国的人文学术之中。但是，作为从事于这样的学术的研究者，却又是生活在与中国文化很不相同的文化语境中，他们所受到的教育，包括价值观念、人文意识、美学理念、道德伦理和意识形态等等，和我们中国本土很不相同。他们是以他们的文化为背景而从事中国文化的研究，通过这些研究所表现的价值观念，从根本上说，是他们的'母体文化'观念。所以，从这样的意义上说，国际中国学（汉学）的学术成果，其

实也是他们'母体文化'研究的一种。从这样的视角来考察国际中国学(汉学),那么,我们可以说,这是一门在国际文化中涉及双边或多边文化关系的近代边缘性的学术,它具有'比较文化研究'的性质。"①严先生的观点对于我们从事中国古代文化典籍外译和传播研究有重要的指导意义。有些学者认为西方汉学家翻译中的误读太多,因此,中国文化经典只有经中国人来翻译才忠实可信。显然,这样的看法缺乏比较文学和跨文化的视角。

"误读"是翻译中的常态,无论是外译中还是中译外,除了由于语言转换过程中知识储备不足产生的误读②,文化理解上的误读也比比皆是。有的译者甚至故意误译,完全按照自己的理解阐释中国典籍,最明显的例子就是美国诗人庞德。1937年他译《论语》时只带着理雅各的译本,没有带词典,由于理雅各的译本有中文原文,他就盯着书中的汉字,从中理解《论语》,并称其为"注视字本身",看汉字三遍就有了新意,便可开始翻译。例如《论语·公冶长第五》,'子曰:道不行,乘桴浮于海。从我者,其由与?子路闻之喜。子曰:由也,好勇过我,无所取材。'最后四字,朱熹注:'不能裁度事理。'理雅各按朱注译。庞德不同意,因为他从'材'字中看到'一棵树加半棵树',马上想到孔子需要一个'桴'。于是庞德译成'Yu like danger better than I do. But he wouldn't bother about getting the logs.'(由比我喜欢危险,但他不屑去取树木。)庞德还指责理雅各译文'失去了林肯式的幽默'。后来他甚至把理雅各译本称为'丢脸'(an infamy)"③。庞德完全按自己的理解来翻译,谈不上忠实,但庞德的译文却在美国和其他西方国家产生了巨大影响。日本比较文学家大塚幸男说:"翻译文学,在对接受国文学的影响中,误解具有异乎寻常的力量。有时拙劣的译文意外地产生极大的影响。"④庞德就是这样的翻译家,他翻译《论语》《中庸》《孟子》《诗经》等中国典籍时,完全借助理雅各的译本,但又能超越理雅各的译本,在此基础上根据自己的想法来翻译。他把《中庸》翻

---

① 严绍璗:《我对国际中国学(汉学)的认识》,《国际汉学》(第五辑),郑州:大象出版社,2000年,第11页。
② 英国著名汉学家阿瑟·韦利在翻译陶渊明的《责子》时将"阿舒已二八"翻译成"A-Shu is eighteen",显然是他不知在中文中"二八"是指16岁,而不是18岁。这样知识性的翻译错误是常有的。
③ 赵毅衡:《诗神远游:中国如何改变了美国现代诗》,成都:四川文艺出版社,2013年,第277—278页。
④ [日]大塚幸男:《比较文学原理》,陈秋峰、杨国华译,西安:陕西人民出版社,1985年,第101页。

译为 Unwobbling Pivot(不动摇的枢纽),将"君子而时中"翻译成"The master man's axis does not wobble"(君子的轴不摇动),这里的关键在于他认为"中"是"一个动作过程,一个某物围绕旋转的轴"①。只有具备比较文学和跨文化理论的视角,我们才能理解庞德这样的翻译。

从比较文学角度来看,文学著作一旦被翻译成不同的语言,它就成为各国文学历史的一部分,"在翻译中,创造性叛逆几乎是不可避免的"②。这种叛逆就是在翻译时对源语言文本的改写,任何译本只有在符合本国文化时,才会获得第二生命。正是在这个意义上,谢天振主张将近代以来的中国学者对外国文学的翻译作为中国近代文学的一部分,使它不再隶属于外国文学,为此,他专门撰写了《中国现代翻译文学史》③。他的观点向我们提供了理解被翻译成西方语言的中国古代文化典籍的新视角。

尽管中国学者也有在中国典籍外译上取得成功的先例,例如林语堂、许渊冲,但这毕竟不是主流。目前国内的许多译本并未在域外产生真正的影响。对此,王宏印指出:"毋庸讳言,虽然我们取得的成就很大,但国内的翻译、出版的组织和质量良莠不齐,加之推广和运作方面的困难,使得外文形式的中国典籍的出版发行多数限于国内,难以进入世界文学的视野和教学研究领域。有些译作甚至成了名副其实的'出口转内销'产品,只供学外语的学生学习外语和翻译技巧,或者作为某些懂外语的人士的业余消遣了。在现有译作精品的评价研究方面,由于信息来源的局限和读者反应调查的费钱费力费时,大大地限制了这一方面的实证研究和有根有据的评论。一个突出的困难就是,很难得知外国读者对于中国典籍及其译本的阅读经验和评价情况,以至于影响了研究和评论的视野和效果,有些译作难免变成译者和学界自作自评和自我欣赏的对象。"④

王宏印这段话揭示了目前国内学术界中国典籍外译的现状。目前由政府各部门主导的中国文化、中国学术外译工程大多建立在依靠中国学者来完成的基本思路上,但此思路存在两个误区。第一,忽视了一个基本的语言学规律:外语再

---

① 赵毅衡:《诗神远游:中国如何改变了美国现代诗》,成都:四川文艺出版社,2013年,第278页。
② [美]乌尔利希·韦斯坦因:《比较文学与文学理论》,刘象愚译,沈阳:辽宁人民出版社,1987年,第36页。
③ 谢天振:《中国现代翻译文学史》,上海:上海外语教育出版社,2004年。
④ 王宏印:《中国文化典籍英译》,北京:外语教学与研究出版社,2009年,第6页。

好,也好不过母语,翻译时没有对象国汉学家的合作,在知识和语言上都会遇到不少问题。应该认识到林语堂、杨宪益、许渊冲毕竟是少数,中国学者不可能成为中国文化外译的主力。第二,这些项目的设计主要面向西方发达国家而忽视了发展中国家。中国"一带一路"倡议涉及60余个国家,其中大多数是发展中国家,非通用语是主要语言形态①。此时,如果完全依靠中国非通用语界学者们的努力是很难完成的②,因此,团结世界各国的汉学家具有重要性与迫切性。

莫言获诺贝尔文学奖后,相关部门开启了中国当代小说的翻译工程,这项工程的重要进步之一就是面向海外汉学家招标,而不是仅寄希望于中国外语界的学者来完成。小说的翻译和中国典籍文化的翻译有着重要区别,前者更多体现了跨文化研究的特点。

以上从历史、文献、语言、知识、方法五个方面探讨了开展中国古代文化典籍域外传播研究必备的学术修养。应该看到,中国文化的域外传播以及海外汉学界的学术研究标示着中国学术与国际学术接轨,这样一种学术形态揭示了中国文化发展的多样性和丰富性。在从事中国文化学术研究时,已经不能无视域外汉学家们的研究成果,我们必须与其对话,或者认同,或者批评,域外汉学已经成为中国学术与文化重建过程中一个不能忽视的对象。

在世界范围内开展中国文化研究,揭示中国典籍外译的世界性意义,并不是要求对象国家完全按照我们的意愿接受中国文化的精神,而是说,中国文化通过典籍翻译进入世界各国文化之中,开启他们对中国的全面认识,这种理解和接受已经构成了他们文化的一部分。尽管中国文化于不同时期在各国文化史中呈现出不同形态,但它们总是和真实的中国发生这样或那样的联系,都说明了中国文化作为他者存在的价值和意义。与此同时,必须承认已经融入世界各国的中国文化和中国自身的文化是两种形态,不能用对中国自身文化的理解来看待被西方塑形的中国文化;反之,也不能以变了形的中国文化作为标准来判断真实发展中的

---

① 在非通用语领域也有像林语堂、许渊冲这样的翻译大家,例如北京外国语大学亚非学院的泰语教授邱苏伦,她已经将《大唐西域记》《洛阳伽蓝记》等中国典籍翻译成泰文,受到泰国读者的欢迎,她也因此获得了泰国的最高翻译奖。
② 很高兴看到中华外译项目的语种大大扩展了,莫言获诺贝尔文学奖后,中国小说的翻译也开始面向全球招标,这是进步的开始。

中国文化。

在当代西方文化理论中,后殖民主义理论从批判的立场说明西方所持有的东方文化观的特点和产生的原因。赛义德的理论有其深刻性和批判性,但他不熟悉西方世界对中国文化理解和接受的全部历史,例如,18世纪的"中国热"实则是从肯定的方面说明中国对欧洲的影响。其实,无论是持批判立场还是持肯定立场,中国作为西方的他者,成为西方文化眼中的变色龙是注定的。这些变化并不能改变中国文化自身的价值和它在世界文化史中的地位,但西方在不同时期对中国持有不同认知这一事实,恰恰说明中国文化已成为塑造西方文化的一个重要外部因素,中国文化的世界性意义因而彰显出来。

从中国文化史角度来看,这种远游在外、已经进入世界文化史的中国古代文化并非和中国自身文化完全脱离关系。笔者不认同套用赛义德的"东方主义"的后现代理论对西方汉学和译本的解释,这种解释完全隔断了被误读的中国文化与真实的中国文化之间的精神关联。我们不能跟着后现代殖民主义思潮跑,将这种被误读的中国文化看成纯粹是西方人的幻觉,似乎这种中国形象和真实的中国没有任何关系。笔者认为,被误读的中国文化和真实的中国文化之间的关系,可被比拟为云端飞翔的风筝和牵动着它的放风筝者之间的关系。一只飞出去的风筝随风飘动,但线还在,只是细长的线已经无法解释风筝上下起舞的原因,因为那是风的作用。将风筝的飞翔说成完全是放风筝者的作用是片面的,但将飞翔的风筝说成是不受外力自由翱翔也是荒诞的。

正是在这个意义上,笔者对建立在19世纪实证主义哲学基础上的兰克史学理论持一种谨慎的接受态度,同时,对20世纪后现代主义的文化理论更是保持时刻的警觉,因为这两种理论都无法说明中国和世界之间复杂多变的文化关系,都无法说清世界上的中国形象。中国文化在世界的传播和影响及世界对中国文化的接受需要用一种全新的理论加以说明。长期以来,那种套用西方社会科学理论来解释中国与外部世界关系的研究方法应该结束了,中国学术界应该走出对西方学术顶礼膜拜的"学徒"心态,以从容、大度的文化态度吸收外来文化,自觉坚守自身文化立场。这点在当下的跨文化研究领域显得格外重要。

学术研究需要不断进步,不断完善。在10年内我们课题组不可能将这样一个丰富的研究领域做得尽善尽美。我们在做好导论研究、编年研究的基础性工作之外,还做了一些专题研究。它们以点的突破、个案的深入分析给我们展示了在跨文化视域下中国文化向外部的传播与发展。这是未来的研究路径,亟待后来者不断丰富与开拓。

这个课题由中外学者共同完成。意大利罗马智慧大学的马西尼教授指导中国青年学者王苏娜主编了《20世纪中国古代文化经典在意大利的传播编年》,法国汉学家何碧玉、安必诺和中国青年学者刘国敏、张明明一起主编了《20世纪中国古代文化经典在法国的传播编年》。他们的参与对于本项目的完成非常重要。对于这些汉学家的参与,作为丛书的主编,我表示十分的感谢。同时,本丛书也是国内学术界老中青学者合作的结果。北京大学的严绍璗先生是中国文化在域外传播和影响这个学术领域的开拓者,他带领弟子王广生完成了《20世纪中国古代文化经典在日本的传播编年》;福建师范大学的葛桂录教授是这个项目的重要参与者,他承担了本项目2卷的写作——《20世纪中国古代文学在英国的传播与影响》和《中国古典文学的英国之旅——英国三大汉学家年谱:翟理斯、韦利、霍克思》。正是由于中外学者的合作,老中青学者的合作,这个项目才得以完成,而且展示了中外学术界在这些研究领域中最新的研究成果。

这个课题也是北京外国语大学近年来第一个教育部社科司的重大攻关项目,学校领导高度重视,北京外国语大学的欧洲语言文化学院、亚非学院、阿拉伯语系、中国语言文学学院、哲学社会科学学院、英语学院、法语系等几十位老师参加了这个项目,使得这个项目的语种多达20余个。其中一些研究具有开创性,特别是关于中国古代文化在亚洲和东欧一些国家的传播研究,在国内更是首次展开。开创性的研究也就意味着需要不断完善,我希望在今后的一个时期,会有更为全面深入的文稿出现,能够体现出本课题作为学术孵化器的推动作用。

北京外国语大学中国海外汉学研究中心(现在已经更名为"国际中国文化研究院")成立已经20年了,从一个人的研究所变成一所大学的重点研究院,它所取得的进步与学校领导的长期支持分不开,也与汉学中心各位同人的精诚合作分不开。一个重大项目的完成,团队的合作是关键,在这里我对参与这个项目的所有学者表示衷心的感谢。20世纪是动荡的世纪,是历史巨变的世纪,是世界大转机的世纪。

20世纪初,美国逐步接替英国坐上西方资本主义世界的头把交椅。苏联社会主义制度在20世纪初的胜利和世纪末苏联的解体成为本世纪最重要的事件,并影响了历史进程。目前,世界体系仍由西方主导,西方的话语权成为其资本与意识形态扩张的重要手段,全球化发展、跨国公司在全球更广泛地扩张和组织生产正是这种形势的真实写照。

20世纪后期,中国的崛起无疑是本世纪最重大的事件。中国不仅作为一个政治大国和经济大国跻身于世界舞台,也必将作为文化大国向世界展示自己的丰富性和多样性,展示中国古代文化的智慧。因此,正像中国的崛起必将改变已有的世界政治格局和经济格局一样,中国文化的海外传播,中国古代文化典籍的外译和传播,必将把中国思想和文化带到世界各地,这将从根本上逐渐改变19世纪以来形成的世界文化格局。

20世纪下半叶,随着中国实施改革开放政策和国力增强,西方汉学界加大了对中国典籍的翻译,其翻译的品种、数量都是前所未有的,中国古代文化的影响力进一步增强[1]。虽然至今我们尚不能将其放在一个学术框架中统一研究与考量,但大势已定,中国文化必将随中国的整体崛起而日益成为具有更大影响的文化,西方文化独霸世界的格局必将被打破。

世界仍在巨变之中,一切尚未清晰,意大利著名经济学家阿锐基从宏观经济与政治的角度对21世纪世界格局的发展做出了略带有悲观色彩的预测。他认为今后世界有三种结局:

> 第一,旧的中心有可能成功地终止资本主义历史的进程。在过去500多年时间里,资本主义历史的进程是一系列金融扩张。在此过程中,发生了资本主义世界经济制高点上卫士换岗的现象。在当今的金融扩张中,也存在着产生这种结果的倾向。但是,这种倾向被老卫士强大的立国和战争能力抵消了。他们很可能有能力通过武力、计谋或劝说占用积累在新的中心的剩余资本,从而通过组建一个真正全球意义上的世界帝国来结束资本主义历史。

> 第二,老卫士有可能无力终止资本主义历史的进程,东亚资本有可能渐

---

[1] 李国庆:《美国对中国古典及当代作品翻译概述》,载朱政惠、崔丕主编《北美中国学的历史与现状》,上海:上海辞书出版社,2013年,第126—141页;[美]张海惠主编:《北美中国学:研究概述与文献资源》,北京:中华书局,2010年;[德]马汉茂、[德]汉雅娜、张西平、李雪涛主编:《德国汉学:历史、发展、人物与视角》,郑州:大象出版社,2005年。

渐占据体系资本积累过程中的一个制高点。那样的话,资本主义历史将会继续下去,但是情况会跟自建立现代国际制度以来的情况截然不同。资本主义世界经济制高点上的新卫士可能缺少立国和战争能力,在历史上,这种能力始终跟世界经济的市场表层上面的资本主义表层的扩大再生产很有联系。亚当·斯密和布罗代尔认为,一旦失去这种联系,资本主义就不能存活。如果他们的看法是正确的,那么资本主义历史不会像第一种结果那样由于某个机构的有意识行动而被迫终止,而会由于世界市场形成过程中的无意识结果而自动终止。资本主义(那个"反市场"[anti-market])会跟发迹于当代的国家权力一起消亡,市场经济的底层会回到某种无政府主义状态。

最后,用熊彼特的话来说,人类在地狱般的(或天堂般的)后资本主义的世界帝国或后资本主义的世界市场社会里窒息(或享福)前,很可能会在伴随冷战世界秩序的瓦解而出现的不断升级的暴力恐怖(或荣光)中化为灰烬。如果出现这种情况的话,资本主义历史也会自动终止,不过是以永远回到体系混乱状态的方式来实现的。600年以前,资本主义历史就从这里开始,并且随着每次过渡而在越来越大的范围里获得新生。这将意味着什么?仅仅是资本主义历史的结束,还是整个人类历史的结束?我们无法说得清楚。①

就此而言,中国文化的世界影响力从根本上是与中国崛起后的世界秩序重塑紧密联系在一起的,是与中国的国家命运联系在一起的。国衰文化衰,国强文化强,千古恒理。20世纪已经结束,21世纪刚刚开始,一切尚在进程之中。我们处在"三千年未有之大变局之中",我们期盼一个以传统文化为底蕴的东方大国全面崛起,为多元的世界文化贡献出她的智慧。路曼曼其远矣,吾将上下求索。

张西平
2017年6月6日定稿于游心书屋

---

① [意]杰奥瓦尼·阿锐基:《漫长的20世纪——金钱、权力与我们社会的根源》,姚乃强等译,南京:江苏人民出版社,2001年,第418—419页。

目 录

绪　论　中英文学交流语境中的英国三大汉学家　1
　　一、英国三大汉学家的汉学历程　2
　　二、三大汉学家的汉学特色及其地位贡献　16
　　三、比较文学视角与汉学研究思路　28
　　四、年谱编撰的史料价值与学术意义　32

翟理斯（1845—1935）汉学年谱　37
　　附录：翟理斯作品索引　134

阿瑟·韦利（1889—1966）汉学年谱　139
　　附录：阿瑟·韦利作品索引　260

大卫·霍克思（1923—2009）汉学年谱　265
　　附录：大卫·霍克思作品索引　400

　　中文文献　404

英文文献 424

中文人名索引 436

外文人名索引 451

专有名词索引 466

后记 480

绪 论

中英文学交流语境中的英国三大汉学家

一、英国三大汉学家的汉学历程

海外汉学的历史是中国文化与异质文化交流互动的历史,也是域外知识者认识、研究、理解、接受中国文明的历史。英国汉学自《曼德维尔游记》(*The Travels of Sir John Mandeville*,1357)所代表的游记汉学时代起,至今已有六个多世纪的历史。参与其中的汉学家是西方世界借以了解中国与中国文学、文化的主要媒介,他们的汉学活动提供了中国文学、文化在英国流播的最基本资料。中英文学、文化交流的顺利开展无法绕过这一特殊的群体,"唯有汉学家才具备从深层次上与中国学术界打交道的资格"[①]。尤其随着二战后英国专业汉学时代的来临,英国学府自己培养的第一代专业汉学家成长起来,他们对中国文化的解读与接受趋于理性和准确,在中国文化较为真实地走向世界的过程中做出了特殊的贡献。他们是献身学术与友谊的专业使者,是中国学术与世界接轨的桥梁。

回顾英国汉学发展史可知,英国各大学在19世纪相继设立了汉学讲座教授

[①] 方骏:《中国海外汉学研究现状之管见》,任继愈主编:《国际汉学》(第6辑),郑州:大象出版社,2000年,第14页。

教席,促使英国学院式汉学进一步发展。1876 年,传教士理雅各(James Legge, 1815—1897)①在牛津大学就任首任汉学讲座教授。1877 年,传教士毕尔(Samuel Beal,1825—1889)就任伦敦大学汉学讲座教授。1888 年,曾任外交官的威妥玛(Thomas Francis Wade,1818—1895)就任剑桥大学首任汉学讲座教授。汉学研究逐步进入学院教学,在学院学术传统的影响下,汉学研究所做出的结论变得更为严谨、客观与理性。但 19 世纪在英国担任汉学教职者均为曾经的传教士或外交官,多有来华工作或生活的经历,学院办学方向依然局限于培养宗教、外交或贸易方面的来华后继之人,真正对中国文化感兴趣并主动研究中国文学的学生并不多见。1899 年,继威妥玛任剑桥大学汉学教授的翟理斯(Herbert Allen Giles,1845—1935),曾于他汉学教学满十年的 1908 年,这样回答英国财政委员会关于是否在伦敦组建另一所东方学院的调查问题:"我在剑桥十年,仅有一个学文学的学生,我教过许多学口语的学生,有商人、传教士等,但学文学的仅此一人,我怀疑牛津是否有上这么一个。"②历任伦敦大学、剑桥大学和普林斯顿大学汉学教授的杜希德(Denis Crispin Twitchett,1925—2006)在其 1961 年就任伦敦大学汉学讲座教授的演说词中也批评了此现象,他认为在 19 世纪占据英国汉学讲座教席的都是退休的传教士和外交官。他们不曾受过严格的学术训练,也不曾有过充分的时间来从事教育方面的研究工作。

本书所编谱的三位汉学家均为中国古典文学的英国之行做出过巨大贡献,在中英文学交流语境中理应得到我们的充分关注。

汉学家在中国文学及文化的西传过程中扮演着重要的角色。19 世纪下半叶至 20 世纪初,随着第二次工业革命的兴起,西方国家对海外市场开拓的需求打破了以往"传教士汉学"时代以传教为目的而研究中国文化及文学的格局,经济上的实用目的由此亦成为主要驱动力之一,此种倾向尤以英国为甚。然而,这却又

---

① 理雅各极具语言天赋,尤其长于拉丁文、希腊文。1837 年,入希伯利神学院(Highbury Theological College)接受神学训练,其间萌生来华传教志愿。1838 年开始师从伦敦大学首任汉学教授基德(Samuel Kidd)学习汉语。受伦敦会(London Missionary Society)委派,1839 年 8 月起航,翌年抵达马六甲,接管由首位来华新教传教士马礼逊(Robert Morrison,1782—1834)创办的英华书院(Anglo-Chinese College)及伦敦会的印刷所。教学传教之余开始研读中国经籍。
② 《财政委员会论在伦敦东方研究院的组建》,财政委员会委派的研究在伦敦组建东方研究委员会证词会议记录本,伦敦:皇家文书局,1909 年,第 142 页,转引自[加拿大]许美德(Ruth Hayhoe):《英国的中国学》,《中国文化研究集刊》(第 3 辑),上海:复旦大学出版社,1986 年,第 473 页。

是一个英国汉学由"业余汉学"向"专业汉学"①转变的过渡时期,英国汉学在这一时期取得了较大的突破。不论是汉学家人数抑或汉学著述数量皆有很大增长。继威妥玛之后的第二任剑桥大学汉学教授翟理斯便是这一时期最具代表性的汉学家之一。其于汉学领域的诸多研究成果与其所处的过渡期一样,上承既有汉学家如理雅各的汉学成果,下启阿瑟·韦利(Arthur Waley,1889—1966)等新一代专业汉学家之研究领域,在英国汉学史上的地位可谓举足轻重。尽管他与后两位在相关问题上颇有争议,但这恰好表明了英国汉学家对中国某些问题关注度上的一致性以及前后传承关系,这些特点也表现在其对中国文学的译介和研究上。翟理斯的汉学著作颇丰,其所观照的中国问题既涉及民族、思想等大课题,也对中国的各种习俗,诸如女性裹脚等颇为用心。这也许在很大程度上得益于其童年及少年时代所受的教育。1845年,翟理斯出生于英国牛津北帕雷德(North Parade)的一个具有浓厚学术氛围的家庭。在父亲的熏陶下,他涉猎了拉丁文、希腊文、罗马神话等,并接触到了历史、地理、文学、艺术等各类学科。这种开阔的视野一直延续到了他与中国相遇之后。幼年时代的艺术熏陶以及由此而形成的艺术品位与修养,使他很快与中国文学结缘并对此有了某种独到的鉴赏力。

在翟理斯时代的英国汉学界甚至是整个欧洲汉学界,文学的译介与研究始终处于边缘位置,而翟理斯则是译介中国文学较早也是较多的汉学家之一。正如他在1884年初版的《古文选珍》(Gems of Chinese Literature)序言②中所说的那样:"对于英语读者来说,想要寻找可以借以了解中国总体文学的作品,哪怕只是一点点,都只是徒劳。理雅各博士确实使儒家经典变得唾手可得,但是作家作品领域却依旧是一片广袤的处女地,亟待得到充分的开发。"③

在中英文学交流史上,翟理斯译介中国文学方面的成就举足轻重。他的文学

---

① 这里的专业性仅就英国汉学自身而言,并不包括同一时期的其他国家,如法国等。一般认为,就英国汉学总体研究水平而言,其专业性远远不如法国汉学。有些学者称这一时期的英国汉学为"后传教时期的英国汉学",实际上,这一术语所要表达的内涵也就是传教士汉学向专业汉学的过渡期,因为紧随其后的便是"国际化、专业化和团队化的现代英国汉学"。参见熊文华:《英国汉学史》,北京:学苑出版社,2007年。
② 这篇序言在1923年出版的《中国文学瑰宝·散文卷》中也保留了。
③ Herbert Allen Giles, Gems of Chinese Literature, London: Bernard Quaritch, Shanghai: Kelly & Walsh, 1884, preface.

类译著主要包括《聊斋志异选》(Strange Stories from a Chinese Studio, 1880)、《古文选珍》(Gems of Chinese Literature, 1884)、《庄子》(Chuang Tzŭ, Mystic, Moralist, and Social Reformer, 1889)、《古今诗选》(Chinese Poetry in English Verse, 1898)、《中国文学瑰宝》(Gems of Chinese Literature, 1923)等。除此以外,他的其余汉学著述,如《中国概览》(Chinese Sketches, 1876)、《佛国记》(Record of the Buddhistic Kingdoms, 1877)、《翟理斯汕广纪行》(From Swatow to Canton: Overland, 1877)、《历史上的中国及其他概述》(Historic China and Other Sketches, 1882)、《中国文学史》(A History of Chinese Literature, 1901)等,在内容上也涵盖了部分中国文学的内容。因此,在翟理斯的著作中,读者可以深深地感受到中国文化、文学的韵味。相对而言,英国汉学的功利色彩较强,翟理斯的汉学著述亦无法避免,不过那种流淌于其行文中的中国文学情趣则足以令人耳目一新。

《中国概览》是一本评介中国各种风俗、礼仪、习惯等方面的著作,涉及的问题非常广泛。在该书序言中,翟理斯反驳了这样一种在当时欧洲广为流行的观点,即"中华民族是个不道德的退化的民族,他们不诚实、残忍,以各种各样的方式来使自己堕落;鸦片正可怕地让他们自我毁灭,这比松子酒会带来更多灾难,只有强制推行基督教义才能将这个帝国从快速惊人的毁灭中拯救出来"①,并且以自己身处中国八年的经历来说明中华民族是一个勤劳、清醒并且乐观的民族。② 翟理斯此后的许多创作皆延续了该书所关注的中国问题,并着力纠正当时西方存在的负面的中国形象,这成为他撰著许多汉学著作最重要的出发点。

在《中国概览》中,翟理斯已开始显现出对中国文学的兴趣。其讨论的话题中,便包括"文学"(literature)和"反基督时代的抒情诗"(anti-Christian lyrics)。翟理斯以为当时的汉学家只是在诸如科学、历史及传记类著述中才稍微提及中国文学,这使得当时欧洲许多渴望了解中国文学的人失去了机会。③ 正是基于对中国文学英译现状的不满,翟理斯于此方面用力最勤,这在其后来的汉学著作里有充分体现。

翟理斯的许多著作皆于其结束在华的外交官生涯回到英国之后完成,这也表

---

① Herbert Allen Giles, *Chinese Sketches*, London: Trübner, Ludgate Hill, Shanghai: Kelly, 1876, preface.
② Ibid.
③ Ibid., p.23.

明即便回到了英国,他始终保持着对中国的历史与现状的关注。至于其对中国现状知悉的途径则较为复杂,但可以肯定的是翟理斯在回到英国后仍旧与某些中国人保持着一定的联系,"翟氏与中国的优秀人物,如曾纪泽、孙中山、蔡元培等过从颇密。他自退休并返国后一直被英国外交部视为不可或缺的'中国通';像鉴湖女侠秋瑾的《中国女报》、胡适的《尝试集》、落华生(许地山)在《小说月报》中的新诗《情书》,全都落入了远在英国的翟氏的眼帘,并经他的生花妙笔,传达给了英语读者"①。

翟理斯的《历史上的中国及其他概述》分为三大部分,包括朝代概述、司法概述以及其余各种概述。在叙述周、汉、唐、宋、明、清等六个朝代的历史演变中,加入了一些中国文学译介的片段。如在"唐"这一章节中,翟理斯插入了《镜花缘》(*A Visit to the Country of Gentlemen*)的片段节译。由是观之,《镜花缘》起初并非是作为小说来向西方读者介绍的,而是更倾向于其史料上的文献价值,目的是由此窥探唐代的中国。"宋"这一章节选译了欧阳修的《醉翁亭记》,"明"这一章节则选译了蒲松龄《聊斋志异》中的一篇短篇故事。这些文学作品大都被翟理斯作为史料或作为史书的一种补充而出现,起了一个以诗证史的作用。

翟理斯的一些涉及中国的杂论也多将文学作为一种点缀,如《中国和中国人》(*China and the Chinese*,1902)、《中国绘画史导论》(*An Introduction to the History of Chinese Pictorial Art*,1905)、《中国之文明》(*The Civilization of China*,1911)、《中国和满人》(*China and the Manchus*,1912)等。这些著述涉及中国的宗教、哲学、文学、风俗习惯等的介绍,并将文学视为了解中国人性格、礼仪、习俗诸方面的一个路径。

1880年,翟理斯选译的《聊斋志异选》二卷在伦敦德·拉·鲁出版公司(Thos. De la Rue)刊行,以后一再重版,陆续增加篇目,故事总数达160多篇。这是《聊斋志异》在英国最为详备的译本,也是翟理斯第一部真正意义上的中国文学译著。

---

① [英]翟理斯著,黄秉炜编撰:《翟理斯汕广纪行》(注释本),上海:复旦大学出版社,2007年,引言第6页。该引言并未说明这些现代文学作品是如何进入"翟氏的眼帘"的,因此,笔者推测他正是在与中国优秀人物的交往中了解到了中国现状,中国的文学作品只是其中的一小部分,因为从1923年《中国文学瑰宝》中可以看出,收入其中的作家多是与当时政治联系密切的,如梁启超、袁世凯、秋瑾等,真正属于纯文学的作品很少。这也是英国汉学功利性较强的体现。

1889年,第一个英语全译本《庄子》出版。正如翟理斯所说的那样,在理雅各博士的儒家经典之外,他发现了另一片天地。《庄子》一书可以看作翟理斯对于两个领域的重视,即道家思想与文学性。也就是说,《庄子》之所以受到翟理斯的推崇,主要是因为庄子瑰丽的文风以及在这种文风中所体现出来的玄妙的哲学思想:"……但是庄子为子孙后代们留下了一部作品,由于其瑰丽奇谲的文字,因此占据了最重要的位置。"①

如果说《古文选珍》是翟理斯对于中国文学散文的一种总体概述的话,那么1898年《古今诗选》的出版则是他在诗歌领域的首次尝试。可以说,《古文选珍》与《古今诗选》两本译著的完成说明翟理斯对于中国文学的总体面貌已经有了较为全面的了解。而《中国文学史》则是翟理斯对中国文学进行整体观照的结果,是了解其中国文学、文化观的重要载体,也是其时汉学中的文学研究成果水平的重要体现。翟氏《中国文学史》一书实际上是当时英国汉学发展过程中取得的一个阶段性成果的总结。以《中国文学史》为题,不论其所涉及的内容为何,此书的发行及其在西方英语世界的传播便向英语读者们传达了一个信息:中国文学的一个总体概貌在英语世界开始呈现了。

作为翟理斯的后继竞争者,阿瑟·韦利的汉学生涯始于1913年。该年他应聘进入大英博物馆东方图片社工作,负责馆藏东方文献的搜集和整理工作。当时英国主流汉学界依然以传教士外交官为主。19世纪盛极一时的维多利亚时代②文学创作传统虽呈式微之势,但其重视道德修养、遵守已成规则的方式依然影响着汉学家的翻译。韦利自此开始关注中国诗歌,利用工作的空闲,将其翻译成中文。初涉翻译,他的翻译手法与传统汉学家的翻译方法便表现出明显的不同。在1918年版的《170首中国诗》(*A Hundred and Seventy Chinese Poems*)一书的序言中,韦利坦承自己的翻译法是直译而非意译的主要原因。韦利译诗背离传统的表现还有其对中国诗歌中意象与音节的遵从。他利用古英语民间诗歌中常用的跳跃性节奏(sprung rhythm),用突出的重音表示中国五言诗中的五个音节,借此寻

---

① Herbert Allen Giles, *Chuang Tzŭ, Mystic, Moralist, and Social Reformer*, London: Bernard Quaritch, 1889.
② 维多利亚时代指英国女王亚历山德拉·维多利亚(Alexandrina Victoria, 1819—1901)登基直至1914年这一时段。她在位期间(1837—1901),英国工商业快速发展,成为英国历史上最为强盛的时代,历史家称为"日不落帝国时期"。1914年后,英国开始走向衰落。维多利亚女王一生履行君主立宪制,生活严谨,工作认真,富有责任感,是那个时代道德风尚的典范。

求诗歌的韵律效果。重音与音节的对应,容易将原诗的意象一一对应地表达出来,给人焕然一新之感。再者,语言上追求通俗化的表达方式,与传统诗歌典雅的精英化语言也有明显的差异。

在童年时代,韦利便对东方文化产生了浓厚的兴趣①,1903 年进入著名的拉格比公学(Rugby School)读中学,奠定了深厚的古典文学基础。1907 年,他考入剑桥大学国王学院(King's College,The University of Cambridge),师从当时知名的剑桥学者迪金森(Goldsworthy Lowes Dickinson,1862—1932)、摩尔(George Edward Moore,1873—1958)等学习英国古典文学。他们开阔的视野、创新进取的人文精神对韦利影响很大。迪金森还是鼓动韦利去中国的第一个人。②

韦利一生译著颇丰。1916 年由伦敦劳氏兄弟出版社(Lowe Bros.)出版的《中国诗歌》(Chinese Poems)是韦利自费付梓的第一本翻译著作。1917 年 1 月,《一幅中国画》("A Chinese Picture")在《伯灵顿杂志》(Burlington Magazine)上发表,这是他公开发表的第一篇论文。同年《伦敦大学东方学院学报》(Bulletin of the School of Oriental Studies,University of London)创刊号刊载了他的两篇译文,一篇为《唐前诗歌》("Pre-T'ang Poetry"),一篇是《白居易诗 38 首》("Thirty-Eight Poems by Po Chü-I")。

1920 年第 6 期的《新中国评论》(The New China Review),刊载了韦利的《〈琵琶行〉译注》("Notes on the 'Lute-girl's Song'")。该文翻译了白居易《琵琶行》的序言,并对翟理斯的译文提出自己的修改意见。这是韦利在中国出版的第一篇翻译论文。翟理斯在《中国文学史》一书中只翻译了《琵琶行》的诗文,没有翻译白居易的原序。在韦利看来,序言是理解诗文的一把钥匙。为此,他在此文中将诗

---

① 韦利的弟弟胡伯特·韦利(Hubert Waley)在回忆儿时擦铜器的经历时说:"古老铜器上透显出的素朴感深深吸引着他,当我俩发现一块制作于 17 世纪做工精良的浅层雕刻纪念匾时,我讨厌其过分雕饰的风格,而阿瑟却更喜欢这一点,阿瑟的这一美感倾向或许在更早前就有表现。"Hubert Waley,"Recollections of a Younger Brother," in Madly Singing in the Mountains:An Appreciation and Anthology of Arthur Waley,ed. Ivan Morris,London:George Allen & Unwin,1970,pp.123—124.
② 迪金森本人曾于 1913 年来中国旅行,到过香港、广东,在上海会晤了孙中山先生。他在长江下游经历了十天孤独的旅行,又乘很长时间的火车到达北京。停留几周后,便攀登东岳泰山,拜访在曲阜的第 76 代衍圣公孔令贻(字谷孙,1872—1919)。迪金森对中国文明顶礼膜拜,东方中国是他的两个文化理想之一(另一个文化理想是远古的希腊)。此前他曾受法国人西蒙(Eugene Simon)《中国城市》(La Cité Chinoise,1890)的启发和激励而写成一本《约翰中国佬的来信》(Letters from John Chinaman,1901),完全站在中国文明立场上批评西方文明,甚至认为自己"上辈子是一个中国佬"。1903 年,他又以《一个中国官员的来信》(Letters from a Chinese Official)抗议和团运动中西方势力对中国事务的横加干涉,揭露了在此事件里西方国家的贪婪嘴脸。

作的原序翻译出来,并对翟理斯译文中的一些误译之处提出了自己的看法。①

1922 年 3 月,韦利编制的《大英博物馆东方图片及绘画分部藏品之中国艺术家人名索引》(An Index of Chinese Artists Represented in the Sub-department of Oriental Prints and Drawings in the British Museum)由博物馆董事会出版。1923 年 9 月,伦敦欧内斯特·本恩出版公司(Ernest Benn)出版了《中国画研究概论》(An Introduction to the Study of Chinese Painting)。研究绘画仅是韦利的职业,他的兴趣主要在东方古代文学的译介上。除中国文学外,韦利译介的另一主要对象是日本文学。1921 年 3 月,译文《日本能剧》(The Noh Plays of Japan)由伦敦乔治·艾伦与昂温出版公司(George Allen & Unwin)出版。1925 年至 1933 年完成的《源氏物语》(The Tale of Genji)全本的翻译,是英语世界中第一个完整的译本。此外,他还翻译过日本古代和歌,撰写过《日本文化入门》等书籍。1929 年 12 月底,为了潜心于汉学译介与研究,韦利以健康为由,辞掉了大英博物馆的工作,他笔耕不辍,出版了大量译述著作,直至 1966 年 6 月去世。

韦利对传统汉学的颠覆表现在他对翟理斯代表的传统汉学家翻译方法的反驳上。1918 年,就诗歌翻译方法的运用,韦利与传统汉学家翟理斯开始一场长达两年的笔战。事件起因于韦利《170 首中国诗》的出版。在该书的序言中,韦利就自己采用的翻译方法介绍道:"人们通常认为,诗歌如果直译的话,就不是诗歌了,这也是我没将喜欢的诗歌全部译出之原因所在。但我依旧乐意选择那些译文能够保持原作风格的诗歌来翻译。就翻译方法而论,我旨在直译,不在意译。"②该文旨在强调译文对原文的遵从。1918 年 11 月 22 日翟理斯在《剑桥评论》(The Cambridge Review)上发表的书评中认为韦利此论言过其实,并非所有的译文都正确③;韦利坚持直译的方法,翟理斯却认为严格意义上的直译几乎不可能④;韦利

---

① Arthur Waley,"Notes on the 'Lute-girl's Song'," The New China Review, Vol.2, No.6(1920):591-597.
② Arthur Waley, A Hundred and Seventy Chinese Poems, London: Constable, 1918, p.19.
③ Herbert Allen Giles, "Review of A Hundred and Seventy Chinese Poems, Translated by Arthur Waley," The Cambridge Review, No.22(1918):130.
④ Ibid., p.131.

不用韵体译诗①,翟理斯坚持用韵体翻译,因为英国大众喜欢韵体诗,而且中国的诗歌都是押韵的,英文抒情诗若不押韵,是残缺不全的②。为了证明自己观点之正确,翟理斯就韦利翻译的《青青陵上柏》一诗做了详细的批评,而且逐行予以重译。文末还就韦利翻译的错误罗列如下:汉文没有标点,韦利译诗每句都使用标点;行文太过烦琐,原诗80字,韦利使用了129个单词、168个音节;曲解原诗之处随处可见。③

对于翟理斯的指责,韦利颇为不满,为此以读者来信的方式对翟理斯的批评予以反驳,刊载于1918年12月6日的《剑桥评论》上。文中韦利借日本学者桂五十郎(Isoo Katsura,1868—1938)之言,为自己的译作一一辩护,并对翟理斯的《中国文学史》提出质疑。④

翟理斯随后将自己翻译枚乘的9首译诗发表在《新中国评论》1920年第1期上,文后附有韦利的译文。⑤ 随后又著文就韦利1919年5月31日发表在《政治家》(The Statesman)上的《大招》一诗的译文提出质疑。⑥

韦利不满于翟理斯的挑剔,撰文以示回应。1920年,他就翟理斯《中国文学史》涉及白居易《琵琶行》一诗的翻译提出异议,以《〈琵琶行〉译注》为题,发表在《新中国评论》1920年第6期上。翟理斯认为《琵琶行》中的"客"是诗人自己,韦利根据该诗的序言、白居易的传记以及《旧唐书》《新唐书》中相关的记载,认为诗中的主人是白居易,不是"客";翟理斯认为翻译的过程叫"释义"更准确,但韦利觉得"释义"与自己的翻译工作相去甚远,尽管翻译不可能保留诗歌原有的特性,但他竭力把中国诗翻译成英国诗,而这点仅靠句末押韵是达不到的;翟理斯认为翻译应追求绝对准确,尤其是一些动植物的名称,韦利则认为鸟兽的名称不应过

---

① 韦利在《170首中国诗》的序言中说明他不用韵文翻译的原因是英文的韵律不可能产生与原文一样的效果。再者,严格的格律必然会伤害原作语言的鲜活性和文本的文学性。Arthur Waley, *A Hundred and Seventy Chinese Poems*, London:Constable, 1918, p.20.

② Herbert Allen Giles, "Review of *A Hundred and Seventy Chinese Poems*, Translated by Arthur Waley," *The Cambridge Review*, No.22(1918):130.

③ Ibid., p.131.

④ Arthur Waley, "To the Editor of the Cambridge Review," *The Cambridge Review*, December 6, 1918, p.162.

⑤ 此文名为《公元前二世纪的一位诗人》,Herbert Allen Giles, "A Poet of the 2nd Cent. B.C.," *The New China Review*, Vol.2, No.1(1920):25-36.

⑥ 此文名为《重译》,Herbert Allen Giles, "A Re-Translation," *The New China Review*, Vol.2, No.4 (1920):319-340.

多追求——对应,译者应该按照诗歌的风格来寻找合适的词语,因为诗人旨在译诗而不是编写自然史。①

瞿理斯不甘示弱,《新中国评论》1921 年第 4 期刊载了他的反驳文章《韦利先生与〈琵琶行〉》("Mr. Waley and 'The Lute Girl's Song'")②,文中就韦利的批评建议提出自己的主张。这场论争以《新中国评论》1921 年第 5 期上韦利的文章《〈琵琶行〉:韦利先生答瞿理斯教授》("'The Lute Girl's Song':Mr. Waley's Reply to Prof. Giles")告一段落。对"行"一词的翻译,韦利坚持自己的看法:"瞿理斯认为除这首著名的诗歌外,'行'与'歌'没有关联,那么他难道没读过魏武帝(曹操)的《短歌行》及李白同名的模仿之作吗? 那么古代(当然是唐前)的'君子行''从军行''秋胡行''东门行''孤儿行'又是什么? 李白的《猛虎行》《胡无人行》《怨歌行》,杜甫笔下无数的'行'呢?"③韦利为文的语气没有上篇文章平和,翻译问题的探讨处于次要的地位,文末的语言表现出韦利对瞿理斯为人刻薄的不满,言辞有些过激。"这场论争显然是一场闹剧,如果我是瞿理斯教授,会因上演这场剧而害羞,优势显然在他那一方,因为他享誉全球,而我一无所有。"④

这场争论前后持续四年之久。虽然主要围绕具体诗作翻译的不同看法展开,但它是两人就诗歌翻译所持不同译法的一场较量。瞿理斯力倡韵体翻译,韦利则认为散体翻译法效果更佳;瞿理斯严格遵守英诗押韵的传统,韦利则对这一传统予以颠覆;瞿理斯主张意译,韦利主张直译;瞿理斯认为英国大众喜欢韵诗,韦利则认为散体诗才能保证诗歌的大众化。就两人争论的问题来看,不外乎直译与意译、韵体与散体翻译法。这一问题在译诗界一直争论不休。至今就直译与意译、韵体翻译与散体翻译孰优孰劣依然各执一词,难分高下。理论的争执仅是事情的表象,其实这场争论是传统汉学家与现代汉学家的一次对抗。瞿理斯作为传统汉学的维护者,谨遵诗歌押韵的传统。韦利则以英美意象派为榜样,希望从中国诗

---

① Arthur Waley,"Notes on the 'Lute-girl's Song',"*The New China Review*, Vol.2, No.6(1920):596–597.
② Herbert Allen Giles,"Mr. Waley and 'The Lute Girl's Song',"*The New China Review*, Vol.3, No.4(1921):281–288.
③ Arthur Waley,"'The Lute Girl's Song':Mr. Waley's Reply to Prof. Giles,"*The New China Review*, Vol.3, No.5(1921):376.
④ Ibid., p.377.

歌的翻译中为英诗的发展寻找新的出路。但在传统汉学还占据主导地位的20世纪20年代，韦利的争论尽管已初现锋芒，但还是有些力不从心。韦利最后将翻译问题置之一边，就翟理斯仰仗自己名望之大与后辈学人一争高下的为人态度予以批驳，显然是韦利无奈之余的一种自我保护，其处于劣势的情形不言自明。但韦利并没因论战的失利放弃自己的译诗主张，《170首中国诗》的畅销就是对他译诗策略的极大肯定。

综合翟、韦之争，二人皆为著名汉学家、汉诗英译大师，两人在《剑桥评论》，尤其是在《新中国评论》上关于译诗问题展开的争论，为西方汉学界瞩目。与19世纪末翟理斯、理雅各持续二十余年的"道学大战"(Grand Taoist War)相比，20世纪初叶的这场争论参与者并不多(主要涉及翟理斯和韦利两人)，持续的时间也并不是太长(四年左右)，但是，这场争论亦有其独特的意义。首先，这场争论触及了汉诗英译的一个核心问题，即汉诗英译应该采用韵体还是散体。这是一个困扰着几代诗歌翻译家的重要问题，时至今日，人们对于这一问题仍然仁者见仁、智者见智，难臻一致。翟理斯是"以诗译诗"主张的积极提倡者和实践者，韦利则秉持"散体译诗"的主张。两人主张相异，便不可避免地陷入了这场纷争。然而，正是这场纷争让西方汉学界看到了诗歌翻译最真实的一面，也为后世诗歌翻译家提供了宝贵的经验和教训。其次，这场看似个人恩怨的是非纷争客观上促进了汉学，尤其是诗歌翻译的健康发展。在翟理斯所处的时代，汉诗英译完全是少数汉学家的专利。在一首首精彩纷呈或平淡无味的译诗背后究竟隐藏着什么样的故事，诗歌翻译家究竟为此付出了多大的艰辛，又从中获得了多大的乐趣，普通读者无缘知晓。从此意义上而言，这场纷争揭开了诗歌翻译的神秘面纱，把诗歌翻译的过程真真切切地摆在了大众面前。即便看不懂中文，人们一样可以从两人活力四射的文字中，感受诗歌翻译的魅力和艰难。如此公开地、大张旗鼓地讨论诗歌翻译问题，在20世纪初叶的西方汉学界相当罕见。在对手猛烈的进攻面前，一切都变得无遮无拦，要真正做到立于不败之地，诗歌翻译者不仅应当做到知其然，而且要知其所以然。避重就轻不再是译者的最佳选择，扎扎实实地直面一切困难成了译者无可回避的选择，这从客观上保证了诗歌翻译的质量。再次，这场争论也有利于形成西方汉学界的批评之风。"生性好斗"的翟理斯再一次将他那种"怀疑一切"的作风展露得淋漓尽致。他像一只嗜血的困兽一样，不留情面地向对手发起猛烈攻击,同时,也频频邀请对手指摘自己的错误。他不惧怕错误,更不惧怕批评,他甚至认为,唯有批评,汉学才会进步!在发现对手的错误时,他会穷追不舍;在发现自己的错误时,他也毫不掩饰。正因为如此,翟理斯无形中为汉学家树立了榜样,也引领了西方汉学界的批评之风。

热衷于研究中国文学,却始终不愿踏足中国,看看现实的中国是什么样子,这是韦利的悖论。韦利是一位真正的理想主义实践者。他一生翻译的中国经典大都是古代文学,几乎不涉及现代文学。在他心中,中国最伟大的时代就是盛唐,为此他发誓一生不踏足中国。他要为心目中的盛唐中国留一个美好的印象,生怕现代轰隆隆的机器声及战争的硝烟毁坏他心中的那片圣土。

作为韦利的弟子,新一代汉学家大卫·霍克思(David Hawkes,1923—2009)的汉学道路更为丰富多彩。霍克思对中国产生兴趣始自对林语堂《生活的艺术》(*The Importance of Living*)①一书的阅读,那时他还是班克罗夫特中学(Bancroft's School)的学生。此书以浪漫的笔调向西方展现了中国人"完美生活的范本、快意人生的典型",西方书评家彼得·普雷斯科特(Peter Precott)的评价最为经典,常为人所引用,他说:"看完此书,我真想跑到唐人街,一遇见中国人,便向他行个鞠躬礼。"霍克思在二战以前即已读到此书,他非常喜爱,在他的各项兴趣中萌生了对于中国的某种兴趣。②

二战期间,霍克思在牛津大学结束一年的新生学习后入伍服役,在英国皇家军队情报部门担任文职工作,其间他接触到一些东方译著,尤其是韦利于1942年节译中国古典小说《西游记》而成的英译《猴王》(*Monkey*),进一步激起了他对东方事物的浓厚兴趣。③

---

① 《生活的艺术》是林语堂《吾国吾民》的姊妹篇,也是先生旅美后专事写作的第一部书。出版当年的12月即被美国"每月读书会"(Book of the Month Club)选为特别推荐书籍,翌年风行英国上下。它高居《纽约时报》畅销书排行榜第一名历52周。
② Connie Chan, "Appendix: Interview with David Hawkes," in *The Story of the Stone's Journey to the West: A Study in Chinese-English Translation History*, Conducted at 6 Addison Crescent, Oxford, December 7, 1998, p.300.
③ 《猴王》30章,相当于原书的30回,虽有不少删节,但基本再现了原作的面貌。1942年伦敦乔治·艾伦与昂温出版公司刊行,次年即再版,至1965年已出第七版。其间还出过两个美国版,包括一个儿童版。1944年伦敦读者联合会另出新版,1961年收入企鹅丛书。具体参看张弘:《中国文学在英国》,广州:花城出版社,1992年,第246页。

在牛津就读期间,霍克思没有把眼光局限在汉学科所开设的中国典籍"四书五经"上,这一点可以从他在校期间所选的研究课题看出。当时西方学者多关注《诗经》,普遍认识到它作为中国文学源头的地位与作用,而对另一源头南方楚文化却没有足够的认识。针对此情况,霍克思另辟蹊径选择了楚文化代表作家屈原的作品《离骚》作为自己的研究课题①,开始了他最早的汉学研究活动。在牛津学习期间霍克思下定决心,有机会要尽可能去中国一趟,亲身感受与研习真正的中国文化。

1948年1月,中国学者吴世昌到牛津大学汉学科任高级讲师一职,霍克思又积极向其学习唐诗,同时自学白话,试着阅读鲁迅的《彷徨》和中国第一部白话章回小说《水浒传》。其间,霍克思《离骚》英译工作也在悄然展开,半年后即告完成,可以说这是他最早的汉学翻译活动。

1948年的六七月间,霍克思与牛津同学裘克安等结伴自离伦敦130千米左右的南安普顿乘船经由香港前往中国。8月他顺利到达北京大学,并在时任北大教职的英国诗人兼文学批评家燕卜荪(William Empson)的帮助下,注册成为北大中文系的一名研究生。霍克思开始了一面学习汉语,一面旁听著名中国学者课程的忙碌学习生涯。据霍克思回忆,他曾旁听过俞平伯、罗常培、唐兰、林庚、王利器、赵西陆、游国恩、吴晓铃等先生的课程,这些课程中他去得最勤的是唐兰的金石文字学。对于中国古文字的兴趣与珍惜地下资料的苦心,使他半个世纪后仍不忘就他在北大收藏的金石拓片向中国学者求教。②

1953年,霍克思受聘任牛津大学中文讲师,并于1959年接替德效骞(Homer Hasenplug Dubs,1892—1969)升任牛津第六任汉学讲座教授,成为第一位学者出身受聘的牛津汉学教授。1961年,霍克思发表著名的汉学讲座教授就职演说词《古典、现代和人文的汉学》("Chinese: Classical, Modern and Humane"),领导牛津的汉学教学与研究工作达十年之久。他挣脱英国汉学的三大动机怪圈,抛开政治、经济、宗教等外部因素的干扰,真正把汉学当作一门学科来建设,真正把

---

① Connie Chan, "Appendix: Interview with David Hawkes," in *The Story of the Stone's Journey to the West: A Study in Chinese-English Translation History*, Conducted at 6 Addison Crescent, Oxford, December 7, 1998, p.313.
② 参看邓云乡:《英国汉学家霍克思教授》,《云乡琐记》,石家庄:河北教育出版社,2004年,第449页。

汉学视为一项学术来开展。牛津汉学讲座教授一席的受聘是霍克思汉学活动生涯的重要里程碑,不仅标志着霍克思的汉学研究已得到西方汉学界的高度认可,他的专业汉学家身份由此确立;而且预示着他的汉学研究成果、理念与心得将影响牛津的同行并播撒到牛津学子心田,培养出下一代的汉学青年。

霍克思任职期间同时兼任"牛津东亚文学丛书"(Oxford Library of East Asian Literatures)的主编及牛津汉学院的主任。作为牛津第一位以学者身份受聘汉学讲座教席的教授以及汉学科的主任,霍克思从学习年限、教师配置、教学内容、教学目的、教学理念、语言学习、图书资料配备等方面对牛津汉学进行了一系列改革,为汉学专业人才的培养创造了良好的环境。同时,霍克思积极参与教学实践,他个人的执教经历将汉学研究的新理念及个人治学的严谨与虔诚传给了一代青年学子。在他的教育与影响下,一批受过扎实专业汉学训练的青年学子相继走上了汉学译研之路,牛津专业汉学乃至英国专业汉学因之储备了大量的后备人才。这一专业汉学队伍后来成为英国介绍、研究与翻译中国文学作品的主力,他们的专业水准与汉学理念能够保证在中国文学西传过程中不被过度阐释或歪曲变形。

20世纪60年代是英国汉学史的黄金期,霍克思抓住机会为英国的汉学建设出力。1961年至1971年,霍克思受美国学者启发,与同事策划"牛津东亚文学丛书",自任主编,致力于东亚文学经典的全译。此套丛书旨在为希望了解东亚文化但又不识其语言的学者们服务,为他们提供书的全貌,而不仅仅是印象或节译。"那种能为想要了解原作原貌的读者服务的译本,而不是那种专业性很强的学术研究译本,展现原貌的全译本值得一试。"①显然,这是一套由像霍克思《楚辞》译本一样,能为汉学研究服务的英译典籍作品组成的丛书。在霍克思任主编期间,这套丛书先后刊行了《中国汉魏晋南北朝诗集》(*An Anthology of Chinese Verse: Han, Wei, Chin and the Northern and Southern Dynasties*, 1967)、《李贺诗集》(*Poems of Li Ho*, 1970)、《战国策》(*Chan-Kuo T'se*, 1970)、《陶潜诗集》(*Poetry of Tao Chien*, 1970)、《刘知远诸宫调》(*Ballad of the Hidden Dragon*, 1971)等一系列中国文学译作集。

---

① Connie Chan, "Appendix: Interview with David Hawkes," in *The Story of the Stone's Journey to the West: A Study in Chinese-English Translation History*, Conducted at 6 Addison Crescent, Oxford, December 7, 1998, p.323.

霍克思把自己一生最美好的时光交付给了他终生热爱的汉学事业,大部分时间都用于中国文学文化的研究、阐释与传播工作。即使到晚年,霍克思对中国与中国文化的热爱与探究之情也丝毫不减。2008 年,85 岁高龄的他与牛津汉学院原主任杜德桥(Glen Dudbrige,1938—2017)和现任主任卜正民(Timothy Brook,1951—　)三人,一同专程从牛津乘火车赶到伦敦为中国明代传奇剧《牡丹亭》青春版的首演助阵。当晚的他非常兴奋,但回到牛津后就病倒了。2009 年春,他抱病接待中国前驻英大使傅莹女士的拜访,傅莹送给他的一套唐诗茶具立时引起了这位汉学家的探究之心。几天后霍克思发去电邮指出这个"唐诗茶具"中的"唐"指的是明代唐寅而不是唐代的"唐",而茶具上所画的是唐寅的《事茗图》,并就茶具所印诗作中几个不清楚的汉字向傅莹讨教。作为英国第一代专业汉学家的代表,霍克思力求理性解读与准确传播中国文学与文化,而成为英国专业汉学的奠基人与中坚力量,在中英文学交流中做出了杰出的贡献并产生了巨大影响。

霍克思去世后,中国学界最快做出反应,在他离世的第三天即 2009 年 8 月 2 日,中国《红楼梦学刊》编委会集体发表了《沉痛哀悼霍克思先生》一文。[①] 中国学人感念霍克思这位"中国学界的老朋友",肯定他"为中国文学走向世界做出了重大贡献"。

二、三大汉学家的汉学特色及其地位贡献

之所以选择翟理斯、韦利、霍克思作为英国汉学三大家来编年研讨,是基于中国古典文学西传英国考虑的。韦利是继翟理斯之后,在英美汉学界推动中国古典文学译介最为有力的汉学家,霍克思则是韦利之后,在欧美汉学界推动中国文学译介最得力且成就相当高的汉学家。三位汉学家处于英国汉学发展的三个阶段,形成了各自的汉学译介与研究的特色。翟理斯作为外交官汉学的代表,能够站在学者角度,平和客观地审视中国文学。后来英国汉学家克莱默·宾(L. Cranmer-Byng,1872—1945)尝试从诗人角度再译翟理斯的汉诗英译作品,其所翻译的著作《玉琵琶》(*A Lute of Jade*,1909),副标题为《中国古诗选》(*Selections from the Clas-*

[①] 《红楼梦学刊》编委会:《沉痛哀悼霍克思先生》,《红楼梦学刊》2009 年第 5 期,第 66 页。

sical Poets of China），书的扉页上即标有"献给 Herbert Giles 教授"。① 韦利一生未到过中国，他以局外人心态，居高临下地用自己的准则去审视、剖析中国文学的优劣。而在中国学习过的霍克思则以学者研究的心态，在翻译中国古典作品的过程中注意借鉴中国学人的成果。

翟理斯身处西方文明鼎盛期，表明英国可以理解中国，因而他的韵体翻译代表了维多利亚时期的汉诗英译的特点。后来另一汉学家佛来遮（William John Bainbridge Fletcher, 1871—1933）的《英译唐诗选》（Gems of Chinese Verse Translated into English Verse, 1919）及《英译唐诗选续集》（More Gems of Chinese Verse Translated into English Verse, 1919）的翻译风格就是典型的翟理斯式的"韵体直译"。他们均长居中国多年，通晓汉语，译文均力求切近原文内容。韦利生活在西方文明衰落期，认为中国文化可以拯救西方，他对汉诗的自由体翻译则是忠实与流畅的最佳结合。霍克思身处中英交流的密切期，他认为好的翻译必然是建立在学术研究之上的，尤其是对文本所处的历史语境的社会化还原。在《译自中文》（"From the Chinese", 1961）一文中，霍克思对韦利翻译异域作品时注意为西方读者提供中文诗作创作的文化、政治、经济背景的做法极为欣赏。他赞叹道："韦利先生似乎很早就意识到了，如果没有为读者建起理解这些诗作的心理框架，而只是单纯翻译异域的文本文字，这样做是不够的。"②"翻译与叙述相结合以刻画一个人物或一个时代，这是韦利娴熟掌握并巧妙运用的一种技巧。"③霍克思研究与译介中国文学旨在瞭望的是"亚洲尽头的另一个欧洲"。

这三位英国汉学家均发自内心地喜欢中国文化，从而成为向英语国家读者推

---

① 该书 1959 年重印版的编者是译者之子小宾格（J. L. Cranmer-Byng M. C.）。在该版前言中，小宾格声明父亲的这些译文称作 renderings，而不是译文，因为父亲不懂中文，这些译文是在他的朋友翟理斯直译基础上修改而成。虽然如此，这些译文却深受读者喜爱，尤其是托马斯·哈代（Thomas Hardy, 1840—1928）很喜欢这些译诗。小宾格还谈到中国诗歌和文字的特点：由于中文极为简约，诗歌的直译文读起来像电报；而中文里多为单音节词，虽然中国人听起来很悦耳，但翻译成英文非常困难。如果不妥善处理，就会给人单调乏味之感。为了让英文译诗更容易被接受，译者采取了英文诗的模式翻译，但内容上贴近原文，尽力再现原诗的特色与风格。小宾格的父亲这样做，也许比简单模拟原诗更成功。他着力之处是先抓住原诗的精髓，然后融入自己对中国文化的理解，最后用英语诗歌的形式让原诗复活。也许就是这些特色让这个诗集五十年来久享盛誉。

② David Hawkes, "From the Chinese," in Classical, Modern and Humane: Essays in Chinese Literature, eds. John Minford & Siu-kit Wong, Hong Kong: The Chinese University Press, 1989, p.244.

③ Ibid., p.245.

介中国文学特别是中国古典文学的闯将。正是通过他们对中国优美的诗歌及文学故事的移译,提升了中国在西方的地位,表明中国有优美的文学,中国人有道德承担感,有正常的人性,跟欧洲人是同样的人,这就有助于国际的平等交流。同时也让外国读者看到中国的重要性,使广为流传的有关中国的离奇谣言不攻自破,使普通人性在中国人身上重现,原来中西可以沟通并理解,中国人并非像人们想象的那样异样与堕落。

翟理斯作为19世纪末20世纪初的英国汉学家,其在汉学领域的成就不仅推动了英国汉学的发展,同时也代表了这一时期英国汉学的主要特点。实际上,19世纪末20世纪初的英国汉学正处于由"传教士汉学"向"专业汉学"[①]转变的过渡时期,翟理斯,也包括略早于他的理雅各,正是这一时期汉学家的代表,他们有着相似的经历:在华数十年,深深浸染于中国文化的方方面面,并于回国后在国内高等学府中担任汉学教授之职。尽管如此,二人在汉学研究的具体领域却有着较大的不同,理雅各的汉学成就主要在其对于中国经典的译介上,而翟理斯的成就在中英文学交流这一层面的意义更大些。从中国文学向外传播的角度来看,翟理斯的《中国文学史》则为中国学者提供了了解中国总体文学"第一次被纳入西方视野,被纳入世界文学系统中的形态"[②]的一个契机。再加上翟理斯无论在内容还是表述形式方面均比较重视读者的接受因素,所以他在汉学领域的多部著作流传于英语世界,并多次再版发行。其中,《中国文学史》就是翟理斯从总体上介绍中国文学的重要译著。

19世纪以来,随着英国海外殖民地的扩张,英国派往世界各地的传教士与外交官人数激增,其中派往中国的许多传教士与外交官便成为这一时期的主要汉学家。从最初的马礼逊到理雅各再到翟理斯,除此之外,尚有许多不知名的传教士汉学家或外交官汉学家。这些汉学家的双重身份表明其拥有一定的在华经历,他们结束了在华的任职回国后,又继续在汉学领域从事译著研究工作。也就是说,他们的汉学研究是在中国与英国两个地方进行的,因此有些学者将其称为"学院

[①] 张西平将西方汉学的发展历程分为"游记汉学""传教士汉学""专业汉学"三个阶段,可参阅张西平:《传教士汉学研究》,郑州:大象出版社,2005年。
[②] 李为民、桑农:《Giles的草创与郑振铎的批评——西方第一部中国文学史重议》,人大复印资料《文艺理论》2000年第3期。

派汉学"与"侨居地汉学"。①

从地域角度对英国汉学进行区分是研究这一时期英国汉学家的途径之一。"侨居地汉学"除以专著形式出版的汉学成果外②,亦有另一种承载汉学的媒介即期刊③,这些期刊为汉学家们提供了一个平台,他们的汉学观点往往最早出现在这些期刊上,汉学家之间关于中国问题的论争也往往首先出现在这类刊物里,因此具有很大的汉学价值。尚未返国的在华汉学家构成了"侨居地汉学"的重要组成部分,而"侨居地"也是他们从事汉学研究的开始。"侨居地汉学"期刊的研究范围广泛,而与中国现状联系最密切的领域成为了汉学家们关注的重点。④ 虽然翟理斯的汉学家身份最终是通过其在剑桥大学担任汉学教授一职得以实现的,但是其汉学的起点与基础却是在他的侨居地中国,这也是他日后汉学发展的重要源泉。翟理斯从1867年首次入华,先后在天津、台湾、宁波、汉口、广东、厦门等地担任领事馆助理、代领事等职务。对于翟理斯来说,在华的所见所闻给他带来了一些先入为主的观念,这种观念遂成为决定其汉学研究起始方向的最重要因素之一。

仅从《中国评论》(*The China Review*)与《皇家亚洲学会华北分会会刊》(*Journal of the North-China Branch of the Royal Asiatic Society*)所反映的其时"侨居地汉学"整体状况而言,当时的汉学研究存在着研究面大、实用性强的特点,因此可谓"杂而不专"。这些特点也体现在翟理斯的汉学著作之中。也就是说,翟理斯无法摆脱他所处时代的整体汉学特点的束缚。但由于其特立独行的性情,也在一定程度上突破了这种界限的限制。在翟理斯的汉学生涯中,他曾与许多汉学家进行了关于中国问题的论争,如关于《道德经》一书真伪的论争,关于汉诗英译问题的论争,以及一些中国古代词汇翻译问题的论争等。这些论争是了解这一时期汉学界焦点的指南,展现了该时期汉学整体所关注的对象并由此深化了汉学家们

---

① 王国强:《〈中国评论〉与西方汉学》,复旦大学博士学位论文,2007年,第13页。
② 上海的英文出版业,如近代最为有名的上海别发洋行等。
③ 汉学类期刊已然成为这一时期汉学的一个重要组成部分,国内关于这些期刊的研究也在逐步推进,其中以《中国评论》的研究成果最多,如段怀清、周俐玲编著《〈中国评论〉与晚清中英文学交流》(广州:广东人民出版社,2006年),王国强:《〈中国评论〉与西方汉学》(复旦大学博士学位论文,2007年);而对《皇家亚洲学会华北分会会刊》《中国丛报》等汉学刊物也有了一定的研究。
④ 王国强:《〈中国评论〉与西方汉学》,复旦大学博士学位论文,2007年,第78页。

对该问题的认识。①

翟理斯返英后,其汉学著述连续不断,大量译著是在原有的基础上进行增删而重新刊行的。这些再版的论著尽管在文献资料的引证等方面更为丰富,但讨论某些问题的基本观点始终未变。由于在汉学领域广为涉猎并取得多样成就,翟理斯回国后声誉日盛,被时人称为"中国通",以至在英国文化界也具有一定的影响力。②

牛津大学的首任中文教授理雅各倾其一生之力,将儒家多部经典(包括《书经》《诗经》《孝经》《易经》《礼记》《论语》《孟子》《大学》等)完整地译成英文,结集为《中国经典》(*The Chinese Classics*)一书,成为英国汉学史上的重要译著,同时理雅各也翻译了道家经典《道德经》(*The Tao Teh King or Tao Te Ching*)、《庄子》(*The Writings of Kwang-Tze*)以及《太上感应篇》(*The Thai-Shang Tractate of Actions and Their Retributions*)等。如果将理雅各与翟理斯二者的译著比照观之,不难发现后者循着前者的足迹在汉学领域探寻的同时,又开垦出了一片处女地,这就是对于文学领域的关注,或者使得中国文学的研究在英国汉学领域中所占的一席之地更加明确化。③因此,翟理斯这种"注重文学作品本身的翻译④(理雅各是在译介儒家经典时才翻译《诗经》的),并注重译介的选择性和系统性"⑤的倾向,将英国汉学领域中国文学研究的专业化向前推进了一大步。以翟理斯为转折点,英国

---

① 关于这些论争,许多论文专著中已有很详细的论述与资料。如王绍祥:《西方汉学界的"公敌"——英国汉学家翟理斯(1845—1935)研究》(福建师范大学博士学位论文,2004年,第151—182页);王国强:《〈中国评论〉与西方汉学》(复旦大学博士学位论文,2007年,第90—100页);孙轶旻:《近代上海英文出版与中国古典文学的跨文化传播》(北京大学博士学位论文,2009年,第185—211页)。
② 蔡元培先生就庚子赔款一事至英国商谈时,便会见了翟理斯,试图通过翟氏的影响力促使英国政府允诺。参见高平叔:《蔡元培年谱长编》,北京:人民教育出版社,1998年。又:中华民国政府曾于1922年向翟理斯授"二等大绶嘉禾章"。
③ 理雅各的主要汉学著作包括最重要的《中国经典》及《佛国记》《西安府大秦景教流行中国碑考》《孟子生平及其学说》《孔子生平及其学说》等,与文学有关的只有《中国文学中的爱情故事与小说》而已。参见岳峰:《架设东西方的桥梁:英国汉学家理雅各研究》,福州:福建人民出版社,2004年。而翟理斯的主要汉学著作则较庞杂,包括《中国概览》《历史上的中国及其他概述》《汉英词典》《古今姓氏族谱》《中国文学史》《中国之文明》《中国和满人》《中国文学瑰宝》《聊斋志异选》《洗冤录》《佛国记》等。
④ 庄子的散文在战国时期诸子散文中文学色彩应属最浓厚的,翟理斯于诸子之中选择了庄子在一定程度上应当是认识到了这一点。
⑤ 李岫、秦林芳主编:《二十世纪中外文学交流史》,石家庄:河北教育出版社,2001年,第81页。

汉学开始比较全面地关注中国的文学。

在英国汉学史上，阿瑟·韦利以其译述的宏富而著称于世。他的汉学研究涉猎文学、哲学、宗教等领域，中国古典文学的译介尤为突出。霍克思即曾如此赞叹："韦利出版了36部长篇汉学著述，这种产量只有在那些随意删改的译者或者侦探小说家那里才有可能。……此外，韦利还有大量涵盖面广、形式各异的文章，他的成就着实令人吃惊。"[1]

韦利既不是传教士，也没担任过外交官，且从未踏足过中国，未受聘于大学做过汉学教授，缺乏传统汉学认同的身份资格，而其译文平实的追求与传统汉学研究的精英化策略明显相左，尤其是对格律体翻译方法的摒弃，与传统格格不入。围绕译诗应该高雅化还是通俗化的问题，韦利还就翻译法等问题与传统汉学家翟理斯展开过一场长达四年的笔战。作为游离于汉学主流体系之外的一名他者，韦利的汉学研究方法、研究倾向与目的与传统汉学大相径庭。

韦利汉学研究的成就可分为三个方面：中国诗歌、小说的翻译，中国诗人传记，中国古代哲学思想的译介与研究。诗歌的译本有《中国诗歌》、《170首中国诗》、《中国诗文续集》(More Translations from the Chinese, 1919)、《庙歌及其他》(The Temple and Other Poems, 1923)、《英译中国诗》(Poems from the Chinese, 1927)、《诗经》(The Book of Songs, 1937)、《译自中国文》(Translations from the Chinese, 1941)、《中国诗选》(Chinese Poems, 1946)、《大招》(The Great Summons, 1949)、《九歌》(The Nine Songs, 1955)。小说的翻译有《西游记》的节译本《猴王》(Monkey, 1942)、1944年儿童版《猴子历险记》(The Adventures of Monkey), 1973年韦利的妻子艾莉森·韦利(Alison Waley, 1901—2001)将节译本《猴王》予以删节，以《可爱的猴子》(Dear Monkey)为题再次出版。此外，韦利还节译过《红楼梦》《金瓶梅》《封神演义》以及《老残游记》。

韦利的文人传记作品有《诗人李白》(The Poem Li Po A.D.701-762, 1919)、《白居易的生平与时代》(The Life and Time of Po Chü-I 772-846 A.D., 1949)、《李白的生平及诗集》(The Poetry and Career of Li Po 701-762 A.D., 1950)，以及《十八世纪中国诗人袁枚》(Yuan Mei: Eighteenth Century Chinese Poet, 1956)等。此外他

---

[1] David Hawkes, "Obituary of Dr. Arthur Waley," Asia Major, Vol.12, Part 2(1966):145.

还翻译了元人李志常的《长春真人西游记》(*The Travels of an Alchemist: The Journey of the Taoist Ch'ang Ch'un from China to the Hindukush at the Summons of Chingiz Khan*, 1931)。在 1952 年出版的《真实的唐三藏及其他》(*The Real Tripitaka and Other Pieces*)一书中,韦利详细介绍了玄奘生平及西行取经的过程。此外韦利还著文介绍过唐代诗人韩愈、岑参,明朝话本作家冯梦龙,清代小说家刘鹗等人的生平事迹。

韦利译著的中国古代思想著作有孔子《论语》(*The Analects of Confucius*)与老子《道德经》(*Tao Te Ching*)。1997 年北京外语教学与研究出版社首次将这两个译本在中国出版印行。《论语》译本初版于 1938 年,由伦敦乔治·艾伦与昂温出版公司刊行。《道德经》的译本初见于 1934 年乔治·艾伦与昂温公司《方法和力量——〈道德经〉及其在中国思想史上的地位研究》(*The Way and Its Power: A Study of the Tao Tê Ching and Its Place in Chinese Thought*)。此外,韦利还翻译过《孟子》《庄子》《韩非子》《墨子》,这些译文主要集中在《古代中国的三种思维方式》(*Three Ways of Thought in Ancient China*, 1939)中。此外,佛教也是他关注的重点。在为大英博物馆馆藏的斯坦因(Aurel Stein, 1862—1943)盗取的敦煌文献残片作编目的时候,韦利开始研析中国禅宗与艺术的关系,1922 年完成了《禅宗及其与艺术的关系》(*Zen Buddhism and Its Relation to Art*),该书由伦敦卢扎克公司(Luzac)出版。

1953 年,因其卓著的译述成就,韦利荣获该年度的女王诗歌奖章(Queen's Medal for Poetry)[1]。《牛津英国文学词典》称之为"诗人及中日文学的权威译者"[2]。学者张弘称其为"英国第二代汉学家中最杰出的人物"[3]。他的译著如此畅销,主要在于其非凡的翻译才能。谈及这一才能如何培养时,美国当代汉学家白牧之(E. Bruce Brooks, 1936—)认为:不间断阅读与极强的文学敏感性是韦利具备的特殊技能。正是这一技能,才使韦利的汉学成就达到了登峰造极的地步。

作为英国汉学转型期的代表,阿瑟·韦利是以传统汉学的颠覆者形象享誉英

---

[1] 女王诗歌奖章又名为皇家诗歌金奖,因奖章刻有女王的画像而得名。该奖创办于 1933 年,奖励本年度英国诗歌创作界成果卓著的诗人。1985 年,奖励的范围扩大到英联邦。

[2] Margaret Drabble, *The Oxford Companion to English Literature*, Oxford University Press, 北京:外语教学与研究出版社, 2005 年, 第 1070 页。

[3] 何寅、许光华:《国外汉学史》, 上海: 上海外语教育出版社, 2002 年, 第 556 页。

国文坛的。初涉翻译,他便摒弃传统汉学韵律译诗的传统,采用散体翻译法,语言带有明显的汉语痕迹。译文的选择也以中国古代文化典籍为重。《诗经》《楚辞》以及唐前诗赋的翻译,都表现出他对中国道家哲学、佛教思想及民间巫术的倚重。

就翻译策略而言,韦利继承传统汉学侧重中国古代经典译介的思路,主要选择唐及唐前的诗歌、哲学著作为译介的对象。然而在译法的选择上,则表现出其对传统汉学的背离,如散体翻译法及跳跃性诗歌节奏的运用。这一颠覆性策略还表现在其解读汉学经典时采用的文化人类学视角。

就传记策略来看,他秉承传统汉学对唐代诗人李白的推崇,翻译了李白的许多诗作,还为其作传。但传统汉学只重文本翻译,很少将其置于历史的维度对其文学地位做相应的研究。即使是文学史的梳理,也仅限于作家作品的简单罗列。作为一种叙事方式,传记创作本身就是对英国汉学研究方法的超越。韦利以其掌握的丰富史料,完成了《李白的生平及诗集》《白居易的生平与时代》《十八世纪中国诗人袁枚》三大传记,为欧美汉学界的李白、白居易、袁枚研究开拓了新的研究视域。然而,深受母语文化的影响,韦利始终以英伦文化为研究的参照系,以致其对诗人的理解出现了较大的偏差。

对传统译介手法的扬弃,使韦利成为游离于当时主流汉学之外的一个边缘者。其犹太民族身份与性格的怪异加剧了他与英国传统汉学间的距离。为此他埋身于中日文学典籍的译介中,企图从中寻找心灵的皈依之所,尤其是中国古代文化虚静、隐逸的道家生活观对其影响至深,他甚至模仿中国文人弃官归隐的方式生活。在他心里,古代中国是令人心驰神往的心灵圣殿。为了进一步把脉中国文化之精髓,他利用一切机会结交中国学人。丁文江、徐志摩、胡适、萧乾等都是其私交甚密的挚友。

通过上述策略,韦利努力摆脱传统汉学研究者的欧洲中心主义偏见,借此寻求中英之间的平等对话。但其固有的文化身份使他与英国传统文化间始终保持着千丝万缕的联系。他虽然采用散体翻译的直译法,带有明显的异化倾向,但他注重译文的通畅,以此满足英国大众的阅读习惯,又表现出鲜明的归化意识。在其传记创作中,他沿用史传文学编年式叙事的模式来建构作品,但他以西方价值观为评判标准,对李白、白居易、袁枚存在诸多误读。

范存忠先生曾在《中国诗及英文翻译》("Chinese Poetry and English Translations")一文中,详细介绍了英美几位著名的中诗译者,包括理雅各、翟理斯、庞德(Ezra Pound,1885—1972)、阿瑟·韦利等人。他认为,"在对中国诗文翻译的各种尝试中,阿瑟·韦利的翻译最为著名。与其他译者不同,韦利把东方研究当作自己一生的事业"①。韦利确实是一名东方文化迷。临终时他还念念不忘佛教对冥界的称谓"幽途"②,这种痴迷在汉学界极为罕见。

韦利的译诗对英国的传统诗歌产生了很大的冲击作用。他与休姆(T. E. Hulme,1883—1917)、艾略特(T. S. Eliot,1888—1965)、叶芝(William Butler Yeats,1865—1939)等一起推动了英国现代诗的发展。关于韦利在英国新诗中的地位,霍克思曾指出:"20世纪初,英美诗人才读到朱迪特·戈蒂耶(Judith Gautier,1845—1917)的《玉书》(Le Livre de Jade)③,中国诗在英语国家的接受与它对西方诗坛的影响是同时进行的,二者为不可分割的整体。事实上,直到20世纪20年代庞德这位杰出的诗人与韦利这位伟大的学者的译作出版后,中国诗才真正对英国产生了影响。"④1963年,英国BBC广播电台的知名主持罗伊·弗勒(Roy Fuller,1912—1991)曾对韦利有过一次专访。在这次专访中,弗勒坦言:"韦利先生,这次访谈重在谈论你对东方经典的翻译,尤其是中诗英译。说是译诗,我更乐于把它们当作英国诗歌。在我看来,尽管这些诗歌已经出名40多年了,在英国也没有得到重视,但它们还是一战前英国诗坛反驳丁尼生⑤抑扬格诗体改革运动的一部分。"⑥伊文·莫里斯(Ivan Morris,1925—1976)认为,没有韦利的翻译,远东

---

① 范存忠:"Chinese Poetry and English Translations",《外国语》1981年第5期,第17页。
② Ivan Morris, ed., *Madly Singing in the Mountains: An Appreciation and Anthology of Arthur Waley*, London: George Allen & Unwin, 1970, p.26.
③ 《玉书》是朱迪特·戈蒂耶在1867年出版的一本中诗法译读本,在欧洲早期的中诗译本中,该诗的影响很大,它以散体语言翻译而成,成为自由体式译法的典范。
④ David Hawkes, "Chinese Poetry and the English Reader," in *Classical, Modern and Humane: Essays in Chinese Literature*, eds. John Minford & Siu-kit Wong, Hong Kong: The Chinese University Press, 1989, p.80.
⑤ 丁尼生(Alfred Tennyson Baron,1809—1892),19世纪英国著名诗人之一,维多利亚诗风的主要代表人物,代表作有《轻骑兵进击》《抒情诗集》《亚瑟王之死》等,他的诗作题材面广,想象奇特,形式规整,辞藻华丽,且注意诗歌铿锵的节奏。
⑥ Roy Fuller, "Arthur Waley in Conversation, BBC Interview with Roy Fuller," in *Madly Singing in the Mountains: An Appreciation and Anthology of Arthur Waley*, ed. Ivan Morris, London: George Allen & Unwin, 1970, p.140.

的文学典籍就不可能成为英国文学遗产的一部分。① 韦利的挚友阿克顿(Harold Acton,1904—1994)则将韦利归入学者的范畴,强调其翻译的精确:"学者往往写不出好的散文,更不用说好诗,韦利以其学术的精确而震撼文坛。……就像白居易或紫式部的灵魂附着在他身上指导他创作一样。"② 瓦尔特·德·格罗斯比(John Walter de Grucby,1935—)则断言韦利是通往远东文化及社会的一扇窗。③

霍克思成长在英国汉学逐渐由学院式汉学向专业汉学转变的二战时期,他是斯卡伯勒报告(Scarborough Report)的第一批受益者。他的汉学生涯正好活跃在英国整个专业汉学时代。作为英国第一代专业汉学家代表,他见证了英国专业汉学的预备期(二战后至20世纪50年代末)、黄金期(20世纪60年代)、停滞期(20世纪70—80年代末)直至如今的重建期(20世纪90年代至今)。霍克思对汉学研究、中国文学文化以及汉学翻译均有自己的看法与主张。在他看来,英国汉学应该摆脱历来与宗教、政治和经济的密切瓜葛,以学术为本位,坚持以文学为研究与教学的基础。他顺应二战后英国汉学日益明显化的专业性特征,完成了汉学家身份从传教士、外交官、汉学业余爱好者到学者背景专事汉学研究的专业汉学家的转换。

其实,霍克思自20世纪40年代选择中文作为自己专业的那一刻起,就与汉学结下了不解之缘。他的汉学翻译与汉学研究成果斐然,广涉中国诗歌、戏剧及小说各个文类。他所翻译的《楚辞》是欧洲首部完整的楚辞作品英译本,出版当年即被列入"联合国教科文组织中文翻译丛书"。他的《杜诗入阶》(*A Little Primer of Tu Fu*)是西方读者学习汉语、了解中国诗歌以及中国诗人杜甫的最好读本之一。他与闵福德(John Minford)合作翻译的《石头记》(*The Story of the Stone*)更是英语世界第一部完整的《红楼梦》译本,一出版即受到广大读者的喜爱,为中国古典名著在西方的传播做出了卓越的贡献。他晚年的译著《柳毅传书》(*Liu Yi*

---

① Ivan Morris,"The Genius of Arthur Waley,"in *Madly Singing in the Mountains:An Appreciation and Anthology of Arthur Waley*,London:George Allen & Unwin,1970,p.67.
② Harold Acton,*More Memoirs of an Aesthete*,London:Hamish,1986,p.26.
③ John Walter de Grucby,*Oriental Arthur Waley,Japonism,Orentalism and the Creation of Japanese Literature in English*,Honolulu:University of Hawaii Press,2003,p.4.

and the Dragon Princess)则包含了改编、翻译与配乐工作,为中国戏剧的西传提供了宝贵的经验。

霍克思在1955年书评《汉语翻译》中对自己的翻译理念有明确的表述:"我觉得,译者应该谦卑,更多关注原著的忠实传译与接受效果,而不是自身创造力的发挥或是个人更大声誉的获得。"① 秉执这一理念,他赞赏韦利的译诗,称之为"最优秀的翻译"②,因为在他看来韦利"既是语言学家也是诗人"(philologer-poet)③。诗人能保证诗歌神韵的传达,而语言学家能保证诗义的转换到位,两者的结合才能保证译作的成功。

汉诗中包含数量繁多的典故,以往汉诗英译在处理典故问题上多不约而同地采取回避、隐去或者简单概括的策略,翟理斯、韦利、克莱默·宾、佛来遮、弗洛伦斯·艾斯库(Florence Ayscough)等汉诗的主要英译者均是如此。韦利对典故多的诗歌从来不试图翻译,在他看来:"传统典故一直以来都是中国诗歌的缺点,是它最终毁了中国诗歌。"④

霍克思提出了与前辈学者完全不同的思考,在他看来,"这一成了许多西方学生在理解中国诗歌或实际上任何一种中国的文学形式时最大的拦路虎的典故问题,更多的是由于他们自己的文化疏离而不是中国诗的朦胧性造成的"⑤。霍克思认为,任何诗歌的欣赏都需要一定程度的共鸣,而这只有通过认真的努力才能达到。霍克思因而建议"译者应在这些传统意象一出现时就为读者指出并加以解释,以便读者更快地吸收"⑥。霍克思批评华生译著《寒山诗百首》的一个最大问题就是"注释太马虎"。原本一个简注就能解决问题,可是华生却没有提供,这使得西方读者会错过很多知识。⑦

---

① David Hawkes, "Translation from the Chinese," in *Classical, Modern and Humane: Essays in Chinese Literature*, eds. John Minford & Siu-kit Wong, Hong Kong: The Chinese University Press, 1989, p.235.
② Ibid., p.231.
③ Ibid.
④ Arthur Waley, *A Hundred and Seventy Chinese Poems*, New York: Alfred A. Knopf, 1918, p.7.
⑤ David Hawkes, "Chinese Poetry and the English Reader," in *Classical, Modern and Humane: Essays in Chinese Literature*, eds. John Minford & Siu-kit Wong, Hong Kong: The Chinese University Press, 1989, p.92.
⑥ Ibid., p.96.
⑦ David Hawkes, "Cold Mountain," in *Classical, Modern and Humane: Essays in Chinese Literature*, eds. John Minford & Siu-kit Wong, Hong Kong: The Chinese University Press, 1989, p.250.

霍克思的汉学研究从内容上看，以文学为基础主要涉及楚辞研究、中国诗歌研究、《红楼梦》研究、中国戏曲研究及中国现代文学个案研究。从方法论上看，霍克思作为专业汉学家有着与前辈学者不近相同的研究路径。他的研究在西方传统文献学方法的基础上，注重从比较思想视野阐释学术文献的意义，实现了由前辈学者的史迹考察向文献意义阐释的研究范式转向。他在中国文学研究中综合借助文献学、考古学、心理学、人类学及宗教等跨学科知识，对中外学者也不啻为一大启发。

霍克思在中英文学交流史上成就最大的是他的翻译成就。《红楼梦》英译本是霍克思享誉中外文学界与学术界的译作。楚辞英译是一种典籍翻译，杜诗英译是一种教材类翻译，而霍克思对《红楼梦》的翻译则尝试的是娱乐读者的文学翻译。从戏曲片段翻译到庆寿短剧《蟠桃会》的英译，再到《柳毅传书》的全译，霍克思在中国戏曲翻译上也做出了一定的努力。

霍克思的汉学研究论文数量众多，散刊于《大不列颠及爱尔兰皇家亚洲学会会刊》(Journal of the Royal Asiatic Society of Great Britain and Ireland)、《伦敦大学亚非学院学报》(Bulletin of the School of Oriental and African Studies, University of London)、《美国东方学会会刊》(Journal of the American Oriental Society)、《太平洋事务》(Pacific Affairs)及《泰晤士报文学增刊》(The Times Literary Supplement)等各大重要的海外汉学研究与评论期刊。从楚辞、汉赋、唐诗、宋词到元杂剧、清代小说，再到近现代作家作品，他都有广泛涉猎与独到见解，为英语世界深入了解中国与中国文化可谓鞠躬尽瘁。尤其是其中数量可观的书评更是见证了霍克思为促进中国文化的传播所做的可贵努力。他时刻关注西方汉学译介的学术前沿，撰写书评及时向西方世界评荐传播与研究中国文化的优秀译著，为促进中国文化的传播打开了另一个窗口。他的牛津生涯影响与启蒙了一代年轻人，引导不少后学走上了汉学研究之路，其中如闵福德、霍布恩(Brain Holton, 1949—)已是现代英国汉学中坚。闵福德的《孙子兵法》、《聊斋志异》、《红楼梦》(后40回)英译，霍布恩的苏格兰版《水浒传》等都已是汉学界知名的译著。在培养西人阅读与研究风气的同时也促成了中西学术的讨论与互动。正如英国汉学家卜立德(D. E. Pollard, 1937—)所言，"韦利是一个有待探究的现象，而我们只要读上几页霍克思的汉学论文选集就会明白霍克思的学识同样是惊人的"①。

三、比较文学视角与汉学研究思路

　　海外汉学研究属于中外文学、文化交流的研究领域,因而也属于比较文学研究的学科范畴。以英国汉学在19世纪下半叶至新世纪初期的发展为背景,从中英文学交流的角度来重新观照、审视三大汉学家的汉学经历、成就及影响,就必须借鉴历史分析等传统学术研究方法,并综合运用西方新史学理论、接受传播学理论、文本发生学理论、跨文化研究理论、文化传递中的误读误释理论等理论成果,从文学交流角度准确定位三大汉学家在英国汉学史上的地位,清晰勾勒他们如何通过汉学活动以促进中英文学、文化交流发展的脉络。这不仅有利于三大汉学家汉学面貌的清晰呈现,也对中国文学与文化的域外传播大有裨益,同时还有助于我们透视西方人眼中的中国文化。

　　因此,海外汉学研究作为中国比较文学学科的一个重要领域,必将成为在海外弘扬中华文化的一方重镇,它昭示的是中国文化的世界性意义。中国自1218年蒙古帝王成吉思汗铁蹄西征欧洲诸国所展开的初次"谋面"始,与西欧就有了或多或少的接触与交流。中西上下七百多年的交流史,同时也是英国汉学的发展史,在这一历史过程中,西方汉学家是一批研究与传播中国文化的特殊群体。他们在本国学术规范与研究传统下做着有关中国文化与文学的研究与翻译工作,在他们的辛勤笔耕下,中国文学作品与中国文化来到了异域他国,他们所精心从事的中国文学与文化研究阐释工作也在其所在国产生了影响,并反过来对中国学术发展产生一定的促进作用。汉学家独特的"非我"眼光是中国文化反照自身的一面极好的镜子,正如陈跃红教授所说,"那正是我们所需要的"②。从交流的角度挖掘几代西方汉学家的存在价值并给予其公正的历史定位,既有利于中国文化走向世界,也有利于中国学术与世界接轨,但目前这一领域的工作在中国亟待拓展

---

① D. E. Pollard, "(Untitled Review) *Classical, Modern and Humane: Essays in Chinese Literature*, by David Hawkes; John Minford; Siu-kit Wong," *Chinese Literature: Essays, Articles, Reviews*, Vol.13(1991):191.
② 陈跃红:《汉学家的文化血统》,任继愈主编:《国际汉学》(第8辑),郑州:大象出版社,2003年,第31页。

与深化。比如说关于霍克思研究,中国学人多关注其《红楼梦》英译,西方学者多肯定其汉学成就,鲜见从交流角度结合其整个汉学活动生涯对其展开个案研究的论文或专著。

其实,霍克思在任牛津汉学讲座教授几年后,即从比较文学的视角正面回答了汉学这一学科安身立命的问题:"我们至少可以指出中国研究对比较文学的重要性……对于比较文学来说,中国文学研究的价值在于它构建了一个独立完整的文学世界,一个与西方完全不同的文学世界。"①也就是说中国文学的价值在于其与西方的相异性,作为世界文化的一个组成部分,其独特性使其有了存在与被研究的必要。霍克思认为对不同文学间主题、文类、语言表达与思想表达的差异的寻找等都是中西文学比较中可开展的话题。"实际上汉学研究者所处的境遇有些类似于语言学家被要求描述迄今为止还无记录的某种语言具体情况时的处境。汉学家们一方面期望从中找出一些与自身文化相熟的东西,一方面又期望能找出一些新的、与自身过去经历无法相比的东西。"②这就是汉学,归根到底属于比较文学的一个分支,它在比较文学的领域内才能真正找到自己的意义所在。

汉学研究要以文学为基础。"我们必须始终坚持汉学科以文学研究为基础"③,这是霍克思就职演讲中"人文"(humane)一词的含义所在。humane 通常理解为"人道的",但在霍克思的定义中是与牛津汉学教学传统的典籍阅读相对的,可中译为"人文(的)"。"四书五经"太过古远,纵使对于本国语读者来说都需要注释,更何况是异域读者?文学就是一个世界,它相当完好地记录下它那个年代的一切。霍克思对文学的重视、对人文的强调促使他一生汉学翻译与研究活动关注的都是中国文学作品。

汉学研究要注意各领域成果、方法的相互借鉴与综合利用,反对实用主义的研究方法。霍克思发现 20 世纪 20 年代以来,考古学家、古文书学家、词源学家和

---

① David Hawkes,"Chinese Literature:An Introductory Note," in *Classical,Modern and Humane:Essays in Chinese Literature*,eds. John Minford & Siu-kit Wong,Hong Kong:The Chinese University Press,1989,p. 72.
② Ibid.,p.74.
③ David Hawkes,"Chinese:Classical,Modern and Humane,An Inaugural Lecture Delivered before the University of Oxford on 25 May 1961," in *Classical,Modern and Humane:Essays in Chinese Literature*,eds. John Minford & Siu-kit Wong,Hong Kong:The Chinese University Press,1989,p.23.

文本批评家等的通力合作为西方描画古代中国增添了不少色彩。霍克思曾概括韦利汉学研究中的具体方法,认为面对新出现的汉学研究领域之外的辉煌成就,韦利所做的并不仅仅是调和所有这些发现的成果并以一种令人愉快的方式展现出来而已,"事实上,在研究中,韦利阅读了大量人类学资料及世界各地的文学(只要浏览一下其《诗经》英译的脚注就可明白他兴趣的广泛),从而能够在更加广阔的语境中研究古代中国。中国古代文化不再遥远得像是一种已被遗忘了的月球文化,而是我们自己文化遗产的一部分,它的国民就是我们的同胞"①。霍克思通过阅读各国最新的汉学研究成果,综合借鉴西方历史、宗教、语言学、人类学等领域的先进研究方法来进行他的文学研究,尤其善于借用人类学的方法与视野来研究文学方面的问题。这方面霍克思与他的前辈韦利在英国汉学史上具有开创意义。

霍克思在比较文学视域的研究框架下,指出了汉学研究独特的价值所在。在霍克思的汉学研究中,他时刻不忘比较视域,其学术路径在传统语言学(文献学)研究方法基础上增加了比较思想视野下审视学术文献意义的步骤。对于霍克思而言,研究汉学既是为了了解中国,了解一个不同于西方的文学世界,也是为了中英互比、互识与互证。此中贯穿着比较,贯穿着两种文化的互识与交流,霍克思漫长的汉学研究之路自始至终都非常注重中西比较与会通。在他看来,"学习汉语不是仅仅学习一门外语,而是学习另一种文化、另一个世界,就如米歇莱所说的'亚洲尽头的另一个欧洲'"②。他在《楚辞》的译研中深为伟大而又身遭噩运的楚国的艺术感染,他感到"楚辞中的早期诗作并不是孤立不可解的文学现象,而是一种杰出、迷人文化的精彩展现"③。在汉诗研究中,他也有着相似的感悟:"透彻理解其中的'同与异'(用中国话来说)甚至有可能引导我们重新评估我们对自己诗歌所持有的一些看法。"④即使是在西方较为滞后的中国古代文论的汉学研究,

---

① David Hawkes, "From the Chinese," in *Classical, Modern and Humane: Essays in Chinese Literature*, eds. John Minford & Siu-kit Wong, Hong Kong: The Chinese University Press, 1989, p.246.
② David Hawkes, "General Introduction," in *Ch'u Tz'ŭ, The Songs of the South: An Ancient Chinese Anthology*, London/Boston: Oxford University Press/Beacon Press, 1959/1962, p.19.
③ Ibid.
④ David Hawkes, "Chinese Poetry and the English Reader," in *Classical, Modern and Humane: Essays in Chinese Literature*, eds. John Minford & Siu-kit Wong, Hong Kong: The Chinese University Press, 1989, p.99.

霍克思认为比较文学的加入也能对其起到大大的刺激作用。西方学者需要了解大量的文学作品方可进入中国文论的研究领域，"然而一旦时机来临，在学术景观上比较文学的出现早已刺激了中国古代文论的研究，某种有利的发展条件可以说业已存在"①。正是秉着这样的观念，霍克思才会认为刘勰《文心雕龙》对文学概念的定义"虽然有些神秘，但也并不是真的与西方文学中的创造论有截然之别，从某种意义上说它类似于西方把作者比作上帝的说法"②。同样，站在比较文学的视域中霍克思也觉悟到西方文学是宗教性的，而中国文学则主要是世俗文学，中国的社会也主要是世俗社会；封建帝制下的中国犹如没有基督教的中世纪欧洲社会，整个统治阶级都是社会的官员③。《楚辞》英译初版《招隐士》的导读文字中，霍克思在关于此卷作者、创作时间及史料价值的考辨中不忘提醒读者注意《招隐士》作者对自然的态度与英国18世纪的新古典主义者惊人地相似："值得注意的有趣现象是《招隐士》的作者，远远早于中国山水画的创始时期，表现出对自然与英国奥古斯都文学如出一辙的态度：都极不喜欢未被驯化的严酷自然。"④而他在书评《雄浑的时代》（"The Age of Exuberance"，1983）中分析闺情诗集《玉台新咏》中中国女性的真正形象时指出，诗中的形象更多是"中国男性诗人自我愿望想象的产物，现实中的中国女性总体而言可视为普契尼《图兰朵》一剧中那傲慢无情的图兰朵而不是忠贞多情的侍女柳儿"⑤。霍克思比较视野下的文化阐释之例可谓不胜枚举，此法应该说是贯穿其汉学研究始终的重要研究路径，亦昭示着其致力于中西文化沟通的研究理念。

---

① David Hawkes,"(Untitled Review) *The Literary Mind and the Carving of Dragons*.By Liu Hsien.Tr.with an Introduction and Notes by Vincent Yu-chung Shih," *The Journal of Asian Studies*, Vol.19, No.3(1960)：331.
② David Hawkes, "Chinese Poetry and the English Reader," in *Classical, Modern and Humane：Essays in Chinese Literature*, eds. John Minford & Siu-kit Wong, Hong Kong：The Chinese University Press, 1989, p.77.
③ Ibid., p.75.
④ David Hawkes, "Chao Yin Shih," in *Ch'u Tz'ǔ, The Songs of the South：An Ancient Chinese Anthology*, London/Boston：Oxford University Press/Beacon Press, 1959/1962, p.119.
⑤ David Hawkes, "The Age of Exuberance," in *Classical, Modern and Humane：Essays in Chinese Literature*, eds. John Minford & Siu-kit Wong, Hong Kong：The Chinese University Press, 1989, p.310.

四、年谱编撰的史料价值与学术意义

十多年前,笔者曾出版《中英文学关系编年史》,因为此前国内学界尚未从编年史的角度全面系统地进行中外文学关系史的研究。业师钱林森先生在给该著所写序言中曾说:"这本国别文学关系编年史具有开创意义,填补了这一学术领域的研究空白。假如所有国别文学关系史的研究均从史料搜集、资料编年开始,在此坚实的基础上再撰写国别文学交流史,那该是一件多么有意义的学术工程。"① 同样,国内学界从年谱编撰的角度,全面展示海外汉学发展或文学文化交流的著述也不多见,假如投入精力在资料普查的基础上,认真做数部海外汉学家的年谱或事迹编年,必会为海外汉学研究的拓展提供坚实的史料基础和值得研究的课题方向,使得各种专题研究有一个汉学史发展的参照系。

年谱是一种编年体传记,它以谱主为中心,以时间为经,以事实为纬,按年月记述谱主一生及其相关的事迹,所谓"叙一人之道德、学问、事业,纤悉无遗而系以年月者,谓之年谱"。年谱一般包括谱主的姓名、籍贯、家世、生平、交游、思想和著述等。年谱有考世知人的史料价值。编撰年谱,应当重视谱主所处时代的"风教",应当"设身处境"。传主的身世直接或间接影响他们的汉学翻译理论、目的与策略,也影响他们对中国文化与文学的认知。

任何一个学术观点的总结,都必须建立在基础文献的整理和推进上。在作家作品的个案研究中,年谱的著录就属于这种沉潜式的学术根基研究。它对于深入观照该作家的文学活动、文学作品和创作心态,显得十分重要。三大汉学家的地位、贡献显著,值得探讨研究的问题颇多。如若不能清晰地整理他们的生平行迹,这一学术目的恐怕难以达到。因而我们力求在客观真实的基础上,为进一步展开三大汉学家的汉学研究奠定坚实的文献基础。

在一般人文学者眼里,没有人怀疑史料的重要性,但也有人认为史料工作的学术地位不高,史料工作简单而费力、有用而不讨好,只不过是服务于具体的专题

---

① 葛桂录:《中英文学关系编年史》,上海:上海三联书店,2004年,第1—2页。

研究工作。这样,在片面强调理论创新、多快好省制造成果的学术生态中,史料建设之类的基础工程得不到应有的重视。学者刘福春在思考新诗史料工作为何很难吸引更多的人并形成一支专业队伍时,总结过三点原因:①史料工作细碎,需要积累,时间长,很难见成效;②成果出版困难,工作见效慢;③出版的史料成果学术地位不高或没有学术地位。但是,正如刘福春所提示的那样,"史料工作"自古就是"研究工作"的一部分,从汉代的朴学,到清代的乾嘉学派,目录、版本、训诂、考据、校注、辨伪、辑佚、考订等都是重要学问。史料工作应该有其独立的学科地位,有其研究范围、治学方法和独立的学术价值。有了一支专业队伍,以"发掘"与"求真"为特征的史料工作才有可能进入"研究"层次。没有翔实的史料占有,研究工作很难游刃有余。①

来新夏先生曾通过对近三百年人物年谱的试探性检读,感到这种做法可以使别人得到方便,节省精力。他由此联想,"如果对史籍的每个门类或小目类都有人分别去清查一下底数,并把结果写出报告,编制一些工具书。那么,人们在搜集资料工作上就不需要人人都从头搞起,而是已有少数人为多数人摆好了'梯子',或者说作了'铺路石子'的工作了"。这种铺路工作,陈垣先生曾在《中西回史日历》自序中说:"兹事甚细,智者不为,然不为终不能得其用。"来新夏先生体会到:"这种做法不仅可以开拓目录学研究的实践领域,而且将使更多的学术工作者把主要精力用于剖析史料、论证史事、发现问题、扩大研究领域,使学术研究能更快地向前发展。"②

由此可见,年谱、编年史类的著述,是学术研究的基础建设工程,也是我国人文学科前辈学者治学的优良传统。它既是学科发展到一定阶段的产物,也是学科进一步可持续拓展的重要基础。因为它能使大量原本纷繁复杂的中外文学与文化交流史料,经过系统的整理编排,呈现清晰可辨的脉络,为研究者深入探讨某一时段的文学与文化交流问题搭建一方宽阔的时空平台。

顾炎武有所谓"取铜于山"之说。西哲笛卡尔亦说:"拼凑而成、出于众手的作品,往往没有一手制成的那么完美。我们可以看到,由一位建筑师一手建成的

---

① 刘福春:《艰难的建设——史料卷导言》,载《百年中国新诗史略》,北京:北京大学出版社,2010年,第398—399页。
② 来新夏:《近三百年人物年谱知见录》(增订本),北京:中华书局,2010年,第901页。

房屋,总是要比七手八脚利用原来作为别用的旧墙设法修补而成的房屋来得整齐漂亮。"①"单靠加工别人的作品是很难做出十分完美的东西的。"②钱钟书也说过,"对经典第一手的认识比博览博士论文来得实惠",要有"第一手认识"③,就是要直接面对作品原著与原始材料,发现真正属于自己的东西。原始资料之所以值得重视,就在于它在史料中的原始性,以及反映的主体事实方面有较高的可靠性。而年谱、编年史著述在史学意义上的最高标准就是保持历史的真实性,这些都需要原始资料的支撑。

年谱、编年史著述的价值与意义何在?首先可以还原文学交流历史时空的面貌。鲁迅先生讲到文学研究要"知人论世"时说,"分类有益于揣摩文章,编年有利于明白时势"(《且介亭杂文·序言》),并拿古人年谱,近世人时有新作的事,证明大家已经省悟这个道理。明白时势,就是希望能够最大限度地还原文学交互历史的场景,这是年谱、编年史著述体例的长处。试图展现中外文学交流的原生态面貌,是本领域研究者的一个学术理想。

与专题研究相比,年谱、编年史在展现文学交流历程的复杂性、多元性方面获得了极大的自由。专题史的写作,往往在材料的选择与阐释中丢弃了好多"例外",因而不容易看出思想史意义上的交流轨迹。采用年谱、编年体著述,更能展开具体而丰富多彩的历史流程。可以发现在同时代里的不同信息相向而视,历史的张力得以显现,历史的空间得以还原。将一个交流事实放在历史时段中看,它的起因、内涵及与周边社会文化的内在联系,才能辨别及合理解释。正如陈世骧(Shih-hsiang Chen)《法国唯在主义运动的哲学背景》中所说:"一株奇异生物的长成,不但表现自己本身的形色,而同时映射着一个特殊的季节,和一片变性的土壤。它放送的气息,代表着四周的氛围。"④受跨文化交流洗礼过的文学事实,即如这样一株奇异的生物,蕴藏于其中的多重气息,置于年谱、编年史语境中才能昭然若揭。

汉学家的汉学年谱主要是通过编年的方式,展示谱主的汉学历程及其地位、

---

① [法]笛卡尔:《谈谈方法》,王太庆译,北京:商务印书馆,2005年,第11页。
② 同上,第12页。
③ 1981年10月24日信,见牟晓朋等编:《记钱钟书先生》,大连:大连出版社,1995年,第105页。
④ 陈世骧:《陈世骧文存》,沈阳:辽宁教育出版社,1998年,第104页。

贡献。因而，汉学事迹编年是其中最重要的史述方式。汉学家年谱的编著，不仅可以为初学者及研究者提供必要的帮助，而且也能为普通读者了解中外文学、文化交往史，或者中国文学、文化在海外传播的历程及影响，提供简明指南。

同样，汉学家年谱对于研究汉学著述的专题研究（创作情况、成书过程、流传和评论等）有所帮助，并能够关注重要汉学著述（诗文选译本）的纂辑过程、汉学界的交游掌故、汉学史上的观念之争（如理雅各、翟理斯之争，翟理斯、韦利之争）。

梁启超在《中国历史研究法补编》一书中提出"附见的年谱须简切""独立的年谱须宏博"，很有道理。附于论著（学位论文）之后的年谱或发表于学术刊物的年谱，多为一两万字，以简切为上。独立编撰的一个谱主的专谱多在20万字以上，有的年谱长编达百万余字。

本书选择三大汉学家年谱合刊形式编撰，属于中型容量，每位汉学家年谱的字数都在10万字以上。但他们之间又有前后传承关系，也做着同样的汉学事业，某种程度上也是19世纪中期至21世纪这150余年，英国汉学史甚至中英文学交流史的缩影。

翟理斯（1845—1935）汉学年谱[①]

[①] 本谱编著特别参考了王绍祥先生的论著《西方汉学界的"公敌"——英国汉学家翟理斯（1845—1935）研究》（福建师范大学博士学位论文，2004年），借鉴转引了其中的大量信息，特此致谢！也感谢王国强先生，他寄来了英文版《翟理斯回忆录》，供我们编谱参考。

1845 年　诞生

12 月 18 日,翟理斯出生于英国牛津北帕雷德的文人世家,是约翰·艾伦·贾尔斯(John Allen Giles,1808—1884)牧师①的第四个儿子,他有三个哥哥、一个姐姐和一个妹妹。但是,翟理斯的长兄、仲兄很小就夭折。约翰·艾伦·贾尔斯时为牛津大学基督圣体学院(Corpus Christi College)资深成员,是英国 19 世纪最勤于笔耕、最多产的作家之一。② 翟理斯自小在父亲督促下抄写拉丁文、希腊文,

---

① 约翰·艾伦·贾尔斯牧师于 1808 年出生于萨墨塞特郡马克县(Mark,Somerset)的一个并不富裕的大家庭中。家中共有 16 个兄弟姐妹,他是长子。早年,他曾就读于著名的查特豪斯公学(Charterhouse)(翟理斯后来也在该校就读了四年)。之后,他靠着帕斯与威尔斯(Bath & Wells)奖学金进入了牛津大学基督圣体学院。1828 年,获学士学位。1831 年,获硕士学位。1832 年,当选为牛津大学基督圣体学院资深成员(Fellow)。他本想进入著名的伦敦中殿法学协会(Middle Temple,有鉴定律师的权力)学习法律,但是,他的母亲希望他成为一名神职人员。最后,他的母亲说服了他,让他当上了萨墨塞特客星顿(Cossington in Somerset)的一名副牧师。之后,他也曾尝试着办学校。1836—1840 年间,他曾任伦敦市立学校(The City of London School)校长,他本想有一番作为,但事与愿违。外界称他"没有能力管教学生","学生在他的管理之下毫无起色"。在一片批评声中,贾尔斯黯然辞去了校长一职,开始在巴格谢特(Bagshot)附近地区收一些学生,但最主要还是从事写作。之后,他回到了牛津郡的班普顿(Bampton,Oxfordshire)当牧师。参见王绍祥《西方汉学界的"公敌"——英国汉学家翟理斯(1845—1935)研究》,第 20 页。

② Leslie Stephen and Sidney Lee,eds.,*Dictionary of National Biography*:*From the Earliest Times to 1900*,Vol.xxi,Oxford:Oxford University Press,1968,p.348.

广泛涉猎古希腊罗马神话及历史书籍。

  按：他在回忆青少年时期的这段岁月时，不无感慨地说："18岁以前，我所接受的教育完全是古典式的教育。"①正是这种古典式的教育，造就了翟理斯严谨的英国作风，也为他日后在汉学领域的卓越建树打下了坚实基础。翟理斯以文为业、以笔为生的一生与其家学熏陶密不可分。

1854年　9岁

入牛津基督文法学校(The Christ Church Grammar School)就读，寄宿在贾尔斯牧师的好友科夫(Corfe)博士家中。

9月12日，患斑疹伤寒。9月16日病重，高烧持续不退。10月2日晚，病情危急，几乎丧生，学业不得不中断。

贾尔斯牧师在主持简·格林的婚礼中因违背相关教规而被控告。10月22日，贾尔斯牧师被威特尼(Witney)警方逮捕。

1855年　10岁

3月4日，贾尔斯牧师违反教规案在牛津审理，法院对贾尔斯提出了多项控诉，"控方列举了不下七条罪状"。主持审判工作的首席大法官坎贝尔(Lord Chief Justice Campbell)，裁定贾尔斯牧师确实违反了议会法案，但是他指出："本案并没有涉及道德问题，因为当事人双方都急于成婚，而且双方的恋情有悖常理。因此，我无法想象贾尔斯牧师是出于什么样的原因才能做出这些不应该做的行为。"结果，贾尔斯牧师被判入狱12个月，关押在牛津堡(Oxford Castle)②。此事导致翟理斯家庭陷入困境，蒙上巨大阴影。翟理斯也因此辍学，在他幼小心灵里植下了仇

---

① Herbert Allen Giles, "The Memoirs of H. A. Giles," edited and with an Introduction by Charles Aylmer, *East Asian History*, Nos.13/14, 1997, p.8.
② *Journal*, 1850–1870, Shelfmark: MS.Eng.b.2100, fol.52, in *Journals of John Allen Giles*, c.1815–1884, Bodleian Library, University of Oxford, pp.53, 56.转引自王绍祥《西方汉学界的"公敌"——英国汉学家翟理斯(1845—1935)研究》，第29页。

恨牛津主教的种子①。后经坎贝尔大法官四处奔走以及先前的牛津大学同人们多方努力,贾尔斯牧师最终获得了皇家特赦,在牛津堡关押了三个月之后,终于在6月4日获释,回到了班普顿。

8月6日,贾尔斯牧师举家迁往坐落于诺丁山(Notting Hill)的新家。甫一安定,贾尔斯牧师即着手联系翟理斯上学事宜。多番努力之下,终于将翟理斯送入查特豪斯公学就读。

1863年　18岁

为缓解家道中落的压力,翟理斯决定不入牛津大学学习,选择了参加印度行政参事会(Indian Civil Service)举办的考试。

6月13日,翟理斯前往巴黎,学习法语。在写给父亲的信中称"在巴黎待上一段时间,使自己的法语更加完美"。在巴黎期间,他翻译了希腊悲剧诗人埃斯库罗斯(Aeschylos,约前525—前456)的著名三部曲《阿伽门农》(Agamemnon)、《奠酒人》(Choephorus)和《欧墨尼得斯》(Eumenides),收入其父主编的"经典入门"(Dr. Giles' Keys to Classics)译丛。

　　按:翟氏《回忆录》的前言称:"我直到18岁接受的教育都是古典的。接着,我除了拉丁语和希腊语还增加了法语和意大利语。之后,我在21岁来到中国。我对详细的语法类比并不产生兴趣。我广泛阅读而非细读,这样接受了汉语,后来喜爱上了一些传递古希腊和罗马神话、历史和诗歌文学精神的

---

① 1873年,身在中国的翟理斯在得到牛津主教的死讯后,给父亲贾尔斯牧师写了一封信:"亲爱的爸爸,您又取得了一个重大的胜利——因为恶魔死了,因为您比他长寿,有什么比这种胜利来得更彻底呢? 在敌人日渐腐化,日渐从高高在上、不可一世的位置上跌落时,您仍能享受生命、享受健康,难道不值得庆幸吗? 或许您在很久以前就原谅了这个可鄙的老滑头,而且时间也让妈妈的仇恨有了缓解。但是,至少还有两个人是在诅咒牛津主教的过程中成长起来的,他们每天早晨起来和晚上睡觉时都在诅咒,饭前的祷告和饭后的感恩都离不开这个内容,他们就是——埃伦(Ellen,即Ellen Harriet Giles,翟理斯的妹妹——引者注)和我! 没有人教我们去诅咒那个圆滑的主教,而且过去我们一诅咒,妈妈就会说:'嘘!'虽然,她一直都很喜欢我们这么做。我们会本能地仇恨和诅咒那个本来想让我们成为愚顽和敌意的祭坛上的牺牲品的人。我们无时无刻不在诅咒这个老流氓;我们开始仇恨时还太年轻,而且也太激烈了……翟理斯,1873年8月7日于宁波"转引自王绍祥《西方汉学界的"公敌"——英国汉学家翟理斯(1845—1935)研究》,第30页。

东西。之后,我完全被汉学的旋流所吞没。"①

1866 年　21 岁

3月18日晚,翟理斯前往伦敦,准备参加次日印度行政参事会专员(The Indian Civil Service Commissioners)的面试,不料突然生病。

3月21日,贾尔斯牧师至伦敦。翟理斯终因病体不支,原定七天的考试有两天缺考。待成绩公布,方知因26分之差(总分2000分)而落选。命运再次捉弄了翟理斯,他为之辛苦准备多时的考试因病魔而失败了。

8月26日,英国内务部(The Home Office)拟录用翟理斯,但他因尚在巴黎难以参加考试,而与此良机失之交臂。贾尔斯牧师没有气馁,又开始寻找购买受俸牧师推荐权的机会,希望翟理斯毕业之后,能够由自己推荐进入教会。在此期间,牛津大学沃斯特学院(Worster College)院长科顿博士为翟理斯写了两三封推荐信,推荐翟理斯上牛津大学,皆无下文。

1867 年　22 岁

1月,翟理斯由英国外交大臣提名,参加了英国外交部中国司(The Chinese Department)的考试,若通过选拔考试,即可获得进入英国驻华使领馆的资格。无论是学历还是年龄,他都完全符合条件(查特豪斯公学毕业,22岁)。

2月1日,成绩揭晓,在15名考生中,名列第三,成绩相当优秀。

2月2日起,正式加入英国外交部,任英国驻华使馆通译生。贾尔斯牧师感到无比欣慰:翟理斯终于靠自己的努力,为自己赢得了一份生计。②

3月20日,翟理斯启程前往中国,此乃其首次入华。以翻译学生的身份进入英国驻华公使馆,开始在北京学习汉语。③

5月,开始在北京研究汉语。最初借助马礼逊所编《五车韵府》(*A Dictionary*

---

① Herbert Allen Giles, "The Memoirs of H. A. Giles," edited and with an Introduction by Charles Aylmer, *East Asian History*, Nos.13/14, 1997, p.8.
② 1867年,翟理斯加盟英国驻华使领界时,翻译学生的年薪是200英镑。
③ Herbert Allen Giles, *Autobibliographical*, etc., Add.MS.8964(1). Cambridge University Library, p.2.

of the Chinese Language）①简写本。福开森(John Calvin Ferguson,1866—1945)曾描述翟理斯初学汉语时的情景："学习汉语时,曾经孤零零的一个人待在一间房间里,面对一个根本不会说英语的老师,唯一可以帮得上他的忙的就是马礼逊的《五车韵府》。"②

翟理斯作为翻译生时,适逢威妥玛任使馆汉文正使,专门负责翻译学生的初级语言培训。威妥玛在英国驻华外交界始终是一位中心人物,不仅是一名外交官,而且是威妥玛拼音方案的创始人。

按:1855 年,年仅 37 岁的威妥玛晋升为英国使领馆汉文正使。据一位翻译学生回忆,威妥玛是一位"脾气暴躁"的人。1859 年,根据马礼逊用拉丁字母拼读汉字的办法制定了一个新的拼写系统,特点是采用英语单词拼注法给北京官话注音。这一拼音方案后经翟理斯修改、确立之后,曾盛行百余年而不衰。1867 年威妥玛所撰《语言自迩集》第一版问世③,该书是在华翻译生的一本汉字入门读物。

关于这本书,翟理斯说:"后来威妥玛的《语言自迩集》——一本编排欠妥的教学入门书——出现了。正如其他的学生,我开始学习 214 个所谓的'字根'。如此浪费了几周,我开始质疑是否我有机会使用第 58 个字根,其意思是'像猪头一样尖'。我接下来发现,除一些在实际口语中使用外,没有中国小孩曾经使用这些字根,这些只是出现在汉语字典作为入门而用。"④正因如此,翟理斯后来在编撰汉语入门读物时,才能设身处地地为初学者考虑。

---

① 马礼逊的字典原名为《三部汇编汉英词典》(*A Dictionary of the Chinese Language in Three Parts*),包括第一部分《字典》、第二部分《五车韵府》与第三部分《英汉词典》。翟理斯用以学习汉语的是该字典的摘编版,通译为《五车韵府》。另据翟理斯在 1912 年的《汉英词典》(*A Chinese-English Dictionary*)序言中称,最初是从马礼逊所著的《五车韵府》学习中文,他出版的著名的《汉英词典》亦以马礼逊所著的《五车韵府》为蓝本,对马礼逊推崇备至。

② John Calvin Ferguson, "Obituary: Dr. Herbert Allen Giles," *Journal of North-China Branch of the Royal Asiatic Society*, 1935, p.134. 转引自王绍祥《西方汉学界的"公敌"——英国汉学家翟理斯(1845—1935)研究》,第 44 页。

③ T. Wade, *Yü-yen Tzǔ-erh Chi* 语言自迩集, *A Progressive Course Designed to Assist the Student of Colloquial Chinese as Spoken in the Capital and the Metropolitan Department*, London, 1867. 诚如该书副标题所言,这套循序渐进的课程,旨在帮助学生掌握通行于中国的首都及各大都会官场上的汉语口语。

④ Herbert Allen Giles, "The Memoirs of H. A. Giles," edited and with an Introduction by Charles Aylmer, *East Asian History*, Nos.13/14, 1997, p.8.

7月3日，翟理斯在写给父亲的信中提及自己中文并没有多大长进，尽管他不能与父亲大谈特谈中文，但是，经过两个月的摸索，他已经能够琢磨出中文的一些"精髓"以及学习中文的窍门。翟理斯告诉父亲，翻译生的教材就是威妥玛的《语言自迩集》和马礼逊的《五车韵府》，但是"后来，我放弃了字根，继续自己的学习。我直接达到了目的，而不像大多数人那样不断复习。我想出一种方法。我需要补充的是，去世的方根拔（Johannes von Gumpach，？—1875）在《蒲安臣使团》（The Burlingame Mission）一书中通过分析《语言自迩集》的句式对其予以猛烈抨击，认为'与低俗相近的语调弥漫在整部书中'。他本可加上'迂腐'更有道理。在我放弃《语言自迩集》后，我买来《三字经》，我通读了裨治文（Elijah Coleman Bridgman，1801—1861）在《中国丛报》（Chinese Repository）上发表的译本，按照中国学生背诵的方式学习。我还买了一本汇集历代名人嘉言善行的《名贤集》。其中的大部分章句，即使有老师帮助，开始时我也不能理解"[1]。

按：裨治文的译文发表在《中国丛报》第4卷第105页上。《名贤集》是中国古代对儿童进行伦理道德教育的蒙学教材之一。

1868年　23岁

4月，翟理斯被派往天津领事馆任助理。当时翻译生的首要任务就是学习汉语，为了能够让翻译生充分利用这一机会了解英国驻华外交界和领事馆的工作流程，翻译生通常还需承担数量极少的工作。由于公务并不繁重，翟理斯仍有大量的时间学习汉语。在汉语学习方面，他并不主张死抠语法，而是提倡广泛地阅读。他把每天都要接触到的大量的中文官方信函、电报、公告、传单都当成了活生生的教材，当成了是对正规汉语教科书的补充。他甚至还想方设法弄到了一份遗嘱和

---

[1] Herbert Allen Giles, "The Memoirs of H. A. Giles," edited and with an Introduction by Charles Aylmer, *East Asian History*, Nos.13/14, 1997, p.9.

一份死刑犯人名单,把它们也当成了学习汉语的第一手资料。①

翟理斯借助米怜(William Milne,1785—1822)的译文②,开始阅读康熙皇帝著名的《圣谕广训》(*The Sacred Edict*)中的口语体章节。③

> 按:《圣谕广训》被认为是清代皇家指定的一部对官民进行强制性儒家思想教育的教科书,也是科举考试的必读教材,并建立了遍及社会各阶层的圣谕宣讲体制。④

开始阅读《玉娇梨》(*Yü Chiao Li*)。起初看的是法国汉学家雷慕沙(Jean Pierre Abel Rémusat,1788—1832)1827年的译本 *Les Deux Cousines*。后接触到法国汉学家儒莲(Stanislas Aignan Julien,1799—1873)1864年的译本。相比之下,他认

---

① 在《回忆录》中,翟理斯如是说:"这年四月,我作为领事助手被派往天津。由于没有太多公事去做,我能有大量时间致力于汉学。在涉猎文学绍介之前,我想插叙一下我早期学习中国文字的情况,当然作为补充的还有大量的中国官方信件、急件、布告、传单等。我甚至还能弄到一份遗嘱、大量执行死刑和死缓的罪犯名单。我开始钻研儒家经典,其中大部分由理雅各翻译。我同时开始阅读中国小说,选择了专门以粗体字印给外国学生看的小说,这就是《好逑传》。这部中国小说通过德庇时的翻译而出名,后者早在1829年的时代将之译介而成是值得称赞的,当然其中的错误随处可见,而如果处于1920年代,普通学生都不会犯这些错误的。这部小说展示的是一篇愚蠢的故事,写作风格低俗。" Herbert Allen Giles, "The Memoirs of H. A. Giles," edited and with an Introduction by Charles Aylmer, *East Asian History*, Nos.13/14, 1997, p.9.

② W. Milne, *The Sacred Edict*, London:Black, Kingsbury, Parbury, & Allen, 1817.

③ 翟理斯在《回忆录》中说:"这时我在美魏茶翻译的帮助下阅读了康熙著名的《圣谕广训》。一些年后,我学习了较为困难的文学章节,这次是在帛黎(A. Théophile Piry,1850—1918)法语翻译的帮助之下。" Herbert Allen Giles, "The Memoirs of H. A. Giles," edited and with an Introduction by Charles Aylmer, *East Asian History*, Nos.13/14, 1997, p.9.

④ 康熙《圣谕广训》内容:"敦孝弟以重人伦;笃宗族以昭雍睦;和乡党以息争讼;重农桑以足衣食;尚节俭以惜财用;隆学校以端士习;黜异端以崇正学;讲法律以儆愚顽;明礼让以厚风俗;务本业以定民志;训子弟以禁非为;息诬告以全善良;诫匿逃以免株连;完钱粮以省催科;联保甲以弭盗贼;解仇忿以重身命。"康熙《圣谕广训》颁布于1670年,雍正皇帝对《圣谕广训》作了演绎总汇,颁布于1724年。长期以来,《圣谕广训》在康、雍两朝制度化,每逢望、朔,由地方官员和军队将领向士民官兵讲解圣谕内容,此制度确立后,延续长达二百年。参见周振鹤《〈圣谕〉〈圣谕广训〉及其相关的文化现象》,载《中华文史论丛》2001年第2辑,总第66期,上海:上海古籍出版社,2001年。王尔敏《清廷〈圣谕广训〉之颁布及民间之宣讲拾遗》,《近代文化生态及其变迁》,南昌:百花洲出版社,2002年,第3—31页。1877年首任牛津大学中文教授的理雅各在该校泰勒讲堂分四次就康、雍两朝颁布的《圣谕广训》作公开讲演,当时出使英国的中国公使郭嵩焘也应邀旁听第四场演讲,并就演讲中的个别内容与理雅各交换意见,此事《郭嵩焘日记》有记载。理雅各演讲的内容,分别在《中国评论》1877年至1878年刊登。参见段怀清《〈中国评论〉与晚清中英文学交流》中"理雅各与清皇家儒学——理雅各对《圣谕广训》的解读"一节,广州:广东人民出版社,2006年,第127—148页。

为儒莲的译本更精确。两个译本给其印象均为"故事非常优雅"①,结局也十分美满:男主人公娶了两位女主人公。

  按:此外,翟理斯还阅读了儒莲的其他多个译本,如《雷峰塔》(1834年的译本)、《平山冷燕》(1860年的译本)。翟理斯认为,前者故事过于苍白,而后者则是文绉绉的,其中还有许多文学和哲学命题。与此同时,对《水浒传》《金瓶梅》《三国演义》《西游记》等中国古典文学名著,翟理斯也多有涉猎。在他眼里,《中国评论》第1卷上刊登的《水浒传》(节译本)是一篇离奇而又夸张的故事,但其中不乏引人入胜的故事情节;《金瓶梅》则语言淫秽;《三国演义》是一部著名的历史小说,他看的是邓罗(Charles Henry Brewitt-Taylor, 1857—1938)的全译本②;《西游记》则是一本关于玄奘西天取经的故事,"途中还有美猴王相伴"。但是,颇让翟理斯感到荒唐可笑的是,李提摩太(Timothy Richard, 1845—1919)居然说《西游记》是一本真正的"福音传播书",而且还自命为是此项发现的"第一人"。李提摩太的译文在上海广学会(Christian Literature Society, Shanghai)的资助下,以《西天使命》(*A Mission to Heaven*)为题出版,其中"错误之处随处可见",翟理斯认为这是他见过的"最可笑的文学闹剧之一"。③

  除《今古奇观》等其他一些小说外,翟理斯还试图通读中国古典文学名

---

① Herbert Allen Giles, "The Memoirs of H. A. Giles," edited and with an Introduction by Charles Aylmer, *East Asian History*, Nos.13/14, 1997, p.9.
② Charles Henry Brewitt-Taylor, *Romance of the Three Kingdoms*, Shanghai: Kelly & Walsh, 1925.邓罗,福州马尾船政学堂的数学和天文教习。1880年8月到1881年4月间,翟理斯署理英国驻厦门领事,其间也担任过英国驻福州副领事。在此期间,邓罗与翟理斯交好。1885年,翟理斯成为皇家亚洲学会华北分会会长,可能正是在其提名之下,邓罗也加入了该会。也正是从1885年起,邓罗开始以作家兼中国学家的身份出现,在若干英文杂志上发表了许多译文,多为中国小说,包括《三国演义》的节译或选译。邓罗没有接受过完整的大学教育,但他聪明好学,乐于从事翻译与研究活动,并最终成长为一名有影响的翻译家与汉学家。1925年12月,邓罗所译《三国演义》英文译本由别发洋行分为两卷同时在上海出版。
③ Herbert Allen Giles, *Adversaria Sinica*, Nos.1-11, Shanghai: Kelly & Walsh, 1914, p.426.转引自王绍祥《西方汉学界的"公敌"——英国汉学家翟理斯(1845—1935)研究》,第48页。

著《红楼梦》(*The Dream of the Red Chamber*),不过一直都没有如愿。① 不过,他觉得《红楼梦》的英文译名不够准确,更妥帖的译名可以为 *A Dream of* (*living in mansions with*) *Red Upper Storeys*,或者 *Dream of Wealth and Power*。

多年来,翟理斯也一直都把阅读中文报纸作为自己学习中文的途径。开始是上海《申报》(*Shen-pao*),最后是香港的《中华新报》。此外,也推崇《清代轶闻》和梁启超所著《饮冰室丛著》。翟氏评价梁著:"仅凭其出色的写作风格就足以让作者在中国文坛上占有一个很高的地位。作者对于欧洲古代、中世纪和现代的历史和哲学的广博知识从中可见一斑。在这一点上,迄今为止还没有一个中国文人可以超越梁启超。"②领事馆的生活单调而乏味,翟理斯打发闲暇时光的办法就是钻研中国语言和文学,翻译出版各类书籍,包括语言教科书、报刊杂文、书评等。

1869 年 24 岁

4月,翟理斯调至台湾府。

同年,翻译古希腊作家朗吉努斯(Longinus)的著作《论崇高》(*On the Sublime*),并于翌年出版。该书后又收入其父贾尔斯牧师主编的"经典入门"译丛中刊行。之后翟理斯再也没有从事希腊文的翻译研究。③

11月18日,升职为三等助理。

1870 年 25 岁

3月15日,翟理斯在离开英国两年后,回到了阔别的家中,开始7个月的休假。

6月30日,贾尔斯牧师在萨克福内兰德(Nayland, Suffolk)为翟理斯和凯瑟

---

① 1868年时,翟理斯曾三次想通读《红楼梦》,每一次都比前一次略有进步;但是,直至1884年11月份,翟理斯在一个病房里值班时才总算如愿以偿,把《红楼梦》从头到尾通读了一遍。Herbert Allen Giles, "The Memoirs of H. A. Giles," edited and with an Introduction by Charles Aylmer, *East Asian History*, Nos.13/14, 1997, p.10.

② Herbert Allen Giles, "The Memoirs of H. A. Giles," edited and with an Introduction by Charles Aylmer, *East Asian History*, Nos.13/14, 1997, p.10.

③ Ibid., p.11.

琳·玛丽亚·芬(Catherine Maria Fenn,1845—1882)举行了婚礼。凯瑟琳的父亲是一位外科医生,于当年4月刚刚去世。

9月1日,翟理斯携新婚妻子前往利物浦,从那里取道美洲,前往中国。

11月,翟理斯被派往天津任助理。凯瑟琳在中国居住两年后,普通话已经讲得十分熟练。

1871年 26岁

年初,天津领事馆的翻译官被调往另一个条约口岸,翟理斯未获补缺。

按:翟理斯本以为凭借自己的实力,此空缺位置非己莫属,因他正在天津领事馆任助理,而且学习汉语也有近四年时间了。不料时任英国驻华公使的威妥玛爵士旋即将中文造诣及资历均不及翟理斯的庄延龄(Edward Harper Parker,1849—1926)从北京调至天津出任此职。翟理斯盛怒之下,立即致函威妥玛①,对这一不公正的待遇提出抗议②,导致两人关系微妙。

7月6日,翟理斯的长子出世,初为人父的他,对这个新生命的到来充满期待和喜悦,立即向父亲贾尔斯牧师报喜③,郑重其事地把新生儿的名字写入了三大本的家庭圣经。不幸的是九个月后,这个孩子夭折了。

---

① 威妥玛于1871—1882年任驻华公使。
② Herbert Allen Giles, "The Memoirs of H. A. Giles," edited and with an Introduction by Charles Aylmer, *East Asian History*, Nos.13/14, 1997, p.12.
③ 在向父亲报喜的信中,翟理斯称:"您的孙子已经有一些独特之处,我不妨多说几句。仅两三天的时间,婴儿的红色就渐渐消退了,取而代之的是一种美丽的白色。但是,前几天因为长痱子,美丽的白色暂时失去了光泽。出生后七八天,他的听力已经十分敏锐,稍有动静他就会吓一大跳。凯瑟琳自己给他喂奶,他就像一朵向阳花一样茁壮成长。要给他取一个什么样的名字呢?之前,我在想,如果是个女孩,我就可以延用我们家族历史上最优秀的两个祖母的名字,就叫她'Anna Maria',不仅好听,而且不失和谐。但是,他是个男孩,我能想出的最好的名字莫过于Wisdom(智慧)和Success(成功)了。在这个星球上,智慧和成功是人们最大的希望。但是,如果有朝一日,他进入查特豪斯公学就读的话,老师提问的时候,别的孩子肯定会笑着说'Success Wisdom Giles,你来吧!'所以,我们决定采用两个现在还健在的人的名字,这两个人在其个性及生命中最好地体现了我们希望我们的孩子有朝一日也能拥有那种天赋。所以,我在天津领事馆的出生登记簿上郑重地写下'Arthur Allen Giles,生于1871年7月6日'。"(Arthur是翟理斯哥哥的名字,Allen是翟理斯父亲的名字。翟理斯的用意显然是希望孩子未来会像他的哥哥一样勇敢,像父亲一样智慧——引者注)转引自王绍祥《西方汉学界的"公敌"——英国汉学家翟理斯(1845—1935)研究》,第54—55页。

10月，英国驻天津领事馆领事官李蔚海（William Hyde Lay，1836—1876）由于健康问题前往烟台疗养，暂时由翟理斯接替他的职位。

按：这对翟理斯可谓莫大的激励。在信中，他非常自豪地告诉父亲："我已经担任天津领事馆代理领事有十四天了，在李蔚海回来之前，我都将顶替他的职位。现在，我每天早晨6点钟起床，划一个小时船。我们正在筹备11月5日的运动会，现在正忙于训练。"同时，他还告诉父亲，第二天（10月15日）就要参加盛大的天津赛舟会了。赛舟会举办得非常成功，这其中自然不乏翟理斯的功劳。①

翻译西塞罗（Cicero）的《神的本质》（De Natura Deorum）。

按：尽管工作繁忙，翻译时断时续，翟理斯还是完成了该书的翻译。后来，这本拉英对照的《神的本质》收入了贾尔斯牧师主编的"经典入门"译丛。之后，翟理斯告别了拉丁文。②"我直译了 De Natura Deorum，也收入'经典入门'，之后我也不再从事拉丁语，虽然我一直到21岁都接受这项训练。"③

同年，在上海《通闻西报》（Shanghai Courier，1868—1875）上撰文，批评卢公明（Justus Doolittle，1824—1880）的《英华萃林韵府》（A Vocabulary and Hand-book of the Chinese Language）。其后又在《中西闻见录》（The Peking Magazine，1872—1874）上对时任同文馆总教习的丁韪良（William Alexander Parson Martin，1827—1916）的某些"一流汉学著作"进行批评。④

按：翟理斯这些年轻气盛的行为，引起了威妥玛的注意。威妥玛特地写信给天津领事馆领事李蔚海，希望李蔚海提醒翟理斯，"不要再找传教士的麻烦"。李蔚海随即找到翟理斯，并给他看了威妥玛的来信。但是，翟理斯并不认为自己的行为触犯了使领馆的有关规定。他振振有词地告诉李蔚海，"作为一名领事馆工作人员，我有义务不讨论政府问题和政治问题，但是，我完全有权讨论宗教作品等问题，而且不需要事先得到批准，也不希望受到别人的

---

① 参见王绍祥《西方汉学界的"公敌"——英国汉学家翟理斯（1845—1935）研究》，第55—56页。
② Herbert Allen Giles，"The Memoirs of H. A. Giles，"edited and with an Introduction by Charles Aylmer，*East Asian History*，Nos.13/14，1997，p.12.
③ Ibid.
④ Ibid.，pp.12-13.

干预"①。之后,翟理斯继续我行我素,"这年秋天,我对《通闻西报》提出质疑,受到了几位传教士的高度赞扬。他们编了卢公明字典,庄延龄对此严厉批评"②。而英国使领馆方面对他的所作所为也只好听之任之了。翟理斯此举显然激化了他与威妥玛之间的矛盾,而且也为将来的升迁设置了新的障碍。③

1872年　27岁

7月20日至8月30日,任天津代理领事。

12月7日,任二等助理。其间翟理斯曾拜访新任直隶总督李鸿章,特别指责他对天津的英国领事不恭,理由是他在一次官方会面中称英领事为"该",而不是"贵"。

本年翟氏学习汉语尚不足5年,根据亲身经历与体会,编写《汉语无师自通》(Chinese Without a Teacher)。此系在华英人学习中国官话(即北京话)的指导书。

12月18日,在《字林西报》(North-China Daily News)和《通闻西字晚报》(Shanghai Evening Courier)刊登文章,对该书予以评论。

　　按:翟氏在该书扉页说明其宗旨:"(该书)写给那些在中国的商贸界、航海界和运动界的先生、女士们。我曾听说他们中的许多人因为不懂一点汉语词汇而感到遗憾,或者是看到了汉语的词汇,可却因为博学汉学家们精致的系统而陷入了灰心丧气之中,因此,我提供了以下的页码。"④该书凡十一章,共67页。第一章:数字;第二章:游客;第三章:商人;第四章:一般用语;第五章:家庭主妇;第六章:运动家;第七章:在商店;第八章:买古玩;第九章:水

---

① Herbert Allen Giles,"The Memoirs of H. A. Giles,"edited and with an Introduction by Charles Aylmer, *East Asian History*,Nos.13/14,1997,p.13.
② Ibid.,p.12.
③ 参见王绍祥《西方汉学界的"公敌"——英国汉学家翟理斯(1845—1935)研究》,第139页。
④ Herbert Allen Giles,*Chinese Without a Teacher*,Shanghai:A. H. de Carvaliio,Printer & Stationer,1872. 该书最大特点是使用简单的英语给汉语注音。从严格意义上说,这并不是一种科学的方法,但是,对于那些追求实用性,一心想在最短时间内掌握一些汉语日常会话的外交人员、商人、海关人员而言,这是一种易学易记的方式,因为学习者不必专门学习汉语的发音规则,也不必学习那些纷繁复杂的部首。任何人只要一拿起这本书,就能读出一个简单的汉语句子,而且,中国人也很可能会听懂他所说的话。所以,翟理斯并没有刻意去杜撰一种新的注音体系来糊弄学生,相反,他直接使用简单的英语来表示汉语句子的读音。

手;第十章:语法;第十一章:词汇。全书比重最大的部分是词汇(共32页)。为实用考虑,所选择的均为便于掌握而简短的句子。而第十章的"语法"更简略到只涉及三个方面:1."名词和形容词没有词尾变化:同样的词可以表示单复数"。2."代词"。3."动词在所有语气、时态(除过去式)、数和人称中都是一样的。过去式通常是在原来的词后面加上'啦''过'等来表示"。此书实用、简单、经济,乃初学汉语者的入门书籍,那些意欲以最短时间掌握汉语日常会话的外国人,对之甚为青睐。"我的任务是严格按照英语元音和辅音的标准来音译中文。这样每个人都能捧书而读,每句都能理解。我的这种方法不是像说'你给我买'的命令语气,而是只要认识英语字母就能发音。我出版之前曾以我妻子做实验,这种方法如我所想,取得了很大成功,后来也被不止一位作家使用,更不用说,之后该书大量重版。"①

1873 年　28 岁

年初,出版第一部译著《两首中文诗》(*Two Chinese Poems*),即《三字经》(*Three Character Classic*)与《千字文》(*Thousand Character Essay*)。

按:关于翻译这两首诗的动机,翟氏自称并非出于什么高深企图,只因某位传教士曾断言,要把这两首诗译成英文韵诗几乎是不可能的,遂有意尝试打破成见。翟氏《三字经》译文问世后,褒贬不一。有评论者不无讥讽云:"天使不敢涉足的地方,傻瓜则勇往直前。"就连翟氏本人也并不满意1873年的初译本。

翟译《三字经》采用英汉对照的编排方式,共28页,每个汉字都注了音,每个音的右上角用阿拉伯数字(1—4)标明音调。注音下方是这些汉字在英语里的直译,右边才是真正的翻译。他还根据许慎《说文解字》对每一个汉字的结构、意思、偏旁、部首作了分析。另外,翟氏还对诗文中涉及的历史、文化、典故作注解。如此编排,不仅方便外国人掌握《三字经》的500个汉字,领会该书本意,而且可借此一窥中国的历史文化,可谓一举多得。从冗长的汉

---

① Herbert Allen Giles, "The Memoirs of H. A. Giles," edited and with an Introduction by Charles Aylmer, *East Asian History*, Nos.13/14, 1997, p.13.

字分析,可知翟氏《三字经》译本着眼于如何了解汉字、掌握汉语。就此而言,此译本更像一本汉语学习教材。

在《中国评论》11月号上发表《千字文》的英译。① 原文下有按语,称这是关于"中国女性启蒙读物的译文",被视为立身行事的导师。

7月,翟氏开始为新创刊的《华洋通闻》(*Evening Gazette*)撰写头条文章和新闻通知。随后为其周报《天朝报》(*Celestial Empire*)供稿,每周写一两篇,直到1875年,前者与《通闻西字晚报》合并。这些话题涉及政治、社会(中国)、宗教、文学等,其中有一整部戏剧的翻译。

本年出版《官话习语口语辞典》(*A Dictionary of Colloquial Idioms in the Mandarin Dialect*)。翟氏《回忆录》称:"我也出版了《官话习语口语辞典》,汉语语言学的论者尚未注意。《语言自迩集》大量篇幅花在'语法',并没包含这些习语,但在口语中是非常重要的。"②其编撰思路显然与威妥玛有异,意欲弥补后者之缺。

1874年　29岁

4—6月,编著《字学举隅》(*Synoptical Studies in Chinese Character*)一书。此为辨析同形异义或同形异音字的汉语学习教材。

　　按:翟氏把他认为外国学生特别容易混淆的约1300个汉字,收入《字学举隅》。在书后附有索引,方便外国读者,即使"不懂得某个字的发音,也可以找到这个字",原因就在于"他只要能认得与之相似的字就行了"。比如,在该书第1页,收入了"人""入""八"等字。这三个字对于中国人而言并不会构成任何困难,但对于外国人,简直如对天书。翟氏不仅对这些字注了音,而且以上标形式说明该字的声调。每个字的后面都标明了对应的英文。学生还可以在该书附录找到相应的汉字。有评论者认为用处不大,而另外一位则认为具有划时代的意义。

---

① Herbert Allen Giles,"A Thousand-character Essay,"*The China Review*,Vol.2,No.3(1873).据《翟理斯回忆录》,此文题目又作《闺训千字文》("A Thousand-character Essay for Girls")。Herbert Allen Giles,"The Memoirs of H. A. Giles,"edited and with an Introduction by Charles Aylmer,*East Asian History*,Nos.13/14,1997,pp.13-14.

② Herbert Allen Giles,"The Memoirs of H. A. Giles,"edited and with an Introduction by Charles Aylmer,*East Asian History*,Nos.13/14,1997,p.13.

7月2日，在《华洋通闻》发表书评，反对梅辉立（William Frederick Mayers，1831—1878）在《中国读者手册》(The Chinese Reader's Manual)上的一份公告中使用的音译做法，认为那样做既不准确，也因缺乏标准而造成混乱。

9月16日，在《华洋通闻》发表一篇书评，批评卫三畏（Samuel Wells Williams，1812—1884）的《汉英韵府》(A Syllabic Dictionary of the Chinese Language)存在大量荒谬的错误和惊人的遗漏，称："我们毫不犹豫地宣称卫三畏为词典编撰者，但他属于过去，而不是未来。"①此言一出，即遭到美国方面，尤其是廷德尔（Edward Coe Taintor，1842—1878）的指责。

在《中国评论》第3卷发表宋代法医学家宋慈《洗冤录》（"The Hsi Yuan Lu, or Instructions to Coroners"）之英译。

　　按：在译序中，翟氏对该书在中国法医学史上的意义给予高度评价，另对后世同类诸作亦有所介绍。后因校对问题与编辑但尼士（Nicholas Belfield Dennys）产生分歧，导致《洗冤录》仅一半内容付梓。直至《中国评论》换了编辑，翟氏才再次为杂志撰稿。1923年，《中国评论》向翟氏发出刊登此文的邀请。②

1875年　30岁

第二次返英休假，其间举办中国钱币收藏展。

6月17日，在钱币协会的社交晚会上展览。钱币附上卡片标识，目录上有翟理斯翻译的历史介绍。英国博物馆给了翟理斯200英镑。

与著名出版商伯纳德·夸里奇（Bernard Quaritch）订交。随后发展成终身友谊，翟理斯对此非常珍视。在皮卡迪利大街15号一间著名的房间里，翟理斯为伯纳德所藏的中国典籍编目，得到一本精美的《马比诺吉昂》(Mabinogion)作为答谢，作者是夏洛特·盖斯特（Charlotte Guest，1812—1895）。之后，伯纳德允许翟理斯在其私人房间参加课程研习，并介绍翟氏去奇书俱乐部（Sette of Odde Volumes），他在那里度过了许多快乐的夜晚。

---

① Herbert Allen Giles, "The Memoirs of H. A. Giles," edited and with an Introduction by Charles Aylmer, East Asian History, Nos.13/14, 1997, p.15.

② Ibid.

1876 年　31 岁

与出版家尼古拉斯·特吕布纳(Nicholas Trübner,1817—1884)共同出版了翟氏报纸文章选,即《中国概览》(Chinese Sketches)。翟氏曾为特吕布纳出版公司的中文图书编目。

  按:《中国概览》汇集了翟氏历年发表的报刊文章,大多曾在《华洋通闻》的周报《天朝报》上发表,另收入一些新作。① 书中涉及广泛,包括中国历史、文学、民俗等各个方面,评介各种风俗、礼仪、习惯等。如妇女地位、礼仪、文学、科举文学、租赁社会、牙医、医学、协会、当铺老板、邮政服务、俚语、运气、赌博、和尚、尊重作品中人物、迷信、自然现象、庆祝新年、灯笼、吸鸦片、风水、葬礼等,不一而足,乃中国社会之百科全书。在序言中,翟氏反驳了当时西方普遍认为"中华民族是个不道德的退化的民族,他们不诚实、残忍,以各种各样的方式来使自己堕落;鸦片正可怕地让他们自我毁灭,这比松子酒会带来更多灾难,只有强制推行基督教义才能将这个帝国从快速惊人的毁灭中拯救出来"等观点,以自己在华八年的经历,证明"中华民族是一个勤劳、清醒、乐观的民族,西方人追逐财富的恶习会带来文化灾难,而中国人能够保持中和适度的习惯"。②《中国概览》是翟氏在华所编汉语入门书籍外,第一本真正意义的学术著作。此后翟氏诸多汉学著作皆延续该书的主旨,即纠正西方世界对中国的错误认知,代之以自己笔下近乎真相的中国面貌。应该说,《中国概览》对改变被西方人误解的中国和中国人形象,不无意义。由于翟氏标新立异的个人风格,他的某些观点显得"过犹不及"。其中最典型一例,莫过对中国人"吸食鸦片"问题的看法。很多伦敦和地方报纸对此书褒贬不一。11月20日的《名利场》刊发了一篇文章,称翟理斯"对一个救济税、赤贫化、国家宗教和酗酒都不为人所知的国家进行了准确的描述,甚至超过大多数贪婪的,声称统摄一切知识的庸俗人士"。而抱有极端宗教观点的人,很自然地反对翟理斯论述中国基督教、杀婴行为和抽食鸦片的观点。甲柏连孜(Georg

---

① Herbert Allen Giles, *Chinese Sketches*, London: Trübner, Ludgate Hill, Shanghai: Kelly, 1876, preface.
② Ibid.

von der Gabelentz，1840—1893）在 1878 年 6 月 1 日的《文学专刊》（*Literarisches Centralblatt*）中对该书予以嘉许。后由施洛瑟（W. Schloesser）将《中国概览》翻译成德文，译文受到 1878 年 7 月 15 日的《文学报道》（*Literatur-Bericht*）一位署名为"S. L."评论者的赞扬。这本书让翟氏树敌不少，但也让他结交了几位朋友，其中已去世的阿诺德（Sir Edwin Arnold, 1832—1904）生前曾写信叫翟氏拜访他，见面时，他非常希望翟氏能成为《每日电讯》（*Daily Telegraph*）驻中国记者，被翟氏婉拒。

值得一提的是，在《中国概览》中，翟氏开始显现出了对于中国文学的兴趣。在其讨论的话题中，便包括"文学"和"反基督时代的抒情诗"。对于中国文学，翟理斯以为当时的"汉学家们只是在自己关于各种科学、（公正的）历史以及（真实的）传记一类精致的书中才稍微提到了文学的痕迹"①，这种情况使得当时欧洲许多渴望了解中国文学的学生失去了机会。正是基于汉学界对中国文学的这种模糊认识，对中国文学英译现状的不满，翟氏在随后的著作中便留意大力弥补，可谓着力最勤。

在英期间，翟理斯对艾约瑟（Joseph Edkins）发表在《天朝报》上的《中文学习入门》（"Introduction to the Study of the Chinese"）进行批评。其间与牛津大学教授、语言学家乔金·厄尔（Jojn Earle, 1824—1903）友情加深，厄尔与翟理斯在第戎（Dijon）相聚时，翟氏将此文读给厄尔听，得到赞同。一位匿名批评者曾对翟氏进行激烈攻击，后来两人成为好友，他就是加州大学的傅兰雅（John Fryer, 1839—1928）教授。这年，翟氏与查尔斯·莱兰德（Charles G. Leland, 1824—1903）结识，并向他介绍洋泾浜英语。后者在此基础上于 1876 年出版了一卷幽默诗集，题目叫《用洋泾浜英语歌唱》（*Pidgin-English Sing-Song*）。

4 月，回到中国，任汕头代领事。在汕头，翟理斯为《通闻西报》、《捷报》（*China Gazette*）撰写长篇稿件，直到 1880 年为止。

1877 年　32 岁

本年，翟理斯以英国领事官身份被派驻汕头（Swatow）。1 月，撰写《围棋》

---

① Herbert Allen Giles, *Chinese Sketches*, London：Trübner, Ludgate Hill, Shanghai：Kelly, 1876, p.23.

("Wei-Ch'i")一文,发表在《坦普尔栅门》(Temple Bar)上,第一次向欧洲读者介绍这种发源于中国,至今仍盛行于中国和日本的游戏。

翻译出版《佛国记》(Record of the Buddhistic Kingdoms),又称《法显传》,记录前秦时高僧法显(Fa Hsien,约337—约422)从中国内陆到印度的旅行,以及15年后从海上返回中国的传奇经历。全书主要由翻译与注释两部分组成。翟理斯称此书主要针对毕尔不专业的翻译。① 针对毕尔的回应,翟理斯说"他曾写了几篇文章,与其说是纠正不如说是谩骂。不过,他最后参考我的译著进行了修订"②。

3月19日启程,前往嘉应州,代表英国政府履行中英就"昭雪滇案"(光绪元年正月英国翻译官马嘉理等人在滇省边境被戕事件)六条谅解条件之一,即由英国驻京大使随时派员分往各处查看张贴告示情形。③

按:翟氏将乘舟坐轿至粤的行程经历(从3月19日至4月8日)写入《翟理斯汕广纪行》(From Swatow to Canton: Overland)中。此书本年在伦敦和上海分别出版。④

在1877—1878年的《中国评论》上发表两篇文章。一篇是《探访君子国》("A Visit to the Country of Gentlemen"),该文节译自李汝珍的《镜花缘》第11回"观雅化闲游君子国,慕仁风误入良臣府"⑤,基本无多少注释。另一篇是中国寓言《饿

---

① 萨缪尔·毕尔,英国皇家海军军官,于1877—1889年任伦敦大学学院汉学教授,1869年在伦敦出版《法显佛国记》。
② Herbert Allen Giles, "The Memoirs of H. A. Giles," edited and with an Introduction by Charles Aylmer, East Asian History, Nos.13/14, 1997, p.18.
③ 《申报》光绪二年(1876)九月廿二日译文:"由英国官员游历各城及各公所遍阅谕旨实贴衢途。"《申报》光绪三年(1877)正月初九日:"在一二年内宜责成各地方官员随时查看弗任剥落损毁……分贴各乡村镇以期民间一体周知。""滇案"引发中英之间长达一年半的谈判,以签订《烟台条约》结束。
④ From Swatow to Canton: Overland, London: Trübner, Shanghai: Kelly & Walsh, 1877. 参见黄秉炜编撰:《翟理斯汕广纪行》"引言",上海:复旦大学出版社,2007年。卷首有《开场白》:"本人奉上级指示经由惠州府、潮州府,其中取道嘉应州,完成取证中国当局张贴'滇案告示'之任务。此行之归程,曾经先改道广州府,再经由香港,返回汕头,在花费上节省了用度。同时,如果这一次两位愿意在风光明媚的广州府、香港和汕头,而且能有时间同中国人和客家人在一起度过,他们一定会受到欧洲社会的英雄式欢迎,就像真正的旅行家库伯(Cooper)、马嘉理(Margary)和伊莱亚斯(Elias)那样。翟理斯,广州,女王领事馆1877年8月1日"。翟理斯总结汕广之行对中国社会的认识:"(1)我们发现了沿途各处人口的密度;(2)我们发现了沿途各处民众的极度贫穷,但不是匮乏;(3)我们发现沿途各处民众强烈的宗教意识。对于头两天,疏解的办法是现成的。有必要慢慢地深入到这一稠密的人群,去了解这些现象的正面意义。"可见翟氏不仅以外交官员身份履行职责,更致力于对中国民间现状的观察思考。
⑤ Herbert Allen Giles, "A Visit to the Country of Gentlemen," The China Review, Vol.7, No.1(1877).

乡记》("Chinese Allegory")。① 该年还为《德臣报》(China Mail)写了一些文章。

翟理斯利用在汕头生活的两年经验,写出《汕头方言手册》(Handbook of the Swatow Dialect)。此书风格与《汉语无师自通》相似,收录了一些简单的汕头方言句子,还附上了词汇,并根据英语拼音法对这些句子和词汇注了音。

1878 年　33 岁

改驻广州,任副领事。

在广州的短暂任期内,完成《聊斋志异选》的翻译,书中包括 164 则故事。手稿寄往英国,但积压置放了几个月,后在 1880 年以两卷本由德·拉·鲁公司出版。此译本 1908 年再版,此后一版再版,在西方很受欢迎。

9 月 17 日,写给《通闻西报》一篇文章。起因是本年由贾丁(Jardine)执笔的第 33 号海关医疗报告上,提到有失宠的官员吞金自杀。翟理斯指出此系误解,"吞金"在中文中只是"服毒"的委婉语。②

10 月,出版《鼓浪屿简史》(A Short History of Koolangsu)。翟理斯自己说:"这个小册子一点价值都没有,因为它的内容不过是一些热门景点的介绍和评论而已,随后附了一份居民名单。"③

> 按:当时,在鼓浪屿上居住的是各国领事馆人员和商人。虽然从表面上看,这个小册子和今天的景点介绍似乎没有很大的区别,但是,它作为第一本用英文介绍鼓浪屿的小册子,受到了许多外国人的欢迎。"第一版很快就告罄了。有些人甚至把它当成圣诞卡送给了自己的英国朋友。"④对于一个方圆仅 1.9 平方千米的小岛做了如此详细的描述,这不仅说明了鼓浪屿的魅

---

① Herbert Allen Giles, "Chinese Allegory," *The China Review*, Vol.7, No.1(1878).
② Herbert Allen Giles, "The Memoirs of H. A. Giles," edited and with an Introduction by Charles Aylmer, *East Asian History*, Nos.13/14, 1997, p.20.
③ Ibid.
④ Ibid.

力,而且表明居住在鼓浪屿的外国人已经有了相当的规模。①

出版《关于远东问题的参照词汇表》(*A Glossary of Reference on Subjects Connected with the Far East*),有助于那些新来通商口岸的人了解常见术语。

本年,翟理斯致函父亲,告知已为英国公使馆的汉文正使(汉务参赞)候选人。

> 按:汉文正使(汉务参赞)通常由内务部任命,而且要得到驻华公使威妥玛的推荐。贾尔斯牧师为此特地致信威妥玛公使和沙候公爵(Robert Arthur Gascoyne Cecil, third Marquis of Salisbury,时任英国内政和威尔士事务大臣),以及前大臣沃波尔(S. H. Walpole),并给后者寄去了翟理斯翻译的、文笔流畅的《两首中国诗》(即《三字经》和《千字文》),希望翟理斯能够得到他们的提携。但是,除沃波尔以不认识威妥玛为由婉拒了贾尔斯牧师的请求外,其他两人均未回信。因而,翟理斯未能得到汉文正使的任命,这与他和威妥玛关系不睦有关。

1879 年　34 岁

2月,在《弗雷泽杂志》(*Fraser's Magzine*)发表文章,题目是《中国的催眠术、占卜术和招魂术》("Mesmerism, Planchette and Spiritualism in China"),另一篇文章是《论中国扇子》("On Chinese Fans"),发表在该杂志的5月号。为《考恩毕尔》(*Cornbill*)杂志的3月号撰写《中国的火葬》("Cremation in China")一文,根据在广东亲眼所见佛教徒的火葬而写。

6月26日,调任厦门执行领事(直到1881年3月10日)。

7月2日,《厦门钞报》(*Amoy Gazette*)发布了领事变动的公告,并对翟理斯的

---

① 据郭德思(Patrick Devereux Coates)称,19世纪80年代中期,厦门港80%的贸易是中英贸易,厦门的外国侨民已经达到近300人,是20年前的3倍,甚至超过了广州。其中有半数的外国居民是英国公民,三分之二的外国公司为英国公司。鼓浪屿不仅有自己的英文日报《厦门钞报》,有自己的欧洲商店,还能够自行生产冰水和汽水,而且打算供应鲜奶。新开张的俱乐部配备了一个初具规模的收藏中外报纸的图书室,以及两个台球桌、一个网球场、一个小型剧院、一个小酒吧、一个餐吧。还有垒球、网球、划船、游泳等活动项目,每年还在厦门港彼岸举行为期两天的赛跑。鼓浪屿还有许多野生动物,如鹅、水鸭、鹬,是打猎的好去处。转引自王绍祥《西方汉学界的"公敌"——英国汉学家翟理斯(1845—1935)研究》,第59页。

到任充满了期待。①

9月,出版40页的小册子《论卫三畏博士的〈汉英韵府〉的某些翻译及误译》(*On Some Translations and Mistranslations in Dr Williams' Syllabic Dictionary*),引发争论。该书受到猛烈抨击,但于11日刊行的《字林西报》则予以褒扬,《教务杂志》(*The Chinese Recorder and Missionary Journal*)也撰文支持。翟理斯将小册子送了一份给卫三畏,但没有答复。在字典第二版中,卫三畏未能吸收翟理斯的意见,更正内容只附在最后,且毫无一字致谢。

撰成《孔夫子还是基督》("Confucius or Christ")一文,旨在说明儒教和基督教的伦理是基于相同的层面,经常有相同的术语表达。此文交给《双周评论》(*The Fortnightly Review*),但在7月被拒。后来被《十九世纪》(*Nineteenth Century*)接受,却未发表。

在由莫雷(Morley)编辑的《双周评论》9月号,发表《中国现状》("The Present State of China")一文。翟理斯当时参与了《中国之友》(*Friend of China*)10月号的编撰工作。另一篇《中国的书面语》("The Book-language of China"),发表在《十九世纪》的11月号。

从《关于远东问题的参照词汇表》一书的成功中获得启发,翟理斯意识到应编撰一部"关注中国的艺术、文学、语言、科学、商业、政府、宗教、哲学、法律、历史、地理等"的大型百科全书。遂开始计划,估算费用和利润。拟邀请撰写者名单,分给每位合适的主题。如汉斯(Hance)写关于植物的词条,欧德理(Ernest John Eitel)写佛教方面的词条,佩福来(Playfair)负责地理方面的词条,庄延龄负责语音、音调方面的词条等。并起草两份传单,一份给撰稿人,寻求合作;第二份给公众,请求购买百科全书予以支持。该书预计会发行500册,1500页,附有图,定价10美元,第一年销售利润会是2750元。但此计划最终流产。

按:38年后,即1917年,《中华百科全书》(*The Encyclopaedia Sinica*)编撰

---

① Tiong Wah Sin Mun, *Amoy Gazette*, July 2, 1879. 原文:"领事变动 我们收到厦门发来的官方公告。翟理斯先生被任命为厦门英国领事馆代理领事官,原任阿查立先生调任天津。我们认为,翟理斯先生不仅深谙贸易事宜,而且非常熟悉国际往来之程序,所以我们非常高兴翟理斯先生获得了当前的任命。"转引自王绍祥《西方汉学界的"公敌"——英国汉学家翟理斯(1845—1935)研究》,第59页。

者库寿龄(Samuel Couling,1859—1922)造访翟理斯,翟氏向他展示了早年的计划草案,尽管胎死腹中,但彼此传播中国文化的努力方向是一致的,深感欣慰。

1880 年　35 岁

2月25日,任罗星塔岛(Pagoda Island)副领事。与刚回国的辜鸿铭结识。

4月21日,加入共济会。①

10月,出版《中国共济会》(Freemasonry in China),仅100份付梓。

12月,当选为皇家亚洲学会华北分会(North-China Branch of the Royal Asiatic Society)通讯员。厦门的英国商船贩卖华工之事频发,英国领事馆严格查处谴责。

　　按:当时有艘插着英国国旗的船只搭载了1000名华工准备离开厦门,前往南洋。据说,该船幕后老板或股东之一是南洋华侨(Straits Chinese)。按照核定载客量,该船只能搭载500名乘客,而实际却超出了一倍。翟理斯立即出面干预,在确认该船确实超载之后,翟理斯下令处罚。此举在厦门引起了极大的反响,厦门人甚至将他视为保护华工之楷模。

本年,《聊斋志异选》二卷,由伦敦德・拉・鲁出版公司刊行②。翟氏的朋友沃伦・德・拉・鲁(Warren de la Rue)设计封面。阿尔斯博格(M. Alsberg)和鲍曼(Frau Baumann)也提出将此译作德语。3月,时任英国公使的曾纪泽从巴黎致函翟氏,嘉许其《聊斋志异选》对中国文学的传播之功,令翟氏深为感激。③ 此书在英美主要报纸都得到很高的评价。

---

① 共济会创始于1789年。
② Herbert Allen Giles, *Strange Stories from a Chinese Studio*, 2vols., London: Thos. De La Rue, 1880.
③ 曾纪泽原信内容如下:"虽然我没有机会与您结识,但是您长期致力于向英国读者介绍中国作家作品,我早就知道您盛名。这样您就会原谅我现在才写信赞扬您的《聊斋志异》翻译。我祝贺您,您的翻译是我见到最好的英语译本。您除了忠实于原文,更在很大程度上抓住了作者的精神实质。这令我吃惊和欣喜,因为书中散见的诗歌翻译也非常雅致而又忠实,这只有那些知道表达难度的人才会对您羡慕不已。中国的学者会非常感谢您,因为您将他们的作品以典雅的方式展现给英国读者。他们和英国人一样都希望《聊斋》的成功翻译将会激励您在其他方面获得更大胜利。您的翻译不仅为我的同胞做出了贡献,而且对您的同胞也是如此。没有什么能比同情理解和正确欣赏各自国家的文学更能帮助理解不同的民族。您的书对于那些希望了解他国语言的英国和中国学生是非常有价值的。我会强烈地推荐给他们,我认为这是达到那个目标最好的方式。希望您能继续从事您目前的工作。"Herbert Allen Giles, "The Memoirs of H. A. Giles," edited and with an Introduction by Charles Aylmer, *East Asian History*, Nos.13/14, 1997, pp.19-20.

按:《聊斋志异选》是翟氏第一部真正意义上的中国文学译著,此后经精心修订,一版再版。对此前卫三畏等人的译介,翟氏并不满意①,其译本优点在于:

一是底本佳。初版说明中,翟氏称自己所依底本是但明伦的刊本:"从他(指蒲松龄)的孙子出版了他的著作(指《聊斋志异》)后,就有很多版本发行,而其中最著名的是由道光年间主持盐运的官员但明伦自己出资出版的,这是一个极好的版本,刊印于1842年,全书共16卷,小八开本,每卷160页。"②又说:"各种各样的版本有时候会出现各种各样的解读,我要提醒那些将我的译本和但明伦本进行对比的中国学生,我的译本是从但明伦本译介过来,并用1766年出版的余集序本校对过的。"虽然余集序本现在已难寻觅,然依翟氏所言,他对《聊斋志异选》所据版本是谨慎选择的,否则不会出现校对之说。

二是选篇精。翟氏在《聊斋志异》近500篇中仅选164篇,而最初计划是打算将但明伦本16卷一并译介,后来考虑到"里面的一些故事是不适合我们现在所生活的时代的,并且让我们强烈地回想起上世纪(指18世纪)那些作家的拙劣的小说。另外一些则完全不得要领,或仅仅是稍微改变一下形式而出现的对原故事的重复"③,他自认为所选164篇故事,则是"最好的、最典型的"。即便今天看来,翟氏的选择也颇具慧识,既考虑到故事的文化内涵,能反映中国鲜明的民风民俗,又照顾到外国读者的审美接受期待,避开蒲氏故事情节结构相似的熟套感。④

---

① 在翟理斯之前,已有多位汉学家翻译《聊斋志异》。如美国汉学家卫三畏《中国经典》介绍此书,将其题名译为 *Pastimes of the Study*,汉学家梅辉立译为 *The Record of Marvels*, *or Tales of the Genii*。翟理斯对二人的翻译均不满意,直言"没有一个足以称得上是佳译"。翟氏认为对"志异"二字,简单地理解为"鬼怪故事集",不足以涵盖蒲松龄的创作意图,实际上"它包括了对于道家神奇怪异故事的记录,也是对于中国人的日常生活的简单记录,以及特殊的自然现象的描述"。

② Herbert Allen Giles, *Strange Stories from a Chinese Studio*, Vol.1, London:Thos. De La Rue,1880, Introduction xxiv.

③ Herbert Allen Giles, "preface," in *Strange Stories from a Chinese Studio*, London:Thos. De La Rue,1880, Introduction xxiv.以下翟理斯观点的引文皆出于此,不再赘述。

④ 翟氏选择的164个故事中,已有8个故事由英国汉学家阿林格翻译,刊登于《中国评论》。有1个故事由汉学家梅辉立翻译并发表于《中日释疑报》(*Notes and Queries on China and Japan*)。卫三畏也曾翻译过其中的4个故事。翟氏也曾将2个故事翻译并发表于《天朝报》。余下的149个故事,翟氏认为"从来不曾被翻译成英文"。关于翟氏选译164则故事题目,参见段怀清等:《〈中国评论〉与晚清中英文学交流》,广州:广东人民出版社,2006年,第262—268页。

由此不难想见翟氏文学移译中,实乃潜藏着不同文化对话时,作为居间者的话语转换策略。具体表现在:

其一,通过这部作品大量介绍关于中国文化的风俗、礼仪、习惯等,力图呈现真正的中国,"一方面,希望可以唤起某些兴趣,这种兴趣将会比从中国一般事务中获得的更深些;另一方面,至少可以纠正一些错误的观点,这些观点常常被那些无能的、虚伪的人以欺骗的手段出版,而且被看成事实迅速地被接受了"。他一再强调"虽然大量关于中国和中国人的书籍已经出版了,但是其中几乎没有第一手的资料在内",他的意思显然是说在这些著作中,并不是中国人自己在说话,而是由别人在言说着他们,因此著作的内容也就不可信了。他认为"中国的许多风俗习惯被人们轮流地嘲笑和责难,简单地说,是因为起传达作用的媒介制造出了一个扭曲的中国形象"。而纠正这种"扭曲的中国形象",尊重异域文化,正是翟氏诸多汉学著作意欲表达的共同宗旨之一。为证己说,他据泰勒(E. B. Tylor,1832—1917)①的《原始文化》一书,对那种荒唐的所谓"证据"表示了否定:"阐述一个原始部落的风俗习惯、神话和信仰需有根据,所凭借的证据难道就是一些旅游者或者是传教士吗? 他们可能是一个肤浅的观察家,或多或少地忽略了当地的语言,也可能是一个粗心的带有偏见的,并且任意欺骗人的零售商的未经筛选过的话。"他坚信自己所译的《聊斋志异选》里,包含了很多关于中国人在宗教和社会中的信念和行为,且该书所附注释,对欧洲读者更具启发性,更易让他们接受。因此,翟氏正是通过《聊斋志异选》之文本本身与注释,借这两条途径,向英语世界的读者呈现他亟欲展示的中国真相,遂使此书的传播,在很大程度上逾越了仅作为文学作品的责任,肩负了更大的文化使命。

也正因此,翟氏赋予《聊斋志异选》注释以鲜明的知识性、文献性,就更凸显了一种文化史价值,"并不是只有正文才对研究民俗的学生有帮助,译者的注释也都具有长久的价值",而且"译者在注释中体现的学识产生了很大

---

① 爱德华·泰勒,英国最杰出的人类学家,英国文化人类学的创始人,代表作《原始文化》。

的影响"①。有些篇目中,注释的篇幅甚至超过原文的篇幅,广涉各种习俗、宗教信仰、传说、礼仪等,几可谓一部关于中国的百科全书。具体来说,注释主要分为:1.对中国历史人物的介绍,如关公、张飞等;2.对佛教用语的解释,如佛教中的六道、文殊菩萨等;3.对中国占卜形式的介绍,如"镜听""堪舆"等;4.对中国人做事习惯、性格的分析。这些注释对西方人了解中国的各种基础知识,具有很强的实用性。当然,这种实用性,较此前翟氏所著之汉语实用手册一类书籍,可谓性质迥别。"蒲松龄的《聊斋志异》正如在说英语的社会中流行的《天方夜谭》一样,两个世纪以来,它在中国社会里广泛流传,为人们所熟知。"②能达到这样的社会影响,显然与翟氏借《聊斋志异》之文学翻译,以直观呈现中国形象的有效方式,大有关系。读者既能够享受阅读文学作品带来的快感,又可以获得大量关于中国的信息,可谓一举两得。

其二,对《聊斋志异》"文人化"创作倾向的认同。《聊斋志异选》中,翟氏在篇首介绍了蒲松龄的生平,继而附以蒲氏《聊斋自志》及唐梦赉撰序的全篇译文,并作出详尽准确的注释。《聊斋自志》大量引经据典,即便是当代中国读者,倘不借助注释,也很难理解其意。因此翟氏对《聊斋自志》的注释,与其正文中的注释,就区别对待。《聊斋自志》中的注释看来更符合中国本土士大夫阶层的习惯,不把重点放在民风民俗等方面,而是重点解释典故出处。如《聊斋自志》最后一句:"知我者,其在青林黑塞间乎!"其中"青林黑塞"的注解如下:"著名诗人杜甫梦见李白,'魂来枫林青,魂返关塞黑'③——即在晚上没有人可以看见他,意思就是说他再也不来了,而蒲松龄所说的'知我者'也相应地表示不存在。"④除此之外,仅在《聊斋自志》注释中所涉及的历史人物及相关作品就包括屈原⑤(其作品《离骚》,并不忘记提到一年一次

---

① "Books on Folk-Lore Lately Published: *Strange Stories from a Chinese Studio*," *The Folk-Lore Record*, Vol.4(1881).转引自孙轶旻:《翟理斯译〈聊斋志异选〉的注释与译本的接受》,《明清小说研究》2007年第2期,第228—237页。
② Herbert Allen Giles, *Strange Stories from a Chinese Studio*, Vol.1, London: Thos. De La Rue, 1880, Introduction xvi.
③ 即杜甫的诗歌《梦李白》中的诗句。
④ Herbert Allen Giles, *Strange Stories from a Chinese Studio*, Vol.1, London: Thos. De La Rue, 1880, Introduction xxii.
⑤ 对《离骚》书名的翻译显然是采用了东汉王逸的说法,即指"离开的忧愁"。

的龙舟节——端午节)、李贺(长指甲——长爪郎,能快速地写作①)、庄子②、嵇康(魏晋时期的另一个奇才,是著名的音乐家、炼丹术士。并提及《灵鬼记》中关于嵇康的故事③)、干宝(提到他的《搜神记》)、苏东坡、王勃(有才华,28岁时淹死)、刘义庆(《幽冥录》)、韩非子、孔子④、杜甫、李白、刘损⑤、达摩。此外,也有少量关于习俗传说的注释,如三生石、飞头国、断发之乡、古代孩子出生的习俗、六道等。可以说,这些注释皆有典可考,具有很深的文化底蕴。

"为了使读者对这部非凡的、不同寻常的作品能有一个较为准确的看法与观点,我从众多的序言中选择具有代表性的一篇。"⑥翟氏看中了唐梦赉的序。他认同唐序对蒲松龄文风的肯定,包括《聊斋志异》"赏善罚恶"的主旨。关于蒲氏文风,唐序云:"留仙蒲子,幼而颖异,长而特达。下笔风起云涌,能为载记之言。于制艺举业之暇,凡所见闻,辄为笔记,大要多鬼狐怪异之事。"而翟氏也认为在隐喻的价值和人物的塑造上,只有卡莱尔可以与之媲美⑦,他说蒲氏文风,"简洁被推到了极致,每一个细小的可以安全去除的因子都被

---

① 李商隐《李长吉小传》载:"长吉细瘦,通眉。长指爪。能苦吟疾书。"翟理斯之注释当参考此文。
② 翟理斯翻译了《庄子·齐物论》中的"女闻人籁而未闻天籁夫"一句。依翟氏的译文为:你知道地上的音乐,却没听过天上的音乐。
③ 《太平广记》引《灵鬼记》载:嵇康灯下弹琴,忽有一人长丈余,着黑衣革带,熟视之。乃吹火灭之,曰:"耻与魑魅争光。"翟理斯注释的乃是此故事。
④ 翟理斯的注释提到了《论语·宪问》中"子曰:'莫我知也夫!'"一句。
⑤ 《南史·刘粹传》附《刘损传》:"损同郡宗人有刘伯龙者,少而贫薄。及长,历位尚书左丞、少府、武陵太守,贫窭尤甚。常在家慨然召左右,将营十一之方,忽见一鬼在傍抚掌大笑。伯龙叹曰:'贫穷固有命,乃复为鬼所笑也。'遂止。"翟理斯注释的即是此事。
⑥ Herbert Allen Giles, *Strange Stories from a Chinese Studio*, Vol.1, London: Thos. De La Rue, 1880, Introduction xxv.
⑦ 对于这个对比是否恰当,论者看法不一。张弘认为:"中国读者恐怕很少人会把卡莱尔同蒲松龄联系在一起,因为一个是狂热歌颂英雄与英雄崇拜的历史学家,另一个是缱绻寄情于狐女花妖的骚人墨客;一个是严谨古板的苏格兰加尔文派长老信徒的后代,另一个是晚明个性解放思潮的余绪的薪传者;一个是生前就声名显赫被尊崇为'圣人'的大学者,另一个是屡试屡不中的科场失意人;一个是德意志唯心精神在英国的鼓吹手,另一个是古代志怪小说在人心复苏的历史条件下的复兴者。如果硬要寻找什么共同点,唯一的相通之处就是两人都不用通俗的语言写作:卡莱尔有意识地破坏自然的语序,运用古代词汇,创造了一种奇特的散文风格;蒲松龄则在白话小说占据绝对优势的时候,重新操起文言文与骈文做工具。"(《中国文学在英国》,广州:花城出版社,1992年,第211—212页)王丽娜指出:"翟理斯把蒲松龄与卡莱尔相比,可见他对《聊斋志异》的深刻理解。"(《中国古典小说戏曲名著在国外》,上海:学林出版社,1988年,第215页)

小心翼翼地删除了","大量的暗示、隐喻涉及了整个中国文学","如此丰富的隐喻与艺术性极强的人物塑造只有卡莱尔可与之相媲美","有的时候,故事还在平缓地、平静地进行,但是在下一刻就可能进入到深奥的文本当中,其意思是关联到对诗歌或过去三千年的历史的引用与暗指,只有在努力地熟读注释并且与其他作品相联系后才可以还原其本来的面貌"。①而关于第二点,唐序云:"今观留仙所著,其论断大义,皆本于赏善罚淫与安义命之旨,足以开物而成务。"翟氏对这一点也表示赞成,"其中的故事除在风格和情节上的优点外,还包含着很杰出的道德。其中多数故事的目的——用唐梦赉的话来说——就是'赏善罚淫',而这一定是产生于中国人的意识,而不是根据欧洲人关于这个问题的解释而得到的"。虽然《聊斋志异》在中国可谓家喻户晓,但是翟氏也强调其"文人化"特征,在中国他从未看到一个受教育程度比较低的人手里拿着一本《聊斋志异》。他也不同意梅辉立的"看门的门房、歇晌的船夫、闲时的轿夫,都对《聊斋》中完美叙述的奇异故事津津乐道"②的论调。虽然《聊斋志异》的故事源于民间,但是经过蒲氏加工后,就不再是一本通俗易懂的民间读物,而这一点恐怕也会成为英语世界读者接受的障碍。因此,翟氏一再表明:"作为对于中国民间文学知识的一种补充,以及作为对于中国人的风俗礼仪、习惯以及社会生活的一种指导,我所译的《聊斋》可能不是完全缺乏趣味的。"可以说,正是秉持上述两个宗旨,使翟氏的这个译本,相当程度迎合了其时欧洲读者了解中国文化与文学的心理期待,因而受其青睐便在情理之中。该译本也是迄今为止最全的一个英译本,西方有些译本就是根据翟氏英译本转译的。

1881年　36岁

3月5日,厦门商会执行委员会(The Committee of the Amoy Chamber of Com-

---

① Herbert Allen Giles, *Strange Stories from a Chinese Studio*, Vol.1, London: Thos. De La Rue, 1880, Introduction xxi.
② Ibid.

merce)专门召开特别会议,并通过一项决议答谢翟理斯搭救华工之善举。①

6日下午3时许,鉴于翟理斯即将离任,一个代表厦门所有商号的厦门十行会领袖代表团,来到翟理斯寓所②,郑重其事地向他献上一把红色的"万民伞"(A Ten Thousand Name Umbrella),以答谢其搭救华工之善举。

按:伞柄约10英尺(约3米),伞面为红绸缎,饰有三道花边。第一道花边上写着几个镀金大字:"他保护了我们黑头发人。"第二道花边上同样用镀金字写着献伞祝辞:"鉴于英国驻厦门领事馆代理领事官翟理斯先生领导有方,吾等厦门港众乡绅商家特将此伞献给翟理斯先生。光绪七年花开之月(1881年3月6日)。"最后一道花边上是所有献伞人的签名。签名以竖行排列,每个签名间隔1英寸(约2.5厘米),签名遍布全伞,共有110家厦门商行商号,各级官员签名74个。级别最高者为道台。与翟理斯一同出席这次隆重仪式的还有英国驻厦门领事馆翻译官乔治·布朗(George Browne)、英国布政司署库伯(Cooper)和鲍威尔(Powell)。3月15日,厦门洋商会(The Foreign Chamber of Commerce)在翟理斯即将离开厦门回国休假前,也对他搭救华工之善举表示了敬意和谢意。远在英伦的《萨顿先驱报》(The Sutton Herald)也对翟理斯的善举进行了全面的报道,并转载了《厦门钞报》的部分报道。③

在1881—1882年的《中国评论》发表了题为《中文〈新约〉》("The New Testament in Chinese")的文章,对此《北华捷报》(North-China Herald)于1882年2月7日发表评论,认为"精神崇高,语气恰当,具有学术价值,值得高度赞扬"。

按:翟理斯的文章旨在揭示《圣经》译者的错误,《圣经》的准确版本没有在中国读者中流传。因此,论文受到不少传教士的攻击。其中,以马斯特斯

---

① "Copy of Resolution," The Amoy Gazette, March 18, 1881.决议全文如下:"鉴于英国驻厦门领事官翟理斯先生离任时间日近,为聊表谢意,厦门商会特决定将其明智之举铭刻在案。一艘插着英国旗号之中国船,意欲超载华工,冒险驶往南洋之际,身为本港移民官的翟理斯挺身而出,保护了华工之生命与财产。同时,商会也对翟理斯先生的明智之举未受到应有的响应和支持表示遗憾。特责成商会秘书将本决议誊写两份,分呈翟理斯先生与厦门领事馆。"转引自王绍祥《西方汉学界的"公敌"——英国汉学家翟理斯(1845—1935)研究》,第61—62页。
② 厦门十行会自发献伞之举的相关报道分别见:"Presentation of a Red Umbrella to Mr. Giles," The Amoy Gazette, March 6, 1881; "A King of Umbrellas," The Sutton Herald, April 30, 1881; "Presentation to the British Consul at Amoy," The Sutton Herald, March 18, 1881.
③ 参见王绍祥《西方汉学界的"公敌"——英国汉学家翟理斯(1845—1935)研究》,第62—63页。

(F. G. Masters)和乔治·欧文(George Owen)为批评代表,后者后来成为翟理斯的朋友。慕维廉(W. Muirhead,1822—1900)也发出了一些批评声,不过这些批评都被慕稼谷(George E. Moule)主教意外的支持平息了。主教称:"我非常高兴地看到一个重要的话题被一位能干的翻译学生触及了……我非常感谢他对……真正汉语版的圣经所做的贡献。"①

5月,返英休假。将红伞交给父亲保管,引得萨克福内兰德地区不少人前来观看。

7月13日,翟理斯一篇文章《中国刑诉》("Criminal Procedure in China")被《双周评论》采纳,而编辑莫雷说"近期发表机会不大"。此文后几经周折,终未付梓。本日,为《伦敦和中国电讯报》(London and China Telegraph)撰写文章。

10月,在《时代》发表了一篇论述教育系统的文章,编辑归入《中国语法》(Chinese Gram)。

本年,在伦敦市长官邸召开会议讨论中国的鸦片问题,但翟理斯先前在《中国概览》上谈论鸦片触犯众怒,因而未被邀请参加。

1882年　37岁

2月,休假结束,返华。

4月,《历史上的中国及其他概述》(Historic China and Other Sketches),由伦敦德·拉·鲁公司出版。

> 按:该书分为三大部分:1.朝代概述,六章分别叙述周、汉、唐、宋、明、清六个朝代,简要展示中国三千年的历史。翟氏称写作这些章节时,"已经尽量压缩和删节,因为尽管中国幅员辽阔,人口众多,但是,英国大众对中国事务,无论是过去还是现在,都并不感兴趣"。在叙述中国历史时,如作者序言所云,加入了一些中国文学及节译的片段。在唐代章节中,翟氏插入《探访君子国》,即《镜花缘》的片段节译。由此看来,《镜花缘》并不是作为小说来向西方读者介绍的,而是更倾向于其史料上的文献价值,以此来窥探唐代的中国。

---

① Herbert Allen Giles,"The Memoirs of H. A. Giles,"edited and with an Introduction by Charles Aylmer, *East Asian History*,Nos.13/14,1997,p.24.

宋代这章中选译了欧阳修《醉翁亭记》，明代这章中则选译了蒲松龄《聊斋志异》中的一篇短篇小说。也就是说，如今被视为民间文学的通俗小说被翟氏作为史料，或者至少是作为史书外的一种补充。节译了《三国演义》第78回"治风疾神医身死，传遗命奸雄数终"中神医华佗的故事，这一片段在目录中称为"The Death of Ts'ao Ts'ao"（中译为《曹操之死》），但在正文中却写成"Extract from The Story of the Three States"（中译为《〈三国演义〉片段》）。2.司法概述，简要介绍大清律例，并选取了蓝滤州（即蓝鼎元）的12个真实案例。3.其他概述，主要论及中国教育，汉语书面语，中国之火葬，中国扇子，催眠术、占卜术、招魂术，围棋，中国姓，中国共济会。

6月，因其在汉学方面的贡献，当选为孟加拉亚洲学会（The Asiatic Society of Bengal）联络会员（Associate Member）。

7月，翟理斯在《中国评论》上发表了一篇题为《巴尔福先生的〈庄子〉》("Mr. Balfour's *Chuang Tsze*"）的文章，评论当时著名汉学家巴尔福（Frederic Henry Balfour, 1846—1909）所翻译的部分《庄子》，题为《南华真经：道家哲学家庄子的著作》(*The Divine Classic of Nan-hua: Being the Works of Chuang Taoist Philosopher*, 1881）①，由别发洋行（Kelly & Walsh）出版。翟理斯评论说："《南华真经》被翻译成蹩脚的三流小说，而不是中国语言中非凡卓越的哲学论著之一，我应该很乐意将上述提到的翻译者和评论者默默放在一起。正由于如此，我冒昧地出现在备受争议的舞台上。……后世的汉学家们绝不会断言，巴尔福先生的《庄子》翻译被1882年头脑简单的学生温顺地接受了。"②批评巴尔福对《庄子》中的一些哲学概念翻译得十分拙劣，胪列诸例与中文原著对照，然后引出他自己认为正确的翻译。基于对巴尔福翻译的考察与批评，翟理斯萌生出译介《庄子》的设想："然而，尽管在这篇文章中提出了一些问题，但巴尔福先生翻译的准确性大体上是经得起检验

---

① 巴尔福1879年至1881年在《中国评论》第8、9、10期上发表了《太上感应篇》《清静经》《阴符经》等的译文。其译著作为单行本在伦敦和上海出版的有《南华真经》和《道教经典》（1884）。1931年冯友兰在该书译本序中说："就目前的《庄子》英译本而言，从文学或语言学的角度来说或许是好的，有用的，然而在解释《庄子》一书时，这些译本似乎并未触及作者真正的哲学精神……看来我们需要一本更注重庄子之哲学思想的译本。"参见 Fung Yulan, *Chuang Tzǔ: A New Selected Translation with an Exposition of the Philosophy of Kuo Hsiang*, Beijing: Foreign Language Press, 1989, p.1.
② Herbert Auer Giles, "Mr. Balfour's *Chuang Tsze*," *The China Review*, Vol.11, No.1(1882): 1.

的。我个人没有任何理由不感谢巴尔福先生翻译《南华真经》所做出的贡献。他的努力,也激发了我将从头到尾地去阅读庄子的著作,这是我在以前从来没有想过要这样做的。"①他后来在自己的译本中称,巴尔福汉语功夫不深,很难胜任《庄子》的译介工作。②

撰写《论中国创作》("Chinese Composition")一文,刊于《皇家亚洲学会华北分会会刊》③。

本年,与翟理斯共同生活了十二年半的妻子凯瑟琳·玛丽亚·翟理斯(Catherine Maria Giles)去世,他们育有六个孩子。

1883 年　38 岁

6 月 11 日,翟理斯调往上海。

受特吕布纳之邀,评论卫三畏的《中国总论》(The Middle Kingdom)第二版,收入前者主编的《欧美与东方文学报告》(American, European, and Oriental Literary Record)之中。翟理斯把这一篇分析的长文寄给卫三畏,指出 35 年前的第一版《中国总论》存在大量错误。卫三畏同意第二版《中国总论》加上翟理斯的名字。

本年至 1884 年年初,第四次返英休假。

自费印刷《古文选珍》。该书"翻译了不同时期中国著名散文作家的'优雅的'散文'片段',所有翻译均为首次翻译"。将此书样本送给亚历山大·麦克米伦(Alexander Macmillan, 1818—1896),对方 10 月 2 日答复说没有出版必要。

12 月 17 日,在父母金婚庆典之际,翟理斯专门为父母主持了庆典活动。共有 150 多位亲朋好友参加庆典,整个活动举办得体体面面、风风光光。

年底,结识理雅各,成为挚友。在理雅各去世前的最后几年,两人经常见面、通信。理雅各在去世的当天还给翟理斯写了一封信,信的落款处,写着"你

---

① Herbert Allen Giles, "Mr. Balfour's *Chuang Tsze*," *The China Review*, Vol.11, No.1(1882):4.
② Herbert Allen Giles, *Chuang Tzǔ*, *Taoist Philosopher and Chinese Mystic*, London:Unwin Hyman, 1980, p.18.
③ 皇家亚洲学会华北分会为近代外侨在上海建立的一个重要文化机构,在中西文化交流过程中做出了突出贡献。1857 年 9 月 24 日,寓沪英美外侨裨治文、艾约瑟、卫三畏、雒魏林(W. Lockhart)等人组建了上海文理学会。次年,加盟英国皇家亚洲学会,遂更名为"皇家亚洲学会华北分会","所以名为华北分会者,系立于香港的地位观之,上海居于北方故也"。参见胡道静《上海博物院史略》(《上海研究资料续集》,民国丛书第 4 编第 81 辑),上海:上海书店,1993 年,第 393 页。

亲密的"。

按：从两人交往的细节，翟理斯感到，已届暮年的理雅各心里已很清楚自己对他的"汉学造诣的钦佩之情"。翟理斯对于那些对《中国经典》妄加评论的汉学家则深恶痛绝，其中尤其让他觉得愤愤不平的是，"身后只留下一本早已可以弃置不用的汉语入门读物的威妥玛爵士，居然也敢说理雅各博士的翻译是'呆板的'"。翟理斯认为，理雅各的译文可以说是"英国的荣耀"，而威妥玛的汉学著作则"少得可怜"，几乎"完全包括在那一本《语言自迩集》里面"。19世纪下半叶，《语言自迩集》作为一本入门读物，"还过得去，但根本谈不上'不朽的作品'"，因为此后，"其中很多内容都被删去了，当然，也包括那个曾经名噪一时的(或者说是臭名昭著的)章节：'秀才求婚'"。翟理斯认为，威妥玛翻译的《论语》"很让人瞧不起"①，但他则认为理雅各是"世界上最权威的汉学家"②。

通过理雅各的介绍，认识了未来的岳父③。与伊莉斯·威廉敏娜·伊得仙莫(Elise Wilhelmina Edersheim,1860—1921)结婚。

1884 年　39 岁

本年至1885年，任上海公共租界会审公廨英方陪审官。尽管翟理斯的这段经历仅历时一年左右，但是却一度引发了沸沸扬扬的会审风波(Mixed Court Scandal)。

译著《古文选珍》一卷本，由伦敦伯纳德·夸里奇出版公司(Bernard Quaritch)与上海别发洋行分别出版。④ 该书封四有一篇中文序，出自福州举人粘云鼎之手⑤，此人乃翟氏友人辜鸿铭所荐。序云："余习中华语，因得纵观其古今书籍，于今盖十有六载矣。今不揣固陋，采古文数篇，译之英文，以使本国士人诵习。观斯

---

① Herbert Allen Giles, *Gems of Chinese Literature：Prose*, second edition, revised and greatly enlarged, Shanghai：Kelly & Walsh, 1923, p.8.
② 参见王绍祥《西方汉学界的"公敌"——英国汉学家翟理斯(1845—1935)研究》，第 150—151 页。
③ 翟理斯第二任妻子的父亲。
④ Herbert Allen Giles, *Gems of Chinese Literature*, London：Bernard Quaritch, Shanghai：Kelly & Walsh, 1884.
⑤ 据民国 22 年(1933)《闽侯县志》卷 4《选举志·清举人》：粘云鼎，福建闽县人，光绪五年(1879)举人。

集者,应亦恍然于中国文教之振兴,辞章之懿铄,迥非吾国往日之文身断发、茹毛饮血者所能仿佛其万一也。是为序。岁在癸未春孟翟理斯耀山氏识。"而在英文序中,翟理斯对该书意义有更明确的揭橥:"对于英国读者来说,想找任何一部关于中国总体文学的作品,哪怕仅与之有一点点关系的著作,都只是徒劳。理雅各博士的鸿篇巨制,确实使儒家经典变得唾手可得,但是中国作家作品领域却依旧是一片广袤的处女地,亟待得到卓有成效的开拓。因此,我不揣简陋,从所有时期最著名作家的作品中选出一小部分作品,辑成此编,呈于英语读者面前,这些作品经受住了时间的考验。"①翟氏是第一个将当时西方流行的"总体文学"概念运用于中国文学的汉学家,并将此意识贯彻于《古文选珍》的编撰体例上,大抵依朝代先后,选取先秦至明末共52位作者(不包括佚名作者)的109篇作品,以此呈现中国文学各期状貌。此书表明翟氏已经将目光投向中国文学领域,"这本书是新方向上的一次努力"②。

　　按:伯纳德·夸里奇为翟理斯的朋友。该书装帧精美,封面是用篆书题名,封底为中文短序。4月,远东报纸《先锋》(*Pioneer*)发表书评称:"英语读者苦苦搜寻,但都无法找到一些关于中国总体文学(general literature)的文字,哪怕一丁点儿介绍性的文字也好。理雅各博士所做的巨大努力确实使猎奇者可以轻易地得到儒家经典;但是,中国大量的文学作品现在仍是一片有待开发的处女地。新近出版的《古文选珍》正好弥补了这一缺憾。"

　　工作闲暇,为《皇家亚洲学会华北分会会刊》撰写稿件,介绍一部中国著名美食著作,即袁枚(1716—1798)《随园食单》。

　　筹备《关于远东问题的参照词汇表》第二版的出版事宜。

1885年　40岁

　　3月,当选为皇家亚洲学会华北分会主席。在任期间,组织了三场研讨会:第

---

① Herbert Allen Giles, *Gems of Chinese Literature*, London: Bernard Quaritch, Shanghai: Kelly & Walsh, 1884, preface.
② 黄平伟(Ping-wei Huang)选编的《翟理斯〈古文选珍〉中的谚语:双语对照》(*Proverbs in H. A. Giles' Gems of Chinese Literature: A Bilingual Version*)收集了《古文选珍》中所有的谚语翻译,列出了这些谚语所对应的中文,并将它们与翟氏其他作品中的相同谚语的翻译作对比。黄文指出翟理斯的谚语翻译有两个特点:1.以概括性的或抽象的用语来传达谚语的精髓;2.有时他会采纳英语中约定俗成的表达法。这些英语谚语大意与中文相同,但是形式上有所区别。

一场是"中国杀婴之流行"(The Prevalence of Infanticide in China),第二场是"什么是孝道"(What is Filial Piety),第三场是"中国戏剧和戏剧情节"(Chinese Theatricals and Theatrical Plots)。这些研讨会非常成功,给皇家亚洲学会华北分会带来了生机。

6月,当选为创建于1885年的北京东方学会(Peking Oriental Society)通讯员。

8月,中法签订和平条约,圣旨刊于《京报》(Peking Gazette)上,译文刊载在8月20日的《字林西报》上。翟理斯时任上海副领事,指出英文译文"非常不准确",译者禧在明(Walter Caine Hillier,1849—1927)写信给编辑,承认了错误。

11月13日,调往日本占领的台湾淡水(Tamsui)任代理领事(直到1891年)。至此,在上海的会审风波终于落下帷幕。

在《皇家亚洲学会华北分会会刊》上发表两通袁枚书信("Translation of Two Chinese Familiar Letters")的译文,以及据《红楼梦》缩写的《简述〈红楼梦〉中宝玉的故事》("'Hung Lou Meng', or 'The Dream of the Red Chamber'")。后者以贾宝玉为中心,简述了《红楼梦》的大致情节。①

> 按:翟理斯对《红楼梦》的译名也提出了自己的看法:"Dream of the Red Chamber 是一个不确切的译名。……故事中的确包含了几个'梦',但这些梦既不是在'红楼'里做的,也不是关于'红色的楼'。'红楼梦'在这里纯粹是比喻。这是一个关于荣宁二府的富有和高贵的梦,故事的情节基于此而展开。所以译为 A Vision of Wealth and Power 更为恰当。"《教务杂志》发表一则书评,对翟氏的这篇文章予以回应。

1886年　41岁

7月1日,任台湾淡水领事。本年与理雅各就《老子》相关问题发生争论。

在《教务杂志》发表杜牧《阿房宫赋》("The Pleasance of O-Fang")的译文。在《皇家亚洲学会华北分会会刊》发表宋濂《秦士录》("A Mongol Giant")译文。这两篇译文与两通袁枚书信的译文,皆未收入1923年《古文选珍》的增订本。

---

① Herbert Allen Giles, "'Hung Lou Meng', or 'The Dream of the Red Chamber'," *Journal of the North-China Branch of the Royal Asiatic Society*, Vol.20(1885).1928年以《一个古老的故事》为题,采用译述的方式,选取《红楼梦》中黛玉进贾府、宝玉结婚、贾家败落、宝玉出家为片段,简述《红楼梦》梗概。

在《中国评论》①第 14 卷上发表《老子遗集：重译》("The Remains of Lao Tzǔ: Retranslated")一文，指出《道德经》完全是"伪造"的②。此言一出，即在西方汉学界引起了轩然大波，与理雅各等人的辩论由此展开，"欧洲几乎所有对早期道家有一些兴趣的汉学家都卷入了这场争论"，而且"这场争论一直持续到了 20 世纪"。③

按：翟理斯与理雅各围绕《道德经》文本真伪问题的论争，是英国汉学史上的一大热点，也吸引了欧洲不少汉学家参加进这场由前者引起的"道学大战"（庄延龄语）。湛约翰（John Chalmers）、艾约瑟、庄延龄等汉学家纷纷在《中国评论》第 14 卷第 6 期上撰文予以回应。翟理斯对这些回应文章逐一反驳。比如针对写了数篇文章反驳自己观点的艾约瑟，翟理斯认为"这些文章根本没有分量"，不过"在《道德经》的坚决维护者中，艾约瑟也许是第一个全副武装进入角斗场的人"。④ 艾约瑟又在《中国评论》上发表了一篇题为《黄帝在早期道家中的地位》("Place of Hwang Ti in Early Tauism")⑤的文章。翟理斯说自己"鼓足勇气"看了这篇"变相攻击自己"的文章，没想到其中"错误连篇"。湛约翰在回应文章中则指出，"面对气势汹汹的攻击者，我无意于为我的《老子》译文辩护。我的译文显然是不完美的，显然也不值得与其进行持久的争论"。翟理斯看过这篇文章后，又写了一篇题为《老子遗集》的文章⑥，重申自己撰写《老子遗集：重译》一文的目的有二：其一，《道德经》是伪造的；其二，不是伪造部分的翻译大多是错的。⑦ 翟理斯指出，对于第一个目的，湛约翰、艾约瑟、庄延龄等人的回答让他"感到失望"：湛约翰引用《史记》来证明自己的观点，虽值得注意，但他"并没有说明什么"；"艾约瑟的名气完全建立在他那些单调而无聊的作品之上，他注定会从（汉学的）奥林匹斯山

---

① 《中国评论》至 1901 年停刊。
② Herbert Allen Giles, "The Remains of Lao Tzǔ: Retranslated," *The China Review*, Vol.14, No.5(1886): 235.
③ 参见王绍祥《西方汉学界的"公敌"——英国汉学家翟理斯(1845—1935)研究》，第 151 页。
④ Herbert Allen Giles, "Dr. Edkins on the 'Tao Te Ching'," *Journal of the North-China Branch of the Royal Asiatic Society*, Vol.21, Nos.5/6(1886): 321.
⑤ Joseph Edkins, "Place of Hwang Ti in Early Tauism," *The China Review*, Vol.15, No.4(1886).
⑥ Herbert Allen Giles, "The Remains of Lao Tzǔ," *The China Review*, Vol.14, No.6(1886): 355-356.
⑦ Ibid., p.355.

上滚下来";而庄延龄对于这个问题的贡献"几乎等于零"。翟理斯还进一步声明:"《道德经》中有约一百段真正出自老子的手笔,而且也翻得最不好,我也对其进行了重译。如果你们确实觉得很容易指出我译文中的错误,你们尽管拿出更新、更正确的译文来好了。"①

与理雅各、湛约翰、艾约瑟、庄延龄等汉学东方主义者的围攻态度不同,金斯密(Thomas William Kingsmill,1837—1910)站在翟理斯一边,认为翟氏这篇文章是"近年来,批评中国古文和古文献的最重要的文章",因而"颇具权威性"②。金斯密还指出,《道德经》向来都被视为道家学说的根基,但是,翟理斯那篇文章则说明《道德经》其实被人们赋予了"与其真正的价值并不相符的重要性"。金斯密认为"建构性的评论首先必须具有某种程度上的解构性。如果我们准备修复一幢古建筑的话,我们必须把几百年来沉淀下来的垃圾和石膏清理干净,这些垃圾和石膏把古建筑美丽的风格都遮盖住了。如果真正得以传承下来的老子言论比我们所认为的老子言论要少的话,我们至少应该感到欣慰,因为这些言论较之于《道德经》中那些被认定为是老子言论的内容,以及现代评论家和翻译家所认为的老子言论要有意义得多"。金斯密在说完这番话后,马上又指出:"翟理斯先生确实为汉语学习者做了一件大好事,但是,他可能并不知道,他捅了一个多大的马蜂窝。"并说明大家在批评《道德经》的同时,也应该感谢汉学界的前辈们为增进西方人对中国语言文化的理解,已经做出的巨大努力。"我们应该感谢理雅各博士翻译和注释的儒家经典。尽管我们和他存在着巨大的分歧,但是,理雅各所取得的成就是一块丰碑。"同时,"我们也应该感谢艾约瑟博士和湛约翰先生为介绍中国音调做出的艰苦努力,而且后者所著的《康熙字典撮要》(*The Concise Kanghsi Dictionary*,1877)的修订本现在已经成为学习汉语的学生的必备参考资料了"。按金斯密的看法,尽管理雅各的翻译成就很大,但他所欠缺的是一种现代意义的"文学批评"精神,这直接影响到了他的翻译及其地位。③

---

① 参见王绍祥《西方汉学界的"公敌"——英国汉学家翟理斯(1845—1935)研究》,第164—165页。
② Thomas William Kingsmill,"Review.The Remains of Lao-Tzǔ,Retranslated by Mr. H. A. Giles," *Journal of the North-China Branch of the Royal Asiatic Society*,Literary Notes,Vol.21(1886):116.
③ 参见王绍祥《西方汉学界的"公敌"——英国汉学家翟理斯(1845—1935)研究》,第163—164页。

本年《关于远东问题的参照词汇表》第二版问世。

1887 年　42 岁

开始着手《庄子》的译介研究。抽出时间翻译了《百家姓》("The Family Names"),由《皇家亚洲学会华北分会会刊》出版。

在《中国评论》发表《〈自迩集〉:过去和现在》("The Tzǔ Erh Chi: Past and Present")。威妥玛《语言自迩集》第二版出版,威妥玛称他翻译了故事,大量注释出自熙礼尔(Edward Guy Hillier,1857—1924)之手。翟理斯批评该书没有什么新特色,错误百出。由米奇(Michie)编辑的《中国时报》在 1888 年 5 月 2 日刊登文章对翟理斯发起抨击。

本年,出版了《汉语无师自通》的第二版增补版。

1888 年　43 岁

向英国外交部申请到宁波或镇江工作,因两地工作比较轻松,便于准备《汉英词典》(Chinese-English Dictionary)的编纂。该词典资料准备历时 15 年之久。

第五次休假离华,至比利时小住。受皇家亚洲学会秘书之邀,修订协会图书目录手稿。

理雅各在《中国评论》第 16 期发表回应文章,"驳斥了翟理斯怀疑古代道家作品真实性"的"每一个企图"[1],之后并没有陷入争论之中,而是稳步推进自己的道家研究和翻译计划。理雅各始终认为,《道德经》是真实的,是老子留给后人的文化遗产,这一信念从未曾动摇过"[2]。1891 年,在经过 15 年的努力之后,理雅各履行了对穆勒的承诺,出版了两卷本的《道家文本》(The Texts of Taoism),收录于《东方圣书》(The Sacred Books of East)。《道家文本》不仅包括详尽加注的《道德经》和《庄子》译本,而且还包括 20 世纪盛行的《太上感应篇》译本。这一译著代表了 19 世纪西方道家研究的最高水平。[3]

---

[1] James Legge, "A Critical Notice of 'The Remains of Lao Tsze, Retranslated,' by Mr. Herbert A. Giles," The China Review, Vol.16, No.4(1888):213.

[2] James Legge, "Preface to The Texts of Taoism," in The Sacred Books of the East, Vols.39/40, ed. F. Max Müller, Oxford:Oxford University Press,1891,pp.xiv.

[3] 参见王绍祥《西方汉学界的"公敌"——英国汉学家翟理斯(1845—1935)研究》,第 176 页。

按：关于翟理斯与理雅各之间这场持续了20余年的"道学大战"在汉学史上的意义，已有研究者认为：其核心由《道德经》的文本真伪引发，但从中折射出的是西方汉学理念和批评思想的变迁。19世纪末，以理雅各为代表人物的汉学东方主义已渐式微。1897年，随着理雅各的去世和翟理斯当选为剑桥大学第二任汉学教授，汉学东方主义更是蒙上了一层阴影。而19世纪末20世纪初，以"学院式"研究为特色的法国汉学的再度崛起正式宣告了"理雅各时代"（Leggian Epoch）的终结。尽管在其有生之年，理雅各在《道德经》真伪的争论中占了上风，但到了19世纪末，翟理斯在这场以如何看待中国文本为核心的"原则之战"中终于获胜。它预示了西方学者对待经典文献的态度已经发生了根本的转变，同时，也预示着汉学正朝着更专门化、更专业化的方向发展。①

1889年　44岁

1月，出版《庄子：神秘主义者、伦理学家、社会改革家》（Chuang Tzǔ, Mystic, Moralist, and Social Reformer）②，翻译过程历时整整两年，可以看出翟理斯对于两个领域即道家思想与文学性的重视。相较《老子》，西方学者对《庄子》关注不多。翟氏称在理雅各博士的儒家经典之外，发现了另一片天地，其倾心《庄子》，主要因其瑰丽的文风及玄妙的道家哲学思想："庄子为子孙后代们留下了一部作品，由于其瑰丽奇谲的文字，因此占据了最重要的位置。"③

按：翟译《庄子》分为三部分：引言、庄子哲学札记、译文。引言中，翟氏

---

① 详细讨论可参见王绍祥《西方汉学界的"公敌"——英国汉学家翟理斯（1845—1935）研究》，第183页。

② Herbert Allen Giles, *Chuang Tzǔ, Mystic, Moralist, and Social Reformer*, London: Bernard Quaritch, 1889, Introduction xiv-xv. 翟理斯称："庄子在几个世纪以来，的确已经被定位为一位异端作家了。他的工作就是为反对孔子所提倡的物质主义，从而在行动上所进行的努力。在这过程中他一点儿都不吝惜自己的措辞。……词语的华丽与活力已然是一种受到承认的事实了。他也一直被收录于一本大规模的辞典《康熙字典》中。……但是，了解庄子哲学却无法帮助那些参加科考的读书人走上仕途。因此，年纪稍大的人才学习庄子的哲学，他们往往已经赋闲或者是仕途受挫。他们都渴望一种可以超越死亡的宗教，希冀在书页中可以找到慰藉，用以反抗现存的烦恼的世界，期望另一个新的更好的世界的到来。"

③ Herbert Allen Giles, *Chuang Tzǔ, Mystic, Moralist, and Social Reformer*, London: Bernard Quaritch, 1889, p.89.

称自己在翻译时,根据"中国的传统做法,将我自己的评论也夹杂在译文之中。我希望这样能够帮助大家理解庄子引用的典故,以及庄子所传达的微妙的、时常又是隐晦的意思"。在《庄子》一书的说明中,翟理斯全文翻译了司马迁《史记·老子韩非列传》中庄子的传记。为了说明庄子的思想,翟理斯简要介绍了老子的主要思想——"道""无为","老子的理想主义已经体现在他诗歌的灵魂中了,而且他试图阻止人类物欲横流的趋势。……但是,显然他失败了,'无为'的思想无法使主张实用性的中国人接受"①。

翟理斯专门邀请当时任教于牛津大学摩德林学院与基布尔学院的哲学导师奥布里·莫尔(Aubrey Moore),对《庄子》的一到七章即内篇进行哲学解读。奥布里·莫尔在自己的论文中提出,"试图在东西方之间找出思想与推理的类同,可能对于双方来说都是有用的。这种努力可以激发那些真正有能力在比较中理解两者概念的人们,来告诉我们哪些类同是真实存在的,哪些类同只是表面的。同时这种努力也可能帮助普通读者,习惯于去寻找和期待不同系统中的相似之处。而这两种系统在早年的人们看来,只存在差异,没有类同"②。曾经有一段时间,希腊哲学的历史学者常常指出哪些东西可以被认定为希腊思想的特征,同时将不那么契合这些特征的任何思想,都贬低地称为"东方的影响"。他指出,这种西方固有的偏见,直到1861年理雅各向英国介绍一系列以孔子为主的儒家著作,才开始有所松动。

奥布里·莫尔在文章中,也说"在不考虑两者之间是否有任何的盗版或抄袭他人作品的情况下,我们可以在庄子和一个伟大的希腊思想家之间,指出一些相似之处"③。他先是介绍了西方哲学传统中的"相对论"(relativity),接着说庄子的"对立面"(antithesis)包含于"一"(the One)之中,详细阐述庄子与赫拉克利特的比较:"庄子是一个理想主义者和神秘主义者,有着所有理想主义者对实用体系的憎恶,也有着神秘主义者对一种生活作为纯粹外在活动的蔑视。……我们接触到了庄子神秘主义所构成之物。赫拉克特斯并非一个神

---

① Herbert Allen Giles, *Chuang Tzǔ*, *Mystic*, *Moralist*, *and Social Reformer*, London: Bernard Quaritch, 1889, Introduction xii.
② Herbert Allen Giles, *Chuang Tzǔ*: *Taoist Philosopher and Chinese Mystic*, London: Unwin Hyman, 1980, p.19.
③ Ibid., p.20.

秘主义者,但他却是一个悠久传统的创立者。这个神秘主义传统历经柏拉图,9世纪的艾罗帕齐特人狄奥尼西和苏格兰人约翰,13世纪的梅斯特·埃克哈特,16世纪的雅各布·伯麦,一直到黑格尔。"①

辜鸿铭曾评价翟氏"拥有文学天赋:能写非常流畅的英文。但另一方面,翟理斯博士又缺乏哲学家的洞察力,有时甚至还缺乏普通常识。他能够翻译中国的句文,却不能理解和阐释中国思想"②。当然,不可否认的是,翟氏的汉学造诣确实远不及法国的许多汉学家,他的贡献在于向英语世界的读者普及中国文化知识,这是他在汉学领域相关成果的主要特征,但实际上,他对中国思想的理解力也不容小觑,并非尽如辜鸿铭所言。而且辜氏的评论,乃主要针对翟氏关于《论语》中的一则翻译而言。从翟译《庄子》不难发现,翟氏对庄子思想的理解中,文化隔阂造成的误读现象较少,他对道家思想尤其是《庄子》,均有较深入而准确的认识:"庄子尤其强调自然的情操而反对人为的东西。马和牛拥有四只脚,这是自然的。而将缰绳套在马的头上,用绳子牵着牛鼻子,这便是人为了。"③因此,在翟氏心目中,"《庄子》也是一部充满着原始思想的作品。作者似乎主要认同一位大师(指老子——笔者注)的主要思想,但他也设法进一步发展了这种思想,并且将自己的思考所得放进其中,他的这种思考是老子未曾考虑到的"④。翟氏对老子《道德经》真伪问题,始终存在着疑问,但对《庄子》及道家在传统中国社会的地位及作用,却认识得很到位。

对于《庄子》的版本以及《庄子》的注释,翟理斯在翻译过程中亦有所思考。因此他引用了《世说新语》中的说法,认为"郭象窃取了向秀的成果。向秀的庄子注已有出版,因此与郭象的庄子注一起流通,但是后来,向秀注释的

---

① Herbert Allen Giles, *Chuang Tzǔ: Taoist Philosopher and Chinese Mystic*, London: Unwin Hyman, 1980, p.23. 王尔德正是借助翟理斯译本中奥布里·莫尔的论文,把握住了庄子思想的要旨,如其中的对立统一的辩证法思想,以及其中的理想主义与神秘主义色彩,而成为其唯美主义思想的域外资源。
② 辜鸿铭:《中国人的精神》,黄兴涛、宋小庆译,海口:海南出版社,1996年,第121—122页。
③ Herbert Allen Giles, *China and Chinese*, New York and London: D. Appleton, 1923, p.60.
④ Herbert Allen Giles, *Chuang Tzǔ, Mystic, Moralist, and Social Reformer*, London: Bernard Quaritch, 1889, Introduction ix.

本子失传了,而只剩下郭象的本子"①,并于众多的庄子注释中选出了六种供欧洲读者参考。对于那些各家注释不一的地方,翟理斯说自己则"返回庄子所说的'自然之光'"②,从原典中找寻其中所要表达的真实内涵。这就是说,在对《庄子》进行译介的过程中,翟理斯下了一番苦功夫,并介绍了中国学者关于《庄子》内外篇的说法,认为"内篇"相对而言比较神秘,而"外篇"则比较通俗易懂。和"杂篇"相比,"外篇"具有一个较为统一、易理解的思想内涵;而"杂篇"则包含了一连串截然相反且晦涩难懂的各种思想。"一般认为,'内篇'皆由庄子独立完成,但是,其他大多数章节显然都含有'他人'的迹象。"③翟理斯选取了《庄子》的三十三篇译成英语,并在英国颇受欢迎,成为当时英国人认识中国文学与文化的一个桥梁。王尔德正是通过翟理斯的译本得以了解道家思想并与之产生共鸣的。④而毛姆在翟理斯的译本中也找寻到了自己的心灵契合点:"我拿起翟理斯教授的关于庄子的书。因为庄子是位个人主义者,僵硬的儒家学者对他皱眉,那个时候他们把中国可悲的衰微归咎于个人主义。他的书是很好的读物,尤其下雨天最为适宜。读他的书常常不需费很大的劲,即可达到思想的交流,你自己的思想也随着他遨游起来。"⑤

虽然翟理斯对《庄子》瑰丽的文风赞赏有加,但这种青睐更多的是源于对中国社会儒、释、道三家思想的关注。正因为此,翟理斯在此后也相继完成了一系列介绍中国社会各种哲学思想的书籍,如《中国古代宗教》(*Religions of Ancient China*,1905)、《孔子及其对手》(*Confunism and Its Rivals*,1915)等。

---

① Herbert Allen Giles, *Chuang Tzǔ, Mystic, Moralist, and Social Reformer*, London: Bernard Quaritch, 1889, Introduction xii.
② Ibid., Introduction xiii.
③ Ibid., Introduction xiv.
④ 可参阅葛桂录《奥斯卡·王尔德对道家思想的心仪与认同》一文,收入葛桂录著《他者的眼光——中英文学关系论稿》(银川:宁夏人民教育出版社,2003年)。
⑤ W. S. Maugham, *On a Chinese Screen*, London: Heinemann, 1922, p.95.相关讨论参阅葛桂录《雾外的远音——英国作家与中国文化》(银川:宁夏人民出版社,2002年)之"'中国画屏'上的景象——试看毛姆的傲慢与偏见"一节内容。

1890 年　45 岁

《庄子:神秘主义者、伦理学家、社会改革家》一书引起广泛关注,好评很多,最重要的是来自王尔德(Oscar Wilde)。他在 1890 年 2 月 8 日以《一位中国哲人》("A Chinese Sage")为题,在《言者》(*The Speaker*)杂志第 1 卷第 6 期发表书评,评论翟理斯译《庄子》。在这篇评论中,王尔德的思想与庄子哲学产生共鸣,他的一些社会批评与文艺批评观念也借此得以成形。

> 按:在这篇评论文章里,王尔德把庄子放在西方哲学传统的坐标上,在与西哲的比照中,指认他们的相似点。作为异质文化的接受者,认同是对话的第一步,王尔德亦不例外。比如,他认为庄子像古希腊早期晦涩的思辨哲学家那样,信奉对立面的同一性;他也是柏拉图式的唯心主义者;他还是神秘主义者,认为生活的目标是消除自我意识,和成为一种更高的精神启示的无意识媒介;等等。因而在王尔德看来,庄子身上集中了从赫拉克利特到黑格尔的几乎所有欧洲玄学或神秘主义的思想倾向。王尔德借助于翟理斯的译本对庄子哲学的这些比附与意会,应该说还是把握住了庄子思想的要脉,如其所蕴含的对立统一的辩证法思想,所独具的理想主义与神秘主义色彩。评述中也流露出对博大精深的庄子哲学的赞赏与欣佩。同样,我们也不应该忽视,王尔德对庄子哲学的解释,又显然是以其自身所处文化境遇为依据的,不少地方难以契合庄子哲学的真意。①

1891 年　46 岁

4 月,自台湾调往宁波任执行领事。

出版增订版《汉语无师自通》。着手《古今姓氏族谱》(*A Chinese Biographical Dictionary*)的编撰工作,初衷是"希望本书能对与中国语言和文学有接触的人,特别是英国的外交官们提供帮助",因为"这样的参考书对于翻译生来说是非常必

---

① 如《庄子·杂篇·则阳》中提出的"安危相易,祸福相生,缓急相摩,聚散以成"的相对论观点,就被王尔德解释为:"在他(庄子)身上没有一点感伤主义者的味道。他可怜富人甚于可怜穷人,如果说他还会可怜的话。对他来说富足和穷困一样可悲。在他身上没有一点现代人对失败的同情。他也没有建议我们基于道德的原因,总是把奖品发给那些在赛跑中落在最后面的人。他反对的是赛跑本身。"这样的解释评述已经偏离了庄子思想的内涵。

要的,因为他们要接触各种各样的书面用语,包括政治文件、官方通讯、公告、《京报》等,里面经常出现历史上英雄和恶棍的典故。所以,某人只要有一句可圈可点的言辞或做出过一件惊人之事而引起中国人想象的,我都收进辞典里,以便'跟上中国人的思维'"①。

5月,别发洋行在上海开印《古今姓氏族谱》,翟氏正校对时,得了盲肠炎。经伯格·戴利医生(Dr. Burgh Daly)治愈。整整一年,工作进展顺利。为《坦普尔栅门》9月号写了一篇关于中国烹饪的文章。

1892 年　47 岁

1月,出版《汉英词典》第1卷,售价为35美元。是同类工具书中收入词汇最多的一部。出版后得到许多传教士的祝贺,其中有杨格非(Griffith John, 1831—1912)、戴德生(Hudson Taylor, 1832—1905)、阿尔弗雷德·琼斯(Alfred G. Jones, 1877—1905)等。《文汇报》(*The Shanghai Mercury*)在本月23日给翟氏信中写到"神保佑翟理斯",这无疑是每位汉学学生的祈祷。

6月,《汉英词典》第2卷出版。11月,第3卷和最后一卷出版。这样整项工作完成,付梓过程耗时一年半。第一版中的不少错误,在1912年修订版中都有所更正。《申报》在3月16日和5月10日都对《汉英词典》予以通告。张之洞订了10册,翟理斯允许传教士在一定限制下可以打折购买,由此收到一些传教士感谢。

出版了《汉语无师自通》的第三版增补版。

1893 年　48 岁

10月10日,以健康状况不佳为由,辞去领事职务,获全额养老金。返回英国,居住在阿伯丁(Aberdeen)②。其间,全力以赴编撰《古今姓氏族谱》。

与詹姆士·默里(James Murray)爵士发生争辩。翟理斯曾发现默里爵士编撰

---

① Herbert Allen Giles, *A Chinese Biographical Dictionary*, London: Bernard Quaritch; Shanghai, Yokohama: Kelly & Walsh, 1989, p.ii.

② Shang-Ling Fu, "One Generation of Chinese Studies in Cambridge: An Appreciation of Professor H. A. Giles," *The Chinese Social and Political Science Review*, Vol.15, No.1(1931): 82.

的《新英语词典》(A New English Dictionary)出现了一个荒谬的错误。在该词典中,"chop-stick"(筷子)词条的解释是:nimble boys(动作敏捷的孩子,即误以为"快子"),nimble ones(动作敏捷的人)。而且,据默里爵士称,这是"a kind of equivalent of the Chinese name"(中国人名的对应译文)。翟理斯立即指出,这是卫三畏曾经犯过的一个错误,该错误曾经出现在卫三畏的《中国总论》第二版第807页。当时,卫三畏把"筷子"(chop-sticks)称为"nimble lads"(动作敏捷的小伙子)。根据这一点,翟理斯随即致函默里爵士,指出其中的错误。默里爵士作了回复,既未明确认可翟理斯的观点,也没有恼怒,而是说这是他从本国伟大的汉学权威处获得的信息。翟理斯又给默里写了一封信说,当时在牛津的理雅各博士才是世界上最权威的汉学专家,而且翟理斯指出,理雅各博士也决不会否定他的说法。默里回信称,这个解释事实上就是理雅各教授提供的,而且要求翟理斯提供一个正确的译文。翟理斯以为可能是理雅各一时疏忽所致,随即给默里提供了一个正确的解释。两人通信就此结束。但后来,翟理斯发现,在1918年出版的《新英语词典》中,出现了一张"勘误表",其中就有他给默里爵士提供的解释,而默里爵士对自己竟只字未提。① 所幸的是,这场争论以分歧始,以和谐终。尽管翟理斯也觉得有点不公平,但由于两人研究领域并不相同,故未引发更大风波。②

1894年　49岁

1月,给《十九世纪》撰稿,题目是《英语韵律的汉语诗歌》("Chinese Poetry in English Verse")。同月,在阿伯丁的《每日自由报》(Daily Free Press)撰文抨击费尔贝恩(Fairbairn)论述中国及其宗教的错误观点。

2月23日晚,翟理斯应皇家苏格兰地理学会阿伯丁分会(The Aberdeen Branch of the Royal Scottish Geographical Society)之邀,为该分会开了一场题为"中国语言与文化"的讲座。参加该讲座的不仅有皇家苏格兰地理学会阿伯丁分会的会员,而且有翟理斯的朋友、曾任驻华外交官的谢立山爵士(Sir Alexander Hosie,

---

① Herbert Allen Giles, "The Memoirs of H. A. Giles," edited and with an Introduction by Charles Aylmer, *East Asian History*, Nos.13/14, 1997, p.34.
② 参见王绍祥《西方汉学界的"公敌"——英国汉学家翟理斯(1845—1935)研究》,第89页。

1853—1925)。天生喜欢挑战的翟理斯对于谢立山的出席颇感兴趣,因为他觉得别人也许听不懂他的讲座,但是,谢立山完全"有足够的资格挑错"①。

12月,翟理斯在阿伯丁女士俱乐部(The Aberdeen Ladies' Club)做了一个题为"中国妇女的地位"("The Position of Women in China")的讲座。阿伯丁各社团和学院也纷纷邀请翟理斯开讲座,话题当然是翟理斯最熟悉的中国。

1895年　50岁

在《中国评论》发表一篇对骆任廷(James Haldance Stewart Lockhart,1858—1937)言辞犀利的评论,二人展开争辩。

按:骆任廷于1893年出版了英译《中国成语考》(A Manual of Chinese Quotations, Being a Translation of the Ch'eng Yü K'ao)。翟理斯认为书中存在不少错误,并在《中国评论》(第21卷第405页)撰文予以批评。此文刊发后,立即得到骆任廷本人的迅速回应。于是二人便在《中国评论》发表系列文章,双方口诛笔伐。这场争论似乎并未激起很大波澜。骆任廷在1903年推出《中国成语考》修订版时,根据翟理斯提出的批评进行了修改,并对翟理斯的帮助表示了肯定和感谢。

1896年　51岁

翟理斯编撰《古今姓氏族谱》,经康德黎介绍,与孙中山相识,曾函请孙氏写自传编入该书。家居时,与儿女一起读希腊和拉丁作家作品。

1897年　52岁

3月,鉴于翟理斯在希腊文研究和汉学研究方面的杰出贡献,阿伯丁大学(University of Aberdeen)向翟理斯颁发了阿伯丁大学荣誉法学博士学位。9日,翟理斯为阿伯丁哲学学会(The Aberdeen Philosophical Society)开了一次题为"中国的过去与现在"("China Old and New")的讲座。

---

① Herbert Allen Giles, "The Memoirs of H. A. Giles," edited and with an Introduction by Charles Aylmer, *East Asian History*, Nos.13/14, 1997, p.35.

4月2日,举行学位颁发典礼,主持人为阿伯丁大学校长、古典学学者威廉·杜吉德·格迪斯(William Duguid Geddes)爵士。

按:据翟理斯称,阿伯丁大学是英国第一所向非本校校友的汉学家颁发荣誉博士学位的大学。在英国,人们认为"学习汉学是很可笑的、很让人瞧不起的"。但是,翟理斯认为,就算不考虑他的汉学成就,他也完全有资格获得该校的荣誉博士学位,因为此前,翟理斯已经"编辑过一部希腊戏剧,甚至也已经讨论过 Πρός 作为副词的价值",就凭借这些,"我什么学术荣誉拿不到?"但是,令翟理斯颇感悲哀的是,他于青年时代(1870)出版的英译希腊作品——朗吉努斯的著作《论崇高》早已经被人们所遗忘了![①]

5月,翟理斯应邀前往剑桥大学整理剑桥大学首任汉学教授威妥玛捐赠给该校图书馆的私人藏书,这批藏书共4304册,883种,大多数是他生前日常用的书籍,有关清末朝廷礼仪、外交关系、政治、法律等方面的较多。翟理斯被任命为中文图书库荣誉负责人之后,花了整整6个月的时间整理和出版《剑桥大学图书馆威妥玛文库汉、满文书目录》[②]。据翟理斯称,这本目录"设计得十分精美,是用荷兰手工制作的纸张,在莱顿印刷的"[③]。

按:这批图书中,比较珍贵的有《太平天日》一类的太平天国材料,还有善本书,其中包括《异域图志》《篆刊楚骚》和《按黔疏草》的明版本,抄本《明实录》,清抄本满文《义正图解》等。尤其值得一提的是,翟理斯非常珍视明刊孤本《异域图志》这本书,曾经花了很多年时间翻译和研究这本书。翟理斯介绍说,《异域图志》是一本"关于异国(包括朝鲜、匈奴、波斯、阿拉伯和许多中亚部落)的插图本作品","书中对这些国家的服饰和风俗等都一一做了介绍,另外还有十六幅珍禽走兽的图片,其中有一幅精美的斑马图。该书刊于14世纪后25年……我本打算将该书影印本连同我的翻译一同出版,但是,出版社认为成本太大了(750—1000英镑),所以,尽管民族学家和考古学

---

① 参见王绍祥《西方汉学界的"公敌"——英国汉学家翟理斯(1845—1935)研究》,第91—92页。
② 王丽娜称,这一目录"编辑体例是依照中国古典分类法成书的,至今仍有参考价值。此书的编纂,说明翟理斯对目录学的重视"。参见王丽娜:《英国汉学家翟理斯与中国古典文学》,载朱东润、李俊民、罗竹风主编:《中华文史论丛》,1986年第1辑(总第37辑),上海:上海古籍出版社,第310页。
③ Herbert Allen Giles, *Autobibliographical*, etc., Add.MS.8964(1). Cambridge University Library, pp.71-72.

家……都对该书的出版寄予了厚望,但是,直到现在(1924),这本书还是没有出版"。翟理斯是在整理威妥玛藏书的过程中发现该书的,当时"这个书被扔出了威妥玛文库,搁置在一个杂乱无章的书堆里。我从来没有见过这本书,也闻所未闻。后来,我不断向中国朋友请教,但是,他们也没有听说过这本书……这本书显然成书于1392年"。翟理斯在翻译这本书的过程中得到了不少民族学家和考古学家的帮助。这批藏书可以说是威妥玛对母校剑桥大学的最大的贡献了。威妥玛于1883年7月1日卸任英国驻华公使一职,旋即回国定居,随身带回了大量在中国收藏的汉籍。从剑桥大学图书馆所藏的未发表的信件档案中可知,威妥玛其实早在1877年即有意将汉籍捐赠给母校,但直至1886年年底才完成此愿。①

6月7日,剑桥大学校务委员会(The Council of the Senate)讨论了恢复汉学教授职位的问题,而引发这一讨论的契机就是威妥玛捐赠的私人藏书。

按:1895年7月31日,剑桥大学首任汉学教授威妥玛去世,此后两年此职空缺。剑桥大学学术委员会(The General Board of Studies)收到图书馆董事会(The Library Syndicate)的一份会议纪要,指出:"鉴于威妥玛所赠之汉籍的数量和价值(有几位专家称欧洲汉籍藏书根本无法与之相比,即使在中国也少有与之抗衡的藏书),图书馆董事会希望能够通过恢复汉学教授一职或其他方法,使这些书能够得到妥善的保管。"②剑桥大学学术委员会认为,汉语教学的需求将进一步扩大,因此,作为英国著名学府的剑桥大学应该设法"满足这一需求,并提高威妥玛文库汉、满藏书的作用"。

10月22日,翟理斯在阿伯丁大学论辩协会发表开幕演讲,主题是"中国小说"。11月20日,为阿伯丁教育分所作"中国的教育"演讲。受拉德莫斯·布朗(T. Rudmose Brown)之邀,为母校写了一篇有关中国领事活动的文章。

11月2日,剑桥大学刊登了招聘汉学教授的启事。起因是剑桥大学学术委员会向剑桥大学校务委员会提出,"应再聘请一位自愿根据同样的条件为剑桥大学提供服务的中国学学者"。由于暂时没有合适的人选,所以剑桥大学副校长、唐

---

① 参见王绍祥《西方汉学界的"公敌"——英国汉学家翟理斯(1845—1935)研究》,第92—93页。
② A minute dated 26 May 1897, in Report of the Council of the Senate on a Professorship of Chinese, *Cambridge University Reporter*, June 8, 1897, p.1078.

宁学院（Downing College）院长亚历克斯·希尔（Alex Hill）刊登了招聘启事。翟理斯得知消息后，提交了申请。①

　　按：同时申请者还有阿赫伯（Herbert James Allen，1841—1912），也是一名英国驻华使领馆退休外交官，他生于印度，1861年来华，为公使馆翻译学生，后任翻译，1888年退休。阿赫伯曾写过许多关于中国的论文和书册，最著名的有《中国古代史：中国经籍是伪造的吗》（*Early Chinese History：Are the Chinese Classics Forged*，1906）等书。

12月3日，剑桥大学第二任汉学教授的选举活动由希尔博士主持，在剑桥大学唐宁学院会议室（Downing College Lodge）举行，翟理斯全票当选。7日的《剑桥大学通讯》（*Cambridge University Reporter*）公布了这一消息。翟理斯告别生活了近5年的阿伯丁，也告别了阿伯丁的所有朋友，举家迁往剑桥大学，并开始了长达35年（1897年12月3日—1932年12月6日）的执教剑桥的生活。

　　按：1888年，剑桥大学设立首任汉学教授职位，这基本上是一种不接受薪水的"荣誉性的职位"。1899年，翟理斯才收到每年200英镑的薪水，这在其长达35年的任期中始终不变，因而也成了他与校方的矛盾焦点之一。据说首任汉学教授威妥玛，从1888年4月21日接受任命起直至1895年7月31日逝世，所收学生总共不到三名。威妥玛担任汉学教授以来并没有出版过任何与中国有关的书籍。翟理斯的到来为剑桥大学汉学的发展注入了新鲜的血液，在任职时间、学生数量、汉学研究等诸多方面都远远超过了他的前任，也为剑桥大学汉学发展史乃至20世纪初叶的英国汉学研究职业化、专业化的实现，写下了浓墨重彩的光辉一页。

本年《古今姓氏族谱》上卷出版。全书共1022页，收录了中国杰出政治家、军事家、诗人、历史学家的传记2579条。其中不乏文学家及批评家，如屈原、曹植、嵇康、阮籍、谢灵运、谢朓、刘勰、萧统、王维、李白、杜甫、韩愈、白居易、欧阳修、黄庭坚、苏轼、罗贯中、施耐庵、金圣叹、王士祯、蒲松龄、曹雪芹等150多位，基本囊括了中国文学史上的重要人物。每个条目下列传主姓名、字号、谥号、生卒年、主

---

① 详细信息可参见王绍祥《西方汉学界的"公敌"——英国汉学家翟理斯（1845—1935）研究》，第94—95页。

要经历、代表作等。主要选取他们最为人所熟知的事迹进行介绍,或出于正史,或出于野史与民间传说,标准并不统一。此外,还包括一些文学批评家如萧统及其《文选》等。其规模远大于1874年梅辉立编纂的《中国读者手册》。①

按:翟氏对《汉英词典》与《古今姓氏族谱》二书的意义,有如此表述:"从1867年算起,我主要有两大抱负:1.帮助人们更容易、更正确地掌握汉语(包括书面语和口语),并为此做出贡献;2.激发人们对中国文学、历史、宗教、艺术、哲学、习惯和风俗的更广泛和更深刻的兴趣。如果要说我为实现第一个抱负取得过什么成绩的话,那就是我所编撰的《汉英词典》和《古今姓氏族谱》。"②的确,这两本辞典性质的工具书凝结了翟氏的多年心血。虽然如翟氏所言,两书的目的是为了便于掌握汉语,但性质并不完全相同。

1898年　53岁

1月27日,翟理斯获得了剑桥大学荣誉硕士学位。只要是剑桥大学教职员工,通常都可以获得这一荣誉学位。

《古今姓氏族谱》下卷于上半年出版。翟理斯的妻子伊莉斯·威廉敏娜·伊得仙莫还为该辞典编撰了三栏的中英文索引共40页。由于英国的出版成本很高,所以翟理斯只得把这本书拿到欧洲大陆由博睿公司(E. J. Brill)出版。此后,翟理斯还与这家公司有过多次合作。人们对这部作品的评价相当高,傅尚霖(Shang-Ling Fu)认为,《古今姓氏族谱》是一部"开拓性的作品,这在当时是独一无二的。更值得注意的是,《古今姓氏族谱》比中国近代首部人物传记辞典早了十年。而且,他(翟理斯)是在材料奇缺的情况下,单枪匹马地完成这本辞典的编撰工作的"。法兰西学院(The French Academy)还因此向翟理斯颁发了人们梦寐以求的儒莲奖(Prix Stanislas Julien)。曾任英国首相的格来斯顿(William Ewart

---

① William Frederick Mayers, *The Chinese Reader's Manual, A Handbook of Biographical, Historical, Myhological, and General Literary Reference*, Shanghai: American Presbyterican Mission Press, 1874. 在《古今姓氏族谱》出现以前,《中国读者手册》以较为完备著称,征引材料二十余种。

② Herbert Allen Giles, *Autobibliographical*, etc., Add. MS. 8964(1). Cambridge University Library, p.173. 转引自王绍祥《西方汉学界的"公敌"——翟理斯(1845—1935)研究》,第254页。

Gladstone,1809—1898)也给翟理斯发来了一张贺卡,对其所取得的成就表示嘉许。①

10月,出版英译本中国诗选集《古今诗选》(与1894年翟氏发表的论文同名)。由伦敦伯纳德·夸里奇出版公司及上海别发洋行出版。这本问世于世纪之交的选集影响深远,其后,克莱默·宾、阿瑟·韦利等人经常提起它,或用它作参照。有些诗歌被转译为法文、意大利文。如亨利·罗奇(Henri Pierre Roche)将一些诗歌译为法文,发表于《散文诗》(Verset Prose)。1917年3月,有24首被保罗·朱斯蒂(Paolo Emilio Giusti)译为意大利文,出版于《新选集》(Nuova Antologia)。有些诗歌被西利尔·斯考特(Cyril Scott)、卡彭特(J. Alden Carpenterd)等人配上了音乐传唱。

按:《古今诗选》选译了先秦至清代102位诗人的173首作品(不包括佚名者)。扉页附有翟理斯自撰小诗一首,表达了他对中国古诗的热爱:

Dear Land of Flowers, forgive me! —that I took

These snatches from thy glittering wealth of song,

And twisted to the uses of a book

Stains that to alien harps can ne'er belong.

Thy gems shine purer in their native bed

Concealed, beyond the pry of vulgar eyes;

And there, through labyrinths of language led,

The patient student grasps the glowing prize.

Yet many, in their race toward other goals,

May joy to feel, albeit at second-hand,

Some far faint heart-throb of poetic souls

Whose breath makes incense in the Flowery Land.

H. A. G.

Cambridge: October, 1898

---

① Herbert Allen Giles, *Autobibliographical*, *etc.*, Add.MS.8964(1).Cambridge University Library,p.64.参见王绍祥《西方汉学界的"公敌"——英国汉学家翟理斯(1845—1935)研究》,第238页。

翟氏把中国称作鲜花之国度,而自己好比路人,采撷几朵攒成一书,带到遥远的异国他乡。他承认,这些花儿,在东方故土光艳夺目,也曾躲开俗人的目光。但作为学生,他走进了迷宫,采到了劳动果实。虽然这些花儿不像在故土那般鲜艳,却也能让异域人士感受到原先诗人的脉动,领略和品味鲜花的芬芳与喜悦。"花之国,请原谅我从你闪闪发亮诗歌宝库中攫取了这些片段,并且将它们改变后结集为一本书。"在这首小诗中,翟氏流露出对中诗英译现状的不满,诗歌这种体裁在中国像珍宝一样闪耀着光芒,但"庸俗的眼光"却遮挡了这种光芒,只有耐心的学生才可以在"迷宫般语言的引导中领会这种光彩"。

《古今诗选》力求反映中国历代诗歌的精华,所选之作家与作品仍具较大的涵盖面。不乏后世公认的名家,如张籍、张九龄、韩愈、贺知章、黄庭坚、李白、李商隐、孟浩然、欧阳修、鲍照、白居易、苏轼、宋玉、岑参、杜甫、杜牧、王安石、王维、王勃、元稹、韦应物、袁枚、赵翼等。"比已经出版的同类译诗集更为全面。"①对每位诗人名下没有作介绍或总论,只在书后加了注释予以说明,并附中英对照的人名表。全书共加注释55个,长短不一。如《诗经》注释,介绍了《诗经》最初如何形成以及现在的地位,其诗句特色以及和后来诗歌的差异等。翟氏介绍中文诗音步的样式、诗行字数多少以及中文的两个声调:平仄。他还简单给出了一个平仄规则(五言诗):

Sharp sharp flat flat sharp

Flat flat sharp sharp flat

Flat flat flat sharp sharp

Sharp sharp sharp flat flat

《古今诗选》的不足也很明显,如收录诗人有些驳杂,像蒲松龄、邵雍并不以诗名世。翟氏并未详述取舍标准,所以无从得知某些诗歌入选的理由。选本规模亦有限,仅以170首左右的诗歌反映中国历代诗歌概貌,实在勉为其难。另外,这部诗集里绝大部分皆四行或八行的短诗,长篇佳构如李白的

---

① Shang-Ling Fu,"One Generation of Chinese Sudies in Cambridge: An Appreciation of Professor H. A. Giles," *The Chinese Social and Political Science Review*, Vol.15, No.1(1931):83.转引自孙轶旻《近代上海英文出版与中国古典文学的跨文化传播》,北京大学博士学位论文,2009年。

《蜀道难》《将进酒》、杜甫的《三吏》《三别》、白居易的《长恨歌》《琵琶行》等均未入选,不免有遗珠之憾。尽管如此,翟氏力求"以诗译诗",确实能传达出中国诗歌的某些神韵。

本年为《伦敦和中国快报》(London and China Express)写了一篇文章,介绍马礼逊以来"汉学研究的历程"("Progress in Chinese Studies")。

1899 年　54 岁

鉴于《三字经》初版错误甚多,翟理斯决心重译,并在译本中附上原文及详注。

撰写《十九世纪的儒学》("Confucianism in the Nineteenth Century")一文,发表在 1901 年,由哈珀兄弟公司(Harper and Brother Publishers)出版,总题目为《世界的伟大宗教》(Great Religions of the World)。

《汉语无师自通》第四版出版。

9 月 17 日,翟理斯的次子翟兰思(Lancelot Giles, 1878—1934)收到了外交部聘书,加入了英国驻华使团,成了英国驻华公使馆的一名翻译学生。

1900 年　55 岁

《三字经》重译本付梓。有评论指出,翟译《三字经》是一种"大胆的行为",译者也"颇具天赋",但是"如果译者能够将精力投注于其他方面,他就不至于徒劳无获",显然并不完全首肯翟氏的工作。翟理斯则自信此"译本还是经受住了时间的考验"。相比 1873 年的初译本,重译本更为充实。初译本仅 28 页,而重译本多达 178 页。重译本序言中,翟理斯简要介绍《三字经》在中国传统教育中的地位,指出《三字经》为重要蒙学读物,儿童在启蒙教育阶段都须将它牢记在心。因此,对于"希望掌握中国书面语,希望养成汉语思维习惯的人而言,《三字经》的重要性是不言而喻的。真正要想学习中国语言的外国学生如果模仿中国孩子的做法,也整本书背熟,就能掌握好中文"。所以《三字经》在中国人心目中堪比经典,其意义,正如"天主教传教士和新教传教士为了宣传基督教,也出版了许多类似的著作。这些著作在形式上和标题上都与《三字经》非常相似。甚至太平天国为建立一个新朝代,也发行了自己的'三字经'"。对于这样一部深刻影响中国人思维及观念的经典,由于原文文字洗练,所以"许多外国翻译者根本不理解《三字经》的意思",显然翟氏之不满也正是他勇于尝试的动机。①

《关于远东问题的参照词汇表》第三版、《汉语无师自通》第五版出版。

1901 年　56 岁

伦敦威廉·海涅曼出版公司(William Heinemann)计划出版一套"世界文学简史丛书"(Short Histories of the Literatures of the World),主编为艾德蒙·戈斯(Edmund Gosse,1849—1928)。翟理斯欣然接受戈斯的邀请,负责撰写中国文学史,他认为"从来没有一件比这更令我高兴的事了","在过去 25 年的时间里,我一直都在翻译各种体裁的中国文学作品,我积累了大量足以完成这本著作的必要的素材"。正是这一机缘,促成翟理斯撰写了《中国文学史》(A History of Chinese Literature),作为戈斯主编的"世界文学简史丛书"第 10 种出版。

按:《中国文学史》全书共 448 页,以朝代更迭为经,以各体文学为纬,分为封建时期(前 600—前 200)、汉朝(前 200—200)、小朝代(200—600)、唐朝(600—900)、宋朝(900—1200)、元朝(1200—1368)、明朝(1368—1644)、清朝(1644—1900)等八卷。根据每个时代所特有的文学特征,每一卷又分为若干章来叙述。第一卷题为"封建时期"的文学,即对先秦文学的总述,包括神话传说,以孔子为中心的"四书五经",与儒家思想并存的其余各家以及诗歌等。第二卷题为"汉朝"文学,实际上则包含了秦与汉两个时期的文学概况,作为文学史上的一些重要事件(如"焚书坑儒"),翟理斯也没有忘记讲述,此外还涉及了史传文学(《战国策》《史记》《汉书》等);而李斯、李陵、晁错、路温舒、扬雄、王充、蔡邕、郑玄、刘向、刘歆等人的相关作品也在翟理斯的译介讨论之中;还有贾谊、东方朔、司马相如、枚乘、汉武帝、班婕妤等人的诗赋亦包含在内。另加上关于辞书编撰与佛教传入中国为主题的两章,共同构成了翟氏《中国文学史》第二卷的主要内容。题为"小朝代"的第三卷涉及的主要时间段为国内文史学界所说的魏晋南北朝时期。翟理斯将这一时期的文学

---

① 详细讨论可参见王绍祥《西方汉学界的"公敌"——英国汉学家翟理斯(1845—1935)研究》,第 219—222 页。

从文学(主要是诗歌)与学术(主要指经学)两方面来展开,前者为其介绍的重点,包括了当时的"建安七子"、陶渊明、鲍照、萧衍、隋朝的薛道衡以及我们习惯上认为的初唐诗人王绩。第四卷的唐代文学中,唐诗成为翟理斯着重介绍的文学体裁,在对中国的成熟诗歌形式做了简要介绍之后,分别选择了王勃、陈子昂、宋之问、孟浩然、王维、崔颢、李白、杜甫、岑参、常建、王建、韩愈、白居易、张籍、李涉、徐安贞、杜秋娘、司空图等人的一些作品;也从学术研究的角度出发简要介绍了魏徵、李百药、孔颖达、杜佑等人。同时还介绍了诗歌以外的文学体裁,主要是散文,包括柳宗元、韩愈和李华的一些作品,这样构成了翟理斯心目中唐代文学的整体面貌。作为第五卷的宋代文学,翟理斯将雕版印刷(主要是木板印刷)发明后对文学的影响放在了首位,其次论述了宋朝的经学与总体文学,分别介绍了欧阳修、宋祁、司马光、周敦颐、程颢、王安石、苏轼、苏辙、黄庭坚、朱熹等人;而关于宋代的诗歌则主要选取了陈抟、杨亿、邵雍、王安石、黄庭坚、程颢、叶适等人的一些作品。除此之外,翟理斯还介绍了宋代时所编撰的一些字典,主要有《广韵》《事类赋》《太平御览》《太平广记》《文献通考》以及宋慈的《洗冤录》等。第六卷的元代文学,除介绍传统的诗歌作品(主要为文天祥、王应麟、刘因、刘基等人的作品)外,翟理斯开始引入了文学中的新体裁即戏曲和小说,并对戏曲小说的起源阐述了自己的看法,收入的戏曲作品主要包括纪君祥的《赵氏孤儿》、王实甫的《西厢记》及张国宾的《合汗衫》;小说则主要有《三国演义》《水浒传》,而以对《西游记》译介作为该卷的收尾。第七卷的明代文学,翟氏将李时珍的《本草纲目》和徐光启的《农政全书》纳入了这一时期的总体文学之中,对宋濂、方孝孺、杨继盛、沈束、宗臣、汪道昆等人的相关作品与上述的农政和医药方面的书籍一起做了相关的介绍。而小说和戏曲方面则选择了《金瓶梅》《玉娇梨》《列国传》《镜花缘》《今古奇观》《平山冷燕》及《二度梅》《琵琶记》等。诗歌作品则将解缙、赵彩姬、赵丽华的一些作品选入了该文学史中。最后一卷的清代文学,着重译介了蒲松龄《聊斋志异》中的一些篇目(包括《聊斋自志》《瞳人语》《崂山道士》《种梨》《婴宁》)及《红楼梦》的故事梗概;简要介绍了康熙年间出版的百科全书,主要有《康熙字典》《佩文韵府》《骈字类编》《渊鉴类函》《图书集成》等五部,以及乾隆帝的一些作品;此外还介绍了顾炎武、朱用纯、蓝鼎元、张廷玉、陈宏谋、袁枚、陈扶摇、赵翼等人,并在该卷要结束时引入了新的文学式样——"墙壁文学"、"报刊文学"、幽默故事及谚语和格言警句等。

翟理斯这部《中国文学史》涉及的文学种类主要包括诗歌、散文、小说、戏曲等,以宋朝为分水岭,呈现出之前(包括宋朝)的文学史侧重诗文,宋之后的文学史侧重小说和戏曲这样的面貌。并称"在元朝,小说和戏曲出现了"①。不难看出,这种文类的架构已呈现出了现代文学模式中所包含的几种主要体裁,即诗歌、散文、小说、戏剧。西方的文类发展正如艾布拉姆斯(M. H. Abrams)所说:"自柏拉图和亚里士多德起,根据作品中说话人的不同,倾向于把整个文学区分成三大类:诗歌类或叫抒情类(始终用第一人称叙述),史诗类或叫叙事类(叙述者先用第一人称,后让其人物自己再叙述),以及戏剧类(全由剧中角色完成叙述)。"②中国文学史的书写在很大一段时期内所用的文学分类形式都是这种来源于西方的现代文学分类模式,而翟理斯的文学史可谓早期的尝试。

《中国文学史》里的诗歌文类具体包括赋、五言诗、七言诗等。但对于词这一在中国文学中有重要地位的文体,翟理斯只字未提。基于词在韵律方面的特点,将之划归于西方文体中的诗歌类应为较为妥当的一种方式。对于"词"的"缺场",有学者援用一位研究词的加拿大汉学家的观点,认为:"关键是词比诗难懂得多。如果没有广博的背景知识,外国读者面对词里众多的意象将会一筹莫展。"③还有人指出宋词由于"受格律形式的限制,译解难度比较大"④,因此才被忽略。从欧洲文学传统来看,并无词这种文学体裁,在中国传统的文艺观中词则被视为"诗余",长期处于"失语"的状态,在此文学语境中,"词"这一诗歌文类要进入翟理斯的视野确属不易。

---

① Herbert Allen Giles, *A History of Chinese Literature*, New York and London: D. Appleton, 1923, p.256.
② M. H. Abrams, *A Glossary of Literature Terms*(《文学术语汇编》第七版),北京:外语教学与研究出版社,2004年,第109页。
③ 张弘:《中国文学在英国》,广州:花城出版社,1992年,第152页。
④ 程章灿:《魏理眼中的中国诗歌史——一个英国汉学家与他的中国诗史研究》,载朱栋霖、范培松主编:《中国雅俗文学研究》(第1辑),上海:上海三联书店,2007年,第51页。该文指出,魏理唯一翻译的一首词为李煜的《相见欢》。

翟理斯对小说这一被传统视为"小道"的文体亦较为推崇,让其登上了文学史这一大雅之堂。不过他对中国小说的着眼点却侧重于其外部因素,即更看重小说在文献方面的价值,而对于其内部美学方面的价值关注较少。这或许是翟理斯时代即维多利亚时代英国汉学的一个总体特征。比翟理斯略早的伟烈亚力(A. Wylie)曾经如此评价中国的小说:"中文小说和浪漫传奇故事,作为一个品种,是太重要了,其重要性是怎么说都不为过的。它们对于不同年龄者的民族风格方式和习惯的洞见,它们所保留下来的那些变化了的语言的样本,使得它成为人们学习历史,获得相当部分历史知识的唯一通道。而且,它们最终形成了那些人物,实际上这些并非毫无价值可言,而这些根本就不应该遭到那些学者的偏见轻视。""而且,那些阅读这种类型的中国小说的读者将会发现,尽管那些故事中充满幻想,但却常常是忠实于生活的。"[1]虽然翟理斯有注重文学性的倾向,但在这种总体汉学的氛围中,其突破也是相当有限的。中国典籍(包括小说)的价值更多地体现在文献价值上,这依然是这一时期欧洲汉学的主要倾向[2],但不能否认的是同时也蕴藏着一股从美学角度观照小说的潜流。在这股潜流尚未发展为主流之前,翟理斯《中国文学史》中的小说部分只能体现当时汉学领域小说的研究水平。翟理斯还喜欢将本土文学与异国文学进行比附。如将《聊斋志异》中的《孙必振》篇名译为《中国的约拿》;比照吉尔伯特(W. S. Gilbert, 1836—1911)《心上人》(Sweethearts)第一幕结尾处译写《婴宁》中某些细节的描写,翟理斯认为吉尔伯特是"中国人的学生"。[3]翟理斯对中西文学进行总体的观照并不仅仅在小说中有所体现,对于诗歌,也在有意无意之间进行中西的比照。如将"平仄"与西方诗歌中的"抑扬"作类比,并向"欧洲的学生们"介绍说:"长诗对于中国人来说并没有吸引力,中文中也没有'史诗'(epic)这个词,但达到上百行的诗歌还是有一些的。"[4]不难推测,翟理斯对中国诗歌的观照是以西方传统的诗歌为参照对象的。

---

[1] *The China Review*, Vol.22, No.6(1897):759.
[2] 如翟理斯的《聊斋志异选》就被当作民间故事或者民俗研究的材料来看待。
[3] Herbert Allen Giles, *A History of Chinese Literature*, New York and London: D. Appleton, 1923, p.348.
[4] Ibid., p.145.

这部《中国文学史》的重要特点体现为三个方面。首先,全书具有一定的"史"的意识,总体上对中国各时期的文学(此处"文学"不单指审美性的纯文学作品)做了或详或简的介绍,较系统地呈现了中国文学的大致脉络。其次,作者接受友人、时任"世界文学简史丛书"主编的戈斯的建议,在书中尽可能纳入作品的译文,以便让读者自己感受与评判,同时援引中国学者的评论,便于西方读者了解中国人自己如何理解、评析这些文学作品。因此,中国文学作品的英文译文在书中占据不小的篇幅,而这些内容绝大多数是作者自己动手翻译的。翟氏用西方读者熟悉的语汇对中国文学进行生动描述,译文以明白晓畅、出神入化著称。如《聊斋志异》《红楼梦》一章竟占30多页。他曾引托马斯·卡莱尔(Thomas Carlyle,1795—1881)的话:"还有什么工作比译介他国思想更为高尚?"(1923年版《中国文学瑰宝》卷首引)其译文颇能传达原作的神韵。从这点说,《中国文学史》完全基于翟理斯数十年的阅读、翻译,它甚至被认为是一本"翻译集"[1],在西方开中国文学史研究"风气之先"[2]。再次,翟氏采用了独特的述史视角,没有孤立地介绍各期代表作,而是力求呈现出文学史发展的整体环境。如介绍早期神话,也连带论述了中国文化和文字的起源发展,在介绍汉代文学时,也介绍了佛教的传入及其对中国文学的影响。翟氏以文人文学为主流,也兼及民间、宫廷文学。在充分吸收既有研究成果基础上,不乏真知灼见。

《中国文学史》是19世纪以来英国汉学界翻译、介绍与研究中国文学的一个总结,在某种程度上代表了整个西方对中国文学总体面貌的最初概观。在该书序言里,翟氏批评中国学者无休止地沉湎于对个别作家作品的评价与鉴赏之中,缺乏对中国文学总体历史的研究,说他们甚至连想也没有想过文学史这一类课题。翟氏《中国文学史》一书实际上是当时英国汉学发展过程中取得的一个阶段性成果的总结。翟理斯前承理雅各、威妥玛等人,后启韦利,在英国汉学的发展过程中起着重要的衔接作用;同时也对中国文学和文化在英语世界国家包括西方世界的传播有着重要作用。以《中国文学史》为

---

[1] D. E. Pollard, "H. A. Giles and His Translations," *Renditions*, Autumn 1993, p.105.
[2] 周发祥:《〈诗经〉在西方的传播与研究》,《文学评论》1992年第6期,第72页。

题,在英语世界中属于开山之作,不论其所涉及的内容为何,此书的发行及其在西方英语世界的传播便向英语读者们传达了一个信息:中国文学的一个总体概貌在英语世界开始呈现了。

的确,文学史作为文学研究的一个重要组成部分在欧洲已经有了较为成熟的发展,但是对于史学发达的中国来说,文学史却是舶来品。翟氏《中国文学史》是早期几本中国文学史之一,具有一定的代表性。这部《中国文学史》在西方一版再版,足见其受欢迎之程度,并且在一定程度上影响了中国学者在文学史上的写作。本年,美国纽约阿普尔顿出版公司(D. Appleton)也出版了该书。此后不同出版社多次再版该书。[①] 1919 年,这本书已经被译成西班牙文。1924 年,该书的第二版由阿普尔顿出版公司出版。

4 月,翟理斯为《十九世纪及未来》(Nineteenth Century and After)撰文,题目是《巨型的百科全书》("Encyclopaedia Maxima")。文章谈及明朝《永乐大典》,该书毁于水火,其余在 1900 年北京爆发义和团运动时散失各地。由此有人怀疑其是否存在。翟理斯的儿子翟兰思得到五卷,翟理斯将其中一卷赠予剑桥大学图书馆,一卷赠予大英博物馆。

8 月,美国著名工程师帕森(W. Barclay Parson)邀请翟理斯查看朱熹作品中的几卷,重新编排司马光的《资治通鉴纲目》,该书由秀耀春(F. Huberty James, 1856—1900)教授带回,秀耀春后死于北京义和团手中。秀耀春教授认为这个版本(只有 10 卷到达帕森那里)出版时间是宋朝,因此应该属于 13 世纪的上半叶。在这 10 卷中,帕森送了一本给纽约公立图书馆,另外一本给哥伦比亚大学。

年底,翟理斯收到了纽约哥伦比亚大学校长及董事会的邀请,希望他能够前往哥伦比亚大学参加该校新近设立的丁龙汉学教授讲席——丁龙基金会(Dean Lung Foundation)[②]揭牌典礼,并邀请他首开讲座。

[①] 单行本有:伦敦威廉·海涅曼出版公司 1901 年版,共 448 页。纽约阿普尔顿出版公司 1901 年版,1924 年、1928 年连续再版。丛树出版社 1958 年版、1967 年版。佛蒙特州查尔斯·E. 塔特尔出版公司 1973 年修订版等。
[②] "丁龙"是豪瑞斯·卡朋缔尔(Horace Carpentier)将军的一位男仆的名字,该将军为了纪念丁龙,设立了丁龙汉学教授一职。

1902 年　57 岁

3月，翟理斯为首任丁龙汉学讲座基金设立庆典嘉宾，在美国哥伦比亚大学举办六场讲座。他称"这些讲座并不是开给高级学者听的，这些讲座的目的仅仅是引起人们的关注、激发人们的兴趣而已……"

　　按：这六个讲座分别为：1.中国语言；2.中国的典籍（即剑桥大学图书馆中文书库）；3.中国的民主；4.中国和古希腊；5.道教；6.浅谈中国的风俗习惯。据翟理斯称，哥伦比亚大学的听众人数比英国多，讲座也取得了很好的反响。

　　这些讲座后来结集成《中国和中国人》由哥伦比亚大学出版。① 这些杂论广泛涉及中国的宗教、哲学、文学、风俗习惯等，正如翟氏在该书"结论"中所言："以中国的品德状况却遭致如此诽谤，我们受到这样的刺激难免会不时表达出自己的情感偏好，当然我们一直感受到这种偏向的威胁，并且努力克服它。我们并不希望将中国提升到欧洲文明的高度，但是我们不能对这样的事实视而不见，即中国的罪恶被夸大了，同时她的美德也被忽视了。如果要说真有什么可以指责为道德败坏的话，那就是中国人的顽固和无知了（他们完全与酒醉这样的罪行无缘）；在中国的城市里，不依靠法治或强制手段，街道就可以在晚上九、十点钟后恢复安静。除此之外他们勤勉、节俭、具有爱国心，还有对官员无尽的尊重：这一切终究让我们认识到中国是'一个具有天赋和不乏智慧的国家'。"②

哥伦比亚大学以不菲的薪金邀请翟理斯担任首任汉学教授，但被翟氏婉拒，他说："要是我再年轻10岁的话，我肯定不会错失这么一次机会。"他向哥伦比亚大学推荐了夏德博士（Dr. Friedrich Hirth, 1845—1927）。不久，夏德博士出任首任丁龙汉学教授。

---

① 参见[英]翟理斯：《中国和中国人》，罗丹、顾海东、栗亚娟译，北京：金城出版社，2011年。卷首有《前言》："以下讲座是1902年3月在纽约市哥伦比亚大学，为豪瑞斯·卡朋缔尔将军设立的丁龙中国研究基金会的揭幕而作。应哥伦比亚大学校方的要求，现将这些讲座付梓。希望这些讲座能够作为东方研究的重要记录流传下来。我不敢期望这本书的出版，能够推动中国的学术研究的发展。因为这些讲座的对象不是在这方面已经颇有造诣的学生和学者，我只是希望，能够通过这些讲座，引起美国大众对中国研究的关注和兴趣。这一学科在之前和当下，都尚未得到足够的重视，但是我相信，中国研究在将来一定会是一个重要的研究领域。"

② [英]翟理斯：《中国和中国人》，罗丹、顾海东、栗亚娟译，北京：金城出版社，2011年，第351页。

9月1日,翟理斯出席了在汉堡举行的东方学大会(Oriental Congress)。

1903年　58岁

5月28日,在剑桥大学校务委员会大楼(The Senate House)举行关于是否将汉语纳入东方语言学学士荣誉学位考试(the Oriental Languages Tripos)的听证会。在翟理斯的不懈努力下,中文被列为东方语言学学士荣誉学位考试的一项内容,而首次考试将于1906年举行,也就是说,在参加此项考试之前,学生必须接受为期三年的课程学习。

  按:此前,在翟理斯的不断努力下,东方学特别委员会(The Special Board for Oriental Studies)于1903年3月10日向剑桥大学校务委员会提交了一份报告,要求将中文纳入东方语言学学士荣誉学位考试。同年5月,翟理斯在剑桥大学校务委员会大楼慷慨陈词,向校务委员会说明了将中文纳入东方语言学学士荣誉学位考试的重要性。翟理斯说:"将中文列入东方语言学学士荣誉学位考试并不是说学中文的学生马上就会激增。在过去的五年时间里,申请学中文的学生还谈不上为数众多,但比我预计的要好得多。"在过去的五年里,翟理斯共有19位来自各行各业的学生。翟理斯还特别指出:"其中有一位非常出色的学生,他是学以致用的典范,他近期还来信告诉我,他要向剑桥大学赠书,并要捐赠一大笔钱给剑桥大学,用于设立汉学奖学金。"翟理斯还指出,尽管从地理位置上讲,中国和过去一样,仍然是一个遥远的、鲜为人知的国度,但是从商业和政治意义上来讲,近年来,中英关系越来越密切了,而且未来还会更加密切。所以,翟理斯建议剑桥大学应该创造更好的条件,以便学生更好地掌握中国语言,了解中国的制度和文学。"中国文学博大精深,所以,就目前的研究水平来看,我们对于中国文学的了解只是凤毛麟角。"翟理斯郑重地提出,"如果剑桥大学东方语言学学士荣誉学位考试仍将中文排除在外的话,那就好比是上演《哈姆雷特》却没有丹麦王子一样"。在翟理斯的努力之下,中文终于被列入了东方语言学学士荣誉学位考试。根据东方学特别委员会的报告,校务委员会决定于1906年启动该项考试。[①]

[①] 参见王绍祥《西方汉学界的"公敌"——英国汉学家翟理斯(1845—1935)研究》,第108—109页。

11月,林文庆(Lim Boon Keng)创办的《海峡华人杂志》(*The Straits Chinese Magazine*)上刊登了关于哥伦比亚演讲的一份很有见地的评论,作者称,至少有一位在世的英国人(指翟理斯)理解中国人,并很有勇气地用简明的风格来阐述与人们的成见相左的观点。

1904年　59岁

翟理斯当选为皇家亚洲学会华北分会荣誉会员。实际上从1882年起,翟理斯一直是该机构的通讯会员;1885年任该会主席。

本年向《十九世纪及未来》杂志投稿四篇,分别是1月份的《玉》("Jade"),4月份的《在中国的梦境之乡》("In Chinese Dreamland"),11月份的《中国文学中的女性》("Woman in China Literature"),12月份的《中国的手相术》("Palmistry in China")。《中国的手相术》包括了很多图片,其中的一份手绘图还给出了脚上的纹路。

1905年　60岁

2月,向《十九世纪及未来》杂志投了一篇名为《中国对日本的恩惠》("Japan's Debt to China")的文章,纠正当时认为日本文明起源于本土的错误看法,认为自神武天皇(传说中日本的第一任天皇)时起,日本刚从野蛮状态摆脱,并开始了向中国学习的漫长过程。

出版《中国绘画史导论》,由知名诗人和艺术批评家劳伦斯·宾扬(Laurence Binyon,1869—1943)先生选插图并作评论。该书介绍了自远古时期直至明末的中国艺术评论家、画家的著作及作品,是同类作品中的首次尝试。该书在美国及欧洲大陆颇受好评,仅《皇家亚洲学会华北分会会刊》上有一则负面评价。作者福开森说:"如果作者能对现有的美国或欧洲艺术做描述,那么他的著述是很有价值的。但情况是,他目前的著述让我们崇拜他在翻译方面的耐心,而不是他对中国象形艺术的明智评价。"翟理斯则称该作者在当时根本算不上权威,而且是一位极不准确的译者。[1]

---

[1] Herbert Allen Giles, "The Memoirs of H. A. Giles," edited and with an Introduction by Charles Aylmer, *East Asian History*, Nos.13/14, 1997, p.44.

受《剑桥评论》之托，为庄延龄教授的《中国与宗教》写一份书评，发现书里有许多不准确之处，甚至有很多严重的错误，比如第60页的这个例子："孟子认为人性本恶。"乃有违儒家之说。

开始撰写出版《嶰山笔记》(Adversaria Sinica)。翟理斯《自谱》如是说："1905年我也写了我自己感兴趣的，关于中国话题的论文、注释、书评等，这些文章长度不等，并配上插图。恰巧我有空时，我将这些文章用杂志的形式，以 Adversaria Sinica 的书名出版。Adversaria 这个字经常遭到只受过中等教育的记者误解，后来我不得不指出 Adversaria 与敌意毫无关联，只是表示'笔记本'。在第1期中我指出，在中国早期的记录中，有一个神秘人物通常被理雅各和梅辉立误解为是人名，甚至被沙畹误解为是部落的名字，实际上是希腊神话中的天后赫拉，罗马神话中的朱诺，而不是佛尔克(Forke)[1]教授所认为的《圣经》中的示巴女王。在第2期我提供了一张耶稣的照片，为此争议四起，但并没让我改变立场。在1909年的第7期中，我再次确立了自己的立场。"[2]

按：此后数年，翟理斯以《嶰山笔记》为阵地，全面介绍中国文化，范围就涉及王母、孝、老子和《道德经》、口技、中国足球、马球、指南针、鸦片、酗酒、漫画、溺婴等诸多内容[3]，形成其汉学研究的人文化特色。与理雅各以"不可战胜的耐心与英雄般的拼搏精神"的纯学术取向[4]，完成鸿篇巨制《中国经典》不同，翟理斯开辟了一条适合自己的道路，在汉学界打拼出了一个属于自己的新天地。如果说前者是一位专一的中国经典译介者的话，那么翟理斯就是一位以涉猎广泛著称的大杂家，他对中国文化的方方面面都有着浓厚的兴趣，在历史、文学、哲学、语言、绘画、宗教等领域均有涉猎。也正因此，翟理斯才能够成为诸多领域的开拓者、介绍者。

10月，应唐宁学院院长希尔博士要求，为《全国家庭阅读联盟》(National

---

[1] Alfred Forke(1867—1944)，德国汉学家。
[2] Herbert Allen Giles, "The Memoirs of H. A. Giles," edited and with an Introduction by Charles Aylmer, *East Asian History*, Nos.13/14, 1997, p.45.
[3] Herbert Allen Giles, *Adversaria Sinica*, Nos.1-11, Shanghai: Kelly & Walsh, 1914, p.438. Herbert Allen Giles, *Adversaria Sinica*, series 2, No.1, Shanghai: Kelly & Walsh, 1915, p.60.
[4] Helen E. Legge, *James Legge: Missionary and Scholar*, London: The Religious Tract Society, 1905, pp.230-232.

Home-Reading Union）杂志撰稿，文章名为《中国和日本：他们对生活难题的态度》（"China and Japan: Their Attitude Towards the Problems of Life"）。

出版《中国古代宗教》，列入康斯坦布尔出版的"宗教：古代和现代"（Religions: Ancient and Modern）丛书。因报酬引发不愉快之争执。《老子语录》（The Sayings of Lao Tzǔ），由伦敦约翰·默里出版公司（J. Murry）出版，此后1906年、1908年、1909年、1911年、1917年、1922年、1926年、1950年、1959年分别再版。此书为类编本，将老子之言分为十类，对一般读者了解老子思想十分有益。

1906年　61岁

出版了《嵝山笔记》第3期和第4期。第3期涉及老子和《道德经》，还包括首次刊登的关于中国口技的问题。第4期有一篇文章介绍的是中国的船用罗经。

3月，为《十九世纪及未来》撰稿《中国的足球和马球》（"Football and Polo in China"）。因为此文，罗伯特·哈特爵士送给翟理斯一张照片作为礼物。照片中是明代著名画家董其昌（1555—1636）的一幅名画。画中，以唐明皇为首的一群人在打马球。

4月，前往伦敦市长官邸参加午宴，遇到奉诏出使东西各国考察政治的大清国钦差专使镇国公载泽、山东布政使尚其亨、顺天府府丞李盛铎。

5月4日，载泽亲王等来到剑桥大学。① 剑桥大学副校长首先领载泽一行参观了剑桥大学图书馆中文书库②，设宴招待了清廷考察政治代表团，请翟理斯代

---

① "光绪三十一年夏六月，载泽与戴侍郎鸿慈、徐侍郎世昌、湖南巡抚端方，奉诏出使东西各国考察政治，复简商部右丞绍英偕行。八月首途，事变稽留，徐侍郎、绍右丞不果行。九月，以尚方伯其亨、李府丞盛铎代之。载泽实与二君俱往日、英、法、比四国。冬十一月陛辞出都，十二月诣日本，次年正月道美而英而法，五月自比东还，六月至京复命。"参见载泽：《考察政治日记》，载钟叔河主编：《走向世界丛书》第1种第9册，长沙：岳麓书社，1986年，第563页。
② 载泽一行访问了中文书库之后，翟理斯在中文书库的黑板上写下了四句诗。右边写的是"荆蛮非吾乡，何为久滞淫"，出自王粲（177—217）的《七哀诗》；左边写的是"人归落雁后，思发在花前"，出自薛道衡（540—609）的《人日思归》。翟理斯说这是为了铭记载泽的教诲。

表他用中文向来宾们致辞。① 翟理斯为了准备这次演讲，花了不少心思，他把演讲全文铭记于心，甚至为防万一，将中文稿放在口袋里。演讲结束之后，陪同载泽到剑桥大学参观的前英国外交官壁利南（Byron Brenan，1847—1927）小声地向翟理斯道贺，说他的演讲非常精彩。后来，剑桥大学一位图书馆馆员告诉翟理斯，他曾通过一位口译者，问钦差大臣能否听懂翟理斯所说的中文，对方给他的答复是"完全听得懂"，他对此诧异不已。翟理斯因此感慨道："英国人对于汉学研究所取得的进展，或者说，对中国以及中国人的一切可以说是一无所知。"通过这次接待活动，翟理斯再一次证实了自己的汉语口语能力和演讲能力。②

5月24日，亲王、中国大使、特派员及其随员一起来到剑桥接受荣誉学位。

11月1日，当选为新成立的中国学会（China Society）副主席。③

12月，翟理斯生平第一次用汉语主持了剑桥大学文学士入学考试初试（the Previous Examinations or Little-Go）④。所谓"入学考试初试"，并非"荣誉学位考试"，两者完全不同。根据新规定，来自远东的学生可允许用中文，而非拉丁文或希腊文进行考试。自那时起，不断有中国学生前来，有时亦有日本学生。这些日本学生对中国古典知识掌握充分，而不是一鳞半爪的拉丁或希腊知识。这一制度随即被推广于其他大学，此后翟理斯频繁地用中文为阿伯丁、爱丁堡、格拉斯哥、曼彻斯特、牛津、伯明翰、布里斯托尔等大学进行测试。

本月，接受詹姆斯·布朗（James Crichton Browne）爵士的邀请，在皇家学院作关于中国的两个演讲，因手头工作繁重，不得不辞掉其中一个演讲。每个演讲的报酬是10英镑。

---

① 载泽在其日记中也对此事作了记载："（光绪卅二年闰四月）初二日午初，偕尚、汪二使率参赞柏锐火车，行六十余英里，至谦伯里区大学堂。府知事及中文教员等相迓。副校长导观藏书楼，卷轴之富，于英伦居第三。所藏中国书一室，有七经、廿四史、诸子集之属，云为前驻华公使威妥玛所赠。既请午宴毕，入校长室少坐，进博士绯衣，亦赠尚、汪二使以文科博士、柏锐文科学士之号。鸣钟辟门，循次升堂。观者云集，鼓掌如雷。校长导入坐，一博士立诵腊丁文准书，礼成而出。"参见载泽：《考察政治日记》，载钟叔河主编：《走向世界丛书》第1种第9册，长沙：岳麓书社，1986年，第661页。
② 参见王绍祥《西方汉学界的"公敌"——英国汉学家翟理斯（1845—1935）研究》，第111—112页。
③ Herbert Allen Giles, "The Memoirs of H. A. Giles," edited and with an Introduction by Charles Aylmer, *East Asian History*, Nos.13/14, 1997, p.48.
④ Ibid.

本年,撰写《老子与〈道德经〉》("Lao Tzǔ and the Tao Te Ching")①一文,收录于《崞山笔记》。正如理雅各对《道德经》和老子哲学的信念从未改变过一样,翟理斯也从未停止或改变过其对《道德经》成书过程的怀疑。在理雅各去世之后,翟理斯觉得现在"有必要重温一下有关《道德经》的争论",并重申了自己的观点,回顾了争论的始末,也谈到自己的立场"自然会遭致猛烈的攻击"。他认为这很寻常,因为"每一种新观点都会受到攻击",而其目的也在于检验"这种观点能否'抗震'"②。

为迪金斯(F. V. Dickins)《日本文本》(Japanese Texts)撰写书评并投稿给《伦敦和中国快报》。迪金斯为此而感谢翟理斯。

1907 年　62 岁

4月,已安排好在中国协会读一篇论文,但因严重的流感而未能出席。论文题目为《中国的心理现象》("Psychic Phenomena in China")。后将该文发表于《崞山笔记》第 6 期上。《崞山笔记》第 5 期已出版,内容包括《古代中国的舞蹈》("The Dance in Ancient China")、《柔术》("Jiu Jitsu")等文章。《柔术》揭示柔术的真正起源在中国而非日本。

12 月,为《十九世纪及未来》撰稿《中国的鸦片禁令和酒》("The Opium Edict and Alcohol in China")。文中称对中国事情不太关注的读者,读了此文可明白,是因为最近鸦片的输入,才导致中国成为一个瘾君子的国家。中国政府目前所实施的禁止鸦片贸易的做法,只会导致以更大罪恶来取代更小的罪恶。翟理斯称鸦片吸食在中国仍然很普遍,这个预言在多大程度上将变成现实,现在仍无法确定,"我所掌握的文献资料已经在某种程度上证实了我的观点,这远远超出了我的预料"③。

本年《汉语无师自通》第六版付梓,为满足不断增长的读者需求,每一期印刷

---

① Herbert Allen Giles,"Lao Tzǔ and the Tao Te Ching," in Adversaria Sinica, Nos.1-11, Shanghai: Kelly & Walsh, 1914, pp.58-78.
② Ibid., p.59.
③ Herbert Allen Giles,"The Memoirs of H. A. Giles," edited and with an Introduction by Charles Aylmer, East Asian History, Nos.13/14, 1997, p.49.

的数量递增。

1908 年　63 岁

8月,翟理斯作为远东部分的三个主席之一,参加哥本哈根的东方协会,与会者所受到的热情款待远远超过了1902年的汉堡会议。其间结识多位知名的东方学家。

9月,翟理斯作为大学代表参加了牛津的宗教协会,在此之前已被邀请担任中国和日本协会的主席,结识了卡彭特(Estlin Carpenter)博士、加斯特罗(M. Jastrow)教授、桑迪(Sanday)博士、戈布勒特·德尔维拉(Goblet d'Alviella)伯爵、加德纳(P. Gardner)教授、泰勒(E. B. Tylor)教授、戴维斯(T. W. Rhys Davids)教授、法内尔(L. R. Farnell)博士、哈特兰(E. S. Hartland)博士、格雷(G. B. Gray)博士、皮特里(Flinders Petrie)教授、格伦费尔(B. P. Grenfell)教授、考利(A. Cowley)博士和所罗门·雷纳克(Salomon Reinach)先生。所罗门·雷纳克对《中国绘画史导论》予以赞誉。①

本年出版《嶧山笔记》第6期。除了之前提到的论文《中国的心理现象》,另收录有介绍中国的颅相学、观相术和手相、脚相术等方面的文章。为庆祝《伦敦和中国快报》五十周年,为其撰稿《中国研究五十年的进展:1858—1908》("Fifty Years of Progress in Chinese Studies:1858-1908")。

经翟理斯精心修订,《聊斋志异选》第二版由上海别发洋行出版。此后1913年、1916年、1926年的重印版,皆以第二版为蓝本,故此版本堪称定本,"所有在第一版中不尽确切之处都尽可能地改正了"②。该书包含了翟理斯认为"最好最有特点的作品","这些作品包含了道教鬼神和法术的离奇故事及对大海另一边实际不存在的国度里不可思议的事件的叙述、中国人日常生活中的琐事,还有对特

---

① Herbert Allen Giles,"The Memoirs of H. A. Giles,"edited and with an Introduction by Charles Aylmer, *East Asian History*,Nos.13/14,1997,p.50.
② Herbert Allen Giles,"Introduction,"in *Strange Stories from a Chinese Studio*,revised edition,Shanghai:Kelly & Walsh,1908,p.xxiii.

别自然现象的描述"。① 《聊斋志异选》的译介在西方已有深远影响②,以翟译最著名。至 2003 年,翟译《聊斋志异选》共出版了十余次。③

翟理斯的中国译诗集《古今诗选》已出版十年,利顿·斯特拉奇(Lytton Strachey)重新捧读此书,仍赞叹:"这本诗集已经出版十年了,人们还是忍不住会说,这本诗集所收录的诗歌是我们这代人读过的最好的诗歌。"④

1909 年　64 岁

当选为剑桥大学"异教徒协会"(The Heretics)荣誉会员,该协会的宗旨在于"促进对宗教、哲学和艺术问题的讨论",会员必须对"权威所接受的宗教问题有反对倾向"。⑤ 这是翟理斯所参加的协会中最有趣的一个,它从某种程度上体现了翟理斯的叛逆精神,尤其是与基督教格格不入的处世风格。

开始修订《汉英词典》,并推出了修订版第一分册(全部词典共三卷,七分册)。⑥

　　按:第二版的修订工作一直持续到了 1912 年。翟理斯不断地更正《汉英词典》第一版里的错误,并删除重复及多余的部分,还编制了一张修订表,增加了大量新词汇。这些新词汇主要源于翟理斯日常阅读的"中国古今书籍"。第二版共 1813 页,比第一版 1415 页增加了 398 页。《汉英词典》第二版(增订版)受到了各界的好评。

出版《嶰山笔记》第 7 期,其中有一篇文章名为《中国对日本的恩惠》,阐述日

---

① Herbert Allen Giles,"Introduction," in *Strange Stories from a Chinese Studio*, revised edition, Shanghai: Kelly & Walsh,1908,pp.xx-xxi.

② 1914 年,禧在明编《华英文义津逮》时,选择《聊斋志异》的数篇作为改写的底本,序中强调其译本的独创性:"翟理斯教授在二十多年前曾以《聊斋志异》为题出版了一个选译本,包括了本书中的几个故事,但本书的所有中文改写和英文译文都在本书作者有机会读到翟教授的书前就完成了。"W. C. Hillier, *The Chinese Language: How to Learn It*, Shanghai: Kelly & Walsh,1914,p.i.

③ 参见孙轶旻:《翟理斯译〈聊斋志异〉的注释与译本的接受》,《明清小说研究》2007 年第 2 期,第 228—237 页。

④ Lytton Strachey,"An Anthology," in *Characters and Commentaries*, New York: Harcourt, Brace, 1933, p.138.

⑤ Herbert Allen Giles,"The Memoirs of H. A. Giles," edited and with an Introduction by Charles Aylmer, *East Asian History*, Nos.13/14,1997,p.50.

⑥ Ibid., p.51.

本的文明、文学、艺术、科学都源自或以中国文明为基础。其他文章包括《剑桥的中国图书馆》("The Chinese Library at Cambridge")、《中国面包车》("The Taxicad in China")等。①

1910 年　65 岁

4月,《大英百科全书》(Encyclopaedia Britannica)副主编瓦尔特·艾利森·菲利浦斯先生(Walter Alison Phillips,1864—1950)拜访翟理斯,请他为新版《大英百科全书》撰写"中国艺术、语言、文学和宗教"(Arts, Language, Literature and Religions of China)这一词条。

按:此前,伦敦大学汉学教授道格拉斯(Robert Kennaway Douglas)曾经为《大英百科全书》第一版撰写了该词条。人们本以为道格拉斯教授完全可以胜任这一工作,不料,事出意外,他所撰写的词条"完全不符合要求"。由于时间紧迫,一开始,翟理斯拒绝了菲利浦斯的请求。但在菲利浦斯的一再坚持之下,翟理斯只好应承下来,条件是,其中一小部分由翟理斯的四儿子、供职于大英博物馆中文部的翟林奈(Lionel Giles,1875—1958)②承担。不过这并不是翟理斯的主意,而是菲利浦斯的主意。翟理斯夜以继日地赶稿,还请女儿帮助誊写。在付出了艰辛的劳动之后,翟理斯终于在双方约定的"那天早晨"将相关词条送到了菲利浦斯手中。按傅尚霖的说法,"中国语言"是由翟理斯与其儿子翟林奈合写的。③

10月21日,翟理斯参加了在克拉里奇酒店(Claridge's Hotel)举行的庆功宴,庆祝该书的完成。几天后,菲利浦斯先生给翟理斯写了一张便条:"虽然这一切都是多余的,但是,我还是要说,非常感谢您非常彻底地完成了这项非常艰巨的

---

① Herbert Allen Giles, "The Memoirs of H. A. Giles," edited and with an Introduction by Charles Aylmer, East Asian History, Nos.13/14, 1997, p.51.
② 翟林奈,著名汉学家,翟理斯第四子,毕业于牛津大学的瓦德汉姆(Wadham)学院,1900年至1940年供职于大英博物馆中文部。他由伦敦约翰·默里出版公司出版的著作有:《老子说》(The Sayings of Lao Tzŭ,1905)、《孔子说》(The Sayings of Confucius,1907)、《道家义旨:〈列子〉译注》(Taoist Teachings from the Book of Lieh Tzŭ,1912)等。
③ Shang-Ling Fu, "One Generation of Chinese Studies in Cambridge: An Appreciation of Professor H. A. Giles," The Chinese Social and Political Science Review, Vol.15, No.1(1931):83.参见王绍祥《西方汉学界的"公敌"——英国汉学家翟理斯(1845—1935)研究》,第113—114页。

工作。"①

出版《嶰山笔记》第8期,其中包括《中国航天的发展》("Traces of Aviation in China"),还附有一部飞车的老式图样。

本年度出版发行了《汉英词典》第二版的第二、三分册。

1911年　66岁

2月10日,《汉英词典》第二版第四、五分册出版,基于此,法兰西学院第二次授予了翟理斯"人人垂涎的、极有价值的儒莲奖"。为此,翟理斯说:"法兰西学院两度将儒莲奖颁发给我。儒莲奖是一个面向全世界的汉学奖,它代表了文化领域的一种骑士精神,其他文明国家应该好好模仿这一做法,英国皇家学院就更不用说了。"②正因为如此,翟理斯萌发了设立翟理斯奖(Prix H. A. Giles)的念头。

5月,为汉姆大学图书馆撰写的《中国之文明》(The Civilization of China),由格罗兹出版社(Globusz Publishing)出版,列入威廉斯-诺加特公司(Williams and Norgate)的"家庭大学图书馆"书系(The Home University Library)。

　　按:该书系都是面向普通读者,而非专业化的学生。该书前言,翟氏明确说明写作的目的:"本书以提纲挈领的方式介绍从远古至急剧过渡的当代的中国文明,主要是为对中国有所了解或者一无所知的读者编写的,希望能把他们吸引到范围更广、脉络更清晰的综述中去。"全书85页,共分为14部分,分别为前言、封建时代、法律与政治、宗教与迷信、公元前1200年至公元220年、妇女与儿童、文学与教育、哲学与体育、娱乐、元朝时期(1260—1368)、明清时期(1368—1911)、中国人与外国人、观点、参考书目。该书最后,翟理斯写道:"如果清朝统治者能够把握眼下的机会,那么就算是举国上下动荡不安,他们完全有可能继续昔日的荣耀,这对于中华民族而言是极其有利的。但是,如果他们错过了这次机会,那么很可能中华帝国要面临一次前所未有的浩劫。中国就会再度成为一个熔炉,经过这个熔炉的淬炼之后,中国会像以往所有时候一样,变得更为圣洁、更为强大。"由于此文发表于辛亥革命前

---

① Herbert Allen Giles, "The Memoirs of H. A. Giles," edited and with an Introduction by Charles Aylmer, *East Asian History*, Nos.13/14, 1997, p.52.

② Ibid.

夕，这段预言性质的话使翟氏一跃成为"伦敦报人笔下的先知"。

10月，接受威尔逊·哈里斯（Wilson Harris）采访，采访内容后以《袁世凯与帝国的未来》（"Yiian-Shi-Kai and the Empire's Future"）为题刊登在《每日新闻》（Daily News）的10月30日版。翟理斯认为袁世凯在一定程度上会对清廷忠诚，但如果革命者要求驱逐满人，他毫无疑义会同意。撰写《中国作为一个共和国》（"China as a Republic"）一文，发表在《记事日报》（Daily Chronicle）12月2日版，文中强调中国人民对共和的陌生，但同时也表示，"革命党不会听从任何妥协"。①

为高恩国际图书馆（Gowan's International Library）编译出版《中国神话故事》（Chinese Fairy Tales），列入"高恩国际图书馆"书系出版。此书的神话故事取材广泛，其中《石猴》（"The Stone Monkey"）译自《西游记》，而真实的故事是629—645年唐玄奘前往天竺寻求佛典的著名旅程。不过，翟理斯认为《西游记》既是一部"著名的作品"，也是一部"低级的作品"，称"这则众所周知的故事讲述了一只猴子闹剧般的历险经历。该故事由李提摩太博士作部分翻译，或者准确地说，误译。在中国基督教文学会上，李提摩太博士把这则故事误释为'一部伟大的中国史诗和寓言'，'自始至终充满深刻的宗教含义，显示人如何像上帝一样变得不朽和全能'。这种评论实则是评论者热情和无知所混杂的丑陋表现"。②

年底出版《崦山笔记》第9期，其中涉及中国女性缠足的真正起源。翟理斯认为这一问题在有关中国的书籍和演讲中经常被错误阐释。在另一篇关于中国青铜的文章中，翟理斯坚持肯辛顿（Kensington）博物馆收藏的中国铜碗是真品，该铜碗历史可追溯至公元前7世纪。布谢尔（Bushell）、金璋（Lionel Charles Hopkins）和庄延龄反对他的观点，沙畹（Emmanuel-Edouard Chavannes，1865—1918）、伯希和（Paul Pelliot，1878—1945）与微席叶（Arnold Vissiere，1858—1930）则持赞成态度。最后，这个问题由德国驻香港领事沃莱兹（E. A. Voretzch）解决，他是中国铜器的研究专家。沃莱兹指出："铜器上的手柄，如同那些碗上的手柄，属于公元前7世纪，不是和碗一起铸造的，而是分开来，并用铆钉固定的。"他得出结论，该铜

---

① Herbert Allen Giles, "The Memoirs of H. A. Giles," edited and with an Introduction by Charles Aylmer, *East Asian History*, Nos.13/14, 1997, p.53.

② Ibid.

碗历史不会早于 13 世纪。当局似乎不愿接受这种观点。①

1912 年　67 岁

撰写六篇关于中国日常话题的文章，属于儿童读物之列，这些文章刊登在 3 月到 8 月的《圣乔治杂志》(St. George's Magazine)上，题目为《中国和中国人》，附有插图。很多插图来自 1867 年一位中国艺术家为翟理斯画的绘画集。

撰写《中国和满人》(China and the Manchus)一书，列入"剑桥科学与文学文丛"(The Cambridge Manuals of Science and Literature)出版。

按：该书其实是一本清朝史，从女真和契丹一直写到孙中山担任中华民国第一任总统为止。卷首插图是一张女真鞑靼的画，作为同类作品中第一张得到出版的画，选自剑桥大学图书馆馆藏明刊孤本《异域图志》。除前两章外，此书主要以清代历任帝王为章节名。在众多评论中，1913 年 1 月 4 日，柏林《德语文学》(Deutsche Literaturzeitung)发表一位署名冯·勃兰特(Von Brandt)的文章对该书赞誉有加。

7 月，中国字声协会(Chinese Word-Sound Society)成立，为此翟理斯在 7 月 15 日《伦敦和中国电讯报》上发表了一篇文章。

《汉英词典》第二版第六、七分册出版，至此该书第二版修订工作结束。比 1892 年的版本规模要大得多，翟理斯以二十年时间修改错误，删除重复和不必要部分，比原来的版本多了 398 页，分三卷印刷，由上海别发洋行出版，大 16 开本，正文 1711 页，并附录。在第二版的前言中，翟理斯表达了对已故妻子的深深谢意。②

本年，翟理斯对威妥玛拼音方案作了较大改进，主要表现在用相同字母加点的办法来标识送气和不送气的汉语双唇音(p-p')、舌尖中音(t-t')、舌根音(k-k')、舌尖前音(ts-ts')和舌尖后音(ch-ch')，被誉为威妥玛-翟理斯拼音法(Wade-Giles Romanization)。这套拼音法具有科学性，便于书写与记诵，被广泛采用达数十年，是西方人创制记录汉语普通话的最成功的罗马字母拼音系统。

---

① Herbert Allen Giles, "The Memoirs of H. A. Giles," edited and with an Introduction by Charles Aylmer, *East Asian History*, Nos.13/14, 1997, p.53.

② Ibid., p.54.

翟理斯之子翟林奈编译的《道家义旨:〈列子〉译注》(*Taoist Teachings from the Book of Lieh Tzǔ*),由伦敦约翰·默里出版公司刊行。翟林奈出生在中国,子承父业,成为英国第二代汉学家。该译本省去了原书中专论杨朱的内容。同年亦在伦敦出版的佛尔克(Anton Forke)所译《杨朱的乐园》(*Yang Zhu's Garden of Pleasure*),只译了《列子》中关于杨朱内容的部分,正好与翟林奈译本互为补充。

按:英国汉学家、伦敦大学亚非学院教授葛瑞汉(Angus Charles Graham, 1919—1991)完成了《列子》第一部分全译本(1950),后又完成《〈列子〉新译》(*The Book of Lieh-Tzǔ:A New Translation*,1960),也由约翰·默里出版公司刊行;1990 年,纽约哥伦比亚大学出版社(Columbia University Press)又出版了经其修订后的《列子:道家经典》(*The Book of Lieh-tzǔ:A Classic of Tao*)。

1913 年　68 岁

出版《嶨山笔记》第 10 期,引起读者广泛兴趣的是长篇专论《童年、分娩和女性的地位》("Childhood,Childbirth,and the Position of Women"),文中对缠足的起源作了充分阐述。

同年翟理斯在《剑桥杂志》(*Cambridge Magazine*)发表《零星中国笔记》("Stray Chinese Notes"),其中有篇文章在 10 月 18 日版刊登,题目为《中国强人》("The Strong Man of China"),充满讽刺意味,涉及即将登皇帝位的袁世凯的种种恶行,如变节、暗杀等。摘自一份中国报纸的漫画,描绘袁世凯像拿破仑一样登上皇位的台阶,但却是一个假冒的拿破仑。[①]

1914 年　69 岁

出版《嶨山笔记》第一系列并索引,共 438 页。对一卷来说,这是相当大的规模。

8 月 2 日,在康乃尔大学求学的胡适,偶读英国《大不列颠及爱尔兰皇家亚洲学会会刊》当年第 7 期,有翟林奈所写《敦煌录译释》一文。胡适称翟氏的释译

---

① Herbert Allen Giles, "The Memoirs of H. A. Giles," edited and with an Introduction by Charles Aylmer, *East Asian History*, Nos.13/14, 1997, p.54.

"乃讹谬无数",随即摘其谬误,作一校勘记寄去。

9月25日,《泰晤士报》(The Times)上刊登了一幅地图,给出了胶州和青岛的具体位置。翟理斯致信编辑,指出其中谬误,结果得到戈登(H. P. Gordon)的如下答复:"我得到一位英国人的指点,他是著名的中国学者。他告诉我词尾-chau 的意思是海湾,词尾-chow 的意思是有一定地位的城镇。"翟理斯遂印刷了一份活版毛条校样,罗列有争议的翻译问题,并呈送给各大报纸。有些报纸接受了正确的拼音,但很不幸的是,《泰晤士报》依然用同组的英文元音来取代两个完全各异的中文音。①

翟理斯《十九世纪的儒教》②一文收入哈珀兄弟出版社编辑的《世界的伟大宗教》一书。

按:20世纪伊始,翟理斯对汉学研究的影响已不再仅仅局限于剑桥大学和英国,而是波及了欧洲和美洲两大洲。其《十九世纪的儒教》一文对于儒教的理解,与理雅各博士的看法恰恰相反。理雅各在约40年前就说过:"它一度是那么的有影响力,但是,这种影响力逐渐消失了。我的看法是,中国对它的信仰正在迅速地、大范围地消失。"③1913年,这一预言似乎正在实现,因为当时中国政府曾请全国各地的基督教堂为新生的共和国祈祷。当时不少人预言,"基督教马上会成为中国的国教"。但是,最终人们得出的结论是,"儒教是最适合于中国人的宗教"。中国人又恢复了尊儒祭孔的传统。而且,当时的中国还形成了一个影响非常大的反基督教团体——非宗教大同盟。④ 表示赞同的评价中,有剑桥大学的著名作家本森(A. C. Benson)博士,他说:"在回北方的火车上,我随身携带您的《十九世纪的儒教》,轻松愉快且饶有兴趣地读完了。我不确定我会是一个儒教徒,但看来这是绅士般的,令人愉悦的宗教。我喜欢书中以轻松的方式谈论学识和人的同情心,文笔清晰,自始至终闪耀着幽默的迷人色彩。"《泰晤士报》、《希伯特杂志》(The

---

① Herbert Allen Giles, "The Memoirs of H. A. Giles," edited and with an Introduction by Charles Aylmer, *East Asian History*, Nos.13/14, 1997, p.55.
② Herbert Allen Giles, "Confucianism in the Nineteenth Century," *The North American Review*, Vol.171, Issue 526(Sept. 1901):359-374.
③ Ibid., p.370.
④ 1922年成立于北京。

Hibbert Journal)和《雅典娜神殿》(*Athenaeum*)都给予赞赏,但因为其宗教立场,《伦敦和中国电讯报》完全忽略了上面的评价,仅仅只是在遭到抗议后,从《泰晤士报》的评论中摘录了一小部分。①

本年,翟理斯应希伯特董事会(Hibbert Trustees)之邀作八场演讲,题目为《儒教及其对手》。

1915 年　70 岁

忙于撰著《嶰山笔记》第二系列第 1 期中带有学术和争论性质的文章。丁韪良博士认为美国作家爱伦·坡(Edgar Allan Poe,1809—1849)的诗歌《乌鸦》(*Raven*,1845),可在公元前 2 世纪贾谊(前 200—前 168)的诗歌中找到原型。翟理斯不得不纠正这种看法。

1916 年　71 岁

3 月 23 日,英国学术院(The British Academy)②的秘书格兰兹(Gollancz)教授送给翟理斯许多源自香港大学的中国赞美诗歌,要求他马上将这些诗歌翻译出版,翻译最终没有完成。

4 月,袁世凯垮台前,翟理斯给《泰晤士报》写信,回忆袁世凯宣誓效忠新成立的中华民国,但真正目的是攫取帝位。然而《泰晤士报》和英国政府的立场一样,一直在支持袁世凯,用最有礼貌的语言拒绝刊登翟理斯的文章。他指出从 1915 年以来就清楚地看到,君主制的企图注定要失败。

8 月,翟理斯在《泰晤士报》上读到军事部门印制的图文并茂的中文双周刊,其旨在通过前线和其他地方真实情况的图片,向中国宣传关于战争的真相,并抵制德国的侵略行为。遂写信向军事部门索要原件,并指出翻译错误。

年底,法兰西学院接受了翟氏的捐赠,设立翟理斯奖,奖金 800 法朗,每两年颁发一次,只颁发给撰写关于中国或远东作品的法国作家。③

---

① Herbert Allen Giles,"The Memoirs of H. A. Giles,"edited and with an Introduction by Charles Aylmer, *East Asian History*,Nos.13/14,1997,p.55.
② 英国学术院 1902 年成立于伦敦,致力于历史、哲学与语言学的研究工作。
③ Herbert Allen Giles,"The Memoirs of H. A. Giles,"edited and with an Introduction by Charles Aylmer, *East Asian History*,Nos.13/14,1997,p.57.

翻译图文并茂的《异域图志》(I Yü T'u Chi)，内容涉及朝鲜、匈奴、波斯、阿拉伯和很多中亚部落，简单说明他们的服饰和传统，并附有 16 张珍禽走兽的图画，其中包括一张斑马图。《异域图志》是在 14 世纪最后 25 年刊行的，在剑桥图书馆的编号是 C114。翟理斯本想将摹本和插图附在翻译里一起出版，尽管文化人类学和考古学专家，比如哈顿(Haddon)博士、威廉·李奇微(William Ridgeway)爵士和彼得·吉尔斯(Peter Giles)博士等均表示赞同，但出版社认为这样成本会很高，需 750—1000 英镑，因此这件事就此搁置。[①]

刊行《汉语无师自通》第七版、《聊斋志异选》第三版。

1917 年　72 岁

4 月，翟理斯收到了孟加拉亚洲学会秘书写来的一封"热情洋溢的、充满敬意"的来信[②]，通知翟理斯，他已当选为该会荣誉会员(Honorary Fellow)，并且为长期忽略了他而表示了歉意。

6 月，翟理斯应邀参加牛津大学汉学教授评选委员会，筹备牛津中文教授席位的重建。[③]

《教务杂志》发表《书评：翟理斯译注〈聊斋志异选〉》("Our Book Table: *Strange Stories from a Chinese Studio.* Dr. Herbert A. Giles. Kelly & Walsh, ShangHai. Third Edition, revised.")

董康游历欧洲，与翟理斯结识，以后一直保持通信往来。[④]

1918 年　73 岁

8 月，人们对于远东战争宣传的价值争议四起。

8 月 29 日，翟理斯致信《诚报》(Ch'eng Pao)，措辞类似他在《真诚公报》(Sincerity Gazette)上的文章。

---

① Herbert Allen Giles, "The Memoirs of H. A. Giles," edited and with an Introduction by Charles Aylmer, *East Asian History*, Nos.13/14, 1997, p.56.
② 1882 年起，翟理斯即担任该学会联络会员(Associate Member)。
③ Herbert Allen Giles, "The Memoirs of H. A. Giles," edited and with an Introduction by Charles Aylmer, *East Asian History*, Nos.13/14, 1997, p.58.
④ 董康著，傅杰校点：《书舶庸谭》，沈阳：辽宁教育出版社，1998 年，第 4 页。

9月,翟理斯匿名在《泰晤士报》发表了题目为《中国的征兆》("An Omen from China")的英译中国短诗。该诗讲述南京经太平军占领后,在曾国藩治理下得以重建。① 这几首小诗使翟理斯意外获得一笔不菲的酬金。

11月,对阿瑟·韦利所译《170首中国诗》提出批评。在1918年至1922年间,翟理斯、韦利这两位英国汉学大家遂以《新中国评论》为主要阵地展开笔战,对后来的中诗英译活动产生深远影响。

按:韦利曾被誉为"英国第二代汉学家中最杰出的人物。他以没有到过中国的'中国通'而闻名"②。终其一生,韦利出版了27种有关中国文学与中国文化的译著,发表了近60篇论文。

自1908年翟理斯的中国译诗集《古今诗选》问世,汉诗的英译事业长期后继乏人。直至1917年《伦敦大学东方学院学报》创刊,事情才出现了转机。③ 韦利在该刊第1、2期发表了一些译诗,这些译诗后来大多数都收入了韦利的《170首中国诗》。接着,韦利还在几本文学杂志上发表了其中的几首译诗。但是,真正的转机是同年11月15日《文学副刊》(Literary Supplement)上所发表的一篇题为《一个新星球》("A New Planet")的文章。该文的作者是英国作家阿瑟·克拉顿·布罗克(Arthur Clutton Brock)。克拉顿·布罗克刚好看过那些译诗,他指出,"阅读这些译诗带给我的是一种奇妙的体验"。这篇书评引起了康斯太保出版公司(Constable)的注意,韦利的《170首中国诗》因此才得以出版。

翟理斯对韦利所做的努力表示了肯定,称"这是一本很有趣的译诗集,我们希望这本译诗集能够引领译者进入浩瀚无边的中国文学领域"。翟理斯还指出,翻译170首中国诗是一个"不小的成就",因为中国诗"初读之下并不容易看懂,即使是受过教育的中国人也很难一下子就读懂一首中国诗"。另

---

① 原诗作者薛时雨(1818—1885),其《藤香馆诗续钞》(1872)有《题许少玉白门新柳记八首》,翟理斯翻译了其中三首,分别是:"白门有客惜芳华,怅解当年旧酒家。多少幽怀成憾事,故将彩笔记烟花。""结伴寻春得得来,赤栏桥畔重徘徊。可怜一样秦淮柳,都是红羊劫后栽。""酒榼茶篮载上船,有人艳说散神仙。那知客里无穷恨,半在侣条冶叶边。"
② 何寅、许光华主编:《国外汉学史》,上海:上海外语教育出版社,2002年,第556页。
③ 吕叔湘:《中诗英译笔录·序》:"海通以来,西人渐窥中国文学之盛,多有转译,诗歌尤甚;以英文言,其著者亦十有余家。"北京:中华书局,2002年,第1页。另

一方面,他对韦利也提出批评:"鉴于韦利对翻译有着一种热忱,所以,我尽量使我的批评温和一些,易于接受一些。但是,作为剑桥大学的汉学代言人,我必须指出,作者说他的翻译非常贴近原文是言过其实的。事实上,该书并非所有的译文都是正确的。"①

本年修订《中国绘画史导论》(*An Introduction to the History of Chinese Pictorial Art*,1905),增加了几张插图,该书于本年秋天面世。11月7日《泰晤士报》的文学增刊,以及乔利(H. I. Joly)在《亚洲评论》1月份发表的文章都给予了很高的评价。

1919 年　74 岁

4月13日,《泰晤士报》刊登了翟理斯的一封信,将偷了几个苹果就给以一个月监禁和强迫劳动的惩罚与中国在此类事件上的处理作对比,呼吁公众对英国法律的注意。

10月,因《新中国评论》主编库寿龄的不断催促,翟理斯给他寄了9首译诗,题为《公元前二世纪的一位诗人》("A Poet of the 2nd Cent. B. C.")。此文引起了翟理斯与韦利之间长达四年的争论。

本年出版《百个最好用的汉字:汉字入门》(*How to Begin Chinese:The Hundred Best Characters*)。这是一本仅72页的小册子,但是,翟理斯称"我为了设计这本书的体例费尽了心思"。该书的目的旨在"帮助那些有意学习中文的学生以一种简单的方式学习中文,并不断激发他们学习中文的热情"。这本启蒙读物因"价格低廉,携带方便"而受到初学者的欢迎。

> 按:该书承诺"只要掌握这100个汉字,就可以收到意想不到的口语效果"。为此,他精挑细选了100个"最好的"汉字,并列出了一个相关的词汇表。他的用意在于,"有了这个词汇表,我们根据相关的情境造了一些新的句子。所以,学生们就可以随心所欲地说汉语了,而不必事先在头脑里装满了那些他可能从来都用不着的词汇"。至于如何使用该书,他建议:"如果可能

---

① Herbert Allen Giles,"The Memoirs of H. A. Giles,"edited and with an Introduction by Charles Aylmer,*East Asian History*,Nos.13/14,1997,p.60.亦可参见王绍祥《西方汉学界的"公敌"——英国汉学家翟理斯(1845—1935)研究》,第 185—186 页。

的话,这本书最好在中国当地教师的指导下学习,这样才能够比较好地辨别出音调,也有益于培养正确的发音。"《百个最好用的汉字:汉字入门》与《汉语无师自通》的最大区别在于,前者主要是教授汉语书面语,而后者则主要教授汉语口语。不过翟氏建议读者在使用时,可将两者结合起来。由于该书十分畅销,此后翟理斯又应邀编写了《百个最好用的汉字(二):汉字入门》(The Second Hundred Best Characters),于1922年出版。出版商在新书目录中称:"翟理斯博士曾经将其成功学习中文的经验系统地运用于《百个最好用的汉字:汉字入门》中。此后,他大受鼓舞,又精心挑选了100个最好用的汉字。只要你掌握了翟理斯博士精心挑选编排的200个汉字,你就可以在中文书面语方面取得令人称奇的效果。"①

1920年　75岁

由于纸张和印刷费不断上涨,《嶰山笔记》的出版撰写工作被迫终止。准备出版《唐诗合选》,共有277首唐诗,均译成散文,并附上注释。

4月17日,《泰晤士报》刊登一首短诗,呼吁英国人悔悟并回到他们祖先那种"更高尚的生活方式"上,翟理斯撰文给予反驳,并刊登在5月14日的《泰晤士报》上。

5月,收到《新中国评论》第2卷第1期,其中包括1919年10月寄呈该刊编辑的文章,题目为《公元前二世纪的一位诗人》。文中介绍了枚乘(?—约前140)在中国文学中的地位。翟理斯认为《古诗十九首》中有9首出自枚乘之手②,称:"这些诗按照时间顺序排列,以表明产生这些诗歌的事件顺序,并附上注释和韦利先生对同一首诗的不同译法。韦利先生翻译了《170首中国诗》的9首,现已出版8首。我的版本出版时会附上原文,以便让研究者做对比核实。"为了说明这些诗歌

---

① Herbert Allen Giles,"The Memoirs of H. A. Giles," edited and with an Introduction by Charles Aylmer, *East Asian History*, Nos.13/14, 1997, pp.60-61.亦可参见王绍祥《西方汉学界的"公敌"——英国汉学家翟理斯(1845—1935)研究》,第217—218页。

② 对《古诗十九首》的作者,历代众说纷纭。持枚乘说者,如刘勰《文心雕龙·明诗》"古诗佳丽,或称枚叔",似已不甚笃信。徐陵《玉台新咏》以《古诗十九首》中"行行重行行""青青河畔草""西北有高楼""涉江采芙蓉""庭中有奇树""迢迢牵牛星""东城高且长""明月何皎皎"为枚乘之作。而钟嵘《诗品》云"枚马之徒,吟咏靡闻",则否定枚乘之说。可见早在南朝时,人们即已怀疑枚乘为古诗作者之说。

产生的时代背景,翟理斯将所有译诗均按年代排列。为了方便读者品评、对比,还在文中附上了原文。① 翟理斯在收到杂志社赠阅的该期《新中国评论》之后,给韦利也寄了一本。韦利寄来一封热情洋溢的感谢信,对翟理斯的赠书表示了感谢。翟理斯说:"有些人的译文受到别人的质疑就受不了,但是,他(按:韦利)和那些人的态度完全不同。"但是,没过多久,翟理斯就发现,"韦利完全改变了这种态度"。②

按:韦利曾译过其中的 8 首诗,全部收录于他的《170 首中国诗》。翟理斯将自己这 9 首诗的译文,与韦利《古今诗赋》中所载 8 首对照③,详列出入之处,共 38 处,讽刺韦利的译文有误。

7月1日,参加牛津大学中文教授的评选。评选委员会由 5 名委员组成。除翟理斯外,还有牛津大学副校长、寇仁公爵(George Nathaniel Curzon, 1859—1925)④、萨道义爵士(Sir Ernest Mason Satow, 1847—1929)以及曾著有《中国人与闪族人》(Chinese and Sumerian)一书的查尔斯·詹姆斯·鲍尔牧师(Rev. Charles James Ball, 1851—1924)。候选人除巴克斯外,还有格兰杰·哈格里夫斯牧师(Rev. Grainger Hargreaves)和苏慧廉牧师(Rev. William Edward Soothill, 1861—1935)。萨道义爵士和鲍尔牧师没有出席选举会,但分别写了一封信。前者说选苏慧廉,后者说选巴克斯爵士。最后,苏慧廉先生当选。⑤

7月,收到韦利翻译屈原《大招》的校样,翟理斯指出这首诗一半是翻译,一半是释义,因此给人留下了很大的批评空间。

8月,翟理斯的批评文章题为《重译》("A Re-Translation")⑥,刊登在《新中国评论》第 2 卷第 319—340 页,这让韦利非常不快。翟理斯后来又在《新中国评论》

---

① Herbert Allen Giles, "A Poet of the 2nd Cent. B.C.," *The New China Review*, Vol.2, No.1(1920):25-36.
② Herbert Allen Giles, "The Memoirs of H. A. Giles," edited and with an Introduction by Charles Aylmer, *East Asian History*, Nos.13/14, 1997, p.63.
③ Herbert Allen Giles, "A Poet of the 2nd Cent. B.C.," *The New China Review*, Vol.2, No.1(1920). 翟理斯将《古诗十九首》的"兰若生春夏"也算在枚乘名下,韦利《古今诗赋》未收此诗。
④ 寇仁公爵并没有来,而是派朱尔典爵士(Sir John Newell Jordan, 1852—1925)为代表前来参加。
⑤ Herbert Allen Giles, "The Memoirs of H. A. Giles," edited and with an Introduction by Charles Aylmer, *East Asian History*, Nos.13/14, 1997, p.63.
⑥ Herbert Allen Giles, "A Re-Translation," *The New China Review*, Vol.2, No.4(1920):319-340.

第3卷的第287、288页刊登了回复。

  按:在这篇译文中,翟理斯对1919年5月31日《政治家》杂志刊登的韦利对屈原《大招》的译文①,提出了质疑,并予重译。为了便于读者比较阅读,翟理斯还附上了原文以及韦利的部分译文。翟理斯指出:"这是一种大胆的尝试。作为一种自由的阐释(韦利先生的译文太自由了),这一译文可能不会招致人们的批评;但是,作为翻译,为了对诗人和那些看不懂原文的读者负责,我觉得有必要对其中许多地方进行修改。这就是本文的缘起。同样,由于没有受过良好教育的中国学者为我提供帮助,所以,我想,生活在中国的汉学家也可以对我所做的修改再做进一步的修改。"②

9月底,金先生(Messrs King)和布林克沃思(Brinkworth)造访,与翟理斯安排出版《中国文学的瑰宝》《古今诗选》的第二版,两本书内容都是第一版的两倍。韦利在《新中国评论》第2卷的第591—597页抨击翟理斯的《琵琶行》译文。翟理斯作了长篇大论的回复,并刊登在第3卷第4期第281—288页。

翟理斯的一位老友、上海工部局董事长金尼尔(H. R. Kinnear),为了纪念他和翟理斯的友谊,决定在死后将其手中的900卷汉籍捐赠给剑桥大学图书馆。翟理斯接受了金尼尔的捐赠,但他同时建议说,金尼尔先生可以在遗嘱中增加一条规定,如果剑桥大学图书馆已经有副本的,均转赠给翟林奈。1920年4月底,翟理斯还专门在《泰晤士报》上撰文表扬了金尼尔的善举。但是,遗憾的是,尽管金尼尔的赠书价值200—300英镑,但是剑桥大学图书馆董事会居然为了一个盛书的小箱子的费用而争论不休,以至于"这些书一年多来,一直就放在布满灰尘的地上被踢来踢去"。

本年,对《汉英词典》和《中国传记辞典》做修正和增补。

1921年　76岁

1月,往中国寄送第二版《中国文学的瑰宝》。

---

① Translated by Arthur Waley, *The Statesman*, May 31, 1919.后收入 Arthur Waley, *More Translations from the Chinese*, London: Constable, 1919.
② Herbert Allen Giles, "A Re-Translation," *The New China Review*, Vol.2, No.4(1920):320.转引自王绍祥《西方汉学界的"公敌"——英国汉学家翟理斯(1845—1935)研究》,第193—194页。

5月,往中国寄送第二版《古今诗选》。

在《新中国评论》第3卷第4期发表《韦利先生与〈琵琶行〉》("Mr. Waley and 'The Lute Girl's Song'")一文。①

按:这场论争起因于韦利1920年发表于《新中国评论》第2卷第6期上的《〈琵琶行〉译注》。② 翟氏该文最初载于1884年的《古文选珍》,而韦利所依据的译文是收录于翟理斯《中国文学史》第165—167页的译文③,两者内容是一样的。

韦利指出,翟理斯将《琵琶行》译成了"The Lute Girl's Song"并不妥,因为这里的《琵琶行》是为琵琶女所"作",而非琵琶女所"唱"。所以,韦利建议将《琵琶行》改译为"The Lute Song"④。但是,考虑到"The Lute Girl's Song"这一译名"已为广大英国读者所熟知",所以,韦利的文章标题仍然延用了翟理斯的译名。另外,韦利认为《琵琶行》之"序"交代了《琵琶行》成诗的背景,因此,对理解该诗至关重要,但是"不知出于何种原因,翟理斯的译文却将这个部分全部删除了"。所以,韦利翻译了"序",并交代了写作该文的目的,又指出翟氏译文的疏误。

在该文中,韦利就翟理斯《重译》对自己的批评作出回应。重申自己的翻译原则虽是"直译而不是阐释",但也会灵活处理,被人误解为"严格直译"者,是不公平的。认为"把中国诗歌译成英语诗歌,这一过程不是靠句末的押韵来实现的"。这显然是针对翟理斯主张的英译汉诗要押韵。文末说"我撰写本文的动机在于表明,批评我的人是在一座玻璃似的房子里,朝我扔石头,而我的批评立即把这些看似谦恭的、博学的石头扔了回去"。

面对韦利的批评,翟理斯撰写《韦利先生与〈琵琶行〉》一文予以应战。他就《琵琶行》题目的翻译、一些诗句的翻译等,对韦利的指责作了回击,最后严厉声明:"阅读翻译作品的读者要有权要求了解文本的真正意思。让我

---

① Herbert Allen Giles, "Mr. Waley and 'The Lute Girl's Song'," *The New China Review*, Vol.3, No.4 (1921):281-288.
② Arthur Waley, "Notes on the 'Lute-girl's Song'," *The New China Review*, Vol.2, No.6(1920):591-597.
③ Ibid., p.591.
④ Ibid., p.592.

们来看看韦利的'声明'离正确有多远:'对普通读者来说,只要让人感觉舒服、诗意浓厚就行。'"针对韦利文中"批评我的人是在一座玻璃似的房子里,朝我扔石头"之语,翟氏不无调侃地说:"我必须把韦利最后的几句话描绘成不够光明磊落的击打对手下身的行为","韦利现在想要挽回尊严,就必须把这首深奥的诗歌的正确意思刊登出来,或至少列出我译文中的错误,这样我才能够决定是接受他的批评还是和他进行辩论"。

随即,韦利在《新中国评论》第3卷第5期上发表《〈琵琶行〉:韦利先生答翟理斯教授》①一文,对翟理斯的观点予以驳斥。他指出翟理斯对该诗的理解并不妥当,"翟理斯教授可以修改我的译文,但是,他必须征引权威的论述来证明自己的观点,除非我的错误是显而易见的。毫无疑问,《剑桥评论》的读者们都认为翟理斯教授是正确的,我是错的。但是,如果我指明我所依据的权威论述的话,读者们可能会大吃一惊。……翟理斯教授肯定知道这种解释的存在,但是,他在未证实自己的猜测之前,就向全世界宣布说我不懂中文。……如果我是翟理斯教授的话,如果我也玩起这种把戏的话,我一定觉得自己非常可耻。因为好处全都是他的:他已经享有世界性的声誉,而我只是一个无名小卒而已"②。

7月,别发洋行请翟理斯对布洛克(Bullock)《进步的运动》(*Progressive Exercises*)发表"坦诚的观点"。当时布洛克正要出版此书第二版。8月,受邀修订新版。

11月,别发洋行请翟理斯为《汉字入门》(*How to Begin Chinese*)做续集,得到应允。

12月,翟理斯写了一篇短文《中华民国的命运》("The Fate of the Chinese Republic"),指出通过历史经验的类比揭示,在每一次的改朝换代过程中,不管是来自本土反抗力量还是外来势力,中国总要经历长期腥风血雨的考验,最终成功建立新的朝代。该文后来发表在《中国学生》第1期③。

---

① Arthur Waley,"'The Lute Girl's Song':Mr. Waley's Reply to Prof. Giles," *The New China Review*, Vol. 3, No.5(1921):376-377.
② Arthur Waley,"'The Lute Girl's Song':Mr. Waley's Reply to Prof. Giles," *The New China Review*, Vol. 3.No.5(1921):377.关于翟理斯与韦利这场争论的详细评述,可参看王绍祥《西方汉学界的"公敌"——英国汉学家翟理斯(1845—1935)研究》,第203—210页。
③ 《中国学生》月刊(1925—1931)由良友图书中华民国学生联合会发行。

12月17日,翟理斯第二任妻子伊莉斯·威廉敏娜·伊得仙莫去世,她与翟理斯共同生活了38年。

按:翟理斯说:"38年以来,她一直是我的精力充沛的得力合作者。"在《汉英词典》第一、二版的前言部分,翟理斯都对他这位伴侣给予高度评价,并把自己的著作《中国绘画史导论》献给了她。就在伊得仙莫去世前的12月15日晚上,她还非常关注翟理斯的著作进展情况。伊得仙莫轻声地问翟理斯:"《佛国记》准备得怎么样了?"《佛国记》出版之后,为了纪念亡妻,翟理斯也把它献给了妻子。翟理斯对于妻子所给予自己的帮助一直铭记在心。他说:"在过去的整整38年时间里,我的笔端所流露出的每一个音节,在出版之前,无不经过她的检查和认可。她非常胜任这项工作。"①伊得仙莫受过相当好的教育,学习过希伯来文、拉丁文、希腊文、法文和德文,对历史涉猎很广,地理知识也非常丰富。跟随翟理斯在中国期间,伊得仙莫曾以丽斯·贝姆(Lise Boehm)为笔名,出版了两大本《中国沿海故事》(*China Coast Tales*),得到了著名诗人、作家吉卜林(Joseph Rudyard Kipling,1865—1936)的肯定。此外,伊得仙莫还在多种刊物上发表了许多类似的故事,直到病魔夺去了她的生命,终止了她的文学生涯。谢立山爵士在总结伊得仙莫的一生时对翟理斯说,"你失去了右手"。②

翟理斯之子翟林奈翻译和发表《唐写本〈搜神记〉》("A T'ang Manuscript of *the Sou Shen Chi*")一文,载《新中国评论》第3卷第6期。③ 另外他曾于1938年译出《三国演义》中的部分片段。

1922年　77岁

4月中旬,完成《百个最好用的汉字(二):汉字入门》,遂有闲暇为《新中国评

---

① Herbert Allen Giles, "The Memoirs of H. A. Giles," edited and with an Introduction by Charles Aylmer, *East Asian History*, Nos.13/14, 1997, p.65.

② Ibid.

③ Lionel Giles, "A T'ang Manuscript of *the Sou Shen Chi*," *The New China Review*, Vol.3, No.6 (1921). 翟林奈比较《四库全书总目》干宝《搜神记》提要及后世传本,发现《四库全书总目》著录20卷本有460个故事,而《汉魏丛书》收《搜神记》8卷本仅40个故事,遂将大英博物馆所藏斯坦因敦煌卷子中的《搜神记》与前两种比较,撰成此文。

论》诸般话题提供一些更深刻的看法。

5月11日,皇家亚洲学会荣誉秘书托马斯博士(Dr. Thomas)通知翟理斯,皇家亚洲学会执委会一致决定将三年一度的学会金奖(Triennial Gold Medal)①颁发给他。②

> 按:翟理斯说,就他个人而言,该奖来得太迟。他引用18世纪英国的大文豪、英语大辞典编撰者约翰逊(Samuel Johnson,1709—1784)博士的话说:"我是孤独的,而且我的孤独难以言表。"意指在英国这个注重实利的国家里,致力于汉学,只能一辈子孤独而清贫。与约翰逊秉持文人自尊拒绝荣誉不同,翟理斯觉得拒绝领奖,不仅无益于汉学的发展,而且可能让人们觉得翟理斯还把过去的种种不愉快放在心上。③

7月4日,前往皇家亚洲学会领奖。皇家亚洲学会总部会议厅人头攒动,绝大多数会员都出席了三年一度的金奖颁奖典礼。④

9月,收到《百个最好用的汉字(二):汉字入门》样书。

9月16日,中华民国政府致函英国政府,授予翟理斯民国勋二等嘉禾章(the 2nd Grade of the Order of Chia Ho with Grand Cordon)。⑤

10月,翟理斯收到了一位老友、中国外交部次长张邵兵(Shou-bin Chang)的来信,告

---

① 皇家亚洲学会三年一度的金奖是1897年由波斯学学者阿瑟·沃拉斯顿爵士(Sir Arthur Wollaston, 1842—1922)设立的,其宗旨在于"肯定那些为东方学研究做出卓越贡献的人"。翟理斯是第九位得主。
② Herbert Allen Giles,"The Memoirs of H. A. Giles,"edited and with an Introduction by Charles Aylmer, East Asian History, Nos.13/14, 1997, p.66.
③ 1892年1月,翟理斯的《汉英词典》第一分册出版时,售价35美元,如在特定时间内购买,即可享受25美元的优惠价,但购买者寥寥无几,皇家亚洲学会也不愿购买此书。因此,翟理斯对于皇家亚洲学会一直都有很深的成见:"这个学会虽然号称亚洲学会,但是事实上它所关心的是印度,对于汉学很少有什么促进作用。"
④ Herbert Allen Giles,"The Memoirs of H. A. Giles,"edited and with an Introduction by Charles Aylmer, East Asian History, Nos.13/14, 1997, pp.66-67.
⑤ 1922年中华民国政府为向翟理斯授奖致英国政府公函:"照录外交部来函　呈启者本年九月十四日奉　大总统令给予　贵国前驻宁波总领事现任剑桥大学教授翟理斯君二等大绶嘉禾章相应函请贵公使查照并希转达　贵国政府而荷此颂　日祇 十一年九月十六日。"转引自黄秉炜编撰:《翟理斯汕广纪行》,上海:复旦大学出版社,2007年,第184页。

之中华民国政府决定授予他二等嘉禾章。① 这是中国授予翟理斯的级别最高的奖项。

11月,在皇家亚洲学会秘书埃拉·塞克斯小姐(Miss Ella Sykes)的邀请下,翟理斯给珀西·布鲁斯(Percy Bruce)博士的文章《人性哲理》("Philosophy of Human Nature")写评论,这一篇文章译介了《朱子全书》中的第42章到第48章。

12月,《泰晤士报》第2期发表了翟理斯对陈子昂的短诗《森林皇后》("A Sylvan Queen")的翻译。②

《新中国评论》第4卷第2期发表汤普森(H. A. Thompson)的文章,对翟氏所译《聊斋志异选》一篇《狐嫁女》中,"时值上弦,幸月色黄昏,门户可辨……西望月明,惟衔山一线耳"的注"这不可能发生"的论断,表示质疑,并引用《字林西报》上的文章和托尔斯泰的小说《二十三个故事》,认为这个现象是可能发生的。③ 翟理斯在同一期《新中国评论》发表《蒲松龄的天文知识》④一文对汤普森的质疑予以反驳,并指出这个注释在《聊斋志异选》第一版是没有的,后来经过邓罗的提议,才加上的。汤普森又请剑桥大学的一位教授,证实蒲松龄所写的情况不会发生。

在《新中国评论》第4卷第5期发表《冠带》("The Caps and Belts")一文⑤,回应韦利。以韦利《170首中国诗》第40页中的第三首诗《青青陵上柏》⑥为例,指出其中的19处错误,语带挖苦地说:"韦利先生一定觉得自己的翻译是'看得懂,是好诗',否则印它有什么用?"就对《古诗十九首》中《青青陵上柏》中"冠带自相

---

① 傅尚霖文中说1923年翟理斯获嘉禾章,但翟理斯的《自谱》中则说是1922年。分别见 Shang-Ling Fu, "One Generation of Chinese Studies in Cambridge: An Appreciation of Professor H. A. Giles," *The Chinese Social and Political Science Review*, Vol.15, No.1(1931). Herbert Allen Giles, "The Memoirs of H. A. Giles," edited and with an Introduction by Charles Aylmer, *East Asian History*, Nos.13/14, 1997, p.71.
② 原诗为陈子昂《感遇诗三十八首》之二:"兰若生春夏,芊蔚何青青。幽独空林色,朱蕤冒紫茎。迟迟白日晚,袅袅秋风生。岁华尽摇落,芳意竟何成。"
③ H. A. Thompson, "Notes and Queries: No.Ⅶ of Giles''Strange Stories from a Chinese Studio'," *The New China Review*, Vol.4, No.2(1922).
④ Herbert Allen Giles, "Notes and Queries: The Astronomy of Pu Sung-ling," *The New China Review*, Vol.4, No.2(1922).
⑤ Herbert Allen Giles, "The Caps and Bells," *The New China Review*, Vol.4, No.5(1922):395-400.
⑥ 《古诗十九首》为组诗名,汉无名氏作(其中有8首《玉台新咏》题为汉枚乘作,后人多疑不确)。非一时一人所为,一般认为大都出于东汉末年。南朝梁萧统合为一组,收入《文选》,题为《古诗十九首》。内容多写夫妇、朋友间的离愁别绪和士人的彷徨失意,有些作品表现出追求富贵和及时行乐的思想。语言朴素自然,描写生动真切,在五言诗的发展上有重要地位。

索"一句的翻译,引出了对李善《文选》注经典性的遵从与否问题,由此折射出双方理念倾向的差异。此句《文选》李善注:"《春秋说题辞》曰:齐俗,冠带以礼相提。贾逵《国语注》曰:索,求也。"① 此即韦利将"冠带自相索"译为"The 'Caps and Belts'(high officers)go seeking each other out"所据。翟理斯改译为"Cap belt from towards rope",坚持认为"索"应解释为"绳索"。他指出"索"在汉语里有很多层意思,原意是"绳索",后来又演化为"顺着线索查找"。"索"的第二层意思相当于英语中的"clue"(线索),认为韦利"采用的是第二种意思,缺乏说服力"。

按:综翟、韦之争,交矢所集触及了汉诗英译的核心问题:一是意译还是直译,二是译诗选择韵文还是散文。翟理斯主张押韵、意译,一直以来他的译诗"全都有押",而且"未来还会继续押韵",是"以诗译诗"主张的积极提倡者和实践者;而韦利偏重直译、散体,认为中诗英译这一过程"并不是押韵就能实现的",是"以散体译诗"主张的积极提倡者和实践者。翟理斯和韦利都是英国著名的汉学家和汉诗英译大师,两人在《新中国评论》上关于译诗问题展开的争论,引起了西方汉学界的注目。尽管和19世纪末的那场持续二十余年的"道学大战"相比,20世纪初叶的这场争论参与者并不多(主要涉及翟理斯和韦利两人),持续的时间也并不是太长(四年左右),但是,这场争论亦有其独特的意义。具体表现在:第一,这场纷争让西方汉学界看到了诗歌翻译最真实的一面,也为后世诗歌翻译家提供了宝贵的经验和教训。第二,这场看似个人恩怨的是非纷争客观上促进了汉学,尤其是诗歌翻译的健康发展。在翟理斯所处的时代,汉诗英译完全是少数汉学家的专利。这场纷争揭开了诗歌翻译的神秘面纱,把诗歌翻译的过程真真切切地摆在了大众面前。即便人们看不懂中文,一样可以从两人活力四射的文字中,感受诗歌翻译的魅力和艰难。第三,这场争论也有利于形成西方汉学界的批评之风。翟理斯毫不留情地向对手发起猛烈攻击,同时也频频邀请对手指摘自己的错误。他认为唯有相互批评,汉学才会进步。②

---

① 〔南朝梁〕萧统编,〔唐〕李善注:《文选》,上海:上海古籍出版社,1986年,第1344页。
② 关于翟理斯与韦利论争的详细讨论,可参看王绍祥《西方汉学界的"公敌"——英国汉学家翟理斯(1845—1935)研究》,第184—210页。

1923 年　78 岁

1月，翻译诗人白居易的一首短诗《老兵》("The Veterans")，发表于伦敦《中国学生》(The Chinese Student)杂志。翟理斯称熟悉剑桥的人都看过或者听说过弥尔顿种在基督学院花园里的老桑树，尽管被支撑着但仍茁壮地长着果实。中国唐代著名诗人白居易的《枯桑》("An Old Mulberry Tree")①中有几句诗也许并不费力，却说明了中国诗人如何抓住对大自然的细微观察并产生别出心裁的想法。②

1月5日，《泰晤士报》发表了翟理斯的一份声明，反对分发任何"义和团补偿"给中国的基督教神学院。

3月，《中国文学瑰宝》③在《古文选珍》(1884)与《古今诗选》(1898)基础上修订、增补，由上海别发洋行出版④，分为上、下两卷。上卷为中国古典散文的选译与评介，收先秦至清代作者85人，作品183篇，与原一卷本《古文选珍》内容基本相同，仅增加清代部分；下卷为中国古典诗词的选译与评介，收先秦至清代作者126人，作品241篇。

> 按：翟理斯称："3月份，经过数月拖延，我最终收到《中国文学瑰宝》的第二版和增补版。在上海印刷，校对，装帧，产量相当可观。数量限制700份，每一份都有编号并附我的肖像，合计445份。对此，《新中国评论》最后一期刊载一篇有趣的评论文章，摘录如下：'书名页都附有译者的肖像画，这个肖

---

① 白居易《枯桑》原诗为："道傍老枯树，枯来非一朝。皮黄外尚活，心黑中先焦。有似多忧者，非因外火烧。"

② Herbert Allen Giles, "The Memoirs of H. A. Giles," edited and with an Introduction by Charles Aylmer, *East Asian History*, Nos.13/14, 1997, pp.72-73.

③ Herbert Allen Giles, *Gems of Chinese Literature*, second edition, revised and greatly enlarged, Shanghai, Hong Kong, Singapore, Yokohama, Hankow: Kelly & Walsh, 1923.《中国文学瑰宝》与1884年出版的《古文选珍》同名，王丽娜《英国汉学家翟理斯与中国古典文学》一文仍用《古文选珍》之名(参《中华文史论丛》1986年第1辑，第294页)。为使两者区别，不少学者将1923年增订版译为《中国文学瑰宝》，如张弘《中国文学在英国》(广州：花城出版社，1992年，第78页)、马祖毅、任荣珍主编《汉籍外传史》(修订本，武汉：湖北出版社，2003年，第241页)，葛桂录《中英文学关系编年史》(上海：上海三联书店，2004年，第110页)。另，黄鸣奋《英语世界中国古典文学之传播》译作"中国文学精华"(上海：学林出版社，1997年，第100页)，秦寰明《中国文化的西传与李白诗——以英、美及法国为中心》(载《中国学术》2000年第2期)译为"中国文学选珍"。

④ Herbert Allen Giles, *Gems of Chinese Literature*, second edition, revised and greatly enlarged, Shanghai: Kelly & Walsh, 1923, p.287.

像很棒,那种表情很是温婉善良,很难让我们跟作者联系在一起,该作者的信条(评论者自造的)我们曾经引述过。这真的是在《新中国评论》中尖刻地抨击庄延龄和韦利的那位吗? 他在本期的第 8 页上说威妥玛爵士的一些翻译粗陋至极,会在汉学史上长期饱受争议?'"①《中国文学瑰宝》二卷本于 1965 年由美国纽约帕拉贡书局(Paragon Book Reprint Corp.)重印,在欧美有较大影响。

《中国文学瑰宝》散文卷的扉页上引用了英国作家托马斯·卡莱尔的名言:"还有什么工作比译介他国思想更为高尚?"其后为增订版短序和初版序摘录,随后是对中国各代文学简要的总体介绍,分为周、秦、汉六朝、唐、宋、元、明、清八部分,清代部分为增订版独有。散文卷正文部分按朝代排列,选译老子、孔子、屈原、庄子、宋玉、孟子、荀子、韩非子、司马迁、汉文帝、晁错、汉武帝、王充、法显、柳宗元、刘禹锡、白居易、司马光、苏东坡、王安石、岳飞、文天祥、曹雪芹、蒲松龄、袁枚、曾国藩、谭嗣同、袁世凯、梁启超等 85 个作者的 183 篇作品。每位作者名下都有生平简介。虽然此卷冠以散文卷,但是也收入了不少诗人的作品,如白居易的《琵琶行》等。不过,在翻译《琵琶行》时,翟理斯所采取的是散文体而非韵体。附录包括"谚语和俗语"、"作者姓名中英对照"、作者姓名和篇名索引。诗歌卷,卷首是序言,其后是《古今诗选》扉页上的小诗。正文选译了屈原、枚乘、曹植、陶渊明、鲍照、王勃、陈子昂、贺知章、李白、王昌龄、张九龄、王维、杜甫、韦应物、韩愈、元稹、李商隐、欧阳修、黄庭坚、苏东坡、陆游、徐渭、乾隆帝、秋瑾等人的诗歌。正文后为作者姓名的中英文对照。此卷特点是选取作品多,题材丰富、风格不一,或伤感,或激昂,或抒怀,或写景,或长篇,或短制,"读者可以根据自己的兴趣,随手翻翻,读上十来分钟,想必他一定能够找到一些足以让他思考一个小时的内容"。评论者指出:"《古文选珍》将消除我们对中国的错误看法,我们曾经以为中国仅仅是一个商人的国度,是一个没有宗教、没有艺术的国度,但我们错了。"从《古文选珍》《古今诗选》到《中国文学史》,再到《中国文学瑰宝》,收入其中的作

---

① Herbert Allen Giles,"The Memoirs of H. A. Giles,"edited and with an Introduction by Charles Aylmer, *East Asian History*,Nos.13/14,1997,pp.73-74.

家作品也逐步增加与完善。翟理斯置身于"文学史写作"较成熟的欧洲,因此在译介中国文学的过程中具有一定的文学史意识,但由于英国汉学成果所限,尤其是文学史料的缺乏,使其文学观又呈现出驳杂的一面。

在诗歌卷的序言中,翟理斯重申关于中国诗歌的翻译原则:"在翻译中国诗歌的过程中,当诗的意义明了后,就会产生选择韵体还是散体来翻译的问题。就我个人而言,我选择韵体。如果要让一首诗的意思尽可能保持不变的话,那么译为韵体要比译为散体更难。"

4月初,投给《泰晤士报》一份关于鸦片的随笔。此时正值日内瓦会议召开,希望能永远结束鸦片吸食。翟理斯从历史角度描述中国鸦片史,可追溯到874年到今天,并从历史事实中总结出中国应自己寻求出路。

按:这一观点恰好与拥有强烈宗教偏见的《泰晤士报》的主张相违背,5月28日,收到对方退稿。6月11日,翟理斯和赫弗(Heffer)一起把被拒的文章整理成小册子,以《鸦片之真相》(*Some Truths about Opium*)为书名出版。15日,核对校样。翟理斯的朋友苏慧廉教授等人对这本书提出不同看法。慕阿德(Arthur Christopher Moule)牧师谴责翟理斯书中关于圣保罗和三位一体基督教的评论。①

7月底,剑桥大学出版了《佛国记》重译本,新译本的英文书名为 *The Travels of Fa-hsien(399—414 A.D.),or Record of the Buddhistic Kingdoms*。收到伦敦教会总监伦伍德(F. Lenwood)的祝贺信。年底,该译本因印刷精美,获得"精美图书奖"。

按:据翟氏本人统计,当时西方媒体中共有32篇评论文章作出反应,褒贬不一。其中30篇对玄奘西天取经之事给予高度评价。与《阿伯丁出版物及学术杂志》认为这本书具有"学术性"不同,10月号的伦敦《东西方》(*The East and the West*)杂志就把这个译本贬得"一文不值",而且称翟氏的前言"毫无学术性","完全是胡编乱造的",甚至认为,"玄奘西天取经"纯属"凭空想象出来的"。翟氏在重译本中指出佛教"三位一体"观念早于基督教的"三位一体",并提出"在玄奘西天取经的光芒之中,圣保罗之旅显得微不足

---

① Herbert Allen Giles, "The Memoirs of H. A. Giles," edited and with an Introduction by Charles Aylmer, *East Asian History*, Nos.13/14, 1997, p.74.

道了"之断言,招致不少教中人士不满。翟氏反唇相讥,据理力争,称如果佛教徒把基督教徒奉为神圣之物的基督教画像也说成是"凭空想象出来的",那么,基督教徒会怎么想呢？他还不无揶揄地称"这种有失水准的话还好是出于一本教务杂志"。①

10月,金先生和布林克沃思先生来剑桥,与翟理斯会面,商议刊行翟理斯的一些新著或旧著增订本。

11月,翟理斯发了一封挂号信给《中国学生》,里面是针对小畑熏良(Shigeyoshi Obata)关于中国诗人李白的长篇评论,表明是按照英文的韵律而作。

12月13日,翟理斯收到了牛津大学副校长的一封信,信中说牛津大学理事委员会(Hebdomadal Council)一致决定授予翟理斯荣誉文学博士学位。该委员会还决定于1924年3月6日,举行荣誉博士学位颁发典礼。

> 按:翟理斯获知该消息后颇有感触,剑桥大学校务委员会也曾讨论过是否要授予翟理斯荣誉博士学位,但遭否决,原因不详,剑桥大学对于翟理斯所取得的成就漠然视之。牛津大学的如此礼遇,对时年78岁高龄的翟理斯来说,并不能为之动容。他不无感慨地说:"以往,这种荣誉对我来说或许有着不同寻常的意义,但是,现在,除对汉学的意义外,这种荣誉对我来说已经没有价值了。我所有醒着的时光仍然被汉学占据着。"获得荣誉博士学位,对于未来的汉学家来说是一种真正的激励。自从乔治·托马斯·斯当东(George Thomas Staunton,1781—1859)于1818年荣获荣誉民法学博士学位以来,这一荣誉学位似乎再也没有颁发给汉学家了。1876年,德庇时爵士(Sir John Francis Davis,1795—1890)获得同样的学位时,已经81岁了,而且也不是因为他所取得的汉学成就而获取该项荣誉的,对此翟理斯百思不得其解。②

1924年　79岁

3月6日,翟理斯前往牛津大学接受荣誉文学博士学位。79岁的翟理斯在女

---

① Herbert Allen Giles,"The Memoirs of H. A. Giles,"edited and with an Introduction by Charles Aylmer, *East Asian History*,Nos.13/14,1997,pp.76-77.亦可参见王绍祥《西方汉学界的"公敌"——英国汉学家翟理斯(1845—1935)研究》,第227页。

② Herbert Allen Giles,"The Memoirs of H. A. Giles,"edited and with an Introduction by Charles Aylmer, *East Asian History*,Nos.13/14,1997,p.78.

儿梅布尔·劳伦斯(Mable Lawrence)陪同下驱车前往牛津。接了苏慧廉教授及其夫人之后,翟理斯前往沃德姆学院与牛津大学副校长约瑟夫·韦尔斯(Joseph Wells, 1885—1929)共进午餐。午餐后,荣誉文学博士学位颁发仪式正式开始。由于韦尔斯校长临时有事,所以,学位颁发典礼由艾尔弗雷德·丹尼斯·戈德利博士(Alfred Denis Godley, 1856—1925)主持。戈德利博士发表了热情洋溢的讲话。①

　　按:这个荣誉学位对于翟理斯个人而言,意义非同寻常:第一,牛津是他的出生地,八岁那年即曾在牛津基督文法学校就读,寄宿在他父亲的好友、学校风琴师科夫博士家中,而科夫博士的两个孩子则在学校里寄宿。第二,他的父亲贾尔斯牧师曾是牛津大学基督圣体学院的资深成员,而他的儿子翟林奈曾在牛津大学沃德姆学院就读。第三,翟理斯是在牛津的圣菲利浦与圣詹姆斯教堂与第二任妻子伊莉丝·威廉敏娜·伊得仙莫结婚的(1883年12月)。

4月,出版《中国之动荡:狂想曲》(Chaos in China: A Rhapsody),再度引起了中国的关注。书中,翟理斯对当时中国的动荡局势进行了思考,谴责了中国督军省长的荒谬行径,并对儒家经典和道德为当代人所忽视而深表遗憾。另外,鉴于庚子赔款应该如何使用这个问题一直悬而未决,翟氏在书中还提出了一份庚子赔款使用计划书。翟理斯的建议引起了时任北京大学校长的蔡元培先生(1868—1940)②的注意。蔡元培先生在认真审阅了翟理斯的建议之后,予以认可。③

4月24日,原北洋政府国务总理梁士诒到剑桥大学访问,特地和翟理斯晤谈了一个下午。中国驻英国头等参赞朱兆莘也对《中国之动荡:狂想曲》一书非常感兴趣。他曾致信翟理斯说:"我怀着浓厚的兴趣拜读了您的大作——《中国之动荡:狂想曲》,您为我们提出了如此深思熟虑的意见和建议,请允许我向您表示最诚挚的谢意。我不是有些同意,而是几乎完全同意您的观点。"④

4月10日,剑桥博士艾迪森(Dr. J. T. Addison)从马萨诸塞州致函翟理斯,内

---

① Herbert Allen Giles, "The Memoirs of H. A. Giles," edited and with an Introduction by Charles Aylmer, *East Asian History*, Nos.13/14, 1997, p.79.
② 蔡元培曾任教育部部长;1917年至1927年任北京大学校长;1921年5月1日访问剑桥大学。
③ Herbert Allen Giles, "The Memoirs of H. A. Giles," edited and with an Introduction by Charles Aylmer, *East Asian History*, Nos.13/14, 1997, p.80.
④ 转引自王绍祥《西方汉学界的"公敌"——英国汉学家翟理斯(1845—1935)研究》,第120页。

容提及《佛国记》:"读完这卷书我实在忍不住发问了,那就是,为什么您愿意一丝不苟呕心沥血地研究中国学术,而对于触手可及涉及基督教的研究却近乎草率,不得要领呢?"①

8月,英国皇家医学会(Royal Society of Medicine)将翟氏的《洗冤录》英译本收入该学会论文集《医学史公报》。它随后被独立装订成册,查尔斯·拜伦斯(Charles Balance,1856—1936)等人给翟理斯写了一封赞美信。

9月末,翟理斯给上海别发洋行寄去了《中国笑话选》(Quips from a Chinese Jest-Book),希望那本书能在圣诞节到来之前送达。

10月,《观察家》(Spectator)杂志发表了翟理斯的几首中国译诗。

11月,《中国科学美术杂志》(China Journal of Science and Arts)第3期发表阿灵顿《评翟理斯的〈蜀道难〉》一文。

12月8日,翟理斯收到了法国金石学家加纳(Rene Louis Victor Cagnat,1852—1955)的通知,告之已被选为法兰西学院海外通讯院士(Foreign Correspondent)。翟理斯对法兰西学院表示了由衷的谢意,他认为,这是一个人人都羡慕的殊荣。在当时,剑桥大学一共只有四个人享有这一殊荣,其他三位是清一色的科学家,他是唯一享有此等殊荣的汉学家。翟理斯非常珍视这一荣誉。在他看来,这是对他在中法两国度过的青年时代和在中法两国结交的友谊的一种纪念,也是对他的汉学贡献的一种承认。②

12月初,翟理斯给《观察家》寄去了译自中国现代诗人胡适的圣诞节伴奏诗《耶稣诞节歌》("Carol for the Birthday of Jesus")。③

12月,《中国科学美术杂志》第4期发表翟理斯的书评《小畑熏良选译〈李白诗集〉》,文中翟理斯与小畑熏良就李白诗歌翻译问题,展开论辩。翟理斯批评小畑熏良不忠于原文或没有理解原文的意思,并连带对韦利所谓的"意译"提出批评。后来这场争论引起阿灵顿关注,他于1925年撰文参与讨论,指出翟理斯所译《蜀道难》的不理想处,也对争论本身不无微词:"当中国诗歌的译者们得到赞扬

---

① Herbert Allen Giles, "The Memoirs of H. A. Giles," edited and with an Introduction by Charles Aylmer, East Asian History, Nos.13/14, 1997, p.80.
② Ibid., p.84.
③ 翟理斯所译胡适的这首诗,选自1920年上海亚东书局刊行的《尝试集·去国集》。

之时,我们不禁要问,还要出版多少重复的诗歌的译本呢?其中大量的诗好几年前就已经被翻译过了。就已出版的来说,后来的译文没有多少进步。与此同时,却有成千上万的诗歌还未接触,与其改头换面地重复那些已经被诸如翟理斯这样的大师翻译过的作品,为什么不去开拓新的领域呢?"①

1925 年 80 岁

《中国笑话选》(*Quips from a Chinese Jest-Book*)由上海别发洋行出版发行。②

按:翟理斯为了消除西方人对中国的偏见,觉得很有必要向西方介绍中国人的幽默,让英国人看到中国人及中国社会幽默的一面。欧洲人普遍认为"中国人性情比较郁闷,说中国人好比是斯芬克斯,没有笑的能力",翟理斯在该书序言部分说:"本书的宗旨在于展示中国人智慧与幽默的一面……除此之外,这些笑话还能真实地反映中国社会生活,反映中国的男男女女、老老少少的行为、语言和思想。"显然,他认为笑话以诙谐的方式展示了中国人的民性与思想。这本书共翻译了清代游戏人生所著《笑林广记》中的笑话242则,将所谓"不入流的"笑话剔除得一干二净,并根据英国读者的品位对文字进行了修饰,读之令人捧腹。《中国科学美术杂志》第8期发表了福开森对翟理斯《中国笑话选》的书评。

1926 年 81 岁

继续执教剑桥,但日渐疏于著述。翟理斯回顾过往时如是说:"自1867年起,我一生中有两个理想:其一是使中文能够更易被人们理解,使人们对中文的认识更准确——无论是口语还是书面上;其二是让人们对中国人的文学、历史、宗教、艺术、哲学、礼仪和风俗有更深更广的兴趣。我可以非常谦逊地说,在我编写的《汉英词典》及《古今姓氏族谱》出版后,对于第一个目标的实现我已经迈进了一大步。感谢我已故的妻子的支持和帮助使我能够完成上述作品。我不得不承认,对于我的第二个理想,我非常失败,恰恰是因为第

---

① 阿灵顿(L. C. Arlington)指出翟理斯《蜀道难》译文有四处不妥,尤其是"上有六龙回日之高标",比不上早先出版的佛来遮《英译唐诗选续集》中的译文。

② Herbert Allen Giles, *Quips from a Chinese Jest-Book*, Shanghai: Kelly & Walsh, 1925.

二个理想的实现更加困难,我也更珍视它。我没能激发起人们对中国及其四千多年文明的兴趣热潮,但是我相信人们对中国文化的兴趣终有一日会苏醒。能够亲眼见证中国文化热潮的成长和壮大是我最大的愿望,到那时我或许已经长居在蒲松龄'其在青林黑塞间乎?'"①

1930 年　85 岁

翟理斯 85 岁寿辰时,清华大学的傅尚霖曾在英文版《中国社会及政治科学评论》②发表长文介绍其生平业绩,以感谢他向中国政府提供孙中山亲笔自传的手稿,以及为研究中国文化做出的贡献。孙中山也与翟理斯、道格拉斯等汉学家有过接触。

吴宓访欧,以袁同礼作函介绍,前往拜访翟林奈,参观敦煌经卷及中国藏书。受翟理斯影响,其四子翟林奈一生从事中国研究和汉籍整理,退休后原打算移居北京以度余年,因战争而未能如愿以偿。

第一个较为全面介绍翟理斯生平及其学术活动的学者是清华大学的傅尚霖。傅尚霖撰有《剑桥汉学三十年:评翟理斯教授》("One Generation of Chinese Studies in Cambridge:An Appreciation of Professor H. A. Giles")。此文发表于翟理斯 85 岁诞辰之时,一方面是向翟理斯表示祝贺,另一方面也是向翟理斯致谢,因为此前翟理斯将其珍藏的孙中山先生自传手稿捐赠给了中华民国政府。作者在英国访学期间曾拜访过翟理斯,此文就是根据其访谈录整理而成的。文章写成之后,作者还专门请翟理斯校阅,并增补了一些遗漏之处。文章对翟理斯的生平及学术活动作了简要的介绍,指出翟理斯性格中最突出的特点就是"好斗"。傅文还将翟理斯与辜鸿铭和理雅各等人作了对比。此外,傅文还对翟理斯各个时期的作品进行了统计,并在文后列出了 60 部(篇)作品。③

---

① Herbert Allen Giles, "The Memoirs of H. A. Giles," edited and with an Introduction by Charles Aylmer, *East Asian History*, Nos.13/14, 1997, pp.85-86.
② Shang-Ling Fu, "One Generation of Chinese Studies in Cambridge: An Appreciation of Professor H. A. Giles," *The Chinese Social and Political Science Review*, Vol.15, No.1(1930).
③ 学界对翟理斯生平及其学术活动评论的详细情况,可参看王绍祥《西方汉学界的"公敌"——英国汉学家翟理斯(1845—1935)研究》,第 2—11 页。

1931 年　86 岁

接待傅尚霖造访。傅尚霖事后描述当时情形:"1877 年,他(翟理斯)离开了汕头,从此再也没有使用过汕头方言,但是他仍然清晰地记得汕头话。如果他知道你懂汕头方言的话,他就会用'Lu Chiak Pang Bue?'(你吃过饭没有?)跟你打招呼。如果他知道你是来自厦门的,他就会用'Li Chiak Pun a bo?'(你吃过饭没有?)和你打招呼。很快,你就会觉得他特别亲切。如果他心情很好,想说汉语,他就会用标准的汉语发言'Ni Cher K'o huan me iu?'(你吃过饭没有?)。他的口语就像他的著作一样地道、流畅。"①

1932 年　87 岁

12 月 6 日,已届高龄的翟理斯辞去了剑桥大学汉学教授一职,告别了长达 35 年的剑桥教席。

1934 年　89 岁

骆任廷将翟理斯与韦利所译汉诗编为《英译中国诗歌选》(Select Chinese Verses)出版②,由方乐天校订,张元济作序。序云:"英国骆任廷爵士旅华多年,精通汉学。尤喜以吾国文化介绍与其国人。博览约取,久而勿衰。……英译吾国诗歌向以英国翟理斯(Herbert A. Giles)与韦勒(Arthur Waley)二君为最多而精。前者用韵,后者直译,文从字顺,各有所长。其有功于吾国韵文之西传者甚大。……唯二君所著分刊于所译四书之中,读者每以篇帙分散,难窥全豹为憾。骆君交二君久,得其同意,选其足以代表各时世及各宗派者,汇而刊之。并以汉文对照。俾学者开卷之际,获中英原文互读之乐。其功洵足与二君后先辉映矣。"

6 月,《国风》第 4 卷第 11 期,刊登萧一山的文章《为清代通史批评事再致吴宓君书——并答陈恭禄君》,提及翟理斯还认识北京大学的萧一山,屡称

---

① Shang-Ling Fu, "One Generation of Chinese Studies in Cambridge: An Appreciation of Professor H. A. Giles," *The Chinese Social and Political Science Review*, Vol.15, No.1(1931):80.

② Herbert Allen Giles and Arthur Waley, *Select Chinese Verses*, Shanghai: The Commercial Press, 1934.

"其一生深恨外国教士著书言中国事"。

1935 年　90 岁

2月13日,翟理斯于剑桥家中病逝,享年90岁。

　　按:翟理斯把自己坐落于剑桥塞尔温花园10号的家装点得如同中国文人的书斋一般,尽情地徜徉于日渐远去的中国记忆中。琴、棋、书、画中国文人必不可缺的所有陈设,在翟理斯的家中应有尽有,墙上还挂有"一些佛教的画像和一个从汕头附近的莲花山的一座庙宇里买来的锣"。他就在自己营造的中国氛围中,安享着晚年,直至生命的最后一刻。

翟理斯的学术遗产可以分为四类:参考书、语言教材、翻译和杂记等。他曾说到他最为自豪的是《汉英词典》和《古今姓氏族谱》。

　　按:翟理斯去世之后,相关报刊刊载了翟理斯讣告和纪念性文章。就长度和内容而论,最重要的是福开森发表于《皇家亚洲学会华北分会会刊》上的讣告。福开森首先回顾了翟理斯与皇家亚洲学会华北分会的关系,指出翟理斯为该会有史以来任期最长的会员(55年),唯一能与之相提并论的只有考狄(Henri Cordier)。福文还指出翟理斯最大的贡献在于使中国语言和文学变得简单易学。福文承认《汉英词典》是翟理斯的一个伟大成就,但就其采纳的威妥玛拼法则嗤之以鼻。此文还对翟理斯的翻译作了评价。翟理斯八十大寿之际,福开森还写过一篇《翟理斯博士八十志禧》的短文,发表于《中国科学美术杂志》,对翟理斯的生平亦有简略介绍。

　　继翟理斯之后任剑桥大学第三任汉学教授的慕阿德在《皇家亚洲学会会刊》上发表了一篇讣告。慕文指出翟理斯一生中具有两大特点:其一,精通汉学;其二,好与人争斗。慕文还回顾了翟理斯研究汉学的历史及所取得的成就和代表性著作。慕文最后指出,翟理斯的去世,使英国失去了一位最杰出的汉学家。

2004 年　翟理斯去世后 69 年

福建师范大学王绍祥在其博士学位论文《西方汉学界的"公敌"——英国汉

学家翟理斯(1845—1935)研究》中对翟理斯如此评价：

　　翟理斯作为19世纪后期20世纪初中学西渐的重要历史人物,有两点分外引人注目。其一是翟理斯的汉学研究。翟理斯的汉学研究是在对中国以及中国的一切的热爱中产生的。他用自己充满灵性的笔,将自己所了解的、所看到的有关中国一切,包括中国语言、文学、哲学、历史和社会生活,不知疲倦地、源源不断地传递给英语读者,让越来越多的英语读者加深了对中国的了解,对中国的物质文化的了解,对中国人所珍爱的一切的了解。他所关心的是汉学人性化的一面,这有别于与他同时代的、将目光锁定于"东方圣书"的汉学家。在翟理斯的笔下,中国是由活生生的人所组成的国度,他们和西方人一样会思考、会生活、会吟诗作画,懂得喜怒哀乐、懂得嬉笑怒骂。其二是翟理斯精灵古怪的性格。作为一个能言善辩者,他常常会突发奇想,并将其诉诸笔端,比如他认为"吸食鸦片比酗酒好"。如此言论自然会树敌颇多。但是,一旦形成一种观点,他就不会轻易放弃。小事如此,大事亦如此,他和理雅各就《道德经》真伪性的辩论就是一例。翟理斯是一个复杂的人物,他的性格中有很多自相矛盾之处。他的笔是无情的,但是,对朋友他却非常慷慨。他将《聊斋志异》英译本第三版献给了他的七个孙子和孙女,但是,在他弥留之际,他的孩子中却只有一个人愿意和他说话。他既是一个疾恶如仇的人,同时又是热情洋溢的共济会成员。无论从何种角度来说,他都是一个乐天派,一个乐于与人为伍的人,但是,尽管他担任汉学教授长达三十五年,但是,他始终没有成为学院的资深成员。尽管传说中的他脾气暴躁,但是,在大街上,他和谁都聊得来,和副校长是如此,和清洁工亦是如此。

附录：翟理斯作品索引

一、译著

The San Tzǔ Ching or Three Character Classic and the Ch'ien Tsu Wen or Thousand

Character Essay Metrically, Shanghai: A. H. de Carvalho, 1873.

Record of the Buddhistic Kingdoms: Translated from the Chinese, London: Trübner, 1877.

Chuang Tzǔ, Mystic, Moralist, and Social Reformer, London: Bernard Quaritch, 1889.

Chinese Poetry in English Verse, London: Bernard Quaritch, 1898.

Elementary Chinese 三字经 *San Tzǔ Ching*, Shanghai: Kelly & Walsh, 1900.

Chinese Fairy Tales, Gowan's International Library, Glasgow: Gowans and Gray, 1911.

Gems of Chinese Literature: Prose, second edition, revised and greatly enlarged, Shanghai: Kelly & Walsh, 1923.

Gems of Chinese Literature: Verse, second edition, revised and greatly enlarged, Shanghai: Kelly & Walsh, 1923.

The Travels of Fa-hsien (399—414 A.D.), or Record of the Buddhistic Kingdoms, re-translated, London: Cambridge University Press, 1923.

Quips from a Chinese Jest-Book, Shanghai: Kelly & Walsh, 1925.

Strange Stories from a Chinese Studio, Hong Kong: Kelly & Walsh, 1968.

The Hsi Yuan Lu or Instructions to Coroners, Chinese Medicine Series 9, Taipei: Reprinted Southern Materials Center, 1982.

二、论著

A Dictionary of Colloquial Idioms in the Mandarin Dialect, Shanghai: A. H. de Carvalho, 1873.

Synoptical Studies in Chinese Character, Shanghai: A. H. de Carvalho, 1874.

Chinese Sketches, London: Trübner, Ludgate Hill, Shanghai: Kelly, 1876.

Handbook of the Swatow Dialect, with a Vocabulary, Shanghai: Kelly & Walsh, 1877.

From Swatow to Canton: Overland, London: Trübner, Shanghai: Kelly & Walsh, 1877.

A Glossary of Reference on Subjects Connected with the Far East, Hong Kong: Lane, Crawford, Shanghai & Yokohama: Kelly & Walsh, London: Trübner, 1878.

A Short History of Koolangsu, Amoy: A. A. Marcal, 1878.

On Some Translations and Mistranslations in Dr. Williams' Syllabic Dictionary, Amoy: A. A. Marcal, 1879.

Freemasonry in China, Amoy: A. A. Marcal, 1880.

Historic China and Other Sketches, London: Thos. De la Rue, 1882.

A Chinese-English Dictionary, Shanghai: Kelly & Walsh, 1892.

A Catalogue of the Wade Collection of Chinese and Manchu Books in the Library of the University of Cambridge, Cambridge: Cambridge University Press, 1898.

Chinese Without a Teacher: Being a Collection of Easy and Useful Sentences in the Mandarin Dialect with a Vocabulary, Shanghai, Hong Kong, Yokohama & Singapore: Kelly & Walsh, 1900, fifth and revised edition.

A History of Chinese Literature, New York: D. Appleton, 1901.

China and the Chinese, New York: Columbia University Press, 1902.

An Introduction to the History of Chinese Pictorial Art, with illustrations. Shanghai: Kelly & Walsh, 1905.

Religions of Ancient China, London: Archibald Constable, 1905.

The Civilization of China, London: Williams and Norgate, 1911.

A Chinese-English Dictionary, second edition, revised & enlarged, Shanghai, Hong Kong, Singapore & Yokohama: Kelly & Walsh, London: Bernard Quaritch, 1912.

China and the Manchus, Cambridge: Cambridge University Press, 1912.

Adversaria Sinica, Nos. 1-11, Shanghai: Kelly & Walsh, 1914.

Adversaria Sinica, Series II, No. 1, Shanghai: Kelly & Walsh, 1915.

A Supplementary Catalogue of the Wade Collection of Chinese and Manchu Books in the Library of the University of Cambridge, Cambridge: Cambridge University Press, 1915.

How to Begin Chinese: The Hundred Best Characters, Shanghai: Kelly & Walsh, 1919.

Some Truths about Opium, Cambridge: W. Heffer & Sons, 1923.

Chaos in China: A Rhapsody, Cambridge: W. Heffer & Sons, 1924.

A History of Chinese Literature, Rutland, Vermont & Tokyo, Japan: Charles E. Tuttle Company, 1973.

三、论文

"The Hsi Yuan Lu, or Instructions to Coroners," *The China Review*, Vol.3(1874).

"The Remains of Lao Tzǔ: Retranslated," *The China Review*, Vol.14(1886).

"Dr. Edkins on the 'Tao Te Ching,'" *Journal of the North-China Branch of the Royal Asiatic Society*, Vol.21, Nos.5/6(1886).

"Notice of A Record of Buddhistic Kingdom, by Dr. Legge, Oxford, 1886," *Journal of the North-China Branch of the Royal Asiatic Society*, 1886.

"*The Tzǔ Erh Chi*: Past and Present," *The China Review*, Vol.15(1887).

"Dr. Legge's Crtical Notice of the Remains of Lao Tzǔ," *The China Review*, Vol.16(1888).

"Notes," *The China Review*, Vol.16(1888).

"Chinese Poetry in English Verse," *The Nineteenth Century*, Jan. 1894.

"Lockhart's Manual of Chinese Quotations," *The China Review*, Vol.21(1895).

"Confucianism in the Nineteenth Century," *The North American Review*, Vol.171, No.526(Sept. 1901).

"The Opium Edict and Alcohol in China," *The Nineteenth Century and After*, Dec. 1907.

"Review of *A Hundred an1 Seventy Chinese Poems*, Translated by Arthur Waley. London: Constable, 1918," *The Cambridge Review*, No.22(1918).

"A Poet of the 2nd Cent. B.C.," *The New China Review*, Vol.2, No.1(Feb. 1920).

"A Re-Translation," *The New China Review*, Vol.2, No.4(Aug. 1920).

"Mr. Waley and 'The Lute Girl's Song'," *The New China Review*, Vol.3, No.4(Aug. 1921).

"The Caps and Belts," *The New China Review*, Vol.4, No.5(Oct. 1922).

四、其他

Autobibliographical, *etc.*, Add.MS.8964(1). Cambridge University Library.

Record of Strange Nations, Add.MS.8964(3). Cambridge University Library.

Catalogue of Herbert Allen Giles' Library, Add.MS.7982. Cambridge University Library.

Herbert Allen Giles' Two Letters, WA/HMM/CO/EAR/296, Wellcome Library, School of Oriental and African Studies, University of London.

Herbert Allen Giles Papers, Collection 1506: Box: 1, Folder: 1 Letters to H. A. Giles, from fellow writers, scholars, etc., Charles E. Young Research Library, University of California, Los Angeles.

Report on the Trade of Amoy for the Year 1879, *Area Studies Series: British Parliamentary Papers: China*, Irish University Press, Shannon, Vol.13(1971).

Report on the Trade of the Port of Amoy for the Year 1880, *Area Studies Series: British Parliamentary Papers: China*, Irish University Press, Shannon, Vol.13(1971).

Report on the Mixed Court for 1884, *Area Studies Series: British Parliamentary Papers: China*, Irish University Press, Shannon, Vol.15(1971).

Report on the Trade of Tamsuy and Kelung during the Year 1885, *Area Studies Series: British Parliamentary Papers: China*, Irish University Press, Shannon, Vol.15(1971).

Trade Report at Tamsui and Kelung during the Year 1886, *Area Studies Series: British Parliamentary Papers: China*, Irish University Press, Shannon, Vol.15(1971).

Trade Report at Tamsui and Kelung during the Year 1887, *Area Studies Series: British Parliamentary Papers: China*, Irish University Press, Shannon, Vol.15(1971).

Report on the Trade of Ningpo for the Year 1889, *Area Studies Series: British Parliamentary Papers: China*, Irish University Press, Shannon, Vol.17(1971).

阿瑟·韦利(1889—1966)汉学年谱[①]

[①] 本谱为教育部青年基金项目"中英文化交流语境中的阿瑟·韦利研究"(项目编号:11YJC752007)和国家社科基金项目"文学大众化:阿瑟·韦利的中国文学英译研究"(项目编号:13BZW020)的阶段性研究成果之一。本谱的编写主要参考阿瑟·韦利的主要译述著作,程章灿先生的《阿瑟·魏理年谱简编》(《国际汉学》第11辑,郑州:大象出版社,2004年),Francis A. Johns, *A Bibliography of Arthur Waley* (New Jersey: Rutgers University Press, 1968)。

编撰说明

一、本谱旨在表现阿瑟·戴维·韦利先生的生平、学术、言行等。

二、本谱约略记载谱主的生活背景,包括重要的时事、与谱主相关的人物,并著录谱主在各领域的代表性著述。著作部分,简要介绍其写作经过、内容提要和学术影响;文章部分,较重要者略述其内容,其他仅列题目。

三、本谱分"谱前说明"和"年谱"两部分。"谱前说明"介绍了阿瑟·韦利的家世。

四、为记述的便利,正文谱主的姓名略称为阿瑟·韦利。

五、本谱搜罗材料力求详尽,使用也尽量准确。

六、因笔者掌握的材料有限,本谱疏漏之处当有不少,体例上亦未尽妥帖,恳请读者予以补正。

谱前说明

阿瑟·戴维·韦利(Arthur David Waley),原名阿瑟·戴维·许洛斯(Arthur David Schloss),其家族属于纯正的犹太血统。据现存史料记载,先祖萨洛蒙(Salomon)为犹太人。1590年,十世祖雅各·许洛斯(Jacob Schloss,？—1626)带着家人移居到德国的许洛斯(Schloss)①,家族开始沿用许洛斯这一姓氏,并用一座图绘的城堡作家族的族徽。九世祖海亚姆·犹大·许洛斯(Haium Juda Schloss,？—1666)为雅各的第四子,是虔诚的犹太教徒,中年时迁居法兰克福,担任过德国犹太教神职人员的顾问。八世祖萨洛蒙·许洛斯(Salomon Schloss,？—1710)是海亚姆的次子,曾经担任法兰克福地区法院的公证人。按照当时的规定,18世纪德国的犹太人分为"正式受保护的犹太人"和"非正式受保护的犹太人"两类。许洛斯家族属于前者。1750年,时任普鲁士国王的弗里德里希大帝(Frederick the Great,1712—1786,1740—1786年在位)签署法令,规定"正式受保护的犹太人"在都市的定居权只能传给长子。② 之后,许洛斯家族只有阿瑟·韦利的直系祖辈在法兰克福定居,其他的支系只能到德国的乡下谋生。萨洛蒙的长子拉撒路·萨洛蒙·许洛斯(Lazarus Salomon Schloss,？—1749)曾在法兰克福市政担任要职。六世祖雅各·拉撒路·许洛斯(Jacob Lazarus Schloss,1736—1777)为拉撒路·萨洛蒙的长子。高祖费斯特·雅各·许洛斯(Feist Jacob Schloss,1751—1839)亦为雅各·拉撒路的长子,因经商发迹,后来迁居至犹太定居区黑森-拿骚。曾祖戴维·费斯特·许洛斯(David Feist Schloss,1787—1833)为费斯特·雅各的次子,与当地的官员过从甚密,因而得以在法兰克福著名的犹太聚居区黑森-拿骚定居。祖父希杰斯蒙德·许洛斯(Sigismund Schloss,1813—1887)为其长子。

与德国相比,英国的犹太政策较为宽松。英格兰国王詹姆士一世在位期间

---

① 许洛斯(Schloss),源自德语 Schlösser,意为城堡、宫殿。此类建筑建于中世纪后,多为贵族的住所而非真正的要塞。文艺复兴期间,那些失去防御功能的城堡也被居住在此的贵族称为许洛斯。
② [美]大卫·鲁达夫斯基(David Ruasvsky):《近现代犹太宗教运动:解放与调整的历史》,傅有德等译,济南:山东大学出版社,1996年,第36页。

(1603—1625)已有一小部分犹太商人在伦敦定居。克伦威尔上台后,为了吸引富裕的犹太人到英格兰投资,他颁布法令允许犹太人进入英格兰,并利用他们从事海外贸易活动的便利,为其获取荷兰和西班牙的军事情报。在犹太商人的积极争取下,1657 年,伦敦的犹太人不再严格要求改信基督教,且可以犹太人的身份入葬。1715 年,伦敦票据交换所出现了犹太经纪人,犹太银行家得到政府许可,具有合法的经营权。随着经济实力的增长,犹太人在英国的社会影响力逐渐增加,政治方面的权利开始有实质性的推进。1837 年,犹太金融家摩西·蒙特菲奥雷(Moses Montefiore,1784—1885)被维多利亚女王加封为爵士。[1] 鉴于英政府对犹太人的宽松态度,1725 年至 1765 年间,许洛斯家族中的一些成员开始到英国经商并定居。1835 年前后,阿瑟·韦利的祖父希杰斯蒙德·许洛斯在家族亲友的影响下到英国经商,并移居到英格兰的曼彻斯特。之后几年中,希杰斯蒙德·许洛斯的四个弟弟西门·许洛斯(Solomon Schloss)、路易斯·许洛斯(Louis Schloss)、丹尼尔·许洛斯(Daniel Schloss)和利奥波德·许洛斯(Leopold Schloss)也相继到英国经商。在希杰斯蒙德·许洛斯的倡议下,兄弟五人成立赛依德公司(Said),在伦敦和曼彻斯特经营棉花生意,主要负责棉花的进出口业务。在希杰斯蒙德·许洛斯及其兄弟的努力下,他们负责的赛依德公司成为当时英国重要的棉花经销商,许洛斯家族也成为伦敦较为显赫的犹太家族。

希杰斯蒙德·许洛斯先后娶伦敦富商亚伯拉罕·毛嘉达(Abraham Mocatta,1797—1880)的女儿丽蓓卡·毛嘉达(Rebecca Mocatta,1820—1855)和本杰明·埃尔金(Benjamin Elkin)的女儿卡瑟琳·埃尔金(Catherine Elkin)为妻,育有三子一女。不幸的是,两个儿子相继夭亡,只有丽蓓卡·毛嘉达生的长子戴维·弗雷德里克·许洛斯(David Frederick Schloss,1850—1912),也即阿瑟·韦利的父亲存活了下来。1885 年年底,因为年事已高,希杰斯蒙德·许洛斯决定退出公司,12 月 31 日,他在《伦敦晚报》(*The London Gazette*)上发表声明,宣布退出赛依德公司,公司的债务由其兄弟路易斯·许洛斯、丹尼尔·许洛斯、利奥波德·许洛斯三兄弟与本杰明·埃尔金·许洛斯(Benjamin Elkin Schloss)和戴维·菲利普·许洛

---

[1] [美]威尔·杜兰:《世界文明史·第 8 卷·路易十四时代》,台湾幼狮文化公司译,北京:东方出版社,1998 年,第 594—596 页。

斯(David Philip Schloss)兄弟的公司联合承担。之后,赛依德公司在伦敦和曼彻斯特继续以许洛斯兄弟公司的名义经营。希杰斯蒙德·许洛斯退任后,与家人移居柴郡的鲍登,两年后在此地去世。

阿瑟·韦利的祖母丽蓓卡·毛嘉达是西班牙犹太人的后裔。毛嘉达家族本姓为拉姆伯罗佐·德·马托斯(Lumbrozo de Mattos),1492年,从西班牙迁出,迁往意大利、法国、荷兰。1670年,克伦威尔允许犹太人在英国定居后,家族中定居荷兰的一支在安东尼奥·马切纳(Antonio de Marchena,后改姓毛嘉达 Mocatta)的带领下,经西班牙辗转来到英格兰。英国现存关于毛嘉达家族最早的记录是在1671年,该年,摩西·毛嘉达(Moses Mocatta)的名字出现在伦敦贝维斯·马克斯(Bevis Marks)犹太教堂的记录中,教堂称摩西·毛嘉达为杰出的犹太教人士。也是在这一年,摩西·毛嘉达在伦敦城区的甘菊路(Camomile Street)创办一家从事黄金交易的公司。1783年,阿舍·戈德斯密德(Asher Goldsmid)作为合伙人加入这家黄金交易公司,公司更名为毛嘉达与戈德斯密德公司(Mocatta & Goldsmid),18至19世纪间,该公司主要负责英格兰银行和东印度公司的金银交易。自此至1957年与汉布罗斯银行(Hambros Bank)合并,该公司一直由毛嘉达和戈德斯密德家族经营。现今英国和澳大利亚的毛嘉达姓氏,都是摩西·毛嘉达的后裔。该家族的杰出人士跻身于上流社会,对英帝国的宗教、慈善、财政、金融、法律产生过重大影响。丽蓓卡·毛嘉达的父亲亚伯拉罕·毛嘉达是当时伦敦知名的富商之一。1826年,亚伯拉罕·毛嘉达继承家业,成为毛嘉达与戈德斯密德公司的主要经营者。他还积极参与伦敦的犹太人事务,是英格兰犹太教改革的积极倡导者、犹太教堂改革委员会(the Council of the Reform Synagogue)的奠基者。亚伯拉罕·毛嘉达育有两子两女,丽蓓卡·毛嘉达是其长女,小儿子弗雷德里克·戴维·毛嘉达(Frederic David Mocatta,1828—1905)是维多利亚时期英国著名的慈善家、学者,曾兼任英格兰犹太族各大组织的领导。

阿瑟·韦利的母亲家族原姓为列维(Levy),是犹太族的一支。1834年,阿瑟·韦利外祖父的父亲西蒙·詹克伯·列维(Solomon Jacob Levy,1791—1864)将家族姓氏改为韦利(Waley),并从伦敦兰贝斯地区的斯托克韦尔(Stockwell)移居到德文郡广场22号(22 Devonshire Place)。"韦利"姓氏的来源有两种说法:一种认为与古老的日耳曼姓氏沃尔什(Walsch)有关,与 Walsh、Welsh 同义;另一种认为与波西米亚犹太人的姓氏沃尔（Wehle）有关，Waley 为其英译。西蒙·詹克伯·列维曾为伦敦证券交易协会的成员，阿瑟·韦利的外祖父詹克伯·韦利（Jacob Waley，1818—1873）是其长子。西蒙·韦利（Simon Waley，1827—1875）为其次子，是著名的作曲家，也是伦敦证券交易协会的成员。

1843 年，詹克伯·韦利与 19 世纪英格兰知名的犹太活动家、曾任伦敦市市长的戴维·萨洛蒙勋爵（Sir David Salomons）的侄女马蒂尔德·萨洛蒙（Matilda Salomons，1828—1883）结婚，育有三子三女六个孩子。阿瑟·韦利的舅舅阿瑟·约瑟夫·韦利（Arthur Joseph Waley，1850—1937）和约翰·费利克斯·韦利（John Felix Waley，1862—1935）都是林肯律师学院（Lincoln's Inn）授予的大律师（the Bar），是当时赫赫有名的衡平法协会（The Chancery Bar）的会员。阿瑟·韦利的姨妈朱丽娅·马蒂尔德·韦利（Julia Matilda Waley，1853—1917）与英格兰又一知名的犹太家族科恩的后裔纳撒尼尔·路易斯·科恩（Nathaniel Louis Cohen）结婚。另一个女儿雷切尔·索菲娅·韦利（Rachel Sophia Waley，1864—1940）就是阿瑟·韦利的母亲。

阿瑟·韦利的父亲戴维·弗雷德里克·许洛斯是英国著名的经济学家、律师，伦敦调查团的调查员。他博闻广记，知识渊博，积极参加英格兰犹太族的各种组织，是犹太复国主义运动的积极支持者。1850 年 4 月 5 日，戴维·弗雷德里克·许洛斯出生于兰开夏郡的西德比（West Derby，Lancashire）。教父为其舅舅弗雷德里克·戴维·毛嘉达。中学曾就读于曼彻斯特文法学校（Manchester Grammar School），1869 年被牛津大学基督圣体学院（Corpus Christi College）录取，是首批获得大学奖学金的犹太学生。1875 年获得林肯律师学院颁发的大律师资格。1886 年 4 月 14 日，戴维·弗雷德里克·许洛斯与 22 岁的雷切尔·索菲娅·毛嘉达在威斯敏斯特市西摩广场 33 号的西伦敦犹太教堂（West London Synagogue，33 Seymour Place，City of Westminster）举行婚礼，婚后居住在伦敦伯克利广场戴维斯街 17 号（17 Davies Street，Berkeley Square，London），育有四子。长子叫西吉斯蒙·戴维（Sigismund David，1887—1962），官至财政部秘书。次子夭亡，阿瑟·韦利是其第三子。小儿子胡伯特·戴维（Hubert David，1892—1968）是著名的美学家。

19 世纪 80 年代起，俄国及其周边地区开始疯狂杀戮犹太人，这些国家的犹太居民为了躲避杀戮和战乱,不得不四散逃离。仅英国而言,1881 年至 1914 年间,逃难至英国的犹太人达 15 万人之众。之前定居英国的犹太人仅有 6 万多人,且多为有一定产业的资产者。大量犹太移民的涌入,对英国的社会结构产生了剧烈的冲击,反犹情绪逐渐在英伦弥漫。① 戴维·弗雷德里克·许洛斯作为英格兰犹太族社会组织的积极参与者,积极参加拯救犹太人的各种活动。但 19 世纪后期欧洲各地不断弥漫的反犹情绪引起了他对孩子们的前途及未来的深深忧虑。为了淡化犹太的民族身份,缩小与基督教徒信仰的差距,让孩子们融入英国主流社会,戴维·弗雷德里克·许洛斯坚持让三个孩子接受英国教会学校的教育。这种淡化民族身份和犹太教信仰的做法,引起了他的教父弗雷德里克·戴维·毛嘉达的不满。在弗雷德里克·戴维·毛嘉达看来,犹太教育是犹太族保持自身民族性的必备要素,为此他竭力主张三个孙外甥到犹太教的克利夫顿公学(Clifton College)读书。基于以上分歧,弗雷德里克·戴维·毛嘉达甚至放弃了将财产遗赠予戴维·弗雷德里克·许洛斯的初衷。② 戴维·弗雷德里克·许洛斯在孩子教育这一点上始终没有让步。

年谱

1889 年　出生

8 月 19 日,阿瑟·戴维·韦利出生于英国东南部肯特郡的坦布里奇·韦尔斯(Tunbridge Wells),当时全家正在这里避暑度假。阿瑟·韦利本名为阿瑟·戴维·许洛斯,名字来自母亲的哥哥阿瑟·约瑟夫·韦利。阿瑟·约瑟夫·韦利钟爱音乐,患有癫痫,终身未婚,后移居美国,客死他乡。家人都认为阿瑟·韦利遗传了舅舅阿瑟·约瑟夫·韦利的艺术基因。

按:关于阿瑟·韦利名字的来历,玛格丽特·戴维·韦利(Margaret David Waley,阿瑟·韦利的弟弟胡伯特·韦利的妻子)在《家里人看韦利》("Arthur

---

① 王本立:《1881 至 1914 年东欧犹太移民潮对英国犹太族群的社会经济影响》,《兰州学刊》2010 年第 4 期,第 181—184 页。
② 1905 年,弗雷德里克·戴维·毛嘉达去世时,还是原谅了阿瑟·韦利的父亲戴维·弗雷德里克·许洛斯,将一笔 3 万英镑的财产遗赠予他。

David Waley,1889—1966:A View from within His Family")中写道:"阿瑟像他兄弟一样,都用父亲的名字大卫作为自己的第二个名字。虽然他在写书的时候不用这个名字,但后来,他在写信时经常用首字母缩写 A. D. W.署名。阿瑟这个名字是他母亲大概最为喜爱的大哥的名字,这个大卫是个作曲家,有癫痫病,有一次摔了一跤,致使单眼失明。他移居美国,终身未婚,客死他乡,享年30岁,那是在他外甥出世的前几年。我对他的其他情况一无所知,不过,他的名字阿瑟可以上溯到再上一代的阿瑟·科恩,一个富有才能的律师、国会议员(约1830—1915)。科恩是雅各布·魏理夫人最大的堂哥,大概也是她长子的教父。此人另有一个教子,是长子的堂兄弟,名字正好跟他一样,叫作阿瑟·默顿·科恩,1966年2月去世,享年90岁。《(剑桥大学)国王学院评论年刊》在纪念他时,也称他为阿瑟·魏理,跟魏理刚好在同一期。"①

10月初,阿瑟·韦利全家搬到了位于南肯辛顿夸蕊斯伯罗地(Knaresborough Place,South Kensington)的一所房子里,房子有四五层高,有一间地下室。一家人在那里住了六七年。阿瑟·韦利出生后便特受母亲索菲娅钟爱。②

  按:1888年,戴维·弗雷德里克·许洛斯和雷切尔·索菲娅的次子出生四个月后夭折,此事对雷切尔·索菲娅的打击很大。自此以后,她十分关注家人的健康,几近病态。阿瑟·韦利出生后,雷切尔·索菲娅对其呵护备至,唯恐有什么闪失。这份过多的关爱加深了阿瑟·韦利对父母的依恋。相比哥哥和弟弟,阿瑟·韦利性格比较内向,不太愿意与人交往,这一点与父母的过度关爱有一定的关系。

1890年 1岁

在南肯辛顿街区的家里。

1892年 3岁

10月,弟弟胡伯特·戴维·许洛斯出生,后更名为胡伯特·戴维·韦利,此

---

① 程章灿博客:《家里人看魏理》续一,http://blog.sina.com.cn/s/blog_4aa18c0d010008n6.html。
② 同上。

处通称为胡伯特·韦利。

1896 年　7 岁

阿瑟·韦利全家搬到伦敦城西南郊的温布尔登(Wimbledon),该镇距离伦敦市中心约 13 千米。阿瑟·韦利家的房子建在山坡上,是一幢独立的小洋楼,旁边有一处怡人的花园,紧邻温布尔登花园。阿瑟·韦利和弟弟胡伯特·韦利非常喜欢这座房子。也是在这里,家里人开始注意到阿瑟·韦利对写作的兴趣。

  按:胡伯特·韦利在阿瑟·韦利去世后,曾著文回忆道:"我对阿瑟(即阿瑟·韦利)最早的印象就是 1896 年我们家离开伦敦到温布尔登,一路上山边的别墅绵延起伏,当我们到达温布尔登、东西尚未全部搬下来时,我们的看护阿姨在看护室里为我们冲茶,却找不到茶匙。阿瑟从口袋里掏出一支铅笔,建议用它来搅拌,阿姨发现后惊叫起来。我辩解道:'这有什么啊,阿瑟总喜欢随身装铅笔,我相信他总有一天会成为一名伟大的作家的。'"①

该年,阿瑟·韦利成为温布尔登社区防护工作的志愿者,父母送他进入一家走读学校读书,且已表现出对古典艺术独特的审美能力。

  按:胡伯特·韦利回忆:阿瑟对温布尔登社区防护工作具有极大的兴趣,回家时口袋里常常装满了子弹头。他喜欢一些常规的户外活动。……文中还回忆了搬家后整理家中的铜器时阿瑟·韦利的神情:"古老铜器上透显出的素朴感深深吸引着他,当我俩发现一块制作于 17 世纪做工精良的浅层雕刻纪念匾时,我讨厌其过分雕饰的风格,而阿瑟却更喜欢这一点,阿瑟的这一美感倾向或许在更早前就有表现。"②

1897 年　8 岁

因为阿瑟·韦利担心每天不能按时到校,为此父母亲将其送入奇尔弗顿·埃尔姆斯(Chilverton Elms)寄宿学校读书。在这里,阿瑟·韦利对学习的高度专注力以及语言方面的天赋初步展现出来。

---

① Hubert Waley, "Recollections of a Younger Brother," in *Madly Singing in the Mountains: An Appreciation and Anthology of Arthur Waley*, ed. Ivan Morris, London: George Allen & Unwin, 1970, pp.123-124.

② Ibid.

按：奇尔弗顿·埃尔姆斯寄宿学校在德福附近，当时阿瑟·韦利一家住在高区别墅(Hill House)。

1898 年　9 岁
在奇尔弗顿·埃尔姆斯寄宿学校。

1899 年　10 岁
5 月，阿瑟·韦利进入洛克公园初等学校(Locker's Park Prep School)学习，主修法语、希腊语和拉丁语。在校期间，他还担任学校板球队的副队长。哥哥西吉斯蒙·戴维·韦利、弟弟胡伯特·戴维·韦利儿时都在这里就读过，兄弟三人都是从该校获得最高奖学金升入拉格比公学(Rugby School)的。

按：洛克公园初等学校在赫特福德郡的赫默尔·亨普斯特德(Hemel Hempstead)附近，1874 年建校，创立之初主要是拉格比公学的预备学校，专为拉格比公学培养年龄在 7 岁至 13 岁的优秀少年入学，不招收女学生。该校当时的学生人数为七八十个，学制严格规范，尤其擅长语言教育。

该年，阿瑟·韦利开始写诗。1963 年，当 BBC 电台的记者罗伊·弗勒采访他时，他说自己对诗歌的兴趣始于 1899 年，他还记得第一首诗的第一句是"成对的军旗、战马、男人，穿过平原"。上学期间，就诗歌的音步问题与同龄的同学斯科特·蒙克利夫(Scott Moncrieff, 1889—1930)产生争执，蒙克利夫认为英语诗歌每一行都应有十个音节，阿瑟·韦利认为不一定。为此他花了半个多小时回家查阅了父亲收藏的一些诗集，才发现一首十音节的诗歌，其他大部分诗歌是八个音节，并拿给蒙克利夫看。蒙克利夫坚持自己的主张，认为父亲是知名的文学家，不会说错。虽然两人意见不一，但自此却开启了他们对诗歌形式的浓厚兴趣。[1]

按：斯科特·蒙克利夫，英国知名翻译家，法国意识流小说大师普鲁斯特《追忆似水年华》的英译者。

该年秋，剑桥"使徒社"(Apostles)与"午夜社"(Midnight Society)的一些成员

---

[1] Roy Fuller, "Arthur Waley in Conversation," in *Madly Singing in the Mountains: An Appreciation and Anthology of Arthur Waley*, ed. Ivan Morris, London: George Allen & Unwin, 1970, pp.138-139.

因朋友关系经常聚集在一起讨论聊天。这些出身中产阶级的知识贵族深受当时执教剑桥三一学院的摩尔、迪金森、罗素(Bertrand Arthur William Russell)、怀特海(A. N. Whitehead)等人的影响,鼓吹思想自由,追求古希腊雅典式的论辩方式,围绕信仰与理智展开激烈的论争。传记作家莱斯利·斯蒂芬爵士(Sir Leslie Stephen,1832—1904)也是其中一员。

> 按:使徒社,1820年由乔治·汤布林森及其朋友创立于剑桥大学,以追求德行为宗旨,每年从国王学院和三一学院选拔三名才智品德兼优的学生入社,周六定期集会相互交流。午夜社是剑桥大学以关注社会为主的大学生社团,主要活动于1900年前后。

1902年 13岁

阿瑟·韦利结束了在洛克公园初等学校的学习,以优异的成绩获取了拉格比公学的古典文学奖学金。

1903年 14岁

9月,阿瑟·韦利进入拉格比公学学习,和哥哥西吉斯蒙·戴维同住在米切尔宿舍楼(Michell House)里。阿瑟·韦利经常骑车到当地的教堂拓铜质纪念碑的拓片,且对欧甘碑的铭文感兴趣。暑假在海滨度过,之后的三年中,分别在诺福克、苏格兰、威尔士度假。寒假到瑞士滑雪,此后,阿瑟·韦利开始对滑雪等冬季运动感兴趣。

> 按:关于学校期间的生活,玛格丽特·韦利回忆说:"1903年9月,阿瑟上了拉格比公学。他在班上表现很好,但一点也不喜欢这个学校的生活。这当然一部分是因为他和西吉住在同一栋宿舍楼(米切尔楼)里,西吉比他高几班,阿瑟上学的后半段时间,西吉在学校名列前茅。但是,阿瑟在这里也交了一些朋友,他还有特殊的兴趣,比如,他习惯骑着自行车到周围转,到当地教堂里拓那些铜质纪念碑的拓片。"[1]

---

[1] 程章灿博客:《家里人看魏理》续一,http://blog.sina.com.cn/s/blog_4aa18c0d010008n6.html。

1904年　15岁

该年,莱斯利·斯蒂芬爵士去世,他的女儿瓦纳萨·贝尔(Vanessa Bell)、弗吉尼亚·伍尔夫(Virginia Woolf),儿子朱利安·索比·斯蒂芬(Julian Thoby Stephen)和阿德里安·斯蒂芬(Adrian Stephen)迁居至布鲁姆斯伯里街区(Bloomsbury)的戈登方场46号(46 Gordon Square)。这些孩子与父亲一样乐于交游,后来该处居所成为伦敦知名文化人聚会的主要地点,布鲁姆斯伯里集团逐渐形成。

按:布鲁姆斯伯里集团是由当时英国文学艺术的精英人士组成的艺术沙龙,因其大都居住在大英博物馆附近的布鲁姆斯伯里街区而得名。其核心成员有意识流小说家弗吉尼亚·伍尔夫,画家瓦纳萨·贝尔,传记作家利顿·斯特雷奇,艺术批评家克莱夫·贝尔(Clive Bell),出版家伦纳德·伍尔夫(Leonard Woolf),文学评论家德斯蒙德·麦卡锡(Desmond MacCarthy),画家、设计专家邓肯·格兰特(Duncan Grant),美术评论家罗杰·弗莱(Roger Fry),经济学家梅纳德·凯恩斯(John Maynard Keynes)等。该文化圈最早开始于20世纪初的剑桥大学。阿瑟·韦利是布鲁姆斯伯里集团的常客,许多评论家也将其纳入该集团。该集团成员对中国文化情有独钟,他们的趣味与阿瑟·韦利的中文译介互相影响,相辅相成,后成为该集团的审美趋向之一。

1905年　16岁

1月16日,舅公弗里德里克·戴维·毛嘉达在伦敦去世,阿瑟·韦利的父亲戴维·弗雷德里克·许洛斯获得他遗赠的3万英镑遗产。他用这笔钱在伦敦肯辛顿大街赫恩顿院(Hornton Court, Kensington High Street)买了一套公寓,该处在拉格比公学附近,离他工作的单位较近,亲戚们也多住在附近,之后便举家迁居于此。自此,每逢周末和节假日,家人常去萨塞克斯——靠近东格林斯特德(East Grinstead)的阿什当森林(Ashdown Forest)的"西边观察哨"(West Watch)度假。有一段时期母亲雷切尔·索菲娅的身体不大好,且动了一次大手术,过了很长时间她的身体才康复,为此,家里添置了一辆汽车,雇用了一名司机。

该年,阿瑟·韦利获得剑桥大学国王学院的古典学奖学金。

按：选择剑桥大学而没有选择父亲以及两兄弟所读过的牛津大学，是阿瑟·韦利父母的意见。西吉斯蒙·戴维非常优秀，阿瑟·韦利在他的光环下，学习的压力很大。阿瑟·韦利也不喜欢希腊文与拉丁文，父亲认为阿瑟·韦利可以成为一个优秀的经济学家，那时最优秀的经济学院就在剑桥大学，导师是当时赫赫有名的阿尔弗雷德·马歇尔教授（Alfred Marshall）。再者，家族中的先辈有很多人毕业于剑桥大学。①

1906 年　17 岁

7月，自拉格比公学毕业，因为年龄太小，不适于入学。该年秋，在一名家庭教师的陪同下，先到德国旅行，且在德国的一所大学就读。他的德语进步很快，且能流利地说话、阅读并写作，都得益于这段经历，但他对德国古典文学没有兴趣，仅对海涅（Heinrich Heine）有好感。后到法国，在靠近巴黎的拉叶·圣杰尔曼（St. Germain en Laye）的当地居民帕西（Pasi）家居住一年。期间，阿瑟·韦利阅读了大量的法国文学作品。对莫里斯·梅特林克（Maurice Maeterlinck）和阿纳托尔·法朗士（Anatole France）情有独钟。后来，曾利用法朗士翻译的赫罗斯威塔（Hroswitha）的《卡利马科斯》（*Callimachus*）创作过一篇短篇小说，但未留存下来。②

1907 年　18 岁

10月10日，进入剑桥大学国王学院学习。先学经济，但阿瑟·韦利马上发现自己讨厌经济学，而且对该科的老师厌恶至极，于是改学古典学。在剑桥读书的三年间，他加入剑桥大学音乐协会，并参加了文学社烧炭党（The Carbonari）的活动。③在该社的一次活动中，阿瑟·韦利宣读了一篇论文，文中通过一个虚构的17世纪诗人，对当时社会上流行的时尚进行批评。在剑桥期间，他学习希伯来语、梵语、希腊语和拉丁语，师从当时知名的剑桥使徒、新人文主义者迪金森、摩尔。他们后来成了阿瑟·韦利多年的朋友，并把他介绍给了著名的艺术评论家罗杰·弗莱。

---

① 参看程章灿博客：《家里人看魏理》续二，http://blog.sina.com.cn/s/blog_4aa18c0d010008n9.html。
② 同上。
③ 同上。

大学期间,他的音乐天赋得到很好的培养。他音调感极好,不管什么语言的音调,都能够轻松自如地辨认出来。这种才能对学习汉语特别有用。他的听力也极其敏锐,如果有人跟他一起坐在饭馆里,或者坐在公共汽车前面,常能发现他不是在听邻座讲话,而是在听隔着好几桌或好几排的人谈话。他喜欢听音乐会,但他厌恶宏大的音乐样式,也不喜欢那些激动人心的、多愁善感的音乐主题。为此,19世纪大多数的欧洲音乐包括歌剧,都在他的厌恶之列。他尤其讨厌瓦格纳和萧邦的音乐。他特别喜欢大键琴音乐和当时的流行音乐,尤其欣赏西班牙的弗拉门戈民歌,以及来自印度和东方的民间音乐,但他不喜欢条顿族的民间音乐。他有过一架大键琴。①

按:烧炭党人俱乐部语出烧炭党,该党原为19世纪后期活跃在意大利的一个秘密团体,因其成员曾在意大利的烧炭山区而命名。该组织以反对外族侵略、消除封建专制,谋求国家民主统一为宗旨。19世纪30年代,为马志尼(Giuseppe Mazzini)领导的青年意大利党取代,后传入法国、西班牙等地。烧炭党人俱乐部并非政治性组织,而是一个带有反传统意义的文学团体,其宗旨主要是对维多利亚时代死板呆滞的诗歌创作风格做一清理,寻找诗歌创作的新方式。俱乐部的刊物名为《巴西利恩△》(*Basileon*△)。成员主要有当时蜚声文坛的著名的文学家威尔斯(Herbert George Wells)、伦理学家摩尔、历史学家迪金森等人。还有一个重要成员鲁伯特·布鲁克(Rupert Brooke),早阿瑟·韦利一年进入剑桥大学,是阿瑟·韦利的好友。他们经常聚会郊游,讨论诗歌的不朽问题。

阿瑟·韦利是迪金森的高足。当他在剑桥大学国王学院就读时,迪金森在剑桥大学国王学院任历史学讲师。阿瑟·韦利接触东方文化就是受迪金森的点拨。

1908年　19岁

该年,在剑桥大学国王学院学习。

1月,因健康原因,父亲从人口普查部退休,在家安心静养。

---

① 参看程章灿博客:《家里人看魏理》续二,http://blog.sina.com.cn/s/blog_4aa18c0d010008n9.html。

该年夏,阿瑟·韦利花七个星期的时间在威尔士的费边社夏季学校上课,并成为费边社成员,是一个热心的费边主义者。虽然他从不积极参加费边社的活动,也未加入共产主义组织,但他自认为是政治上的左翼分子。

该年,锡德尼·科克里尔爵士(Sir Sydney Cockerell,1867—1962)被聘为剑桥大学菲茨威廉博物馆(The Fitzwilliam Museum)馆长,阿瑟·韦利经常参观该馆举行的各种展览,且对馆藏的各种古物有浓厚的兴趣。这一嗜好引起了锡德尼·科克里尔爵士的注意。

诗人休姆和弗林特(F. S. Flint)在伦敦创立了"诗人俱乐部"(The Poets' Club)。他们借日本俳句中自由体的格律方式对抗传统诗歌整饬的诗歌形式,这些主张后来成为意象派诗人的创作宗旨。

按:意象派诗歌运动是20世纪初期在英美文坛上出现的一个现代诗歌流派。《牛津英国文学词典》解释道:"是一些英美诗人反抗浪漫主义诗歌传统而形成的诗歌运动,兴盛于1910—1917年间,其主张部分源自休姆的唯美主义诗学观。……诗人有庞德(Ezra Pound)、阿丁顿(R. Aldington)、杜里特尔(H. Doolittle)、弗林特(F. S. Flint)、卡奈尔(Skipwith Cannell)、洛威尔(Amy Lowell)、威廉(W. C. William)、乔伊斯(James Joyce)、福特(F. M. Ford)等。"《大英百科全书》将其定义为:"20世纪初英美一些强调用确切的视觉意象写诗的诗人。他们的理论主张于1912年由庞德提出,该理论深受休姆关于文学评论见解的启发。"[①]

该年,梅纳德·凯恩斯自剑桥大学国王学院毕业后,留校任教。

1909 年　20 岁

该年,在剑桥大学国王学院学习。

6月,阿瑟·韦利在剑桥大学国王学院杂志《巴西利恩△》第20页上发表文章《烧炭党人的球》("Carbonari Ball")和诗作《嬗变》("Change")。

[①] Margaret Drabble, *The Oxford Companion to English Literature*, Oxford: Oxford University Press, 2005, p.515.

1910 年　21 岁

6月,阿瑟·韦利在剑桥大学古典学荣誉学位考试(Classical Tripos)第一场中考取第一等,指导老师约翰·谢泼德(John Tresidder Sheppard,即国王学院后来的教务长)认为他的论文充满才气,但文中有几处基本知识存在严重错误,影响了他的成绩,因为这些问题,阿瑟·韦利失去了留校任教的机会。

该年秋,阿瑟·韦利左眼的圆锥形角膜发生病变,导致左眼失明,医生嘱咐他要悉心养护,否则可能双眼失明。这次生病对他影响很大,他一度灰心丧气,甚至对从事学术研究不再抱希望。

该年,父亲在家养病,因担忧阿瑟·韦利的眼疾,病情加重。哥哥西吉斯蒙·戴维·韦利经过层层选拔,参加了横穿英吉利海峡的游泳体能测试,以第一名的成绩通过了政府的考核,到财政部供职。

因为生病,阿瑟·韦利心理压力很大,加之父母对他的过度担忧,以及父亲日渐加重的病情,他心情较为沉郁,开始对婚姻和抚育子女的问题产生恐惧心理,这一心理影响了他的一生。

> 按:玛格丽特·韦利回忆说:从孩子时代起,他就依赖母亲的爱护,也了解孩子们给母亲带来的担心。他看清婚姻生活本身的难处,并意识到自己随时可能变得生活上完全依靠别人赡养。此后,他对身体健康(一般情况下是好的)高度小心,而且,无论自觉与否,他决定绝不要当户主、丈夫和父亲,免得承担通常应当承担的那些责任。五年后,他的生活完全恢复正常,接下来他陷入一场恋爱(时间最早能追踪到此时),这段间歇期对他而言非常明显,因为他曾经是个极易生病的人。[①]

该年,休姆在伦敦的福斯街(Frith Street)找了一家餐馆作为"诗人俱乐部"成员每周聚会之地,阿瑟·韦利开始参加"诗人俱乐部"的相关活动,在此结识了诗人埃兹拉·庞德、艾略特、叶芝、福特等人。他与这些诗人的交往始于这一家小餐馆。

---

① 程章灿博客:《家里人看魏理》续二,http://blog.sina.com.cn/s/blog_4aa18c0d010008n9.html。

1911 年　22 岁

该年春,阿瑟·韦利在视力恢复的过程中,在弟弟胡伯特·韦利的陪同下开始游历欧洲,他们先到挪威,在这里弟弟陪他一起滑雪。后来,胡伯特回忆,4 月 16 日复活节假期,已感觉不到阿瑟·韦利的悲观情绪了。之后滑雪成为阿瑟·韦利一生最重要也最喜爱的户外运动。

度假归来后,父亲建议阿瑟·韦利将对音乐的兴趣与经商结合起来,去南美洲蒙特弗洛尔一位叔叔的音乐出版及钢琴进出口公司工作,该公司当时正需要一名南美洲的代理商,但要懂西班牙语。为了胜任这份工作,阿瑟·韦利到西班牙的塞维利亚(Sevilla)学习西班牙语。但由于眼疾的影响,他被禁止大量阅读。阿瑟·韦利西班牙语的听说能力较为有限,与这段时间没有认真阅读学习有关,后来他再未去过西班牙,但他喜欢西班牙吉普赛人的弗拉门戈民歌和舞蹈。在那里认识了法国画家贝拉尔(Beral),经其介绍,结识了编辑奥斯瓦尔德·西科特(Oswald Sickert)。① 通过奥斯瓦尔德·西科特,阿瑟·韦利获悉大英博物馆图片社(the Print Room)拟招聘新馆员。

1912 年　23 岁

3 月底,当时在剑桥大学耶稣学院任教的锡德尼·科克里尔爵士、阿瑟·韦利在剑桥大学国王学院时的导师谢泼德教授和时任《大英百科全书》编委的奥斯瓦尔德·西科特三人分别为阿瑟·韦利写了推荐信,推荐他到大英博物馆图片社应聘。三人对他的天资尤其是语言天赋都给予很高的评价。在申请表中阿瑟·韦利也详细介绍了自己的语言修养。

> 按:据阿瑟·韦利自己介绍,当时他可以阅读意大利文、葡萄牙文、荷兰文、法文、德文、西班牙文,并能流利地说法语、德语和西班牙语。

10 月初,就大英博物馆应聘一事与父亲交流意见。父亲认为他入职的机会寥寥,因为应聘需通过一场严格的考试,但阿瑟·韦利还是决定试试。

10 月 15 日,父亲戴维·弗雷德里克·许洛斯在肯辛顿大街赫恩顿院家中因

---

① 程章灿博客:《家里人看魏理》续二,http://blog.sina.com.cn/s/blog_4aa18c0d010008n9.html。

病去世,享年62岁。

父亲去世后,母亲雷切尔·索菲娅及兄弟三人搬到荷兰公园附近的汉诺威平地(Hanover Terrace, Holland Park)居住,现名为劳斯当恩步道(Lansdowne Walk)。此处环境宜人,房子前面有一个很大的公共花园,后面有一个独家花园。阿瑟·韦利和弟弟胡伯特·韦利共用一间起居室。

该年冬,阿瑟·韦利到德国旅行,并在德国待到第二年春天。

该年,弟弟胡伯特·韦利在牛津大学贝利奥尔学院(Balliol College, Oxford)就读,但对政治毫无兴趣,在阿瑟·韦利的鼓励下,转入伦敦大学学院斯莱德美术学院(Slade School of Fine Art)学习绘画。

1913年　24岁

2月,阿瑟·韦利从德国德累斯顿(Dresden)写信表示要参加大英博物馆图片社的工作竞聘,并被选中。

2月27日,在《剑桥评论》上发表诗作《德国的边界》("German Outskirts"),署名为阿瑟·戴维·许洛斯(Arthur David Schloss)。

6月,阿瑟·韦利正式到大英博物馆图片社工作,上司为坎贝尔·道奇森(Campbell Dodgson)。阿瑟·韦利的工作主要是在上司的指导下清理一些粘在一起的德国藏书票,工作烦琐无聊,加之坎贝尔·道奇森个性挑剔,阿瑟·韦利与他合不来。

11月,大英博物馆印刷绘画部(the Museum's Department of Prints and Drawings)成立东方图片分社(the Sub-Department of Oriental Prints and Drawings),主要收藏博物馆收集的中日绘画及彩色图片。劳伦斯·宾扬任该部的负责人。因工作需要,劳伦斯·宾扬将阿瑟·韦利调至该部任助理馆员,负责馆藏中日绘画的编目工作,借此编制画家人名索引。由于语言知识匮乏,阿瑟·韦利经常将一个艺术家当成两个,甚至当作仿造者。也是从此时开始,阿瑟·韦利开始接触中国诗,他为了解绘画的内容及创作背景,开始自学中文和日文。

阿瑟·韦利开始参与庞德、休姆等人每周一在福斯街举行的餐馆小聚。此活动一直持续到 1921 年。①

1914 年　25 岁

6月28日,奥匈帝国皇储斐迪南在波黑省的萨拉热窝被塞尔维亚的民族主义者刺杀。7月,奥匈帝国向塞尔维亚宣战。8月,德、俄、法、英等国参战,第一次世界大战爆发。阿瑟·韦利由于视力原因,体检不合格,没有应征入伍,于是全身心地投入到中文和日文的学习中。

10月,为了表示对德国发动第一次世界大战的反对,母亲雷切尔·索菲娅通过单边契约的方式,将自己及三个儿子的姓名改用娘家的姓氏韦利(Waley)。

按:许洛斯这一姓氏带有深厚的德语韵味。再者,英国人的反犹情绪日渐高涨。英国著名评论家乔治·奥威尔(George Orwell)在1937年出版的《通向威根码头之路》(The Road to Wigan Pier)一书中曾详细描述20世纪初剑桥大学中逐渐弥漫的反犹情绪。"而今反犹倾向在英伦颇为盛行,但30年前,还没这么严重。那时反犹也没有与种族及宗教教义联系在一起,没人反对与犹太人通婚,也不反对犹太人从事公共职业。30年后,尽管承认犹太人有一聪明的脑袋,人们却把犹太人性格中存在先天的缺陷当作一条清规戒律。理论上说,犹太人在英伦遭受的伤害没有得到法律的支持,事实上,他们还是被排除在一些特定的职业以外。……在英国公立院校上学的犹太孩子,日子过得很糟糕,除非他特别有魅力或有运动员的天赋。但犹太身份就如口吃和胎记一样,是一种无法弥补的先天的不足。富裕的犹太人经常改用高贵的英格兰或苏格兰贵族的姓"。

大学期间,阿瑟·韦利曾因自己的犹太名字招致不少麻烦。威克逊(L. P. Wilkinson)在1966年11月期《剑桥大学国王学院年度报告》中的《讣告》一文记录了一件事情:"一次,阿瑟·韦利正在远离学校的一条河边尽享日光浴,结果被几位学生侦探跟踪,因为他犹太人的名字,加之他经常读一些令人

---

① Roy Fuller, "Arthur Waley in Conversation," in *Madly Singing in the Mountains: An Appreciation and Anthology of Arthur Waley*, ed. Ivan Morris, London: George Allen & Unwin, 1970, p.140.

费解的书,加深了警察对他的怀疑,认为他是一名德国间谍。"①

在雷切尔·索菲娅看来,许洛斯姓氏带有德国印迹,韦利这个姓氏因家族没有在德国居留的历史,较少引起英国人的仇恨情绪。为了尽可能逃避因犹太身份给生活带来的不便,妈妈雷切尔·索菲娅·韦利将自己及三个儿子的姓由许洛斯改成娘家姓韦利。至此阿瑟·韦利才正式称为阿瑟·戴维·韦利。

该年,艾略特来到英国,他结识的第一个朋友就是阿瑟·韦利。

1915 年　26 岁

该年,庞德的《华夏集》(Cathay)出版。为出版此书,庞德经常到大英博物馆查阅相关资料,其间与阿瑟·韦利就中国诗歌问题有过深入的讨论。《华夏集》出版的成功极大地鼓舞了阿瑟·韦利,他认为有必要将他发现的中日古典诗文的魅力传达给大众,为此,开始尝试中国诗歌翻译。②

哥哥西吉斯蒙·戴维担任财政部秘书埃德温·蒙塔古(Edwin Montagu)的私人助理。

1916 年　27 岁

该年,阿瑟·韦利在工作之余,开始尝试翻译中国诗歌。

3月16日,在致锡德尼·科克里尔的信中,附有王羲之《兰亭集序》("Preface to the Epidendrum-Pagoda Collection")之英译稿。此稿后来未公开发表,译题中对"集"的理解有误。

该年,庞德根据费诺罗萨(Ernest Fenollosa,1853—1908)的底稿创作的《能剧:日本古典舞台剧研究》(Noh or Accomplishment:A Study of the Classical Stage of Japan)由伦敦的麦克米伦出版公司(Macmillan Company)出版,庞德在书前的序言中对阿瑟·韦利给予的帮助深表感谢。

---

① L. P.Wilkinson,"Obituary," Kings College Annual Report, Nov.1966,转引自 Ruth Perlmutter, Arthur Waley and His Place in the Modern Movement Between the Two Wars, University of Pennsylvania, Ph.D., 1971,p.1.
② 程章灿博客:《家里人看魏理》续三,http：//blog.sina.com.cn/s/blog_4aa18c0d010008nb.html。

6月5日,经皇家特许,伦敦大学东方学院(Oriental School in London)成立。学院坐落在泰晤士河畔美丽的芬斯伯里街区(Finsbury Circus),次年开始招生,第一批学生于1917年1月18日入学。该院成立的宗旨为深入开展亚洲研究,争取赶超当时德国柏林、法国巴黎、俄国彼得格勒的亚洲研究水平。之后的几十年间,伦敦大学东方学院为大英帝国培养了一批批优秀的外交官和殖民地官员,是不列颠亚洲研究的摇篮。

8月,哥哥西吉斯蒙·戴维·韦利调任伦敦团第22营少尉,弟弟胡伯特·韦利入伍服役。为了照顾年迈的母亲,阿瑟·韦利搬回家与妈妈同住,并第一次饱尝失恋的痛楚。之后的两年中,他始终徘徊在失恋的阴影中,以至于后来在爱情和婚姻上都十分小心。①

该年秋,日本学者矢吹庆辉(Yabuki Keiki,1879—1936)到大英博物馆调查敦煌佛教文献的相关材料,与阿瑟·韦利结识。

> 按:矢吹庆辉,日本福岛县人,1909年东京大学毕业后,任教于日本大正大学,在中日佛教文献的研究方面造诣颇深。1916年秋,他前往伦敦大英博物馆调查斯坦因捐赠的敦煌佛教文献,回国途中,他顺路调查了法、俄以及美国博物馆收藏的相关材料。1917年编成《斯坦因氏集敦煌地方出土古写佛典照片解说目录》。1922年12月至1923年7月再次赴英调查敦煌佛典资料,回国后完成《三阶教之研究》,并将辑录的重要写本二百种,以《鸣沙余韵》为名影印出版,此外,他还编辑了《大英博物馆所藏斯坦因集敦煌出土未传古逸稀觏佛典黑白照片目录》,著有《阿弥陀佛之研究》《思想的动向与佛教》等著作。

9月29日,阿瑟·韦利写信给锡德尼·科克里尔,信中抄录译作《忽必烈汗诗一首》("A Poem by Kubla Khan"),此诗在阿瑟·韦利生前并未公开出版,后收入伊文·莫里斯编辑的《山中狂吟——阿瑟·韦利译文及评论选》(Madly Singing in the Mountains:An Appreciation and Anthology of Arthur Waley)。信中阿瑟·韦利就此诗提出了自己的看法。"我发现了一首柯勒律治诗中的人物忽必烈汗写的一首诗,这首诗题写在《清明上河图》上……为理解此诗,需要知道蒙古族攻破汴京

---

① 程章灿博客:《家里人看魏理》续三,http://blog.sina.com.cn/s/blog_4aa18c0d010008nb.html。

的时间……忽必烈于 1260 年登基,汴京 1127 年沦陷。① 当然,这首诗也不一定出自忽必烈之手。因为我们无法准确了解元文化的真正内涵,如果有人在这方面予以尝试,那将是振奋人心的事。"②阿瑟·韦利对元朝历史的兴趣当始于此时。

该年,译作《中国诗歌》(Chinese Poems)由伦敦劳氏兄弟出版社印行。这是阿瑟·韦利自费出版的第一本诗作,作为私人印制本,为了节约费用,阿瑟·韦利和弟弟用旧挂历纸为每本书包封皮。该书共印了约 50 册,阿瑟·韦利将其作为圣诞节礼物分送迪金森、庞德、特里维廉(Robert Calvery Travelyan)、宾扬、罗杰·弗莱、艾略特、罗素、叶芝、伦纳德·伍尔夫、克莱夫·贝尔等友人,每本书都有他的亲笔签名。

  按:罗杰·弗莱对阿瑟·韦利这种因韵律而起伏的诗歌很感兴趣,曾经建议自己的欧米伽工作室(Omega Workshops)出版此书,但出版社同人萨克森·特纳(Saxon Turner)坚决反对,他认为这本书发行后,一本也卖不出去,连出版的成本也收不回来,罗杰·弗莱只好放弃。但该书已列入出版公告中,为此,阿瑟·韦利决定自费出版此书。阿瑟·韦利在 1962 年再版的《170 首中国诗》的序言中提及此事:"罗杰·弗莱那时对印刷非常感兴趣,他认为译作应该印刷出来,而且以波浪起伏的方式,那样可以加强诗歌的韵律。他问我是否反对以这样的方式尝试着印刷我的译作。印行这些译作的想法让我大为惊讶,尤其是罗杰·弗莱的激情。……为此欧米伽工作室十二个成员召开了一场会议,罗杰·弗莱问他们像我的译诗这类书能卖到多少册。……结果他不得不放弃了印行这本书的想法。"③

该书封面题诗为《孟子·离娄上》中的孺子之歌:"沧浪之水清,可以濯我缨;沧浪之水浊,可以濯我足。"共翻译 52 首诗,其中唐前诗歌有 23 首。诗集中的 13 首诗收录在后来编辑出版的《170 首中国诗》《诗经》中,再版时多有修改。需要注意的是,英国汉学的传统译作往往将原文和译文一并列出,

---

① 阿瑟·韦利此处的时间有误,蒙古攻破汴京的时间应是 1232 年。
② Arthur Waley, "A Poem by Kubla Khan," in *Madly Singing in the Mountains: An Appreciation and Anthology of Arthur Waley*, ed. Ivan Morris, London: George Allen & Unwin, 1970, p.283.
③ Arthur Waley, "Introduction," in *A Hundred and Seventy Chinese Poems*, London: Constable, 1962, pp.4-5.

阿瑟·韦利仅写出译文,没有标注原文。显然,他初涉翻译,便有意将翻译当作创作。书中另外的 39 首诗仅在此书中收录,阿瑟·韦利对这些翻译应该不太满意。此译本已可看出阿瑟·韦利对唐前诗歌及唐代诗人李白、白居易的偏爱。

1917 年　28 岁

1 月,在《伯灵顿杂志》上发表论文《一幅中国画》("A Chinese Picture"),介绍大英博物馆收藏的宋代名画张择端《清明上河图》的摹本。该文翻译了画作上张著、杨准的跋,董其昌《容台集》《画禅室随笔》中关于此画的介绍,并谈及欧美该图的复制品收藏。阿瑟·韦利介绍,《清明上河图》除大英博物馆的复制品外,还有锡德尼·科克里尔收藏的盛懋的仿作,美国人阿尔弗雷德·切斯特·比蒂(Mr. Alfred Chester Beatty)和荷兰人乔治·尤莫夫卜勒斯(Mr. George Eumorphopoulos)收藏的仿作三种。文末还介绍了该图的流传简史,文中关于仇英的仿作流传一事记载有误。这是阿瑟·韦利公开发表的第一篇汉学论文。

2 月 23 日,伦敦大学东方学院招收的第一批 125 名学生举行开学典礼,该学院课程虽有亚洲的历史、哲学、习俗、法律和文学等学科的设置,但在初期的教学中,主要侧重语言教育,虽然学院规定要开设埃及语、阿拉伯语、孟加拉语、中文、日文、梵文、印地语、巴厘文、波斯文、马来语,甚至包括使用人数较少的泰米尔语、泰卢固语等,但教员的缺乏使其开设的课程受到很大的限制。该年至 1937 年,在学院发展的第一阶段,阿瑟·韦利作为中日文的客座讲师多次教授中文与日语,以及中日文学。

阿瑟·韦利在《伦敦大学东方学院学报》创刊号(*Bulletin of the School of Oriental Studies, London Institution*)上发表《唐前诗歌》("Pre-T'ang Poetry")和《白居易诗 38 首》("Thirty-Eight Poems by Po Chü-I")。这是阿瑟·韦利第一次公开发表译作。10 月 13 日和 11 月 24 日的《新政治家》(*New Statesman*)也刊登其所译的白居易诗 17 首,除《放旅雁》和《食后》外,其余全部选自《白居易诗 38 首》。

按:其中《唐前诗歌》包括 37 首诗,主要是汉代及魏晋南北朝诗人的诗作。除 4 首汉乐府、5 首《古诗十九首》外,主要翻译了苏武、秦嘉、徐淑、程晓、曹植、阮籍、嵇康、傅玄、左思、张载、陶渊明、谢道韫、谢朓、鲍照、梁简文帝萧纲、徐陵等人的诗作。

《白居易诗 38 首》主要包括白居易的《山中独吟》《禁中寓直梦游仙游寺》《过天门街》《喜陈兄至》《道州民》《废琴》《五弦》等作品。每首译诗,若原诗前有小注的都一并译出,部分诗还加了一些注释。由此可以看出,阿瑟·韦利不仅致力于诗歌翻译,还一直关注中国古代的诗话、词话等评论著作。这种翻译的路径带有明显的汉学研究性质,带有学院化的特色。

阿瑟·韦利不仅对白居易的诗文情有独钟,他还注重搜罗白居易的生平信息。此文开头介绍了白居易生平的重要年代。阿瑟·韦利尤其重视白居易与元稹的友谊,短短二百字的序言中,三分之一的篇幅在谈元稹。"白居易在朝廷供职期间结识元稹,两人交好,直至831年元稹去世,白居易诗中与元稹唱和的诗占有重要比例。可悲的是,我没有找到任何注释本以供参考,最近我得到一本日本人编著的短诗选,书中有一些眉批,但无关紧要,为此,我只能搜阅一些英文字典和百科全书作注。"①这段介绍已透露出他对白居易生平史料的重视,由此可见,阿瑟·韦利拟为白居易作传的想法当始于此。

4月22日,庞德在致《小评论》(The Little Review)主编玛格丽特·安德森(Margaret Anderson,1886—1973)的信中提请他注意阿瑟·韦利的中国诗歌翻译,称阿瑟·韦利是英国最优秀的中文学者,对诗歌的看法新颖别致。②

按:《小评论》,原是一份发行量不到几千份的小杂志,当时声名显赫的大杂志不愿意刊登英译中文的自由体短诗,《小评论》便发表这些诗与大杂志抗衡。这一现象在1915年前尤为明显。庞德、阿瑟·韦利、宾纳等中诗英译者是这一杂志的主要撰稿人。

6月,在《伯灵顿杂志》上发表《古代中国画之珍品》("The Rarity of Ancient Chinese Paintings"),该文在参考翟理斯《中国传记辞典》(Chinese Biographical Dictionary)、《中国绘画史导论》(The History of Chinese Pictorial Art)、1910年黄宾虹主编的《神州国光集》第6册的基础上,以清秦祖永《画学心印》第3卷中"论画当以

---

① Arthur Waley,"Thirty-Eight Poems by Po Chü-I," *Bulletin of the School of Oriental Studies*, London Institution, Vol.1, No.1(1917), pp.53-54.
② Edited by Thomas L. Scott, Melvin J. Friedman, *Pound/The Little Review*, New York: New Directions, 1988, p.28.

目见者为准"开篇,引出董其昌遍历中原,搜求王维传世之《江山雪霁图》,展轴之前斋戒三日的故事,借此提出唐代传世画作稀少之情状,并摘译唐人张彦远《历代名画记》第1卷《叙画之兴废》中汉武帝至盛唐期间名画流传的情况,得出唐代绘画至南宋时传世已寥寥无几之结论。文末谈及日本藏家手中南宋画居多,唐代画甚少,至于唐代佛教绘画是否为真迹,有待考订;此外,文中还谈及斯坦因收藏有三幅佛教绘画,费诺罗萨将查理斯·郎·弗利尔(Charles Lang Freer)收藏的不少唐代佛教绘画当作宋代画作,但他收藏有一幅李思训的山水画轴。文中提及大英博物馆藏有东晋顾恺之的《女史箴图》、宋范宽的《雪景寒林图》,据专家考证,这两幅图为仿本。注释中翻译了梁元帝萧绎的《春别应令诗四首》(其四):"昆明夜月光如练,上林朝花色如霰,花朝月夜动春心,谁忍相思不相见。"

10月,在《伯灵顿杂志》上发表文章《一幅中国肖像画》("A Chinese Portrait")。该文是对开封府大惠安寺开山通悟禅师画像的介绍。文中主要翻译了开封府寺庙中供奉的通悟禅师画像拓片上的碑文,原文为五言诗。

该月,《小评论》原计划在第4卷第6号发表阿瑟·韦利翻译的《八首白居易诗》("Eight Poems by Po Chü-I"),因故未刊。

11月15日,《泰晤士报文学增刊》上发表了一篇题为《一颗新星球》("A New Planet")的文章。作者是英国作家阿瑟·克拉顿-布罗克(Arthur Clutton-Brock, 1868—1924)。阿瑟·克拉顿-布罗克看过阿瑟·韦利发表在《伦敦大学东方学院学报》上的译诗,他指出,"阅读这些译诗带给我的是一种的体验"。这篇书评引起了康斯太保出版公司的注意,康斯太保出版公司开始联系阿瑟·韦利,商谈译诗的出版事宜。

按:阿瑟·克拉顿-布罗克,英国著名的散文家、批评家、专栏作家,1908年成为《泰晤士报》艺术批评的职业撰稿人,直至去世。

12月,阿瑟·韦利在庞德主编的《小评论》第6期(12月号)上发表《八首白居易诗》,这些诗歌除《海漫漫》外,全部选自《白居易诗38首》。

1918年　29岁

1月,在美国《诗刊》(*Poetry*)杂志第11卷第4期发表汉乐府民歌《上邪》、汤僧济的《咏渫井得金钗诗》、王绩的《独坐》、陈子昂的《感遇诗三十八首》之五、苏轼的《洗儿诗》、陆游的《初夏》、王庭筠的《狱中见燕》的英文译诗。该期的编辑按语中提到"阿瑟·韦利先生和查尔斯·威先生(Mr. Charles Granville)是我们向读者新推出的英语诗人"。

2月2日,阿瑟·韦利翻译的8首中国诗刊登在《新政治家》上,包括汉乐府民歌《孤儿行》《十五从军征》《上金殿》《相逢行》《东门行》5首,《子夜歌》之"夜长不得眠",程晓的《嘲热客诗》和曹松《己亥岁二首僖宗广明元年》之一,后收入《170首中国诗》。

2月,在美国《诗刊》杂志第11卷第5期发表汉乐府《孤儿行》、徐陵的《陇头水》、白居易的《废琴》。该期的编者按语中提到"阿瑟·韦利先生的中国诗歌翻译已经进入编订阶段,系列之第1册已于上月出版"。

  按:这里的信息有误,康斯太保出版公司负责阿瑟·韦利中诗英译诗集的出版工作,已进入最后编订阶段不假,但真正的出版时间是在本年7月。

4月,在《皇家亚洲学会会刊》上发表《中国诗歌韵律》("Notes on Chinese Prosody")。该文以李白、杜甫、白居易等人的诗歌为例,对中国诗歌的押韵格式及历史沿革作了详细的探讨,并对以往汉学界对这一问题的错误看法予以修正。关于诗歌的格律,阿瑟·韦利认为五言诗有两种,七言诗有三种。就五言诗而言,如果首句押韵,后面三句的平仄就会发生变化。关于诗歌的停顿,阿瑟·韦利强调在五言诗的第二个音步后,有一个很轻的停顿,尽管如此,它足以控制诗歌的语法关系。七言诗中的停顿出现在第四个音步后,比五言诗更清晰。中国诗的另外一个特点是对偶,这一形式使诗歌形成了固定格律。此外,他还分析了近体诗与古体诗的区别,阿瑟·韦利认为:近体诗的特点有二,首先在韵律的安排上,都依106韵部,平声韵尤为诗人喜爱。其次在平仄上,倾向于对立安排,尤其在诗的后半部分这种对立安排称为"谐"。语调上两两为一对,如平平仄仄平,或平仄仄平平,而不是三个。这种编排称为"黏"。当三个相似的语调出现时,必须借助停顿划开,如"仄仄/平平平"的结构就很少出现,但"仄仄平平/平仄仄"的句式就较为常见。古体诗在选韵方面,韵律为34类韵,仄声韵与平声韵一样自由。不太重视语调排列。18世纪后的诗人追随王士祯,竭力寻找古体诗中的平声韵与仄声韵的规律……但这些规则有许多例外和修正……最好承认"古诗不合平仄"的说法。谐句和黏句偶尔也在古体诗中出现,但纯属偶然。①

按:这是阿瑟·韦利发表的第一篇汉学学术论文,虽然之前他已发表几篇关于中国绘画的文章,但内容以介绍为主。再者,阿瑟·韦利此文的观点主要是在当时欧洲汉学家研究成果的基础上进行的深化,这种研究方式体现出明显的学院派汉学研究风格。此文刊发后,不少学人著文深表赞赏。之前对阿瑟·韦利译作不满的利顿·斯特雷奇看到这篇文章后,7月7日专门写信给阿瑟·韦利,对此文表示肯定。

5月4日,在《国家》(The Nation)杂志上发表译诗王建的《闻故人自征戍回》。

5月18日,在《新政治家》上发表《中国古诗》("Chinese Poems"),翻译9首诗歌,包括陆云的《失题六章》之《闲居外物》,陶渊明的《饮酒诗》《咏贫士诗》《责子》《归园田居》《停云》,南朝乐府《西洲曲》,梁武帝的《有所思》,王绩的《独坐》。

7月,译作《170首中国诗》由伦敦康斯太保出版公司出版,同年修订再版。这是阿瑟·韦利公开出版的第一部翻译作品。该书的序言中,阿瑟·韦利介绍了自己采用的翻译法:"人们通常认为,诗歌如果直译的话,就不是诗歌了,这也是我没将喜欢的诗歌全部译出之原因所在。但我依旧乐意选择那些译文能够保持原作风格的诗歌来翻译。就翻译方法而论,我旨在直译,不在意译。"②

序言中就中国诗歌发展的脉络予以简要的梳理。就诗歌发展史而言,阿瑟·韦利认为可分为四个阶段,第一个阶段指《诗经》产生并被修订的时期,大致为中国的西周及春秋时期。诗歌发展的第二个阶段是秦汉至唐前,汉代的诗歌大多可配乐歌唱,以乐府诗为代表,阿瑟·韦利认为秦嘉与其妻子的问答诗是文字诗,其他的大多属于歌。这一时段是中国诗歌由古体向格律诗的过渡时期。唐代是中国诗歌发展的第三个阶段。这一时代诗歌发展的价值主要在形式上,而不在内容上。他认为唐诗的内容主要承继汉魏,除了个别的改革者,大多诗作是用新形式改写旧内容,所谓新瓶装旧酒,且多用典故。以此为特点的唐诗不再以表达个人情感为目的,而是借此来彰显自己的古典文学修养。李白也没能脱此窠臼。诗歌

---

① Arthur Waley,"Notes on Chinese Prosody," *Journal of the Royal Asiatic Society of Great Britain and Ireland*,Apr. 1918,pp.249-261.

② Arthur Waley," The Method of Translation," in *A Hundred and Seventy Chinese Poems*,London: Constable,1918,pp.19-20.

发展的第四个阶段是宋元明清。阿瑟·韦利认为唐以后的诗歌在逐渐衰落。"尽管宋诗在内容上不像唐代那样以汉魏为内容,但宋代诗人大多致力于创造严格的形式规范。"阿瑟·韦利所谓"严格的形式规范"指的是宋词格律要求的谨严。宋以后的元明清时代,阿瑟·韦利认为"与我们所谈的诗歌发展话题关联不大"。这一看法的偏颇极为明显,唐之后,除了袁枚,阿瑟·韦利几乎没有翻译过其他诗人的作品,能看出他对中国诗歌的态度依然停留在唐代这一阶段。①

该译述著作对魏晋时代的文化背景及陶渊明《形影神三首》的价值做了详细的分析。阿瑟·韦利认为晋代道家思想极为盛行,道家提倡自然无为,强调与自然的和谐相处,借此对抗儒家入仕兼济天下的主张。道家思想的尊奉者远离俗世,清心寡欲,追求形神的静养,隐逸之风盛行。

按:与中国学界对陶渊明研究的方法不同,阿瑟·韦利没有从陶渊明出身的低贱,探讨魏晋以来的门阀制度对他归隐田园的影响,而是从儒道思想的对立角度,探讨陶渊明身上的隐逸情怀,为其生活态度寻找哲理依据。这种分析方法从文化视角入手,虽然有一定的参考价值,但对生活方式选择的个体差异性缺乏逻辑的推衍力。为此,他认为陶渊明是当时最伟大的隐士,并对袁枚做如下评析:"对我们而言,宋以后的诗歌不必过多关注。18世纪喜欢闲谈的袁枚创作了《随园诗话》,该书语言妙趣横生,书中选录了友人创作的许多拙劣诗作,他自己的诗歌主要师承白居易和宋代诗人苏东坡。"②

据1970年之前的版次及印行数量统计可知,该书伦敦出版的版本共再版12次,7至12版的印行量达到22150本,纽约版截至1938年共再版6次,印行量为7000本。其中的多篇译作被布莱希特(Bertolt Brecht,1898—1956) 改编,被音乐家谱成乐曲。

按:阿瑟·韦利理解的直译与直译的一般意义有偏差。一般人认为直译就是字字对应,阿瑟·韦利认为诗歌直译与韵律有关。"韵律是原诗强加于诗歌的,当你逐字逐句翻译时,会发现三句译文中有两句就有一个明确的音调变化与原诗一致。"为此,无论是原诗还是译诗,读者都能感到一种听觉效

---

① Arthur Waley,"The Rise and Progress of Chinese Poetry,"in *A Hundred and Seventy Chinese Poems*,London:Constable,1918,pp.11-18.
② Ibid.,p.18.

果。诗之为诗,形式上与散文、小说等文体最大的区别就是押韵,即使是无韵诗,也要求明确的节奏。如果诗歌翻译过来后这些特点都不存在,那就不是诗歌了。故而诗歌的直译除了意义的对应,那就是尽可能创造与原诗相近的节奏感。这两点如果兼顾,阿瑟·韦利认为就是直译。

8月17日,在《国家》杂志上发表窦庠《夜行古战场》的译诗。

10月,哥哥西吉斯蒙·戴维在一战中负伤,回家疗养,伤愈后退役。

11月19日,哥哥西吉斯蒙·戴维与表姐路西·艾伦·韦利(Ruth Ellen Waley)在伦敦西部的犹太教堂举行婚礼,并回财政部工作。

11月21日,伦敦大学东方学院举办中国学会,会议主席是乔治·贾米森(George Jamieson),会上阿瑟·韦利宣读论文《诗人李白》("The Poet Li Po")。

  按:该文主要针对英国汉学界李白研究之错误而作。文章以白居易《与元九书》中对李白和杜甫的评价及元稹于元和八年所作的《唐故工部员外郎杜君墓系铭并序》开头,对李杜诗歌的特点做一简单的比较。而后引惠洪《冷斋夜话》、胡仔《苕溪渔隐丛话》中对李白的评述阐述其对诗歌发展的影响。阿瑟·韦利认为李白平生两大爱好为酒与女人。李白以侠客自居,曾手刃数人。这一点在阿瑟·韦利看来,简直不可思议。诗歌风格上,李白狂放不羁,以气势取胜,杜甫的诗中多为写实之作,白居易以平实见长。虽然"中古时期的中国人一致认为李白是最伟大的诗人,很少有人将第一的位置给予同时代的杜甫,而是将杜甫置于其二"。但与杜甫、李白相比,唯有白居易堪称唐代独一无二的伟大诗人。这一说法明显将李、杜至于白居易之下。

  文中的一些观点明显体现出阿瑟·韦利对翟理斯的继承。就李白漫游的性质,阿瑟·韦利也沿用翟理斯所用的波西米亚一词。阿瑟·韦利称李白的行事方式为波西米亚风格。

论文分三部分,第一部分是阿瑟·韦利为此文所著的序言,介绍了中国古代诗话中对李白的评述,并对李白的诗界地位及创作风格做了简要的分析。第二部分为《新唐书》中所著李白传的翻译介绍,并对李白诗集的流传及李白之死予以简要介绍。第三部分是诗歌译介,先后翻译了25首诗,全是李白传诸后世的名作,如《梦游天姥吟留别》《月下独酌》《将进酒》等。

该文引起与会人员的激烈讨论,会议主席乔治·贾米森认为阿瑟·韦利的翻译准确恰当,要尽快出版。在他看来,阿瑟·韦利笔下的李白多少有些波西米亚人的特质。

该年秋,阿瑟·韦利到波西米亚滑雪,归来后,在散文家、诗人艾迪丝·西特韦尔(Edith Sitwell, 1887—1964)家的朋友聚会中遇到了舞蹈家、作家贝丽尔·德·佐特(Beryl de Zoete, 1879—1962),当时贝丽尔·德·佐特住在罗素广场的一套公寓中,离大英博物馆很近,后来两人生活在一起。

按:贝丽尔·德·佐特,祖籍荷兰,1879 年出生于伦敦,父亲为当时知名的保险经纪人。幼年在斯特里汉姆度过,自此伊始,贝丽尔·德·佐特开始对音乐、建筑以及自然界产生浓厚的兴趣,曾在一位古怪的自称为"船长"的叔叔那里学习钢琴。90 年代后期,进入牛津大学萨默维尔学院(Somerville College, Oxford)学习语言,1901 年完成学业(她比牛津大学正式授予女子学位的时间早了 20 年之久)。1902 年与英国散文家、新闻工作者罗勒·德·西林考尔特(Basil de Selincourt)结婚。1905 年,贝丽尔·德·佐特与丈夫同游意大利,后完成自己的处女作《首批圣方济各信徒的家:在托斯卡纳和北方联邦交界处的翁布里亚》(Homes of the First Franciscans: In Umbria, the Borders of Tuscany and the Northern Marches)。该书将历史小故事和现实的风景与建筑相结合,生动、有趣。1907 年,与罗勒·德·西林考尔特离婚。1909 年,贝丽尔·德·佐特翻译完朱利奥·卡洛蒂(Giulio Carotti)的《艺术史》(A History of Art)第 2 册并付梓出版,该书集中讨论了欧洲、拜占庭、阿拉伯以及印度的建筑,激发了贝丽尔·德·佐特对东方艺术的强烈兴趣。1913 年,贝丽尔·德·佐特到德国德累斯顿附近赫勒劳的新达尔克罗兹培训班(the New Dalcroze Institute in Hellerau)学习音乐,师从当时新音乐运动的发起人雅克-达尔克罗兹(Jaques-Dalcroze),在这里,贝丽尔结识了来自世界各地的达尔克罗兹追随者。1915 年,贝丽尔·德·佐特结束了在伦敦达尔克罗兹艺术体操学校的培训,开始音乐执教生涯。

贝丽尔·德·佐特长阿瑟·韦利十岁,她与阿瑟·韦利认识后两人一直共同生活。直到 1962 年贝丽尔·德·佐特去世,中间因为贝丽尔·德·佐特去巴厘岛、印度、斯里兰卡和巴西旅游而有所间断。

自该年始,就诗歌翻译方法,阿瑟·韦利与翟理斯开始一场长达两年的笔战。

事件起因于阿瑟·韦利《170首中国诗》的出版。在该书的序言中，阿瑟·韦利就自己采用的翻译方法介绍道："人们通常认为，诗歌如果直译的话，就不是诗歌了，这也是我没将喜欢的诗歌全部译出之原因所在。但我依旧乐意选择那些译文能够保持原作风格的诗歌来翻译。就翻译方法而论，我旨在直译，不在意译。"该文旨在强调译文对原文的遵从。

11月22日，翟理斯在《剑桥评论》上发表文章，评论阿瑟·韦利新出版的《170首中国诗》，他认为阿瑟·韦利直译的观点言过其实，并就书中翻译的错误一一罗列，附上自己的译文供读者对照。

12月6日，阿瑟·韦利在《剑桥评论》上以读者来信的方式对翟理斯的批评予以反驳，并对翟理斯《中国文学史》一书中的部分译介提出质疑。

该年，在《伦敦大学东方学院学报》第1卷第2期上发表文章《白居易诗文续及唐代另外两名诗人的诗作》("Further Poems by Po Chü-I, and an Extract from His Prose Works, Together with Two Other T'ang Poems")。另两位诗人指李白、杜甫。阿瑟·韦利翻译他们的诗作，仅是为白居易作一参照。因为通过李白、杜甫，读者更能发现白居易诗歌创意的广阔性，就此而论，白居易在唐代诗坛上的地位无人可比。阿瑟·韦利的说法显然有些言过其实，但不难看出他对白居易的偏爱，这也是阿瑟·韦利日后为其作传的主要原因。

　　按：该文翻译了白居易的《咏慵》《自吟拙什因有所怀》《立春后五日》《冬夜》《春游西林寺》《闻早莺》《梦与李七、庾三十二同访元九》《编集拙诗成一十五卷，因题卷末，戏赠元九、李二十》《招萧处士》《早祭风伯，因怀李十一舍人》《春江》《征秋税毕题郡南亭》《龙华寺主家小尼》《别州民》《自咏五首之五》《早兴》《失婢》《赠谈客》《庭松》《狂言示诸侄》《有感三首之三》。文后附白居易记序类文章《记异》的译文，阿瑟·韦利称出自翟理斯翻译的《聊斋志异》是信息错误。大概因其被选入宋代李昉等人编著的《太平广记》卷三四四《鬼二十九》而有此说法。后翻译李白的《渌水曲》，可能是排版的错误，原诗中"渌"被印刷为"泳"，"水"被印为"小"，"舟"被印为"母"。文中对该诗予以详细注释。关于杜甫《高都护骢马行》的创作背景，阿瑟·韦利做了较为详细的介绍，文后对诗中的信息予以注释。

该刊同期还刊载阿瑟·韦利评论库寿龄所编《中华百科全书》的书评。该书分上、下两册，1917年由上海别发洋行出版发行。文中谈到弗洛伦斯·艾斯库撰写的中国绘画词条，一些字词的翻译存在疏漏。库寿龄先生撰写的诗歌词条中也存在一些翻译的问题。阿瑟·韦利认为该文对汉代诗歌的介绍明显不足，没有提及著名的辞赋家司马相如，唐宋诗词的介绍中居然忽略了陈子昂、李商隐、苏东坡和陆游；书中的一些英文论述也存在谬误。这是阿瑟·韦利发表的第一篇书评。

本年11月11日，德国与协约国在巴黎东北康边签订停战协定，第一次世界大战结束。

1919年　30岁

1月，《诗人李白》由伦敦东西方出版公司（East and West）刊行，10月出版第二版，同时刊登于10月的《亚洲评论》杂志。

2月，在《伯灵顿杂志》上发表《近期大众收藏调查之七：大英博物馆敦煌图片社斯坦因收藏略表》（"Recent Acquisitions for Public Collections-Ⅶ. A Sketch from Tun-Huang-British Museum, Print Room, Stein Collection"）。本文介绍了斯坦因捐赠给大英博物馆的两幅图，两图宽约24厘米，长约60厘米，是用粗笔勾勒的复制图，原为一幅，后沿中线被裁成两幅。该图创作时间为宋乾德四年（966），题记中记载了当时瓜州归义军节度使曹元忠同其妻浔阳翟氏组织并主持对敦煌莫高窟北大像（今第96窟）历时一月的大规模整修一事。

该月，约翰·古德·弗莱彻（John Gould Fletcher）在美国《诗刊》杂志第13卷第5号上著文评论阿瑟·韦利的《170首中国诗》，题为《中国文学之魅力》（"Perfume of Cathay"）。约翰·古德·弗莱彻坦承："这本诗集给我一种从未有过的体验。书中的诗人来自我从未见过的国度，他们穿着奇异的袍子，用一种令人费解的语调创作。为此我要感谢那位忠实的学院派译者，尽管这种翻译令人质疑，但这些诗歌还是让我能够与这些无名的、有些生卒年月不详的甚至比荷马还古老的诗人进行近距离接触。因为诗歌，他们已然成了我现在的朋友。他们常与我的心灵对话，我常常用心倾听他们吟诵那些令我永生敬畏的诗歌。尽管我的敬意无法穿越时空，到达遥远王国坟茔中的诗人耳朵里，但我现在必须表达我的敬意，因为别人也会读到这些诗,他们也会有同感。"①

按:作为新辈汉学翻译者,阿瑟·韦利既注意在传统的学术刊物上发表译作和评论文章,同时也以新生代诗人的身份保持着与《小评论》《诗刊》等英美前卫刊物间的联系,这种联系使其区别于传统汉学,他并未将其译诗看作单纯的翻译,而是将其归于20世纪初英美诗坛的作品面向读者。翻译即创作,是阿瑟·韦利翻译生涯中始终秉承的一个理念。

5月31日,在《新政治家》上发表屈原《大招》的译文。

5至6月,哥哥西吉斯蒙·戴维接任经济学家梅纳德·凯恩斯参加后期的巴黎和会。会议结束后,西吉斯蒙·戴维开始主管财政部海外金融的业务。

6月底至7月中旬,丁文江跟随梁启超为了解巴黎和约的相关事宜在欧洲奔走,且任梁启超的翻译。该段时间在英伦停留,丁文江利用梁启超讲习的空档教习阿瑟·韦利半个月的中文。

按:丁文江,字在君,笔名宗淹。中国著名的地理学家。1904年,丁文江由日本转赴英国在格拉斯哥大学留学。1911年获动物学、地质学双学士学位,是年4月,丁文江归国。

萧乾在《我在英国结交的文友》一文中提道:"魏礼(即阿瑟·韦利)告诉我,二十年代,他仅仅向一位经由伦敦赴柏林的中国宗谱学家学习了十五天。打那以后,他坚持不懈地自学下去。"②这位宗谱学家就是丁文江。

阿瑟·韦利称丁文江为宗谱学家,是他的一厢情愿。痴迷于中国古典文化的汉学家阿瑟·韦利,习惯用中国古典文学的学养来定位自己的好友。他希望结交的中国友人个个是中国文化的精英,丁文江也不例外。与地质学相比,宗谱学更能彰显中国文化的特色,更符合阿瑟·韦利的学术立场。丁文江的教习虽只有短短半个月,但其讲解已令其茅塞顿开,尤其是对中国古代工具书编排方法的介绍,这为阿瑟·韦利后来的汉学研究奠定了方法基础。③

---

① John Gould Fletcher,"Perfume of Cathay,"*Poetry*,Vol.13,No.5(Feb. 1919):273.
② 萧乾:《我在英国结交的文友》,文洁若编:《萧乾全集·散文卷》第4卷,长沙:湖北人民出版社,2005年,第998页。
③ 冀爱莲:《阿瑟·韦利与丁文江交友考》,《新文学史料》2010年第1期,第159—164页。

7月5日,在《新政治家》上发表元稹《梦井》的译诗。

7月,在《英文评论》(The English Review)第29卷上发表元稹《莺莺传》的译文。

8月14日,阿瑟·韦利在《泰晤士报文学增刊》上发表书评,评论詹姆士·怀特尔(James Whitall)根据法国学者朱迪特·戈蒂耶(Judith Gautier)的法译本而英译的《词选》(Chinese Lyrics from the Book of Jade)。

8月,《新中国评论》第4期刊登阿瑟·韦利的文章《雕版印刷注》("Note on the Invention of Woodcuts")。文中对学界认定的中国木刻艺术最早可上溯到6世纪末的说法提出质疑。

> 按:阿瑟·韦利认为欧洲学界认定中国木刻印刷起源于隋文帝在位期间,其主要的依据是清代陈元龙编纂的一本类书——《格致镜原》,《格致镜原》的依据主要来自明代陆深《燕闲录》中的一句话:"隋文帝开皇十三年十二月八日,敕废像遗经,悉令雕撰,此印书之始,又在冯瀛王先矣。"阿瑟·韦利根据中国古代互文的文法习惯,认为"废像遗经,悉令雕撰"一句的语序应为"悉令雕废像,撰遗经",因为"雕"在古代不一定指雕版。为了进一步阐明自己的观点,阿瑟·韦利援引了唐代书法家柳玭的《柳玭家训序》中关于印版书的一段原文,说明柳玭生活的时代,印版的小书在蜀川一带尚不常见,在都城长安也未曾见到。原文为"中和三年癸卯夏,銮舆在蜀之三年也。余为中书舍人,旬休阅书于重城之东南。其书多阴阳杂说、占梦相宅、九宫五纬之流,又有字书小学,率雕版印纸,漫染不可尽晓"[1]。

该月,美国《诗刊》杂志收到阿瑟·韦利赠送的《170首中国诗》,该书由纽约阿尔弗雷德-克诺夫出版社(Alfred A. Knopf)出版。

10月,《中国诗文续集》(More Translations from the Chinese)由伦敦乔治·艾伦与昂温出版公司刊行,纽约阿尔弗雷德-克诺夫出版社同时出版。后来在英、美两国都多次重印。该书的翻译对象侧重于唐诗,唐前诗歌只翻译了屈原的《大招》,唐诗翻译依然以白居易的诗歌为主,有52首之多,李白的诗歌7首,其他诗人的

---

[1] Arthur Waley, "Note on the Invention of Woodcuts," *The New China Review*, Vol.1, No.4 (Aug. 1919): 412-415.

诗歌仅是零星的一两首,如王维的《山中与裴迪秀才书》,元稹的《莺莺传》《梦井》,白行简的《李娃传》,王建的《闻故人自征戍回》《南中》,唐后诗歌仅有宋代文人欧阳修的《秋赋》。白居易的译诗前有一简要的白居易生平年表。

  按:阿瑟·韦利在该书的序言中宣称:"我不打算在该译本中整体介绍中国文学,仅是按照编年的方式选择那些让我感兴趣的且能翻译得较为流畅的诗作予以译介。关于中国诗歌史及翻译技巧,在先前出版的《170首中国诗》的序言中我已予以简单介绍。博学的评论者们一定不会有这样的想法,那就是我没有译过的诗人、诗作,并不意味着我不喜欢这些诗人、诗作。他们应该也不会抱怨那些没有翻译的名诗不易被欧洲读者理解。正如先前的译著一样,我依然将一半的篇幅留给白居易。"关于译诗的方式,阿瑟·韦利坦承:"《170首中国诗》中的大部分诗作翻译的目的在于使译诗符合英文的表述方式,少数的诗歌以原生态的形式努力给读者展示一种异域的中国诗风。或是因为这种不一致,评论者们没有把此书当作英语无韵诗的尝试,尽管读者对此非常感兴趣。此本译述著作,我依然关注诗歌的形式。"[1]

10月31日,《日本诗歌:和歌选》(*Japanese Poetry*:*The Uta*)由牛津大学克拉伦登出版社(Clarendon Press)出版。后来在英、美两国多次重印。

  按:该书是阿瑟·韦利编撰的一本日语初级读本,因为此书是为初学日本文学者所作,因此,该书的编排体例与其他书不同,包括序言、语法、书目、译文、词汇五个部分。为了便于读者学习,在介绍相应的知识时都标注了英文拼音。译文主要选自《万叶集》和《古今和歌集》,《万叶集》是日本最古老的诗歌集,《古今和歌集》出现于日本平安朝时期,是由当时著名的文人纪贯之、纪友则、凡河内躬恒、壬生忠岑等人编撰而成。阿瑟·韦利从这两部作品中选取了235首简单的诗歌进行翻译,借此让读者了解日本诗歌的基本形态。为了便于读者学习,该书译文的编排分左右两栏,左边是日文读音,右边是英文翻译。附录中列出了使用最频繁的800多个日文词汇,按照英文字母的顺序编排,这些词汇仅标出读音和词义,没有标出日文原文。从编撰的体

---

[1] Arthur Waley,"Introduction," in *More Translations from the Chinese*, London:George Allen & Unwin, 1919,pp.5-6.

例来看,阿瑟·韦利的这本日本文学小册子主要模仿了弗雷德里克·维克多·迪金斯 1906 年的著作《古代及中世纪日本文学选》(*Primitive & Medieval Japanese Texts*)。

为了帮助读者了解日本古代诗歌的基本形态,书前的序言还就日本古代诗歌的发展予以简要介绍。①

12 月,在《伯灵顿杂志》上发表文章《阎立本的一幅画》("A Painting by Yen Li-Pen")。该文介绍了上海商务印书馆 1917 年出版的闽中林氏收藏阎立本的《历代帝王图》的珂罗版印复制品,并翻译了周必大 1188 年收藏并修补该图所作的部分跋文,该文现收入周必大的《周益国文忠公集》与《益公题跋》二书中,在文字上略有出入。此画现藏于波士顿美国博物馆。

该年,出版家斯坦利·昂温(Stanley Unwin,1884—1968)与阿瑟·韦利相识,此后,乔治·艾伦与昂温出版公司成为阿瑟·韦利著作的主要出版机构。

按:乔治·艾伦与昂温出版公司,1871 年,由乔治·艾伦先生创办,原名为乔治·艾伦出版公司。20 世纪初,因为资金不足,经营出现困难。1914 年,斯坦利·昂温先生出资购买公司大部分股份,成为股东,公司遂更名为乔治·艾伦与昂温出版公司。更名后的公司主要由斯坦利·昂温的儿子雷纳·斯蒂芬斯·昂温(Rayner Stephens Unwin,1925—2000)和侄子菲利普·昂温(Philip Unwin)经营,是哲学家伯纳德·罗素,汉学家阿瑟·韦利,英国著名短篇小说家、诗人罗尔德·达尔(Roald Dahl,1916—1990),挪威生物学家、海洋学家、世界知名探险家托儿·海尔达尔(Thor Heyerdahl,1914—2002),英国著名作家、语言学家、教育家约翰·罗纳德·瑞尔·托尔金(John Ronald Reuel Tolkien,1892—1973)作品的主要出版商。

1920 年　31 岁

1 月,美国《诗刊》杂志社收到美国阿尔弗雷德-克诺夫出版社出版的阿瑟·韦利的《中国诗文续集》。

该月,在美国《诗刊》杂志第 15 卷第 4 期的读者来信栏,理查德·阿丁顿以读

---

① Arthur Waley, *Japanese Poetry: The Uta*, Oxford: Clarendon Press, 1919, pp.5-6.

者的身份介绍并评价了英美诗坛出版的一些新诗集,其中包括阿瑟·韦利的《中国诗文续集》。理查德·阿丁顿认为阿瑟·韦利《中国诗文续集》的读者群不仅包括学者,还包括大量的普通读者。这种对诗的延续不断的热情大概是为了对现代商业生活进行无声的对抗。但新兴的美国对这些新出版的诗集不感兴趣,为此理查德·阿丁顿呼吁美国的出版机构要引起重视。关于阿瑟·韦利,理查德·阿丁顿评价道:"阿瑟·韦利又出版了一系列中国诗文译作。因为是大英博物馆的职员,所以具有翻看馆藏中国诗人手稿的便利。他在诗歌语言与节律方面是一名专家。他往往以魅力十足的自由诗来翻译,该书如乔治·艾伦与昂温出版公司和阿尔弗雷德-克诺夫出版社之前出版阿瑟·韦利的其他书一样有价值。"[①]

2月,翟理斯在《新中国评论》第2卷第1期上发表《公元前二世纪的一位诗人》。他认为《古诗十九首》中的9首出自枚乘之手,并将这9首诗全部翻译出来,且在每首诗的后面附录阿瑟·韦利的译文,并附有提示,指出阿瑟·韦利翻译的错误。翟理斯的这一做法令阿瑟·韦利备感不快,两人间的论争逐渐白热化。

该月,美国《艺术与生活》(Art and Life)杂志在新书公告栏介绍阿尔弗雷德-克诺夫出版社出版阿瑟·韦利的《中国诗文续集》,文中称只要读过阿瑟·韦利《170首中国诗》的序言,对中国诗歌史及其创作技巧有所了解的读者会对此书感兴趣。该书和《170首中国诗》的译法一致,依然以无韵诗的形式翻译。他的翻译使读者有机会目睹李白、杜甫之外的中国诗。尽管白居易的诗很少引起译界的注意,但52首的数量几乎占了该书一半的篇幅。

2月28日,在《新政治家》以"Buddha's Pity"为名发表印度三藏昙无谶《优婆塞戒经卷》第三节《悲品》的部分译文,后收入《庙歌及其他》(The Temple and Other Poems)。

3月,美国《诗刊》杂志第15卷第6期刊载阿瑟·韦利翻译的日本能剧《初雪》("Early Snow"),此文未收入阿瑟·韦利后来出版的作品集。

4月,《诗刊》收到阿瑟·韦利赠送的新书,牛津克拉伦登出版社出版的《日本诗歌:和歌选》。

[①] Richard Aldington,"A London Letter,"Poetry,Vol.15,No.4(Jan. 1920):228.

8月,《诗刊》第16卷第5期发表爱丽斯·科尔宾·亨德森(Alice Corbin Henderson)的《美国各州的民歌》("The Folk Poetry of These States"),文中谈及直到20世纪初,学界才开始注意美国印第安人民歌的魅力,主要的方法就是语言学家对印第安歌曲进行逐字逐句的翻译,这种译法与阿瑟·韦利对中日文学作品的翻译方法一样。

该期《诗刊》还刊发了《芝加哥邮报》的编辑、美国新诗运动的主要参与者藤田(Jun Fujita,1888—1963)评论阿瑟·韦利《日本诗歌:和歌选》的文章《韦利关于和歌的论述》("Waley on The Uta")。文中提道:

> 阿瑟·韦利的日本诗对日本人来说既是一个惊喜,也存在一系列的失望。作为一名日本古代语言的西方学生,阿瑟·韦利似乎是一个奇迹,他所做的是之前学界从未接触过的一个领域。但他是否理解日本诗歌就是一个问题。该书是一本上好的字典,有助于日本经典诗歌的语法学习。①

该月,翟理斯著文《重译》,发表在《新中国评论》第2卷第4期上,该文主要针对阿瑟·韦利1919年5月31日刊发在《新政治家》上的《大招》的译文进行修正。如果说《古诗十九首》中9首诗歌的翻译,翟理斯还仅是指出阿瑟·韦利的常识性问题,在这篇文章中,他把矛头直接指向了诗歌翻译方法。翟理斯认为:"阿瑟·韦利对于《大招》翻译有冒险的企图,他希望通过自由化的翻译,而非押韵的译文逃避批评。但作为译者,若不能正确地将诗人的原作传达给读者,那就必须进行大量的修补。"②翟理斯明确表示此文就是为修补阿瑟·韦利之失而作。为了方便读者对比,翟理斯先将《大招》的中文原文逐段列出,每段下面附上自己的译文以及阿瑟·韦利翻译中存在较大问题的句子,之后逐段指出阿瑟·韦利翻译的错误与不足。这篇文章发表后,阿瑟·韦利再也按捺不住了,开始著文还击。

9月11日,在《新政治家》上发表《北乡能剧的合唱队》("Chorus from the No-play Hokazo"),后收入《日本能剧》(The Noh Plays of Japan)。

12月,阿瑟·韦利在《新中国评论》第2卷第6期上著文《〈琵琶行〉译注》,对翟理斯的挑战予以公开回应。阿瑟·韦利认为,翟理斯的《中国文学史》只翻译

---

① Jun Fujita,"Waley on The Uta,"*Poetry*,Vol.16,No.5(Aug. 1920):283.
② Herbert Allen Giles,"A Re-Translation,"*The New China Review*,Vol.2,No.4(Aug. 1920):320.

了《琵琶行》的诗文,没有翻译原序,这是重大的疏漏,因为序言是理解诗文的一把钥匙。为此,他将原序全文翻译出来,并对翟译中的误译提出了自己的看法。翟理斯认为《琵琶行》中的"客"是诗人自己,阿瑟·韦利根据该诗的序言、白居易的传记以及《旧唐书》《新唐书》中相关的记载,认为诗中的主人是白居易,不是"客";翟理斯认为翻译的过程叫"释义"更准确,但阿瑟·韦利觉得"释义"与自己的翻译工作相去甚远,尽管翻译不可能保留诗歌原有的特性,但他竭力把中国诗翻译成英国诗,而这点仅靠句末押韵是达不到的;翟理斯认为翻译应追求绝对准确,尤其是一些动植物的名称,阿瑟·韦利则认为鸟兽的名称不应过多追求一一对应,译者应该按照诗歌的风格来寻找合适的词语,因为诗人旨在译诗而不是编写自然史。①

阿瑟·韦利通过诗文的细读指摘翟理斯的错误,同时也为自己使用的无韵译法辩驳。同一刊物连续刊载两人的争辩文章,这种风气虽然在当时的期刊界颇为普遍,但彼此指摘的对抗性论文的发表已经带有鲜明的火药味。

12月,在《伯灵顿杂志》第37卷第213期上发表文章《中国艺术哲学之一:六法论》("Chinese Philosophy of Art-I.Note on the Six'Methods'"),着重介绍了谢赫的绘画六法。② 在撰写此文的过程中,阿瑟·韦利参考了泷精一先生(Seiichi Taki)在《国华》(Kokka)第338期上发表的文章以及佩初兹(Raphael Petrucci)在《远东艺术中的自然哲学》("La Philosophie de la Nature dans l'Art d'Extrême Orient")中关于"六法论"的评述。

该月,《诗刊》第17卷第2期的读者来信栏目刊登了阿瑟·韦利的信件,该信件主要就该刊第16卷第5期藤田先生的评论文章谈了自己的看法。阿瑟·韦利认为翻译能够传达原文的引申义,要相信读者的理解力和想象力。信件译文如下:

《诗刊》编辑:或许你会容许我对藤田先生的评论做一些回应。

他引了我关于"烧盐者"的译诗,并说:"读了译本,总想知道它是关于什

---

① Arthur Waley,"Notes on the 'Lute-girl's Song'," *The New China Review*, Vol.2, No.6(1920):595-597.
② Arthur Waley,"Chinese Philosophy of Art-I.Note on the Six 'Methods'," *The Burlington Magazine for Connoisseurs*, Vol.37, No.213(1920):309-310.

么的。"他接着说,"原文能让人感受到一种春夜的静谧。"

而今经过评论者的仔细分析,从译文的陈述派生出来的诗歌的隐含意义与原文一样表现出来了。从译文中,任何有知识的欧洲读者都能像藤田先生阅读日文原文那样推论出大海是平静的,没有风,一两艘小舟要穿过港湾等。翻译不可避免的缺失就是形式之美。我能确信的是我理解的原文中隐含的意义与藤田先生理解的相同,译文也能将原文的隐含意义提供给熟悉英文的读者。当然"烧盐者"这个词如藤田先生建议的那样,没能向读者传送"女巫"的意思。

对于译者来说,没必要向读者详细解释这种推论及暗示的意义,正如日本将我们的诗歌介绍给他们的大众时一样。因为他自己也承认那些具有充分想象力的读者可以想象出诗作的背景。

简而言之,藤田先生承认理解这种表达,但对我是否理解日本诗歌的隐含意义表示怀疑,以此推测我没有诗歌想象力,因为他没有证据证明,这对我来说是不公正的。我们中大部分比日本人笨拙,那么我认为他们有时在努力忘记我们这些可怜的生物仅有一点点智商。[1]

该年,在《伦敦大学东方学院学报》第 1 卷第 3 期上发表译文《观音赞》("Hymns to Kuan-yin")。《观音赞》为斯坦因收藏的中国画上面的题词,该画创作于 910 年,为两个敬拜观音者所题。文后还附有详细的注释。

该年,《伦敦大学东方学院学报》第 1 卷第 4 期刊载了威廉·蒙哥马利·麦戈文(W. Montgomery McGovern)为阿瑟·韦利《日本诗歌:和歌选》撰写的评论。威廉·蒙哥马利·麦戈文认为,阿瑟·韦利的这本译作有助于扩展英语大众的日本文学知识。从某种角度看,此书是独一无二的,因为它面向中学生以及那些从事于日本文学研究的人。另外,该书旨在培养普通读者阅读源语文本的能力。当然,该书在介绍日本诗歌发展史时,没能将其与西方诗歌进行对比,也没有从《古事纪》开始,对上古的日本诗歌予以介绍,此外,中古诗歌的复兴以及 18 世纪诗歌中具有重要影响的神道仪式也没有介绍。然而,瑕不掩瑜,这本书确实是一本优

---

[1] Arthur Waley,"A Word from Mr. Waley,"*Poetry*,Vol.17,No.2(Nov. 1920):103-104.

秀之作,开创了英国日本语言及文学研究的新时代。①

该刊同期刊载了阿瑟·韦利的书评,评论阿尔伯特·库普(Albert J. Koop)和稻田太郎(Hogitaro Inada)撰写的《日本人名录:学生及艺术收藏家手册》第1册,该书由东方出版公司(The Eastern Press)出版。阿瑟·韦利认为:将英文地名与姓名的发音联系起来的难度远不及日本学生在这一问题上的难度。在英语中,读音与发音比较接近,大多数发音错误与其指向的意义不一定有关系。但阅读日本名字的读者要面对另外一种困难,且要注意它的复杂性。阿尔伯特·库普和稻田太郎的《日本人名录:学生及艺术收藏家手册》在搜罗所有书面语中运用过的人名的基础上,尽量制定正确的发音规则,至少在大量的替代性读音中尽可能地做出选择。该书在日本姓氏研究领域具有里程碑意义,它会吸引所有语言学学生,此外对那些日本艺术收藏家或研究日本艺术的学者尤为有用。②

该年,在《日本商团的交易与收益》(*Transaction and Proceedings of the Japan Society*)第17卷发表一部日本能剧的翻译,后收入《日本能剧》。

在纽约《猎犬》(*The Borzoi*)杂志上发表译文《五柳先生传》("The Master of the Five Willows, an Autobiography"),此文未收入后来出版的诗文集。阿瑟·韦利是英语世界第一个将陶渊明的生平信息介绍给英伦大众的译者。

该年,阿瑟·韦利在卡特赖特花园(Cartwright Gardens)附近租了一套公寓,住了三年之久,生活杂务一直由爱丽斯·奥布赖恩太太(Mrs. Alice O'Brien)照料。

1921年 32岁

1月,在《伯灵顿杂志》第38卷第214期上发表文章《中国艺术哲学之二:王维与张彦远》("Chinese Philosophy of Art-Ⅱ. Wang Wei and Chang Yen-yüan")。文章简要介绍了王维的风景画理论和张彦远的人物画理论,并对其论述予以简要对比评析。

---

① W. Montgomery McGovern, "Review: *Japanese Poetry: The Uta* by Arthur Waley," *Bulletin of the School of Oriental Studies*, University of London, Vol.1, No.4(1920):167-168.

② Arthur Waley, "Review," *Bulletin of the School of Oriental Studies*, University of London, Vol.1, No.4(1920):180-181.

3月,译作《日本能剧》在伦敦由乔治·艾伦与昂温出版公司出版。该书在英、美两国多次重印,美国曾于1929年、1976年推出了两种不同的版本。该书还曾被译为德语。该书译文前详细介绍了能剧的基本设置,能剧舞台的设置,包括演员座位的编排都以图表的形式予以详细展示。文后对译述涉及的佛教知识有详细的注释。译述的剧目是1464年由大波剧团(Onami)在京都的剧场上演三天且获得巨大成功的剧目。该书题献给日本近代美术的开拓者高村光太郎(たかむら こうたろう,1883—1956)。

按:阿瑟·韦利这一阶段对日本诗歌和戏剧的关注,一方面与以翟理斯为代表的传统东方研究开创的研究领域有关;另一方面,庞德在日本诗歌翻译上的成功亦为阿瑟·韦利树立了成功的典范。还有一个不可忽视的因素是他接触到了一些著名的日本文人和艺术家,阅读了大量的日本古代文学作品以及日本学者关于东洋文化的相关著述。

3月26日,在《新政治家》上发表《羽根》("Yugen"),该文主要讨论日本能剧隐含的深意,以及能剧对西方戏剧的借鉴意义,文中介绍的一些材料并未完全收录在该月出版的《日本能剧》一书中。

该月,在《伦敦大学东方学院学报》第2卷第1期上发表论文《莱布尼茨与伏羲》("Leibniz and Fu Hsi")、《关于能剧的两个注解》("Two Notes on No")。前者简单介绍了八卦的缘起以及伏羲与周文王对八卦演化的贡献,并结合搜罗的传教士书信材料对当时学界争论不休的话题——莱布尼茨是否根据《易经》中的八卦推演出二进制的计数方法予以澄清。阿瑟·韦利认为莱布尼茨二进制的创立与八卦没有直接关系,莱布尼茨从传教士朋友那里了解到八卦的相关信息后,仅将其作为二进制合理化的一个佐证。后者是对《日本能剧》一书的补充说明,主要介绍了日本室町时代最杰出的能剧大师观阿弥和世阿弥父子的生平,文中还谈及能剧的深层意蕴。

4月,在《皇家亚洲学会会刊》上发表《〈万叶集〉与〈梁尘秘抄〉选译》("Some Poems from *Manyoshu and Ryojin Hissho*"),该文翻译了《万叶集》中的36首诗和《梁尘秘抄》中的14首民歌。《梁尘秘抄》是1911年发现的一本民歌集,虽然学界有所提及,但这14首民歌之前从未被翻译成英文。这些译作被收入1927年约瑟夫·里维斯·弗伦奇(Joseph Lewis French,1858—1936)编辑、美国伯尼-力沃怀特出版社（Boni & Liveright）出版的《莲与菊：中日诗歌集》（*Lotus and Chrysanthemum：An Anthology of Chinese and Japanese Poetry*）和1964年乔治·艾伦与昂温出版公司出版的《蒙古秘史集》（*The Secret History of the Mongols and Other Pieces*）。

该刊同期还发表阿瑟·韦利对两部德文汉学著作的两篇短评。一部是奥地利汉学家纳色恩（Arthur von Rosthorn，1862—1945）的《中国现代文学的缘起》（*Die Anfänge der Chinesischen Geschichtschreibung*），一部是德国汉学家葛禄博（Wilhelm Grube）和额米尔·克瑞柏斯（Herr Emil Krebs）合撰的《中国的皮影戏》（*Chinesische Schattenspiele*）。

5月，在《伯灵顿杂志》上发表文章《中国艺术哲学之三：荆浩》（"Chinese Philosophy of Art-Ⅲ.Ching Hao"）。该文主要介绍五代后梁画家荆浩绘画的主要特色及其代表作品。

6月28日，弗洛伦斯·艾斯库在致好友洛威尔的信中，谈及初见阿瑟·韦利时的印象时说："阿瑟·韦利没有激情，倒显得有点做作。他丝毫听不进别人的话，只相信他自己。他对任何学科都不怀疑，即使面对那些愚蠢可笑的错误，依然对自己深信不疑。一个人脑海里装的全是自我和自信，实在有些不可思议。"

6月，在《伯灵顿杂志》上发表文章《中国艺术哲学之四：郭熙》["Chinese Philosophy of Art-Ⅳ.Kuo Hsi（Part Ⅰ）"]。

7月，在《伯灵顿杂志》上发表文章《中国艺术哲学之五：郭熙》["Chinese Philosophy of Art-Ⅴ.Kuo Hsi（Part Ⅱ）"]。以上两文主要介绍北宋画家郭熙的画论和主要画作，并翻译了郭熙《山水训》中的部分章节，对了解我国北宋画风的走向有一定的意义。

8月，在《伯灵顿杂志》上发表文章《中国艺术哲学之六》（"Chinese Philosophy of Art-Ⅵ"）。该文主要介绍中国南宋时期的主要画家流派及绘画主张。

该月，《新中国评论》第3卷第4期刊载了翟理斯的反驳文章《韦利先生与〈琵琶行〉》。文中就阿瑟·韦利的批评建议提出自己的看法，并重申前几篇文章中对阿瑟·韦利部分翻译的看法，认为尽管人们很难抗拒别人妻子的诱惑，但都会过度迷恋自己的文章而不能自拔。关于屈原《大招》中"青春受谢"的翻译，翟理斯坚持"春天降临"的译法，不认可阿瑟·韦利"春天接管（冬天的）空位"的译法，为了说明自己译文的正确性，他罗列了自己请教过的中国知名学者，时任北京政府教育部次长的袁希涛、江苏省教育协会立法部主席王天柱、江苏公学校长任诚、北京教育部委员杨维兴等。翟理斯认为这场笔战的真正动因是他在一片平静的湖中扔了一块石头,要求阿瑟·韦利将自己整本书中翻译的错误逐一罗列,且提出正确的译法供自己参考或辩驳。①

9月,在《伯灵顿杂志》上发表文章《中国艺术哲学之七:董其昌》("Chinese Philosophy of Art-Ⅶ.Tung Ch'i-ch'ang")。该文主要介绍明代画家董其昌的画论,并翻译了董其昌《画禅室随笔》中的部分内容。

10月1日,在《形式》(Form)杂志上发表文章《孔子》("Confucius"),文中主要介绍了孔子的思想及其在20世纪的影响。

10月,阿瑟·韦利以读者来信的方式在《新中国评论》第3卷第5期上发表文章《〈琵琶行〉:韦利先生答翟理斯教授》对翟理斯的批评予以驳斥。文中就"行"字的翻译,阿瑟·韦利坚持自己的看法,"翟理斯认为除这首著名的诗歌外,'行'与'歌'没有关联,那么他难道没读过魏武帝(曹操)的《短歌行》及李白同名的模仿之作吗?那么古代(当然是唐前)的'君子行''从军行''秋胡行''东门行''孤儿行'又是什么?李白的《猛虎行》《胡无人行》《怨歌行》,杜甫笔下无数的'行'呢?"关于"青春受谢"的翻译,阿瑟·韦利认为翟理斯列举的那些教育家不一定是古代文学研究的专家,因为"受"与"到来"无关,为了说明这一点,阿瑟·韦利列出《礼记》中"大夫七十而致事,若不得谢必赐之几杖"、《公羊传》中的"谢国夫季子",通过对两句中"谢"字意义的解读,推论"受谢"是"接管空位"的翻译没有错。该文语气已没有前面的文章平和,文末明显表现出阿瑟·韦利对翟理斯为人刻薄的不满,言辞有些过激。"这场论争显然是一场闹剧,如果我是翟理斯教授,会因上演这场剧而害羞,优势显然在他那一方,因为他享誉全球,而我一无所有。"②

11月,在《伯灵顿杂志》上发表文章《中国艺术哲学之八》("Chinese Philosophy of Art-Ⅷ")。该文主要介绍明代画家的画风与禅宗的关系。

---

① Herbert Allen Giles,"Mr. Waley and 'The Lute Girl's Song'," *The New China Review*, Vol.3, No.4 (Aug.1921):281–288.
② Arthur Waley," 'The Lute Girl's Song': Mr. Waley's Reply to Prof. Giles," *The New China Review*, Vol.3, No.5(Oct. 1921):376–377.

12月10日,在《新政治家》杂志上发表文章《一位善于内省的浪漫主义者》("An Introspective Romance"),该文主要针对当时欧洲人喜欢中国甚于日本的风尚而作。内容主要介绍了日本平安时代的文学发展情况,并简要分析了紫式部的《源氏物语》。题目所写的"一位善于内省的浪漫主义者"指的就是紫式部。自此阿瑟·韦利开始关注日本平安时期的文学,并萌生翻译《源氏物语》的想法。

12月,在《伯灵顿杂志》上发表文章《中国艺术哲学之九:结语》["Chinese Philosophy of Art-IX.(Concluded)"]。该文简要介绍中国明末画家恽寿平、吴历、王翚的绘画理论。文末作者对该系列论文有一小结,阿瑟·韦利认为中国艺术家没有形成一种具有一定逻辑性的思维方式,也没有努力创造系统化的艺术哲学。中国艺术家仅满足于偶然的观察、交流、逸事及意见。更令人惊奇的是,中国虽然翻译了成千上万的佛教艺术梵语文本,其他类别的印度艺术作品几乎没有涉及。再者,中国的美学理论也是缺失的,因为美学以心理学为基础。①

该年,经威尔斯介绍阿瑟·韦利与徐志摩相识,阿瑟·韦利曾向徐志摩请教一些关于中国诗文的常识。

1922年　33岁

3月,阿瑟·韦利编制的《大英博物馆东方图片及绘画分部藏品之中国艺术家人名索引》(An Index of Chinese Artists Represented in the Sub-department of Oriental Prints and Drawings in the British Museum)由博物馆董事会出版,劳伦斯·宾扬作序。这是西方第一本中国艺术家名录。该书以画家的英译名为基础,按照英文字母表的顺序编排,内容主要包括画家的名字、大英博物馆东方图片分社馆藏的相关画作及部分复制品的信息,还附有一些藏品的图片,是查阅馆藏画作信息的重要辞典。序言中阿瑟·韦利罗列了一些与绘画相关的中文书籍和期刊的目录,其中史书类目录,阿瑟·韦利列出了金陵书局光绪四年的刻本《旧唐书》《新唐书》《宋史》《元史》《明史》,绘画作品罗列了汲古阁刻印的张彦远的《历代名画记》,张丑的《清河书画舫》,高士奇的《江村销夏录》,康熙精写刻本《钦定佩文斋书画

---

① Arthur Waley, "Chinese Philosophy of Art-IX.(Concluded) ," The Burlington Magazine, Vol.39, No.225 (Dec. 1921) :298.

谱》，乾隆精刻本《墨香居画识》，乾隆帝藏画目录《石渠宝笈》和《秘殿珠林》，冯金伯的《国朝画识》，徐沁的《明画录》，彭蕴灿的《画史汇传》，秦祖永的《画学心印》。该书在编纂过程中还参看了日本学界的相关研究成果，英文著述主要参看了翟理斯的《中国绘画史导论》和《中国传记词典》。翟理斯的儿子翟林奈在此书编撰过程中给予了大量的帮助。这是阿瑟·韦利自1913年到大英博物馆东方图片社工作以来，为东方图片社编制完成的第一本东方艺术家索引。

4月，著作《禅宗及其与艺术的关系》(Zen Buddhism and Its Relation to Art)由伦敦卢扎克公司出版。该书第一部分简述了佛教在中国的早期传播和唐以后与中国文化融合形成的禅宗的发展历程。第二部分主要介绍了中日禅宗的主要派别黄檗宗、曹洞宗、临济宗。第三部分简要叙述禅宗与艺术的关系及其对日本艺术的影响。附录部分有日本艺术中的禅宗图片，木庵禅师的一些画作，还有一些关于佛教起源的绘画图片。该书主要内容也见于次年出版的《中国画研究概论》第17章。曾于1957年胶印重版。在该书的序言中，阿瑟·韦利说明此书的阅读对象为普通读者，而非佛教专家或汉学家。这一阐述表明阿瑟·韦利学术研究目的的一个转向，他已开始重视学术著作的普及性和大众化的美学诉求。

6月，在《伦敦大学东方学院学报》第2卷第2期上发表论文《利玛窦与董其昌》("Ricci and Tung Ch'i-ch'ang")、《长恨歌》("The Everlasting Wrong")。在前一篇文章中，阿瑟·韦利引述一段董其昌《画禅室随笔》中钻研天主教的文字，证实董其昌曾经学习过天主教，借此纠正劳费尔(Bernthold Laufer)在《基督教艺术在中国》(Christian Art in China)中关于董其昌从未受过欧洲影响的说法。在后一篇文章中，阿瑟·韦利将自己关于白居易《长恨歌》的译文与翟理斯的进行比较，指出彼此的不同。

10月，法国汉学家伯希和在《通报》(T'oung Pao)第21卷第4期上发表了一篇长篇书评，评论阿瑟·韦利该年出版的《大英博物馆东方图片及绘画分部藏品之中国艺术家人名索引》。

该月，翟理斯在《新中国评论》第4卷第5期上发表文章《冠带》，对阿瑟·韦利《古诗十九首》中《青青陵上柏》中"冠带自相索"一句的翻译提出了自己的异议。文中还摘录了1918年11月22日在《剑桥评论》上评论《170首中国诗》的文章。之后，阿瑟·韦利没有再做激烈的回应，至此，两人长达四年的论争总算暂时平息下来了。

　　按：这场争论前后持续四年之久。虽然主要围绕具体诗作翻译的不同看法展开，但它是两人就诗歌翻译所持不同译法的一场较量。翟理斯力倡韵体翻译，阿瑟·韦利则认为散体翻译法效果更佳；翟理斯严格遵守英诗押韵的传统，阿瑟·韦利则对这一传统予以颠覆；翟理斯主张意译，阿瑟·韦利主张直译；翟理斯认为英国大众喜欢韵诗，阿瑟·韦利则认为散体诗才能保证诗歌的大众化。就两人争论的问题来看，不外乎直译与意译、散体翻译与韵体翻译。这一问题在译诗界一直争论不休。至今就直译与意译、散体翻译与韵体翻译孰优孰劣依然各执一词，难分高下。理论的争执仅是事情的表象，其实这场争论是传统汉学家与现代汉学家的一次对抗。翟理斯作为传统汉学的维护者，谨遵诗歌押韵的传统。阿瑟·韦利则以英美意象派为榜样，希望从中国诗歌的翻译中为英诗的发展寻找新的出路。但在传统汉学还占据主导地位的20世纪20年代，阿瑟·韦利的争论尽管已初现锋芒，但还是有些力不从心。阿瑟·韦利最后将翻译问题置之一边，就翟理斯仰仗自己名望之大与一后辈学人一争高下的为人态度予以批驳，这显然是阿瑟·韦利无奈之余的一种自我保护，但其处于劣势的情形不言自明。然而阿瑟·韦利并没因论战的失利放弃自己的译诗主张，《170首中国诗》的畅销就是对他译诗策略的极大肯定。

　　12月，在《伯灵顿杂志》第41卷第236期上发表《中国寺庙的绘画》("Chinese Temple Paintings")。该文以唐武宗会昌五年(845)毁坏寺庙、驱逐僧尼的事件开始，翻译了张彦远《历代名画记》中的相关信息，并介绍了唐代佛教绘画的一些成就。

　　该年，英国著名诗人、文学编辑约翰·斯奎尔(John Squire, 1884—1958)在他的《散文集》(Essay at Large)中撰文《一位天才的译者》("A Translator of Genius")，评论阿瑟·韦利的诗歌翻译。他认为阿瑟·韦利是年青一代中最杰出的汉学家之一，他翻译的中国诗歌跨度很大，从公元前4世纪至公元后17世纪都有涉猎。他轻视李白，看重白居易，将白居易视为唐诗的核心人物。约翰·斯奎尔对阿瑟·韦利不用韵体译诗的方法颇为赞同，在他看来，像原文那样创作单个音节来翻译根本不可能。此外，他还指出阿瑟·韦利出版的一系列翻译诗歌不仅增加了英国读者对中国的了解,而且也是英语诗歌的一大收获。①

该年,日本汉学家小畑熏良翻译的《李白诗集》(The Works of Li Po)出版,该书为李白诗歌结集出版的首本英文译作。该书分为三部分,李白的诗、别人与李白唱和的诗、相关的序传及参考书目。第一部分包括一篇长达 25 页的文章,就李白的生平及相关的事件做了较为详尽的介绍。与阿瑟·韦利《诗人李白》一文的思路相似,小畑熏良也主要参考了《新唐书》中的李白传,不同的是小畑熏良用 7 页的篇幅就盛唐的时代背景做了详细的介绍,如唐代的政治、经济、文化包括长安的盛况等,对安史之乱也有较为详细的介绍。小畑熏良在后记第三部分参考书目中提到阿瑟·韦利的《170 首中国诗》《中国诗歌续集》以及《诗人李白》这篇论文。

11 月 20 日至翌年 7 月 24 日,哥哥西吉斯蒙·戴维出席英、法、意、日、希、罗、南等协约国与土耳其在瑞士洛桑举行的洛桑会议。

1923 年　34 岁

1 月 13 日,阿瑟·韦利在《观察家》杂志上发表扬雄《逐贫赋》("Poverty")的译文,后收入该年 10 月出版的《庙歌及其他》。

1 月,《皇家亚洲学会会刊》第 55 卷第 1 号上刊载有阿瑟·韦利为日本学者姉崎正治(Masaharu Anesaki,1873—1949)1921 年出版的《几篇日本宗教史论文》(Quelques Pages de L'Histoire Religieuse du Japan)撰写的短评。

2 月,阿瑟·韦利在《伦敦水星》(London Mercury)杂志上发表张衡《骷髅赋》("The Bones of Chuang Tzǔ")的译文,后收入《庙歌及其他》。

4 月,阿瑟·韦利在《亚洲》(Asia)杂志上发表欧阳修《鸣蝉赋》("Cicada")的译文,后收入《庙歌及其他》。

5 月 10 日,《小说月报》第 14 卷第 5 号刊登了徐志摩的《曼殊斐尔》。文中借曼殊斐尔(Katherine Mansfield)之口,对阿瑟·韦利的翻译赞美道:"她说她最爱读 Arthur Waley 所翻的中国诗,她说那样的艺术在西方真是一个 Wonderful Revelation。"曼殊斐尔在徐志摩的心目中犹如圣母,她的文风令徐志摩推崇备至,徐志

---

① John Squire, *Essays at Large*, London: The Westminster Press, 1922, pp.177-179.

摩称其为"评衡的天才,有言必中肯的本能"。在徐志摩眼里,她的评价就是定论、真理。这一评论虽然仅有短短几句,但就目前搜集的资料看来,依然可看出徐志摩对阿瑟·韦利的赏识。

5月,阿瑟·韦利在《伯灵顿杂志》第42卷第242号上发表文章《中国艺术中的动物》("Animals in Chinese Art")。此文是关于时任巴黎赛努奇博物馆馆长达登先生(H. D. Ardenne de Tizac, 1877—1932)的著作《中国艺术中的动物》(Animals in Chinese Art)一书的书评。

6月,阿瑟·韦利在《袖珍书》(The Chapbook)杂志上发表王延寿的《梦赋》和束皙的《饼赋》("'The Nightmare' and 'Hot Cakes'")的译文,后收入《庙歌及其他》。

该年,阿瑟·韦利在《大亚细亚》(Asia Major)杂志上发表张彦远《历代名画记》中的部分译文,题为《关于画作的评论、收藏、买卖及处理》("On the Criticism, Collection, Purchase and Handling of Pictures")。该文主要是为夏德(Friedrich Hirth)75岁寿诞所作,后收入9月出版的《中国画研究概论》。

9月,著作《中国画研究概论》由伦敦欧内斯特·本恩出版公司出版。该书分两部分,一部分是文字介绍,一部分是绘画作品图录。该书初版仅印行了50本,每本书都有作者的亲笔签名。1958年4月纽约丛树出版社(Grove Press)再版,印发了2000本,1974年此书在纽约再版印行。该书按照年代的顺序编排,分先秦艺术、汉代艺术及佛教、魏晋时期艺术及佛教绘画、唐代绘画、五代绘画、北宋绘画、南宋绘画、元及明清绘画。书中还专节介绍了顾恺之、陆探微、王维、郭熙等历代著名画师。该书第1章阿瑟·韦利提醒读者该书仅是关于中国绘画的系列论述,不可将此书当作中国绘画史来阅读,因为论述的内容仅限于著者熟悉的部分。阿瑟·韦利将此书题献给自己的上司劳伦斯·宾扬。

该月,阿瑟·韦利在《伯灵顿杂志》第43卷第246号上发表《太宗六骏》("T'ai Tsung's Six Chargers")。此文主要修正了C.W.B.在《费城博物馆馆刊》(The Museum Journal Philadelphia)上刊发的一篇关于太宗六骏文章的两处错误。

10月13日,在《观察家》杂志上发表《皎然诗三首》("Three Poems by the Priest Chiao-Jan"),这三首诗在后来的诗文集中都没有收录。

10月,译作《庙歌及其他》在伦敦由乔治·艾伦与昂温出版公司出版。该书在前言中专辟章节详细介绍了"赋"这一文体的发展轨迹。翻译介绍了屈原、宋玉、邹阳、司马相如、扬雄、张衡、王延寿、陶潜、杜牧、欧阳修等人的赋体作品。在西方汉学史上,把赋作为一个单独的文体列出来,梳理其发展脉络,并以专著形式详细介绍的,阿瑟·韦利是第一人。此书所译多为长篇。全文译出的有宋玉的《高唐赋》,邹阳的《酒赋》,扬雄的《逐贫赋》,张衡的《骷髅赋》《武赋》,王逸的《橘颂》,王延寿的《梦赋》《鲁灵光殿赋》,束皙的《饼赋》,欧阳修的《鸣蝉赋》。书中还翻译了汉乐府叙事诗《孔雀东南飞》和北朝乐府《木兰辞》以及白居易《游悟真寺诗(一百三十韵)》。翻译原本主要参看《楚辞》《昭明文选》《御定历代赋汇》《乐府诗集》等。此书于 1925 年重印。

  按:该书名中的"庙歌"一词源自白居易的《游悟真寺诗》。在序言中,阿瑟·韦利翻译了陶渊明的《自祭文》《归去来兮辞》,并翻译了《闲情赋》中的部分段落,可见阿瑟·韦利对陶渊明和白居易的偏爱。

12 月 15 日,在《新政治家》上发表译文《1877 年一个中国人对布莱顿的描述》("A Chinaman's Description of Brighton in 1877")。译文未收入阿瑟·韦利在世时出版的任何文集。该文原作者是黎庶昌,清末首任驻英大使郭嵩焘的随行人员,曾任使馆参赞。该文原收录于黎庶昌著《拙尊园丛稿》第 5 卷,原题名为《卜来敦记》。

该年末,阿瑟·韦利写信给徐志摩,信中感谢胡适的赠书,表达了想向胡适请教元人短篇小说及温庭筠的"侧辞、艳曲"的情况。

该年,阿瑟·韦利搬至戈登方场 36 号的一套公寓中,并开始着手翻译日本作家紫式部的《源氏物语》。该公寓楼层较高,离大英博物馆很近,可以俯瞰林荫遮蔽的花园,还可骑自行车上班。此后,一辆绿色的自行车成了他主要的交通工具。阿瑟·韦利在此处一直居住至 1933 年,照顾他日常生活琐事的依然为爱丽斯·奥布赖恩太太。

1924 年 35 岁

1 月 19 日,阿瑟·韦利在《观察家》杂志发表译作《早期日本民歌》("Early Japanese Folk-song")。该译文未收入后来出版的任何一种译著。

1 月,徐志摩收到阿瑟·韦利的来信,信中询问胡适《白话文学史》出版事宜及温庭筠的诗集问题。

　　按:1月,徐志摩在写给胡适的信中提道:Arthur Waley 有信来提起你,谢谢你的书,他盼望读你的《白话文学史》。他问元朝人的短篇小说有没有集子,他要温庭筠的"侧辞、艳曲",你知道市上有得买否,如有我想买一本送他。①

　　该信提供的一条珍贵信息是阿瑟·韦利此前曾读到胡适所著的书籍。据曹伯言、季维龙的《胡适年谱》,可知胡适在 1924 年前出版的著作有:1919 年 2 月上海商务印书馆出版的《中国哲学史大纲》上卷;1919 年由北京大学出版部印行的《中国哲学史讲义》,但只出了前七章;1921 年 12 月上海亚东图书馆出版的《胡适文存》;1922 年 10 月上海亚东图书馆出版的《先秦名学史》。② 在这几本书中,《中国哲学史讲义》因为不完整,不可能赠送这一外国友人。《胡适文存》是胡适在 1926 年 8 月之后到伦敦才送予阿瑟·韦利的。③ 为此阿瑟·韦利读到的书应该是《中国哲学史大纲》上卷或《先秦名学史》。

1 月底至 2 月间,徐志摩收到迪金森来信以及随信附寄的阿瑟·韦利的《庙歌及其他》。

2 月 21 日,徐志摩给阿瑟·韦利回信,谈及上述事宜,寄送《温飞卿诗集》及鲁迅的《中国小说史略》。

　　按:徐志摩信件内容如下:

　　魏雷先生:

　　狄老寄来一本你新面世的大作,但我还没有时间详细拜读。我想写一篇文章,论述你这本翻译中文诗以及介绍我国艺术的皇皇新著,但至目前为止仍未动笔。我们计划出一个新的周刊,大致象(像)伦敦的《国民杂志》那样。但我们还没定下什么政治或其他方面该奉为圭臬的原则。不过我们倒有点自负,要把杂志定名为"理想"。创刊号最迟在四月面世。到时会引起不少

---

① 徐志摩:《致胡适 2402××》,虞坤林编:《志摩的信》,上海:学林出版社,2004 年,第 256 页。
② 曹伯言、季维龙:《胡适年谱》,合肥:安徽教育出版社,1986 年,第 140—286 页。
③ 胡适在 1926 年 12 月 3 日的日记中记道:"去看 Waley[韦利],他说收到了我送他的《文存》《儒林外史》《老残游记》等。"胡适著,曹伯言整理:《胡适日记全编 4·1923—1926》,合肥:安徽教育出版社,2001 年,第 444 页。

人的嘲笑，也有一些人会对之切齿。对于这一切预期的反响，我们都准备洗耳恭听。中国现状一片昏暗，到处都是人性里头卑贱、下作的那一部分表现。所以一个理想主义者可以做的，似乎只有去制造一些最能刺透心魂的挖苦武器，借此跟现实搏斗。能听到拜伦或海涅一类人的冷蔑笑声，那是一种辣人肌肤的乐事！

我寄上一本《温飞卿诗集》。他本传里说的"侧辞、艳曲"，大概是指他的"金荃词"，这我一时找不到单印本。元人的短篇小说现在也没有集子。胡适之说我们竟无从知道现存的短篇中那些不是元代的作品。我们一个朋友新出一本小说史略（鲁迅著）颇好，我也买一本寄给你。适之的《白话文学史》还不曾印成。……

再者：我在筹备一个以魔鬼诗派为中心的拜伦百年祭纪念会，我们很愿意听到你的建议。来信请写由西伯利亚寄递。①

5月24日，在《国家》杂志上发表短篇小说《上演》（"Presentation"）。

该年，阿瑟·韦利出任《大亚细亚》的主编，负责该年两期刊物的组稿、审稿、编排工作，自此至1962年一直出任该刊物编委，中间因战事偶有间断。在第1期中，他编辑出版了林语堂的《古代中国语音系统概论》（"A Survey of the Phonetics of Ancient Chinese"）。

该年夏，阿瑟·韦利到诗人、批评家艾迪丝·西特韦尔家里参加聚会。乔治娜·多布尔·西特韦尔（Georgia Doble Sitwell），英国作曲家、指挥家威廉·特纳·沃尔顿（William Turner Walton），英国古典乐作曲家、文学家劳德·伯纳斯（Lord Berners，原名为Gerald Hugh Tyrwhitt-Wilson）也在场。阿瑟·韦利不喜欢威廉·特纳·沃尔顿，不赞同他关于音乐家只能靠创作音乐剧赚钱的说法，悄然离开。

该年，围绕考古学的新发现，古史辨开始盛行欧陆，阿瑟·韦利一直关注此学术论争的最新进展。

该年，哥哥西吉斯蒙·戴维出任财政部助理秘书。

---

① 该信初收入梁锡华编译：《徐志摩英文书信集》，台湾联经出版事业公司，1979年3月版；又载《新文学史料》1982年第3期；本文摘自虞坤林编：《志摩的信》，上海：学林出版社，2004年，第455—456页。

1925 年　36 岁

1月,阿瑟·韦利在《亚洲艺术》(Artibus Asiae)第1期上发表论文《基督或菩萨》("Christ or Bodhisattva")。《基督或菩萨》一文主要介绍大英博物馆馆藏的斯坦因盗取的敦煌经卷中编号为48号的一幅残损的丝织等身人物画。该画多数人认为是菩萨,斯坦因自己也认为可能是地藏菩萨的画像,但阿瑟·韦利提出可能是景教教徒的画像。

4月,阿瑟·韦利在《亚洲艺术》第2期上发表论文《观音与妙善传说》("Avalokiteśvara and the Legend of Miao-Shan"),文中修正了梅兰妮·斯蒂塞尼(Melanie Stiassny)将妙善的传说当作史实材料的说法。

4月9日,徐志摩拜访阿瑟·韦利,并在阿瑟·韦利家借住一晚,两人畅谈至深夜。这是两人在1922年分别后的首次相见。

  按:1925年4月10日,徐志摩在致陆小曼的信中说:"我前晚到伦敦的,这里大半朋友全不在,春假旅行去了。只见着那美术家 Roger Fry,翻中国诗的 Arthur Waley。昨晚我住在他那里。"①

5月,译作《源氏物语》(The Tale of Genji)第一部由乔治·艾伦与昂温出版公司出版。该书题献给贝丽尔·德·佐特。书前有该书重要人物的关系图,序言中阿瑟·韦利说明:"该书的翻译大致要分作6册,第7册我将翻译这位女作者的日记,并对紫式部在日本文学史上的地位及其对那个时代的影响进行深入的评析。"《源氏物语》的翻译是阿瑟·韦利翻译生涯中篇幅最大的作品,历时八年才最终完成。该书曾多次重印,后被译为德语、塞尔维亚-克罗地亚语、西班牙语、意大利语在布达佩斯、贝尔格莱德、巴塞罗那、都灵等地出版。

7月11日,译作《夜云》("Clouds by Night")在《国家》杂志上发表。

9月,《人类》(Man)杂志第25卷上发表阿瑟·韦利的文章《关于两篇中国神话研究文章的注解》("A Note on Two New Studies of Chinese Mythology")。此文是关于德国汉学近期成果的书评。一篇是德国汉学家奥托·冯·梅兴·黑尔芬(Otto von Manchen-Helfen,1894—1969)在《大亚细亚》杂志1924年第1卷上发表

---

① 徐志摩:《致陆小曼 250410》,虞坤林编:《志摩的信》,上海:学林出版社,2004年,第45页。

的《近期译作〈山海经〉》("The Later Books of the Shan Hai-King"),另外一部是德国汉学家佛尔克(Alfred Forke,1867—1944)的著作《中国人的世界观:关于天文学、宇宙学、自然哲学的思辨》(*The World Conception of the Chinese: Their Astronomical, Cosmological and Physico-Philosophical Speculations*),该书1925年由伦敦亚瑟·普罗布斯坦出版社(Arthur Probsthain)出版。

该月,在《现代书信日历》(*The Calender of Modern Letters*)杂志上发表日本中古作家藤原·道纲母《蜻蛉日记》中的部分译文,名为《道纲母日记》("The Gossamer Diary")。阿瑟·韦利认为《蜻蛉日记》为读者提供了浪漫主义描写的范本,但这种浪漫主义与《源氏物语》的浪漫主义有所区别。

该年,阿瑟·韦利主编的《1924—1925东方艺术文化年鉴》(*The Year Book of Oriental Art and Culture, 1924-1925*)由伦敦欧内斯特·本恩出版公司出版。该套书分两卷,一卷是文本,一卷是图片。其中第1卷文本部分收录了阿瑟·韦利的文章《恽寿平,又名恽南田,1633—1690》("Yun Shou-P'ing, Called 'Nan-t'ien', 1633-1690"),另一篇高濂的《遵生八笺》由阿瑟·韦利翻译,罗伯特·洛克哈特·霍布森(Robert Lockhart Hobson)点评。

该年,英国国会正式通过"中国赔款案",成立咨询委员会。成员配置英籍8人,华籍3人。中方的成员有胡适、丁文江、王景春。

1926年　37岁

1月,在《新政治家》第26卷第662号上发表文章《四重奏》("The Quartette"),该文主要讨论日本小说的四个组成部分,包括事件的叙述、对话、心理描写以及作家的评论。

2月,在《伯灵顿杂志》第48卷第275号上发表论文《饕餮》("The T'ao-T'ieh"),文中选用《吕氏春秋》的故事谈论饕餮的起源及运用。

2月23日,译作《源氏物语》第二部《贤木》(*The Sacred Tree*)由乔治·艾伦与昂温出版公司出版。该书题献给玛丽·麦卡锡(Mary MacCarthy)。序言中对第一册的内容予以简要介绍,并概述了紫式部的创作成就,且简要归纳了《源氏物语》以前日本小说的发展脉络。1959年10月,此书再版,但略去了序言和注解。

该年春,威灵顿子爵率领咨询委员会调查团来华访问,胡适作陪。

6月3日，《北平晨报》副刊刊载了闻一多的《英译李太白诗》，该文就小畑熏良翻译的李白诗歌中出现的一些误读现象做了详细的分析，提出了诗歌翻译中文本的选择、诗歌的韵律及字词意义的传达等方面需要遵守的原则。就译诗的节奏，闻一多分析了小畑熏良、阿瑟·韦利和洛威尔的异同。"在字句的结构和音节的调度上，本来算韦雷（Arthur Waley）最讲究。……如果小畑熏良同韦雷注重的是诗里的音乐，洛威尔（Amy Luwell）注重的便是诗里的绘画。"洛威尔是意象派诗人，译诗重视诗歌意象的色彩，但李白的诗歌是以跌宕的气势取胜，不太重视字句的雕琢。闻一多认为："译太白与其注重辞藻，不如讲究音节。"从这一角度对三者的译文进行比较，"洛威尔不及小畑熏良的只因为这一点；小畑熏良又似乎不及韦雷，也是因为这一点"。闻一多对阿瑟·韦利译诗中鲜明的节奏性予以肯定，这就是阿瑟·韦利弹跳性节奏运用的妙处所在。但就译文的总体质量看，闻一多认为小畑熏良的译文"同韦雷比，超出这位英国人的地方也不少"。该文虽以小畑熏良的译本为评述的主要对象，但指出了阿瑟·韦利译诗注重节奏的特点，这是对阿瑟·韦利采用的跳跃性节奏策略的一种肯定。①

7月，胡适以庚款赔偿委员会委员的身份赴英，商谈庚款助学相关事宜。

8月16日，胡适拜访阿瑟·韦利，谈了一会儿。②

8月19日，胡适与阿瑟·韦利谈一次。

8月27日，胡适在致徐志摩的信中说道："见着Waley，我很爱他。"显然，徐志摩此前一定向胡适提议过去拜访阿瑟·韦利。

9月24日，阿瑟·韦利赠胡适自己新出版的著述《禅宗及其与艺术的关系》和唐代张文成的《游仙窟》。两人就张文成乃唐人的话题相互交流。

> 按：9月24日，胡适在日记中写道："Waley又送我一部张文成的《游仙窟》，此乃一部唐人小说，甚可宝贵。我当整理此书，为作一序，另印一本。张

---

① 闻一多：《英译李太白诗》，《闻一多全集》第6卷《唐诗编》上，武汉：湖北人民出版社，1993年，第67页。
② 关于胡适与阿瑟·韦利的交游始末，可参看冀爱莲：《胡适眼里的海外汉学——以胡适与阿瑟·韦利的交游为例》，杨乃乔、刘耘华、宋炳辉主编：《当代比较文学与方法论建构》，上海：复旦大学出版社，2014年，第305—318页。

文成,据 Waley 说,见于唐书,当考之。"①

10月8日,阿瑟·韦利请胡适看他为豪厄尔(E. Butt. Howell)译的《今古奇观》一文所写的评论。

10月10日晚,胡适到阿瑟·韦利家吃饭,谈得甚为畅快,夜深才散。

该日,就阿瑟·韦利所言中国小说受佛教《本生经》影响一说,胡适在日记中认为"此言甚是",但对阿瑟·韦利《今古奇观》书名的看法颇不认同。

按:10月10日胡适在日记中记道:"Arthur Waley〔阿瑟·韦利〕前天给我看他评 E. Butt. Howell〔E.巴特·豪厄尔〕译的《今古奇观》一文。其中有一段略云:'此类短篇故事,每篇皆用一个同类的短故事作引子,可以暗示佛教 Jataka Story〔《本生经》〕的影响;佛教的 Jataka Story 也是每篇有两个类似故事,其一为本行,其一为前一化身佛的故事。又中国小说之韵文引子或结尾,皆受佛教故事中 gathes 的影响。'此言甚是。"

"但 Waley 谓《今古奇观》之书名,正是指此特〔别〕体裁;'今'谓大故事本身,'古'谓'引子故事'。此却大错。此类话本,最古的如《京本通俗小说》,后来的如《恒言》,如《拍案惊奇》,如《醉醒石》,皆不以'今古'名,可见此书名只是偶然的,但指故事有今有古,而不指此特别体裁也。"②

10月13日,胡适到阿瑟·韦利家吃晚饭,谈甚久。

10月15日,阿瑟·韦利到伦敦华中中国留英学生会年会去听胡适的演讲,演讲的英文稿收入甘博士(Percy Horace Braund Kent,1876—1963)1937年出版的《二十世纪的远东》(*The Twentieth Century in the Far East: A Perspective of Events, Cultural Influences and Policies*)。

10月26日,胡适在日记中记道:

> 我前赞成 Waley〔韦利〕说古短篇小说之用一个小故事引起一个长故事,是受了 Jataka〔《本生经》〕文学的影响。今亦不谓然。此项话本要能引起听者的注意,故先以 moral〔寓意〕起,次用一个故事说明此 moral,然后说到本文。其用意在于"引人入胜",而不关 Jataka Stories〔《本生经的故事》〕。"说

---

① 胡适著,曹伯言整理:《胡适日记全编 4·1923—1926》,合肥:安徽教育出版社,2001年,第358—359页。

② 同上,第386—387页。

平话"的职业上的需要,在小说体裁上留下不少的痕迹。此是一例。"且听下回分解"的组织又是一例。①

10月27日,阿诺德·本奈特(Arnold Bennett)在日记中记载阿瑟·韦利翻译紫式部的《源氏物语》之事。

10月30日,胡适看望阿瑟·韦利,略谈。

10月31日,阿瑟·韦利请胡适吃锄烧。

11月12日,阿瑟·韦利与胡适谈。

11月19日,胡适看望阿瑟·韦利和翟林奈。

11月20日,阿瑟·韦利与胡适等人在爱德华·罗斯·丹尼森勋爵(Sir Edward Denison Ross)家吃晚饭。

11月27日,阿瑟·韦利到阿诺德·贝奈特家,与英国雕刻家埃里克·亨利·肯宁顿(Eric Henri Kennington)等人交谈。阿诺德·贝奈特认为阿瑟·韦利"知识渊博、魅力十足"。

12月3日,胡适看望阿瑟·韦利。阿瑟·韦利告诉胡适收到了送他的《胡适文存》《儒林外史》《老残游记》等,并在几天之内已看完,毫不费力。《老残游记》中有些地方竟使阿瑟·韦利落泪。

> 按:胡适在该日日记中记载:"去看Waley〔韦利〕,他说收到了我送他的《文存》《儒林外史》《老残游记》等,他几天之内都看完了,毫不费力。《老残》有些地方竟使他下泪。
>
> "Waley说,他看别人的文字(中文的),往往要猜想某个名词是什么,我的文字他完全了解。这话使我很高兴。我的文章专注意在这一点长处:'说话要人了解',这是我的金科玉律。"②

12月10日,阿瑟·韦利到胡适所住的宾馆吃茶,同去的有希尔科克(H. T. Silcock)。阿瑟·韦利与胡适就对英国思想界的看法交谈。

> 按:胡适在该日日记中记载:"Arthur Waley〔阿瑟·韦利〕也来,同吃茶,他说,我所见的英国人都是老辈,所以对于英国思想界的感想不佳。此言甚

---

① 胡适著,曹伯言整理:《胡适日记全编4·1923—1926》,合肥:安徽教育出版社,2001年,第411页。
② 同上,第444—445页。

是。但我的感想却也不完全是成见。"①

12月15日,阿瑟·韦利邀请胡适吃饭,谈到夜深始归。

该年,徐志摩翻译小畑熏良的《答闻一多先生》,文中谈到中译英译的问题时说阿瑟·韦利和洛威尔的译本在欧洲非常盛行的情状:

> 近年来欧美注意中国文学的事实是一个使人乐观的现象:韦雷君以及罗威尔女士的译本极受欢迎不说,就我这部书印得比他们的迟,也已经到了第二版的印行。西方人对于中国的兴味终究不仅集中在他的商场与土地上。他们也何尝不急急想发见中国文学伟大的宝藏。这到现在为止他们还没法接近。翻译这事业,不论怎样细小或不准确,总还是他们寻得一个灵性的中华的起点,这里的财富许比他们老祖宗们所梦想的藏金地方更来得神奇哩。②

> 按:这段话不仅提到阿瑟·韦利译本在欧洲的风靡,而且强调译文的价值就是透过文学去发现一个"灵性的中国"。这不仅是小畑熏良的观点,也是徐志摩对阿瑟·韦利译文的定论。

1927年　38岁

2月,译作《源氏物语》第三部《云冠》(A Wreath of Cloud)由乔治·艾伦与昂温出版公司出版,序言中简要介绍第一、二册的故事梗概,并附有《源氏物语》中人物的家庭关系及相关事件的时间表。该书题献给作家雷蒙德·莫蒂默(Raymond Mortimer)。

该月,澳大利亚外交官、知名汉学家赞克(Erwin von Zach, 1872—1942)注意到阿瑟·韦利《庙歌及其他》一书中哲学和诗歌的联系。他认为:"阿瑟·韦利是一个丰富的宝藏,东亚文化艺术里的剑柄或珠宝在他手里都闪闪发光,他将哲学的天才与文学的规则联系起来,努力去理解它,并把它修正为诗歌的方式,这在当今的汉学家看来是非常难的。"尤其是阿瑟·韦利关于司马相如的评论:"我认为,任何读过司马相如诗歌的人都不会责备我不去翻译它。这种闪光的连珠炮似

---

① 胡适著,曹伯言整理:《胡适日记全编 4·1923—1926》,合肥:安徽教育出版社,2001年,第460页。
② 小畑熏良:《答闻一多先生》,徐志摩译,韩石山编:《徐志摩全集》第7卷,天津:天津人民出版社,2005年,第137页。

的语言从来没有在世界上其他作家的笔下出现过,他运用语言就如海豚戏水般娴熟自由,这种口才无以描摹,更不用说翻译了。"

7月,阿瑟·韦利翻译的白居易的《胡旋女》("Foreign Fashion")一诗的译文刊登在《论坛》(Forum)杂志上。该诗未收入阿瑟·韦利之后发表的译著集。

该年秋,阿瑟·韦利偕贝丽尔·德·佐特到伊斯坦布尔旅行。

10月,译作《英译中国诗》(Poems from the Chinese)由伦敦欧内斯特·本恩出版公司出版。此书收入"盛世英语诗歌丛书"(The Augustan Books of English Poetry),为该系列丛书的第2辑第7本。该书共收录34首译诗,全部选自阿瑟·韦利先前出版的中国译诗集,其中12首选自《170首中国诗》,10首选自《中国诗文续集》,7首选自《庙歌及其他》,5首选自《庙歌及其他》的序言。诗人沃尔夫(Humbert Wolfe)在本书前言中写道:"我们应当将这些诗歌看成是一个20世纪的英国人的作品,并以此为基点来评判它们。"①此书1930年1月再版,再版中标注首次出版于1927年8月,或是误注。

1928年　39岁

2月,阿瑟·韦利在《伦敦大学东方学院学报》第5卷第1期上发表书评,评论矢吹庆辉的《三界教之研究》(Sankai Kyō No Kenkyo)。该书的手稿曾毁于1923年的日本关东大地震,地震后,矢吹庆辉重新编著了这部作品,1927年由东京岩波书店出版。阿瑟·韦利认为该书是继伯希和与沙畹合著的《摩尼教流行中国考》之后,在敦煌手稿研究方面推出的又一部重要著作。

4月,在《伯灵顿杂志》第52卷第301号上发表《司马江汉与铃木春重的区别》("Shiba Kokan and Harushige Not Identical")一文。对当时欧洲学界盛行的司马江汉与铃木春重是同一个人的说法予以反驳。

> 按:司马江汉(1738—1818),本名安腾骏,日本江户时代著名学者、艺术家。日本西洋画法和铜版画的创始人。司马江汉曾向日本当时著名的浮世绘大师铃木春信学习过浮世绘创作,铃木春信去世后,他以铃木春重为笔名发表了一系列仕女画,这些画作与铃木春信的真迹不分彼此,一时成为学界

---

① Arthur Waley, *Poems from the Chinese*, London: Ernest Benn, 1927, p.iii.

谈论的重大事件。阿瑟·韦利认为他们不是同一个人。

5月,在《伯灵顿杂志》第52卷第302号上发表短篇书评,评论由路易斯·华勒斯·哈克尼(Louise Wallace Hackney)撰写的《中国绘画指南》(Guide-Posts to Chinese Painting)。文中阿瑟·韦利盛赞了伯希和在编辑此书方面的贡献。伯希和回信称自己未参与该书的编纂工作,名字之所以出现在书中,是为了帮朋友的忙而已。

该月,译作《源氏物语》第四部《蓝裤》(Blue Trousers)由乔治·艾伦与昂温出版公司出版,同年11月再版。全书共333页。序言中附有前面三部故事的简要介绍,书后有该书的广告。该书题献给好友特里维廉。

该年夏,贝丽尔·德·佐特到北非摩洛哥旅行,开始尝试专业翻译。贝丽尔·德·佐特走后,阿瑟·韦利备感孤单。

6月,在《论坛》上发表《英译汉诗三首》("Three Chinese Poems")。其中韩愈诗一首,白居易诗两首,皆未收入阿瑟·韦利的任何一种译著集。

七八月间,胡适寄赠《白话文学史》与阿瑟·韦利。

8月中下旬,徐志摩再次到英伦拜访阿瑟·韦利。

10月18日,胡适收到阿瑟·韦利的来信,信中谈及两个问题。一是论胡适的《白话文学史》,二是请教《参同契》的年代问题。阿瑟·韦利认为江淹的诗中提到《参同契》,《神仙传》中因此提及此书。但他怀疑《神仙传》不可靠,故认为《参同契》当在《抱朴子》之后约400年。胡适不认可此说。胡适根据《四库提要》、李鼎祚的《集解》、《神仙传》中对魏伯阳的记载,以及《参同契》中所提及的内容、用韵,结合朱熹的《周易参同契考异》,认为《参同契》是一部2世纪晚期的书,而不是400年左右。①

10月,译作《清少纳言的枕草子》(The Pillow Book of Sei Shōnagon)由乔治·艾伦与昂温出版公司出版。此书是摘译本,从1931年到1960年,曾5次重印。1960年又出一新版。1944年被译为德语在慕尼黑出版。该书题献给黑塞尔·康普顿(Hazel Crompton),共162页。在序言中,阿瑟·韦利坦承自己仅翻译了《枕

---

① 胡适著,曹伯言整理:《胡适日记全编5·1928—1930》,合肥:安徽教育出版社,2001年,第283—287页。

草子》的四分之一,并在书前的注释中将原文的信息及其他译文的信息予以标注。该书的全译文由伊文·莫里斯翻译,1967 年出版印行。

按:阿瑟·韦利将清少纳言和自己评论交叉,注解详尽,但无脚注。这种翻译法使得清少纳言的意图与读者的期待视野相遇合,获得更好的接受效应。

该年,爱丽斯·盖蒂(Alice Getty)的《北方佛教的神灵》(The Gods of Northern Buddhism)一书出版,致谢词中感谢阿瑟·韦利在日文翻译方面的帮助。

德国汉学家卫礼贤(Richard Wilhelm)的《中国心灵》(The Soul of China)英译本出版,其中诗歌部分为阿瑟·韦利所译。

意识流小说家弗吉尼亚·伍尔芙的小说《奥兰多》(Orlando)出版,在致谢词中感谢阿瑟·韦利给予她的帮助。

该年,尤尼斯·第(Eunice Tietjens)编著的《东方诗选》(Poetry of the Orient)在美国纽约出版,书中《万叶集》中的部分篇目为阿瑟·韦利翻译,此外该书还编选了《170 首中国诗》和《中国诗文续集》中的 19 首中国古诗。

马克·凡·多伦(Mark Van Doren)编著的《世界诗歌选集》(An Anthology of World Poetry)在美国纽约出版,书中选摘了阿瑟·韦利翻译的 25 首中国诗、40 首日文诗。其中中国诗选自《170 首中国诗》《中国诗文续集》《庙歌及其他》,日文诗选自《日本能剧》和《日本诗歌:和歌选》。

年底,贝丽尔·德·佐特从摩洛哥旅行归来,送给阿瑟·韦利一枚银戒指,阿瑟·韦利一直戴着这枚戒指,直至贝丽尔·德·佐特去世。

1929 年 40 岁

年初,阿瑟·韦利患复发性结肠炎,医生诊断该病与大英博物馆东方图片社的工作环境有关。

5 月的一天,艾莉森·格兰特(Alison Grant,1901—2001)在大英博物馆附近夏洛特街区(Charlotte Street)的一家餐馆中与阿瑟·韦利梦幻般相遇。自此,艾莉森·格兰特迷恋上了"这位骑着绿色自行车的男人"。

按:艾莉森·格兰特,英国著名的诗人、小说家。1901 年出生于新西兰,父亲是新西兰南岛的一名桥梁专家。艾莉森·格兰特 7 岁时父亲死于一场洪灾。中学时,艾莉森·格兰特在一次跨栏跑的比赛中三块脊椎骨骨折,医生断言她再也站不起来了。她每天坚持锻炼,最终恢复过来,并开始写作。后母亲改嫁,她离开新西兰到澳大利亚,边学习边创作。她最喜欢曼斯菲尔德的作品,1929年初,艾莉森·格兰特来到伦敦,后来在曼斯菲尔德的丈夫、批评家莫雷先生的帮助下,开始为一些报刊写书评赚钱养活自己。1930年,艾莉森·格兰特与休米·罗宾逊(Hugh Robinson)结婚,生了儿子约翰·罗宾逊(John Robinson),1947年因感情不和离婚,离婚后与儿子搬至布鲁姆斯伯利街区韩德尔(Handel)大街的一间公寓中。1962年,贝利尔·德·佐特因病去世,艾莉森·格兰特搬至高门附近的一所大房子中,与阿瑟·韦利生活在一起。

阿瑟·韦利经常骑一辆绿色自行车往返于大英博物馆和家之间。

上半年,王际真英译的《红楼梦》节选本(Dream of the Red Chamber)由纽约道布尔戴-百老汇出版公司(Doubleday, Doran)出版。同年,伦敦乔治·劳特里奇父子出版有限公司(George Routledge & Sons)也出版此书。该书装帧精美,牛皮外套,书脊处贴一倒垂的徽章形黑牛皮,上面书写金色的书名。该书作为英语世界第一本《红楼梦》的节译本,在《红楼梦》西传史上具有里程碑意义。书前有阿瑟·韦利所作的长达7页的序言。序言中指出,在中国传统文化的视域内,小说和戏剧一直属于登不得大雅之堂的文类,各种代表性的类书和丛书没有收录过戏剧、小说的文本。直到20世纪,这两个文类才引起学界的注意。然后结合文学产生的因素介绍了中国传奇发展成小说的历史,分析了影响《红楼梦》的一些艺术因素,并翻译了《红楼梦》第56回"敏探春兴利除宿弊,时宝钗小惠全大体"中贾宝玉梦中与甄宝玉相遇一节。阿瑟·韦利认为王际真的翻译甚为确切,这多少显示出写序者的溢美之情。

8月,《伯灵顿杂志》第55卷第317号上发表了富田小次郎(Kojiro Tomita)的文章,对阿瑟·韦利之前发表的《司马江汉与铃木春重的区别》一文提出质疑。阿瑟·韦利就富田小次郎的质疑予以回应,罗列出6个证据进行辩解。这两篇文章编辑以《司马江汉与铃木春重是同一个人吗》("Shiba Kokan and Harushige Identical")为题一起发表。

9月,著作《日本文明的起源》(The Originality of Japanese Civilization)由牛津

大学克拉伦登出版社出版。同年12月,刊于《太平洋事务》杂志上。此书是一本仅有15页的小册子,是为参加1929年10月在日本京都召开的太平洋关系研究会而撰写的,1941年由国际文化关系研究会在东京重印出版。该书主要介绍日本早期的诗集、能剧、小说、浮世绘艺术及文学,其中还包括贝丽尔·德·佐特翻译的一首18世纪日本的民谣。

9月的一天,艾莉森·格兰特从威尔士安格尔西岛的霍利黑德港(Holyhead)旅游归来,与阿瑟·韦利开始约会,确立了两人间的情人关系。

9月14日,在《新政治家》第33卷第855号上发表文章《一位中国现代散文作家》("A Modern Chinese Essayist"),文中翻译了梁实秋的三篇散文,选自1927年新月书店出版的《骂人的艺术》。

11月,在《亚洲》杂志上发表刘鹗《老残游记》中"白妞说书"一段,译为《歌女》("Singing Girl")。该文先简要介绍了作者刘鹗的生平事略,之后翻译了"白妞说书"一段,还配有精美的插图。阿瑟·韦利认为《老残游记》系作者的自传体小说。

该年年底,劳伦斯·宾扬继任图片社主任,并举荐阿瑟·韦利担任东方图片分社的负责人。

12月31日,因为健康的原因,阿瑟·韦利向大英博物馆辞职。至此,他在此处工作了16年。

> 按:东方图片社的负责人劳伦斯·宾扬在为阿瑟·韦利编纂的《斯坦因爵士敦煌绘画目录》(*A Catalogue of Paintings Recovered from Tun-huang by Sir Aurel Stein*)所作的序言中称阿瑟·韦利辞职是因为身体的原因,但大卫·霍克思在《阿瑟·韦利先生讣告》一文中却认为阿瑟·韦利离开博物馆是为了全身心投入到中国文学的翻译与研究中,而且谈及他自1930年后,除二战期间从事过一段审察员工作外,再也没有担任过其他的官方职位。

12月,译自日语的《爱虫女》(*The Lady Who Loved Insects*)由伦敦布莱克摩尔出版公司(The Blackamore Press)出版。此篇译作后收入译著集《真实的唐三藏及其他》。全书33页,首次印行的50本都印有AW的字样,序言中曾承诺出版该书的续集,但未曾问世。该书选自《堤中纳言物语》(*Tsutsumi Chunagon Monogatari*)十个章节中的第三部分。

该年,贝丽尔·德·佐特翻译德国作家伊塔洛·斯维沃(Italo Svevo)的作品《恶作剧》(Hoax)完稿,由伦纳德·伍尔夫和弗吉尼亚·伍尔夫夫妇开办的霍加斯出版社(the Hogarth Press)出版,译文的风格与阿瑟·韦利相近。

1930年　41岁

1月8日,阿瑟·韦利自大英博物馆退休,并领得一笔养老金。

该月,阿瑟·韦利和贝丽尔·德·佐特第一次到法国境内的阿尔卑斯山度假,度假地点在塔朗泰斯阿尔卑斯山区(Tarentaise Alps)的佩塞楠克鲁瓦(Peisey-Nancroix)。其间,他一直居住在该地的一家小旅馆中。

3月底,冬假结束,与贝丽尔·德·佐特到意大利访友,4月底回伦敦。

3月29日,在《国家》杂志上发表诗歌《下山》("Downhill"),书写滑雪之美。

该年,在《伦敦大学东方学院学报》第6卷第1期上发表《谈中国的炼丹术》("Notes on Chinese Alchemy")一文,此文补充了美国加利福尼亚博士生奥贝德·西蒙·约翰逊(Dr. Obed Simon Johnson)的博士论文《中国炼丹术考》("A Study of Chinese Alchemy")材料。

按:20世纪20年代初,奥贝德·西蒙·约翰逊来华考察中国道教的现状,回国后完成此博士论文,1928年以《中国炼丹术考》为名,在上海商务印书馆出版。1937年3月,黄素封将其翻译成中文,由上海商务印书馆出版中文版。该书主要论述了中国炼丹术与道家思想的关系,分析了炼丹术在古化学和古医药学中的重要地位,并提出了欧洲炼丹术起源于中国的说法。

6月,在《古董》(Antiquity)杂志第4卷第14号上发表五篇书评,评论约翰·海金(John Hackin)编辑的《巴米扬的佛教古物》(Les Antiquites Bouddhiqued de Bamiyan)、亨利·马察勒(Par Henry Marchal)编撰的《吴哥窟考古手册》(Guide Archeologique aux Temples D'angkor)、安娜·巴维尔(Anna Barwell)翻译的《中国新疆地区的地下文化宝藏》(Buried Treasures of Chinese Turkestan)、1929年《东京与京都远东考古学会会刊》中关于东方考古系列文章中的《碧子窝:碧流河史前流经的地点》("Pi-Tzǔ-Wo, Prehistoric Sites by the River Pi-Liu-Ho")以及斯坦因的《循着亚历山大的足迹到印度》(On Alexander's Track to the Indus)。

该年,美国诗人路易斯·伍特迈耶(Louis Untermeyer)编著的《当代不列颠诗选》(Modern British Poetry: A Critical Anthology)在美国纽约出版,书中选摘了阿瑟·韦利翻译的两首中国诗。

该年,贝丽尔·德·佐特翻译了伊塔洛·斯维沃的《芝诺的自白》(Confessions of Zeno),由霍加斯出版社出版。

1931 年　42 岁

3 月,在《古董》杂志第 5 卷第 17 号上发表了三篇书评,评论朱尔斯·巴尔杜(Jules Barthoux)的文章《哈迪达矿区》("Les Fouilles de Hadda")、《斯德哥尔摩远东古物博物馆馆刊》(Bulletin of the Museum of Far Eastern Antiquities, Stockholm)刊载的两件古物、拉伊·戈什先生(Rai Sahib Manoranjan Ghosh)的文章《史前及史后期的岩画及古物》("Rock-Paintings and Other Antiquities of Prehistoric and Later Times")。

6 月,译作《长春真人西游记》(The Travels of an Alchemist: The Journey of the Taoist Ch'ang Ch'un from China to the Hindukush at the Summons of Chingiz Khan)由伦敦乔治·劳特里奇父子出版有限公司出版。此书在英国重印一次,在美国重印两次。该书前言部分主要介绍蒙古族的统治,以及元代的佛道文化。阿瑟·韦利认为,《长春真人西游记》一书的价值虽然主要体现在文化及地理学上,但也是研究蒙古早期发展的重要史料。

该年,在《斯德哥尔摩远东古物博物馆馆刊》第 3 期上发表文章《对具有女性生殖意义象征物的神奇运用:它在中日文化中的最后呈现》("Magical Use of Phallic Representations: Its Late Survival in China and Japan"),该文是对瑞典汉学家高本汉(Bernhard Karlgren)发表在该刊第 2 期上的论文《一些古代中国的生殖象征符号》("Some Fecundity Symbols in Ancient China")的评论及注解。

10 月,阿瑟·韦利编著的《斯坦因爵士敦煌绘画目录》由英国博物馆董事会及印度政府资助出版,劳伦斯·宾扬作序。文字部分的内容包括画家、风格、壁画学的简要介绍;禅:对佛的冥想;陀罗尼与大众信仰;毗卢遮那佛的缺席;841 年至 845 年间的反佛事件;仪轨;绘画与文本;阿弥陀佛和无量寿佛的雕塑;当麻曼陀罗;释迦牟尼的朝圣之旅;地藏王;死界;金鬃狮;观音;药师如来坐像;弥勒;文殊菩萨;维摩;罗汉;杜撰经文;颜料;面具;千佛洞;手印等。该书介绍的绘画作品主要来自斯坦因1906年至1908年在敦煌的探险中掠取的部分壁画。斯坦因掠走的壁画有五分之二收藏在大英博物馆,其余的收藏在印度德里的亚洲古物中心博物馆。这些壁画大多绘于846年至943年。大部分重要的图片以彩色或黑白色收录在斯坦因编著的《千佛洞》(The Thousand Buddhas)中,阿瑟·韦利编著的书目中对这一部分没有提及。

该年,在《通报》第28卷第3—5号上发表论文《中国通俗小说史小议》("Note on the History of Chinese Popular Literature")。该文主要介绍了冯梦龙的"三言"、《今古奇观》、凌濛初的《初刻拍案惊奇》《二刻拍案惊奇》以及金圣叹的《天下才子必读书》。

该刊同期还刊载了伯希和评论阿瑟·韦利《斯坦因爵士敦煌绘画目录》一书的长篇书评。

该年,萨谢弗雷尔·西特韦尔(Sacheverell Sitwell,1897—1988)的书《远离家乡》(Far from My Home)由伦敦达克沃斯出版社(Duckworth)出版,该书题献给阿瑟·韦利。

该年,哥哥西吉斯蒙·戴维升任财政部海外金融业务的首席助理秘书。

该年,贝丽尔·德·佐特去摩洛哥旅行,途经巴黎,首次拜访著名的印度舞蹈家乌代·尚卡尔(Uday Shangar)。返回途中,参观了法国"殖民地展览"系列之巴厘舞表演。

1932年 43岁

6月,译作《源氏物语》第五部上卷《舟女》(The Lady of the Boat)由乔治·艾伦与昂温出版公司出版。序言中简略介绍了前四部的内容,并说明自此部始,作品的主人公已经换为光源氏。该书共309页。

为纪念作家、东方学家雷蒙·林赛(Raymonde Linossier,1897—1930),法国吉美博物馆决定举办纪念专刊。雷蒙·林赛生前是法国著名钢琴家、作曲家弗朗西斯·普朗克(Francis Poulenc,1899—1963)的女友。阿瑟·韦利是弗朗西斯·普朗克的好友,为了表达哀思以示纪念,阿瑟·韦利在法国巴黎出版的《吉美博物馆的东方学研究:纪念专刊》(Etudes d'Orientalisme publiees par le Musee Guimet a la memoire de Raymonde Linossier)上发表《十一世纪的对话》("An Eleventh Century

Correspondence")一文,该文为《东山解说文》(Higashiyama Orai)的节译与补充。《东山解说文》一书收入了12世纪一名京都的和尚写给其弟子的信件,该书主要讲述了佛教的神灵、祭仪、信条及相关的造像艺术,还有一部分涉及人们关注的日常生活,诸如医药健康等。

论文《佛是死于吃猪肉吗?》("Did Buddha Die of Eating Pork?")刊于布鲁塞尔出版的《中国杂俎与佛教》(Melanges Chinois et Bouddhiques)。该文主要讨论了"Sukaramaddava"的词义、3世纪出现的佛死于吃猪肉的说法。该词的词义有三,原指佛陀吃的旃檀茸,来自佛教故事中佛祖释迦牟尼的最后一餐。据佛经记载,佛祖开导弟子们后,来到般瓦,铁匠纯陀用准备好的名为输卡拉末达毗的美味佳肴及旃檀茸招待佛祖及其弟子,但纯陀听从了佛陀的劝说仅以此食供养了佛陀,把剩余的埋在地下。饭后,佛陀肚子疼痛不已,但坚持步行到拘尸那罗,在那里得到跋库沙供奉的袈裟后涅槃。后来该词指一种不是为他所杀的不老不嫩的猪肉,或是一种蘑菇,也有人认为此名称代表一种美味佳肴或一种富有营养的化学食品。阿瑟·韦利认为读者应该注意中国藏传佛教中与佛祖相关的事件叙述中所隐含的深意。

该刊同期还刊载了阿瑟·韦利的另一篇文章《中古印度佛教新探》("New Light on Buddhism in Medieval India")。该文主要译自朝鲜桧岩寺(Juniper Rock Temple)佛塔的相关文件。

该年,阿瑟·韦利在《伦敦大学东方学院学报》第6卷第4号上发表文章《佛经中有关炼丹术的记载》("References to Alchemy in Buddhist Scriptures"),该文主要是对1931年在该刊发表的《谈中国的炼丹术》一文的补充说明。

1933年　44岁

1月,意大利著名藏学家朱塞佩·杜齐(Giuseppe Tucci)在《皇家亚洲学会会刊》第65卷第1号上发表文章,该文是关于阿瑟·韦利编著的《斯坦因爵士敦煌绘画目录》的书评。该文指出,因为佛教诸神名字繁复,且有多种变化,所以编纂这样的目录难度非常大。该书目对大乘佛教画像及理论的研究助益颇多。

3月,在《伦敦大学东方学院学报》第7卷第1期发表文章《鲜为人知的日本宗教:河野陶比》("Kono Tabi: A Little-Known Japanese Religion")。文章介绍了19

世纪初日本农妇木上（Kino）创立的乡间宗教，阿瑟·韦利认为该宗教与佛教信仰有关。

该刊同期还刊载了翟林奈为阿瑟·韦利编纂的《斯坦因爵士敦煌绘画目录》写的书评。文章称阿瑟·韦利知识面颇为广泛，他将佛教、东方艺术以及中国文化的相关知识熔为一炉，唯其如此，方能胜任大英博物馆东方图片社为斯坦因所藏敦煌绘画编目的重任，这份目录填补了学界的空白，功德无量。

4月，《皇家亚洲学会会刊》第65卷第2号刊载了阿瑟·韦利的两篇短文，这两篇文章是他对加藤玄智（Genchi Katō, 1873—1965）的《神道：日本民族的信仰》（*Le Shintō, Religion Nationale du Japon*）和葛乐泰（Von A Glathe）的《中国的数字》（*Die Chinesischen Zahlen*）的书评。

该刊同期还刊载有阿瑟·韦利的一篇长文，该文是对汉学家沃尔特·珀西瓦尔·叶慈（Walter Perceval Yetts, 1878—1957）1932年出版的《乔治·欧默福普洛斯所藏中朝铜器、塑像、玉器珠宝及杂项物品目录》（*The George Eumorfopoulos Collection Catalogue of the Chinese and Corean Bronzes, Sculpture, Jades, Jewellery, and Miscellaneous Objects*）的书评。

5月，译作《源氏物语》第五部下卷《梦浮桥》（*The Bridges of Dreams*）由乔治·艾伦与昂温出版公司出版。至此，英译六卷本《源氏物语》出齐。该书序言除介绍前几卷的故事梗概外，还简要介绍了紫式部的爱情经历，并对第五卷的错误予以修正。

6月，阿瑟·韦利在《古董》杂志第7卷第26号上发表文章评论沙·钦曼赖勒（Chimanlal J. Shah）的著作《印度北部的耆那教》（*Jainism in Northern India*）。

7月，汉学家沃尔特·珀西瓦尔·叶慈在《伯灵顿杂志》第63卷第364号上著文《中国的佛教画像》（"Buddhist Iconography in China"），该文是为阿瑟·韦利编纂的《斯坦因爵士敦煌绘画目录》撰写的书评。该文认为这本目录著作为读者提供了唐代佛像的图片，北魏佛像的搜集略显不足。

11月12日，在美国《新共和》（*The New Republic*）杂志第77卷第990号上发表文章《一个关于正义的强盗们的传说》（"A Tale of Righteous Bandits"），该文是为赛珍珠（Pearl S. Buck）翻译的《水浒传》（*All Men Are Brothers*）一书撰写的书评。文中就赛珍珠译本中的术语人名的翻译，阿瑟·韦利提出了自己的不同意见。

该年,阿瑟·韦利在《斯德哥尔摩远东古物博物馆馆刊》第 5 期上发表论文《论周易》("The Book of Change")。阿瑟·韦利在本文中系统提出了自己对《周易》一书的看法,他认为,《周易》是两个文本系统的杂合,一个是农人对自然现象的朴素解释,另一个是更加复杂的神化的阐释。

贝丽尔·德·佐特远行,阿瑟·韦利退掉了戈登方场 36 号的房子,租住在罗素旅馆中达三年之久。

该年,哥哥西吉斯蒙·戴维被授予巴斯爵士(Companion of the Order of the Bath)。

1934 年　45 岁

9 月,在《古董》杂志第 8 卷第 31 号上发表文章评论朱尔斯·巴尔杜《法国代表团在阿富汗回忆录》(Mémoires de la Délégation Française en Afghanistan)第 4 卷。

10 月,著作《道及其力量——〈道德经〉研究及其在中国思想史上的地位》(The Way and Its Power: A Study of the Tao Tê Ching and Its Place in Chinese Thought)由乔治·艾伦与昂温出版公司出版。到 1977 年,已重印六次。译述包括前言、导论、附录的六篇短文、《道德经》译文、注释、文本介绍、目录七部分。阿瑟·韦利在该书的序言中指出当时英伦关于人类史的重要著作如阿瑟·莫里斯·霍卡特(Arthur Maurice Hocart, 1883—1939)的《人类的进化》(The Progress of Man)、埃德温·詹姆斯(E. O. James)的《人类的起源》(The Beginning of Man)等享誉学界的名著大多忽视中国文化的存在,即使偶有提及,篇幅也甚为简短。就翻译的目的而言,阿瑟·韦利强调这一译本是想给欧洲读者展示人类学家在中国调研的新成就及其对学科发展的推进。虽然不少欧洲学者将远古的中国文化视为救赎西方危机的灵丹妙药,但中国的学问就如遥远的太空,不可能对欧洲的过去和现在提供任何参考。显然他反对将《道德经》视为解决欧洲文化和信仰危机的路径。就翻译的价值,阿瑟·韦利坦承自己的译本是为读者提供该文本原初的意义。基于此,阿瑟·韦利将自己的读者群预设为"普通的人类学学者"。这里的"人类学学者"与"人类学专家"不同,它包含试图理解周围世界,对人类何以会发展成今天这模样感兴趣的所有知识人。虽然这里的知识人远非普通的大众,但与先前经典研究的对象仅限于少数专家学者相比,阿瑟·韦利读者群的预设明显扩大了,而且其对读者的想象具有鲜明的大众化倾向。导论长达 80 多页,仅次于《道德经》译文的长度。①

该文以《史记·周本纪》中周公生病一段与《孟子·告子上》中关于"牛山之木尝美矣"一段作对比,引出两种对待生活的态度,一种是前道德时期对天与地的顶礼膜拜,一种是孟子强调的"人之初,性本善"。然后详细介绍儒家学说的发展史和老庄的道家思想及哲学体系,就"无为""道""圣"等道家基本的哲学名词做了较为详尽的阐述。附录的六篇短文分别就老聃与《道德经》创作的传说、《道德经》的各种中文注释本、阴阳五行的内涵、《道德经》对世界的影响等方面做了详细介绍。

> 按:据辛红娟所著《〈道德经〉在英语世界:文本行旅与世界想像》研究,《道德经》的英译有三个高峰期,第一段为 1868 年至 1905 年,该期重要的 14 个译本中,8 个译本是从基督教的立场阐释的,剩余的 6 个译本也或多或少能看到基督教的影子。这种翻译带有明显的意识形态化的倾向。第二段为 1934 年至 1963 年,该期出现的 25 个译本中,多数译本以阐释老子哲学中消弭冲动、反对战争、力倡和谐的世界观、生活观为要旨。在战争阴云笼罩下的欧陆译者,迫切希望改变这种痛苦的生存处境,异域的老子对恬淡生活的推崇是他们梦寐以求的一种生存状态,于是"老子哲学被看作拯救西方危机的良药",带有文化利用的特性。第三段始于长沙马王堆汉墓出土帛书《老子》甲、乙本前一年的 1972 年。该期《道德经》的英译摆脱了先前的功能化倾向,以纯学术化的追求为译介主旨,译本是中国经典作为学术遗产世界化的研究系列成果。② 辛红娟的分期参考了王剑凡 2001 年发表在《中外文学》第 3 期上的《中心与边缘——初探〈道德经〉早起英译概况》一文。不同的是,王剑凡将第二段翻译高峰的起点设置为 1943 年,辛红娟则将时间上溯至 1934 年。此种划分的依据就是该年阿瑟·韦利翻译出版了《道德经》的译本。

该年,《英译中国歌诗选》由上海商务印书馆出版,该书主要收录了翟理斯和

---

① Arthur Waley, *The Way and Its Power: A Study of the Tao Tê Ching and Its Place in Chinese Thought*, London: George Allen & Unwin, 1934, pp.11-12.
② 参看辛红娟:《〈道德经〉在英语世界:文本行旅与世界想像》,上海:上海世纪出版股份有限公司,2008 年,第 19、27 页。

阿瑟·韦利中国诗歌翻译的一些代表之作,由方乐天校订,骆任廷编选,中国著名出版家、商务印书馆的创始人之一张元济作序。张元济评翟理斯与阿瑟·韦利道:

> 英译吾国歌诗向以英国翟理斯(Herbert A. Giles)与韦勒(Arthur Waley)二君为最多而精。前者用韵,后者直译,文从字顺,各有所长。其有功于吾国韵文之西传者甚大。俾学者开卷之际,获中英原文互读之乐。其为功洵足与二君后先辉映矣。
>
> 唯二君所著分刊于所译四书之中,读者每以篇帙分散,难窥全貌为憾。骆君交二君久,得其同意,选其足以代表各时世及各宗派者,汇而刊之。并以汉文对照。
>
> ……
>
> 翟韦二君同属英国汉学名家,所译汉诗,脍炙人口。今允许骆君采其译文,尤征学者风度。其嘉惠学者之盛意,凡读是书者必有同感。

该书选了阿瑟·韦利的61首诗,其中51首选自《170首中国诗》。

该年,阿瑟·韦利在《伦敦大学东方学院学报》第3期发表文章《"徼"字解》("Note on the Word Chiao〔徼〕"),同期还刊登文章《非洲语及中文中动词"言"的助词作用》("The Verb 'to Say' as an Auxiliary in Africa and China")。

该年冬,贝丽尔·德·佐特到东南亚、南亚旅行半年,在巴厘岛遇到德国画家、音乐家沃尔特·司柏思(Walter Spies)。

1935年 46岁

年初,贝丽尔·德·佐特到印度和锡兰旅游。

4月6日,在《新政治家》(新版)第9卷第215号上发表文章《查理斯·艾略特先生》("Sir Charles Eliot"),评论查理斯·艾略特的著作《日本的佛教》(*Japanese Buddhism*),文中简要介绍了查理斯·艾略特的生平以及其在佛教研究领域的贡献。

7月,在《人类》杂志第44卷第175号上发表文章,评论德国汉学家佛尔克1934年出版的专著《中世纪中国哲学史》(*Geschichte der Mittelalterlichen Chinesischen Philosophie*)。该文指出了佛尔克在中国哲学阶段的划分、哲学家身份的认定、对佛教的忽视等方面的不足。

9月14日,在《新政治家》(新版)第10卷第238号上著文《西藏的瑜伽修行术》("Tibetan Yoga"),此文是为沃尔特·埃文斯·温兹(W. Y. Evans-Wentz, 1878—1965)的《西藏的瑜伽术修行与神秘的教义》(*Tibetan Yoga and Secret Doctrines*)一书撰写的书评。文章重申了流传于西藏的瑜伽修行的双重意义。

10月,英国汉学家慕阿德在《皇家亚洲学会会刊》第67卷第3期上著文评论骆任廷编选,翟理斯、阿瑟·韦利翻译的《英译中国歌诗选》。慕阿德认为这本书不仅便于翻阅,而且可供读者对两位汉学家的两种翻译风格进行比较。

12月,在《皇家亚洲学会会刊》第67卷第3期上著文评论吉武三郎(Saburo Yoshitake)的著作《古代日本的语音系统》(*The Phonetic System of Ancient Japanese*)。阿瑟·韦利认为该书对研究日本文学的学生来说是必备的参考书,其研究的路径对汉学也有借鉴意义。

该年,英译《源氏物语》合订本第一次印刷出版。之后,该书被翻译成法语、荷兰语、德语、意大利语、匈牙利语、瑞典语等,在欧洲各国出版发行。2008年,该书由日本学者平川祐弘(1931—)翻译成日文,由东京白水社出版发行。同年,佐復秀树(1952—)也将其翻译成日文,由东京平凡社出版发行,次年再版。

1936年　47岁

与贝丽尔·德·佐特搬回戈登方场50号的一处房子,此屋原租户为克莱夫·贝尔与瓦纳萨·贝尔夫妇,阿瑟·韦利与贝丽尔·德·佐特在此处一直住到1962年,由梅·汤姆逊太太(Mrs. Moe. Thomson)照顾他们的生活。

6月,在《亚洲》杂志上发表文章《中国早期诗歌中的求爱与婚姻主题》("Courtship and Marriage in Early Chinese Poetry"),该文主要介绍了《诗经》中的7首求爱诗和8首婚姻诗,这些译作后收入1937年出版的《诗经》(*The Book of Songs*)。

10月,在《天下月刊》(*T'ien Hsia Monthly*)上发表论文《日蚀诗及其类别》("The Eclipse Poem and Its Group")。该文主要根据日蚀的变化来研究《诗经》的系年问题。该文中的译诗未收入1937年出版的《诗经》英译本。

该年,爱尔兰诗人叶芝编选的《牛津现代诗文集:1892—1935》(*The Oxford*

Book of Mordern Verse,1892-1935)在牛津出版,该书选录了阿瑟·韦利翻译白居易的《游悟真寺诗(一百三十韵)》,选自1923年出版的《庙歌及其他》。

1937 年　48 岁

7月10日,在《新政治家》(新版)第14卷第333号上发表文章《等待新生活》("Waiting for the New"),该文主要谈滑雪这项运动对于户外运动者的益处。

9月,在《雅利安之路》(The Aryan Path)杂志上发表文章《神秘主义与学者》("Mystics and Scholars"),该文主要分析学者的研究对神秘主义的意义所在。

9月,译作《诗经》由乔治·艾伦与昂温出版公司出版。该书题献给德国汉学家古斯塔夫·哈隆(Gustav Haloun,1898—1951)。在该书的序言中,阿瑟·韦利坦言自己对葛兰言(Marcel Granet,1884—1940)《古代中国的祭日和歌谣》(Fetes e Chansons Anciennes de la Chine)一书的推崇。他认为葛兰言已认识到《诗经》的真正本质。该书的附录中,阿瑟·韦利谈及他翻译中参考过的书目有孙星衍的《尚书今古文注疏》、王引之的《经义述闻》、朱骏声的《说文通训定声》、陈奂的《诗毛氏传疏》、陈玉澍的《毛诗异文笺》、王先谦的《诗三家义集疏》、徐元浩的《中华大字典》、郭沫若的《两周金文辞大系图录考释》、高本汉的《中日汉字解析辞典》(Analytic Dictionary of Chinese and Sino-Japanese)、于省吾的《双剑誃诗经新证》等书。① 此外,还参考过法国神父顾赛芬(Séraphin Couvreur)的法文译本。他认为顾赛芬的译本是传统译本中最为忠实的版本,他主要按照朱熹的注解来翻译。理雅各的译本则将朱熹、汉代各家以及自己的理解混杂在一起,译本虽沿续中国经学研究的理路,但将这些观点混在一起,使人辨不清究竟是谁的观点,故而译本没有一点参考意义。②

阿瑟·韦利在译著后面的附录中专节谈论讽喻、万舞、"文"和"德"的问题。

按:《诗经》原篇目是按照音乐进行分类的,阿瑟·韦利则另辟蹊径,按照描写的内容将《诗经》分为求爱诗、婚姻诗、勇士战争诗、农事诗、祷祝诗、

---

① 孙星衍、王引之、王先谦、陈奂、陈玉澍都是清代著名的经学研究家,陈奂师从段玉裁,与王引之交往最善,文学理路多承王念孙、段玉裁,专攻《毛诗》,主张从古音和今音的对比出发,考究《诗经》的意义所在。

② Arthur Waley,"Notes on Books Used," in The Books of Songs, London:George Allen & Unwin,1937,p.348.

欢迎诗、宴饮诗、族人宴饮诗、祭祀诗、歌舞诗、朝代歌、朝代传奇、建筑诗、田猎诗、友情诗、道德诗、哀怨诗、政治咏叹诗等 18 类，原著 305 篇，阿瑟·韦利删掉了《大雅》《小雅》中有关政治咏叹的 15 篇诗歌。分别是《小雅·节南山之什》中的《节南山》《正月》《十月之交》《雨无正》《小旻》《小宛》《小弁》《巧言》《何人斯》，《大雅·生民之什》中的《民劳》和《板》，《荡之什》中的《桑柔》《云汉》《瞻卬》和《召旻》。因为阿瑟·韦利认为"这些诗不如其他的诗歌有趣，有的甚至有些不道德，人们不得不写一些废话或者留一些空白"。

就各类诗的数量而言，求爱诗有 69 篇，婚姻诗有 47 篇，勇士战争诗 36 篇，农事诗 10 首，祷祝诗 14 首，欢迎诗 12 首，宴饮诗 5 首，族人宴饮诗 5 首，祭祀诗 6 首，歌舞诗 9 首，朝代歌 24 首，朝代传奇 18 首，建筑诗 2 首，田猎诗 5 首，友情诗 3 首，道德诗 6 首，哀怨诗 19 首，政治咏叹诗 15 首。从数量来看，爱情婚姻诗占总数的三分之一还多，事关历史的朝代歌及朝代传奇约占百分之十五，战争诗约百分之十，农事、祷祝、欢迎、宴饮等日常生活的诗歌占百分之十七，哀怨诗和政治咏叹诗占百分之十左右。为此，阿瑟·韦利认为《诗经》虽然被古代圣贤当作社会教化的工具，在一定历史时期，确实也起过蛊惑规训情感的作用，但它的原初意义就是给后世人当时生活的参照。

此书出版后曾多次重印。经过修订后，曾在美国出版。1996 年，纽约丛树出版社还出版了宇文所安编订的一个最新版，这个新版的《诗经》译本，在篇目的编排上，选取《诗经》中文原著的编排顺序，书前有宇文所安为此书写的一篇长篇序言。

该年，时任哥廷根大学汉学系主任的古斯塔夫·哈隆聘请季羡林担任汉学讲师。借此，季羡林得以与阿瑟·韦利相识。

1938 年　49 岁

4 月，《标准》(Criterion) 杂志上刊登谢文通 (Hsieh Wen-tung) 的文章《中诗英译》("English Translations of Chinese Poetry")，该文对阿瑟·韦利的翻译做了详尽的分析。

六七月间，阿瑟·韦利找哥哥西吉斯蒙·戴维，希望哥哥能帮他找份工作。

7 月，胡适赴欧洲宣传抗日，7 月 30 日在伦敦曾与阿瑟·韦利相见。

7月23日,在《新政治家》(新版)第16卷第387号上发表文章《衰落的艺术》("Art in Decay"),该文是为瑞典汉学家喜仁龙(Oswald Sirén,1879—1966)两卷本的著作《中国近代绘画史》所作的书评。文章认为喜仁龙的著作主要介绍了1350年至1790年间中国绘画的相关作家作品,是这一领域研究的重要参考,但在具体的分析介绍中,如对徐渭的评析还有不足。

11月,译作《论语》(The Analects of Confucius)由乔治·艾伦与昂温出版公司出版。此书出版后曾多次重印,在美国也至少有两种版本。1946年,曾在荷兰翻译出版。译本前言论及与《论语》相关的中国古代礼仪、音乐、舞蹈,对"仁""民""道""士""君子""孝""文""天""信""思""王"等关键词进行学术性阐释。

按:从译本的前言中可知译者参看了大量前辈汉学家的著作,其中包括理雅各的译本。书名的翻译阿瑟·韦利沿用的就是理雅各的译法。文中大量的注解也体现出传统汉学对阿瑟·韦利产生的影响。此外,译本前言中对"仁""民"等关键词进行学术性阐释,也是理雅各译法承传的表现。

然而,作为阿瑟·韦利少数的几本学术性汉学研究之作,《论语》的翻译更多体现出20世纪上半叶汉学研究的现代化特征。首先,就参看的文献而言,理雅各的译本最重要的参考是阮元的《十三经注疏》。阮元的《十三经注疏》作为清代校勘学的代表性著作,是中国经学传统研究的集大成者,其中收录参看的大量注疏充分体现出清代注重纸上文献搜罗的研究理路。阿瑟·韦利的译本不仅参看了汉学家西蒙收藏的大量版本,还从伯希和处影印了敦煌本。显然他已关注到出土文献对汉学研究的重要性。这是20世纪初学术界由传统向现代转型的一个明显标志。不仅如此,他还吸收当时中国国内学术界研究的最新成果来充实自己的译作,他参看了当时史学界的重要成果顾颉刚的《古史辨》,并在研究中注重人类学研究成果的吸收与方法的运用。

在《导言》中,阿瑟·韦利对于《论语》的研究也颇具20世纪初现代学术研究的风范。他根据自己对《论语》内容的理解,将其分为两部分,第一部分是三到九章,这七章主要表现孔子的思想及观点。第一、二、十至二十章,内容和人物都较为庞杂,可视为第二部分。这种划分方法在之前的译作中很少见。这种划分以人物性格的凸显及人物形象的完整性为标准,而此标准为当时欧洲叙事文学创作的典型手段。为此,阿瑟·韦利是从英国当代文化的视角出发来解读《论语》的。

《导论》中对与《论语》相关的古代礼仪、音乐、舞蹈的介绍,是欧洲人类学研究的新视域,尤其是葛兰言的研究成果对阿瑟·韦利有重要的影响。阿瑟·韦利还关注到《论语》开创的语录体文学传统。他以西方文学的古希腊传统作参照,在《论语》的语录体和西方的对话体文本中寻求文化发展的共通性。

该年,在《伦敦大学东方学院学报》第 9 卷第 3 期上发表文章《吉祥石与龙碑》("The Lucky Stone and the Lung Stone")一文。该文为《周礼》中的两段译文,主要介绍古代中国的祭祀文化。

贝丽尔·德·佐特的著作《巴厘的舞蹈与戏剧》(Dance and Drama in Bali)在伦敦出版,阿瑟·韦利为之作序。序言中强调对这一地区的舞蹈研究是研究世界戏剧发展的必要环节。

该年,阿瑟·韦利的论文《庄子与惠子》("Chuang Tzǔ and Hui Tzǔ")收入修中诚(Ernest Richard Hughes,1883—1956)主编的《中国:躯体与灵魂》(China: Body and Soul)一书。该书在伦敦出版,后收入《古代中国的三种思维方式》(Three Ways of Thought in Ancient China)一书中。

该年,塞利格曼(Charles Gabriel Seligman)的论文《中国的穴居人》("Chinese Socketed Celts")在《古物》杂志上发表,文末感谢阿瑟·韦利的帮助,尤其在研究殷商时期中国穴居人群的存在方面,阿瑟·韦利予以材料的帮助和支持。

该年,叶女士(Evangeline Dora Edwards,1888—1957)的《龙之书》(The Dragon Book)由伦敦霍奇出版社(Hodge)出版刊行,其中收录了阿瑟·韦利翻译的 6 首诗,2 首选自《170 首中国诗》,2 首选自《中国诗文续集》,2 首选自《庙歌及其他》。

罗伯特(D. K. Roberts)和格里格森(G. Grigson)主编的《1938 年诗歌年鉴》(The Year's Poetry 1938)在伦敦出版,书中选录了阿瑟·韦利翻译的《诗经》中的 3 首诗。

该年,英国伦敦大学东方学院更名为亚非学院。

1939 年　50 岁

年初,阿瑟·韦利进入英国情报部新闻检查署日本室担任新闻报道审察官,负责检查中文和日文的新闻稿件、邮件及行李的包装等,地点在布鲁姆斯伯里街区,工作烦琐冗杂,尤其要面对一些日本生意人笨拙的字迹和混乱的语法,其实这些字迹和语法的背后是日本发动太平洋战争的军事机密,该工作一直持续至1945 年二战结束。

9 月 1 日,德国进攻波兰,9 月 3 日,英法对德宣战,第二次世界大战爆发。

10 月 26 日,在《听众》(*The Listener*)杂志发表译诗《阿伊努人之歌》("Ainu Song"),后收入 1964 年乔治·艾伦与昂温出版公司出版的《蒙古秘史集》。

11 月,著作《古代中国的三种思维方式》由乔治·艾伦与昂温出版公司出版,后多次重印,在美国也至少有两种版本,并被译为法、德、波兰等文字。该书讨论了先秦时期对后世影响较大的几种学术流派,有儒家、道家、法家和墨家。此书专门针对普通读者,视野开阔,在多种流派比较的语境中对中国古代的思想流派进行阐释。为了加强读者的理解力,阿瑟·韦利将原文的顺序打乱,以人物为线索对每一章节进行重组,以突显人物鲜明的性格特征。该文"庄子"部分,就以"庄子与惠子"为线索,对原文的内容进行拼接。人物形象生动了,作品的吸引力就会大大增强。该书语言流畅自如,内容深入浅出,成为英语世界中国先秦思想史的一部普及性著作。

按:在序言中阿瑟·韦利评论孟子、韩非子道:

孟子的魅力主要在道德情感方面,只有我们认识到该书写在道德(与法律相对而言)已渐堕落的那个时代,这本书才有意义。迄今为止,现代读者没有几位对它感兴趣的,因为它是为修身而作,与那些引发思想论战的思维方式无关。

韩非子陈述的现实主义,与现代的极权主义如此接近,因此读者迷上了这些遥远的不熟悉的东西,想知道这些从公元前 3 世纪抽取出来的文本是否是从当前的新闻报纸上剪下来的。①

12月23日,在《新政治家》(新版)第18卷第461号上撰文《雪》("The Snows"),讲述冬日滑雪之美。

叶女士在《伦敦大学东方学院学报》第9卷第4期上发表文章评论阿瑟·韦利1937年翻译出版的《诗经》英译本。

该年,伯纳德·米埃尔(Bernard Miall)英译的《金瓶梅》(Chin P'ing Mei: The Adventurous History of Hsi Men and His Six Wives)由伦敦约翰·雷恩(John Lane)出版公司出版。该书为弗兰茨·库恩(Franz W. Kuhn)法译本的节译,阿瑟·韦利为之作序。序言中阿瑟·韦利谈及《金瓶梅》的创作情况、关于《金瓶梅》的时事、相关的出版审查制度及其产生的社会背景,阿瑟·韦利还认为徐渭最有可能是此书的作者。

该年,阿瑟·韦利加入全英援华会(China Campaign Committee),参与为中国人民抗日战争募捐的相关事宜。

该年,德国日本学家库尔特·辛格(Kurt Singer, 1886—1962)编辑的《古代日本的生活:关于隐居时代社会生活的现代阐述文本选》(The Life of Ancient Japan: Selected Contemporary Texts Illustrating Social Life Before the Era of Seclusion)由日本东京的岩波书店出版,共选刊了欧美学界研究日本大和时代至桃山时期的50个经典文本,全文选注。该书对从事社会历史研究的学生以及那些需要了解日本千年来的文化、习俗以及相关的礼仪的人们具有重要的参考意义。这50个文本中,阿瑟·韦利的有5篇,分别是《日本能剧》《枕边书》和《源氏物语》第1、2、5卷的序言。

该年,阿瑟·韦利的母亲雷切尔·索菲娅·韦利生病做了一个较大的手术,但不太成功,阿瑟·韦利因此事一直郁郁寡欢。

为躲避战乱,艾莉森·格兰特与丈夫、儿子回到新西兰探望年迈的母亲,一直到1943年战局已定,英法战场获得重大胜利后才返回伦敦。

---

① Arthur Waley, "Preface," in *Three Ways of Thought in Ancient China*, London: George Allen & Unwin, 1939, p.v.

1940 年　51 岁

1月6日,在哈罗德·阿克顿①的引荐下,萧乾去拜访阿瑟·韦利。

> 下午四点钟,一到 Acton(即阿克顿)家,我们便出来,同去拜访《诗经》、四书、《道德经》和唐诗的权威译者 Arthur Waley 先生。事先我就知道有一位太太(指阿瑟·韦利的情人贝里尔·德·佐特)和他住在一起,是研究爪哇舞蹈的。果然进门,他们全见到了。魏理先生年纪总有五十开外,身子并且显得很羸弱,人沉静、谦逊,时常都似低首在思索着什么。②

初次见面,阿瑟·韦利与萧乾畅谈甚久。萧乾对这次见面有如下记录:

> 我问他在中国住过多久,他说根本没有过。我抑不住惊讶地说,多有趣的事呀! 他说这怕是他周身唯一有趣的事。然后我问他最近有什么书要出版。他很羞涩地说:"我一年只能出一本书,我工作得太慢。"然后他又谈及他目前正在缩译《西游记》,又同我讨论《醒世恒言》,我只能说我不在行。③

按:20 世纪上半叶,英国人士想了解中国不必再通过干巴巴的书本,许多中国通都曾旅居中国,有的达十几年,甚至几十年。汉学界更是如此。英国汉学前辈翟理斯、理雅各、德庇时都曾在中国长期居住,阿瑟·韦利的师辈迪金森、罗素等也曾访问过中国,与阿瑟·韦利同时代的瑞恰慈(I. A. Richards)、燕卜荪在中国待过好多年,阿克顿、庄士敦等人也不例外。但,阿瑟·韦利是个例外。他热衷于研究中国文学,却始终不愿踏足中国,看看现实中国的样子,这是阿瑟·韦利的悖论。这也不难理解,阿瑟·韦利喜欢的是古典中国,那个礼仪之邦的诗化魅力在现代化的冲击下,自然已面目全非了,加之战争的硝烟一直弥漫着这个国度。与其看它满目疮痍的样子,还不如留一个理想的形象在心中。常人自是逃不过好奇之心,即便是遵循理想原则,也

---

① 早在 20 世纪 30 年代,萧乾便认识哈罗德·阿克顿。"三十年代我上大学的时候,也来过几位,而且碰巧都是英国人……还有一位更加钟情于北平的(故都沦陷几年后,为了渴望有一天能回去,他还托人在交四合院的房租),那就是以唯美主义者自诩的哈罗德·艾克敦(即阿克顿)。""一九三九年圣诞节我从剑桥到伦敦度假时,我们就联系上了。"见萧乾:《悼艾克敦》,《萧乾全集·散文集》(第 4 卷),武汉:湖北人民出版社,2005 年,第 813—814 页。

② 萧乾:《伦敦日记》,《萧乾全集·特写卷》(第 2 卷),武汉:湖北人民出版社,2005 年,第 220 页。

③ 同上,第 219 页。

控制不住想去看看的冲动,阿瑟·韦利却是意志力很强的一个人,始终未踏足中国这片滋养他一生事业的沃土,由此看来,阿瑟·韦利是一位真正的理想主义实践者。

阿瑟·韦利向萧乾问及著名戏曲理论家吴梅①去世的详况,听闻吴梅早逝,阿瑟·韦利"叹息了好久"。带萧乾参观他的书房,送1939年11月新出的《古代中国的三种思维方式》给萧乾。后谈及沈从文的《阿丽思中国游记》,徐志摩、胡适、熊式一翻译的《王宝钏》。末了,萧乾问及阿瑟·韦利先生对中国新闻政策的意见,阿瑟·韦利坦言:"中日两国的新闻制作部太像宣传,太不够客观。因而使第三者总难以置信。"②

  按:萧乾的兴趣在现代文学,他注意到阿瑟·韦利书架上沈从文的《阿丽思中国游记》。能够了解一下这位汉学大师对沈从文作品的看法,也算是一种收获,可惜阿瑟·韦利始终没有说出对此书的看法。倒是讲了他与庄士敦之间因此书而翻脸的有趣故事。阿瑟·韦利从中国托友人买了两本《阿丽思中国游记》,送给庄士敦一本,没几天庄士敦把书退了回来,从此与阿瑟·韦利不相往来。原来庄士敦认为书中有个人物讽刺的是他自己。庄士敦是晚清末代皇帝溥仪的老师,现代知识分子对封建皇权制度恨之入骨,认为国势衰微其源头就是封建专制,对封建专制的不满自然也会迁怒于末代皇帝,难免在书中编些人物来讽刺时政。沈从文是否想借此书来讽刺庄士敦先生,据笔者查阅相关的资料,没有确切的证据。率直的阿瑟·韦利也不会拿此书嘲笑庄士敦先生,庄士敦显然是自我附会,可惜借此附会之意竟然断了一份朋友之情,实在遗憾。

该年春,参加伦敦国际笔会与英国笔会联合举行的以支援中国抗战为主旨的聚餐。阿瑟·韦利是伦敦国际笔会的主要成员之一,也是当时英国援华会副主席之一。

---

① 吴梅(1884—1939),字瞿安,号霜臣,中国著名戏曲理论家及教育家、诗词曲作家。他对古典诗词颇有研究,著有《霜崖诗录》《霜崖曲录》《霜崖词录》等著作。阿瑟·韦利翻译诗词时曾参考过吴梅的许多研究著作,故而与吴梅可谓是神交已久的老友。1937年7月卢沟桥事变后,吴梅担心遭日寇铁蹄践踏,携家眷自苏州经武汉逃至昆明;1939年1月,为躲避日寇飞机的轰炸,逃到云南大姚县李旗屯,喉病复发去世。

② 萧乾:《伦敦日记》,《萧乾全集·特写卷》(第2卷),武汉:湖北人民出版社,2005年,第220页。

按:伦敦国际笔会是国际笔会的分会,国际笔会,全称 International Poets, Essayists, and Novelists,简称 IPEN,1921 年由英国女作家道森·司各特发起。第一次世界大战对人类所造成的"浩劫",促使许多作家寻求避免历史悲剧重演的道路。他们觉得作家应该组织起来,为保卫世界和平和人类的精神财富而做出共同的努力。笔会就是在这样一种指导精神下出现的。作为一个世界性的非政治、非政府作家组织,享有联合国教科文组织 A 类地位。其目的在于促进世界各国作家间的友谊与智力合作,无论其政治观点如何;为言论自由而奋斗,并积极保护作家免受政治的压迫。国际笔会总部设在伦敦,在世界各地设有 60 多个分支机构。宗旨为创作自由,反对沙文主义和极端主义。第一任主席是英国作家约翰·高尔斯华绥。现在国际笔会一共有 85 个中心作为它的会员,知名的作家有 6000 多人,是当前世界上的一个最大的作家组织,也是联合国教科文组织所承认的唯一的一个国际作家组织。

1 月,在《皇家亚洲学会会刊》第 72 卷第 1 期上著文评论美国汉学家贾德纳(Charles Sidney Gardner)的《中国传统史学》(*Chinese Traditional Historiography*)。

5 月 13 日,母亲雷切尔·索菲娅·韦利在苏塞克斯的布莱顿病故。根据遗嘱,阿瑟·韦利继承了母亲的房屋,将其租给一户难民。母亲去世加之德军入侵法国,阿瑟·韦利深感悲观,美国朋友邀请他到美国避难。

6 月,在《皇家亚洲学会会刊》第 72 卷第 2—3 期上著文评论汉学家沃尔特·珀西瓦尔·叶慈的著作《卡尔兄弟收藏的中国青铜器》(*The Cull Chinese Bronzes*)。

7 月,德军入侵英国的"不列颠之战"开始;8 月,德军转而轰炸英国的重要城市;10 月底,德军停止轰炸,希特勒放弃全面入侵英国的计划。贝丽尔·德·佐特陪同阿瑟·韦利留在伦敦直至战争结束。其间,阿瑟·韦利坚持翻译《西游记》。

7 月,在《亚洲评论》杂志上发表《欠中国的一笔债》("Our Debt to China")。本文主要介绍徐志摩在翻译及介绍英国文化方面的贡献。该文 1979 年首次由台湾学者梁锡华先生翻译成中文,刊载于同年 8 月 31 日《联合报》的副刊上,2005 年 11 月收入舒玲娥编选的《云游:朋友心中的徐志摩》中。文中阿瑟·韦利述及 20 世纪初中英文学关系的转型,并对徐志摩拜见曼殊菲尔一事予以澄清。文末,他对徐志摩评价道:

以往的华人学生到英国接受的多是工业教育。在剑桥大学那一班，大部分来自新加坡；他们当中很多人不能说中文，更不用说写了。大战过后，有一位在中国已略有名气的诗人来到剑桥，他似乎是一下子就从中国士子儒雅生活的主流跳进了欧洲诗人、艺术家和思想家的行列。这个人就是徐志摩。徐氏是第一个描绘英伦风景和建筑的中国作家，并且写得满纸热情，此外徐志摩在诗歌翻译上也小有成就。为此，徐志摩在很大程度上改变了英伦知识分子对中国传统文化的看法。①

8月15日，在《听众》杂志第24卷第605号上发表文章《罗杰·弗莱》("Roger Fry")，该文重申了罗杰·弗莱的艺术理论，认为伍尔夫的同名传记著作与其说是一部传记作品，毋宁说是一部诗学的想象作品，其创作风格更接近于《奥兰多》。②

11月23日，法文诗《帝国死亡堪悲哀》("Et Pourtant C'est Triste Puand Meurent les Empire")在《新政治家》刊出。

12月，在《地平线》(Horizon)杂志上发表诗作《审察员：中国风格的一首诗》("Censorship：A Poem in 'Chinese Style'")③。该诗初版时没有题名，再版时有阿瑟·韦利的签名，初收入1953年西里尔·康纳利(Cyril Vernon Connolly)编选的《黄金时代的地平线》(The Golden Horizon)。后收入阿瑟·韦利1964年出版的《蒙古秘史集》。1979年，余光中将其翻译成中文，刊载于1979年10月11日台湾的《联合报》上。

译文如下：

检察官

我做了检察官一年又三个月，

办公的大楼已四度被炸，

窗上的玻璃、木板、糊纸，

依次被炸碎，只剩下残框。

---

① Arthur Waley,"Our Debt to China,"Asiatic Review,Vol.36,No.127(1940):557.
② Arthur Waley,"Roger Fry,"The Listener,Vol.24,No.605(1940):243.
③ Arthur Waley,"Censorship,"in Madly Singing in the Mountains：An Appreciation and Anthology of Arthur Waley,ed. Ivan Morris,London：George Allen & Unwin,1970,p.380.

洗澡、保暖、饮食都困难，
有时更短缺煤气和水电。
检察官的守则难以奉行，
半年之中竟有一千条"作废"。
空袭法规逐日在变更，
官方的命令也颁得不分明。
可以提海罗，不可提德黎跟汤姆；
可以说起雾，不可以说下雨。
薄纸上乱涂一气的日本，
字迹潦草，读来真伤眼。
一间斗室装十架电话，
和一架录音机，我怎能专心，
用蓝笔删改不过是儿戏，
卷宗的纠结并不太难解。
外国的新闻也不难检察，
难的是检察我今日的心事——
难的是坐视盲人骑瞎马，
向无底的深渊闯去。

按：余光中在诗尾做了如下注释："魏理诗末用了《世说新语》的危言来形容欧洲的局势，盲人骑瞎马可以指希特勒，也可以泛指人类。"余光中所说的《世说新语》中的危言指的是《世说新语·排调》讲晋代画家顾恺之和南郡公桓玄、荆州刺史殷仲堪一起做危言的游戏，看谁说的情景最令人心惊胆战。桓玄说："矛头渐米剑头炊。"殷仲堪说："百岁老翁攀枯枝。"顾恺之说："井上辘轳卧婴儿。"这时殷仲堪手下的一位参军说道："盲人骑瞎马，夜半临深池。"殷仲堪赞曰："咄咄逼人。"可见阿瑟·韦利在诗中表达的不仅是对删节萧乾文章的一种无奈，也表达了对欧洲战争局势升级天下大众罹难却无能为力的无奈情绪。这种大难临头的忧患感也是萧乾的切身体会，读他的特写《伦敦一周间》便深有体会。为此萧乾认为这首诗："它不但透露了一个检察官的矛盾心境，也描绘了当时伦敦政府部门在大轰炸中的景象。"其实越在危急当头,越发彰显友情的珍贵。这也成为大战当中,人们聊以自慰的心灵支柱。

该年,弗雷德里克·菲利普斯公爵(Sir Fredrick Phillips)出任英国财政部驻华盛顿专员,哥哥西吉斯蒙·戴维继任其财政部副秘书长职位,主管国内外的金融业务。1942年后,专司海外金融。

1941年　52岁

2月,《译自中国文》(*Translations from the Chinese*)由纽约阿尔弗雷德-克诺夫出版公司出版。书中的译作绝大多数选自《170首中国诗》,由塞勒斯·鲍德里奇(Cyrus Leroy Baldridge)配画插图。该书于1945年、1951年、1955年三次重印,1971年纽约兰登书屋(Random House)作为古典文学丛书系列再版。该书选用了《170首中国诗》中的100多首,《中国诗文续集》中除白居易写给刘禹锡的一首诗外的所有的诗,还包括前两部译著中没有收录的诗。阿瑟·韦利对书中大多数诗歌译文进行了仔细的修正。

2月20日,在《听众》杂志发表诗作《布鲁姆斯伯里集团的书》("Books in Bloomsbury")。

3月,陈荣捷在《美国东方学会杂志》(*Journal of the American Oriental Society*)第61卷第1期上著文评论阿瑟·韦利的《古代中国的三种思维方式》一书。

4月,翟林奈在《皇家亚洲学会会刊》第2期著文评论阿瑟·韦利的《论语》和《诗经》两部译本。

7月12日,在《新政治家》上发表诗作《无枪炮》("No Discharge")。该诗于本年12月1日又刊载于《新共和》上,稍有修订。后来据初版收入《蒙古秘史集》。

7月24日,在《听众》杂志上发表诗作《天鹅》("Swan")。该诗收入《蒙古秘史集》时小有修订。在这首诗之前,《蒙古秘史集》还收入其诗作两篇:《闪电战诗》("Blitz Poem")、《歌》("Song"),似未在报刊上登载过。

1942年　53岁

3月14日,在《新政治家》第23卷第577号上著文《口语文学》("Oral Literature")评论诺拉·查德威克(Nora Kershow Chadwick,1891—1972)的著作《诗歌与

寓言》(Poetry and Prophecy)。

7月,译作《猴王》(Monkey)由乔治·艾伦与昂温出版公司出版。此书是《西游记》的摘译本,出版后非常畅销,当年11月再版。该书题献给陪自己经历战乱的爱人贝丽尔·德·佐特和好友哈罗德·阿克顿,封面和插图由邓肯·格兰特(Duncan Grant,1885—1978)设计。1943年美国纽约的庄台出版公司(The John Day Company)再版,胡适为之作序,题为《美国版介绍》("Introduction to the American Edition")。胡适在序言中翻译了吴承恩的《射阳先生存稿》,对其创作《西游记》的初衷进行了介绍。胡适对好友阿瑟·韦利的这本译作做了如下评析:

> 我的朋友阿瑟·韦利在这一译本中没有翻译一些极其引人的章节,这让人多少觉得有些遗憾。如74—77回"狮驼国斗三魔",40—42回"大战红孩儿",以及那些非常有趣的故事情节如84—85回"灭法国",68—69回"孙悟空朱紫国降怪",24—26回"孙猴子偷吃人参果"的故事。尽管阿瑟·韦利的删减使人多少觉得有些遗憾,但他选择的回目依然能体现出他杰出的批评判断力。他的大部分删节,我还是赞成的,尤其是他"多删减些情节,但要保留那些使故事完整的成分"。在对话的翻译上,阿瑟·韦利在保留原作滑稽幽默的风格及丰富的俗语表达方式方面着实非常精通。只有仔细比照译文与原作,才能真正察觉出译者在这些方面的良苦用心。

《西游记》原文共100回,可分为三大部分。1—7回主要讲孙悟空出生以及大闹天宫的故事;8—12回讲述了唐玄奘出生以及西天取经的缘起;13—100回讲述唐僧沿路收受徒弟,师徒历经磨难到西天取经的艰难经历。阿瑟·韦利的译本为30回,其中第一、二部分的12回全文予以翻译,章节的划分也与原作相对应,但第三部分只翻译了13—15、18、19、22、37—39、44—46、47—49、98—100回。虽然《西游记》中九九八十一难存在重复之处,但一些经典情节的删节还是影响了全文的艺术魅力。[①]

该书1944年、1945年每年重印一次,1946年以后又多次重印,至1965年,已

---

① Hu Shih,"Introduction to the American Edition,"见周质平、韩荣芳整理:《胡适全集·英文著述五》第39卷,合肥:安徽教育出版社,2003年,第5—6页。

出至第七版,印行达 15000 多册。该书在英、美两国有多种版本,并在瑞典、西班牙、瑞士、荷兰、法国、意大利等国被译为当地语言出版。

该年,阿瑟·韦利和福斯特(Edward Morgan Forster,1879—1970)推荐萧乾进入剑桥大学国王学院攻读英国文学硕士研究生。

该年夏,德意联军进逼阿拉曼,开罗告急。10 月,英军在阿拉曼一带发动反攻,德意军队损失惨重,北非战场形势开始逆转。

1943 年　54 岁

6 月 10 日,阿瑟·韦利在《听众》杂志上发表文章《中国艺术中的动物》("Animals in Chinese Art"),该文主要评论伦敦举行的中国艺术展中的相关艺术品。

8 月 7 日,在《新政治家》杂志上发表白居易《中隐》("The Half-Recluse")一诗的译文,后收入 1946 年出版的《中国诗选》(*Chinese Poems*)。

9 月,在《亚宾格纪事》(*Abinger Chronicle*)上发表散文《智者的对话》("Intelletual Conversation"),回忆剑桥大学时的朋友。此文写于 1940 年秋。

9 月,哥哥西吉斯蒙·戴维作为英方代表到华盛顿与美方商谈战后租赁计划的范围以及英美关于国际金融计划的调整方案。

10 月 16 日,在《新政治家》第 26 卷第 660 号上发表文章《日本之精神》("The Japanese Spirit")。此文主要讨论"大和魂"一词的语义在日本历史上的演变。

10 月 23 日,在《新政治家》第 26 卷第 661 号上发表文章,评论著名的滑雪运动员、登山爱好者阿诺德·伦恩(Arnold Lunn,1888—1974)的著作《登山节》(*Mountain Jubilee*),文中简要介绍了英国登山滑雪运动的发展。

该年,艾莉森·格兰特从新西兰回到伦敦,她和阿瑟·韦利的恋情继续发展。

该年,哥哥西吉斯蒙·戴维荣膺英国二等高级圣迈克尔和乔治勋爵(Knight Commander of the Order of St. Michael & St. George)。

该年,北非的德、意军队投降。7 月,美、英联军在意大利的西西里岛登陆,墨索里尼垮台。9 月,意大利投降,法西斯轴心国开始瓦解。

1944 年　55 岁

从该年开始到 1948 年,担任伦敦大学亚非学院客座讲师。

5 月,萧乾的《龙须与蓝图》(*The Dragon Beards Versus the Blueprints*)由伦敦先锋出版公司(Pilot Press)出版。萧乾在封面页注明将此书献给自己在英伦的两位挚友福斯特和阿瑟·韦利。

6 月,萧乾选编的英语世界关于中国文化的文集《千弦琴》(*A Harp with a Thousand Strings*)由伦敦先锋出版公司(Pilot Press)出版。该书由阿瑟·韦利作序,序言原文中译如下:

> 中国作为此文选的主题再恰当不过。因为中国出版过无数种文选,大概没有别的国家在过去漫长的岁月里出现过如此之多的文学选集了。本文选当有一篇序言,因为中国是序言的故乡,没有序言的中国书简直不可思议。古代许多书往往有出自不同人之手的五六篇序言。

> 如同在其他地方一样,文选在中国也有不够全面的一面。(因为)读者往往只能通过选出的几首,而且有时候选得不当的文本来认识诗人。很少有人肯去读全集,研究中国文学的,若真有所心得,必然不会让文选代他们做出选择。

该书分为六部分,收录的阿瑟·韦利的译作有傅玄的《苦相篇》、白居易的《自咏老身示诸家属》、《欠中国的一笔债》、《中国文学的局限》、《中国诗歌的形式》。

8 月 12 日,在《新政治家》第 28 卷第 703 号上发表文章评论奥斯伯特·西特韦尔(Osbert Sitwell)的随笔集《高歌浅吟》(*Sing High! Sing Low!*)。

年底,德军撤退希腊后,哥哥西吉斯蒙·戴维被派往雅典参与商讨希腊经济复苏预案。

1945 年　56 岁

5 月 7 日,德国陆军上将约德尔在兰斯的艾森豪威尔总部向美、英、苏、法代表签署了无条件投降书。8 日深夜 12 时在柏林的卡尔斯·霍斯特正式举行德军投降仪式。德军投降后,为了解决处置德国和战后欧洲的一系列问题,苏联、美国、英国三国政府首脑于7月17日—8月2日在柏林附近的波茨坦举行了会议,阿瑟·韦利的哥哥西吉斯蒙·戴维以英国财政部专员的身份参加这次会议。

12月,在《科恩希尔杂志》(Cornhill Magazine)上发表小说《美猴王》("Monkey")。这篇小说乃模拟《西游记》而作,后收入《真实的唐三藏及其他》。

该月,阿瑟·韦利当选剑桥大学国王学院荣誉院士(Honorary Fellowship of King's College)。

该年,阿瑟·韦利当选为英国学术院院士。

12月8日,在《泰晤士报文学增刊》上发表杂论《战争期间的英国小说》("The English Novel Between the Wars"),该文是一封致编辑的信,提请读者注意那个时代最有价值的小说——奥斯伯特·西特韦尔(Osbert Sitwell)的《轰炸前》(Before the Bombardment)。

12月16—26日,哥哥西吉斯蒙·戴维以英外交大臣贝文的陪同人员身份出席苏、美、英三国外长在莫斯科举行的第三次外长会议,与会的有苏联外交人民委员莫洛托夫、美国国务卿J. F. 贝尔纳斯。会议集中讨论战后欧洲及远东的一些问题。会议决定:战后和平会议的召开日期应在1946年5月1日前;在华盛顿成立远东委员会,在日本东京成立盟国对日管制委员会以辖制日本;苏、美等外国军队撤出中国,不干涉中国内政,中国应停止内战,实现统一与民主;成立朝鲜临时政府,承认罗马尼亚和保加利亚新政府等。27日,西吉斯蒙·戴维到美国华盛顿出席国际货币基金组织(The International Monetary Fund)和世界银行(The International Bank)成立仪式。

该年,特里维廉编著的《选自中国》(From the Chinese)一书在伦敦出版。该书选编的整个过程都是在阿瑟·韦利的建议下进行的,并收录了阿瑟·韦利《170首中国诗》中的4首、《中国诗文续集》中的4首、《庙歌及其他》中的4首、《诗经》中的3首。

1946年　57岁

2月,在《伦敦大学亚非学院学报》第11卷第4号上发表文章《汉学家威廉·琼斯》("Sir William Jones as Sinologue"),简要介绍了威廉·琼斯爵士在印度研究方面的杰出研究成果。

6月,在《芭蕾》(*Ballet*)杂志第2卷第1期上发表译文《舞马》("The Dancing Horses"),该故事选自唐代郑处诲编写的《明皇实录》,后收入《真实的唐三藏及其他》。

8月,在《地平线》杂志上发表《白娘子永镇雷峰塔》的译文《白娘子》("Mrs. White"),该文选自冯梦龙的《警世通言》,后收入《真实的唐三藏及其他》。

该年秋,在《科恩希尔杂志》上发表短篇小说《龙杯》("The Dragon Cup"),后收入《真实的唐三藏及其他》。

12月,译作《中国诗选》(*Chinese Poems*)由乔治·艾伦与昂温出版公司出版。该书中的译作绝大多数选自《170首中国诗》《中国诗文续集》《诗经》《庙歌及其他》等几种旧作,但收入该书前做过修订。序言中阿瑟·韦利坦言:"我将白居易的诗歌翻译上十次,并不意味着他的诗就比别人的好十倍……这也不表示我对唐代及宋代的其他诗人不熟悉,我也曾努力翻译李白、杜甫、苏轼的诗,但并不令人满意。"并谈到想编写一本中国文学史的想法。该书后来曾多次重印,1961年4月该书新版时在选目上有所增删。1963年,该书被译为德语出版,其中一些作品被配乐传唱。

该年,在《选择》(*Choice*)杂志上发表译文《两则阿伊努寓言》("Two Ainu Fables"),一篇名为《猫头鹰》,一篇名为《狼崽》。这两则寓言故事选自日本学者知里幸惠(Yukie Chiri)编写、1926年在东京出版的《阿伊努神谣》(*Ainu Shinyo Shu*)。

该年,哥哥西吉斯蒙·戴维升任财政部副部长。

1947年　58岁

2月,在《伦敦大学亚非学院学报》第12卷第1期上发表短文介绍王际真编选的《中国传统经典选读》(*Readings in Traditional Chinese*)。该书为图片的影印本,选取了诸子散文以及唐宋的一些文章。阿瑟·韦利认为该书最适合作中文的教材。同期,阿瑟·韦利还刊发了3篇短文,评论丹尼尔斯(Otome Daniels)编著的《日本创作艺术辞典》(*Dictionary of Japanese Sōsho Writing Forms*),F. J. 丹尼尔斯(F. J. Daniels)编选的《日本的诗歌、散文及翻译》(*Japanese Prose, Texts and Translations*),哈洛德·亨德森(Harold Henderson)编著的《日本语法手册》(*Handbook of Japanese Grammar)。

3月8日，在《新政治家》第33卷第835号上发表文章《不仅仅是一场竞争》("More Than a Revival")，该文主要讨论伦敦科芬广场上举行的芭蕾舞会所具有的浪漫情调。

该月，阿瑟·韦利的文章《中国的灰姑娘故事》("The Chinese Cinderella Story")在《民间传说》(Folklore)杂志上刊出。该文介绍唐代段成式《酉阳杂俎》中《叶限》篇，以及这个故事的朝鲜版、土耳其版、波斯版，后收入《蒙古秘史集》。

该月，在《钟》(The Bell)杂志上发表《艾迪丝·西特韦尔的诗》("The Poetry of Edith Sitwell")一文，该文主要讨论艾迪丝·西特韦尔诗歌创作的技巧及特色，后收入1948年纽约新路线出版公司(New Directions)出版的《艾迪丝·西特韦尔致贺文集》(A Celebration for Edith Sitwell)。

5月22日，在《听众》杂志上发表《中国最伟大的作家：阿瑟·韦利谈韩愈》("China's Greatest Writer: Arthur Waley on Han Yu")。此文原为广播稿，后收入《蒙古秘史集》。

该年夏，在《当代季刊》(Modern Quarterly)上发表《古代中国的社会组织形式》("Social Organization in Ancient China")一文，该文主要为分析白居易的生平与创作提供背景资料。

6月，在《利立浦特》(Lilliput)杂志上发表译作《三篇唐代故事》("Three T'ang Stories")，后收入《真实的唐三藏及其他》。

6月，吕叔湘的《中诗英译比录》完成，该书为学生学习翻译的教材。他将中国古典诗歌英译的知名译文罗列出来，通过译文的对比，读者可对翻译手法的优劣有直观的感受和认识。书前的序言陈述翻译之难，研讨诸家译文的得失成为翻译学的经典文献。在这篇序言中，吕叔湘详细分析了诸位译家翻译的优劣得失。他认为中西文法的不同是译诗之难的主要原因，尤其是中文中虚字、俗语较多，动词活用的现象较为常见，相比其他诗人，阿瑟·韦利的译诗最为翔实。但他对诗词中的地名或历史词语具有的俗语性质理解还是有欠缺的地方，吕叔湘举阿瑟·韦利翻译白居易的《香山赠梦得诗》中"寻花借马烦川守，弄水偷船恼令公"一句中"令公"一词的翻译，就存有明显的理解错误。就译诗采用的形式，吕叔湘赞成散体译诗的方法。他认为："不同之语言有不同之音律，欧洲语言同出一系，尚且各有独特之诗体,以英语与汉语相去之远,其诗体自不能苟且相同。初期译人好以诗体翻译,即令达意,风格已殊,稍一不慎,流弊丛生。故后期译人Waley,小畑,Bynner诸氏率用散体为之,原诗情趣,转易保存。……自一方而言,以诗体译诗,常不免于削足适履,自另一方而言,逐字转译,亦有类乎胶柱鼓瑟。硬性的直译,在散文容有可能,在诗殆绝不可能。Waley在 More Translations 序言中云,所译白居易诗不止此数,有若干未能赋以'诗形',不得不终于弃去。Waley所谓'诗形'(poetic form),非寻常所谓'诗体',因所刊布者皆散体也。……故严格言之,译诗无直译意译之分,唯有平实与工巧之别。散体诸译家中,Lowell,Waley,小畑,皆以平实胜。"[1]吕叔湘从具体的译文出发,分析深刻中肯,抓住了阿瑟·韦利译诗的主要特点,该文是民国期间阿瑟·韦利研究的一篇重要文章。

该年冬,在《科恩希尔杂志》上发表文章《白居易的早年生活》("The Early Years of Po Chü-I"),该文为《白居易的生平与时代》(The Life and Time of Po Chü-I,772-846A.D.)的第1章。

12月,在《地平线》杂志上发表杂论《21个答案》("Twenty-One Answers"),阿瑟·韦利和另外20名知名学者提名选1947年出版的最令读者感兴趣的三本书。

该年,在《中学月刊》第4期上发表欧阳修《秋声赋》的译文,该文最早收录在1919年出版的《中国诗文续集》中。

1948年　59岁

从该年开始,被聘为伦敦大学亚非学院中国诗歌科目名誉讲师。

1月8日,吴世昌到英国牛津大学担任高级讲师兼导师,并被任命为伦敦"大学中国委员会"委员,其间与阿瑟·韦利熟识。

1月,论文《道家布莱克》("Blake the Taoist")在BBC播出。文中阿瑟·韦利回忆徐志摩道:"二十年前,中国诗人徐志摩从我的书架上拿下来一本书,读了几行后,惊呼道:这是一个道家思想家。这本书是威廉·布莱克的预言长诗《弥尔顿》(Milton)。激动之余,他把书翻到看的那一页,至今这本书依然打开着,还是

---

[1] 吕叔湘:《中诗英译比录》,北京:中华书局,2002年,第10—13页。

在让徐惊呼这是一个道家思想家的那一页。"①此文后来收入其译著集《蒙古秘史集》。

2月26日,在《听众》杂志上发表《儒家与中庸之道》("Confucianism and the Virtues of Moderation")。此文原为广播稿,是BBC电台举办的评点世界宗教系列节目的第二个节目。

3月,在《芭蕾》杂志上发表文章《白居易诗中的音乐与舞蹈》("Music and Dancing in the Works of Po Chü-I")。此文后经修改,成为《白居易的生平与时代》中的一部分。

该年春,在《科恩希尔杂志》上刊发译作《三篇唐代故事》("Three T'ang Stories"),后收入《真实的唐三藏及其他》。

4月,青年汉学家会议召开,历时一周左右。会议由有志于研究汉学的荷兰莱顿、法国巴黎、英国牛津、剑桥等欧洲各高校的青年学子倡议,在阿瑟·韦利和德国汉学家古斯塔夫·哈隆的帮助下,在英国剑桥大学国王学院举行。

8月14日,在《新政治家》第36卷第910号上发表文章评论莫里斯·克里斯(Maurice Collis,1889—1973)的著作《第一位圣人》(*The First Holy One*)。书中所讲的这位圣人指的是中国的贤哲孔子。

该年秋,贝丽尔·德·佐特开始了近一年的长途旅行,先坐飞机到庞贝古城,后到新独立的印度、锡兰拜访老友,参观学校、寺庙,并对当地传统的印度舞进行调研。1949年夏末返回英国。

该年冬,寓言故事《在展览馆里》("In the Gallery")刊载于《科恩希尔杂志》,1949年由波娜小姐在瑞士苏黎世出版私人刊印本,后收入1964年出版的《蒙古秘史集》。

该年,在《伦敦大学亚非学院学报》第12卷第3—4期上发表论文《关于古代中国铁与犁的注释》("Note on Iron and the Plough in Early China")。阿瑟·韦利通过铁与犁的研究,对当时学界关于古代中国文化史的分期提出质疑。该文未收入阿瑟·韦利后来出版的作品集。

---

① Arthur Waley,"Blake the Taoist," in *The Secret History of the Mongols*, London:George Allen & Unwin, 1964,p.169.

该年，艾迪丝·西特韦尔的著作《一本关于莎士比亚的笔记》(*A Notebook on William Shakespeare*)在伦敦出版，该书题献给阿瑟·韦利和贝丽尔·德·佐特。

该年，哥哥西吉斯蒙·戴维升任外交部欧洲经济复苏部部长，并从该岗位荣退。退休后，西吉斯蒙·戴维热衷于贫困儿童的国际慈善事务和商业经营。

<h2 style="text-align:center">1949 年　60 岁</h2>

1 月，因邀到剑桥大学做演讲。

9 月，在《地平线》杂志上发表译文《圣塞巴斯蒂安》("San Sebastian")。该文后收入《真实的唐三藏及其他》。

12 月，著作《白居易的生平与时代》由乔治·艾伦与昂温出版公司出版。截至 1970 年，此书已重印两次。1959 年日本东京出版日译本，并于 1988 年重印，译者为日本著名的汉学家、白居易研究专家花房英树。这在西方汉学界白居易研究史上尚属首次。阿瑟·韦利在写作该书时主要参看了《四部丛刊》中的相关材料，此外《旧唐书》《新唐书》《唐会要》《全唐诗》《全唐文》也是他编撰此书的重要参考文献。

> 按：白居易是阿瑟·韦利最心仪的诗人，尤其是他嗜诗如命、闲适放达的生活态度令阿瑟·韦利钦羡不已。此外，白居易诗歌鲜明的叙事性及通俗的语言是译诗容易为英国大众接受的前提。这与阿瑟·韦利力图颠覆维多利亚时代诗歌的精英意识，开辟一条诗歌普适之路的追求相一致。
>
> 就该书的传记性质而言，阿瑟·韦利虽然自谦仅是一些生平资料的陈设，不是一部完整的传记，但它作为历史传记当之无愧。该书以《旧唐书》中"白居易传"中的相关事实为纲，运用白居易及友人大量的诗词创作，弥补传记史料的不足。该书是从修史的立场出发，对相关史料所做的清理。就作品细节资料缺失如何补足的问题，阿瑟·韦利认为他不会凭空捏造史实或观念，也不会根据自己的主观臆测对白居易表达不清的观点及动机予以推断。这明显是史学传记的创作理路，不同于一般的文学传记创作。
>
> 西方传记学家在为文人创作的传记中侧重史实的梳理，通过一些事件的描述，展示传主的性格，为读者塑造一个鲜活的人物形象。文学传记尤其重视这一点。白居易与西方作家不同，他生平的最大嗜好就是作诗，高兴时吟

诗，痛苦时写诗，思乡之情借诗抒写，朋友之思依诗表达。他所经历的事件都能在诗歌中找到痕迹。阿瑟·韦利以诗为史实的依据体现出了传记作家对事实的严格遵守。但诗是感情的表达方式之一，译诗就应分析诗人内心的情感流程，这样才能更好地掌握诗作的内涵及意义，但这一点在阿瑟·韦利的传记创作中很难找到。这使他的传记只停留在事实抒写的文本层，而很难给读者勾勒一个鲜活的人物形象。

此外，该书还翻译了白居易的《王昭君》《病中作》《赋得古原草送别》《江南送北客因凭寄徐州兄弟书》《寒食日寄诸弟》《长安早春旅怀》《乱后过流沟寺》《花下自劝酒》《客路感秋寄明准上人》《西明寺牡丹花时忆元九》《戏题新栽蔷薇》《醉中归周至》《再因公事到骆口驿》《醉中留别杨六兄弟》《隐几》《自觉二首》《首夏病间》《渭上垂钓》《病中哭金銮子》等诗，阿瑟·韦利只介绍这些诗歌创作的时间和前后出现的事件，对诗歌本身的价值没有做详细分析。白居易诗歌中阿瑟·韦利唯一做过简要分析的诗歌是《长恨歌》。

此外，阿瑟·韦利对策论的偏爱也能看出他对白居易阐释的文化倾向。在白居易生平史实的研究中，每次考试拔擢都是重要的事件，当详细阐述。阿瑟·韦利的传记注意到了这一点。但阿瑟·韦利的研究与中国学者的研究不同，他以白居易为例，用大量篇幅介绍唐代各级的考试制度，尤其对白居易每次考试的考题和答案的翻译尤为细致详尽，突显出他对唐代科举考试制度的重视。但阿瑟·韦利对唐代荐举、贡举的详细形制研究还是存在很多漏洞，尤其是对荐举的严格要求。李白就是荐举不成，才没参加各种考试，熟悉这一点，阿瑟·韦利就不会因为李白没参加科举而称之为懒散之人。而且，白居易流芳后世主要因为他留下的几千首诗文，判、策等文的价值多为实用，从文学的维度研究白居易，这些材料只可做背景知识作一简要的介绍，否则有喧宾夺主之嫌。

再者，元稹与白居易的友谊乃文坛佳话。常人论及二人友谊，多从彼此唱和的诗歌出发，分析二人间真挚的友情。阿瑟·韦利在传记中侧重介绍二人交往的事件，尤其是他们参加科举时对考题不同的应答。阿瑟·韦利曾详细介绍806年2月，白居易与元稹在长安永崇坊华阳观为4月的策试制举准备的75条策问。阿瑟·韦利认为,白居易从常人的角度出发,将安史之乱的原因归于乱贼的邪恶,这种伦理归谬的方式往往会蒙蔽分析者的眼睛,不利于追探事情的本因,为此白氏的评述陷入抽象的泥沼,没有创新之处。元稹的分析既切中要害,又提出一些具有实际意义的建议,为此阿瑟·韦利断言:"如果元稹的建议被皇帝采纳的话,中国的历史将被改写。"阿瑟·韦利的这段评述不无道理,白居易的回答以哲理的归谬见长,元稹的答案则更体现出实用的特征。这也是元稹位居白居易之上的原因所在。但考试问答的区别与元稹、白居易间的友情没有必然的逻辑联系,观点的差异往往还会使读者认为二者间可能产生疏离。元、白之间的友谊不是建立在各种考试中,而是彼此间心心相印的知己之情。阿瑟·韦利不从二人间赠答的诗文寻找彼此的契合点,在推理沿用的论据上就存在明显的错误。

该年,《大亚细亚》杂志改版,出版新系列,阿瑟·韦利继续担任该刊的编辑,并在该杂志新系列第1卷第1期上发表论文《〈孟子〉札记》("Note on Mencius")。该文修正了理雅各本《孟子》的若干错讹之处,并收入1960年版之理雅各译本。

该年,阿瑟·韦利翻译屈原的《大招》(*The Great Summons*)由夏威夷火奴鲁鲁的白骑士出版社(The White Knight Press)出版单行本。此稿对之前《新政治家》杂志上发表的译文进行了修订。该译诗后收入《山中狂吟——阿瑟·韦利译文及评论选》。

该年1月至1957年,哥哥西吉斯蒙·戴维担任家具发展局①主席。

1950年　61岁

2月3日,在《泰晤士报文学增刊》上发表《一位中国诗人》("A Chinese Poet")一文。该文是阿瑟·韦利致编辑的信,主要为回应《白居易的生平与时代》的评论所写。

该月,阿瑟·韦利在《骑手评论》(*Rider's Review*)上发表寓言故事《死亡之王》("The King of Death"),后收入《真实的唐三藏及其他》,改题为"The King of

---

① 家具发展局(Furniture Development Council),1948年由家具行业发展委员会(Furniture Industry Development Council)根据1947年颁发的《工业组织和发展条例》(*The Industrial Organisation and Development Act*)创立,1949年1月1日正式运营。

the Dead",该文具有鲜明的中国古代志怪小说风格。

4月,阿瑟·韦利在《皇家亚洲学会会刊》第82卷第1—2期上发表短文,评论德国著名的佛学家李华德(Walter Liebenthal,1886—1982)翻译东晋时期佛经著名译者僧肇的《肇论》,该书英文名为 The Book of Zhao。同期还刊载了阿瑟·韦利评论林藜光的法文著述《诸法集要经》(L'Aide-Mémoire de la Vraie Loi)的短文,文中称1945年林藜光病逝是佛教研究界的重大损失。

6月,著作《李白的生平及诗集》(The Poetry and Career of Li Po 701-762 A.D.)由乔治·艾伦与昂温出版公司出版。该书同时由纽约麦克米伦出版公司出版,曾在1958年、1969年两次重印,1969年被译为西班牙文,1973年被译为日文。日文版由岩波书店出版,译者是著名的汉学家小川环树和栗山稔。该书的主要参考资料为《新唐书》《旧唐书》《全唐诗》《全唐文》《唐会要》《太平广记》和魏颢的《李翰林集序》。内容分为"儿时诗才""远游及安陆隐居""长安入仕""南北漫游""安史之乱""永王璘事件""流放病故"七部分。与中国学者所著的传记不同,阿瑟·韦利没有从盛唐的背景入手,而是以史料确实可信的《明堂赋》为传记的起点。该书虽是传记的形制,但他始终以李白的诗文创作为写作的脉络,注重作者生平及时代对诗文的影响,较少分析对其性格的形成所起的作用。尤其是在介绍安史之乱后,阿瑟·韦利没有引用李白描写战争惨状、百姓离乱的诗,相反,引用了李白《与贾少公书》中"去期恬退,才微识浅,无足济时。虽中原横溃,将何以救之"一句。熟悉李白的人都知道,李白一生最大的宏愿就是"长风破浪会有时,直挂云帆济沧海",仅依这一句便认定李白没有报国之心显然是错误的说法。

按:鉴于阐述的文化立场,阿瑟·韦利对李白诗词中的道教文化、佛教文化与酒文化尤为重视。关于李白与佛道文化关系的阐述,是阿瑟·韦利研究的侧重所在,也是该作学术价值的重要体现。阿瑟·韦利认为李白是中国诗学史上第一位谙熟炼丹之术的诗人,而且李白炼丹的知识主要源于东汉魏伯阳的《参同契》。有趣的是阿瑟·韦利以李白嗜酒为由,断定李白是一个不负责任的人。理由是李白隐居安陆期间,曾有诗《赠内》,曰:"三百六十日,日日如醉泥。虽为李白妇,何异太常妻。""太常妻"语出《后汉书·周泽传》,周泽曾任太常卿,主礼乐祭祀,曾犯病,卧于斋宫。妻子前去探视,周泽误以为犯禁,气急败坏送她入狱以谢罪。当时有人为此戏作一首歌:"生世不谐,作太常妻。一岁三百六十日,三百五十九日斋,一日不斋醉如泥。"李白借典表达自己对妻子的负疚之情,虽也表现出嗜酒如命的生活习性,但若以不负责任来定性,还是有些牵强。

阿瑟·韦利对李白的误读还不止于此,如他认为李白行为散漫。原因之一,李白是那时众多诗人中少有的几个没参加过科举且没有正式官位的人。与他同时代的知名诗人中,仅李白没参加过科举。其余参加过科举的仅有杜甫和孟浩然没有考中。阿瑟·韦利此说有明显的错误,唐代科举虽然可以投牒自举,但荐举的方式仍占主导地位,荐举要求州县长官向中央举送人才,为此投靠名门将相门下是入仕的一个重要步骤。翻看李白的年谱可知,自715年(开元三年),李白便以投送文章的方式开始拜谒活动,旨在仕进。失传的《明堂赋》就是向时任益州长史、以举贤良而闻名于世的苏颋进献的。其次,阿瑟·韦利认为李白的侠客精神不值得推崇。就"侠"一词的理解本身,阿瑟·韦利就有错误。他认为侠是中国古代的一种机构,这一机构中的人们自己处置那些违法之人,甚至以替女人及未成年人报仇为荣。实际上,古代历史中的侠指与儒、道、墨三家思想相克相生的一个独立阶层。侠义精神多指行善之人所具有的高贵品质。道家思想与侠有许多暗合之处,如道家追求自由、强调顺其自然,游侠蔑视礼法,任性而为;道家强调废礼制、废法律,游侠主张放浪形骸、浪迹江湖;道家喜欢归隐,侠士喜欢隐修。这些契合点使后世人多将道与侠结合起来。李白即是如此。再者,阿瑟·韦利认为李白任侠的行为如千金散尽等不符合现实,为此认为李白是一个非常自负、不切实际的人。阿瑟·韦利研究李白是从现实生活的角度入手,不是从李白生活的时代出发。李白生活的来源至今虽然仍无定论,但他豪放仗义的性格决定其行为的慷慨。这是不争的史实。豪放、浪漫难免夸张。但文学的夸张不能等同于生活,阿瑟·韦利虽然明白这一点,但他分析李白的诗歌时却总是难以迈过这一圈围。

7月,在《皇家亚洲学会会刊》第82卷第3—4期上发表短文评论德国著名汉学家卡尔·奥古斯特·魏特夫(Karl August Wittfogel,1896—1988)和中国著名历史学家冯家升(1904—1970)合著的《辽代社会史》[History of Chinese Society. Liao (A.D.907-1125)],该书1949年由美国纽约麦克米伦出版公司出版。该刊还收录阿瑟·韦利评论荷兰华裔汉学家曾祖森（Tjan Tjoe Som）注释的《白虎堂》（*Po Hu T'ung*）和 R. P. 克莱默（R. P. Kramers）翻译的《孔子家语》（*K'ung Tzǔ Chia Yü*）的短评。

10月20日，作家兼翻译家科恩（John Michael Cohen, 1903—1989）在《泰晤士报文学增刊》上发表《阿瑟·韦利先生的翻译》（"Dr. Waley's Translation"）一文，对阿瑟·韦利的中日文学翻译给予高度评价。该文后收入伊文·莫里斯的《山中狂吟——阿瑟·韦利译文及评论选》。

该年，奥斯伯特·西特韦尔在他出版的《崇高的本质，性格书简》（*Noble Essences, A Book of Characters*）一书中写道："阿瑟·韦利是我认识的人当中交友最为广泛的一个，从导师、大文豪、巫师到议员，从高雅的诗人、画家、音乐家到那些冬天里在陡峭的山坡上摆弄古老技艺的民间艺人，都可能成为他的朋友。"①

按：文章中还提及阿瑟·韦利与青蛙的一件趣事。一位古生物研究专家在聚会时声称他可以阻止青蛙呼吸，于是将青蛙放入一玻璃器皿中，盖上盖子。按照人们惯常的思维，就等看他如何不让青蛙呼吸，阿瑟·韦利却大声说，可怜的东西，放在玻璃器皿中，与空气隔绝，当然不能呼吸了，只要有空气，它马上就能呼吸起来。这位生物学家为了让观众相信自己的说法，当众揭开盖子，可怜的是青蛙马上呼吸起来。西特韦尔引用此事说明阿瑟·韦利无论在什么时候，都能保持清醒的判断意识，不易上当受骗。这是一位学者必备的素质。②

该年，鉴于阿瑟·韦利在汉学领域的卓越成就，法兰西文学院将该年度的儒莲奖授予阿瑟·韦利。

该年，英国癫痫协会（the British Epilepsy Association）成立，哥哥西吉斯蒙·戴维出任该协会财务总监。

1951年　62岁

4月，在《历史上的今天》（*History Today*）杂志上发表论文《洛阳的沦陷》

---

① Osbert Sitwell, "Extract from Noble Essences," in *Madly Singing in the Mountains: An Appreciation and Anthology of Arthur Waley*, ed. Ivan Morris, London: George Allen & Unwin, 1970, pp.100-101.
② Ibid., pp.101-102.

("The Fall of Lo-yang")。该文主要介绍了洛阳的相关史料,借此分析311年西晋永嘉五年洛阳沦陷,晋怀帝被俘时,百姓遭遇的惨状,后收入《蒙古秘史集》。

该月,在《皇家亚洲学会会刊》第83卷第1—2期,发表短文评论伯戴克(Luciano Petech,1914—2010)的著作《〈水经注〉中的北印度》(Northern India According to the Shui-Ching-Chu)、德国汉学家阿尔弗雷德·霍夫曼(Alfred Hoffmann)的《李煜之死》[Die Lieder des Li Yü(A.D.937-978)],美国女汉学家孙念礼(Nancy Lee Swann,1881—1966)的《中国古代的食物和货币》(Food and Money inratur Ancient China)、美国汉学家海陶玮(James Robert Hightower,1915—2006)的《中国文学论题:概览与书目》(Topics in Chinese Literature, Outlines and Bibliographies)。

5月,译作《近期中国诗歌》("Recent Chinese Poetry")在《舞台》(Arena)上发表。其中选择马凡陀、亦门等人的诗5首。这说明阿瑟·韦利对中国当代诗歌也颇为关注。

6月18—19日,在牛津大学接受荣誉文学博士学位。

9月,贝丽尔·德·佐特到南斯拉夫参加"世界民间音乐大学"(The International Folk Music Congress)大会,回国途中摔倒,亨廷顿舞蹈病①发作,阿瑟·韦利将其接回英国治疗。

该年秋,在罗马的《伯特格尔-奥斯卡》(Botteghe Oscure)杂志第7期上发表译作《阿伊努史诗》("Kutune Shirka:the Ainu Epic"),该首阿伊努诗发于1932年,阿瑟·韦利对其进行了详细的评注,并予以翻译。

10月,阿瑟·韦利在《皇家亚洲学会会刊》第3—4期上发表短文评论法国汉学家谢和耐(Jacques Gernet,1921—)的《荷泽神会禅师(668—760)语录》["Entretiens du Maitre de Dhyana Chen-houei du Ho-tso(668-760)"]。

11月,在《历史上的今天》杂志上发表文章《一位中国诗人在中亚》("A Chinese Poet in Central Asia"),该文是中唐诗人岑参的生平事略,文中翻译了岑参的11首诗,后收入《蒙古秘史集》。

---

① 亨廷顿舞蹈病,又名慢性进行性舞蹈病或遗传性舞蹈病,是一种常染色体显性遗传的精神疾病,临床表现为慢性进行性舞蹈样动作,伴有进行性痴呆,常中年发病。

该年，为德国知名佛教研究专家爱德华·孔兹（Edward Conze, 1904—1979）的《佛教的本质及其发展》（*Buddhism, Its Essence and Development*）一书作序。

1952 年　63 岁

1 月，在《历史上的今天》杂志上发表文章《安克特-德佩龙与威廉·琼斯爵士》（"Anquetil-Duperron and Sir Willian Jones"）。后收入《蒙古秘史集》。

　　按：安克特-德佩龙为法国研究东方学与印度学之先驱，研学于巴黎与荷兰乌特勒支。后有志研习古代波斯学与印度学，遂于 1754 年渡海至印度本地治里（Pondicherry）等地游学，习得波斯、印度之语言。1762 年返法，携回一百八十部经籍之古写本，藏置于巴黎王室图书馆。1771 年发表祆教圣典之研究论文《阿维斯塔》（"Zend-Avesta"），凡三卷。1804 年将《奥义书》五十篇从波斯译本译为拉丁文。为最早介绍印度教与东方精神至欧洲之人，且首开近代印度学之研究。

2 月，译著集《真实的唐三藏及其他》（*The Real Tripitaka and Other Pieces*）由乔治·艾伦与昂温出版公司出版。此书由五部分组成，内容庞杂，既有著作，亦有译作，既有译自中国的，又有译自日本的，还包括几篇阿瑟·韦利以中国风格创作的短篇小说。书中的第一部分详细介绍了玄奘生平及西行取经的过程，也是史传性质的译作。第二部分主要是关于中、日佛教的一些著述及译作，包括玄奘去世后佛教的发展，圆仁和圆载，华严宗、天台宗、禅宗的兴起，密宗与五台山，圆仁的朝圣，李德裕；日本的道家思想、日本使者在长安等。第三部分是 8 篇中国故事，摘自段成式、郑处诲等人的著述。第四部分是日本著述的译作，包括之前发表的《爱虫女》等。第五部分是以中国风格创作的一些小说故事。文后附有英译佛教的相关书目，有较大的文献价值。

4 月，在《皇家亚洲学会会刊》第 84 卷第 1—2 期上发表和荷兰汉学家查理斯·鲍克塞（Charles Ralph Boxer, 1904—2000）合著的短文评论唐纳德·基恩（Donald Keene, 1922—　）的文章《近松门左卫门的木偶戏"郑成功的战争"，戏剧背景及其重要性》（"The Battles of Coxinga: Chikamatsu's Puppet Play, Its Background and Importance"）。

7 月，在《皇家亚洲学会会刊》第 84 卷第 3—4 期上著文评论荷兰汉学家查理斯·鲍克塞的著作《基督教在日本百年,1549—1650》(*The Christian Century in Japan*, *1549-1650*)、伯希和的遗作《金帐史札记,兼考以 ar 为词尾的突厥语人名与族名》("Nontes sur l'Histoire de la Horde d'Or, suivies de quelques noms turcs d'hommes et de peuples finissant en 'ar'")。

该年,被授予二等大英帝国勋爵(Commander of the Order of the British Empire,简称 CBE)爵位。

该年,艾迪丝·西特韦尔编著的《精粹之书》(*A Book of Flowers*)出版,书中收录了阿瑟·韦利翻译的《源氏物语》第四部《蓝裤》中的两通信件。

该年至1957年,西吉斯蒙·戴维兼任首都及外省新闻电影公司(Capital & Provincial News Theaters Ltd.)董事长。

1953 年　64 岁

该年春,阿瑟·韦利到在南斯拉夫的弟弟胡伯特工作处度假两周,其间,感觉腿部不适,行走缓慢。

2月,在《历史上的今天》杂志上发表《汉代生活:谈第一、二世纪的中国文明》("Life Under the Han Dynasty: Notes on Chinese Civilization in the First and Second Centuries AD")。该文是对李察·鲁道夫(Richard C. Rudolph,1909—2003)的著作《西部中国的汉墓艺术》(*Han Tomb Art of Western China*)一书的注释。

2月6日,伊丽莎白女王二世登基,6月2日加冕。

9月18日,在《泰晤士报文学增刊》上发表《新人引发的旨趣变换》("Displacements by a Newcomer")一文。该文为致编辑的信,主要针对先前该报刊登载的文章《新人引发的旨趣变换》而作,认为读者应该注意艾迪丝·西特韦尔早期诗作的价值。

该年,阿瑟·韦利为翻译《灵魂赞美诗》("The Hymn of the Soul")而自学叙利亚语,并据叙利亚文、希腊文译出此诗。12月,译诗刊于本年在伦敦新创刊之文艺、时事月刊《文汇》(*Encounter*)杂志上。

因其在诗歌翻译方面的卓越成就,本年度的女王诗歌奖章授予阿瑟·韦利。领奖时,阿瑟·韦利受到女王的亲自接见。

该年,贝丽尔·德·佐特的《另一种观念:南印度舞蹈研究》(*The Other Mind:*

A Study of Dance in South India）由维克多·戈兰茨出版公司（Victor Gollancz）出版。

1954 年　65 岁

1月14日，在《听众》第51卷第1298号上发表论文《喜多川歌麿的艺术：阿瑟·韦利关于大英博物馆展览的评析》（"The Art of Utamaro: Arthur Waley on the Exhibition at the British Museum"）。该文简要介绍了喜多川歌麿的浮世绘创作风格，并梳理了大英博物馆收藏喜多川歌麿作品的历史。

按：喜多川歌麿（1753—1806），日本江户时期著名的浮世绘大师之一。他工于美人画，是"大首绘"的创始人。"大首绘"指重视脸部特写的半身胸像。画中的人物往往来自社会底层的歌舞伎、大坂的贫妓，他希望通过纤细高雅的笔触绘制以头部为主的美人画，借此来探究女性内心深处的特有之美。代表作品为"江户宽政年间三美人"。他的创作风格对后世影响深远，直到近代还有人模仿。

该月，在《亚洲艺术》杂志第17卷第1期上发表文章评论芮沃寿（Arthur F. Wright, 1913—1976）编著的《中国思想研究》（Studies in Chinese Thought）、犹太佛教研究专家杜默林（Heinrich Dumoulin, 1905—1995）的《六祖后在〈无门关〉影响下中国禅宗的发展》（The Development of Chinese Zen After the Sixth Patriarch in the Light of the Mumonkan）、克拉伦斯·汉密尔顿（Clarence H. Hamilton）编选的《佛教：一种以无限慈悲为怀的宗教》（Buddhism: A Religion of Infinite Compassion）。

4月，在《亚洲艺术》杂志第17卷第2期上发表文章评论张葆瑚（Lily Pao-hu Chang）和马乔里·辛克莱（Marjorie Sinclair）翻译的《陶潜诗选》（The Poems of T'ao Ch'ien）。

9月12日，译作《寒山诗27首》在《文汇》第12期刊出。这是寒山诗最早的英译本之一，文前有对寒山生平的简介，这是英语世界对寒山诗的首次介绍，后收入1961年修订版的《中国诗选》（Chinese Poems）。

按：阿瑟·韦利对寒山诗的翻译引起了英、美诗界的注意，当时还在美国伯克利加州分校读书的学生加里·斯奈德（Gary Snyder, 1930—　）是风靡一时的"垮掉的一代"的主将之一，他在导师陈世骧的指导下，翻译了寒山的24

首诗,刊登在 1958 年"垮掉的一代"运动的刊物《常春藤》(*Evergreen Review*)上,在美国文学青年中引发了寒山热,他们争相模仿寒山形象的行动,促成了影响当时美国文坛的轰轰烈烈的嬉皮士运动。①

10 月 7 日,在《听众》杂志第 52 卷第 1336 号上发表论文《中国的镜诗》("The Poetry of Chinese Mirrors"),文中阿瑟·韦利列举了一些诗歌、故事以及雕刻作品阐述"镜"在中国文学及大众信仰中的重要作用。该文后收入《蒙古秘史集》。

该年,爱德华·孔兹编辑的《几百年来佛教文本集》(*Fourth Part of Buddhist Texts Through the Ages*)第 4 卷《中日佛教文本》(*Texts from China and Japan*)由阿瑟·韦利编选,序言中,阿瑟·韦利详细谈及自己的编选标准。该书的第二部分收录了阿瑟·韦利翻译玄奘的《大般若经》("Mahaprajnaparamita")。

1955 年　66 岁

2 月,在《历史上的今天》杂志上发表论文《费尔干纳天马新论》("The Heavenly Horses of Ferghana: A New View")。文中阿瑟·韦利主要对比了关于费尔干纳天马信仰的意义及其在军事上的运用。

该月,译著《九歌》(*The Nine Songs: A Study of Shamanism in Ancient China*)由乔治·艾伦与昂温出版公司出版。翌年春,该书在美国由丛树出版社再版。1956 年、1973 年曾两次重印,1957 年被译为德文在汉堡出版。该书在编撰的过程中主要参看了《国语》《汉书》《后汉书》《晋书》《元史》中的相关材料,译文后面的评论主要参看了闻一多、姜亮夫、文怀沙、郭沫若、游国恩等人的相关论著,并参阅了日本汉学家青木正儿的研究成果。该书分前言、序言、正文、附注、附录五大部分,其中附录部分收录了楚国的扩张、青木正儿对《九歌》的阐释、评论三方面的内容。正文部分分译文和评注两部分。每首译诗后面附录一篇评注。在该书的序言中,阿瑟·韦利讨论了巫术的相关知识,他认为巫术起源于中国古代的天神崇拜,与医术有一定关系。为了便于西方读者的理解,他用西方民众熟悉的萨满教仪式来解释《九歌》中的祭神活动,探讨人是如何成为巫师的。此外,他还分析了《九歌》

---

① 赵毅衡:《诗神远游:中国如何改变了美国的现代诗》,上海:上海译文出版社,2003 年,第 159—160 页。

中歌舞并存的形式特点,剖析了这一形式的成因。附录部分还简要介绍了历代楚辞研究的大致情状。该书是英语世界第一本较为完整的楚辞翻译研究著述,开创了英语学界楚辞研究的新时代。该书书稿初步完成时,剑桥大学的 A. R. 戴维斯(A. R. Davis)和牛津大学的戴维·霍克思通读了全文,并提出了一些修改意见。

按:"萨满"一词源自西伯利亚一带的通古斯族语 saman,sa 乃知道之意,萨满就是知者,指获得知识的一种方式,英文为 shaman。萨满教是在原始信仰基础上逐渐发展起来的一种民间信仰,曾长期盛行于我国北方各族。它没有既定的教条及信仰体系,是一种现象的统称。主要以崇奉氏族部落的祖灵及自然灵物为主,崇拜对象较为广泛。萨满后逐渐衍化为巫师或跳神之人的代名词,往往被视为氏族中萨满之神的代理,他可将人的祈求愿望转达给神,再将神的意志传达给人,是神人交流的中介。阿瑟·韦利就是在这一意义上运用萨满这一概念的。

在该书的附注中,阿瑟·韦利对奥地利知名汉学家奥古斯特·费茨梅尔(August Pfizmaier)1852 年翻译的《九歌》译本评价道:"如果考虑一下该书出版的时代及费茨梅尔对材料的搜罗,这确是一本杰出的译作。"但谈及该书的翻译方法,他却不以为然。"我对这些译本(包括费茨梅尔及后来的几个节译本)的翻译并不满意,之所以译介此书,我的目的旨在对宗教史的发展提供借鉴,且有利于普通读者的阅读。"①

4 月,在《东西方哲学》(*Philiosophy East and West*)杂志第 5 卷第 1 期上发表文章《历史与宗教》("History and Religion")。1953 年年初,胡适与铃木大佐就历史与宗教关系展开了一场论争,相关的论文发表在 1953 年 4 月期的《东西方哲学》杂志上,该文主要是对这场论争的注解和补充,后收入《蒙古秘史集》。

5 月 26 日,在《听众》杂志第 53 卷第 1369 号上发表阿瑟·韦利的演说文稿《梦及其解析:阿瑟·韦利关于东方梦理论的评说》("Dream and Their Interpretation: Arthur Waley on Some Oriental Theories")。该文为访谈稿,后收入《蒙古秘史集》。

---

① Arthur Waley, *The Nine Songs: A Study of Shamanism in Ancient China*, London: George Allen & Unwin, 1955, p.19.

5月,译作《阿尔贝托·德·拉彻尔达诗77首》(Alberto de Lacerda：77 Poems)由乔治·艾伦与昂温出版公司出版。该书由阿瑟·韦利与葡萄牙诗人阿尔贝托·德·拉彻尔达合译,阿瑟·韦利撰写序言。序言不仅包括对拉彻尔达诗歌的详注,还讲述了翻译进行的具体过程。

6月,在《皇家亚洲学会会刊》第17卷第2期上刊文评论密歇根大学日本研究中心刊发的《论文集第四期》(Occasional Papers No.4)。

该月,在《伦敦大学亚非学院学报》第17卷第2期上发表文章评论冈和夫(Oka Kazuo)的著作《〈源氏物语〉的基础研究》(Genji Monogatari no Kisoteki Kenkyū)。

10月,在《皇家亚洲学会会刊》第87卷第3—4期上发表短文评论京都大学出版社出版的论文集《化学知识银禧卷》(Silver Jubilee Volume of the Zinbun-Kagaku-Kenkyusyo)和加拿大汉学家蒲立本(Edwin G. Pulleyblank,1922—2013)的《安禄山反叛的背景》(The Background of the Rebellion of An Lu-shan)。

该年至1962年,哥哥西吉斯蒙·戴维兼任水星剧院信托公司(the Mercury Theatre Trust)的财务总监。

1956年　67岁

1月,著作《十八世纪中国诗人袁枚》(Yuan Mei：Eighteenth Century Chinese Poet)由乔治·艾伦与昂温出版公司和纽约的麦克米伦出版公司联合出版。此书于1958年、1970年在英、美两国三次重印。1999年,日本东京平凡社出版此书日译本,并于2002年重印。该书包括前言、18世纪中国的行省、正文以及附录中介绍的一些重要的相关事件。袁枚传世的著述卷帙浩繁,阿瑟·韦利没有按照诗作的内容分卷,而是按照纪年的方式,将诗文录入不同的卷册内。该书分七章,分别是"杭州"(1716—1736)、"北京"(1736—1743)、"任知县"(1743—1749)、"随园及西北之行"(1749—1752)、"随笔与《子不语》"(1752—1782)、"旅行"(1782—1786)、"《随园诗话》与《随园食单》"(1787—1797)。每一部分的介绍也是按照纪年的方式展开,中间夹杂袁枚的一些作品。

> 按:就袁枚的性格特征而言,阿瑟·韦利还是抓住了其主要层面——重情重义、聪慧慷慨。至于袁枚性格极具偏见、脾气暴躁的说法则值得商榷。

阿瑟·韦利的这一论断指的是袁枚对纳妾狎妓一事的肯定与歌颂,再有就是他独倡性灵、不拘格套的性灵派主张,与当时盛行的复古诗风格格不入。虽然为学、为文与为人确实有逻辑的暗合之处,但这不是评判人性格的主要依据。诗风怪异不合潮流,不见得与人相处时格格不入,标新立异也不可轻易言为极具偏见,阿瑟·韦利之言欠妥。此外,阿瑟·韦利对袁枚的性灵理论介绍明显欠缺。

附录中阿瑟·韦利介绍了关于袁枚著作最早传入欧陆是在马嘎尔尼(George MaCartney)率领的英国使团出使中国之时。

按:乔治·马嘎尔尼是英国著名的外交官。为了进一步扩大对华贸易,英国政府决定利用为乾隆皇帝贺寿为名,派遣使节访华,希望通过外交途径打开中国市场。马嘎尔尼曾做过驻俄公使、爱尔兰事务大臣,深谙外交事宜。1775年至1786年一直在南亚的印度和加勒比地区供职,对东方文化及东方人的心理颇为熟悉。1792年9月底,在东印度公司的资助下,英国政府派他率领800多人的一个庞大的使团出使中国,1793年8月初到达。马嘎尔尼意欲和中方平等论交,扩大贸易,获得居留地,清政府则把他当作一般归顺的使者。之后频频爆发礼仪之争,使彼此间文化差异引发的矛盾进一步升级。1794年马嘎尔尼使团不欢而撤。该使团中有一名中国文化爱好者乔治·斯当东(George Staunton,1737—1801)作为马嘎尔尼的秘书随行。这次出访给他提供了亲历中国文化的机会,他开始到处搜罗有关中国的书籍。1797年,《英使谒见中国皇帝》(An Authentic Account of an Embassy from the King of Great Britain to the Emperor of China)一书出版。按照书中的介绍,斯当东爵士1793年曾收有袁枚的著作。阿瑟·韦利认为这一事实不可靠。原因是皇家亚洲学会有关赠书的记录有斯当东爵士赠书3000册的登记,但他在该图书馆查阅相关资料发现,赠书仅有250册,且找不到袁枚的书籍,故而怀疑此说为讹传。阿瑟·韦利的错误之处在于将斯当东与小斯当东混为一谈。小斯当东全名为乔治·托马斯·斯当东(Sir George Thomas Staunton,1781—1859),是斯当东的儿子,19世纪初知名的中英关系研究家。1816年8月,阿美士德勋爵(William Pitt Amherst)率领使团出访中国,清廷嘉庆皇帝因礼节上的分歧,未接见这些使者。1817年1月初,该使团在澳门登船返回英伦。

阿美士德的出访与马嘎尔尼一样,在中英贸易关系的确立上没有太多进展。时任东印度公司驻广州的特别办事会主席的小斯当东参加了这次出使。他多次著书论述中英关系,还翻译了《大清律例》,是第一个能读、说、写中文的英国人,著名的汉学刊物《皇家亚洲学会会刊》就是小斯当东创办的。他还和英国汉学的先驱马礼逊一起倡议在剑桥大学和牛津大学设立汉学教习,为英国汉学学科的创立做出了巨大贡献。阿瑟·韦利将这父子两人当作一个人,故而说斯当东随马嘎尔尼使团出使时仅12岁,且是这一使团中唯一谙熟中国文化的人。小斯当东是否随团同行,资料有限,难以查证,但作为马嘎尔尼副使兼秘书的人绝对不是小斯当东,而是斯当东。这样看来,阿瑟·韦利查阅的信息可能有误,二者的名字不一样。

该书是西方汉学史上第一部对袁枚的生平创作予以详细介绍的著作。按照阿瑟·韦利的说法,这部著作让英国大众了解到18世纪的中国除了有赫赫有名的乾隆皇帝,还有一位对中国文化产生过重大影响的诗人。此外,他在书中翻译了100多首袁枚的诗歌,虽与其7000多首诗歌数量相差甚远,但如此集中的翻译,在西方汉学界尚属首次。这一翻译填补了袁枚诗歌翻译的不足,为袁枚诗歌西传做出了应有的贡献。

该月,在《镜报》(*Speculum*)第31卷第1期上发表文章评论美国中国研究专家赖肖尔(Edwin O. Reischauer,1910—1990)编撰的《慈觉大师圆仁的日记:入唐求法巡礼行记》(*Ennin's Diary: The Record of a Pilgrimage to China in Search of the Law*)和著作《慈觉大师圆仁在唐代中国的旅行》(*Ennin's Travels in T'ang China*)。

3月22日,在《听众》杂志第55卷第1408号上发表《中国的鬼故事》("Stories of Chinese Ghosts")一文,该文后收入《蒙古秘史集》。

4月,在《历史上的今天》杂志上发表《海军准将安森在广东:一个关于中国的描述》("Commodore Anson at Canton: a Chinese Account")。该文全文收入《袁枚传》的附录中。

该月,在《皇家亚洲学会会刊》第1—2期上著文评论日本佛教专家长尾雅人(Gadjin Nagao)的著作《藏传佛教研究》(*A Study of Tibetan Buddhism*)。

12月,台北"中央研究院"历史语言研究所研究决定,为庆贺胡适先生65岁生日，史语所集刊第 28 本为纪念专刊，分上、下两册。阿瑟·韦利在上册部分发表《一些关于敦煌地区波斯寺庙的参考资料》("Some References to Iranian Temples in the Tun-huang Region")。文末阿瑟·韦利表达了对老友的怀念与敬重："这篇研究短文能在献给胡适的专刊中印行，对我来说是莫大的幸事。胡适是我的一位老友，一位学者。如他所知，对其著作我始终满怀钦佩之情。"[1]

该年，被授予荣誉勋爵（Companion of Honour）爵位，阿伯丁大学授予其荣誉博士学位。

该年，约翰·戴维·约赫楠（John David Yohannan）编辑的《亚洲文学瑰宝》(*A Treasury of Asian Literature*)在纽约出版，书中收录《源氏物语》的部分章节和《日本能剧》中部分能剧的片段。

1957 年　68 岁

该年春，到挪威芬斯（Finse）度假。

2 月 7 日，在《听众》杂志第 57 卷第 1454 号上发表《关于演员的中国故事》("Chinese Stories About Actors")一文，这是一份访谈稿，后收入《蒙古秘史集》。

3 月，在《伦敦大学亚非学院学报》第 19 卷第 1 期上著文评论冢本善隆（Tsukamoto Zenryu,1898—1980）编著的《肇论研究》(*Chōronkenkyū*)。

5 月，在《中印研究》(*Sino-Indian Studies*)杂志上发表文章《一则关于佛洞的传奇》("A Legend About the Caves of the Myriad Buddhas")。该文选自袁枚的《子不语》，原收录于《十八世纪中国诗人袁枚》中。

11 月，在《亚洲研究学报》(*The Jounal of Asian Studies*)第 17 卷第 1 期上著文评论日本东洋学家贝冢茂树（1904—1987）的文章《孔子》("Confucius")。

该年，在《伦敦大学亚非学院学报》上发表《谈一首中蒙艺术杂糅的诗歌》("Chinese Mongol Hybrid Songs")一文，该文主要讨论 14 世纪无名氏的一首诗，该诗选自《词林摘艳》。

该年，在《东方艺术》(*Oriental Art*)杂志上发表文章《青楼集》("The Green

---

[1] Arthur Waley, "Some References to Iranian Temples in the Tun-huang Region,"《"中央研究院"历史语言研究所集刊》第 28 本, 第 128 页。

Bower Collection"),该文主要介绍了元代文人夏庭芝的《青楼集》,后收入《蒙古秘史集》。

该年至 1962 年,哥哥西吉斯蒙·戴维兼任萨德勒威尔斯信托公司(The Sadler's Wells Trust)财务总监。

1958 年　69 岁

该年春,到挪威芬斯度假。

5 月,在《亚洲研究学报》发表文章评论唐纳德·基恩翻译的三岛由纪夫的《五出现代能剧》(*Five Modern Nō Plays*)。

夏间,贝丽尔·德·佐特在肯特郡一家旅馆摔伤,腿骨骨折,住院治疗,阿瑟·韦利陪侍左右,入秋时贝丽尔·德·佐特伤愈出院回家疗养。

11 月,论文《谈翻译》("Notes on Translation")一文在《大西洋月刊》(*The Atlantic Monthly*)刊出。此文比较集中而全面地表达了阿瑟·韦利的翻译观点。就翻译的类型而言,阿瑟·韦利将其分为科技翻译和文学翻译。科技翻译强调译文的忠实,不得有任何篡改,且要符合语法规范。文学翻译则复杂得多,既要注重表达文意,还要传达情感。所以,译者一定要将自己的情感体验熔铸在翻译中。"作家将自己的情感(愤怒、怜悯、喜悦等)熔铸在原诗中,通过节奏、意象、词语等手段将情感表达出来,如果译者不去感觉原著蕴含的情感,只是用一连串呆板的词语罗列出意思,虽然'信'做到了,但却歪曲了原著。"为了说明情感对翻译的重要性,阿瑟·韦利举古印度史诗《摩诃婆罗多》中《薄伽梵歌》(*Bhagavad Gita*)的最后一部分的四种译文,《源氏物语》中《浮舟》结尾处一段的翻译,《西游记》第 98 回"猿熟马驯方脱壳,功成行满见真如"中接引佛祖接唐僧师徒过凌云渡时见一死尸,悟空、八戒、沙僧、佛祖都说"是你、是你"一段的翻译为例来阐述保持原文艺术魅力的重要性。关于译者的素养,阿瑟·韦利认为译者要"深受原作蛊惑,日思夜想,不把它翻译过来,就坐卧不宁"。翻译的语种方面,阿瑟·韦利认为,译者最好用自己的母语进行翻译,翻译最重要的是传达原文的笔调与神情,只有娴熟的语言能力才能将自己理解的异域语义准确地表达出来。此外他还强调译者要接受严格的翻译训练。这种训练不是语言转换技巧的娴熟与否,而是译文的流畅表达。他说:"翻译散文体文本的译者要让书中的人物说英语读者能听得懂的话,译者应该先听书中人物说话，就像小说家听自己笔下的形象说话一样，声调要亮丽明晰，表意要确定。"为此，他要求译者养成听人说话的习惯，尽量提高自己译入语的表达能力。只有这样，译文才能真正走入读者的视野。他以自己翻译的经验来论证这一说法的可行性，"我经常坐在书桌旁，文本的意义虽完全了解，但却不知该如何用英语表达。因为翻译不仅仅是一系列字典意义的再现，更重要的是原作的要旨、语调及神情的传达"①。该文后收入《蒙古秘史集》。

该月，著作《中国人眼中的鸦片战争》(The Opium War Through Chinese Eyes)由乔治·艾伦与昂温出版公司出版。该书 1965 年、1968 年、1973 年、1982 年四次重印。该书除几篇与鸦片战争相关的文章外，都是林则徐日记的英译。阿瑟·韦利翻译参看的原文大多来自《中国近代史资料丛刊》第 6 册《鸦片战争》。

1959 年　70 岁

该年，基于阿瑟·韦利在中日文化研究领域做出的巨大贡献以及为《大亚细亚》杂志编创之功，《大亚细亚》杂志出版专号（新系列第 8 卷）为其庆贺 70 岁寿诞。该期刊物共收录 22 位学界同人及好友的文章，是《大亚细亚》杂志出版纪念专号以来收录文章最多的一期。该刊收录有弗兰西斯·约翰(Francis A. Johns)在阿瑟·韦利的帮助和指导下编写的《阿瑟·韦利先生出版书目初稿》("A Preliminary List of the Published Writings of Dr. Arthur Waley")，这一目录的编订为后辈学者提供了详细的书目信息，也为弗兰西斯·约翰后来编订详细的《阿瑟·韦利书目》奠定了基础。

6 月，在《沃伯格和考陶尔德学院杂志》(Journal of the Warburg and Courtauld Institutes)上发表《一首中国古代的天鹅女故事》("An Early Chinese Swan-Maiden Story")。该故事选自敦煌变文，约创作于 9 世纪。后收入 1960 年出版的《敦煌变文故事选》(Ballads and Stories from Tun-huang：An Anthology)。

9 月，在《伦敦大学亚非学院学报》第 22 卷第 1—3 期上发表短文评论澳大利亚汉学家赞克翻译的《中国文选》(Die Chinesische Anthologie)。

---

① Arthur Waley,"Notes an Translation,"in The Secret History of the Mongols and Other Pieces, London：George Allen & Unwin,1964,pp.181-193.

12月,在《常春藤》上发表冯梦龙的《情歌》("Song"),后收入1961年《中国诗选》第二版。

该月,在《太平洋事务》第32卷第4期上发表文章评论美国汉学新秀狄百瑞(Theodore de Bary)的《解读东方经典的方法》(Approaches to the Oriental Classics)。

该年,在丹麦哥本哈根出版的《庆祝高本汉七十岁论文集》(Studia Serica Bernhard Karlgren Dedicata)上发表论文《〈敦煌变文集〉札记》("Notes on Tun-huang Pien-Wen Chi")。

该年,日本政府授予阿瑟·韦利二等瑞宝勋章(The Order of Merit of Second Treasure)。

该年,为巴斯利·格雷(Basil Gray)的《敦煌佛洞绘画》(Buddhist Cave Paintings at Tun-huang)一书作序。

该年,霍克思《楚辞的英译》("English Translations of Ch'u Tz'ǔ")一文中评价阿瑟·韦利的《九歌》:"该书因与相关人类学知识的关联性而变得很有价值。从这个意义上说,它是一个里程碑,它使得后来的研究者如需进一步翻译《楚辞》就必须首先对这些诗作的产生背景及功能进行广泛研究。"该文后收入霍克思翻译的《楚辞:南方之歌》(Ch'u Tz'ǔ, The Songs of the South: An Ancient Chinese Anthology)。

1960年　71岁

该年春,阿瑟·韦利到挪威芬斯度假一个月,回来后,摔了一跤,致右肩脱臼,神经收紧,写字深受影响。

4月,在《皇家亚洲学会会刊》第92卷第1—2期上发表文章评论大卫·霍克思的《楚辞:南方之歌》。

6月,在《伦敦大学亚非学院学报》第23卷第2期上发表文章评论芮沃寿的《中国历史中的佛教》(Buddhism in Chinese History)。

10月,在《伦敦大学亚非学院学报》第23卷第3期上发表论文《读〈元朝秘史〉札记》("Note on the 'Yuan-Ch'ao Pi-shih'")。

11月,译作《敦煌变文故事选》(Ballads and Stories from Tun-huang: An Anthology)由乔治·艾伦与昂温出版公司和纽约的麦克米伦出版公司同时出版。该书除前言和正文外,文后附录中详细介绍敦煌文献的发现以及敦煌壁画间的联系,此外还附有敦煌文献的日期、变文与赋的关系,一些变文的翻译等内容。

该年,理雅各的《中国经典》五卷本由香港大学出版社(Hong Kong University Press)和伦敦牛津大学出版社(Oxford University Press)同时出版,其中第2卷《孟子》(*The Works of Mencius*)阿瑟·韦利加了部分注释,大部分注释的内容来自1949年在《大亚细亚》杂志新系列第1卷第1期上发表的论文《〈孟子〉札记》("Note on Mencius")。

该年,伦敦大学拟收回戈登方场的所有房子,阿瑟·韦利租住的房子也在内。

1961年　72岁

该年,阿瑟·韦利在伦敦北郊海格特南林道50号(50 South-wood Lane, Highgate)买了一处公寓,该公寓有四层,风景宜人,视野极佳,且彼此分隔。

2月,吴世昌英文版《〈红楼梦〉探源》(*On "The Red Chamber Dream"*)由牛津大学出版社出版,阿瑟·韦利为之作序。

3月3日,牛津大学中国文学教授大卫·霍克思在《泰晤士报文学增刊》上发表《译自中国文》("From the Chinese"),对阿瑟·韦利的翻译做了深刻的研究,给予高度的评价。霍克思对阿瑟·韦利翻译异域作品时注意为西方读者提供中文诗作创作的文化、政治、经济背景的做法极为欣赏。他赞叹道:"阿瑟·韦利先生似乎很早就意识到了,如果没有为读者建起理解这些诗作的心理框架,而只是单纯翻译异域的文本文字,这样做是不够的。""翻译与叙述相结合以刻画一个人物或一个时代,这是阿瑟·韦利娴熟掌握并巧妙运用的一种技巧。"采用这种技巧所撰写的传记类汉学书籍,在研究中国诗人的生平时穿插其作品为例,在霍克思看来,阿瑟·韦利开辟了一个新的种类。"虽然它表面上与西方早已大量存在的文学传记没什么差别,实质上却有着根本的不同:阿瑟·韦利书中所包含的传记信息的主要来源是诗歌本身。"谈及《源氏物语》的翻译时,霍克思认为"此英译本真可谓是天才之作,它融合了细腻与得体的译风,并且将之贯穿始终。此译风成就了译作,使得译作如同原作一样也成了伟大和重要的艺术作品"①。该文后收入伊文·莫里斯编著的《山中狂吟——阿瑟·韦利译文及评论选》。

该月,在《美国政治社会科学学术年鉴》(Annals of the American Academy of Political and Social Science)第334卷上发表文章评论莱昂纳多·奥尔斯基(Leonard Olschki)的《马可波罗眼里的亚洲:介绍〈马可波罗游记〉中描述的世界》(Marco Polo's Asia: An Introduction to His "Discription of the World" Called "II Milione")。

该年夏,在《洛克斯·索罗斯》(Locus Solus,又译为《荒凉地带》)丛刊上发表《宰相的诗》("Poem about Saisho")。

1962年　73岁

1月4日,哥哥西吉斯蒙·戴维因心脏病发作,在伦敦金斯顿沃尔弗顿大道26号(26 Wolverton Avenue, Kingston)的家中去世,享年75岁。

2月,译作《170首中国诗》第二版由伦敦康斯太保出版公司出版,阿瑟·韦利重写了前言。

2月24日,胡适因心脏病突发与世长辞。

3月4日,彼得·昆内尔(Peter Quennell)在《纽约时报》上发表书评《来自伦敦的文学信件》("Literary Letter from London"),发表了他对阿瑟·韦利性格的看法。彼得·昆内尔认为阿瑟·韦利平常很安静,一旦不耐烦时,他的高音能够达到超音速的水平,"他喜欢听朋友们谈话,但他从不开口,这多少有些令人不安。可当非说不可时,那声音不但很清晰,而且给人以轰鸣之感,就如一嘈杂的剧场忽然传来芦笛悠扬哀怨的曲调一样。几句简洁直白的话说明自己的意思后,阿瑟·韦利又陷入深沉的寂静中"②。

3月,女友贝丽尔·德·佐特去世,享年83岁。此后,阿瑟·韦利花三个月时间编订完成贝丽尔·德·佐特的文集。

该年夏间,在整理完贝丽尔·德·佐特的论文后,阿瑟·韦利打算销毁余下

---

① David Hawkes, "From the Chinese," in *Madly Singing in the Mountains: An Appreciation and Anthology of Arthur Waley*, ed. Ivan Morris, London: George Allen & Unwin, 1970, pp.45-51.
② Peter Quennell, "A Note on Arthur Waley," in *Madly Singing in the Mountains: An Appreciation and Anthology of Arthur Waley*, ed. Ivan Morris, London: George Allen & Unwin, 1970, pp.90-91.

的论文,后将这些宝贵的材料送给一个收集废品的私人。此人将这些材料卖给波托贝拉路(Portobella Road)的一个摊贩,后被书商彼得·伊顿(Peter Eton)再次收购。伊顿得知阿瑟·韦利要搬家,于是找上门收购阿瑟·韦利剩余的书与小册子。

该年年底,阿瑟·韦利搬至布鲁姆斯伯里街区大詹姆斯街22号(22 Great James)的一套小公寓中居住,购置一部小汽车。该公寓只有一间房用来存放他的书籍,为此,他将大部分觉得自己用不上的书赠送于杜伦大学(Durham University),并将海格特南林道的房子出租了一年。

该年,阿瑟·韦利立遗嘱,遗嘱中将自己的工作笔记赠予大卫·霍克思教授。

该年,阿瑟·韦利在一事故中右手受伤,不能再执笔,放弃了自己痴迷了50多年的汉学研究。

该年,柳存仁(Liu Ts'un-yan,1917—2009)的《〈封神演义〉作者考》(The Authorship of the "Feng Shen Yen I")在德国的威斯巴登(Wiesbaden)出版,阿瑟·韦利为之作序。

1963年　74岁

2月,接受BBC记者罗伊·弗勒的采访,访谈在BBC播出。在这次专访中,阿瑟·韦利坦承他所采用的跳跃式节奏是在翻译中国诗歌的实践中逐渐形成的,是中国诗歌的形式启发了他的创造力。罗伊·弗勒就阿瑟·韦利在学术界和文坛的地位评析道:"阿瑟·韦利先生,这次访谈重在谈论你对东方经典的翻译,尤其是中诗英译。说是译诗,我更乐于把它们当作英国诗歌。在我看来,尽管这些诗歌已经出名40多年了,在英国也没有得到重视,但它们还是一战前英国诗坛反驳丁尼生抑扬格诗体改革运动的一部分。"采访还谈及艾略特,阿瑟·韦利告诉他说:"每个星期一晚上,庞德、艾略特、福特都会准时参加弗瑞斯街的餐馆聚会,谈论的主题主要围绕诗歌创作的技巧展开。这是我那时参加过的最有意义的聚会了。"[①]此次访谈记录稿后来收入《山中狂吟——阿瑟·韦利译文及评论选》。

[①] "Arthur Waley in Conversation, BBC Interview with Roy Fuller", in *Madly Singing in the Mountains: An Appreciation and Anthology of Arthur Waley*, ed. Ivan Morris, London: George Allen & Unwin, 1970, pp. 138-151.

3月,在《伦敦大学亚非学院学报》第26卷第1期上发表文章《敦煌的一首歌谣》("A Song from Tun-Huang")。该文是对翟林奈编著的《敦煌中文手稿目录》(Catalogue of the Chinese Manuscripts from Tun-huang)第6174号中关于"牛郎织女"传说的修正和补充。

该年,贝丽尔·德·佐特的文集编订完成,以《雷声与清新》(The Thunder and the Freshness)为题,由纽约的戏剧艺术书局(Theatre Arts Books)出版。阿瑟·韦利作序,序文中简要介绍了贝丽尔·德·佐特的生平事略。

10月,在《希腊与罗马》(Greece & Rome)杂志第10卷上发表文章《十一音步诗文》("Hendecasyllabic Version")。该文是对陶渊明《责子》一诗的英译。

> 按:该诗选自1918年版的《170首中国诗》,但诗中第二句的翻译采用的是1962年版的译文,第五至十句中,1918年版翻译的部分错误在1962年版的《170首中国诗》中已有修改,但杂志上发表的这篇译诗没有据此进行修正。①

该年年底,租期结束,阿瑟·韦利移居海格特南林道50号。艾莉森·格兰特的摄影室失火,搬至该公寓的三四层居住,每逢周末,艾莉森·格兰特驾着小汽车带阿瑟·韦利到附近游玩。

1964年　75岁

1月,译著集《蒙古秘史集》由乔治·艾伦与昂温出版公司和纽约麦克米伦出版公司同时出版。这是阿瑟·韦利生前出版的最后一部著作。该书主要收录了20世纪40年代后阿瑟·韦利研究和翻译中日文学的文章。只有4篇为40年代之前的著作。凡与佛教文化相关的都没有收录。

1965年　76岁

该年,《厄俄斯:诗歌中情人们黎明聚散主题之研探》(Eos:An Enquiry into the Theme of Lovers' Meetings and Partings at Dawn in Poetry)出版,阿瑟·韦利撰写其

---

① 关于此诗翻译的版本问题,可参看冀爱莲:《"摆渡者"的局限与自由——以陶渊明〈责子〉诗的英译为例》,《福建师范大学学报》(哲学社会科学版)2013年第6期,第77—80页。

中的两篇:《中国篇》《日本篇》。

该年,当选为日本学士院名誉会员。

该年圣诞节,阿瑟·韦利发现腿脚不便,举步维艰。

该年,在弗兰西斯·约翰的倡议下,阿瑟·韦利1916年自费出版的《中国诗歌》由美国罗格斯大学(Rutgers University)研究委员会影印再版,原书中阿瑟·韦利亲笔修改的部分没有印刷。

1966年　77岁

2月17日,在去参加《大亚细亚》编辑委员会例会的路上遇到的一场机动车事故中,脊骨摔断。治疗过程中,医生发现他患有脊柱癌。为了缓解病情,医生为他动了手术,但不成功,随着病情的发展,他全身瘫痪。此后五个月,他卧床不起,忍受了极大的痛苦。

该月,在《伦敦大学亚非学院学报》第29卷第1期上发表文章评论拉加万·莱尔(Raghavan Lyer)编著的《亚欧之间的玻璃窗帘:关于历史的碰撞以及东西方人们态度变化的研讨会》(*The Glass Curtain Between Asia and Europe: A Symposium on the Historical Encounters and the Changing Attitudes of the Peoples of the East and the West*)。

该月,在《亚洲研究杂志》上著文评论爱德华·赛丹斯蒂(Edward Seidensticker,1921—2007)的译作《蜻蛉日记:平安时期一位贵妇人的日记》(*The Gossamer Years: A Diary by a Noble-woman of Heian Japan*)。这是阿瑟·韦利生前发表的最后一篇书评。

5月26日,与艾莉森·格兰特结婚。

6月27日,在海格特家中去世。

6月30日,葬礼由一名英格兰牧师主持,葬于附近的海格特旧墓地(Old Highgate Cemetery)。

8月,彼得·昆内尔在《历史上的今天》杂志上撰文《阿瑟·韦利》("Arthur Waley")以示纪念,评价阿瑟·韦利是"带着哲人面具的圣洁隐者"。

该月,彼特·道格拉斯·肯尼迪(Peter Douglas Kennedy)在《民间传说》杂志第77卷第3期上发布讣告《阿瑟·戴维·韦利》("Arthur David Waley")。

该月,时政研究专家维尔·雷德曼(Sir Vere Redman)在《朝日新闻晚报》(Asahi Evening News)上著文回忆阿瑟·韦利,说他的声音厚实而洪亮,但他故意不发声,某种程度上反而加强了周围的平静。韦利除非有话说,否则从不张嘴。

10月,在《伦敦大学亚非学院学报》第29卷第3期上发表论文《〈游仙窟〉中的口语》("Colloquial in the 'Yu-hsien K'u'"),这是阿瑟·韦利发表的最后一篇论文。

该月,伊文·莫里斯撰文《阿瑟·韦利》("Arthur Waley")在《文汇》杂志上发表。该文长达20多页,就阿瑟·韦利生平及翻译的事件做了详细的介绍,是研究阿瑟·韦利的重要参考。该文后以《天才阿瑟·韦利》("The Genius of Arthur Waley")为题收入《山中狂吟——阿瑟·韦利译文及评论选》。

> 按:莫里斯认为,阿瑟·韦利性格中的缺点并非他有意为之,"他的亲切有时会招致疏远,使人觉得在浪费时间,我认为他根本意识不到这一点。人们有时会发现他身上带有冷酷的特点,这并非自负所致,而是因为他是最后一个用对世界的真实感来思考的学者,难免给人以保守、挑剔的印象"[1]。

11月,威克逊在《剑桥大学皇家学院年度报告》(King College Annual Report)中发布《讣告》("Obitury"),对阿瑟·韦利的生平与译述进行评述。

12月,大卫·霍克思在《大亚细亚》杂志第2期上发表文章《阿瑟·韦利先生讣告》("Obituary of Dr. Arthur")以示纪念。文中就阿瑟·韦利的翻译贡献进行了详细的介绍,大卫·霍克思认为:

> 准确地评价阿瑟·韦利是哪一方面的学者是极其困难的,因为在每一个他喜欢的研究领域,他与该领域的研究者都是并驾齐驱的。他所涉猎领域的宽泛在那个时代别人跟他无法相比,尽管在某个专业上一些学者能够超过他。再者,他的中国文学阅读能力出奇地好,尽管这很难证实,但在大量的领域他读的书远比西方世界其他依然健在的学者多得多。他与许多民族不同年龄段的学者通过信并交往过,他对后世的影响相当大,尤其是对年青的一代,尽管他从未拥有过一个正式的学术岗位。不过阿瑟·韦利不是一名系统

---

[1] Ivan Morris, "The Ginius of Arthur Waley," in *Madly Singing in the Mountains: An Appreciation and Anthology of Arthur Waley*, London: George Allen & Unwin, 1970, pp.67-87.

性的研究学者。他也不可能像高本汉那样被人当作伟大的汉学家永垂史册,在这一点上,他的朋友伯希和显然可以做到。事实上他不喜欢也不相信一些体系和学说,认为它们令人厌烦(这是他使用频率很高的一个词)。他从不对学术的本质做一些冒险式的阐释,即使在他权威的学术领域诸如中国诗歌。他的文章经常是一位译者的简短记录,或是解释一些旧时的表达方式,或是解释一些罕见的词或短语,这些都是他通过大量的阅读提出来并论证的,这些文章为在同一领域中不断求索的苦行僧给予很大的帮助。……

芸芸众生中伟大的人甚少,但有特点的人就更少了。在这个小小的学术圈中,我们再难找到一位如此重量级的人物了。[①]

该年,列维(Howard Seymour Levy)的《中国的缠足:一种奇异风俗的历史》(*Chinese Footbinding:The History of a Curious Erotic Custom*)由纽约的沃尔顿·罗尔斯出版社(Walton Rawls)出版,阿瑟·韦利为之作序。

1967 年　　阿瑟·韦利去世后 1 年

1 月,西门华德(Walter Simon)在《伦敦大学亚非学院学报》第 30 卷第 1 期上发表文章《阿瑟·韦利讣告》("Obituary:Arthur Waley")沉痛悼念这位著名的英国汉学家。

4 月,华德·罗宾逊(Walter Robinson)撰文《阿瑟·韦利先生》("Dr. Arthur Waley")对阿瑟·韦利的逝世表示沉痛哀悼。该文发表在《皇家亚洲学会会刊》第 1—2 期上。

该年,柳存仁的《伦敦所见中国小说书目提要》(*Chinese Popular Fiction in Two London Libraries*)由香港龙门书局出版,阿瑟·韦利生前为之作序。

1968 年　　阿瑟·韦利去世后 2 年

6 月,玛格丽特·胡伯特·韦利撰写阿瑟·韦利家族的传记。2007 年,程章灿先生翻译成中文,名曰《家里人看魏理》。

弗兰西斯·约翰编著出版了《阿瑟·韦利书目》(*A Bibliography of Arthur*

[①] David Hawkes, "Obituary of Dr. Arthur Waley," *Asia Major*, Vol.12, No.2(1966):146-147.

Waley)。该书由美国新泽西州罗格斯大学出版社出版,1988年伦敦的阿斯隆出版社(Athlone)和新泽西的大西洋高原出版社(Atlantic Highlands Press)同时再版。它分著作、译文、论文、原创的诗文、书评、杂论、选集、阿瑟·韦利研究资料选录八个方面对阿瑟·韦利生前的著作进行了详细的整理编排,对一些著作的版次做了精细的罗列,甚至把序言中与该书出版相关的语句也做了摘录。此外,书中收录了1968年之前英国学界有关阿瑟·韦利的研究文章,是阿瑟·韦利研究的必备参考资料。

按:弗兰西斯·约翰系美国拉特格斯大学图书馆馆员。1962年,在给阿瑟·韦利搬家清理家中杂物时,他把阿瑟·韦利打算扔弃的废纸垃圾当作宝贝,从新泽西跑到伦敦,又从伦敦运回到新布伦瑞克省(New Brunswick),在大学图书馆中专门建立了一个阿瑟·韦利档案,为后来的研究者提供了宝贵的资料。

1969年　阿瑟·韦利去世后3年

1月21日,哈特利(Leslie Poles Hartley)在给鲁斯·珀尔马特(Ruth Perlmutter,1928—　)的信中坦言阿瑟·韦利骨子里是一个非常冷漠的人,他从内心深处抗拒跟人交流,谈话时多用单音节词,讨厌高声谈论或不停地说话。

12月14日,英国作家杰拉尔德·布雷南(Gerald Brenan,1894—1987)在给鲁斯·珀尔马特的信中认为:"阿瑟·韦利是一个善良且感情丰富的人,如果有人说一些妨碍或愚蠢的话,他会极其尖刻,甚至有些粗暴。他喜欢直指话题,碰到别人作品中的失误,不会用圆滑的语言,但他从未说过恶毒的攻击之语。为此成为传统知识分子的典型代表。"[①]

该年,大卫·霍克思作为阿瑟·韦利的遗著管理人整理阿瑟·韦利遗作。

两篇遗作在《大亚细亚》杂志上发表。其一为《祖堂集》中一段白话故事的翻译("A Sung Colloquial Story from the Tsu-Tang Chi"),另一篇为短文《说"乍"》("The Word Cha")。两文皆经由大卫·霍克思整理。

---

① Gerald Brenan, "Letter to Ruth Perlmutter, December 14, 1969," in *Arthur Waley and His Place in the Modern Movement Between the Two Wars*, by Ruth Perlmutter, University of Pennsylvania, Ph.D., 1971, p.26.

1970 年　阿瑟·韦利去世后 4 年

伊文·莫里斯主编的《山中狂吟——阿瑟·韦利译文及评论选》由纽约沃克出版公司（Walker and Company）再版。该书收录了阿瑟·韦利生前未发表及在刊物上发表未曾编入文集的作品，包括阿瑟·韦利于 20 世纪 40 年代初在 BBC 广播电台做的一些有关东方文化的访谈录。该作第一部分收录了当时英国文坛名流对阿瑟·韦利的评论，这些评论或出自阿瑟·韦利学生之手，或出自汉学家之手，或出自阿瑟·韦利的家人之手，为阿瑟·韦利研究保存了珍贵的第一手史料。此书包括纪念文章和阿瑟·韦利译著文选两部分，是研究阿瑟·韦利及其学术的最重要的著作之一。

按：序言中就此书题目选用的问题，莫里斯曾做如下阐述："该书的题目出自白居易最优秀的今古讽谏诗。一位朋友曾警示我说：借此为题，会给一些读者一种错觉，那就是阿瑟·韦利是个神经病患者。我大胆冒险用此为题，因为这句诗恰到好处地表达出自我被别人忽略的一面，那就是快乐。在阿瑟·韦利看来，文学不像后来许多专家认为的那样，是用一连串的行话或学术术语去攻克的坚强壁垒，这些壁垒因问题和挑战让人毛发耸立，文学是让人欣喜若狂的永恒的源泉。"[①]莫里斯的评述抓住了阿瑟·韦利乃一诗狂的主要特点。尽管他将闲适的《山中独吟》归入讽谏诗是错误的，但这并不影响他对阿瑟·韦利嗜诗如命的人生观的理解。

1971 年　阿瑟·韦利去世后 5 年

鲁斯·珀尔马特完成博士论文《阿瑟·韦利及其在两次世界大战中现代运动中的地位研究》（"Arthur Waley and His Place in the Modern Movement Between the Two Wars"），获得宾夕法尼亚大学的哲学博士学位。

按：鲁斯·珀尔马特谈及阿瑟·韦利的性格时认为"阿瑟·韦利立志于走别人未走过的路，为此，他仅相信自己的感觉、自己找到的真理和精确。熟

---

① Ivan Morris, "Preface," in *Madly Singing in the Mountains: An Appreciation and Anthology of Arthur Waley*, London: George Allen & Unwin, 1970, p.9.

悉他的人都知道他从不在朋友面前、娱乐的时候或在自己的著作中,表达他对真理的追求及慷慨的精神气质"。

1973 年　阿瑟·韦利去世后 7 年

阿瑟·韦利的遗孀艾莉森·韦利(Alison Waley)出版了《西游记》的节译本,名为《可爱的猴子》(Dear Monkey)。

1982 年　阿瑟·韦利去世后 16 年

阿瑟·韦利的遗孀艾莉森·韦利出版了阿瑟·韦利的相关传记《两生有半》(A Half of Two Lives)。该书由伦敦韦登菲尔德和尼克尔松出版公司(Weidenfeld and Nicolson)出版,1983 年在纽约麦格劳-希尔出版公司(McGraw-Hill)再版。

2000 年　阿瑟·韦利去世后 34 年

中国南京大学程章灿先生申请获批教育部优秀青年教师基金项目:阿瑟·韦利与 20 世纪英国汉学,同时还承担王宽诚资助的学术研究项目"追梦于东方:阿瑟·韦利与 20 世纪的英国汉学"(Dreaming of the East: Arthur Waley and 20th Century British Sinology)。以这两个项目做支撑,他先后发表了一系列论文:《魏理的汉诗英译及其与庞德的关系》[1],《汉诗英译与英语现代诗歌——以魏理的汉诗英译及跳跃韵律为中心》[2],《阿瑟·魏理年谱简编》[3],《魏理与布鲁姆斯伯里文化圈交游考》[4],《魏理眼中的中国诗歌史——一个英国汉学家与他的中国诗史研究》[5],《东方古典与西方正典——阿瑟·韦利英译汉诗在欧美的传播及其经典化》[6],《魏理及一个"恋"字》[7]。这几篇论文有的是从阿瑟·韦利的私生活着手,如《魏理及一个"恋"字》,探讨阿瑟·韦利与舞蹈家贝丽尔·德·佐特及后来的

---

[1]　该文发表于《南京大学学报》2003 年第 6 期。
[2]　该文发表于《江苏行政学院学报》2003 年第 9 期。
[3]　该文发表于《国际汉学》2004 年第 11 辑。
[4]　该文发表于《中国比较文学》2005 年第 1 期。
[5]　该文发表于《鲁迅研究月刊》2005 年第 3 期。
[6]　该文发表于《中国比较文学》2007 年第 1 期。
[7]　该文发表于《读书》2008 年第 2 期。

妻子艾莉森之间的情感纠葛;有的以传记的方式对阿瑟·韦利的生平大事做一简要的梳理,如《阿瑟·魏理年谱简编》;有的从交游入手,探讨他生活的文化圈对其的影响,如《魏理与布鲁姆斯伯里文化圈交游考》。其他几篇则是纯学术性的研究文章,着眼点在于译介的原则、译文的流传及其在中英文学交流史上的意义。程章灿先生为了完成此课题,多次到英国各大图书馆查阅相关的资料,包括阿瑟·韦利的信件、日记及藏书等,厚实的第一手资料不仅显示出作者厚实的学养,而且其论文极具参考价值。尤其是阿瑟·韦利年谱的编纂,成为阿瑟·韦利研究者的必备参考。

2003 年　阿瑟·韦利去世后 37 年

该年,约翰·德·格罗西(John Walter de Gruchy)的《朝向东方的阿瑟·韦利——日本主义、东方主义及日本文学在英语世界中的创造》(*Orienting Arthur Waley: Japanism, Orientalism, and the Creation of Japanese Literature in English*)由美国夏威夷火奴鲁鲁出版社出版。作者以阿瑟·韦利翻译的日本诗歌、日本的能剧及日语文学的代表作紫式部的《源氏物语》为研究的主要对象,结合英国日本研究机构的发展,探讨阿瑟·韦利在日英文化交流上的重要意义。

附录:阿瑟·韦利作品索引

一、论著、译著

Chinese Poems, London: Lowe Bros. & High Holborn Press, 1916.

A Hundred and Seventy Chinese Poems, London: Constable, 1918.

More Translations from the Chinese, London: George Allen & Unwin, 1919.

The Poem Li Po A.D. 701–762, London: East and West, 1919.

Japanese Poetry: The Uta, Oxford: Clarendon Press, 1919.

The Noh Plays of Japan, London: George Allen & Unwin, 1921.

Zen Buddhism and Its Relation to Art, London: Luzac, 1922.

The Temple and Other Poems, London: George Allen & Unwin, 1923.

An Introduction to the Study of Chinese Painting, London: Ernest Benn, 1923.

The Tale of Ginji, London: George Allen & Unwin, 1925.

The Sacred Tree, London: George Allen & Unwin, 1926.

A Wreath of Cloud, London: George Allen & Unwin, 1927.

Poems from the Chinese, London: Ernest Benn, 1927.

Blue Trousers, London: George Allen & Unwin, 1928.

The Pillow Book of Sei Shōnagon, London: George Allen & Unwin, 1928.

The Originality of Japanese Civilization, London: Oxford University Press, 1929.

The Travels of an Alchemist: The Journey of the Taoist Ch'ang Ch'un from China to the Hindukush at the Summons of Chingiz Khan, London: George Routledge & Sons, 1931.

A Catalogue of Paintings Recovered from Tun-huang by Sir Aurel Stein, London: The British Museum, 1931.

The Lady of the Boat, London: George Allen & Unwin, 1932.

The Bridges of Dreams, London: George Allen & Unwin, 1933.

The Way and Its Power: A Study of the Tao Tê Ching and Its Place in Chinese Thought, London: George Allen & Unwin, 1934.

The Book of Songs, London: George Allen & Unwin, 1937.

The Analects of Conucius, London: George Allen & Unwin, 1938.

Three Ways of Thought in Ancient China, London: George Allen & Unwin, 1939.

Translations from the Chinese, New York: Alfred A. Knopf, 1941.

Monkey, London: George Allen & Unwin, 1942.

Monkey, New York: John Day Company, 1943.

Chinese Poems, London: George Allen & Unwin, 1946.

The Great Summons, Honolulu: The White Knight Press, 1949.

The Life and Time of Po Chü-I, 772-846 A.D., London: George Allen & Unwin, 1949.

The Poetry and Career of Li Po 701-762 A. D.，London：George Allen & Unwin，1950.

The Real Tripitaka and Other Pieces，London：George Allen & Unwin，1952.

The Nine Songs：A Study of Shamanism in Ancient China，London：George Allen & Unwin，1955.

Yuan Mei：Eighteenth Century Chinese Poet，London：George Allen & Unwin，1956.

The Opinm War Through Chinese Eyes，London：George Allen & Unwin，1958.

Ballads and Stories from Tun-huang：An Anthology，London：George Allen & Unwin，1960.

The Secret History of the Mongols，London：George Allen & Unwin，1964.

二、论文

"A Chinese Picture,"*Burlington Magazine*，Vol.30(1917).

"Pre-T'ang Poetry",*Bulletin of the School of Oriental Studies*,*London Institution*,1917.

"Thirty-Eight Poems by Po Chü-I,"*Bulletin of the School of Oriental Studies*,*London Institution*,1917.

"Further Poems by Po Chü-I, and an Extract from His Prose Works, Together with Two Other T'ang Poems,"*Bulletin of the School of Oriental Studies*,1918.

"To the Editor of the Cambridge Review,"*The Cambridge Review*,6 Dec. 1918.

"A Painting by Yen Li-Pen,"*Burlington Magazine*,Oct. 1919.

"Note on the Invention of Woodcuts,"*The New China Review*,Vol.1,No.4(1919).

"Chorus from the No-play Hokazo,"*New Statesman*,Sept. 1920.

"Notes on the 'Lute-girl's Song',"*The New China Review*,Vol.2,No.6(1920).

"Chinese Philosophy of Art- I .Note on the Six'Methods'," *Burlington Magazine*,Dec. 1920.

"Hymns to Kuan-yin,"*Bulletin of the School of Oriental Studies*,1920.

"The Master of the Five Willows, an Autobiography,"*The Borzoi*,1920.

"Chinese Philosophy of Art-Ⅱ. Wang Wei and Chang Yen-Yüan," *Burlington Magazine*, Jan. 1921.

"Leibniz and Fu Hsi," *New Statesman*, Mar. 1921.

"Chinese Philosophy of Art-Ⅲ. Ching Hao," *Burlington Magazine*, May 1921.

"Chinese Philosophy of Art-Ⅳ. Kuo Hsi (Part Ⅰ)," *Burlington Magazine*, Jun. 1921.

"Chinese Philosophy of Art-Ⅴ. Kuo Hsi (Part Ⅱ)," *Burlington Magazine*, July 1921.

"Chinese Philosophy of Art-Ⅵ," *Burlington Magazine*, Aug. 1921.

"Chinese Philosophy of Art-Ⅶ. Tung Ch'i-ch'ang," *Burlington Magazine*, Sept. 1921.

"Chinese Philosophy of Art-Ⅷ," *Burlington Magazine*, Nov. 1921.

"'The Lute Girl's Song': Mr. Waley's Reply to Prof. Giles," *The New China Review*, Vol.3, No.5(1921).

"Chinese Philosophy of Art-Ⅸ. (Concluded)," *Burlington Magazine*, Dec. 1921.

"An Introspective Romance," *New Statesman*, Dec. 1921.

"Chinese Temple Paintings," *Burlington Magazine*, Dec. 1922.

"The Everlasting Wrong," *Bulletin of the School of Oriental Studies*, 1922.

"Ricci and Tung Ch'i-ch'ang," *Bulletin of the School of Oriental Studies*, 1922.

"Animals in Chinese Art," *Burlington Magazine*, May 1923.

"T'ai Tsung's Six Chargers," *Burlington Magazine*, Sept. 1923.

"A Chinaman's Description of Brighton in 1877," *New Statesman*, Dec. 1923.

"Christ or Bodhisattva," *Artibus Asiae*, Jan. 1925.

"Avalokiteśvara and the Legend of Miao-Shan," *Artibus Asiae*, Apr. 1925.

"A Note on Two New Studies of Chinese Mythology," *Man*, Sept. 1925.

"The Quartette," *New Statesman*, Jan. 1926.

"The T'ao-T'ieh," *Burlington Magazine*, Feb. 1926.

"Shiba Kokan and Harushige Not Identical," *Burlington Magazine*, Apr. 1928.

"Shiba Kokan and Harushige Identical," *Burlington Magazine*, Aug. 1929.

"A Modern Chinese Essayist," *New Statesman*, Sept. 1929.

"Magical Use of Phallic Representations: Its Late Survival in China and Japan," *Bulletin of the Museum of Far Eastern Antiquities*, 1931.

"Note on the History of Chinese Popular Literature," *T' oung Pao*, Vol.28(1931).

"The Eclipse Poem and Its Group," *T' ien Hsia Monthly*, Vol.3, No.3(Oct. 1936).

"Ainu Song," *The Listener*, Oct. 1939.

"Our Debt to China," *The Asiatic Review*, Vol.36, No.127(July 1940).

"Roger Fry," *The Listener*, Aug. 1940.

"Animals in Chinese Art," *The Listener*, Jun. 1943.

"The Chinese Cinderella Story," *Folklore*, Mar. 1947.

"Confucianism and the Virtues of Moderation," *The Listener*, Feb. 1948.

"Anquetil-Duperron and Sir Willian Jones," *History Today*, Jan. 1952.

"Life Under the Han Dynasty: Notes on Chinese Civilization in the First and Second Centuries AD," *History Today*, Feb. 1953.

"The Heavenly Horses of Ferghana: A New View," *History Today*, Feb. 1955.

"Stories of Chinese Ghosts," *The Listener*, Mar. 1956.

"Notes on Translation," *The Atlantic Monthly*, Nov. 1958.

"A Sung Colloquial Story from The Tsu-Tang Chi," *Asia Major*, 1969.

"The Word Cha," *Asia Major*, 1969.

大卫·霍克思（1923—2009）汉学年谱

编撰说明

一、大卫·霍克思(David Hawkes)是英国现代最重要的汉学家之一,自 20 世纪 40 年代选择中文作为牛津大学学习的专业开始,即与汉学结下了不解之缘。他孜孜不倦于中国文学、文化的西方解读与传播工作。他一生从事的主要汉学活动包括牛津汉学教学、中国文学文化评介与研究和中国文学作品译介。他的牛津生涯影响与启蒙了一代有志青年,引导不少年轻学子走上了汉学译研之路。他的汉学研究论文数量众多,从楚辞、汉赋、唐诗、宋词到元杂剧、清代小说,再到近现代作家作品,他都有广泛涉猎与独到见解,尤其是其中数量不少的书评更是见证了霍克思为促进中国文化的传播所做的可贵努力。英国汉学家卜立德曾这样评价:"韦利是一个有待探究的现象,而我们只要读上几页霍克思的汉学论文选集就会明白霍克思的学识同样是惊人的。"[1]霍克思的汉学翻译成就斐然,他所翻译的《楚辞》是欧洲首部完整的楚辞作品英译,出版当年即被列入"联合国教科文组织中文翻译丛书";他的《杜诗入阶》是西方读者学习汉语、了解中国诗歌与文化及

---

[1] D. E. Pollard, "(Untitled Review) *Classical, Modern and Humane: Essays in Chinese Literature*, by David Hawkes; John Minford; Siu-kit Wong," *Chinese Literature: Essays, Articles, Reviews*, Vol. 13(Dec. 1991): 191.

中国诗人杜甫的最好读本；他的《石头记》更是英语世界第一部完整的《红楼梦》译本，一出版即受到西方各类读者的喜爱与推崇。译本传神、流畅，再加上学术性很强的前言与附录，为中国古典名著及中国古代文化在西方的传播做出了卓越的贡献；他晚年的《柳毅传书》则包含了改编、翻译与配乐工作，为中国戏剧的西传提供了宝贵的经验。2009 年，这位伟大的汉学家在牛津的家中辞世。半个多世纪以来，他孜孜不倦的汉学活动及其在中西跨文化交流中的巨大媒介作用，引起我们深深的思考。如何全面展示与客观评介这位现代中英文学交流史上的汉学巨擘，编写其详细的汉学活动年谱是一项有意义的基础工作。

二、本谱包括谱文和附录两部分。谱文以记载霍克思从 1923 年 7 月 6 日出生至 2009 年 7 月 31 日逝世的正谱为主，末尾延续到霍克思逝世之后至编纂年谱之时中外学人或团体对其的纪念活动等。对于一些记述有异的重要事件，编者将比照、鉴别后暂依个人意见编定，同时在此条目末标注为"暂定"。

三、谱中引用外文材料，如无特别说明，均由编撰者译为中文。引文详细出处则以页下注形式列出。

四、编撰中具体日期无考者系月，具体月份无考者系季，无季可考者系年。同年发生的事情如无具体先后，则第一项以"本年"前导，其他项则以"同年"引出。谱主误记或现有资料误载的时间，做适当的考证与说明后，由编撰者按实际时间编定。

谱前说明

David Hawkes 的中文名"霍克思"由 1948 年至牛津大学任教的中国学者吴世昌所起。近年中文写作"霍克斯"不少，实际上"霍克思"才是汉学界和 David Hawkes 本人认可的写法。香港著名红学家宋淇先生（Stephen C. Soong, 1919—1996）在 20 世纪 70 年代中期与 David 通信之始就曾请教过他本人，David 复信说在牛津教他中文的老师为他起名霍克思。1976 年，宋淇所著《红楼梦西游记：细评红楼梦新英译》一书出版，内有 David 所作序文，文末中文亲笔签名"霍克思"。1980 年，David 唯一用中文撰写的研究论文——《西人管窥〈红楼梦〉》在中国大陆《红楼梦学刊》发表，David 的署名也是"霍克思"。威尔士国家图书馆 *The David*

Hawkes Collection 的编目得到了 David 本人的配合,其中文译名定为《霍克思文库》。2000 年,香港岭南大学出版的《〈红楼梦〉英译笔记》,封面上印刷的汉名为"霍克思"。《石兄颂寿集》(*A Birthday Book for Brother Stone: For David Hawkes, at Eighty*) 中只要涉及 David 的汉名,用的也均为"霍克思",如香港著名诗人及学者黄国彬(Laurence K. P. Wong)为先生创作的汉文贺寿诗《说英语的石头》题词为"贺霍克思教授八十华诞"。中国国家图书馆特色资源(中国学-汉学家)检索时,David 的中文译名也是"霍克思",键入"霍克斯"则查无此人。应该说,无论霍克思本人、好友、研究者还是专业机构都更为认可"霍克思"的写法。但 20 世纪 80 年代随着网络在中国兴起,"霍克斯"之名逐渐兴起,新世纪更有泛滥之势,"斯""思"不分,造成混乱,实有更正的必要。

另一需要说明的是,在英语世界有一与霍克思完全同名的英国学者存在,他是美国《国家》周刊和英国《泰晤士报文学增刊》的定期撰稿人,本谱谱主也常在《泰晤士报文学增刊》发表书评,至于论著两人都用英语写作,都谈到英语文学,需要研究者收集材料时特别注意。两位霍克思年龄相差 41 岁,年轻的这位学者 1964 年出生于威尔士,本科在牛津大学完成,师从左翼文学批评家特里·伊格尔顿(Terry Eagleton, 1943—),硕士、博士阶段均在美国哥伦比亚大学完成,师从著名东方主义学家爱德华·萨义德(Edward Said, 1935—2003)。显然,年轻的这位霍克思定位是公共知识分子,他目前为美国亚利桑那州立大学英语教授,研究重点在英国文学,与本谱谱主的汉学家身份完全不同,与其中国文学译研重心也完全不同。最后,年轻的这位霍克思主要论著为如下五部:《市场宠儿:1580—1680 年间英国文学中的盲目崇拜与商品拜物教》(*Idols of the Marketplace: Idolatry and Commodity Fetishism in English Literature, 1580-1680*)、《意识形态》(*Ideology*)、《福斯特神话:宗教与表现主义的兴起》(*The Faust Myth: Religion and the Rise of Representation*)、《约翰·弥尔顿:我们时代的英雄》(*John Milton: A Hero of Our Time*) 和《英国文艺复兴时期的高利贷文化》(*The Culture of Usury in Renaissance England*)。

年谱

1923 年　诞生

7月6日,大卫·霍克思出生于英国伦敦东部,下有弟、妹五人。祖父杰西·霍克思(Jesse Hawkes,1855—1945),是英国19世纪合作运动(The Cooperative Movement)的主要推动人,一度担任英格兰首家合作蒸汽干洗部秘书(Secretary of the First Cooperative Steam Laundry in England),杰西后帮助霍克思的父亲艾瓦特·霍克思(Ewart Hawkes)于1921年左右在雷顿(Leyton)创办了一家机洗店。霍克思母亲[1]为多萝西·梅·霍克思(Dorothy May Hawkes),原姓戴维斯(née Davis),是一名优秀的业余钢琴家,作为一名反战的和平人士,曾于一战期间在查塔姆(Chatham)为士兵们演奏行军曲。

按:《来自不信神祖父的信札》,是霍克思一生中唯一一本非学术性著述,书中有关母亲的相关文字如下:"我母亲……是一位优秀的业余钢琴家,战时曾为查塔姆区士兵演奏。"虽然霍克思以虚构小说的形式铺展此书,但书中诸多细节描写正是霍克思本人生活的反映。尤其是书中第28章祖父和孙子谈论战争问题时有较集中的个人成长经历的回忆,其中的叙述与编撰者目前所掌握的霍克思本人情况相符。此处所引介绍霍克思母亲的文字虽简短但属于新材料,故暂列作参考,有待进一步查证。

1924 年　1 岁

自本年始,童年在伦敦东部生活。

按:谱主为西方人,故本谱计算年龄方法依西方习俗,本年霍克思1岁。

1930 年　7 岁

本年,进入班克罗夫特预备学校(Bancroft's School)。

---

[1] C. f. David Hawkes, *Letters from a Godless Grandfather*, Hong Kong, Christmas, 2004, p.252.

1931年　8岁

本年,因被同学打落前牙而转学到圣约瑟夫修院学校(St. Joseph's Covent School)。该校位于伦敦东十一区旺斯特德的剑桥园(Cambridge Park, Wanstead E. 11, London),彼时霍克思一家住在该校对面。

1936年　13岁

本年,决定放弃理科,学习拉丁语和希腊语。后来西方著名的"洛布古典丛书"(Loeb Classical Library)成为其成长的伴侣。

　　按:"洛布古典丛书"是一套闻名遐迩的大型文献资料丛书,最大的特征是以古希腊文、拉丁文与英语对照出版即 Loeb Parallel Text Editions。最早由美国的詹姆士·洛布(James Loeb, 1867—1933)于1911年发起,至今已发行520多卷。它采用袖珍型开本形式,方便读者携带。它集英美重要的古典文学研究者之力,耗费约一个世纪,将古希腊、罗马时期重要的古希腊文和拉丁文典籍悉数英译后编撰出版。该丛书兼顾学术性与可读性,可谓帮助西方普通读者接触和阅读古典作家作品的优秀丛书。它对英美整个20世纪青年一代古典素养影响深远,英国两代专业汉学家霍克思、闵福德亦是在其伴读下成长起来的。

1939年　16岁

本年,完成中学教育普通证书(General Certificate of Secondary Education)考试后,进入预科班(the Sixth Form)开始学习两年的高年级课程。就读期间,获得公开奖学金(Open Scholarship)。另在学习期间曾阅读过林语堂《生活的艺术》(*The Importance of Living*)一书,对中国文学产生了最初的兴趣。此书以浪漫的笔调向西方展现了中国人"完美生活的范本,快意人生的典型",西方书评家彼得·普雷斯科特的评价最为经典,常为人所引用,他说:"看完此书,我真想跑到唐人街,一遇见中国人,便向他行个鞠躬礼。"霍克思在战前即已读到此书,他非常喜爱,在他的各项兴趣中萌生了对于中国的某种兴趣。霍克思在后来的《访谈录》中曾明确回忆到此书:"战前,我对中国产生了某种兴趣,甚至……我的意思我想……你知道,大概在 1938 年或是 1939 年,有一本林语堂写的《生活的艺术》非常流行,每个人都看。现在我记不清具体时间了,我想那是在战前,甚至是早在我还是个中学生的时候。"①

按:《生活的艺术》是林语堂旅美期间专事创作后的第一部书,1937 年 12 月被美国"每月读书会"(Book of the Month Club)选为特别推荐书籍,高居《纽约时报》畅销书排行榜第一名历 52 周。

1941 年　18 岁

10 月,霍克思完成中学学业后,考入牛津大学基督教堂学院(Christ Church College,Oxford)古典文学专业攻读古希腊、罗马文学,学习期间获得奖学金。牛津文学士学位古典课程(Classical Mods Syllabus)的学习为其今后的学术研究打下了扎实的西方古典语言功底。

1942 年　19 岁

本年,在牛津学习,同时每周参加军训一天。

按:英国在第二次世界大战期间实行的是全民义务兵役制,凡 18—45 岁的男性均须服兵役。但年龄 18 岁刚入大学者可缓期一年,在这一年里学生每周须军训一天,年末参加体检,合格者从军。

年末,参加体检未获通过,申请到英国皇家军队情报部门任文职工作。

1943 年　20 岁

本年,申请获批,霍克思离开牛津,来到军中服役。参加一段时间的军事日语培训后,他具备了解读截获的日军电信的能力。先做了一段时间的情报解读工作,后成为日语急训课程的初级教员,为驻扎在英格兰东南部贝德福德的各军种联合情报中心(Bedford Inter-Services Intelligence Centre)培训日电破译员。随后的整个战争时期,霍克思均从事此项语言教学工作。

---

① Connie Chan, "Appendix:Interview with David Hawkes," in The Story of the Stone's Journey to the West: A Study in Chinese-English Translation History, Conducted at 6 Addison Crescent, Oxford, December 7, 1998, p.300.

1944 年　21 岁

本年,在军中服役。其间他接触到一些东方译著,尤其是韦利 1942 年节译中国古典小说《西游记》而成的英译《猴王》,进一步激起了他对东方事物的浓厚兴趣。霍克思在《访谈录》中说:"我对东方事物产生了某种兴趣。我想我定是看了一两部译作。如战争期间我在贝德福德时,就曾读过韦利《猴王》一类的译著。"[1]

按:《猴王》30 章,相当于原书的 30 回,虽有不少删节,但仍基本再现了原作的面貌。1942 年由伦敦乔治·艾伦与昂温出版公司出版,次年即再版,至 1965 年已出第七版。其间还出过两个美国版,包括一个儿童版。1944 年伦敦读者联合会另出新版,1961 年收入企鹅丛书。

1945 年　22 岁

9 月,二战结束。

10 月,霍克思回到牛津,利用原奖学金转入东方学系新建立的汉学科攻读汉语文学士学位,成为牛津汉学科招收的第二名学生。该学科下只有一位教师,即曾主持此学科改革的前伦敦会士修中诚讲师。霍克思在其指导下专攻古典汉语,学习中国典籍,并自此走上了汉学译研与教学的道路。霍克思之所以选择汉学科,一是因为牛津当时没有日语专业,只有牛津东方学系的汉学科能满足他对东方的兴趣;二是因为霍克思对战前所学习的古典文学专业后期课程即古代历史和古代哲学不感兴趣。霍克思入学时汉学科只有他一名学生,师资上也只有修中诚一位教师,但随后的两年里情况逐渐有所好转,至霍克思毕业时汉学科已招有五六名学生了。

按:修中诚,英国伦敦会士,早年曾来华传教。1934 年 1 月受聘牛津大学中国哲学与宗教教授(Reader in Chinese Philosophy and Religion)一职,撰译有《中国:躯体与灵魂》(*China: Body and Soul*, 1938)、《陆机〈文赋〉:翻译与比较研究》(*The Art of Letters: Lu Chi's "Wen Fu", A.D.302: A Trans. and Com-*

---

[1] Connie Chan, "Appendix: Interview with David Hawkes," in *The Story of the Stone's Journey to the West: A Study in Chinese-English Translation History*, Conducted at 6 Addison Crescent, Oxford, December 7, 1998, pp.300–301.

parative Study, 1951)等,《陆机〈文赋〉:翻译与比较研究》一书还有著名文论家瑞查兹撰写的序文。Reader 是英国大学教职体系中独有的职位,比副教授高,比讲座教授低。在英国,讲座教授特少,一个系只有一两个,大部分为 Reader。英国大学的教职等级如下:Junior Lecturer(初级讲师)、Lecturer(讲师)、Senior Lecturer(高级讲师或副教授)、Reader(教授)、Professor(讲座教授)。修中诚终身未被牛津大学升聘为讲座教授,但他可谓牛津汉学教学改革的无冕功臣。他对牛津汉学的主要贡献表现在增设汉学科、为汉学科赢得颁发学位的权利和为牛津联络中国学者两方面。如 1935 年我国学者向达(1900—1966)作为北平图书馆与英国博物馆的交流研究员到牛津大学伯德雷恩图书馆(Bodleian Library)抄录、整理《指南正法》《顺风相送》等中文古籍时,修中诚热情接待,安排向达在自己家中居住,并邀请其协助伯德雷恩图书馆中文部进行编目工作。1937 年他又促成牛津大学聘任中国著名学者陈寅恪任汉学讲座教授,任期为 1938—1946 年。当陈寅恪由于种种原因一直无法就任时,修中诚于 1942—1943 年曾远赴中国广西,与时在广西大学任教的陈寅恪就牛津汉学发展深谈一个多月,并向牛津校方寄出了描述访问情况及对牛津汉学充满热情展望的信函。[陈寅恪后于 1945 年 10 月终抵伦敦,首先治疗眼疾,由英国世界一流眼科专家斯图尔德·杜克-埃尔德先生(Sir Steward Duke-Elder)主治,先后两次手术,惜无起效,难以胜任牛津汉学讲座教授一职,婉拒后,于 1946 年 4 月 15 日由英国乘 Priam 轮渡转纽约经巴拿马运河返回中国。]1947 年修中诚退休前又促成牛津电聘中国学者吴世昌来校任教一事。另外,1939 年在修中诚的努力下,牛津大学东方学(Oriental Studies)成功增设了汉学科,一改汉学教学与研究中的非正规局面,并制定了课程内容与考试方法,学习汉学科的本科学生终于能像学习古典学等其他学科的学生一样取得文学士荣誉学位(An Honours Degree in Chinese)了。学位对于学生的重要性自不待言,牛津大学的学位自颁发的一开始就是合格教师的凭证。据裘克安先生介绍,拥有学士证书的毕业生可以任英国文法学校校长;而取得硕士、博士证书者,则可以到欧洲任何一所大学去讲课。以前,纵使对汉学感兴趣,很多学生顾忌到学位问题也是不敢轻易选学的,汉学只能是业余爱好、旁门左道。

又：牛津汉学科招收的第一位学生是中国翻译家杨宪益（Hsienyi Yang）先生的英国妻子戴乃迭（Gladys Margaret Tayler，婚后改为 Gladys Yang）。戴乃迭1937年入牛津研修法国文学，1938年牛津大学开始设置汉学科荣誉学位，此年夏她改学中国文学，导师即为主持牛津汉学院改革的修中诚牧师。戴乃迭在其指导下学习儒家的"四书"，1940年毕业的她幸运地成为"获得汉语文文学士荣誉学位的第一人"。霍克思入学时，戴乃迭已毕业随夫前往中国定居。

11月中旬，于牛津大学神学院（The Divinity School, Oxford）外偶遇前来领受荣誉法学博士学位的中国学者胡适。

按：霍克思当时并不认识胡适，是经由在场的一些中国朋友提醒他才注意到。作为当时的北大校长和曾经的中国驻美大使，这是霍克思所了解的胡适。后来，霍克思决定前往中国留学时，想到的是北大，申请投寄的对象是胡适（惜乎，胡适不知何故忽视了案头的几封求助信），离英赴中途中怀揣的是牛津中文老师吴世昌亲笔为其写给胡适的引荐信。

1946年　23岁

本年，在牛津大学跟随修中诚学习《诗经》、《大学》、《尚书》、《易经》、《礼记》（包括《大戴》与《小戴》）、《道德经》、《论语》、《庄子》等中国典籍。只有典籍背诵与阅读，修中诚从未介绍过中国文学的其他内容，对于唐诗、中国白话文，霍克思也是一无所知。

本年，结识了中国戏剧家熊式一，熊式一时住离牛津不远的伊夫林（Iffley Turn House）。熊式一晚年在其《八十回忆·初习英文》中称霍克思为"我一位在牛津读书的学生"。熊式一一家七口，五个孩子中有两子一女均于1945年进入牛津大学求学，后与霍克思夫妇成为终生的朋友。当熊式一一家听说了霍克思介绍的牛津汉学教学内容后，甚感可笑。另熊式一的戏剧造诣及对元曲的推崇对霍克思后来关注与钻研中国戏剧尤其是元曲可能有些潜移默化的影响，确证待考。牛津汉学科的学生既接触不到诸如唐诗之类的中国文学作品，也学习不到白话文，与现实的中国有很大脱节。有的牛津同学甚至离开了牛津大学奔向教学条件较好的莱登或巴黎，而霍克思也在当时下定决心，日后一定要寻找机会去中国一趟，亲身感受与学习真正的中国文化。在牛津就读期间，霍克思没有把眼光局限在汉学科所开设的中国典籍"四书五经"上，他入校后选择了中国楚文化代表作家屈原的作品《离骚》作为自己的研究课题。当时西方学者多关注《诗经》，普遍认识到它作为中国文学源头的地位与作用，而对另一源头南方楚文化却没有足够的认识。针对此情况，霍克思另辟蹊径，开始了他最早的汉学研究活动。

按：熊式一（1902—1991），戏剧家，江西南昌人，笔名熊适逸等，3岁丧父，由出身南昌名门大家的母亲周氏启蒙，大学毕业于北京高等师范英文科，1932年赴英国攻读伦敦大学英文文学博士学位，导师为英国戏剧专家、莎士比亚权威聂可尔教授（Allardyce Nicoll），研究题目为"中国戏剧"。他一生从事戏剧创作与翻译，是20世纪中国屈指可数的双语作家，是中西文化交流的先驱。他向国人译介英国经典作家萧伯纳（George Bernard Shaw, 1856—1950）、巴蕾（Jamas M. Barrie, 1860—1937）和哈代的作品，同时向西方国家引介中国作品，传播中国文化。1934年他花六个星期的时间创作了《王宝川》（*Lady Precious Stream*），将一出中国旧式京剧改成合乎现代舞台表演的四幕英文话剧。在遍寻出版社不得的困境中，伦敦麦励书局总经理里欧慧眼识珠立即接下出版。1934年11月该剧在伦敦上演，获得轰动，自此在英国连续演出900多场直至1936年12月，其间还搬了两三次戏院。次年秋，该剧飞越大西洋，成为在美国纽约百老汇上演的第一部中国戏，美国剧坛轰动，各国也竞相翻译为本国语上演。牛津大学最终也出版了《王宝川》英文读本。据英国著名的中国戏剧研究家杜威廉（William Dolby）回忆，他中学一年级所上的英文课程中包含此部英文话剧，那是他接触的第一部中国戏剧，给他留下了深刻的印象并引起了他最初对异域中国的好奇。1934年继《王宝川》成功后，熊式一再接再厉毕11个月之力，译出了中国元曲巨著《西厢记》，以示我国文艺精品之与一般通俗剧本之差别。此剧1935年在英美出版及在伦敦上演，虽不及他创作的《王宝川》轰动，但也颇获好评，后哥伦比亚大学将其定为中文系普及教材，其他英美大学的中文系或亚洲研究系也有不少用此译本做教材的。1936年，他载誉回国。次年发生七七事变，短暂停留上海后，由全国文人战地工作团公推返英，在英伦各处发表文章，声讨日本侵略者的行径。1939年，熊式一出于爱国热忱创作了英文话剧《大学教授》，此剧该年在英国避暑名胜之地摩尔温山举行的世界性文艺戏剧节上演,与大文豪萧伯纳晚年杰作《查理二世快乐的时代》同台竞技,这是一种殊荣。1943年,他又创作出版了英文小说《天桥》(The Bridge of Heaven),一纸风行,被争相译为欧洲各国文字,成为可与林氏英文著作《京华烟云》相媲美的畅销书。二战后期,他应反法西斯战争同盟国之请,替同属同盟国的中国之领袖蒋介石立传,1948年出版,增进了英语国家对中国的了解,也为后来的蒋介石研究提供了宝贵的资料。1949年,他接受剑桥大学第四任汉学教授古斯塔夫·哈隆的邀请,在该校执教三年,以自译的《西厢记》剧为课本教授元曲。1952年,熊式一应林语堂之约前往新加坡创办南洋大学(即今日的新加坡大学)文学院。1955年年底,他自该院院长卸任后到达香港,创办了清华学院。20世纪80年代初从香港清华学院退休,一直在香港、台湾等地居住。1988年,86岁的他第一次回江西省亲。1991年,在第二次省亲途中病逝于北京,享年89岁。

本年,霍克思购买了清光绪二年(1876)浙江书局据明世德堂本出版的晋郭象注木刻本《庄子》,此为他购买的第一本汉语书籍。

1947年　24岁

12月,霍克思完成牛津的中文学习,获得文学士荣誉学位(Chinese Honours School),并注册成为牛津大学的研究生,以继续学业。研究方向上坚持了本科阶段的选择,只是将其扩大到了整部《楚辞》的研究,意在对中国文化的另一不大为人所知的源头——南方楚文化进行深入的研究,从而了解另一种与北方文学《诗经》完全不同的文学体裁与风格。

　　按:霍克思毕业时间存疑,按英国牛津大学正常学制推算,一个学年三个学期,6月才是毕业的时间,但霍克思在《访谈录》中两次提到自己本科毕业的时间,第一次非常明确地说:"我毕业是在1947年12月"[①],另一次是说:

---

① Connie Chan, "Appendix: Interview with David Hawkes," in *The Story of the Stone's Journey to the West: A Study in Chinese-English Translation History*, Conducted at 6 Addison Crescent, Oxford, December 7, 1998, p.304.

"在我1947年末毕业后……"①,两次的时间基本吻合,故编撰人暂以传主本人回忆为准定为12月,等待有更多资料出现时确证。

1948年 25岁

1月6日,霍克思和其转到荷兰莱顿、法国巴黎求学的汉学同学联合欧洲六所大学的青年汉学学子召开了历时一周左右的首届青年汉学家会议(The Junior Sinologues Conference)。与会者18人,均为来自英国伦敦、荷兰莱顿、法国巴黎、瑞典斯德哥尔摩的一些有志汉学研究的高校学子。这些青年日后不少成为了汉学研究领域颇有建树的学者,如霍克思、龙彼得(Pier van der Loon,1920—2002)、何四维(A. F. P. Hulsewé,1910—1993)、狄庸(J. W. de Jong,1921—2000)、谢和耐、吴德明(Yves Hervouet,1921—1999)、毕汉思(Hans Bielenstein,1920—2015)和蒲立本等。作为首届青年汉学家会议的倡议人与参加者,这一会议的召开标志着霍克思汉学家身份自觉意识的正式确立。

  按:青年汉学家会议是欧洲汉学学会的前身,首届会议于1948年1月在英国剑桥大学国王学院举行,历时一周左右。会议由有志研究汉学的荷兰莱顿、法国巴黎等欧洲各高校的青年学子倡议,得到前辈汉学家阿瑟·韦利、德效骞、古斯塔夫·哈隆和沃尔特·西蒙的支持。此后至1973年,该会议不定期召开汉学研讨会,成为一种传统,通过这种松散的联合形式,为二战后国际学术合作工作重新恢复做出了极大的贡献。1949年,德国学者开始参加会议;1955年,中国学者和美国及俄罗斯学者也加入进去;到1973年,一些老一辈的学者也欣然加入。至1975年,"青年汉学家会议"正式更名为"欧洲汉学学会"(European Association for Chinese Studies),定为两年举行一次,目前有会员700多人。

1月8日,在牛津修中诚教授的坚持与多方努力下,牛津大学聘请的中国学者吴世昌终于到英。他在牛津大学担任汉学科高级讲师一职,直至1962年离英。吴世昌兴趣广泛,为学生开设了中国文学史、中国散文史、中国诗及甲骨文等课

---

① Connie Chan, "Appendix: Interview with David Hawkes," in *The Story of the Stone's Journey to the West: A Study in Chinese-English Translation History*, Conducted at 6 Addison Crescent, Oxford, December 7, 1998, p.313.

程。当时,吴世昌住在离牛津不远的伊夫林路(Iffley Road),霍克思虽然已从汉学科本科毕业,但与吴世昌很快相熟,经常登门拜学,两人一块儿阅读唐诗。其间,霍克思的《离骚》英译工作也在悄然展开。

上半年,霍克思完成《离骚》的英译,约耗时半年,为其最早的汉学翻译活动。同一时期,霍克思起意前往中国求学,他一面独自试读一些白话作品,包括鲁迅的《彷徨》和中国首部白话章回小说《水浒传》一两章;一面筹足去中国的旅费。同时,他向中国国立北平大学(即今北京大学)投寄了多封申请信函,未得回复。临行前,老师吴世昌为其取汉名"霍克思",并为其向国内好友写了多封推介信,其中有致胡适和钱钟书的信函。

六七月,在时任北大教员的英国诗人兼文学批评家燕卜荪的鼓励下,霍克思不顾亲朋与校方的好言劝阻,毅然决定前往中国。他与在牛津大学完成学业的几位中国同学结伴自离伦敦130千米左右的南安普顿经香港前往中国。到香港后,他们等了两三周才坐上去中国的轮渡。同船的牛津同学中有一位是在牛津学英语的裘克安,据霍克思回忆,他可能是第一个向自己引荐中国古典名著《红楼梦》之人①。到中国后两人均在北京,日后保持了多年的友谊,每逢新年彼此寄送贺卡等表达问候。

按:裘克安,1920年出生于浙江嵊州,1945—1948年在英国牛津大学攻读文科硕士学位,回国后在北京师范大学工作。中华人民共和国成立后就职于中国外交部,是中国莎士比亚研究专家、英语与英国文学教授及译审。他与霍克思保持着多年的友谊,在《访谈录》中霍克思还谈到了裘克安退休的近况。不过,其中关于裘克安牛津学历的回忆却有一些与事实出入,需要更正:虽然霍克思强调外国人在牛津攻读英语专业学位的不易,并指出裘氏是唯一顺利拿到英语学位的中国人,但他以为裘克安在牛津读的是本科专业,拿的是文科学士,却是误记。

在此次途中,霍克思所乘轮渡曾在上海停留三天,其间霍克思带着吴世昌的

---

① "我最早是从牛津的同学那听说了《红楼梦》,我想是有人给我看过一本非常非常——你知道,中国战争期间排印的书籍均使用一种非常差的草纸,就是类似便纸的那种——我想,可能是朋友裘克安,给我看的这部伟大作品,于是我就听说了它。" Connie Chan, "Appendix: Interview with David Hawkes," in *The Story of the Stone's Journey to the West: A Study in Chinese-English Translation History*, Conducted at 6 Addison Crescent, Oxford, December 7, 1998, p.311.

引荐信到钱钟书寓所拜访了钱先生。这是霍克思一生中唯一一次和钱钟书面对面的聊天,大约在此前后他拜读了钱钟书刚出版不久的中文小说《围城》,并举之为他所读过的书中"最具智慧的书籍之一"①。他对钱钟书充满敬仰,此后一生始终非常关注钱钟书,尤其是中国十年"文革"险恶的政治环境更让远在异域的他充满了对钱钟书境遇的关切与担忧。

8月,抵达北京,在燕卜荪的热情帮助下,于北大(时称国立北平大学)中文系注册为研究生,暂住燕氏家中。三周后搬入北大东厂胡同研究生宿舍。他一面跟宿舍里的中国学生练习汉语口语,一面旁听著名学者俞平伯、罗常培、唐兰、林庚、王利器、赵西陆、游国恩、吴晓铃等先生的课程,包括俞平伯的"杜甫诗"、罗常培的"汉语言及语法"、唐兰的"金石文字学"、林庚的"南北朝文学"、赵西陆的"古代文学"、游国恩的"楚辞学"和吴晓铃的"元杂剧"等。这些课中霍克思去得最勤的是唐兰的"金石文字学",其间他还收藏了一些金石拓片。20世纪90年代中后期霍克思曾通过好友柳存仁就自己半个世纪前所收藏的那些古器铭文请教中国学者邓云乡,信函往来促成了邓先生《英国汉学家霍克思教授》一文。另外,当时俞平伯先生在北大讲授杜甫诗,为霍克思后来在牛津大学的杜诗教学与翻译埋下了伏笔。虽然俞先生浓重的乡音致使霍克思难以听懂课程,但其关注到杜甫及杜诗应该与此段听课经历有一定的关系。

> 按:据《俞平伯年谱》,1948年有两条目、1949年有一条目明确提明其时俞先生正在北大开杜诗课,其内容分别如下:1948年12月23日:"上午,至北京大学讲授杜诗……";1948年:"本年,继续在北京大学任教,讲授杜甫诗。"1949年1月13日:"上午,至北京大学讲授杜甫诗。"②

九十月间,获得英国政府颁发的奖学金并补发其来华所自付的路费。霍克思把此笔费用作为时年24岁的女友西尔维亚·琼·帕金斯(Sylvia Jean Perkins)来华的路费。从开始办理西尔维亚·琼的入境许可手续,到拿到入境许可已是两年后的4月。西尔维亚·琼后来成为一位法英文学翻译家。

> 按:1947年斯卡伯勒报告发表,英国政府开始给东方学和斯拉夫研究提

---

① David Hawkes, "Smiling at Grief," in *Classic, Modern and Humane: Essays in Chinese Literature*, eds. John Minford & Siu-kit Wong, Hong Kong: The Chinese University Press, 1989, p.284.
② 孙玉蓉编纂:《俞平伯年谱(1900—1990)》,天津:天津人民出版社,2000年。

供专项拨款。从事中国问题研究的学者可以有机会获得资助到东亚进行学术访问。霍克思填写申请表格后未等结果出来就动身前往中国了。在这个报告的支持下，英国大学才开始聘用母语为汉语的教师进行中文和其他课程的教学，吴世昌正是在这样的背景下于1947年来到牛津的。霍克思获得的奖学金及路费补助也来自此报告。

11月，北平被包围，城内水电紧张，霍克思与北大同学一同体验挤在东厂胡同学生宿舍楼里刻苦学习的生活。此宿舍楼原为日军侵华期间修建的关押中国军官的监狱，条件极其艰苦。围城期间，经常停水停电。霍克思与同学们点上煤油灯，将桌子搬到走廊拼在一起围坐游戏与讲故事。其时霍克思的导师是京派小说家冯文炳(即废名)，冯先生大约在1946年受俞平伯推荐来到北京大学任教的。霍克思在《访谈录》中曾这样回忆："有一段时间，我的导师是冯文炳，他是一位新诗人，曾用笔名废名。"①

按：废名(1901—1967)，原名冯文炳，湖北黄梅人，师从周作人，京派代表作家，其小说以"散文化"闻名，作为中国现代诗人，其诗最早融入"禅道"。废名1922年考入北京大学预科英文班，参加语丝社，多方接触新文学人物，1929年自改组后的北平大学北大学院英国文学系毕业。留任国立北平大学中国文学系教员。北大几年，他创办文学周刊《骆驼草》，出版小说集《枣》《桥》及《莫须有先生传》。抗日期间，废名暂避湖北老家从事小学教育，创作诗集《水边》。1946年受俞平伯举荐返回北大国文系，1949年升任北大国文系教授。霍克思在京期间(1948—1950)由其担任导师。1952年废名调往东北人民大学(现吉林大学)中文系工作，1967年因癌症病逝于长春。

为了提高汉语口语能力，霍克思除听课及与舍友练习外，另自请中国先生上门一同研读中国的经典白话作品。此先生由燕卜荪夫妇认识的一位中国女士介绍，终年长袍，不懂英文，原于河北地方政府部门工作，时失业赋闲。霍克思延请至家中，两人并排而坐，大声朗读《红楼梦》，然后老人逐一解释。起初，霍克思听不懂老人带着地方口音的讲解，但因清楚书上所印汉字的意思，要猜到老人在谈

---

① Connie Chan, "Appendix: Interview with David Hawkes," in *The Story of the Stone's Journey to the West: A Study in Chinese-English Translation History*, Conducted at 6 Addison Crescent, Oxford, December 7, 1998, p.314.

什么也不难,渐渐地他就能听明白老人的话了。① 如此这般,老人日日上门,坚持了一年多,霍克思为之付出不少时间与金钱,但正是这样的苦读为他未来最终透彻理解与出色翻译《红楼梦》打下了扎实的基础。

  按:据霍克思的回忆,刚开始更准确地说,应是老先生独自一人大声朗读。此种中国白话学习法日渐在霍克思身上起效。②

  又:霍克思最早知道《红楼梦》,是在牛津读书期间。中国同学裘克安借给他一册《红楼梦》卷一,这册书用的是草纸,印得极差,再加之对白话的陌生以及《红楼梦》本身开篇之玄妙难解,霍克思拿到书后只能勉强读完首页。来中国后,他发现中国学生都爱谈论《红楼梦》,且《红楼梦》又是一部白话作品,对于一心希望学好汉语口语的他来说,不失为一份好的学习材料,故而最终霍克思首先选定了《红楼梦》来和中国老先生一同朗读。③

1949 年　26 岁

年初,霍克思参加了一次在北大民主广场举行的露天会议。会上赵树理批评《红楼梦》,认为贾宝玉之流属于纨绔子弟,其行为滑稽可笑。赵树理的上述言辞给霍克思留下了深刻印象,以至他在 2002 年为祝贺南开大学"全国《红楼梦》翻译研讨会"召开而写的贺信中还回忆了当时的场景。

1 月 31 日,北平和平解放。霍克思配合中国共产党对在华外国公民的系列措施,接受审查、填写家庭情况表及面见等,并参加各种膳团与北大的学生同甘共苦。

初夏,通过北大友人,在校园附近尘土飞扬的胡同里觅得一住有各色房客的

---

① C. f. Connie Chan, "Appendix: Interview with David Hawkes," in *The Story of the Stone's Journey to the West: A Study in Chinese-English Translation History*, Conducted at 6 Addison Crescent, Oxford, December 7, 1998, pp.299-335; David Hawkes, "Mix Them Grain by Grain, Memories of William Empson and the Sources of His 'Chinese Ballad'," *The Times Literary Supplement* (London, England), Friday, February 13, 2009, p.14.

② C. f. Connie Chan, "Appendix: Interview with David Hawkes," in *The Story of the Stone's Journey to the West: A Study in Chinese-English Translation History*, Conducted at 6 Addison Crescent, Oxford, December 7, 1998, p.312.

③ C. f. Connie Chan, "Appendix: Interview with David Hawkes," in *The Story of the Stone's Journey to the West: A Study in Chinese-English Translation History*, Conducted at 6 Addison Crescent, Oxford, December 7, 1998, p.311;鄢秀:《D.Hawkes 与中国语文》,《语文建设通讯》2003 年第 75 期,第 54—58 页。

旧式大宅。大宅虽已破败，但往日气势依稀可见：气派的院门，众多的庭院。霍克思请印度裔同学穆尔蒂为其在宿舍后空地拍照留念，随即搬入新租客房，耐心等待女友西尔维亚·琼的到来。让霍克思惊喜的是，沿着此院所在的小巷向前几百米即是燕卜荪夫妇居所大院的侧门，霍克思从此成了燕卜荪夫妇家的常客，活跃在燕卜荪夫妇的交际圈中。另，此时，霍克思已与中国先生共同完成"《红楼梦》多个章回的阅读，转而开始攻读《金圣叹评点西厢记》"。[1]

10月1日，与北大同学一同参加新中国开国大典，在天安门前见到了中国的毛泽东主席。

1950 年　27 岁

年初，继续在北大求学。其间，曾向友人柯大翙盛赞《红楼梦》，并英译香菱学诗片段请友人过目。[2]

5月5日，女友西尔维亚·琼只身漂洋抵达中国，与等待了一年半的霍克思在新中国登记结婚。当时办证颇费周折，霍克思不知跑了多少趟区政府，工作人员因没有先例而很为难。当然，最终他们如愿获得了中国政府颁发的结婚证书，这份宝贵的证书上印着三面红旗，夫妇俩非常珍视。多年后，中国客人傅莹女士拜访时，老人还曾小心地取出观赏。霍克思与西尔维亚·琼当日在老驻华英国大使馆内布莱恩斯家举行婚礼，主婚人为中国华北区主教司格特（Bishop Scott of North China）。霍克思邀请了他在中国相识的每一位朋友参加婚礼，因而参加婚礼的客人身份各异。按师长燕卜荪的描述是：英国领事去了，英国地下共产党员去了，监视外国人的中国警察去了，基督教徒去了，大学师生也去了，可谓各色人物的大杂烩。婚礼盛况可比耶稣复活的现场。燕卜荪的老师瑞恰慈到场后立即请求允许离开，因为他忍受不了此种怪异的气氛。霍克思对政治的淡漠及天真令燕卜荪觉得十分有趣，此次婚礼成了燕卜荪一生中爱谈起的几件乐事之一。[3] 霍克思婚后育有三女一子：女儿梅瑞琦（Rachel May）、薇雷蒂（Verity）、卡洛琳

---

[1] David Hawkes,"Mix Them Grain by Grain, Memories of William Empson and the Sources of His 'Chinese Ballad'," *The Times Literary Supplement*(London, England), Friday, February 13, 2009, p.14.

[2] 柯大翙：《评霍克思英译〈红楼梦〉前八十回》，《北方论丛》1981 年第 5 期，第 26—32 页。

[3] C. f. William Empson, *Selected Letters of William Empson*, ed. John Haffenden, Oxford: Oxford University Press, 2006, p.187.

(Caroline)和儿子乔纳森(Jonathan)。大女儿梅瑞琦主修英国文学,曾在英国接受教师职业培训,后与霍克思的学生、《红楼梦》合译者约翰·闵福德结成伉俪。梅瑞琦有两年在华教授英语的经历(1980—1982),是一位中国文学英译者兼出色的文学编辑。20 世纪 80 年代她随夫在港期间,与香港中大毕业生朱志瑜一同合译了两位女作家的中国作品,即香港女作家西西的短篇《像我这样的一个女子》(*A Girl Like Me*)及定居德国的北京女知青遇罗锦的长篇小说《冬天的童话》(*A Chinese Winter's Tale*)。译作于 1986 年列入香港译丛平装系列出版,其中《冬天的童话》更是以单册书形式发行(共 210 页)。1997 年,梅瑞琦将中国著名的元代杂剧《崔莺莺待月西厢记》改编翻译成英语小说,以《中国花园里的爱情》(*Love in a Chinese Garden*)为书名出版。典雅的书封上印着"中国最伟大的爱情故事,首次以小说的形式再现"的文字,昭示着此书的独特价值所在。新世纪,梅瑞琦又与先生闵福德合译金庸武侠作品《鹿鼎记》(*The Deer and the Cauldron*:*A Martial Arts Novel*,2003)和《书剑恩仇录》(*The Book and the Sword*,2004)。梅瑞琦同时也是夫婿大量译稿的审阅与编辑者。近年,她身体欠佳,于 2015 年 1 月离世。

按:John Minford(1946—),汉名"闵福德",由其在香港中文大学共事的顶头上司宋淇先生所取。闵福德出生于英国伯明翰的一个外交世家,早年随父游历过委内瑞拉、阿根廷、埃及、法国、菲律宾、南非等多个国家。上学后,先入温彻斯特公学(Winchester College)学习希腊语、拉丁语、法语和古典文学,后专攻西方哲学,1964 年,他 18 岁时考入牛津大学汉学科学习中文,误打误撞的他从此由霍克思领进了汉学译研的殿堂。1966 年,他毕业前的考察实习选择了去香港修读,自此与香港有一份不浅的情缘(20 世纪八九十年代间,他一家大部分时间在香港生活,闵福德自称"老香港",四个孩子均在香港上学,尤其是老二还在香港出生)。1968 年,他从牛津汉学科毕业获一等汉学荣誉学位。毕业后与恩师霍克思先生一同承担起企鹅书局《红楼梦》120 回全本的英译工作,具体负责后 40 回的翻译,可以说,闵福德将其 20 世纪 70 年代的大部分岁月投入到《红楼梦》的英译工作中,同时,大约也是在此期间,闵福德也收获了他与恩师之女梅瑞琦的爱情。20 世纪 70 年代末(1977—1980),闵福德在妻子梅瑞琦的陪同下赴澳洲国立大学入中文系继续攻读汉学,拜华裔澳籍学者素有"会走路的百科全书"之称的柳存仁先生为师,指导其完成博士论文的撰写工作。其间,闵福德与柳师结下了深厚的师生情,近30年后(2009年8月13日)柳先生过世时,他写下了深切的悼文《奉献给中国研究的一生》(Lifelong Devotion to China Study)回忆恩师一生的汉学研究。

1980年澳洲国立大学毕业后,闵福德与妻子来到中国,一边在天津任教(1980—1982),一边抓紧完成《石头记》最后两卷的编译工作。已完成《红楼梦》英译的杨宪益夫妇及自牛津回国的吴世昌一家均在闵福德翻译中给予了不少无私帮助。1981年1月春节前,闵福德为了撰写《石头记》卷四的序言,还专程前往北京寻访曹雪芹笔下的"荣国府"与"大观园"。终于1982年企鹅书局出版了闵福德译介的《石头记》卷四,1986年又完成了卷五的出版,自此霍、闵《石头记》五卷本完整面世。20世纪80年代里除《红楼梦》外,闵福德的关注焦点主要是现代中国作家,他相继与友人编译出版《山上的树:中国新诗选》(Trees on the Mountain: An Anthology of New Chinese Writing,1984)、《火种》(Seeds of Fire: Chinese Voices of Conscience,1986)及《中国现代诗一百首》(One Hundred Modern Chinese Poems,1987)。20世纪90年代后,他将翻译重心移回了中国古典文学,自此兢兢业业于中国古典文学的译研与教学。在他的笔下,金庸的《鹿鼎记》、孙武的《孙子兵法》(Sunzi, The Art of War)、蒲松龄的《聊斋志异》(Strange Tales from a Chinese Studio)选本相继有了英语译本。2002年始,闵福德着手翻译中国文化源头之作《易经》,历12年于2014年11月由纽约企鹅书局维京(The Viking)出版社出版,次年即获2015年国际笔会福克纳文学奖提名。2015年以来,闵福德着手英译中国另一部典籍《道德经》(The Tao and the Power),并有翻译陶渊明《桃花源记》的心愿。

翻译的同时,闵福德从事着翻译教育事业,活跃在中国香港、新西兰、澳州等地的教育界,先后任教于香港中文大学、新西兰奥克兰大学、香港理工大学、香港公开大学及澳洲国立大学。1999年,闵福德曾辞去香港理工大学的教职,在法国南部、靠近西班牙的山地购置了一个小葡萄园。隐退期间,过着荷锄握笔安心翻译《聊斋志异》《易经》的清静生活。五年后,他与妻子暂时结束这段田园日子重新回到香港,于2004年7月出任香港公开大学社会科学院教授兼署理院长(the Acting Dean of the OUHK's School of Arts and Social

Sciences),闵福德当时复出的最大愿望是培养青年翻译家。2006 年,闵福德与妻子搬去澳大利亚。2012 年 8 月,他接受澳州国立大学的邀请就任澳州国立大学中文系教授,开始了人生中又一段教学生涯。

闲暇时间的闵福德,喜欢弹钢琴、打网球、乡村探险及听爵士乐与古典音乐。早年的他甚至曾赴维也纳学习钢琴并立志成为一名钢琴家,虽然日后走上了中国文学作品译介与教学的道路,但他的音乐天赋与良好修养还是终身受用。①

6 月 25 日,朝鲜战争爆发。此后,中国政府及英国当局均"强烈建议"霍克思带着已怀身孕的西尔维亚·琼离开中国。

本年,于北京书店购买中国诗人李季新发行的两本小书,即陕北民歌集《顺天游》(联营书店,1950)和叙事长诗《王贵与李香香》(新华书店,1949)。通读后书,霍克思非常吃惊于"'香香话别'一节与《金圣叹评点西厢记》中一首他非常喜爱的小诗(由金氏引录)的相似程度"②。

按:此处可以判定霍克思《金圣叹评点西厢记》的诵读至少已进行到二本八折,即已完成全剧的五分之二。至于霍克思提到的含金圣叹批点及引录小诗的原剧文字为:【麻郎儿】不是我他人耳聪,知你自己情衷。"我他人",妙妙! "你自己"妙妙。昔赵松雪学士信手戏作小词,赠其夫人。管曰:"我侬两个,忒煞情多。譬如将一块泥,捏一个你,塑一个我。忽然间,欢喜呵,将他来,都打破。重新下水再团再练,再捏一个你,再塑一个我。那其间,那其间我身子里有你也,你身子里也有了我。"知音者芳心自同,感怀者断肠悲痛。

在中国的几年里,霍克思翻译出大部分《楚辞》和一小部分《红楼梦》。《楚辞》翻译以直译为主,目的是帮助理解,《红楼梦》翻译至少完成了香菱学诗片段和宝黛悄看《西厢记》片段。北大期间,霍克思对《楚辞》已有浓厚的兴趣,故而将精力全部放在了翻译《楚辞》诗篇上。他在后来的《访谈录》中提到了上述情况,并明确肯定"我确实从《楚辞》中翻译了不少,不是非常文学性的翻译,只是为自

---

① 参看腾讯文化兰达:《英国汉学家如何翻译中国名著》,http://cul.qq.com/a/20151027/048604.htm;腾讯文化崔莹:《英国学者 12 年译完〈易经〉》,http://cul.qq.com/a/20150714/025742.htm。
② C. f. David Hawkes,"Mix Them Grain by Grain, Memories of William Empson and the Sources of His 'Chinese Ballad'," *The Times Literary Supplement*(London, England), Friday, February 13, 2009, p.14.

己译出那些词。努力弄清它的含义,然后把它译出来"。①

1951 年　28 岁

3月中下旬,霍克思最终接受建议携妻离开中国。夫妇俩在天津短暂停留后,辗转香港返回英国,在香港接船的是友人西里尔·白之(Cyril Birch)。此后,霍克思和妻子再也未到过中国,北京的胡同长久萦绕在他的梦里。此外,离华前,霍克思曾慨然帮忙为白之来京度临近的学术休假争取签证,虽最终因朝鲜战争的爆发而未成,但白之对其感激不已。

本年,在《希伯特杂志》(The Hibbert Journal: A Quarterly Review of Religion, Theology and Philosophy)第50、51卷上发表书评,评论曾任牛津汉学讲座教授的苏慧廉的《明堂:早期中国王权之研究》(The Hall of Light: A Study of Early Chinese Kingship)一书,这是霍克思正式公开发表的第一篇书评。

同年,自中国返回牛津后继续在牛津大学攻读研究生学位,修习专题硕士学位课程。

1952 年　29 岁

6月中下旬,获牛津大学东方学系高级文学学士学位(B. Litt.)。高级文学学士学位是比本科毕业所取得的B. A.(文学士)更高一级的分学科学位,1978年牛津大学将其改称为M. Litt.(文学硕士)。在牛津,M. Litt. 和 D. Phil. 等高级学位获得的一个主要条件就是写出一定水平的论文,研究成果表现出相当的创造性。

10月,作为哲学博士学生参加资格核定考试,并获通过。

按:霍克思获得高级文学学士学位的具体时间不确,编撰人暂定为此年。据曾在牛津大学攻读硕士学位的裘克安所撰书籍《牛津大学》"学生生活"一章的介绍,牛津大学研究生的学习年限为两年,第一学年用于修读专题硕士学位课程,第二学年用于撰写有一定创见的毕业论文。对于学有余力的学生而言,第二学年同时可作为哲学博士学生参加资格核定考试。霍克思1955

---

① Connie Chan, "Appendix: Interview with David Hawkes," in *The Story of the Stone's Journey to the West: A Study in Chinese-English Translation History*, Conducted at 6 Addison Crescent, Oxford, December 7, 1998, p.313.

年提交博士论文,无论从这一史实反推,还是从霍克思返回牛津的时间后推,他获得高级文学学士学位的时间和作为哲学博士学生参加资格核定考试的时间大体上与此处的推算相差无二。

1953 年 30 岁

本年,受聘任牛津大学中文讲师(University Lecturer in Chinese),与曾经的老师、如今的同事吴世昌一道开设了相对现代的中文课程,如明清小说和鲁迅短篇故事的研读。当时主持牛津大学汉学院工作的是牛津第五任汉学讲座教授德效骞(Homer Hasenpflug Dubs,1892—1969),美国人,1918年曾以传教士身份来华,1925年回国,1947—1959年在牛津大学汉学院主持工作,其主要汉学成就为《荀子》及《前汉书》的译介,也是国际中国文学儒莲奖的荣获者。他1948年2月23日在牛津大学发表的汉学教授就职演说《中国——人文学术之邦》("China, The Land of Humanistic Scholarship")体现出其对中国文化的尊敬、对中国人文学术传统的褒扬,但此演说词也透露了其轻白话、重文言之心。他将文言文提举为学术活动,而白话文则被其贬为纯粹技巧。正因为此,说得一口流利现代汉语的他,从未在任教期间教过学生白话。英国汉学家、伦敦大学亚非学院历史教授巴雷特(Timothy Hugh Barrett,1940—)在1987年他那篇有名的《出奇的冷漠》("Singular Listlessness")长文中给予德效骞的评价只有一句:"为了维持厚古薄今的体制而不惜牺牲口语。"①汉学教学在德效骞的带领下完全围绕古文,以枯燥的翻译练习为主。1956—1959年在牛津大学汉学科学习的麦穆伦(Ian McMorran,1936—)曾这样描述当时的课程:"牛津中文系教的还是文言文,教材都是文言文写的古代典籍。所以我们中文系学生读的是孔子、庄子、老子的作品,以及《春秋》《左传》《史记》《唐诗三百首》和中国古代几乎所有时期的古诗。……当时我们读过的仅有两部白话文作品,就是鲁迅的《狂人日记》和胡适的一篇文章。"②霍克思加入后,与德效骞、吴世昌一同构成了牛津大学汉学科的主力教员,他们在

---

① Timothy Hugh Barrett, "Singular Listlessness,"转引自熊文华:《英国汉学史》,北京:学苑出版社,2007年,第182页。
② 麦穆伦:《中文是多么美丽的语言》,2007年3月8日,http://news.xinhuanet.com/mrdx/2007-03/18/content_5862159.htm。

20世纪50年代中后期摄有一张合影,可资为证。

  按:麦穆伦,英国汉学家,牛津大学哲学博士,1956—1959年入牛津大学汉学科学习中文,霍克思是其第一位导师;此后他先后在中国、日本等地求学,1965—1968年返回牛津大学在霍克思门下攻读博士学位。学成后的麦穆伦继承了老师的衣钵,从事汉学教学与研究工作,成长为一位英国汉学家。他主要研究中国明清时期的历史与思想,尤其关注王夫之,代表作为1992年出版的《充满激情的现实主义者:王夫之生平与政治思想导读》(The Passionate Realist: An Introduction to the Life and Political Thought of Wang Fuzhi, 1619-1692)一书。麦穆伦长年活跃在教育岗位上,1965—1990年间一直在牛津大学担任古代汉语讲师(University Lecturer in Classical Chinese)讲授中国古代汉语及南宋理学,兼任牛津圣安娜学院(St. Anne's College)和圣克罗斯学院(St. Cross College)研究员。1990年后赴巴黎,任巴黎第七大学中国文明教席教授(Professor, Chair of Chinese Civilisation),退休后成为该校荣休教授。2005年,他不顾七十高龄欣然前往中国复旦大学外文系贡献余热,至今生活在中国。他热爱中国与汉语,认为中文是一种非常美丽的语言。

10月,在《大不列颠及爱尔兰皇家亚洲学会会刊》3/4合期上发表两篇书评,分别评论1952年美国哈佛大学出版社出版的华裔汉学家洪业(William Hung)的著作《中国最伟大的诗人杜甫》(Tu Fu, China's Greatest Poet)和海陶玮的翻译注释本《韩诗外传:韩婴对〈诗经〉的教化应用的诠说》(Han Shih Wai Chuan. Han Ying's Illustrations of the Didactic Application of the Classic of Songs: An Annotated Translation)。前者是霍克思就杜甫诗在西方翻译问题发表的第一篇评论,其中有两点值得注意。首先是霍克思有关华裔汉学家洪业译文质量的评论,他所批评的洪业译著中的两大问题实际也是他后来动手翻译杜诗的两个促因。其次,值得研究者注意之处是此书评表明霍克思并不排斥"散文体"译诗的形式。第二篇书评则体现了霍克思从事汉学研究的客观、严谨治学之态度。他评论友人之作也毫不含糊、直言不讳,力争用简洁的语言为西方读者道明书中的精彩之处与欠缺之笔,且文中表明霍克思对当时汉学界出现并逐渐盛行的英译风格非常反感。

  按:第一篇书评中霍克思提到的洪业译著的两大问题如下:一是洪业译诗并不总能与标题"中国最伟大的诗人"相符。二是译诗平淡无奇,由于过度考虑译本的可用性而导致译文生动性的丧失。且此类毛病几乎每首诗里都存在。霍克思认为去掉了意象和典故,诗歌所剩就不多了。可以说,洪业对意象与典故的处理方式与霍克思一贯的汉学翻译主张正好相背离。另外,洪业的译著是以1946—1952年间在美国各大学主要是哈佛大学讲授杜甫的演讲和教学材料整编而成,分为上、下两册,下册是厚厚的注解,专为汉学家研究之用。这一译著旨在向西方讲授杜甫,穿插其间的374首译诗起着佐证与贯串上下文的作用。这些译诗洪业没有在韵律和形式上下多少功夫,选择的是释义为主的散文体翻译。在20世纪上半叶,西方汉诗英译已在一代汉学家韦利等的倡导下从理雅各、翟理斯的韵体诗翻译逐渐走向了无韵诗体再现,但像洪业这样把结构齐整的中国诗译成完全没有形式限制的散文,此种做法在当时还很少或者说不为汉学界所普遍认可。韦利同年发表的书评——《中国诗人》[①]在谈到洪业译诗质量时有一段批评话语表达了他对此种直截了当、毫无韵律的散文形式译诗的保留意见。但霍克思在他的书评中却没有直接批评这一形式,他批评译文平直时,也只是以"translations"这样的词眼泛指,而没有像韦利那样以"毫无韵律的散文形式翻译"等词语直接概括洪业所采用的译介形式。洪业译著促使霍克思思考的是杜诗翻译中的其他问题,包括英译汉诗时如何既避免平直、避免注脚又同时保持原诗的一些美感,以及汉诗典故与意象英译时该如何处理为好。从书评来看,我们可以确定的是,当时霍克思并不排斥散文译诗这种多少有些冒险的做法,而这有助于我们部分了然霍克思其后翻译杜诗所采取的形式。

又:第二篇书评霍克思直言友人海陶玮译注本作为学者研究的省时工具是受欢迎的,同时也是应该受到赞誉的,但海陶玮英译时遵循汉学界盛行之风字字对译他却极其反对,文末他甚至严厉地指出不顾译入语习惯的直译连准确性要求也未达到。

本年,世界和平理事会确认中国南楚诗人屈原为当年纪念的世界文化名人之一。这对霍克思多年所坚持的《楚辞》研究无疑是个好消息。

---

① Arthur Waley, "Chinese Poet," *The Times Literary Supplement*, Friday, January 30, 1953, p.76.

1954 年　31 岁

本年,在牛津大学学习与任教,一面完成《楚辞》全部诗篇的英译,一面进行楚辞研究。

1955 年　32 岁

4月,在《大不列颠及爱尔兰皇家亚洲学会会刊》1/2 期发表书评,评论理查德·艾尔文(Richard Gregg Irwin)《一部中国小说的演变:〈水浒传〉》(*The Evolution of a Chinese Novel: Shui-Hu-Chuan*)一书。霍克思认为艾尔文的研究是清晰和有用的,但他对艾尔文有关《水浒传》版本优劣的判定持不同意见。文末霍克思特别赞成艾尔文关于现有《水浒传》英译本"糟透了"的评价,他呼吁是时候有人站出来花时间、用技巧、融幽默于英译文中以译出一个与《水浒传》原文相当的译本。

7月,在《文汇》第5卷第1期上发表《汉语翻译》("Translating from the Chinese")一文,此文后辑入霍克思汉学研究论文集《中国文学散论:古典、现代和人文》(*Classical, Modern and Humane: Essays in Chinese Literature*)。文中霍克思比较与品评了庞德与韦利分别译就的两部《诗经》英译本,并对中国诗歌英译谈了自己的看法,值得注意。书评开篇,霍克思即指出汉诗英译中一对难解的矛盾:优美与准确,并将两者比之为诗人和语言学家的特性。诗人与语言学家两者集于一身的范例则是韦利,霍克思称赞韦利的译诗是"最优秀的翻译",但这样的人物是少之又少而我们也不可能干等此类人物的降生。庞德《诗经,孔子所审定的古典诗集》(*The Classic Anthology Defined by Confucius*)与韦利《诗经,歌之书》(*The Book of Songs*)同时在书店上市,人们不免将之对比鉴赏。作为文学作品欣赏,韦利和庞德的译作各有千秋,但霍克思认为,在评价译作时有个更为重要的标准是看译作与原作的关系。霍克思指出,庞德作为译者的一大真正贡献在于他能深切地感受诗歌所要表达的情感并用英文将它完美地再现出来。文末霍克思明确表达了自己的翻译理念,同时给予两个译本一个总结性的评价:"我觉得,译者应该谦卑,更多关注原著的忠实传译与接受效果,而不是自身创造力的发挥或是个人更大声誉的获得。尽管庞德译诗里没有给我留下一点儒家的印象,但我非常爱读他的这些译诗。不过要把他的译诗都说成是翻译,这让我犹豫;我推荐希望看到准确译文的读者去阅读韦利的译作。"①

9月30日,在英国老牌周刊《观察家》发表有生唯一一篇带政论性的文章《中国文化》("Chinese Culture"),后辑入《中国文学散论:古典、现代和人文》时改为《作品与文化》("Work and Culture")。此文从政治与文学、文化发展的角度思考现实中国问题,在中华人民共和国纷繁的政治活动与热闹的文化革新中寻找中国文学作品的出路。文中霍克思表达了对中华人民共和国成立初期文艺建设的保留态度,同时对中国拥护声一片的新文化运动所带来的问题提出了预见性的看法。此外,他通过细心梳理20世纪经过新文化运动洗礼的中国一代作家的成长历史,有力地说明了那个时代中国文学与政治密切的关系,并认为"这对文学的影响是不幸的"。整个中国文学似乎出现了整体性的下滑。文中霍克思对于五六十年代中国文人所承受的压力表达了深切的同情,他预言中国"伟大的文学在明天"。文末,霍克思以动态发展的眼光看待中国的文化前景。他看到了新社会给普通文化工作者带来的翻身之变,指出:"中国文化工作者,无论是忙碌的作家还是最低微的鼓手,他们的状况无疑已有了很大改善。兴许中国作家重新加强与中国人民的联系并不是一件坏事,在以往学习西方、追求个性解放的日子里,他们易于与人民脱节。随着时间的发展,压力能否有效减除,新生的植物能否在本土的滋养下长高长壮,还有待观察。"此政论文中,霍克思有的话语不无尖刻,但当今天我们冷静反思彼时工作上的激进与左倾时,不得不佩服海外汉学家的锐利眼光。同时,此文的可贵在于文中体现出了一位西方汉学家对中国永远保持着关注的眼神与态度。②

12月10日,与牛津大学伯德雷恩图书馆签署论文读者查阅授权,正式提交有关《楚辞》翻译与考辨的博士论文《〈楚辞〉创作日期及作者考订》(The Problem of Date and Authorship in Ch'u Tz'ǔ),该论文分上、下两卷,现仍存伯德雷恩图书馆。上卷287页,简单的导论文字后紧随霍克思亲笔抄录的《楚辞》原文,诗作分

---

① David Hawkes,"Translating from the Chinese," in Classical, Modern and Humane: Essays in Chinese Literature, eds. John Minford & Siu-kit Wong, Hong Kong: The Chinese University Press, 1989, p.235.
② David Hawkes, "Work and Culture," in Classical, Modern and Humane: Essays in Chinese Literature, eds. John Minford & Siu-kit Wong, Hong Kong: The Chinese University Press, 1989, pp.237-240.

行标序排列,每页抄写10—11行,页下简列别本异字、异词或异句。下卷622页,收录译文(translation)、评论(commentary)与论辩(argument)。论辩部分作为博士论文的主体又细分为《楚辞》、屈原与屈原派(Ch'u Tz'ǔ, Ch'u Yuan and School of Ch'u Yuan)、押韵(Rhyme)、模仿(Imitation)、语言(Language)和结论(Conclusion)五大内容展开。另附霍克思——标注的《楚辞》韵脚读音表(32页)。整部博士论文提交前尚有297页长的《楚辞》索引(a concordance to Ch'u Tz'ǔ),因印刷不便及成本考虑最终未辑。该博士论文深入探讨《楚辞》的创作日期及作者问题,考辨与论述均建立在《楚辞》全译的扎实基础上,体现出了西欧东方学的严谨传统。

  按:传统东方学(Oriental Studies),具体而言即东方语文学(Oriental Philology),侧重于在"东方"地区发现的古代语言与文献的研究。欧美汉学界通行的撰写论文或历史专题的方法是"在中国正史的志书部分,挑选他感兴趣的某一'志',然后开始翻译、注释并撰写长篇的导论"①。以华裔学者杨联陞(Lien-sheng Yang)准备博士论文《晋书·食货志译注》为例,他曾在入学一年后与胡适谈过论文选题的问题,明确指出"系里的规定是以翻译为主"②。霍克思的论文共两卷近千页,也包含了翻译和讨论两部分,体现了明显的汉学翻译与汉学研究两结合的特征。

本年,从牛津大学基督教堂学院毕业,获中国文学专业哲学博士学位(D. Phil. in Chinese Literature)。

  同年,韦利的译著《九歌》由伦敦乔治·艾伦与昂温出版公司刊行,在前言里韦利称霍克思为"朋友"③,感谢霍克思为自己阅读文稿,并提出不少有用的建议。该书导论部分韦利提到他不打算就《九歌》的作者问题及它与《楚辞》其他篇章的关系多谈,他相信这些问题有一天会被两位更年轻的学者拿来讨论。这两位年轻

---

① 赖瑞和(S. F. Lai):《追忆杜希德教授》("Remembering Professor Denis Twitchett"),《汉学研究通讯》2007年第4期,第25页。
② 胡适纪念馆编:《杨联陞致胡适1943年10月26日》,《论学谈诗二十年:胡适杨联陞往来书札》,合肥:安徽教育出版社,2001年,第2页。
③ Arthur Waley, "Preface," in *The Nine Songs, A Study of Shamanism in Ancient China*, London: George Allen and Unwin, 1955, p.5.

的学者韦利没有提到名字,但从其描述"已研究《楚辞》有一段时间"[①]来看,应该有一位就是霍克思,因为霍克思同年提交的博士论文就是有关《楚辞》篇章作者身份考辨的。如果上述推论成立,韦利不费神探讨《九歌》的作者及与《楚辞》全集的关系则可见其对霍克思研究的认可。

1956 年　33 岁

夏,由副馆长丁志刚同志率领的中华人民共和国国立北京图书馆(现名中国国家图书馆)代表团出访英国和捷克斯洛伐克,开展国际交流活动。在英国牛津大学参观交流时,霍克思代表友人、《万寿盛典》佚册收藏者、牛津大学基督教堂学院研究员当达斯(Mr. R. H. Dundas),主动问及北京图书馆馆藏《万寿盛典》是否缺少第41、42两卷,并盛情承诺如果真有缺失,愿将牛津所藏两卷见赠。此两卷对于补足《万寿盛典》意义重大,卷中所保存的73幅卷轴木刻不仅可供观赏,且对于中国康熙时民俗、民服、民情与卷轴画艺术研究均具文献价值。霍克思完璧之情、文化珍视之心令人叹服,《万寿盛典》两卷历经近百年重回中国,其功不可没。

按:上述史实可参看上海图书馆副馆长吴建中先生为威尔士国家图书馆《霍克思文库》所撰写的序言。另,序言中吴建中提到当达斯时,原文语句"Mr. R. H. Dundas, a student of Christ Church"[②]中"student"不能理解为"学生",而应指"研究员",这是基督教堂学院对其研究员的一种习惯称呼,特此说明,以免误释。

10月1日,霍克思与友人当达斯先生同赴伦敦中国驻英代办处,转赠由当达斯家族收藏多年的中国古籍《万寿盛典》佚册一本。霍克思对中国文化的珍视与用心值得肯定。

按:上述史实可参看香港中文大学图书馆特藏室《霍克思文献》(David

[①] Arthur Waley, "Introduction," in *The Nine Songs, A Study of Shamanism in Ancient China*, London: George Allen and Unwin, 1955, p.15.

[②] Wu Jianzhong, "The David Hawkes Collection," in *Llyfrgell Genedlaethol Cymru The National Library of Wales Casgliad David Hawkes Collection* 霍克思文库, Aberystwyth: The National Library of Wales, 1990, p.iv.

Hawkes' Papers）中收藏的相关中国北京国书馆与霍克思的来往信函。

12月中旬,收到中国国立北京图书馆国际交换组组长张恕一先生10日书写的公函,得知《万寿盛典》一书佚册已收讫,但全帙之愿尚未达成。因北京图书馆缺少的是第41卷后半部(即19页后)及第42全卷,当达斯收藏的则是第40、41两卷,只能补足馆藏第41卷缺少的部分。

按:中国收回的是120卷《万寿盛典初集》中第40、41两卷。其中第40卷谈及《万寿盛典图》产生的原因、创作者、创作过程、创作内容,并收录有关此事运作的奏章与圣旨,霍克思经提醒阅读后发现其相当于41卷的"序言"。第41卷则是73幅首尾相连之卷轴形式的木刻画,是著名的《万寿盛典图》的上半卷,下半卷在缺失的第42卷,含75幅木刻绘画,实为《万寿盛典初集》中最具特色的卷册。上、下两卷双面连式卷轴画共占148页,全部展开将达50多米,描画了康熙帝六十寿诞自西郊畅春园至紫禁城神武门几十里路上张灯结彩、百戏杂陈的繁华景象。当达斯收藏的是序言文字与《万寿图》上卷,由其家族中一人于1860年10月英法联军火烧圆明园之际从中国带出,这位亲人早已亡故,卷轴画却很好地保存了下来。卷末这位早期收藏者留下了一段文字①,表明携卷出境者对此图价值有粗浅的认识,只是将宫门误为出城之门。

10月23日至11月4日,匈牙利事件爆发。霍克思公开发表言论支持匈牙利人民,反对苏联的军事干预行为。

本年至1958年,中国学生方召麐在牛津大学攻读博士学位,霍克思担任其论文导师,指导其学习文学。方召麐后成为杰出的国画大师,霍克思八十大寿时,方召麐手书"松鹤延年"祝福恩师。

按:方召麐,出身江苏无锡世家,父方寿颐(无锡第一代工商实业家,与"红色资本家"荣毅仁家族交往甚笃),母王淑英。方召麐4岁开蒙并自学碑帖,6岁接触英语与西方文化,11岁丧父,13岁始拜国画大师钱松嵒为师学

---

① 卷末具体文字如下:This book was taken from the Book Temple of Yuen Min Yuan [sic] near Pekin the day the Palace was burnt, October, 1860. It represents the Progress of a fete ordered by one of the Emperors about 200 years ago and gives a very correct idea of what Pekin is at the present day. The Emperor and the procession was supposed in this book to enter at one of the gates of Pekin and go through the city leaving by another.

习中国书画。23岁,成为英国曼彻斯特大学第一位中国女留学生,专心学习欧洲近代史。1953年她成为张大千的弟子,1954—1956年入香港大学学习获博士学位,毕业后再次前往英国,进入牛津大学深造。英国人非常喜欢她画的玫瑰,次年牛津大学和剑桥大学即联合为其举办了个人画展。此后,她上下求索,游历中西名山大川寻求灵感。20世纪70年代,方召麐终于形成自己的画风——大写意山水创作。国学大师饶宗颐称其画风为"挟风雨以振雷霆",张大千赞为"二三星斗胸前落,十万峰峦脚底青"。大英博物馆、中国国家博物馆、中国美术馆均竞相收藏她的画作。

1957年　34岁

本年,为牛津大学出版社即将出版的《楚辞:南方之歌》(*Ch'u Tz'ǔ*, *The Songs of the South:An Ancient Chinese Anthology*)作序,文中提到与英国汉学大家及翻译前辈阿瑟·韦利的师承关系:"另一位阿瑟·韦利,是翻译老前辈,激发了我对中国文学最初的兴趣,在我的楚辞研究中他给予了我慷慨的帮助与巨大的鼓励。"①

8月13日下午,华裔汉学家柳存仁首次来访,两人就学术的细节问题诸如日期考订或作者考辨等中国学者所谓的"豆丁"(scraps of knowledge)交换了意见。其间霍克思还曾向柳先生请教中国北方普通纸扇上常见的"酒""色""财""气"四个汉字的含义。虽然当时霍克思只字未提元杂剧,柳存仁也只从在北京的童年生活经历给予了解答,但多年后回想起来,柳存仁指出:"在当时,那似乎是一场随意的闲谈。我不知道霍克思教授在完成《楚辞》全译后,早已有了翻译《红楼梦》的计划;我也不知道他已然对中国元杂剧产生了浓厚的兴趣。"②

按:柳存仁,著名澳籍华裔汉学家,澳洲人文科学院首届院士,英国及北爱尔兰皇家亚洲学会会员,被学界誉为"会走路的百科全书"。原名柳雨生,北京出生,北京大学就读。20世纪40年代活跃在上海文化界。抗战胜利后,

---

① David Hawkes, "Preface," in *Ch'u Tz'ǔ*, *The Songs of the South:An Ancient Chinese Anthology*, London/Boston:Oxford University Press/Beacon Press, 1959/1962, p.vii.
② Liu Ts'un-yan, "Green-stone and Quince," in *A Birthday Book for Brother Stone:For David Hawkes, at Eighty*, eds. Rachel May & John Minford, Hong Kong:The Chinese University Press, 2003, p.44.

南下香港任教,改名柳存仁。1957 年以《佛道教影响中国小说考》获英国伦敦大学哲学及文学博士学位,1962 年赴澳洲国立大学任教,后历任汉学系主任,晚年成为该校荣休教授。他撰有《和风堂文集》《上古秦汉文学史》等学术论著及长篇小说《大都》。

又:柳存仁与霍克思自 50 年代相见后渐成至交,两人经常就学术上的问题进行探讨。此次相见是柳存仁首次拜访霍克思,之前两人已有通信。当天上午柳存仁在霍克思的帮助下,如愿去了英国牛津大学伯德雷恩图书馆,查看一些珍贵的中国古典小说明刻本;下午柳存仁专程去拜访霍克思,向霍氏表达敬意与谢意。

1958 年　35 岁

9 月至次年 6 月,任美国哈佛大学远东系中国文学客座讲师(Visiting Lecturer in Chinese Literature),与同时期至牛津大学做客座教授的美国哈佛大学汉学家詹姆斯·海陶玮互相交换房舍。去美前霍克思阅读完牛津师友吴世昌正撰写的《红楼梦探源》一书前 11 章(全书共 20 章),并为吴世昌提出了一些修改意见。吴世昌在该书的出版序言(撰于 1960 年 4 月)中表达了谢意:"牛津大学的大卫·霍克思教授……为我提供了很多有价值的意见。"[①]

12 月 9 日,霍克思在牛津大学克拉伦登出版社送来的其《楚辞》英译全稿 Ch'u Tz'ǔ: The Songs of the South 样书扉页亲笔签名,敬赠其中国母校——北京大学。

本年至 1961 年,约翰·基廷斯(John Gittings)在牛津大学汉学科受教于霍克思,学成后一度担任英国《卫报》派驻香港、上海的东亚部编辑。

同年,霍克思接替美国学者德效骞开始担任牛津大学汉学讲座教授,应该说这与其在《楚辞》研究与翻译上所作出的成绩是分不开的。上任后,霍克思加大了改革牛津落伍汉学教学大纲的力度,使汉学教学内容在 20 世纪 50 年代末发生了质的变化:《楚辞》、陶渊明作品及著名古今小说等的加入,大大改变了牛津汉

[①] Wu Shih-chang, "Introduction," in On the Red Chamber Dream: A Critical Study of Two Annotated Manuscripts of the 18th Century, Oxford: Clarendon Press, 1961, p.xxiv.

学只注重"四书五经"等儒家典籍研习的传统,有了较多中国历代真正文学佳作的鉴赏。无怪当时正在牛津大学学习的基廷斯,会在恩师谢世之时写下讣文,深有感触地肯定:"到 50 年代末,本科生的指定读本已包括明代的通俗小说、20 世纪作家鲁迅的短篇故事……通过霍克思的生动展现,我们这些英国学生逐步触摸到了一个充满活力的中国和一群充满人性的中国人,这是以往典籍的学习所无法展现的。"①同时,霍克思配合新的教学大纲,开始有计划地组织牛津大学购进中文图书,一改牛津大学东方研究所汉学馆藏均为古籍的困窘。如此既能解决汉学科学生只有典籍可看的无奈,同时也为汉学科的健康发展提供了资料保证。

按:当时汉学科教师约有 4 人,除德效骞和霍克思外,还有高级讲师中国学者吴世昌和懂得七八种亚洲语言的教员沃特金斯(Watkins)。德效骞强调古文,延续着牛津大学一直以来围绕"四书五经"的汉学教学大纲;沃特金斯酗酒严重,常无法正常授课;只有霍克思与吴世昌志同道合,携手致力于改革牛津大学落伍的汉学教学大纲。

又:1959 年前后的教学大纲内容可参看英国汉学家、在华从教的麦穆伦的回忆文章《土孩子:麦穆伦的五十年中国故事》和《中文是多么美丽的语言》②,他 1956—1959 年在牛津大学汉学科受教。据他回忆,当时的教学内容有《论语》、《庄子》、《老子》、《春秋》、《左传》、《史记》、《诗经》、《唐诗三百首》、中国古代各个时期的古诗及两篇白话作品(即胡适的一篇文章和鲁迅的《狂人日记》)。而此后经过霍克思修订的中国文学课程教学大纲则呈现了崭新的面貌,教学内容囊括了《诗经》、《楚辞》、《唐诗》、《史记》、陶渊明作品和各类小说(如《古今奇观》《红楼梦》《老残游记》《呐喊》《阿 Q 正传》)③。仔细比照可以发现,修定的教学大纲从质上增强了文学性,从量上增多了近现代作品尤其是白话作品的赏析,促成了更为鲜活与生动的汉学课堂。

---

① John Gittings, "Obituary," *The Guardians*, August 25, 2009.
② 麦穆伦:《中文是多么美丽的语言》,2007 年 3 月 8 日,http://news.xinhuanet.com/mrdx/2007-03/18/content_5862159.htm.
③ 黄长著、孙越生、王祖望编:《欧洲中国学》,北京:社会科学文献出版社,2005 年,第 398 页;鄢秀:《D. Hawkes 与中国语文》,《语文建设通讯》2003 年第 75 期,第 54—58 页。

1959 年　36 岁

年初,霍克思博士论文中的《楚辞》英译部分以《楚辞:南方之歌》为题由牛津大学克拉伦登出版社公开出版,列入"联合国教科文组织中文翻译丛书"。此译本题献给友人、牛津基督教堂学院研究员当达斯。全书共 229 页,译中带论,是霍克思正式出版的第一本集研究与翻译于一体的专著。

按：

1. 在霍克思之前尝试英译《楚辞》的汉学家有庄延龄、翟理斯、艾约瑟、理雅各、克莱默·宾、韦利、叶乃度（Eduard Erkes）、鲍润生（Franz Xaver Biallas）、林文庆、罗伯特·佩恩（R. Payne）及杨宪益、戴乃迭夫妇。霍克思在动手翻译前曾对他之前的大部分节译文进行过比较分析,我们从他对这些前译本的评论中可以看出他为自己的《楚辞》翻译所预设的基本目标为准确性与可读性。

2. 在霍克思之后还有汉学家或翻译家陆续钻研与翻译《楚辞》,其中有较大影响的有 1959 年杰拉·约翰逊（J. Johnson）翻译的《离骚:释忧之诗》;1975 年,华裔学者柳无忌等编译《葵晔集》时选译《离骚》《湘君》《大司命》《哀郢》和《橘颂》五篇;1984 年,伯顿·华生（Burton Watson）编译《中国诗选》（The Columbia Book of Chinese Poetry: From the Early Times to the 13th Century）译有《离骚》《云中君》《湘君》《山鬼》和《国殇》五篇;90 年代则有中国学者许渊冲和孙大雨的译著。许渊冲翻译了王逸《楚辞章句》的前十篇,即《离骚》《九歌》《天问》《九章》《远游》《卜居》《渔父》《九辩》《招魂》和《大招》,1994 年以《楚辞:南方之歌》（The Poetry of the South）为题由湖南出版社出版,2008 年再版。1996 年,中国学者孙大雨的《屈原诗选英译》（Selected Poems of Chü Yuan）出版,包括《离骚》、《九歌》、《九章》（选六篇）、《远游》、《卜居》和《渔父》的英译。这些《楚辞》译本均为节译本,各有各的侧重与翻译特色,但没有一位译者再尝试霍克思曾做过的《楚辞》十七卷的全译工作。这从另一个侧面说明了霍克思全译本在《楚辞》英译史上的地位不可替代。霍译本成了英语世界最早也是至今唯一一部全译本,译者翻译过程中的准确性与可读性诉求使译本在学术研究与文学传播上的价值不言而喻。

4月至6月间,加拿大汉学家杜百胜(W. A. C. H. Dobson)在《美国东方学会会刊》发表书评①。他从译作书名、全译本意义、所含内容、所用技巧、译作艺术与汉学价值等方面高度评介了霍克思的《楚辞》译本,他认为"霍克思新任牛津大学汉学教授就以其对一部重要作品的翻译延续了牛津卓越的汉学传统,这是一个很好的开场"。他肯定霍克思首次把《楚辞》全文译出的功劳,"有助于整体把握与廓清《楚辞》在中国诗歌演变与发展中所占的地位与所起的作用"。对于霍译文的质量,他评价道:"译文本身也是上乘的,通过谐音与韵律,作者巧妙地传达了原作的某些特点,译作既可为一般读者欣赏之读物,也可用于专业学者的学习。"文末作者殷切希望霍克思在其译本中提到的出版计划,即编辑出版与译本编页及标行相同的《楚辞》文本能尽早实现,杜百胜认为它是学术研究上急需的工具书,愿能毫无延误地出版。

11月,曾翻译过《老残游记》的康奈尔大学哈罗德·沙迪克(Harold Shadick)教授在《亚洲研究》(*The Journal of Asian Studies*)评论霍克思《楚辞》译本时从全译本的地位、译本的学术涵养及译文的可读性方面给予了肯定评介②。他首先指出"大卫·霍克思博士的《楚辞》全译大大增加了可用的英语版中国诗歌的数量"。其次,沙迪克肯定了"霍译文加上导论与文本注释显示了谨慎与批判性的学术与可敬的判断力与鉴赏力"。对于译文质量,沙迪克认为"总的说来是流畅可读的。……尤其是《九辩》《天问》《橘颂》《悲回风》《远游》和《招隐士》译得特别成功"。不过,此书评值得注意之处还在于作者同时列出了霍译本六方面的缺点:某些诗行生涩,尤其糟的是女性化的结句;相同的词句、诗行,译文中前后不一致;总论中只介绍了诗歌韵律却完全忽略了押韵格式;脚注太过简洁;索引与脚注有时关注同一对象,但其信息却分列在两处,不够集中;《九歌》与《离骚》两首诗的评注过简,关于两者的关系也语焉不详。当然,行文结束,沙迪克还是肯定了霍译本,且他不仅像杜百胜一样期待与《楚辞》译本配套的原文文本,同时希望霍克思能总结出这些诗歌的显著语法特征。

---

① W. A. C. H. Dobson,"(Untitled Review)*Ch'u Tz'ǔ,The Songs of the South:An Ancient Chinese Anthology*.By David Hawkes,"*Journal of the American Oriental Society*,Vol.79,No.2(Apr.-Jun. 1959):144-146.

② Harold Shadick,"(Untitled Review)*Ch'u Tz'ǔ,The Songs of the South:An Ancient Chinese Anthology*.By David Hawkes,"*The Journal of Asian Studies*,Vol.79,No.1(1959):77-79.

秋，法国《东方艺术》杂志新辑第 5 卷第 3 期发表霍克思《万寿图：18 世纪早期的一幅卷轴画》("The Wan Shou T'u: An Early Eighteenth Century Scroll-Painting")一文①，向英国民众介绍中国连环版画巨作《万寿盛典图》及其独特的艺术形式——卷轴画。后该杂志有限公司发行大版硬装单册本(25cm×16.7cm)，深蓝硬质封面与封底，内中衬页、扉页各一，加正文 2 页，木刻绘画 2 页，全册只有薄薄的 6 页。此文撰写缘起于三年前霍克思所促成的《万寿盛典图》"完璧归赵"之善举，霍克思希望在《万寿盛典图》归国后，作为曾经的收藏国——英国也能对之有所了解，故撰文引荐，并拍图若干为存。文中霍克思谈到了当达斯当年的捐赠、中国《万寿盛典图》基本情况、当达斯所收二卷的内容及其价值，并以两幅相连木刻画为例高度评价了《万寿盛典图》的艺术特色。最有意思的是，霍克思在文末将《万寿盛典图》与《马国贤神父回忆录》一书相比，发现《马国贤神父回忆录》的叙述文字中有一明显与图中描画相抵牾的地方。霍克思并引了《清史稿》相关段落与《万寿盛典图》相佐证，足见《万寿盛典图》的史料价值。

按：《马国贤神父回忆录》(*Memoirs of Father Ripa*)，是意大利在华传教士马国贤回国后所撰写的回忆录，帕兰蒂(Fortunato Prandi)英译，1844 年英国默里公司出版。Matteo Ripa，汉名马国贤，于 1710—1724 年任康熙宫廷雕刻师。康熙六十庆寿大典(1713)正好发生在其在华期间，故其书中有几处关于这一举国盛事的详细描写。

又：北大图书馆特藏室现存有霍克思赠大版硬装单册本 The Wan Shou T'u: An Early Eighteenth Century Scroll-Painting，扉页上霍克思亲笔书写了如下汉字：

北京大学图书馆惠存

北大旧研究生(1948—1951)

霍克思 David Hawkes

敬赠

本年，中国司马相如研究的专家、法国汉学专家埃尔武埃(Yves Hervouet，汉

---

① David Hawkes, "The Wan Shou T'u: An Early Eighteenth Century Scroll-Painting," *Oriental Art*, Vol.5, No.3(1959):110-113.

名吴德明)在《通报》发表长篇书评①,全面评介霍克思的《楚辞》全译本。埃尔武埃称霍克思为"年轻而出色的英国汉学家",肯定其翻译是"高质量"的,应该得到大家充分的感谢,认为其全译对于任何研究中国古代文学和思想的人来说都是无价之宝。全文在详细的译例分析后结束,文末再次重申译作在中国文学史上的重要性。

1960 年　37 岁

4月,英国汉学研究前辈韦利在《大不列颠及爱尔兰皇家亚洲学会会刊》1/2期上撰文评论霍克思译本②。韦利以精练的语言概括出霍克思译文的两大特色:顾及绝大多数读者需求;译文是学术性与文学性的融合。韦利指出译文由于省略了原博士论文中一些论证的内容,可能会造成读者对译文某些译词感到疑惑不解,"但这样的情况很少,而且很大程度上霍克思非常明智地顾及到了在普通读者和专业读者的需求间进行必要的调和"。此外,"作为一项文学壮举,此译本的翻译达到了一个非常高的标准——一个在东方研究中很少有人达到的标准。前沿的学术研究和超凡的文学天赋很少能结合得如此完美"。

5月,霍克思在《亚洲研究》第19卷第3期发表书评③,评论施友忠翻译、注释及作序的《刘勰:文心雕龙》(Vincent Yu-chung Shih, *The Literary Mind and the Carving of Dragons by Liu Hsieh*)一书。此文是霍克思最早提到中国古代文学批评的文章,开篇他首先指出了西方学者研究中国古代文论的难度、刘勰与陆机的巨大差异及其翻译难度。霍克思给予施友忠全译本很高的评价:"任何一位了解《刘勰:文心雕龙》翻译难度的人都不得不承认施教授全译工作的艰巨,它本身值得我们深深的敬仰;译文可读性强,流畅、措辞得体。""批评容易,改进难。必须重申翻译《文心雕龙》本身就是一项具有开创意义的壮举。"此外,此书评在讨论中国古

---

① Yves Hervouet, "David Hawkes, *Ch'u Tz'ǔ, The Songs of the South: An Ancient Chinese Anthology*," *T'oung Pao*, No.47(1959):84-97.
② Arthur Waley, "(Untitled Review) *Ch'u Tz'ǔ, The Songs of the South: An Ancient Chinese Anthology*. By David Hawkes," *Journal of the Royal Asiatic Society of Great Britain and Ireland*, No.1/2(1960):64-65.
③ David Hawkes, "(Untitled Review) *The Literary Mind and the Carving of Dragons*. By Liu Hsieh. Tr. with an Introduction and Notes by Vincent Yu-chung Shih," *The Journal of Asian Studies*, Vol.19, No.3(May 1960):331-332.

代文论翻译时,体现了霍克思的某些汉学翻译观:译著需有明确的目的与读者群;翻译要注重文本的学术研究。霍克思评论汉学家译著时一个重要的标准是看译著预设的目的与译者心中的读者群是否明确,他在书评中批评施友忠译注的《刘勰:文心雕龙》为读者做得不够。他认为阅读此类译著的读者除少部分专家外,多为对中国文学了解不多但对比较文学却有着广泛兴趣的人士。译文应该为这些读者考虑,在处理原作中所充斥的专有名词时应予以变通,表达相同含义的不同名词应一律采用一种统一的标准译法,切不可亦步亦趋地跟着原作翻译,这会使得原本已艰涩的文论作品更加难懂。"对于文论中的一些关键词,如感觉确实无法找到合适的英文对译,与其冒荒唐笔误之险不如保留其汉语表达。"霍克思认为好的翻译必然是建立在学术研究之上的,尤其是对文本所处的历史语境的社会化还原。霍克思批评施友忠序言存在一大缺陷,即对刘勰所代表的文学现象的阐释力度不够,对刘勰同时代所出现的各类文学辩语焉不详。"如果我们对其时的文学背景有一个全面的了解并能准确为刘勰在其中所处的位置进行定位,那显然有助于我们理解刘勰作品中的中心话题。"

本年,惠特克(K. P. K. Whitaker)在《伦敦大学亚非学院学报》第 1 期发表《楚辞:南方之歌》的书评①,从西方汉学发展角度推举霍克思的《楚辞》译本为"汉学发展道路上的里程碑"。文中首次把韦利的《九歌》翻译与霍克思的译文相比较,作者肯定了霍克思在处理原诗英译时性、数及主语问题上的勤勉与详查,认为霍克思为读者奉上的是"一部不但可信而且译文最优美的中国古代诗歌选集译本"。

1961 年　38 岁

3 月 3 日,《泰晤士报文学增刊》发表书评《译自中文》②,评论韦利 1960 年出版的译作《敦煌变文故事选》(*Ballads and Stories from Tun-huang:An Anthology*)。此文从介绍与评论韦利及其一生的汉学成就入手,文末最后五段才用于译书的评

---

① K. P. K. Whitaker, "(Untitled Review) David Hawkes(tr.):*Ch'u Tz'ŭ,The Songs of the South:An Ancient Chinese Anthology*," Bulletin of the School of Oriental and African Studies, University of London, Vol.23,No.1(1960):169-170.

② David Hawkes, "From the Chinese," in *Classical,Modern and Humane:Essays in Chinese Literature*, eds. John Minford & Siu-kit Wong, Hong Kong:The Chinese University Press,1989,pp.241-248.

论,故而是一篇韦利研究的好文章,后被1970年伊文·莫里斯编著的《山中狂吟——阿瑟·韦利译文及评论选》一书节选收录。此文中有一处细节涉及韦利与《红楼梦》翻译值得注意,即当时已有人请求韦利翻译《红楼梦》,韦利因该书恢宏的篇章而拒绝。另外,此书评涉及霍克思的汉学研究方法、翻译观及对现有两部《红楼梦》英译本的看法,是非常珍贵的资料。首先,在研究方法上,霍克思在评价韦利的治学中提出了人文主义(humanism)的态度与方法。他发现韦利艺术鉴赏力与技巧综合力背后存在着某一根本规则或者说哲学叫 humanism,即以"同样的认真与警觉研究无论出现于何时何地的社会形态或艺术作品"。英国汉学家卜立德后来将霍克思所主张的此原则解为"一种对待理论的警惕性礼貌态度"(never treated theories with more than wary politeness)[1]。其次,关于翻译思想,霍克思对韦利翻译异域作品时注意为西方读者提供中文诗作创作的文化、政治、经济背景的做法极为欣赏。他赞叹道:"韦利先生似乎很早就意识到了,如果没有为读者建起理解这些诗作的心理框架,而只是单纯翻译异域的文本文字,这样做是不够的。""翻译与叙述相结合以刻画一个人物或一个时代,这是韦利娴熟掌握并巧妙运用的一种技巧。"采用这种技巧所撰写的传记类汉学书籍,在研究中国诗人的生平时穿插其作品为例,是一种新的文类。"虽然它表面上与西方早已大量存在的文学传记没什么差别,实质上却有着根本的不同:韦利书中所包含的传记信息的主要来源是诗歌本身。"对韦利翻译的评价,实际上重申了霍克思"翻译要注重文本的学术研究"的翻译观。再次,此书评中包含着霍克思对《红楼梦》及其英译的鉴赏意见,是我们了解霍克思后来下决心翻译《红楼梦》契机的一段重要参考文字。在霍克思心目中它"是一部真正伟大的中国小说,但目前已有的两部英译本仍没有为英国读者提供生动的译本"。最后,此书评中还出现了杜甫《王阆州筵奉酬十一舅惜别之作》"万壑树声满,千崖秋气高"一句的英译(A myriad valleys full of the soughing of treetops, A thousand heights round which the wind of autumn whistles shrill),可谓霍克思最早翻译的杜诗。

4月,在《多伦多大学季刊》(*University of Toronto Quarterly*)第30卷第3期发

---

[1] D. E. Pollard, "(Untitled Review) *Classical, Modern and Humane: Essays in Chinese Literature*, by David Hawkes; John Minford; Siu-kit Wong," *Chinese Literature: Essays, Articles, Reviews*, No. 13 (Dec. 1991): 192-193.

表论文《中国诗歌中的超自然现象》("The Supernatural in Chinese Poetry")①,这是霍克思公开发表的第一篇学术论文。此文中出现了杜甫名诗《春望》的全篇英译。这首译诗虽然所用词语与后来成书时大致相似,但当时霍克思采用的却不是散文体而是无韵诗体形式。从翻译方式来看,霍克思当时采取的还是汉学界普遍接受、他在《楚辞》翻译中已运用娴熟的无韵诗体翻译,这说明霍克思放弃无韵诗体走向散文译诗的时间显然不会很早,他也是经过不少犹豫与深思才选择散文体的。另外,从《春望》的翻译中我们可以预见即将出版的杜诗英译的部分特征,如翻译时不考虑韵脚的再现。再如注重诗歌背景的介绍。因为在此文中,霍克思一再强调"《春望》诗中所含的惨痛之情至少有一半来自诗外,存在于诗人当时创作所处的境遇"。他认为只有了解了诗歌的写作背景才能真正体会到此诗的悲痛之情。

5月25日,在牛津大学发表题为《古典、现代和人文的汉学》("Chinese:Classical,Modern and Humane")②的汉学讲座教授就职演说,"不仅展示了他的博学,而且展露了他对扩展与激活中国文学研究的关切之心"③。此演讲有三处值得关注:首先,霍克思在其中表达了自己的牛津汉学教学规划;其次,体现了霍克思的汉学观;最后,要注意此演讲中已包含了一处《红楼梦》片段的英文译稿。同年牛津大学克拉伦登出版社出版了此份演说词,共27页。霍克思的汉学讲座就职演说在汉学发展的新形势下就学习年限、教师配置、教学内容、教学目标及语言掌握等问题一一给出了与前辈汉学教授完全不同的回答。他对牛津大学汉学教学与研究提出的新规划,为牛津大学汉学学科地位的进一步稳固与发展做出了贡献。

按:霍克思汉学讲座的具体主张与贡献:

1.汉学学制的成功延长。霍克思在就职演说词中认为用两年半或至多

---

① David Hawkes,"The Supernatural in Chinese Poetry," in *Classical, Modern and Humane: Essays in Chinese Literature*, eds. John Minford & Siu-kit Wong, Hong Kong: The Chinese University Press, 1989, pp.43–56.
② David Hawkes,"Chinese:Classical,Modern and Humane, An Inaugural Lecture Delivered before the University of Oxford on 25 May 1961," in *Classical, Modern and Humane: Essays in Chinese Literature*, eds. John Minford & Siu-kit Wong, Hong Kong: The Chinese University Press, 1989, pp.3–23.
③ David Hawkes,"Chinese:Classical,Modern and Humane, An Inaugural Lecture Delivered before the University of Oxford on 25 May 1961," in *Classical, Modern and Humane: Essays in Chinese Literature*, eds. John Minford & Siu-kit Wong, Hong Kong: The Chinese University Press, 1989, the back cover.

三年的时间教习汉语的体制是愚蠢的,而研究生将更不可能有足够的时间来用于语言学习。霍克思的言论并不是危言耸听。我们知道,牛津大学汉学科新生头两个学期除学习汉语外,还要学习其他很多门课程,这样真正学习汉语的时间根本不到三年,再加上英国全民义务兵役制于1960年废止,来汉学科学习的新生也就失去了在入学前服兵役期间语言培训的机会,汉学科的教学需要从零开始,这从某种程度上说,是牛津大学汉学的倒退。这让霍克思忧心如焚!他分析牛津大学当前所开设的除东方语言外的其他外语专业,发现它们的两种教授方式:教现代语言的方式和教古典语言的方式都无法用于汉语教学。因为,通常上大学学习这些外语的新生都已在中学阶段学习过4—5年,而汉语却还没有能像那样在中学普及。故而霍克思一方面提出殷切希望,英国中学在自己有生之年也能最终开展汉语教学;另一方面,更为首要的是,努力不懈地尽快促成汉学优等学位课程的学年延长至同古典学或化学学科一样的四年时间,以满足基本汉语教学的有效开展。

2.汉学科的学科独立性问题。霍克思针对20世纪五六十年代在英国的中国学研究领域出现的激烈争论"究竟是维持独立的中国学研究(在独立的系或院中进行)还是将中国学研究的各个主题整合入其他经济、地理或现代历史系等问题",明确提出了自己的意见:"汉学科学生应该是在语言和文学方面接受了完备的基础训练的本科毕业生,由他们去进修成为其他学科中未来的中国问题专家,而不应该是把次序倒过来。"不过基于汉学科自身的特色,霍克思主张汉学科应做到乐意充当其他学科的助手,如始终乐意为历史研究生开设中文课,并因之尽快改进语言教学方法等。

3.汉学教学内容的拓展。中国文学遗产博大精深,汉学教学所选择的只是其中微乎其微的一小部分。霍克思在比较他的时代与85年前牛津大学第一任汉学教授理雅各发表就职演说的时代之变化后,从汉学教学的任务出发,为牛津汉学确立了新的教学内容。霍克思认为,在理雅各的时代,汉学教什么基本不用考虑,非儒家经典莫属;可如今时代变了,中国由奉行儒学教育的清王朝走向了拥立马克思主义的共和国,中国人在五四运动大潮下更是一举推翻了儒学的经典之位。如今的汉学该教什么?在霍克思看来,儒家的哲学著作不必摆得比其同时代的其他学派的相关论著更为重要,先秦的作品也未必就比晚近的论著来得优秀。汉朝司马迁、班固的史书,六朝及唐代的诗歌、宋元明清时期的小说、戏剧与公元前的哲学著作在重要性与价值上不相上下。在此情况下,霍克思从汉学的培养任务出发,干脆利落地指出:"汉学科的任务既不是训练口译人员,也不是为了沉湎于异国趣味或是揭示某个东方掌握而西方一无所知的神秘真理,或是钻研呆板的亚洲学院哲学,汉学科的任务就是文学。"他主张汉学研究须以文学研究为基础,汉学教学坚持以文学为任务。"如果大学里不用文学——那些本身值得一读的书籍来教授语言",霍克思在演讲词末郑重宣布,"那么至少我是不愿意当大学老师的"。值得注意的是,霍克思所用的"文学"概念是广义的文学,不仅包括英国传统汉学所看重的历史、哲学等方面的文献典籍,更包括诗歌、小说、戏剧等鲜活的文学创作。这从霍克思比较中国古今典籍的价值与重要性及此处英文原文"文学"后破折号引导的解释语均可看出。文学的范围既包括英国传统汉学研究中的儒家典籍如"四书五经"等,也包括与儒学同时代的其他如道家、法家等学派的典籍,同时也包括此后中国漫长的历史下如汉、唐、宋、元、明、清等时代留下的文学遗产。比较牛津大学第一代汉学教授理雅各的文学概念"中国有历史的文献"或"古代文献"一说,显然牛津汉学的教学内容在霍克思手上变得更为生动与有趣,更加接近真正的中国。无论实际操作中有了多大改观,至少在教学理念上已不再局限于传统的"四书五经"而是提倡汉学教学内容的多元化。霍克思指出:"汉语的学习不仅仅是学习一种语言。它是学习另一种文化、另一个世界,正如米歇莱所说的,'亚洲尽头的另一个欧洲'。走进这样一个令人眼花缭乱的文学宝藏,如果从辉煌的器物中只挑选上一只伯明翰出产的小铜烟灰缸,那就表明此人不仅缺乏想象力和情趣,也意味着此人不配在大学从事任何一种教育。"霍克思主张"教学内容足够地广泛和人文化,以满足兴趣不限于语言学的同学的需要"。

4. 汉学教师配置的专业化努力。霍克思摒弃不假思索的对比和误导性的归类,注重将中国文学作为整个人类文化遗产的一部分来呈现,他"鼓励学生对中国古代史、现代史、哲学、宗教、古文字学、考古学或艺术产生兴趣,并聘请相关专家施教"。自1959年任汉学讲座教授后,霍克思逐步在牛津大学增设了历史、哲学和文学三门课程供学生选择,并在讲座教授之外,设置了中国文学、历史、宗教等讲师职位,力聘国内外的著名学者担任。牛津大学的教学编制由1959年连汉学教授加讲师总共四人的队伍扩展为由汉学教授一名、专职讲师四名、兼职讲师一名及教师一名组成的七人队伍,较为完善。查考文献发现,60年代除霍克思作为汉学教授主讲中国诗歌外,牛津大学还有如下汉学教员:杰弗里·鲍纳斯(Geoffrey Bownas)在牛津大学讲授中国官话即普通话;杜德桥讲授现代汉语;伊恩·麦穆伦讲授中国古代汉语及南宋理学;中国学者吴世昌讲授《红楼梦》;华裔学者齐思贻讲授中国佛教;雷蒙·道森(Raymond Dawson)①讲授中国古文和先秦哲学。70年代初又有伊懋可(Mark Elvin)加入教师队伍,主要讲授中国历史及经济史课程,1973—1989年为牛津大学圣安东尼学院研究员。

5.汉学研究本位目标的提出。持续的贸易、外交和传教活动是英国汉学研究几乎与生俱来的三重动机怪圈,长期制约着英国汉学的进一步发展。德国汉学家马茂汉、魏思齐都曾对此予以评判。马茂汉曾说:"英国对于中国的研究,向来是经济利益的考量超过文化的兴趣。……在牛津和剑桥两地,只有屈指可数的几位教授埋首于英伦的传统的汉学研究。"②而魏思齐总结的英国汉学研究的特征中有一条是"不列颠有一个非常强调功利与现实价值的汉学传统/中国研究,过于强调现实政治与经济价值,在所谓'古典'汉学学术研究方面可能大打折扣"③。直到1987年,巴雷特在亚非学院学术研讨会上的发言仍然批评英国汉学的三重动机,"在中国学领域,实用主义同中国学与生俱来,一直占据着主导地位。实际上把政治、外交、贸易的需要作为前提,而中国学自身发展所要求的学科和领域,却未能无条件地加以推进……即使在今天,压抑学院派的风气仍然没有改变"④。三重动机影响之广泛,从英国书店有关中国的书籍通常被放置在地志或旅游类书架上也可窥一斑。

---

① 1961年受霍克思力邀回牛津大学任中文讲师,直到1990年退休。1963—1990年间兼任牛津大学瓦德汉学院研究员,为该院的东亚语言研究确立了重要的传统。
② [德]马茂汉:《德国的中国研究历史、问题与展望》,廖天琪译,张西平编:《欧美汉学研究的历史与现状》,郑州:大象出版社,2006年,第266页。
③ [德]魏思齐(Zbigniew Wesołowski):《不列颠(英国)汉学研究的概况》,《汉学研究通讯》2008年第27卷第2期,第47页。
④ Timothy Hugh Barrett, *Singular Listlessness*, London: Wellsweep, 1989.转引自陈友冰:《英国汉学的阶段性特征及成因探析》,《汉学研究通讯》2008年第27卷第3期,第34—47页。

霍克思的前任德效骞已为摆脱"三重动机"做出了尝试性努力,他提议关注"治学的中国"的存在。只是仔细分析德效骞的主张,我们发现他在用大量篇幅强调中国文言的重要及中国人文学术传统的存在后却最终得出了这样的结论:不懂中国文言的西方人因无法阅读中国的文献被称为文盲,"对于这样一个具有高度文明的人民,西方派文盲去做政治官员、商界高级代表或者传教士,那是错误的打交道方法。……他将不能对最低阶层以外的人施加任何文化影响。……要赢得在中国真正起作用的人,即有教养的人的心,那得非熟悉他们的哲学和文学不可"①。可见德效骞虽然强调从中国的哲学与文学中去了解中国,但终归其目的还是囿于英国汉学研究的三重动机怪圈之中。

这个挣脱之重任只有作为专业汉学家的霍克思才能完成。作为专业学者,他能抛开政治、经济、宗教等外部因素的干扰,真正把汉学当作一个学科来建设,真正把汉学视为一项学术来开展。霍克思以专业学者的身份第一次明确表达出英国汉学研究的目标是了解另一种文化与另一个世界,难能可贵地挣脱了三重动机怪圈的束缚。霍克思在1961年的汉学教授就职演说词中清楚地对"三重动机"做出了批评,指出"牛津、剑桥、伦敦大学的汉学讲座教席均为新教传教努力、商业进取和殖民扩张结合下的产物"。作为二战后成长起来的一代专业汉学家,他与前辈汉学家有着不同的治学理念与治学模式。如前所述,他推翻了汉学前辈旨在培养口译人员或外交领事的汉学目标,斩钉截铁地指出"汉学所需要的倒是一大批这样的青年男女,他们把中文当作工具之一,用以研究历史、文学、经济、政治、地理、科学或艺术;他们使中国文学成为自己整个文化经历的一部分"。

6.文言与白话并重。霍克思在1961年的汉学演说词中花了较大篇幅论述的另一重要话题是强调文言文和白话文在学术研究中所具有的同等重要性,这也就是其演说标题中"古典"与"现代"的含义所在。"我们必须掌握他们用于写作的无论哪一种语言。如果他们改革汉字——正如他们最近所做

---

① [美]德效骞:《中国——人文学术之邦》,裴克安译,裴克安:《牛津大学》,长沙:湖南教育出版社,1986年,第153—154页。

的那样——我们就必须掌握简化汉字。如果他们实行拼音化——正如他们所声称的那样——我们就必须学会新的拼写。……研究汉学一超过基础水平,就要求既懂白话也懂文言,不论我们的兴趣在于古文字学、音韵学、哲学、佛教、古代史、诗歌、小说、戏剧,还是现代史。"当时,英国汉学界流行着一种把文言文和白话文对立起来的观点,认为英国需要现代研究,而白话文是现代的,因此牺牲文言文以加强白话文教学最有利于现代研究的推进。霍克思针锋相对地提出了白话与文言须并重的主张:两种语言都需要学习。汉学研究中需要阅读大量由中国出版的教科书与其他文献,这是毋庸置疑的。不能同时掌握文白两种语言,在霍克思看来,不仅是堵死了某些门径,而且也束缚了研究者的手脚,甚至使得他的研究成为徒劳。因为现代很多中国学者以白话文写作,"不读他们的著作,我们就会因偏狭而可笑","人们常常会忘记西方汉学研究对中国本国著作的依赖程度"。事实上,中国文学就是用两种不同的语言撰写而成的,白话文与文言文哪个能放弃呢?霍克思指出现代研究有助于了解新中国的方方面面,自然有其存在的合理性。任何一个关心汉学的英国人都不会否认有必要对现代中国的历史和政治制度进行了解和科学的研究。但选择现代研究并不意味着只需要掌握白话文,研究深入时就会遭遇大量的古代文献资料,更何况还有古代中国的研究。霍克思"古典与现代并重"的主张无疑是正确的,这既是对当时出现的重现代白话文的风气的反驳,也是对德效骞单方面强调文言文的纠偏。

霍克思对此观点是身体力行的。《中国诗歌中的超自然现象》是霍克思稍早于此演说词发表的一篇研究论文,在此文中我们发现霍克思在引证自己1959年出版的《楚辞》译本时,已将其中的威妥玛注音符号改成了中华人民共和国1958年2月11日正式批准并公布的《汉语拼音方案》。1985年出版的《楚辞》英译修订本中对汉语拼音的重视则无疑说明了此观点是霍克思多年来一直坚持的主张。而用罗马字为汉字注音的方式至今仍有一些外国学者在沿用,"连中国的正式刊物也是直到1979年才正式废止此注音方式"[①],

---

[①] 忻剑飞:《世界的中国观——近二千年来世界对中国的认识史纲》,上海:学林出版社,1991年,第294页。

霍克思学术观念之前沿与学术态度之严谨可见一斑。

本年,哈佛大学杨联陞在《哈佛亚洲研究学报》(*Harvard Journal of Asiatic Studies*)上发表书评①,从两方面肯定了霍译《楚辞》的价值。首先是译本选择的学术眼光敏锐,《楚辞》居于"四库全书"中"总集之祖"之位,霍克思选择翻译它体现了他独特的眼光(按:此点只有华裔汉学家才能洞察)。其次是译文的优秀,杨联陞称赞霍克思译文"既具愉悦性又具权威性"。以上两点使得霍克思的《楚辞》全译本当之无愧位列"联合国教科文组织中文翻译丛书"。书评举霍克思翻译中常用的一种技巧即通过重复展现诗句间的动态关系或生动性为例,向西方读者展现霍译文"特别的高质量"。文末作者列出了译文中有异议之处,数量微乎其微:两行诗句的问题翻译和三个名词的拼音错误,从中可见霍克思译文质量的过硬。

同年,牛津大学终身教授、在西方素有"东方艺术研究大师"之称的迈克·苏理文(Michael Sullivan,1916—2013)教授出版其专著《中国美术导论》(*An Introduction to Chinese Art*),以西方文化为参照背景对比分析中国艺术的特色。该书大量引用了霍克思1959年出版的《楚辞:南方之歌》中的观点,可见汉学同行苏理文对霍克思英译本的肯定。苏理文是最早向西方介绍中国现代美术的西方学者之一,他是中国现代美术史研究与批评方面的权威,时任伦敦大学亚非学院汉学教授。七年后,此书再版更名为《中国美术史》(*A Short History of Chinese Art*),成为西方高校学习、研究东方艺术的通用教材。霍克思及其《楚辞》英译也随着苏理文的书作在西方高校广泛流传。

同年至1971年,霍克思担任"牛津东亚文学丛书"(Oxford Library of East Asian Literatures)的主编,先后编辑出版过《中国汉魏晋南北朝诗集》(*An Anthology of Chinese Verse:Han,Wei,Chin and the Northern and Southern Dynasties*,1967)、《李贺诗集》(*Poems of Li Ho*,1970)、《战国策》(*Chan-Kuo T'se*,1970)、《陶潜诗集》(*Poetry of Tao Chien*,1970)、《刘知远诸宫调》(*Ballad of the Hidden Dragon*,1971)等中国文学译作集。

同年至1965年,后任牛津大学东方研究院图书馆馆长的托尼·海德(Tony

---

① Lien-sheng Yang,"(Untitled Review)*Ch'u Tz'ǔ:The Songs of the South,An Ancient Chinese Anthology by David Hawkes*",*Harvard Journal of Asiatic Studies*,Vol.23(1960-1961):209-211.

Hyder,1942—　)在霍克思门下攻读汉学,与其他同学一道深受霍克思对诗歌的热爱之情及其龙飞凤舞的中国书法激励,并影响深远。①

按:托尼从牛津大学汉学科毕业后,前往伦敦和格拉斯哥完成研究生学习。1968年回到牛津担任牛津大学东方研究院图书馆馆长[Librarian of the Oriental Institute Group of Libraries,此馆1994年合并后称为中国研究所图书馆(Institute for Chinese Studies Library)]。2000年夏他开始在家工作,成为一名自由译者和编辑。托尼曾翻译过一些中国文学作品,其中最有名的是他1989年英译出版的李健吾剧本《这不过是春天》(1934)和《十三年》(1937),译著名为《这不过是春天及十三年:李健吾两部早期剧本》(*It's Only Spring and Thirteen Years:Two Early Plays by Li Jianwu*)。

1962年　39岁

3月,威尼斯大学汉学家兰乔蒂(Lionello Lanciotti)在《东西方》(*East and West*)第13卷第1期就牛津大学克拉伦登出版社出版的霍克思汉学讲座就职演说小册(*Chinese:Classical,Modern and Humane.An Inaugural Lecture Delivered before the University of Oxford on 25 May 1961 by David Hawkes*)发表书评②,高度肯定演讲的有趣性:"演讲有趣极了,不仅作者评论英国汉学历史的反思部分极其有趣,而且作者有关汉语这门语言的特性及其如何学习所作的现时考量,亦极为有趣。"

5月,在《亚洲研究》第21卷第3期发表书评③,严厉批评陈受颐《中国文学史略》(*Chinese Literature:A Historical Introduction*)一书。《中国文学史略》是陈受颐花几年时间撰写于1961年(时62岁)出版的一部英文论著,霍克思对此书持激烈的批评态度,这是迄今所见霍克思措辞最为严厉的一篇书评。从语言到排版,霍克思列举出了大量的问题,如文理不通、文字误用、违反语法规则的表达、标题印刷上的无统一性、威氏拼音问题及一些低级的无知性错误等,尤其是全书材料编

---

① C. f. Rachel May and John Minford, "Notes on Contributors:Tony Hyder," in *A Birthday Book for Brother Stone:For David Hawkes,at Eighty*, Hong Kong:The Chinese University Press,2003,p.359.

② Lionello Lanciotti, "Chinese:Classical, Modern and Humane.An Inaugural Lecture Delivered before the University of Oxford on 25 May 1961 by David Hawkes," *East and West*, Vol.13, No.1(1962):83.

③ David Hawkes, "(Untitled Review)*Chinese Literature:A Historical Introduction*.By Ch'en Shou-yi," *The Journal of Asian Studies*, Vol.21, No.3(May 1962):387-389.

排上的交叠、无序与互不指涉最令霍克思失望。且书中常有这种情况:作者对某一历史事件撰写说明含糊不清,可其后作者又明明提供了有关此故事的一大段翻译,这至少表明作者是了解此故事的,那他的梗概为什么会如此叙述不准确呢?霍克思闹不明白。他在书评中写道:"此书是有关中国文学的二手资料的编译,篇幅巨大、内容详细,但却极度混乱、极其不准确。我强烈希望在它造成广泛不良影响前能有更好的书籍取而代之。"另外,此书评中还含有另一重要信息即霍克思对 Philology 的推崇。Philology 在西方史学上有深厚的传统,旧称"语文学",后改称"语言学"或"文献学",其要点是重视文字(特别是古文字或外来文字)的掌握,以及解读史料的一套严谨方法,和清代乾嘉之学不无相通之处。陈氏书序作者林语堂先生用一半篇幅攻击中国清代考据学,霍克思甚为不满,他指斥林语堂的攻击是"一知半解的攻击,是不可理喻与怪异的行为"。他感慨:"此书把人们从清代学术中解放得过头了!我得说为了对得起买书的钱,我是宁愿要那种纵使带点学问卖弄但却能把论点发挥得淋漓尽致的学术论著的(当所谈论话题确实需要这样做时)。"霍克思将清代考据学用英文 Ch'ing Philology 表示,恰恰说明在霍克思心目中清代的考据学与西方治学中的 Philology 传统是一致的。

按:陈受颐(1899—1978),广东番禺人,幼年在先伯曾祖陈澧(1810—1882,清代知名学者,字兰甫)东塾启蒙后入岭南小学接受新式教育。1920年,岭南大学中国文学系毕业后留校任教,1924年冬去美留学,入芝加哥大学攻读比较文学专业的博士学位,三年后以《18世纪中国对英国文化的影响》一文顺利获得比较文学专业的哲学博士学位。1928年返回母校任中国文学系主任。其间与同在广州的中央研究院历史语言研究所所长傅斯年相交甚欢。1931年秋受傅斯年推荐应聘转入国立北平大学史学系任教,是北大仅有的15位研究教授之一,与李四光、徐志摩、汤用彤、周作人等同列。到北大两个月后负起史学系主任一职,后又兼任外国文学系主任达两年,其间为学生请到了朱光潜来校任教授。1936年的暑假,陈受颐在北大获一年休假,他赴美先在美国国会图书馆研究,后至南加州波莫纳学院[Pomona College,是克莱尔蒙特学院联盟联合大学(Claremont Colleges)五个独立学院之一,胡适曾获克莱尔蒙特学院的名誉文学博士学位]任客座教授一学期。1937年卢沟桥事变后不久,陈氏夫妇回国销假。因北大校园被日军占领,接受师友蒋孟麟、胡适建议延长休假前往美国夏威夷大学从教。四年后,因夫人抱病需易地疗养,遂又至波莫纳学院任教,除1948年曾短暂回国外,余生一直在该校度过。他担任该院与研究院合设的东方学系主任(Dean of Department of Oricenutal Affairs),讲授"中国通史""中西文化交流史""中国文学史""日本史"等课程,英文版《中国文学史略》即是他为上课所编的教材,以弥补英国汉学前辈翟理斯早年(1901)所编《中国文学史》的不足。①

10月至12月,在《美国东方学会会刊》第82卷第4期评论伯顿·华生的译著《唐寒山诗百首》(Cold Mountain:100 Poems by the T'ang Poet Han-shan)②。此书评收入霍克思汉学研究论文集《中国文学散论:古典、现代和人文》(收录时略有变动,如文中威氏拼写均改换成了汉语拼音,书评最后有关译著所附检索表finding list 的讨论及霍克思修正该表所附的四个表格亦删除)。此书评在评价华生译本时,也对英语世界出现的几个寒山诗译本进行了梳理,从中可见霍克思翻译观中一直坚持的对"忠实传译"与"接受效果"的双重追求,即他主张译作与原作之间形成适度的张力。他评点上述几个主要的寒山译本道:"说实话,在我读过的英译文中,我偏爱斯奈德的译本,尽管偏爱得不合常理。他的译文不大确切,还时不时会犯一些极其愚蠢的错误,例如把金镶玉译成宝石镶貂皮,但是他的译诗像诗。华生的译诗在我看来似乎是介于斯奈德和韦利的译诗之间,它比韦利译诗更多口语体,但比之斯奈德译诗它又更加中规中矩些。"而在谈到华生译本存在的一个最大问题时,霍克思说道:"注释太马虎,原本一个简注就能解决问题,(可是华生)却没有提供,这使得西方读者会错过很多知识。"此论体现了霍克思翻译观中的另一主张:译者应在传统意象一出现时就为读者指出并加以解释,以便读者更快地吸收。"独坐峰顶岩边三十载的和尚形象"在诗集中出现了三四次,显然是个典故,华生未加解释;第53首"土牛耕石田,未有得稻日!"中"稻"与"道"的隐藏关系,华生亦未予点明,霍克思指为缺憾。

按:加里·斯奈德,20世纪美国著名诗人,被誉为"跨掉派"诗歌的代表

---

① 陈受颐:《时人自述:大学教育与文化交流》,《新时代》1962年第1卷第9期,第47—49页。
② David Hawkes, "(Review) *Cold Mountain:100 Poems by the T' ang Poet Han-shan* by Burton Watson," in *Classical, Modern and Humane:Essays in Chinese Literature*, eds. John Minford & Siu-kit Wong, Hong Kong:The Chinese University Press,1989,pp.249—252.

人物，他同时也是散文家、翻译家、禅宗信徒和积极的环保主义者，至今发表诗集共16卷，在诗歌创作与翻译上成就最大。他与霍克思是老友，60年代霍克思在京都短暂停留时，斯奈德曾骑着他的摩托车带着霍克思在京都飞驰。

本年，在《哈佛亚洲研究》第24卷（1962—1963）发表书评①，评论芮沃寿（Arthur F. Wright）、杜希德合编的《儒家》（Confucian Personalities）。此书评除包含了霍克思对孔子及儒家的一些看法外，主要有两大重要之处：一是它体现了霍克思对世界汉学的关怀；霍克思看到了《儒家》所显示的汉学研究非常健康的发展状态。二是文中霍克思有关希罗考尔（Schirokauer）教授朱熹论文的批评表明了他对治学中实用主义倾向的反对，他主张有价值的研究必定建立在广博而充分的准备基础上，而不仅仅局限于对研究对象本身的研究。在汉学治学中收集、阅读、考辨尽可能多的文献资料包括研究对象所在国出版的材料，这在霍克思看来是"必做的准备工作"。他写道："任何关于朱熹个性的结论在研究过他的诗歌和与友人的通信前都只能是推测性的……我不明白在了解研究对象是一个怎样的人之前如何能成功描画出他的儒学特征。"

同年，促成学生麦穆伦作为斯卡伯勒研究员前往中国、日本等地进行访问研究。

同年，在霍克思牛津版《楚辞：南方之歌》问世三年后，美国波士顿灯塔出版社（Beacon Press）出版平装本。好友、美国哈佛大学汉学教授海陶玮为此本作序，序文中他将"霍克思的《楚辞》全译本与韦利的《诗经》全译相媲美"，称赞"霍克思属于翻译家中最稀有的那一类：既精通汉语、了解中国文学，又能熟练运用英语中的文学语言"。②

同年，霍克思接替德效骞担任牛津大学汉学科主任，成为牛津汉学第六代掌门人。在此后长达10年的任职期间（1962—1971），他以其汉学讲座就职词为纲兢兢业业推动牛津专业汉学的确立与完善，推动牛津汉学研究从延续了近百年的学院式汉学时代成功迈向了专业汉学时代。汉学家们由二次大战前的个人涉猎、

---

① David Hawkes, "(Untitled Review) Confucian Personalities by Arthur F. Wright & Denis Twitchett," Harvard Journal of Asiatic Studies, Vol.24(1962-1963), p.271, p.273.
② James Robert Hightower, "Foreword to the Beacon Press Edition," in Ch'u Tz'ǔ, The Songs of the South: An Ancient Chinese Anthology, tr. David Hawkes, Boston: Beacon Press, 1962, pp.v-vi.

汲古拾奇式研究转向系统的、各有所专的教学与译评。牛津大学的汉学迎来了一个发展高峰,仅 1962 年一年,牛津大学汉学院学生人数就达到了 20 人,而霍克思刚任汉学教授之时,在牛津学中文的学生一共只有 6 名。可以说 1962 年当年的学生量就可与牛津大学汉学科整个 20 世纪五六十年代学生总数相比。

同年,世界和平理事会确认中国盛唐诗人杜甫为当年纪念的世界文化名人之一。

同年,霍克思应汉学前辈阿瑟·韦利指定,担任其遗稿保管人。①

1963 年　40 岁

3 月 21 日,在巴黎中国学院(Institut des Hautes Etudes Chinoises de Paris)用法语发表演讲《石头记:一部象征小说》,编入《献给戴密维先生:中国文学集》卷 2 (1974 年巴黎法兰西大学出版社出版),后由安哈雷德·班巴诺(Angharad Pimpaneau)译为英文("The Story of the Stone: A Symbolist Novel"②),于 1986 年在香港中文大学创办的《译丛》(*Renditions*)第 25 期上刊出。此文在肯定裕瑞、周汝昌、吴世昌、胡适等人的观点及当时中国正盛行的阶级分析法各有其可取之处,有助于加深对《红楼梦》的理解的前提下,指出这些研究均存在一大缺陷,即没有一种研究对小说构成中密不可分的超自然现象多加论述。在霍克思看来,"超自然现象不是可有可无的美化、装饰之举而是小说的基本组成部分"。小说第 1 回的空空道人、第 5 回的警幻仙姑、瘸道士和疯和尚等只有从超自然现象的视角才能给予他们的存在一个合理的阐释。书中的主要人物始终对自身与另一世界相连的象征物有某种意识,人物性格的发展也伴随着不少的超自然因素,难以用正面、反面人物的划分或纯粹自传的方式加以圆满解说。从超自然的视角,霍克思检视了小说中的象征因素:小说第 5 回宝玉的梦境、宝黛的木石姻缘、宝钗的金玉良缘、小说的九个书名、大观园与大乘止观法门等,从而论证了《红楼梦》是一部以超自然现象为背景的象征小说。"它的中心主题是关于一个很有天赋、心灵敏感的年

---

① C. f. Ailson Waley, *A Half of Two Lives*, London: Weidenfeld & Nicolson, 1982, p.239.
② David Hawkes, "The Story of the Stone: A Symbolist Novel," in *Classic, Modern and Humane: Essays in Chinese Literature*, eds. John Minford & Siu-kit Wong, Hong Kong: The Chinese University Press, 1989, pp.57-68.

轻人的故事。书中他经历了十二金陵所代表的十二种感情,体验了幻灭之感,最终达到一种神秘的顿悟与思想解放。小说第1回中出现的经历了精神之旅的情僧实就是宝玉自己。"

10月,在《皇家亚洲学会学报》第95卷第3—4期发表系列书评三篇,分别简评华裔学者刘若愚(James J. Y. Liu)《中国诗歌艺术》(The Art of Chinese Poetry)①、汉学家罗伯特·特维尔(Robert H. Kotewall)、诺曼·史密斯(Norman Lockhart Smith)译、戴伟士(Albert Richard Davis)作序编辑的《企鹅丛书:中国诗词选集》(The Penguin Book of Chinese Verse)②和再评华裔学者陈受颐《中国文学史略》③。第一篇书评霍克思对刘若愚论著持肯定评价,他认为此作可谓有关中国诗歌方方面面研究的首部权威论著。书中不仅广涉中国文学、英国文学和法国文学,而且还介绍了英国评论家尤其是对新批评派介绍有佳。其次,霍克思赞赏刘氏在书末提供书中自译的中国诗歌汉语原文一举,他认为此举立增其译文的有用性。当然,霍克思最欣赏的是书中刘若愚的诗评,"尤其是后部分对中国诗歌的具体分析使人读来兴趣益然,爱好中国诗歌的读者都会感激他将中国诗歌以如此有价值的方式展现在他们这些非语言学家面前"。至于缺点,霍克思认为刘氏一书第一部分对许多读者来说较为枯燥,撰写时应先介绍有关汉语、手稿等的基本史实为好。第二篇书评评的是戴伟士编辑作序的《企鹅丛书:中国诗词选集》,虽然书评开篇提到了此集的一些缺点,如篇幅过短,所选全为短诗,不具代表性,译诗没有原文等,但霍克思无意批评此集的译者,相反他指出了此集的独特之处:它收录了大量宋、明、清时期的诗歌及大量的词。霍克思评价译文读来令人愉悦且通常相当准确,编者戴伟士所列的诗人生平条目及撰写的有趣长序大大提高了此集在中国诗歌指南方面的有用性,他认为全书一半的成功得益于戴伟士。第三篇书评是有关华裔学者陈受颐晚年编著《中国文学史略》的再评书评。此书评基本保

---

① David Hawkes,"(Untitled Review) *The Art of Chinese Poetry*. By James J. Y. Liu," *Journal of the Royal Asiatic Society*, Vol.95, Nos.3/4(1963):260-261.
② David Hawkes,"(Untitled Review) *The Penguin Book of Chinese Verse*. Tr. by Robert H. Kotewall and Norman L. Smith; introduced and ed. by A. R. Davis," *Journal of the Royal Asiatic Society*, Vol.95, Nos. 3/4(1963):261-262.
③ David Hawkes,"(Untitled Review) *Chinese Literature: A Historical Introduction*. By Ch'en Shou-yi," *Journal of the Royal Asiatic Society*, Vol.95, Nos.3/4(1963):262.

持了其一年前所写书评的观点,一年前所批书中存在的问题此书评中均有重申,只是在这篇更为简短的书评中,用语相对平和,在批评的同时对陈著多了宽容,甚至有一两句提到陈著的优点并对陈著的修订、再版充满期待。

秋,加拿大不列颠哥伦比亚大学的华裔学者刘君若(Chun-Jo Liu)在《太平洋事务》发表简评①,推荐霍克思《楚辞:南方之歌》1962年的平装本。他肯定霍克思为《楚辞》全译本所花费的每一份心力,认为只要对中国文学感兴趣的学生都能感受到此译诗集的价值,"霍克思教授为受英语所困的读者成功捕捉到了另一个世界、另一个时代的美丽与忧伤"。同时,书评提到了两点意见:一是译诗按年代先后排列可能会比目前以《四部备要》原序排列为佳,另译者拒斥中国学者游国恩学术成果的原因最好能说明。

本年,在英国《伦敦大学亚非学院学报》第26卷第3期发表书评②,再次评论华裔学者刘若愚的《中国诗歌艺术》一书。其基本观点与同年发表在《皇家亚洲学会学报》上的书评一致,但措辞不同,且全文增加了不少论证细节的内容,从中能更清晰地理解霍克思对刘氏运用西方文论阐释中国诗歌此一开创之作的看法。另外,此书评清楚表明霍克思其时仍对采用韵体译汉诗的方式心存顾虑,值得注意的是,他对刘氏英译时运用韵脚竭力再现汉诗押韵的做法表示理解,但却指出刘氏只有不受上述意图局限时才是一名准确、敏锐的译者。

同年,西里尔·白之《中国共产主义文学》(Chinese Communist Literature)一书出版,书中第31页白之作注"感谢霍克思为我提供有关俞平伯的背景信息"③。

按:此书共254页,是白之1962年8月在伦敦一个会议上提交的十篇论文汇编,探讨了艺术在共产主义中国的历史与命运。

同年,霍克思荣获汉学界大奖——国际中国文学儒莲奖。

按:儒莲奖被公认为汉学界的诺贝尔奖,以毕四十年之力潜心翻译中国典籍的法国籍犹太汉学家儒莲命名,创立于儒莲逝世的前一年即1872年,自1875年始每年由法兰西文学院颁发一次,以奖励在汉学界尤其是中国文学

---

① Chun-Jo Liu,"Briefly Noted:Ch'u Tz'ǔ,The Songs of the South.Translated by David Hawkes.Boston:Beacon Press.1962,"Pacific Affairs,Vol.36,No.3(1963):343-344.
② David Hawkes,"(Untitled Review)The Art of Chinese Poetry.By James J. Y. Liu,"Bulletin of the School of Oriental and African Studies,University of London,Vol.26,No.3(1963):672-673.
③ Cyril Birch,Chinese Communist Literature,New York:Frederick A. Praeger,1963,p.31.

译研、推介方面贡献巨大的中外学者。第一届获得者为英国汉学家理雅各,他获奖次年即在牛津大学就任首任汉学讲座教授。英国汉学三大家均为此奖的获得者,尤其是首位获得者翟理斯是迄今为止儒莲奖颁发史上唯一一位获得两次此殊荣的汉学家,他分别于1898年和1911年荣获儒莲奖。阿瑟·韦利是三大家中的第二位,他1950年获得了法兰西文学院的肯定。最后一位是大卫·霍克思,1963年获得此殊荣。在儒莲奖颁发史(1875—2012)上,牛津大学历任汉学讲座教授中共有三位获得了此奖励,即首任理雅各、第五任德效骞和第六任霍克思。德效骞,美国人,在1947年获得此殊荣同时获聘任牛津大学汉学讲座教授直至1959年。他的继任霍克思在1959年就任牛津大学汉学讲座教授四年后也获得了儒莲奖。

本年至1965年,霍克思任未来法国汉学家雅克·班巴诺(Jacques Pimpaneau,1934—)的指导老师,每周给班巴诺进行一次个别指导。这一段师生缘对班巴诺后来人生旅程中为人为师影响深远,他在为恩师八十寿辰撰写的《布兰尼姆公园的散步及后来》①一文中,深情回忆了霍克思的为师之道,此文是目前了解霍克思教学理念与教学方法的一份宝贵资料。班巴诺在文中对霍克思的施教充满感激,"我遇到了一位以自己的行动而不是说教为学生打开知识大道的老师"。他公开承认:"当我回到法国教书时,在这方面,我总是以霍克思为楷模。"他学着霍克思邀请学生来家中做客;他为了像霍克思那样在考试时能对学生宽宏大量,故而在法国的教学体制内尽量抓好学生的平时学习,严厉要求学生。他甚至像霍克思一样也得了期末评分焦虑症,也常因凭着几页卷纸判定学生考试通过与否的做法而心中不安。他欣喜退休终于帮助他免除了这一责任与义务。而当他倾注一生心血创办的郭安东方艺术博物馆受到法国当地官员的冷漠对待甚至遭到反对时,他向敬爱的老师坦露心迹尽诉心中饱含的无奈与愤懑,那份师生间的信任与共鸣令人羡然。班巴诺写道:"我选择在这篇向大卫·霍克思致敬的文章中为自己辩护是因为我知道以老师的开阔心胸、以他的幽默与对艺术和文学决不陷于精英主义的鉴赏力,他会赞同他曾经的学生所提出的这个小小观点的。"

---

① Jacques Pimpaneau, "A Walk in Blenheim Park, and Afterwards," in *A Birthday Book for Brother Stone: For David Hawkes, at Eighty*, eds. Rachel May & John Minford, Hong Kong: The Chinese University Press, 2003, pp.67-76.

按：雅克·班巴诺，汉名班文干，牛津大学毕业后至 1999 年，一直在法国巴黎东方语言与文化学院（Institut National des Langues et Civilisations Orientales）从事汉学教学。他是巴黎郭安东方艺术博物馆（the Kwok On Musem）的创办人兼馆长。他一生热爱中国的民间艺术，尤其是傀儡戏。1985 年，他曾与中国学者、著名油画家靳之林合作组织中国"药发傀儡"戏即民间花架子赴法演出，受到法国总统密特朗接见。他最爱人们以"业余傀儡戏演员"相称。

1964 年　41 岁

本年，雷蒙·道森编撰的《中国遗产》（The Legacy of China）中辑入了霍克思《中国文学：介绍性说明》（"Chinese Literature: An Introductory Note"）和《中国诗歌与英国读者》（"Chinese Poetry and the English Reader"）两篇重要的研究论文。前文中，霍克思分析了中国传统文化遭到国人拒斥的原因及新文化运动对传统文化的破坏，"在 20 世纪初，读书人尚能感觉到自己所读或所写是传统的一部分，与孔子和中国古代其他圣贤是一脉相承的，而五六十年后的中国人当他们回顾自己国家那浩繁的文学典籍时，却发现需要跨越的语言鸿沟如此巨大，犹如西方现代与古典的差距"。叙述中，穿插着霍克思梳理出的中国自五四以来对传统文化否定之否定的历程：从早期的中体西用到全盘西化再到 20 世纪中期的整理国故、重估传统文学价值，及至当时已日益明朗化的回归传统、恢复文学遗产的趋势。汉学研究的价值在于中国文学自成一体、完全不同于西方的文学世界，此研究至少在比较文学中意义重大。最后，霍克思对比了中西文学，认为二者最显著的差异在于文学中有无宗教启发性。① 此观点后来遭到在美华裔学者余国藩（Anthony C. Yu, 1938—2015）的质疑，余国藩 1989 年撰写《宗教与中国文学——论〈西游记〉的"玄道"》长文时，开篇即引霍克思《中国文学：介绍性说明》中有关"中国文学无宗教启发性"的两段文字作为批驳的靶子展开行文。② 后文则主要从比较文学的

---

① David Hawkes, "Chinese Literature: An Introductory Note," in Classical, Modern and Humane: Essays in Chinese Literature, eds. John Minford & Siu-kit Wong, Hong Kong: The Chinese University Press, 1989, pp.69—77.
② 余国藩：《〈红楼梦〉、〈西游记〉与其他：余国藩论学文选》，李奭学编译，北京：生活·读书·新知三联书店，2006 年，第 356—357 页。

角度,谈汉诗翻译和鉴赏两方面的问题:他对汉语四声、韵律、韵脚、对偶、无人称句、文学典故等做了详尽的分析与说明,指出汉诗的独特及其在英译中的某些"不可译性";同时从欣赏诗歌的条件、最易传播的汉诗种类、汉诗创作特色、中国诗人与西方诗人之别等方面为西方读者提供了欣赏汉诗的知识储备。霍克思认为:"掌握一点中国诗人创作手法及题材方面的知识,对于西方读者理解与欣赏汉诗大有助益。且中英诗歌同异的深刻理解还很有可能带来西方对其自身诗歌观的重新评估。"[1]

同年,约翰·闵福德入牛津大学接受本科教育,时年18岁。在学习过一段时间的哲学、经济学和林业学后,他于中文课程中找到了毕生所爱,投入霍克思门下开启汉学之路。

1965 年　42 岁

本年,在《伦敦大学亚非学院学报》第28卷第3期发表书评,评香港大学出版社出版、牛津大学出版社分销的中国学者饶宗颐的《词籍考:考证与词有关的文献(卷一)——唐五代宋金元编》(*Tz'ŭ-tsi K'ao: Examination of Documents Relating to Tz'ŭ. Part I. Collected Works of Separate Authors from T'ang to Yüan*)。饶宗颐《词籍考》受到霍克思高度评价[2],"此书是第一部关于整个'词'类及其文学展开全面研究的书籍","全书绝妙地简洁、明晰","整套书出齐后有望成为我们时代中国文学领域所出版的最重要的参考书"。霍克思非常赞同饶宗颐写作中中西研究资料互通、注意参考西方优秀出版成果的治学方法,"这些西方出版物他不仅没有忽视也不只是简单留意,而是仔细地在书中加以讨论和评价"。从上述认同中可联想到霍克思所主张的一种汉学研究方法即各领域成果互借互用。

按:饶宗颐(1917—),中国国学大师,出生于广东潮安,1949年10月后定居香港,为香港中文大学中文系荣休讲座教授。他擅长书画、精通梵文、

---

[1] David Hawkes, "Chinese Poetry and the English Reader," in *Classical, Modern and Humane: Essays in Chinese Literature*, eds. John Minford & Siu-kit Wong, Hong Kong: The Chinese University Press, 1989, p. 99.

[2] David Hawkes, "(Untitled Review) Jao Tsung-I: *Tz'ŭ-tsi K'ao: Examination of Documents Relating to Tz'ŭ*," *Bulletin of the School of Oriental and African Studies, University of London*, Vol.28, No.3 (1965): 656-657.

勤于治学,一生研究广涉国学的方方面面,具体而言有"敦煌学"、"甲骨学"、"词学"、"史学"、"目录学"、"楚辞学"、"考古学"(含"金石学")、"书画"等八大门类,且均达到极高的造诣。因之,1962年他受法国汉学家戴密微(Paul Demiéville,1894—1979)之荐荣获汉学儒莲奖;2013年他于第五届世界中国学论坛上被授予"世界中国学贡献奖"。此处霍克思所评的《词籍考》写于饶宗颐游学印度归国的途中,其时他的梵文大进。霍克思晚年八十大寿时,饶宗颐曾以自己的画墨相赠助兴,此画即《石兄颂寿集》的封面,可见霍克思对此画的珍爱。

同年,美国著名汉学家白之编辑出版《从先秦至十四世纪中国文学选集》(*Anthology of Chinese Literature from Early Times to the Fourteenth Century*)一书。该书主要面向汉学专业的学生,书中第77—106页是关于《楚辞》(*The Songs of Ch'u*)的译文,选用的是霍克思的翻译,包括了《离骚》,《九歌》中的《湘君》《湘夫人》《东皇太一》《国殇》和《礼魂》,《九章》中的《哀郢》和《橘颂》,《九辩》的部分诗行及《招魂》和《招隐士》。在为霍克思八十寿诞所写的贺词中白之曾回忆道:"要是他(霍克思)1959年未出版《楚辞:南方之歌》,我想我那本选集很难成编,因为任何一部同类集子都不能不收录《楚辞》,而那时除了霍克思还没有人译过《楚辞》。"[①]这里白之指的"那本选集"就是此处提到的选集,出版社为著名的丛树出版社,两年后又在企鹅出版社出版。

本年至1969年,霍克思任青年学子、香港未来中国古代文论研究者黄兆杰(Siu-kit Wong,1937—2007)的博士导师,指导其完成博士论文《中国文学批评中的"情"》(*Ching in Chinese Literary Criticism*)的撰写。

> 按:黄兆杰,香港大学中文系教授,早年(1962—1965)在香港大学中文系国学大师饶宗颐门下受教,饶宗颐是香港最早从事古代文论研究的学者,黄兆杰受其影响至深,此后也走上了古代文论研究的道路。他1965年在饶氏门下完成硕士论文后投至霍克思门下深造,希望未来成为一名有影响力的学者。1969年,牛津博士毕业。他硕士论文《从道德观点论〈昭明文选〉》(*A*

---

① Cyril Birch,"Tribute to David," in *A Birthday Book for Brother Stone:For David Hawkes,at Eighty*,eds. Rachel May & John Minford,Hong Kong:The Chinese University Press,2003,p.6.

Moral Approach to Chao Ming Wen Hsuen—A Study in Poetry and Morality)和博士论文《中国文学批评中的"情"》均与中国文论有关。此后他还出版过两部重要的古代文论译著《早期的中国文学批评》(Early Chinese Literary Criticism, 1982)和王夫之的《姜斋诗话》(Notes on Poetry from the Ginger Studio, translated with annotations, 1987)。不过,相比研究,黄兆杰倾注了更多的时间在其无比热衷的青年学子教育事业上。

同年,霍克思完成杜甫诗的翻译、评注工作。

1966 年 43 岁

1月,霍克思在《美国东方学会会刊》第 86 卷第 1 期发表书评,评柯润璞(James Irving Crump, Jr., 1921—2002)《谋略:〈战国策〉研究》(Intrigues: Studies of the Chan-kuo Ts'e)。此书评表达了霍克思在汉学研究方法上的非实用主义主张。[①] 他在文中明确批评西方汉学承继了不少近年批评界"只讲究实际而缺乏想象力的研究方法"(literal-minded approach)。霍克思以"米芾"的读音为例,"Mi Fu 而不能读作 Mi Fei,那是一些爱管闲事的艺术专家的专断决定,使得汉学界流通的汉语有迅速陷入个人言语方式化泥淖的可能"。而针对近来评论家屡屡指认某作品为"伪作"的现象,霍克思也批为讲究实际、缺乏想象的研究方法所致,他认为在文学作品中作者假拟某一历史人物代言,这是中西方惯用的文学手段而不可诟病为"伪作"之据。可喜的是,柯润璞的译著没有沾染上述不良风气,霍克思赞赏此书精彩,认为它"以一种令人完全信服的方式论证了《战国策》既不是历史也不是通常认为的小说,而是修辞学师生练习说服术的材料,就像罗马的历史话语主题一样"。"这样的研究有着文类理论上的意义:《战国策》不再被看成糟糕的史书,而是一部优秀的修辞学书籍,这对战国策研究的贡献很大。"他兴奋地指出:"一想到这一成果只有文学批评的合理推演才能取得而那些机器人或是微粒计数器的演算却无能为力,就令人感到欢欣鼓舞。"霍克思希望柯润璞的译著"对实用主义研究方法能起到刺激或改进的作用"。

[①] David Hawkes, "(Untitled Review) Intrigues: Studies of the Chan-kuo Ts'e by J. I. Crump, Jr.," Journal of the American Oriental Society, Vol.86, No.1(1966):62-63.

6月27日,英国汉学家韦利离开人世,生前他是霍克思汉学道路上亦师亦友的引路人。霍克思深切悲痛写下《阿瑟·韦利讣文》("Obituary of Dr. Arthur David Waley,1889—1966"),次年发表于《大亚细亚》新辑第12卷,后以《阿瑟·韦利》("Arthur Waley")为题收录在霍克思汉学论文集《中国文学散论:古典、现代和人文》中。此文在梳理韦利生平与汉学之路的基础上高度评价韦利,是韦利研究中一篇不可忽视的论文。霍克思指出:"他(韦利)不仅属于世界性的东方研究,而且属于全世界的文学研究。他的地位为远东研究赢得了某种声望与辉煌,改变了之前远东研究在很多领域被排斥在严肃学术关注之外的境遇。"①

本年,霍克思学术休假,原有意到中国一访,不巧中国"文化大革命"爆发而未成行。后赴日本东京参加国际东方学者日本会议,宣读论文《欧洲戏剧中的中国影响》("Chinese Influence in European Drama"),次年汇编于《国际东方学者日本会议通报》(Transactions of the International Conference of Orientalsits in Japan)第12卷。在东京期间,观看了瓦格纳歌剧《帕西法尔》的精彩演出,并结识了时在日本居住的美国汉学家伯顿·华生。

1967年 44岁

1月,参加在百慕大(Bermuda)举行由美国议会学术团体中华文明研究委员会(the Committee on Studies of Chinese Civilization of the American Council of Learned Societies)赞助的中国文学体裁类型研究国际学术会议(A International Conference on Chinese Literary Genres),参会研究论文《女神的求索》("The Quest of the Goddess")②获得与会学者的一致好评,本年在《大亚细亚》新辑第13卷第1—2期发表,该文后收入白之编选的论文集《中国文学体裁类型的研究》(Studies in Chinese Literary Genres),1974年由加州大学出版社出版。此文是霍克思运用人类学研究方法的代表性成果,一经发表即成为楚辞研究领域学者必加征引的一篇学术论文,为汉学界用文化人类学等新方法研究中国古典文学树立了典范。

---

① David Hawkes,"Arthur Waley,"in Classical,Modern and Humane:Essays in Chinese Literature,eds. John Minford & Siu-kit Wong,Hong Kong:The Chinese University Press,1989,p.256.
② David Hawkes,"The Quest of the Goddess,"in Classical,Modern and Humane:Essays in Chinese Literature,eds. John Minford & Siu-kit Wong,Hong Kong:The Chinese University Press,1989,pp.115-141.

4月,受日本友人、著名汉学家吉川幸次郎(1904—1980)之邀赴日参会,抵日后入住京都大学外宾楼。20日收到吉川氏来函,商谈在日会议安排。信函行文显示,吉川氏对霍克思极为尊重,时吉川氏已届63岁,正自京都大学人文科学研究所所长之任上引退,仍担任着日本权威学术机构东方学会会长一职,他对时值中年的霍克思的敬重表明霍氏汉学学养其时已得到了汉学前辈的高度认可。

冬,午后霍克思在家接待了澳大利亚国立大学汉学系博士生玛格丽特(Margaret Tudor South)。作为玛格丽特博士论文的评阅人及剑桥老师戴伟士的好友,霍克思与玛格丽特就论文及戴氏近况相谈甚欢。

本年,霍克思两年前完成的杜甫诗译注以《杜诗入阶》(*A Little Primer of Tu Fu*)为书名由牛津大学克拉伦登出版社正式出版,此书霍克思题献给妻子西尔维亚·琼。译本以清蘅塘退士编的《唐诗三百首》中的杜诗为底本,共翻译杜诗35首,全本寓分体于编年之中,是一种较好的介绍杜诗的方式,且此译本的编排体例为其有效传播中国文化提供了不少便利。

按:此书中杜诗数量有三点要说明。首先霍译本把原作中同题的系列诗作分开处理,故而与蘅塘退士本相比数量增多。这样处理的有《梦李白二首》和《咏怀古迹二首》,在霍克思译诗中分为四首排列。其次是《咏怀古迹》,杜甫原创为五首,现传世的《唐诗三百首》中《咏怀古迹》也是五首,但霍译杜诗中却只有两首。这并不是因为霍克思自行删减了三首,而是源于蘅塘退士。蘅塘退士手编时只录《咏怀古迹》两首,1885年四藤唫社主人刊刻时认为蘅塘退士只录两首"不免绲漏、今刻仍为补入、俾读者得窥全豹"①。其三是霍译杜诗没有收录蘅塘退士本中的《野望》一诗。这是霍译本杜诗与蘅塘退士本数量真正不同的地方。至于为何没有翻译此诗,我们从霍克思在其《杜诗入阶》序言中所交代的来看,他很可能是不小心漏译了《野望》。因为他很自信地向读者宣布:"为了写作这本书,我选取了大名鼎鼎的汉诗集《唐诗三百首》中所有的杜甫诗"②。

又:《杜诗入阶》的翻译启示。

---

① 四藤唫社主人:《唐诗三百首·序一》,参见〔清〕蘅塘退士编,陈婉俊补注:《唐诗三百首》,北京:文学古籍刊行社,1956年,第1页。

② David Hawkes,"Author's Introduction," in *A Little Primer of Tu Fu*, Oxford: Clarendon Press, 1967, p.ix.

霍克思《杜诗入阶》诞生在英国教育机构大量兴起的 20 世纪 60 年代,当时西方中国诗歌英译的主力军正是这些大学的汉学研究机构。《杜诗入阶》从严格意义上定位,属于上述之列,是入门教材类翻译。但霍克思在为汉学科学生或自学者编写汉学读本的目标下,预立了最大限度向这些中国诗歌的爱好者传播中国文化的宗旨。从早期对杜诗的零星关注与节译尝试到确定向西方世界译介杜甫并选定《唐诗三百首》中的所有杜诗作为译介内容,其中的决定性因素就是有效传播中国文化的考虑。霍克思选择杜诗是因为其中含有丰富的历史文化内涵,能够达到其传播中国文化的目标;而他选定中国诗歌启蒙读物《唐诗三百首》中的杜诗作为最终的译介内容不仅是因为《唐诗三百首》符合汉学入门教材的限定而且因为此集在西方已有较普遍的接受市场(即已有译集),他可专注于中国文化的传播而不是杜诗的英译。并且,为了达到文化传播的目的,霍克思在译本编排体例上采用了注本体例,从诗歌题目、诗歌主旨、诗歌形式、诗歌背景、诗句赏析、语言知识介绍、典故民俗阐析及翻译思想点滴等给予入选的杜甫诗全方位的解说,西方读者在阅读中不仅能了解诗人杜甫的诗歌而且能够学习到大量的中国文化知识。西方汉学前辈韦利和翟理斯都曾采用过注本体例来译介汉学作品,通过与它们对比,我们能更好地透视霍克思旨在传播中国文化之心。韦利的日本诗歌短集《日本诗歌:和歌选》和翟理斯的《三字经》译本都是注本编排,但它们均没有霍克思译本注重此载体的文化传播功能。而从《杜诗入阶》译本的文本内部考察,我们能梳理出其中所包含的丰富的中国文化知识,因而它在中英文学交流语境中是教习中国语言的优秀教材、学习中国诗歌的经典读本、展示中国文化的上好书本和传递翻译思想的宝贵集子。从世界各地图书馆的馆藏量及西文期刊上的《杜诗入阶》书评解读来看,《杜诗入阶》在西方激起了一定的反响,在中英文学、文化交流史上有一定的地位,英语世界自霍克思后也未再有类似的注本体例的杜诗入门教材。

当然,《杜诗入阶》在中英文学交流史上的作用的有限性也是必须正视的一个问题。首先译本作为入门读本,其读者群必然只能局限在汉学科师生及自学者范围内,其必然放弃音韵而注重阐释与准确,这样的译作也只能是教材而不再可能是别的什么。正如华裔学者孔慧怡(Eva Hung)在《牛津英语翻译文学指南》(The Oxford Guide to Literature in English Translation)中所批评与忧虑的:"随着当前这样一种强调事实知识多于文学敏锐的趋势出现,中国诗歌的英译作品越来越被大学出版社看作课本与教材,最终必将沦为一种教学工具。"[1]译本的入门教材性质决定了它经不起专业汉学研究领域的深入推敲,同时也决定了它经不起文学艺术殿堂的高雅鉴赏。

而通过对译本进行个案分析,挖掘出其自身存在的问题从另一角度说明了此译本在整个中英文学文化交流史上虽有地位但却难有大影响的原因。首先,《杜诗入阶》散文体译诗和歌谣体解乐府的做法对译本的流传有一定影响;其次,译者自身对杜诗主旨阐释的隔阂、对中国诗歌认知的偏差、对中国文化阐释的错误以及译者为吟诵方便所提供的杜诗原文注音有诸多错误均损害了此译本的文化传播价值;最后,霍克思翻译的散文体杜诗译文本身存在专有名词把握不当、一词多义选择不准、字词句义不解、句顿或诗句结构混乱以及典故与成语的误读等五大翻译问题,这也阻碍了《杜诗入阶》在中英文学文化交流中发挥更大的作用。

又:现北大图书馆特藏室存有霍克思赠本,扉页最顶端霍克思亲笔书写了如下汉字:

北大旧研究生(1948—1951)

霍克思(D. Hawkes)敬赠

同年,霍克思在牛津大学中文系开设《红楼梦》读书课,带领学生研读《红楼梦》前10回,将刚游学归来的学生闵福德领入《红楼梦》的精神殿堂,并最终促其萌发英译《红楼梦》的宏愿。

1968 年　45 岁

4月,杨宪益、戴乃迭夫妇双双被作为"帝国主义特务"在中国被捕入狱,四年后方无罪释放,其间霍克思曾拜访驻伦敦中国大使馆要求保释二人。

9月,维克拉姆·赛思(Vikram Seth, 1952—　)入英国肯特郡汤布里奇公学

---

[1] Eva Hung, "Chinese Poetry," in *The Oxford Guide to Literature in English Translation*, ed. Peter France, Oxford: Oxford University Press, 2000, p.227.

(Tonbridge School,Kent,England)完成 A 级课程学习。就读期间他对诗歌产生了兴趣,他借助霍克思《杜诗入阶》自修诗歌与汉语,其有关中国古典汉语的所有知识几乎全得之霍译本。此后,赛思虽只见过霍克思一面,却时常写信给他,他视霍克思为"可敬的导师"(admired guru)①。

  按:赛思,印度裔英国诗人、小说家,英联邦国家诗歌奖获得者,20 世纪英语长篇小说的重要创作者。他生于印度加尔各答,早期教育受之于印度,A 级阶段入英国肯特郡的汤布里奇公学,其间对诗歌产生了兴趣,并学习了汉语。本科阶段,赛思入英国牛津大学基督圣体学院学习哲学、政治学与经济学。研究生阶段在美国加利福尼亚的斯坦福大学经济专业求学。其间(1977—1978)曾作为华莱士·斯特格纳研究员(Wallace Stegner Fellow)学习诗歌创作,并学了中国的普通话。研究生阶段的最后两年(1980—1982)赛思前往中国入南京大学完成田野作业,研究课题为"人口计划",同时在南大学习了中国古典诗歌,尝试将印度和中国诗歌译成英语。1982 年回到斯坦福大学顺利获得经济学博士学位。他自 20 世纪 80 年代始开始发表作品,主要作品有诗集四部:《映像》(*Mappings*,1980)、《拙政园》(*The Humble Administrator's Garden*,1985)、《今夜酣睡的你们诸位》(*All You Who Sleep Tonight*,1990)和《各处的残暴故事》(*Beastly Tales*,1991);游记《从天池而来:横贯新疆、西藏的旅行》(*From Heaven Lake*,1985)和小说《诗体小说:金门》(*The Golden Gate:A Novel in Verse*,1986)、《如意郎君》(*A Suitable Boy*,1993)、《琴侣》(*An Equal Music*,1999)和《如意女郎》(*A Suitable Girl*,2013)等,并有译著《三个中国诗人》(*Three Chinese Poets:Translations of Poems by Wang Wei,Li Po and Du Fu*,1992)。赛思擅长描写家庭生活、旅行、成长和恋爱等内容,创作过诗歌、小说、儿童文学、游记、传记等,文笔朴实内敛,其代表作为长达 1474 页的英语长篇小说《如意郎君》,翻译成中文字数达一百四五十万,故事背景为刚独立三年的印度,书中人物众多,主线为女孩 Lata Mehra 的婚事。该小说出版当年获得布克奖提名,有望成为 20 世纪英语长篇小说最重要的作品

---

① Rachel May and John Minford,"Notes on Contributors:Vikram Seth," in *A Birthday Book for Brother Stone:For David Hawkes,at Eighty*,Hong Kong:The Chinese University Press,2003,p.363.

之一。

11月,旧金山州立大学华裔汉学家许芥昱(Kai-yu Hsu)在《亚洲研究》第28卷第1期发表书评,推荐霍克思的《杜诗入阶》。许芥昱是霍克思杜诗译本的最早评论者之一,他指出对中国古典诗歌多少有些熟悉的读者阅读霍译本会有一种"回家"的感觉,因为这些诗歌对他们来说是那么熟悉。许芥昱评霍译本的具体价值在于以下两个方面:"作为入门读物,它对于那些没有老师帮助的刚起步的学生来说既实用又有助。而对于教中国古典诗歌起点班的教师来说,它同样值得拥有,因为这些教师往常也得准备类似的材料分发。"①

本年,英国汉学家G. W.在《伦敦大学亚非学院学报》第31卷第2期上也有短评。在介绍霍译杜诗的大致编排体例后,G. W.指出它与文学译著相比的优点所在:"比起大多数文学译本,此译本将为有耐心的读者提供关于中国诗歌本质的一个更加清晰与直观的图景。汉学科的学生无疑将受益于此书。"短评顺带提到了霍译本"唯一遗憾是译本中只使用现代汉语拼音一种标音方式,这样掩盖了原古诗独特的声律(tonal pattern)"。作为西方学者,G. W.认为"声调平仄模式对中国古典诗人来说非常重要,而它又是异域读者最难接触与把握的方面,建议霍译本提供一个声调平仄表以多少裨益于原诗声律"②。

同年,中国台北敦煌书局(Caves Books)再版霍克思的《楚辞》英语全译本,此后多年此版未再重印直至最终绝版。

同年,指导学生麦穆伦完成并提交博士论文《王夫之和他的政治思想》。

同年,学生闵福德从汉学科学士毕业。不久在恩师带领下,承担起了企鹅书局《红楼梦》120回后40回的英译工作,逐步走上了汉学译研之路。作为霍克思的得意门生与乘龙快婿,闵福德非常感激霍克思在他的人生之路上的指引,多年后,他曾动情地回忆:"霍克思是我在牛津大学的老师、我的岳父,也是改变我生命

---

① Kai-Yu Hsu,"(Untitled Review)*A Little Primer of Tu Fu*.By David Hawkes,"*The Journal of Asian Studies*,Vol.28,No.1(1968):155.
② G. W.,"(Untitled Review) David Hawkes(tr.):*A Little Primer of Tu Fu*,"*Bulletin of the School of Oriental and African Studies*,*University of London*,Vol.31,No.2(1968):451.

的人。我的翻译知识几乎全是由他传授的。"①

同年,在牛津接待短暂来访的友人柳存仁。

1969 年　46 岁

1 月,在《通报》第 55 卷第 1—3 期发表书评评论法国汉学家桀溺(Jean-Pierre Diény)的《中国古诗探源:汉代抒情诗研究》(Aux origins de la poésie classique en Chine, Etude sur la poésie lyrique à l'époque dés Han, 1968)一书,后以《中国古典诗歌的起源》("The Origins of Chinese Classical Poetry")②为题收入霍克思汉学研究论文集。书评中霍克思边评边议,提出了一些他个人关于汉乐府的思考:如汉代朝廷汇集的是歌者而不是诗歌本身;民谣进入朝廷保留剧目的情况并不像通常认为的那样频繁与连续;《诗经》与《乐府》两者间可能存在更密切的相似性;《宋书》中辑入的汉乐府是我们目前拥有的关于 15 首乐府诗最早的版本,但就此得出它们即为汉诗源头的真实面目则是十分错误的;早期乐府诗中那些表面的"不连贯"也许起于其原为汉代舞宴吟诗娱情之物。

8 月,华裔汉学家罗郁正(Irving Yucheng Lo,1922—　)在台湾《清华学报》(The Tsing Hua Journal of Chinese Studies)新第 7 卷第 2 期发表书评③,详细评论霍克思译著《杜诗入阶》。罗郁正为印第安那大学荣誉教授,曾先后出版过《辛弃疾》(Hsin Ch'i-chi)、《葵晔集》(Sunflower Splendor: Three Thousand Years of Chinese Poetry)和《待麟集》(Waiting for the Unicorn: Poems and Lyrics of China's Last Dynasty, 1644-1911)等介绍与研究中国文学的系统译著。他在此篇书评的开篇即指出霍译本的最大价值所在:"无疑是向英语世界读者介绍唐诗的种种精微与复杂处的最好本子。"他看到了霍克思在尝试让完全不懂汉语的西方读者也能欣赏汉诗

---

① 参看香港公开大学,《闵福德的中国文化情》,http://www.ouhk.edu.hk/WCM/? FUELAPTEM-PLATENAME=tcGenericPage&ITEMID=CC_OPENLINK53341546&BODY=tcGenericPage&lang=chi. 另,原为繁体汉字,文中引用时改为简体。

② David Hawkes, "The Origins of Chinese Classical Poetry," in Classical, Modern and Humane: Essays in Chinese Literature, eds. John Minford & Siu-kit Wong, Hong Kong: The Chinese University Press, 1989, pp.259-265.

③ Irving Yucheng Lo, "A Little Primer of Du Fu," The Tsing Hua Journal of Chinese Studies, Vol.7, No.2 (Aug. 1969):239-243.

上所作的"探索与开拓"。他肯定了霍克思在中国诗人中选择杜甫进行介绍的明智,也肯定了霍克思在让读者逐步熟悉、理解与掌握汉诗这一过程中与以往译本的可贵不同。"正是这一过程,之前的汉诗译本都遗憾地忽略了。之前的译作译文本身就是翻译的最终结果,它决不可能成为正确欣赏原作的恰当媒介。""《杜诗入阶》的出版使得学习中国文学的很多学生都将欠霍克思一个人情。"另外,此书评是目前所见唯一一篇明确指出霍译杜诗数量与《唐诗三百首》中数量不一的书评,且其文末所列《杜诗入阶》中的汉字字形、注音错误及诗词的问题阐释从内容与分类上均对后人研究有参考价值与启发意义,显示了华裔学者扎实的古汉语功底。

8月16日,牛津汉学第五代掌门人去世,霍克思作为其接班人在随后举行的纪念会上发表颂文(eulogy)。

9月7日—13日,在意大利塞尼加利亚(Senigallia)参加第21届国际汉学研究会议(21st International Congress of Chinese Studies),并作《对几出元杂剧的思考》("Reflections on Some Yuan Zaju")①的发言。1971年在《大亚细亚》新辑第16卷第1—2期部分发表时,此文增加了补记,分析了又一部新发现的含有"吊人"情节的剧目,题名改为"Some Remarks on Yüan Tsa-chü",并辑于同年出版的《第21届国际汉学会议研究论文集》(*Papers Presented to the XXI International Congress of Chinese Studies*, Senigallia, September 7-13, 1969)。此文作者采用独特的"看戏人所见与所赏视角",基于中日学者对话之上,关注元代戏曲中"吊人"情节的上演问题。文章有破有立,同一时期重要的研究论文均进入了霍克思的视域,显示了很强的学术前沿性。此文发表后成为西方戏曲研究学者经常征引及参考的研究论文,英国汉学家卜立德评价此文"虽是一篇小文,但它在此话题上的探测比之前所有同类书籍都要来得深与广"②。另外,此篇论文还有一大文献价值即其中出现了金杜仁杰散套《般涉调·耍孩儿·庄家不识勾栏》的全文英译。

---

① David Hawkes, "Reflections on Some Yuan Zaju," in *Classical, Modern and Humane: Essays in Chinese Literature*, eds. John Minford & Siu-kit Wong, Hong Kong: The Chinese University Press, 1989, pp. 143-157.
② D. E. Pollard, "(Untitled Review) *Classical, Modern and Humane: Essays in Chinese Literature*, by David Hawkes; John Minford; Siu-kit Wong," *Chinese Literature: Essays, Articles, Reviews*, Vol. 13 (Dec. 1991): 192.

按：美国学者奚如谷（Stephen H. West）与荷兰裔教授伊维德（Wilt L. Idema）2010年合作辑译出版的《僧侣、土匪、情人和神仙：11部早期中国戏剧》（Monks, Bandits, Lovers, and Immortals: Eleven Early Chinese Plays）一书的参考书目与建议阅读书目中仍然有收录此篇研究论文，可见霍克思此文在西方戏曲研究界的影响。①

冬，美国德克萨斯州立大学学者罗伊（Roy Earl Teele, 1919—1985）发表书评②，推荐霍克思的杜诗译本。此文刊发在美国俄克拉荷马大学（University of Oklahoma）主办的《海外丛书》（Books Abroad）"亚非"栏目。罗伊早在1949年就出版过中国诗歌英译研究的专著《犹在镜中》（Through a Glass Darkly: A Study of English Translation of Chinese Poetry）。他在书评开篇即讨论霍本的编排体例，比之为"韦利的《日本和歌集》，如它一样也将成为经典的导读性自学读物"。罗伊赞赏霍克思的博学与谦逊，认为"其译著既有敏锐度又切合实际，值得推广，甚至可再创作类似的后继本。它对于真正对中国诗歌感兴趣但又没有时间或机会去听课或花很多年时间在汉语上的人来说是一个理想的译本"。

本年，作为韦利的遗著管理人在韦利过世两年后整理出其遗作共两篇文章发表在《亚洲专刊》（N.S.XIV/1）上，即《祖堂集》中一段白话故事的翻译和短文《说"乍"》。

同年，在日本系统购置大量日语书籍。

同年至1973年，指导学生刘陶陶（Tao Tao Liu Sanders, 1941—   ）完成博士论文《论乐府中的歌谣传统》（The Balladic Tradition in Yueh-fu）。

按：刘陶陶，为华裔学者刘荣恩夫妇之女，初为牛津大学现代汉语高级讲师、牛津沃德姆学院东方学研究院士，现为牛津大学知名的汉学研究专家、牛津大学荣休教授，终生致力于中国作品英译及中国古代诗歌与20世纪中国文学的研究，同时也是当前霍克思研究在牛津大学的主要推动者。早年她曾编译《红烛：闻一多诗选》（Red Candle: Selected Poems by Wen I-to, 1972）。其

---

① C. f. Stephen H. West, Wilt L. Idema, eds. & tr., Monks, Bandits, Lovers, and Immortals: Eleven Early Chinese Plays, Indianapolis: Hackett Publishing Company, 2010.
② Roy Earl Teele, "(Untitled Review) David Hawkes. A Little Primer of Tu Fu," Asia and Africa: China, Books Abroad, Vol.43, No.1(1969): 151.

父刘荣恩(1908—2001),英文名 Kenneth,诗人和翻译家,出生于中国杭州。原天津南开大学外国文学系主任,1948 年获得一笔英国文化协会的奖学金远赴英国后一直在英国生活。他一生致力于将中国古典文学包括元曲介绍给西方读者。1972 年企鹅书局曾出版其译著《六出元杂剧》(Six Yüan Plays: Translated with an Introduction),译有《连环计》(A Stratagem of Interlocking Rings)、《汉宫秋》(Autumn in Han Palace)、《张生煮海》(Chang Boils the Sea)、《窦娥冤》(The Injustice Done to Tou Ngo)、《赵氏孤儿》(The Orphan of Chao)和《倩女离魂》(The Soul of Ch'ien-nu Leaves Her Body)。其母刘程荫女士(原名程荫,刘为其夫姓,英文名 Dorothy Yin Cheng Liu。程荫出生大户人家,父亲程克是早期的同盟会会员,曾出任天津市市长。程家在天津意租界的三层洋房与梁启超的饮冰室毗邻,今已被定为文物,属于受保护建筑),1949 年 9 月追随丈夫去往英国。去英前,伦敦大学东方学院沃尔特·西蒙已帮助其在该校争取到一个研究助理的职位。到英后,程荫一直在伦敦大学亚非学院任教,她的教学得到了极高的肯定,被认为是该校中文教学的标志性人物。20 世纪 50 年代中期她还在牛津大学汉学科短暂任教,教授中国书法,彼时与霍克思相识,此后两家结为一生的好友。霍克思的《〈红楼梦〉英译笔记》中清楚表明程荫是《石头记》手稿的第一位读者,也是霍克思翻译中自始至终请教的一位学者。这也应该是霍克思《石头记》卷一之所以题献给刘荣恩夫妇的原因所在。1997 年霍克思夫妇自威尔士山搬回牛津后,与曾经的学生、如今的同事刘陶陶一家交往也日益密切。次年他 75 岁,在接受香港理工大学研究生所作的访谈时,曾谈及刘氏夫妇,尤其是介绍起程荫家世来如数家珍,并提到刘荣恩其时身体不佳,可见霍克思与刘氏夫妇的相熟。2003 年,霍克思八十大寿,自然母女俩均受邀撰写祝寿文,程荫女士送上了亲笔书法:福如东海,寿比南山;刘陶陶呈上了近作《胡适与红楼梦》(Hu Shi and The Story of the Stone)。2009 年霍克思去世前的几个月,曾与刘陶陶谈到着手准备《石头记》中英对照大陆版,当时他因手边书籍早已捐出而发愁,刘陶陶教授即回家为霍克思找出了母亲生前留给她的所有《红楼梦》版本,只可惜她还没来得及送过去,霍克思就已住院。可以说,霍克思与刘氏一家建立了跨越两代的深厚友谊,实为中西文化交流的一段佳话。

同年末,霍克思怀着娱乐心理翻译了《红楼梦》第1回中的《好了歌》及甄士隐解诗,自我感觉良好。其时,友人熊古柏(Arthur Cooper,1916—1988)向企鹅书局责任主编雷迪斯(Betty Radice)女士引荐霍克思。雷迪斯来信与霍克思商谈《红楼梦》翻译事宜,霍克思因恰为兴趣所致而承允下来。他很快译出了《红楼梦》第1回的全部内容,雷迪斯阅后非常满意。她另从伦敦图书馆借来另一译本进行比读,更坚定了双方合作的信心。①

按:霍克思与企鹅书局首次接洽的具体时间不确,待查。因霍克思在1998年访谈录中提到此时间时说"后来,至1968或1969年末,我想是1969年末吧,我记不清具体日子了"②,故此处暂列为1969年末。

又:霍克思与企鹅书局接洽源于友人熊古柏的力荐。熊古柏(阿瑟·库柏),父母为盎格鲁-爱尔兰血统。自孩提时代,库柏就爱探究外国语言与诗歌,最早是冰岛语,后来是日语和汉语。1938年他入职英国外交事务部,1939—1942年派驻香港和新加坡,后有几年在英国驻澳大利亚大使团中服务的经历。1968年退休,将全部精力投入中国诗歌与语言。他主张"如果(企鹅书局)要办企鹅古典丛书,远东作品必不可少"③。他与企鹅书局签约翻译李白、杜甫的诗歌,同时向书局责任主编力荐好友霍克思翻译《红楼梦》。1973年,库柏英译诗歌集《李白与杜甫》(*Li Po and Tu Fu*)在企鹅书局出版,全书译诗52首(李白、杜甫诗各一半),前附80多页的研究性序言。

20世纪60年代末,霍克思在牛津东方学院开办研讨班,邀请牛津的研究生和同人一同阅读与探讨中国元杂剧,表现出对元杂剧浓厚的兴趣。此志趣霍克思保持了一生。

按:具体时间不确,目前资料中只显示60年代末(the late 60s)④,故暂列于此,详细年份待考。

---

① C. f. Connie Chan, "Appendix: Interview with David Hawkes", in *The Story of the Stone's Journey to the West: A Study in Chinese-English Translation History*, Conducted at 6 Addison Crescent, Oxford, December 7, 1998, p.325.
② Ibid., p.324.
③ Ibid., p.325.
④ Tao Tao Liu, "Introduction 'Style, Wit and Word-Play'—Remembering David Hawkes 1923-2009," in *Style, Wit and Word-Play: Essays in Translation Studies in Memory of David Hawkes*, eds. Tao Tao Liu, Laurence K. P. Wong & Chan Sinwai, Newcastle: Cambridge Scholars Publishing, 2012, p.xii.

1970年　47岁

1月20日,霍克思去信学生闵福德,告知圣诞后曾与企鹅书局主编雷迪斯女士见面,雷氏欣然同意霍克思师徒二人合译《红楼梦》全本的计划。

2月6日,霍克思再次去信闵福德,随信附上其译就的《红楼梦》第1回英文稿,期待闵福德加入。

5月12日,经与企鹅书局普赖斯(James Price)商议后霍克思与弟子闵福德共同签约合作完成中国古典名著《红楼梦》企鹅版的英译工作。此后十年,霍克思大部分时间均在其位于伦敦贝德福德街59号的书房中辛勤耕耘。他负责译出前80回而闵福德致力于后40回的翻译,翻译中两人分头进行,完全自主与独立。只有当闵福德需要了解有关译名或请教某些问题霍克思的处理方法时两人才联系。霍氏译就之稿总寄一份给闵福德参考,既方便闵福德熟悉前后相同内容霍克思的处理方式,也便于闵福德更快进入翻译状态。不过,最终,霍克思三卷本完成之时,闵福德一卷还未告终。

按:霍克思对于闵福德要求加入的请求如何考虑,其在接受香港理工大学闵福德在读硕士陈霭心(Connie Chan,全名Chan Oi-sum Conniee)访谈时有详细说明。首先,学生的热情难能可贵,他为自己可能因之垄断了未来二十年的《红楼梦》翻译市场而为年轻人难过;其次,他认为《红楼梦》前80回与后40回确实存在差异,由两人译出效果更佳;再者,他的身体也不一定能胜任卒译《红楼梦》120回的任务,最终霍克思决定与学生合译。[①]

11月10日,开始记《红楼梦》翻译笔记,一直坚持到1979年6月1日,共四大本,即岭南大学文学与翻译研究中心辑录的《〈红楼梦〉英译笔记》。第一次的英译笔记显示,当时霍克思的《红楼梦》翻译已进行到第9回,正是他告知友人戴乃迭感觉大脑有些不中用时停滞的章回,此后霍克思开始学习威尔士语以抵抗此类脑萎缩现象。从中可见翻译《红楼梦》的艰辛。

按:四大本即笔记中Part 1、Part 2、Part 3和Part 4四部分,其中Part 4是

[①] C. f. Connie Chan, "Appendix:Interview with David Hawkes," in *The Story of the Stone's Journey to the West:A Study in Chinese-English Translation History*, Conducted at 6 Addison Crescent, Oxford, December 7,1998, p.335.

有关《红楼梦》中所有诗、词、曲、赋及各人物名号的英译,这部分据鄢秀老师对霍克思的访谈,在实际翻译过程中可能是四大本中产生较早的。霍克思明言"诗词最难。我每次都是先译诗词……"①

11月23日午,完成《红楼梦》第10回的英译手稿。

12月20日,给在伦敦大学亚非学院从事中文教学的华裔学者刘程荫寄函及包裹,包裹中是他第2—10回的《红楼梦》译稿,寄请审阅。自第一份包裹始,此后包裹从未中断过,霍克思一直坚持寄到整前80回翻译完成为止。在信中他同时向刘程荫"提出各种各样的问题"②。

本年,《通报》书评栏目第56卷刊载了一篇荷兰莱登大学汉学家琼克尔(D. R. Jonker,1925—1973)撰写的《杜诗入阶》评论③,篇幅较长。琼克尔长期担任汉学研究所中文图书馆馆员,汉学研究学养深厚。他首先肯定的也是《杜诗入阶》内容的有用性与体例编排的独特性。他说:"这是一本很有用的书,事实上从种类上来说,它是独一无二的。无论是作为总的中国诗歌介绍还是作为杜甫的个案研究之作,它肯定都会受到译者心中所预设的那些读者群的欢迎。"其次,琼克尔肯定了霍克思翻译杜诗在译文可读性与原作语意传达上的成功及使用汉语拼音系统来标注汉字的恰当。就译本的缺点,琼克尔提到了两点,一是依照《唐诗三百首》所选杜诗来定翻译对象有些遗憾,无法展现杜诗的全貌,他提出《自京赴奉先咏怀》《北征》《茅屋为秋风所破歌》及《石壕吏》等都是值得收录的篇章。二是指出在译文汉语拼音标注中有40多处标调错误之处,并列举了三四处这样的错误。应该说这是一篇很有功底的文章,不是对汉语有相当程度的认知,很难指出此类错误。

1971年　48岁

本年,霍克思辞去汉学讲座教授一职,一方面是为了解决牛津大学出版社和

---

① 鄢秀:《D. Hawkes与中国语文》,《语文建设通讯》2003年第75期,第54—58页。
② C. f. Connie Chan, "Appendix:Interview with David Hawkes," in *The Story of the Stone's Journey to the West:A Study in Chinese-English Translation History*, Conducted at 6 Addison Crescent, Oxford, December 7, 1998, p.322.
③ D. R. Jonker, "(Book Review) David Hawkes:'A Little Primer of Tu Fu'," *T'oung Pao*, Vol.56 (1970):303-305.

企鹅书局的纠纷,一方面是为了能更专心地从事中国古典名著《红楼梦》的翻译工作。

>按:霍克思在20世纪60年代末曾为牛津大学出版社策划东亚文学丛书,并任主编。他为该丛书列过一份翻译书单,其中有《红楼梦》。故而当霍克思与企鹅书局议定翻译《红楼梦》全本时,牛津大学出版社就提出过异议,认为霍克思应先为牛津大学出版社服务。企鹅书局曾与牛津大学出版社商议,企鹅出平装本,牛津出精装本,但最后协商未果。霍克思个人偏向于非学术的兴趣翻译,故而最终选择了辞职。

同年,包华德(Howard L. Boorman)主编、哥伦比亚大学出版社出版的《中华民国人物传记辞典》第4卷(Howard L. Boorman and Richard C. Howard eds. *Biographical Dictionary of Republican China*)问世,其中第68—70页为霍克思负责撰写的"俞平伯"词条,第412页霍克思开列了俞平伯主要作品的书单。

1972年　49岁

2月21日,完成《红楼梦》前26回的翻译初稿。

2月22日,利用一天时间英译各回目。

2月23日,定下《红楼梦》前80回共三卷的英语卷名。

4月17日,完成译本《石头记》导言初稿的撰写,大松一口气。

4月24日,给企鹅书局James Price邮寄英译定稿:《石头记》第1卷。

5月5日,收到企鹅书局为《石头记》第1卷所支付的600英镑。

1973年　50岁

1月,收到友人戴乃迭自中国的来信,信中谈到杨宪益与戴乃迭的大儿子杨烨令人堪忧的精神状态。

>按:杨烨当时的具体状况可参看范玮丽《烨·一九七九·耀眼的火光》[1]。

---

[1] 范玮丽:《烨·一九七九·耀眼的火光》,褚钰泉主编《悦读MOOK》第17卷,南昌:二十一世纪出版社,2010年,第49页。

10月,《美国东方学会会刊》第93卷第4期书评①,评艾兰·埃林(Alan Ayling)改编、邓肯·麦金托什(Duncan Mackintosh)翻译的《中国词及其他诗续编》(*A Further Collection of Chinese Lyrics and Other Poems*)。此书评的重要之处在于它很好地体现了霍克思诗歌翻译思想的变化。从埃林和麦金托什的诗歌译集中,霍克思感慨英译中国诗歌大体是因为人们享受翻译的过程,译诗成品读来通常是没有多少趣味的。他认为最好的译文是由那些找到了自己风格/文体的译者译出的。霍克思很赞赏埃林采用不完全韵来移译中国词,同时霍克思从埃林的译诗失败之处也得到了教训。他总结道:"诗歌是一种依赖和运用听觉期待的艺术,译者可采用任何一种自己喜欢的惯用手法,但一定要记得在译文中一以贯之。如果你在你的大部分译诗中都运用了韵脚,而有一小部分却突然不用韵脚,譬如埃林所为,那么读者在阅读这一小部分译诗时就会因为韵脚的缺失产生希望落空的感觉。更糟糕的是,如果在同一首诗中,用了韵脚后又弃而不用,正如埃林有时所为的那样,则会产生从庄严崇高陡然转向平庸可笑的后果——如果读者已被译者训练得接受了不完全韵,那么后果将更为严重,因为他常会在实际上已没有押韵的地方停留比其他情况更长的时间。"文末,霍克思总体评价道:"总的来说,此卷和它的上一卷让英国读者很好地了解了'词',而且其试图突破汉学束缚、再现诗体的认真努力实在值得嘉许。"从这段话里,我们既能看到霍克思对埃林译诗集的欣赏,也能感觉到霍克思在翻译思想上的变化,他已隐约表达了自己不再愿局限于汉学领域内来做翻译的愿望。步步扣韵,这是霍克思英译汉诗的巨大突破,这体现在了他同年出版的《石头记》第1卷里。

本年,在牛津大学万灵学院(All Souls College)主任约翰·斯帕罗(John Sparrow)的邀请下,担任该院高级研究院士。霍克思一直担任此院士至1983年退休为止,可以说万灵学院的聘任帮助霍克思最终顺利完成了《红楼梦》前三卷的翻译工作,霍克思对斯帕罗和万灵学院一直怀着感激之情。

按:万灵学院1438年创立,原是为纪念英法"百年战争"(1337—1453)

---

① David Hawkes,"(Untitled Review)*A Further Collection of Chinese Lyrics and Other Poems*.Rendered into verse by Alan Ayling from the translations of the Chinese by Duncan Mackintosh in collaboration with Ch'eng His and T'ung Pingcheng," *Journal of the American Oriental Society*,Vol.93,No.4(Oct.-Dec.1973):636.

中的英国阵亡将士,用作为将士们灵魂祈祷的教堂。后该学院发展为研究者的天堂,学院不招收学生,研究院士无须授课与处理行政事宜,而且在某些情况下,院士还可兼公职或律师,是牛津大学中一个氛围自由、与外界联系较多的学院。

同年,《石头记》第1卷(1—26回)《枉入红尘》(*The Golden Days*)作为企鹅古典丛书之一推出平装本,题献给刘荣恩夫妇。译卷为小32开纸张,1976年、1978年两度重印,封面插图为中国明代才子画家唐寅的《仕女吹箫图》,封底文字包括原作者、译本名、译者、《石头记》全本内容概析及封面插图来源说明等五方面的内容。

按:世界上《红楼梦》英语全译本的第一个本子并不是霍克思、闵福德即将完成的本子,而是中国翻译家杨宪益与其英国妻子戴乃迭合译的本子,这点需要明确。杨、戴1964年受命开始翻译《红楼梦》,1966年"文化大革命"爆发前已译完前80回。出版与翻译工作均由于"文革"中杨氏夫妇双双入狱而被耽误。直到1978年,前80回才由吴世昌逐字逐句审校后出版,后40回杨、戴出狱后继续翻译,1980年作为第3卷出版。即至1980年杨、戴已译完整个120回《红楼梦》,从时间上看,显然早于霍、闵的本子(1973—1986),杨、戴本当之无愧是世界上第一个英语全译本。

同年,未来的英国汉学家霍布恩入爱丁堡大学(Edinburgh University)学习中文,他在老师约翰·斯科特(John Scott)推荐下拜读霍克思的《杜诗入阶》及刚出版的《石头记》第1卷,以霍克思为其汉学道路上的精神向导与鼓励之源。

1974年　51岁

10月,再次接到友人戴乃迭来自中国的信函,信中提到杨烨自夏以来的反常表现:自认为是英国人,三闯英国大使馆直至被拘留。[1]

11月,刘陶陶(霍克思刚毕业的博士生)以T. T. 桑德斯(Tao Tao Sanders)之

---

[1] 参看范玮丽:《烨·一九七九·耀眼的火光》,褚钰主编《悦读Mook》第17卷,南昌:二十一世纪出版社,2010年,第50页。

名撰文《一部再创造的杰作》("A Masterpiece Restored:Translating a Chinese Classic")①发表在美国《文汇》杂志第43卷"作家作品"(Books & Writers)栏目上。此文是目前见到的西方最早的一篇关于霍译本《石头记》的书评。该文克服了西方文评家将译作当作原作讨论的毛病,开篇和结尾用了不少文字评点译者的翻译,为后来中西学者广泛关注霍克思翻译之劳做了铺垫。它开篇即准确预言了霍译本"在中国文学作品英译史上的里程碑地位",肯定霍译本"对得起原作"。书评结尾部分作者又专门评论译笔,指出此作是"一部英国人听来也十分顺耳的译作","霍克思把曹雪芹用汉语写成的内容全部翻译,译作对英语读者产生的意义和效果与原作带给源语读者的感受完全相同。译者心中装有读者,译作保存了原作的精彩而不是一篇学究气十足的练笔"。对两种语言都很熟练同时又具备用词的敏感性,并不是每位译者都能做到的,不过桑德斯认为霍克思"做到了,且对未来的译者而言他的译本将是一个很难学习的范例"。最后,书评作者分析了原作翻译中的两大难点、霍克思的巧妙应对及霍译文对读者的价值。全文以"大卫·霍克思翻译曹雪芹,达到了司各特·蒙克里夫翻译普鲁斯特的水平"作结,是一篇高度评价霍译《石头记》的书评。

本年,寄赠刚出版的《石头记》第1卷给台湾红学专家潘重规先生,潘重规复信并赠签名本《红楼梦新辨》。

> 按:潘重规(1907—2003),江西婺源人,台湾著名红学家,南京中央大学(即现南京大学)中文系毕业,历任东北大学、暨南大学、台湾师范大学、新加坡南洋大学、香港中文大学等高校的中文系教授。潘氏主要治学兴趣在黄侃学术研究、敦煌学及红学,曾荣获法兰西学术院颁发的汉学研究最高奖——儒莲奖。在红学方面,潘氏陆续有《红楼梦新解》《红楼梦新辨》《红学六十年》等著作问世,并主持校订《红楼梦》稿本(即霍克思英译时的首选底本)及担任《红楼梦研究专刊》主编等。现南京大学杜厦图书馆"潘重规教授捐赠图书特藏室"陈列有潘氏女儿、女婿于2007年捐赠的寓港图书、手稿等约5000件。

---

① Tao Tao Sanders,"A Masterpiece Restored:Translating a Chinese Classic," *Encounter*, Vol.43(1974):79-82.

1975年　52岁

2月，收到戴乃迭来信，得知中国出版社决定推进杨宪益、戴乃迭《红楼梦》英译本的出版工作，并指派了中国社会科学院吴世昌先生协助译介。

4月18日，霍克思致信潘重规，感谢潘重规先生的赠书，并向潘先生请教他在《红楼梦》翻译中遇到的一些问题，包括青石山庄影印胡氏藏程乙本《红楼梦》第11—12页间的缺页问题和第48回高程本与庚辰本、戚序本在"陶渊明应刘谢阮庾鲍"一句上的异文。并针对高程本"应刘"与庚辰及戚序本中"应场"的异文，提出了他大胆的猜想：曹雪芹原本写的是"曹谢阮庾鲍"，脂砚斋评批时为避讳"曹子建"删了"曹"字，并在"曹"旁写了"应删"二字，后人誊抄时"应删"辗转被误为"应刘"或"应场"。霍克思在信中谈论的另一重点话题是他关于翻译时所应依据的底本问题：霍克思认为《红楼梦》翻译中不可拘泥于一个本子，俞校本/高程本/庚辰本/戚序本都有各自的问题，并没有一个完美的本子存在。

　　按：霍克思此信将"陶渊明应刘谢阮庾鲍"一句误记为出自第49回。

6月—12月，台湾柯青华主编的《书评书目月刊》第26—32期上连载香港红学研究专家宋淇以笔名林以亮发表的霍译评议系列论文《试评〈红楼梦〉新英译》。除首篇《喜见红楼梦新英译》一文外，林氏具体从"《红与绿》——一个基本问题""版本·双关语·猴""冷笑·称呼和译名""疏忽遗漏"及"误译"五方面对霍译本展开具体评述，这些奠定了日后霍译本翻译批评的基本路数。

夏，霍克思读到友人剪寄的宋淇《试评〈红楼梦〉新英译》第一篇后主动与宋淇通信，并引之为"知己"。

8月9日，潘重规回复霍克思4月的来信，赞誉《石头记》第1卷的译笔，"去岁荷惠赠尊译红楼梦第一册，译笔之佳，誉满寰宇"①。此信就霍克思之疑——答复，"舒信"其人，潘先生不识，也未曾读到其指摘文字；肯定了霍克思发现"青石山庄影印胡氏藏程乙本《红楼梦》"缺页问题的首功，不过，潘先生认为此应为排印疏忽造成的脱页；至于"应刘"系"应删"的辗转笔误，潘先生首先肯定了霍克思构想的有理，不过他认为《红楼梦》中论诗若提及"曹子建"并没有避忌，而陶诗后

---

① 潘重规：《与霍克思教授论红楼梦书（一）》，《红楼梦研究专刊》1976年第12辑，第102页。

文有征引也不可删,所以"陶渊明应刘谢阮庾鲍"一语不必是"曹谢阮庾鲍"。当然,霍克思认为"应刘"或"应场"的异文是"应删"之误的创想,潘重规非常支持。他指出此语中应删的是"渊明",因"陶谢"历来并称无碍,"渊明"放此不必也不顺,故他提出"渊明"后是注语"应删",后人誊抄误为"应刘"或"应场"。至于霍克思将"陶渊明应刘谢阮庾鲍"一语与黛玉口中"实对虚与虚对实"的错误相提并论的做法,潘重规委婉指出两者实不同,前者可商量而后者是绝对的错误,不但不会出于黛玉之口甚至任何有知识之人均不会说出此语。最后,潘重规就霍克思发现的脂本与高本文字皆有误的问题也给予了肯定的回答,并指出如能以甲戌、庚辰、戚序、全抄诸本来校勘程乙本则能窥见高程刻本与诸抄本真正的异同,惜此工作仅开了个头。另外此信附邮了潘先生的专著《红学六十年》及《红楼梦研究专刊》第9辑、第11辑。

按:霍克思在信中拼写不确致使潘先生无法确认的"舒信",很可能即稍后与霍克思通信的"宋淇",其名发音正有些似"舒信"。

目前学界认为林氏长文连载于1926年6月香港《明报月刊》属误识。

9月29日,给企鹅书局古典丛书编委雷迪斯女士汇去《石头记》第2卷(27—53回)《海棠诗社》(*The Crab-Flower Club*)的打印复稿。此译卷两年后才付梓出版。

10月1日,霍克思回潘重规的信件,告知所寄物品已悉数收讫,表达感谢的同时,向潘重规请教第53回刻本与脂本异文文字问题。信中可见一位汉学家的谦逊、好学以及他遇见知己与听闻高见的欣然之情。潘重规的复信部分肯定了霍克思之前有关"应刘"的推断,霍克思非常兴奋,直言来信让他太激动了,他一想到自己竟能在确定此处正确文字中起一定作用实在让他感到心满意足。他慨叹此为一个创造性合作的例子。信中他再次向潘重规请教异文问题,他发现脂本第53回有一段400多字的文字在程本中被省略,霍克思感觉"俱是新鲜花卉"似乎不适合由石头和苔藓装饰的小盆景,如假定"原来绣这璎珞"约400字是插入的页码,那么"俱是新鲜花卉"更应与"岁寒三友""玉堂富贵"一起而不是后面紧接着"等新鲜花草"一语。故而,霍克思提出他的假定:有没有可能"俱是新鲜花卉"一语是眉批或夹注,被后人误排入"盆景"一词后?这段好学的文字之后,紧跟着他在信中写到自己作为几乎还不能写汉字的外国人却要对汉语文本提这样那样的修改意见似乎很放肆,也很有些冒昧,足见其谦逊之风。

秋,香港中文大学主办的著名杂志《译丛》第 5 期以《大卫·霍克思论林纾》("David Hawkes On Lin Shu")的醒目标题摘刊了霍克思 1964 年发表在《中国遗产》上的研究论文《中国文学:介绍性说明》中一段有关林纾的文字。与原文相比,此次摘刊唯一的区别是在原文提到的两部英文小说名后添加了中文。

12 月 15 日,潘重规回复霍克思 10 月 1 日的去信。针对程本第 53 回一段 400 多字的省略,潘先生没有支持霍克思的猜测,提出了自己的解释:首先,俞校本据脂批有正、庚辰诸本,皆有此 400 字,足见旧抄本本来如此。程本盖因嫌其文字冗赘而删除。潘先生指出,从文学眼光来看,这段文字不佳、情理不惬,删之有一定的道理。但诸抄本均有此文字应与曹雪芹的深隐用意有关,可参看其《红楼梦新解》。而对于霍克思认为"俱是新鲜花卉"为眉批或夹注的观点,潘重规也不赞同。他解释道:程本删改后的文字读来还是顺畅的,前面提到的"俱是新鲜花卉"是指"点缀着山石的小盆景";后文说的"等新鲜花(草)"是指点缀着各色旧窑小瓶中的"岁寒三友"及"玉堂富贵"即梅竹牡丹,不必归之为眉批或夹注。

按:上述 1975 年潘重规致霍克思的两封复函后刊登在潘先生主持的《红楼梦研究专刊》第 12 辑(1976 年 7 月出版)第 102—104 页上,且信后附了霍克思两封去信的原件。

1976 年　53 岁

1 月,收到戴乃迭自中国的第三次来信,信中的主要话题还是杨烨。当时杨烨已在英国居住,改名大卫·萨利文。戴乃迭在信中婉转请求霍克思夫妇在伦敦的女儿们邀请杨烨外出参加社交活动。

2 月,美籍华裔汉学家王靖宇(John C. Y. Wang)在《亚洲研究》第 35 卷第 2 期发表关于霍克思《石头记》第 1 卷的书评[①]。从分析世界英语全译本缺乏的原因,书评作者肯定了霍译本的价值及霍克思的翻译能力;从翻译的直、意译问题及懂汉语的读者对霍译本不够直译的批评,书评作者指出霍译本的特色及其忠实传

---

① John C. Y. Wang, "(Untitled Review) *The Story of the Stone* (Vol. 1), 'The Golden Days.' By Cao Xueqin.Translated by David Hawkes," *The Journal of Asian Studies*, Vol.35, No.2(1976):302-304.

达原作精神的主旨;从有论者反对霍译以押韵方式再现小说诗歌的做法,书评作者表达了自己部分赞同的观点,他认为此类做法常吃力不讨好,但同时他也客观地指出霍译诗好的时候也经常能产生惊人的效果;而从翻译底本文字的斟酌与选定问题上,书评作者看到了译者扎实的专业知识所具有的价值。最后,书评作者列出了《石头记》第1卷中的一些错误包括编辑类失误。此篇书评言之有物,有理有据,尤其是文末提到的问题及文中列出的不佳译诗对于此卷的修订再版很有意义。

5月17日,霍克思回复友人柳存仁的书信,商谈弟子闵福德前往澳洲国立大学拜师深造一事。

7月,宋淇1975年在香港《书评书目月刊》发表的系列论文《试评〈红楼梦〉新英译》中的总论部分,以《喜见红楼梦新英译》为题在香港中文大学新亚书院主持的《红楼梦研究专刊》第12辑上再次刊发。

9月,宋淇将在霍克思的鼓励与支持下写下的所有评论《红楼梦》新英译的论文,结集《红楼梦西游记·细评红楼梦新英译》以笔名林以亮出版,霍克思作序。从宋淇的这些译评来看,虽然他同时指出了译作中的不少瑕疵,但他对译者英译《红楼梦》的质量是充分肯定的,他认为霍克思"对原作的理解,并不比一般中国知识分子低,而且由于他的谨慎细心,处理得有条不紊。……最重要的还是他毕竟是一位受过严格训练的文学教授,所以对红楼梦的性质有正确的掌握而能从大处着手"。而另一方面,霍克思称宋淇先生为自己红楼梦研究的志同道合之友,期待宋先生对自己随后译本的评判意见,并认为这将有助于译本的最终完善。至此,霍克思与宋淇就《石头记》第1卷通信已有11个月,彼此视为知己,这是中西文化交流史上的又一段佳话。

12月17日,在《泰晤士报文学增刊》发表书评《宝玉幻灭》("The Disillusionment of Precious Jade")[1],简单分析《红楼梦》后,主要评论浦安迪(Andrew H. Plaks)《〈红楼梦〉中的原型与寓意》(*Archetype and Allegory in the Dream of the Red Chamber*)一书。此文有三点值得注意:一是此文明言《红楼梦》

---

[1] David Hawkes, "The Disillusionment of Precious Jade," in *Classical, Modern and Humane: Essays in Chinese Literature*, eds. John Minford & Siu-kit Wong, Hong Kong: The Chinese University Press, 1989, pp.267-271.

的伟大及其全译的必要。二是此文体现了霍克思对非实用主义研究方法的坚持,他指出浦安迪此书在《红楼梦》研究中从文本自身的结构体系进行结构主义的分析与建构可能存在的不足,他认为"一定的传记或背景研究仍是对此分析有裨益的"。三是霍克思从超自然现象切入宝、钗、黛的关系也有了一番与美国汉学家浦安迪完全不同的理解。

本年,香港中文大学"译丛丛书"(Renditions Books)1976 年精装系列《中国诗词宝库》栏目(A Silver Treasury of Chinese Lyrics)刊登霍克思译李煜词《乌夜啼·无言独上西楼》("Crows Cry in the Night No.2"),后在 1986 年的"译丛文库"(Renditions Paperbacks)平装系列再次刊印。2003 年,辑入华裔美国汉学家郑文君(Alice W. Cheang)编录的《中国诗词宝库》一书。此首词未收入霍克思译著中。

1977 年　54 岁

春,《译丛》第 7 期刊印霍克思为林以亮《红楼梦西游记·细评红楼梦新英译》一书所作的序文,另题为《译者致批评家》("Translator to Critic")。

4 月 11 日,去信赵冈,复其上月 19 号及 22 号的来信同时向赵冈请教"昨儿"等问题。

4 月 24 日,收到赵冈 15 号的来信,答复霍克思所提出的"昨儿"等问题。

4 月 29 日,再次收到赵冈的来信。信中赵冈将《红楼梦》第 62 至 70 回的事件叙述与时间逻辑进行了细致梳理与重构,以解霍克思之惑。

6 月 3 日,在《泰晤士报文学增刊》发表书评《中国的歌剧》("The Singing Plays of China")[1]。此书评为西方读者客观评论了华裔汉学家时钟雯(Chung-wen Shih)的戏剧论著《中国戏剧的黄金时代:元杂剧》(1976)和英国戏曲史研究家杜威廉的戏剧论著《中国戏剧史》(1976)。此文在清醒认识元杂剧令西方学者敬而远之的原因后竭力为西方读者输入一些中国戏曲常识,如中国戏曲与西方歌剧的异同、曲文(唱词)的重要地位及强烈感染力和元代及元杂剧的研究价值等。此外,此书评表明在霍克思心目中优秀汉学论著需要具备的一个首要特征是其对象

---

[1] David Hawkes, "The Singing Plays of China," in *Classical, Modern and Humane: Essays in Chinese Literature*, eds. John Minford & Siu-kit Wong, Hong Kong: The Chinese University Press, 1989, pp.273–277.

性预设。在霍克思看来,好的汉学论著,要在满足汉学师生需求的前提下适当关注普及性。他赞扬华裔学者时钟雯的论著"采用一种任何感兴趣的读者都能理解的形式来传递大量的信息,同时顾及到能阅读汉字的汉学学生的需要"。他指出英国汉学家杜威廉的论著"有很多精致的插图,我希望他能为那些不熟悉拼音系统的读者解释一下他在著作中使用的汉语拼音的拼写规则,我也希望出版商能在书末提供汉字词汇表,以供我们这些能读一些汉语的读者使用"。

6月30日,《石头记》第2卷《海棠诗社》正式由企鹅书局对外发行,纪念新近亡友扎纳教授(Robert Charles Zaehner, 1913—1974)。译本保持小32开,封面为来华耶稣会士、清著名宫廷画家郎世宁(Giuseppe Castiglione, 1688—1766)之作——《仙萼长春图册》16幅中的第4幅《海棠与玉兰》。封底设计与第1卷同,只在卷名、封面插图来源说明处进行了更换。

  按:扎纳,牛津大学教授,专攻东方宗教,是西方神秘主义研究权威。生前为霍克思好友,《石头记》第2卷公开面世前,扎纳故去。扎纳曾拜读霍克思《石头记》第1卷,霍克思引用其读后之感于《石头记》第2卷的序言末("乐见泣涕涟涟,远胜言笑晏晏"),并明言此卷题献与纪念已故的他,可见霍克思对其的深情厚谊。

7月初,给在华友人戴乃迭寄去译作《石头记》第2卷,不久收到戴乃迭复信。信中戴乃迭比较了己译与霍译,感叹霍译所享受到的自由,认为己译先天不足而霍译贴切、对话鲜活、富于个性,译诗从容、雅致,即使是那些无法完全译出的具有典故或双重义的诗作,霍克思也至少传递出了其中的意蕴,向读者清晰展示了作诗游戏的过程。

1978年 55岁

6月,喜闻中国迎来拨乱反正的大好时光,热情洋溢地给在中国北京大学西语系的好友齐声乔写去一封长信,随信附寄照片、药物等。

9月,在《中国季刊》(China Quarterly)第75期发表书评,评论雅罗斯拉夫·普实克(Jaroslav Prusek)等编写的《东方文学词典》(Dictionary of Oriental Literatures),尤其关注第1卷东亚篇中自己熟悉的中国部分。此书评显示撰写者的真诚,他在总体肯定《东方文学词典》的前提下,为其尽可能发挥最大的功效提出了一些修缮意见。另外,全文讨论所用之例霍克思均以其本人研究的《红楼梦》等为中心,可见他致力翻译的同时仍在时刻关注自己所研究领域的前沿。

10月下旬,收到好友齐声乔回信,感谢霍克思给予的"海内存知己,天涯若比邻"的关怀,请求霍克思在其系新任系主任李赋宁先生考察牛津大学时鼎力协助,并附赠《唐宋诗举要》两册。

11月中旬,在牛津大学如期见到前来访察、讨教大学教学经验的北京大学西语系主任李赋宁,霍克思与之热情座谈,在李赋宁心中留下了"受中国文化影响很深,文质彬彬,很像中国文人"[1]的印象。

冬,在《太平洋事务》第51卷第4期发表书评[2],评论薛爱华(Edward H. Schafer,1913—1991)《步虚:唐代奔赴星辰之路》(*Pacing the Void: T'ang Approaches to the Stars*)。此书评在肯定薛爱华治学之法时有两点值得注意:一他肯定薛氏的博学、欣赏其拒绝将学术与文学分离的治学体现了霍克思始终主张的"文学在汉学研究中处根本地位"的汉学研究观;二此文谈到了卜派汉学,霍克思赞赏卜派汉学传人——薛氏的治学方向,实体现了他自身对卜派汉学的欣赏与推崇。

按:卜派汉学由俄裔美籍汉学家卜弼德(Peter A. Boodberg,1903—1972)所创,是美国汉学界一个知名的汉学研究流派,该学派"讲究对于中国古典(尤其是唐朝以前的文史哲典籍)的绝对把握,于字汇和辞句的质理做彻底的了解,不苟且,不放松,追索文字的源头,分析文字的发展,凡事以历代字书的证据为依归,辅之以西方文字训诂学的知识……"[3]。此处,西方文字训诂学的原文为philology。显然,卜派汉学是一个与西方传统史学philology在研究路数上一脉相通的西方汉学派。薛爱华是卜派汉学的传人,卜氏第三代弟子为韩大伟(David B. Honey),其2001年出版的《神坛焚香:汉学家先驱与中国经典文献的发展》(*Incense at the Altar: Pioneering Sinologists and the Development of Classical Chinese Philology*)一书对卜派汉学研究法有很好的研讨与归总。

---

[1] 李赋宁:《学习英语与从事英语工作的人生历程》,北京:北京大学出版社,2005年,第270页。
[2] David Hawkes, "(Untitled Review) *Pacing the Void: T'ang Approaches to the Stars.* By Edward H. Schafer," *Pacific Affairs*, Vol.51, No.4(1978):652.
[3] 杨牧:《柏克莱精神》,台北:洪范书店,1982年,第98页。

本年,宋淇撰写《更上一层楼》一文,评论霍克思《石头记》第2卷的翻译。宋淇认为第2卷在各方面来说,"较诸第1册百尺竿头更进一步,读者望穿秋水也是值得的"。全册读下来,宋淇评价道:"……第2册译文较诸第1册更见浑成圆活,读起来流畅异常,恍如乘轻舟顺流而下,丝毫不费力气。……值得商酌的三数处只不过是版本上或字眼斟酌上的小问题。"①

1979 年　56 岁

3月24日,完成《红楼梦》第80回的英译手稿。

3月26日,打印好第80回。

4月2日,给华裔学者刘程荫女士汇去《石头记》第3卷第64—69回译稿。

5月20日,中国文化部组织成立了红楼梦学刊编委会,《红楼梦学刊》在天津创刊。霍克思以其卓越的《红楼梦》翻译研究成就成为该刊约稿的第一位海外汉学家。

7月,用中文完成研究论文《西人管窥〈红楼梦〉》,翌年在《红楼梦学刊》1980年第1辑上发表。

9月17日,携妻子抵达澳大利亚堪培拉看望大女儿梅瑞琦一家。时梅瑞琦已嫁给霍克思曾经的学生闵福德,闵福德彼时正于澳洲国立大学柳存仁门下攻读汉学博士学位。

10月11日,在澳的霍克思受友人柳存仁之邀为澳州国立大学的学生们开讲座,11月8日和11月21日又分别做了两场。这三场讲座均与《红楼梦》有关,霍克思分析客观、倚重事实考察,以其惯有的认真与学术性侃侃而谈吸引了比平时多得多的听众。他银发留须,在友人柳氏眼中俨然是一位"道人"(a man of the Tao)。

年末,旅美台湾学者刘绍铭(Joseph S. M. Lau,1934—　)在比较文学国际性季刊《淡江评论》(Tamkang Review)秋冬版第10卷第1、2合期上发表文章②,关注霍克思《红楼梦》译本对双语读者群体的影响。他写道:"对那些掌握了外语的中

---

① 林以亮:《更上一层楼》,《文思录》,沈阳:辽宁教育出版社,2001年,第17—18页。
② Joseph S. M. Lau, "(Untitled Review) Cao Xueqin. *The Story of the Stone*. Translated by David Hawkes," *Tamkang Review*, Vol.10, No.1/2(Fall-Winter 1979):238.

国读者而言,杨戴本充满了语言上的熟悉感,无法为读者擦出产生批判性悟见的智慧火花。而杰出的霍译本正是在这点上也许对于这些双语读者作用更大。"

按:刘绍铭,生于香港,著名的小说家、翻译家及中国文学研究学者。他1960年毕业于台湾大学外文系,1966年获美国印第安纳大学比较文学博士学位。此后长年在美国从教直至1994年回香港工作,目前为香港岭南大学荣休教授。据刘先生回忆,在美期间,由于每学期要为本科生开设中国文学课程需要选择英译本作为教材,他对中国名著的上乘译本特别关注。故而,他的评价代表了当时海外中国文学课程教师的普遍意见。其实不仅在海外,即使在香港,霍克思的译本也经常在高校被用作学生学习的好教材,如黄兆杰在香港大学从教时,为本科生开设评论课时所选的教材就是霍克思的《红楼梦》英译本。

本年,美国印第安纳大学出版社同时在布卢明顿和伦敦推出霍译《石头记》第1、2卷的限量布面精装本,列于该社"中国文学翻译丛书"系列。此版橘红色布面精装,大开本,便于个人研究及图书馆收藏,如今已基本绝版。它的封面设计朴素,只印有三个黑色中文大字"石头记",书脊处则以黑体显示原作者(曹雪芹)、译作名称(The Story of the Stone)、卷数(Volume)、本卷名及出版社等信息。至于书内页码、标题、排版则与企鹅平装本一致。

1980年　57岁

1月,戴乃迭在上海《文汇增刊》第1期发表《一个西方人对〈红楼梦〉的看法》,文中提到了霍克思即将完成的英译《红楼梦》全本。

春,美国汉学家、时在旧金山州立大学的葛浩文(Howard Goldblatt)在《当代世界文学》第54卷第2期《中国》栏目[1]推荐霍克思《石头记》印第安纳布面本第1、2卷。葛浩文视霍克思为"一位学者型译者,其同胞亚瑟·韦利所赢得的名望的最佳继承人",他以《石头记》第1卷为例评价道:"几乎对得起来自各个大洲的汉学家、评论家和读者的期望。他的译文权威、精湛、优美……完全胜任把这部中国

---

[1] Howard Goldblatt, "(Untitled Review) Cao Xueqin. *The Story of the Stone*.1: *The Golden Days*.2: *The Crab-Flower Club*. David Hawkes, tr. Bloomington, Indiana: Indiana University Press.1979," *World Literature Today*, Vol.54, No.2 (Spring 1980): 333.

18世纪的伟大世情小说的方方面面向英语世界读者传达的任务。"

5月中下旬,抵赴美国威斯康辛。

6月12日,美国汉学界三杰之一魏斐德(Frederic Wakeman,Jr.,1937—2006)在《纽约书评》(The New York Review of Books)第27卷第10期发表长文《红楼天才》("The Genius of the Red Chamber")就印第安纳新出布面版霍译《石头记》前二卷进行推介。①

6月16日—20日,参加由美国华裔汉学家周策纵发起在美国威斯康辛大学(University of Wisconsin)召开的"国际首届《红楼梦》研讨会议",与来自5个国家的80多位红学家齐聚一堂,并担任第一天第一场会议的会议主席。霍克思在发言时,中英文夹杂,并以曹雪芹"此开卷第一回也"的地道中文宣布会场讨论的开始,赢得了与会人员的会心一笑。我国著名《红楼梦》研究专家冯其庸先生描述会上与霍克思初见的印象,"他现在已经是白发苍苍很像一个老人了,其实他年纪不算大,他的白发,看来是为翻译《红楼梦》增添的"②。从中可见,霍克思为翻译《红楼梦》付出的心血!

> 按:国际首届《红楼梦》研讨会议由美国威斯康辛大学任东道主,主要组织者有威斯康辛大学的周策纵、加州大学伯克利分校的白之、哈佛大学的韩南(Patrick Hanan,1927—2014)和芝加哥大学的余国藩。会议主席为威斯康辛大学校长沈艾文(Irving Shain),周策纵为工作组负责人。参会人员分为"外国学者""美国和加拿大学者""青年学人与研究生""威大教职同人"和"威大校友"等五类报到,到会80多人,开幕式那天则多达90多人,最大的一次宴请会上主宾共有110多人,可谓在美国难得一见的学术会议盛况。"外国学者"一组最让人期待:中国正式受邀参会的有6人,分别是周汝昌、冯其庸、陈毓罴、潘重规、高阳和宋淇(后两位只寄交论文未亲到场);新加坡是傅述先;日本为伊藤漱平;加拿大是叶嘉莹;英国有霍克思。大会工作语言为中、英文两种,会议提交的讨论论文共43篇,也是中英文均可,这些论文分为

---

① Frederic Wakeman,Jr.,"The Genius of the Red Chamber,"The New York Review of Books,Vol.27,No.10(1980).
② 冯其庸:《梦多湖畔论〈梦〉记——首届国际〈红楼梦〉研讨会随记》,《读书》1980年第9期,第154—157页。

10个大组在几天内进行讨论。第1组是"早期评论",共3篇,包括斯坦福大学王靖宇的《王希廉论〈红楼梦〉》和加拿大不列颠哥伦比亚大学叶嘉莹和哈佛大学沈怡评王国维《〈红楼梦〉评论》的2篇论文;第2组是"版本研究与著作权",包括潘重规《列宁格勒藏抄本〈红楼梦〉考索》、冯其庸《论脂砚斋重评本甲戌本"凡例"》、周策纵《〈红楼梦〉凡例补佚与释疑》、赵冈《己卯本与庚辰本的关系》、马幼垣《乾隆抄本百二十回稿的一个版本问题》和其弟马泰来《论原本〈石头记〉藏主恒文为乾隆人》共6篇;第3组是"后40回"的问题,共有论文2篇,即周汝昌的长文《〈红楼梦〉"全璧"的背后》(是会议上最长的一篇论文,3万字,20节)和陈炳藻《从字汇上的统计讨论〈红楼梦〉的作者问题》;第4组讨论"曹(雪芹)的生平、著作与性格",包括张加伦颇具新意的《曹雪芹生辰考》、唐德刚《曹雪芹底文化冲突》和黄震泰《曹氏佚著浅探补充》等;第5组为"主题与结构",有论文10篇,计有周策纵《〈红楼梦〉"本旨"试说》、米乐山《替旋风命名:海德格与曹雪芹》、余珍珠(哈佛大学研究生)《〈红楼梦〉的多元观点与情感》、余英时《曹雪芹的反传统思想》、马森《〈红楼梦〉里反成俗的精神》、余定国《〈红楼梦〉里被遗忘了的第三世界》、韩进廉《从〈红楼梦〉看曹雪芹的美学观》、王黄碧端《〈红楼梦〉中道家思想的上层结构》、程曦《〈红楼梦〉第二十二回谈禅问题的分析》和鲍菊隐《贵族与教权:关于〈红楼梦〉中服侍贾氏之应赴僧道人》。剩下5大组为"心理分析"(也是一个大组,约有10篇论文需要讨论)、"布局发展与象征手法"、"《红楼梦》与其他小说之比较研究"、"叙述技巧"和"角色塑造"。会议最后一个议程是回顾红学成就与展望红学未来,会上周汝昌做了红学中"内学""外学"之分以及两者关系的重要发言。至于此大会存在的问题或者说留下的缺憾,周汝昌曾有如下概括:"会期太短,时间太紧,这就使得:第一,对讨论常常陷于半途,未尽;第二,这多学者聚于一起,机会难得,但会下活动交往的可能太少,受了局限,深感憾惜;第三,原已约好的话题,被时间挤掉……"[①]

6月27日,在《泰晤士报文学增刊》发表《笑对苦难》(*Smiling at Grief*),借评论珍妮·凯利(Jeanne Kelly)和美籍华人茅国权合译的《围城》(*Fortress Besieged*)

---

① 参看周汝昌:《献芹集》,太原:山西人民出版社,1985年,第558—567页。

向西方读者推介钱钟书(1910—1998)。尽管资料奇缺但霍克思却尽力介绍并梳理出钱先生的整个学术活动过程,同时对西方汉学长期以来对中国学者钱钟书缺乏学术关注与研究感到深深的遗憾。全文充满一位西方学者,更确切地说是一位西方汉学家对中国大学者的敬仰之情及对于中英文学交流的深深关怀。

7月,时在美国威斯康辛大学的台湾学者刘绍铭在《中国文学》(*Chinese Literature：Essays，Articles，Reviews*)第2卷第2期上撰文①推荐霍克思《石头记》第1、2卷的布面精装版,虽然短评中所用例证不是特别恰当,但该短评提醒读者注意精装版中出现了一些修改,购买此布面精装版的个人或图书馆因之获得了一份意外的惊喜,则是非常值得研究者深研与细挖的。研究者受此启发,不仅应该注意精装版与之前平装本的差异,而且对接下来的每一版都应关注是否有修订,为什么如此修改,效果如何等,因为它们是翻译研究、比较文学研究最为鲜活的一手材料。

按:刘绍铭所举例子是《红楼梦》第2回中"身后有余忘缩手,眼前无路想回头"一联的翻译,他认为精装本中此联与平装本不同,已根据译评家的意见做了翻译修改。实际上此说法有待商榷,因为此修改在再版的企鹅平装本(1978)中已有。而且,1978年版平装本中并不止这一处修改,以很多译评家提出的初版"人名单聘仁"翻译不当为例,1978年版英译本第186页原Dan Ping-ren改为了Shan Ping-ren,虽然"聘"的前后鼻音仍弄错,但毕竟改了"单"字的明显读音错误。不过,此版第1卷第519页的"单聘仁"英译赫然是原拼写,看来是被译者遗漏了。无论如何,我们可以确定的是"一些未及言明的修改"并不始于此精装本。

又:在此前后,霍克思曾与刘绍铭通信。据刘氏回忆,霍克思在信中提到自己的译作受到人们煞有介事地研究,一字一句地推磨,令其大感意外。书信言辞恳切,可见霍氏的谦逊与慎重。②

夏,在《红楼梦学刊》第4辑发表用中文创作的次韵诗一首,此诗霍克思亲笔

---

① Joseph S. M. Lau,"(Untitled Review)Cao Xueqin.*The Story of the Stone*.Volume 1 and 2.Translated by David Hawkes.Bloomington and London：Indiana University Press,1979,"*Chinese Literature：Essays，Articles，Reviews*,Vol.2,No.2(June 1980)：300.

② 参看刘绍铭:《翻译与言志》,《文字岂是东西》,沈阳:辽宁教育出版社,1999年,第34页。

用繁体汉语竖排书写,采用和诗中最严格的步韵依吴世昌《题〈红楼梦〉人物图(七绝四首)》中《宝钗扑蝶》一绝的韵次与韵词完成,全诗表达了对老师吴世昌先生红学研究的敬仰。此诗及年初所发表的用汉语书写的研究论文足见霍克思的中文功底,同时也让我们窥见了西方汉学家霍克思给予中国刊物创刊的真诚支持。

按:此处谈到的诗是吴世昌在《红楼梦学刊》创刊年第2辑上发表的四首七绝之一,同时发表的其他三首绝句为《元春省亲》《湘云眠石》和《妙玉参禅》。同年第1辑上,吴世昌还发表了四首七绝诗,名为《题〈石头记〉人物图(七绝四首)》,包括《黛玉葬花》《三姐伏剑》《探春结社》与《晴雯补裘》。霍克思读了上述八首七言绝句后,选取《宝钗扑蝶》的韵次用原韵和诗一首。《宝钗扑蝶》全诗内容如下:山伯英台取次飞/轻罗小扇舞杨妃/惊心滴翠亭中语/嫁祸无人识暗机。

本年,完成《石头记》第3卷(54—80回)《异兆悲音》(*The Warning Voice*),题献给妻子西尔维亚·琼。企鹅出版社同时在伦敦和纽约出版此卷平装本,翌年印第安纳大学出版社出版收藏版即布面本。在此卷封面上印有《泰晤士报》的评论:"《红楼梦》这一中国文学中最伟大的爱情故事在霍克思的英译本中得到了完美的艺术再现。这部译者全身心译介的作品流畅生动,是一部真正的杰作。"此卷的完成标志着霍克思《红楼梦》英译任务的完成。大约是此年他在其寓所书房摄下"埋首《红楼梦》翻译工作"之照,以纪念近十年来的《红楼梦》翻译生涯。

按:《石头记》翻译启示:

霍克思《石头记》的成功得益于译者与以往不同的翻译初衷——讲一个生动的故事,以及因之而进行的旨在娱乐读者的文学翻译。为了实现这一目标,他退出了牛津大学出版社的出版计划,签约企鹅书局。他在底本选择上为了故事的完整性,偏向120回程高本,翻译过程中随时根据此本出现的叙述逻辑矛盾综合其他版本文字尤其是80回的抄本系统文字加以修缮。为加强译本的可读性文学效果,他在翻译策略上也进行了一系列的调整,采取了五大行之有效的翻译策略:策略一,地道英语生动再现异域文化;策略二,文内添译减轻交流负荷;策略三,以不同语种区分译介原作人名;策略四,调和中英文化差异的必要改译;策略五,"译出一切"再现译本原貌。此外,译者的因素、时代的契合和西方的幽默传统等这些译外因素也是译本成功的促因。

当然,霍译本也存在一些不足,如为了向西方读者讲一个生动的故事牺牲了不少准确性:译本有部分改红为绿甚至去红的英译处理;译文中存在不少误译及传达幽默有余细腻体悟不足的问题;尤其是 170 多首诗词英译更是问题不少,包括擅自简化或改变原作意象、合并原作上下并列的诗句、疑问语气径直以陈述语气传达、变原作含蓄意韵为直白及以戏剧手法创造诗歌情节等。另外,还有一个译本产生语境的问题,霍克思在当时时代背景下所作的翻译有其适应的时代,而且实际上没有任何译本能够成为翻译的定本。方平先生早在 1996 年就曾著文《不存在"理想的范本"》谈到,任何译本都无法做到一劳永逸地还原作者的原始意图。奈达也说过一部译本,不管当时多么成功,其寿命一般只有"五十年"(许钧《生命之轻与翻译之重》)。而霍克思自己也曾预言:"我的译本免不了有错误,有的还很严重,到时候很可能这个译本会被替代,以至于被遗忘。"(霍克思《翻译家戴维·霍克斯先生的来信》)新世纪,中英文学交流的语境有变,中国文学作品的全译时代已过,普通读者的志趣似乎又偏向不带冗长导论与附录的消遣型节译本;而网络化时代的来临,全球通信的联通,使得中英语言的习得及其原典文献的获得变得不像过去那么艰难,学术研究者需要的是比霍克思《石头记》更为严谨地遵照原作的英译,有的为了追求准确甚至是直接阅读原著,这使得《石头记》在新世纪的西方面临着不小的挑战。但这是译本的普遍命运而不是霍克思个人的错,译本只能属于它所产生的那个时代。而且霍克思的《石头记》作为经典译作至今并没有,在未来很长一段时间里也不可能,马上被新的译本所替代,目前能肯定的只是,那唯其独尊的时代已经过去。

同年,戴乃迭在《伦敦大学亚非学院学报》第 43 卷第 3 期发表书评[1],高度评价霍克思《石头记》前 80 回译文。书评从三个大方面肯定了霍译本的独特及其价

---

[1] Gladys Yang,"(Untitled Review) David Hawkes(tr.):*The Story of the Stone. A Novel in Five Volumes by Cao Xueqin.* Vol. Ⅰ:*The Golden Days.* Vol. Ⅱ:*The Crab-flower Club.* Bloomington, Indiana:Indiana University Press,1979," *Bulletin of the School of Oriental and African Studies*, *University of London*, Vol.43, No.3 (1980):621-622.

值:一是在版本处理上明智、合理;二是在丫环姓名意译处理上对西方读者帮助巨大;三是竭力摒弃注脚、通过增译原文等使引用或典故清楚明白,使原著的文学性得到再现。基于此三点,戴乃迭认为:"霍克思的伟大成就在于以优美的英文使得这部中国名著能够为西方读者所阅读"(David Hawkes's superb achievement is to have made this Chinese masterpiece available to Western readers in excellent English),她觉得自己的译本"与之相比恐怕只是供语言学习所用的直译本"(Our translation *A Dream of Red Mansions* is by comparison I fear a mere crib)。

同年,霍克思在《译丛》第13期发表学术论文《译者、宝鉴与梦——谈对某一新理论的看法》("The Translator, the Mirror and the Dream—Some Observations on a New Theory")①以及林黛玉《桃花行》的英译文("Tao-hua Xing—The Flower of the Peach by Cao Xueqin")。此论文是霍克思回应中国学者戴不凡的惊人之说而写下的。总体而言,霍克思并不赞成戴不凡的观点即《红楼梦》是曹雪芹在南方人"石兄"所作的《风月宝鉴》旧稿基础上改写而成,"即使我们承认有一个早期的石头本或宝鉴本存在……也不能就此说明这个早期版本的作者就不是曹雪芹自己",但他对戴氏论证中的某些证据却是欣赏有佳。另外,此文中,霍克思对《红楼梦》令人众说纷纭的开篇表达了与前不同的见解。最后,此文中霍克思区别了译者处理译作的两种方式,并强调自己的《石头记》旨在"讲一个生动的故事"的初衷。

按:1979年中国学者戴不凡在《北方论丛》第1期创刊号上发表《揭开〈红楼梦〉作者之谜——论曹雪芹是在石兄〈风月宝鉴〉旧稿基础上巧手新裁改写成书的》及第3期上发表《石兄与曹雪芹——"揭开红楼梦作者之谜"第二篇》,此文的续篇《曹雪芹"拆迁改建"大观园》发表在《红楼梦学刊》1979年第1期创刊号上。戴氏连续的三篇文章就《红楼梦》与《风月宝鉴》的关系提出了惊人之说,在红学界引起巨大反响,也引起了远在英伦的霍克思的思考。此时的他正当完成《石头记》前三卷之时,他立时写下研究论文《译者、宝鉴与梦——谈对某一新理论的看法》来回应戴氏的新见。

---

① David Hawkes, "The Translator, the Mirror and the Dream—Some Observations on a New Theory," in *Classic, Modern and Humane: Essays in Chinese Literature*, eds. John Minford & Siu-kit Wong, Hong Kong: The Chinese University Press, 1989, pp.159-179.

同年,霍克思前往美国康奈尔大学执教一年。

  按:此事具体年份待考,先暂系本年。

同年,美国汉学家、中国现代元曲的研究权威柯润璞出版专著《忽必烈汗时期的中国戏剧》(Chinese Theater in the Days of Kublai Khan),书中讨论到中国古诗集《楚辞》时引用和展开论证均以霍克思的首译全本为基础。

1981 年　58 岁

年初,寄赠《石头记》第 3 卷与中国学者钱钟书。1 月 17 日钱钟书收到此信并复信称赞霍译:"《红楼梦》的所有其他译者——我不必指名道姓——却是以'石头'始而以'砖头'终。"("All the other translators of the 'Story'—I name no names—found it 'stone' and left it brick.")他隔日给友人宋淇的信中,继续夸奖霍译:"文笔远在杨氏夫妇译本之上,吾兄品题不虚;而中国学人既无 sense of style,又偏袒半洋人以排全洋鬼子,不肯说 Hawkes 之好。公道之难如此!"钱钟书的信中有他一贯的锋芒与俏皮,但狠话中尽显其褒贬。霍克思得到钱钟书上述化用妙语,非常高兴,去信"请求引用"。

  按:钱老复信赞赏霍译《石头记》之语,借自罗马史学家苏维托尼乌斯《十二凯撒列传》。书中苏维托尼乌斯在评价罗马奥古斯都大帝时带着崇敬借用了奥古斯都自诩之言。亚历山大·汤姆森(Alexander Thomson)英译本 The Lives of Twelve Caesars 将其评价之语译为"he boasted, not without reason, that he 'found it of brick, but left it of marble'"[①]。汉语大致可以译为"他这样吹嘘,也不是没有道理:他接手罗马时它还是一个砖块构成的城市,而当他离世时,他已把罗马建成大理石之都"。钱钟书巧妙借用奥古斯都一言表达他对各《红楼梦》译本的看法。钱老的复信内容及寄宋淇一信的内容可参看宋以朗《钱钟书的外语文字游戏》[②]。至于霍克思有关钱老妙赞之语的反应可参看张隆溪《走出文化的封闭圈》[③]。

[①] Alexander Thomson, tr., The Lives of Twelve Caesars: To Which Are Added His Lives of the Grammarians, Rhetoricians and Poets, London: George Bell & Sons, 1893, p.91.
[②] 宋以朗:《宋淇传奇:从宋春舫到张爱玲》,香港:牛津大学出版社,2014 年,第 112 页。
[③] 张隆溪:《走出文化的封闭圈》,《张隆溪文集》(第 2 卷),台北:秀威资讯科技股份有限公司,2013 年,第 230 页。

5月15日,在《泰晤士报文学增刊》发表书评《一个朝代的没落》("The Decline of a Dynasty")①,评介阿克顿和陈世骧合译的清代孔尚任传奇剧《桃花扇》(*The Peach Blossom Fan*)。不过此书评中真正关于译书的评论文字并不长,霍克思借此文更多地谈及他自己阅读和研究明清传奇剧《桃花扇》的心得。书评向西方读者介绍了原作者孔尚任生平情况、《桃花扇》的历史地位、《桃花扇》的艺术成就及缺点、《桃花扇》与《红楼梦》的关系,并联系他一直关注的元杂剧及现代京剧等对中国戏曲创作作出了总体评价。作为霍克思唯一一篇总体谈论与评价中国戏曲的文章,此书评有其珍贵的文献参考价值。

  按:从书评文字来看,霍克思对中国戏曲总体评价不高,其中有较明显的西方立场的显现,这曾是霍克思作为汉学家在其译研工作中一直力图回避的不客观态度。可以说,西方立场是霍克思从事中国戏曲译研工作的最大拦路虎,它在一定程度上束缚了其在此领域取得更大的成就。

  9月,在英国汉学协会(The British Association of Chinese Studies)上宣读论文《高阳的后人》("The Heirs of Gaoyang"),两年后在《通报》第69卷第1—3期上刊出。此文探讨的是中国自远古到夏、商、周、春秋战国及秦时部族间祖/帝的融合问题,也谈到了对中国诗人屈原的一些看法,是继《女神的求索》后霍克思又一篇运用文化人类学的研究论文。在这篇论文中霍克思更为谨慎,对文化人类学研究方法更多持批判性思考,论证中增加了政治学、史学、文献学等研究方法,下结论时也更为小心,尽量避免肤浅的文化人类学运用所带来的简单比附与随意推论。此文后收入霍克思汉学研究论文集中。

  本年,在《远东法兰西学院学报》(*Bulletin de l'Ecole Française d'Extrême-Orient*)第69卷发表《全真剧与全真祖师》("Quzhen Plays and Quzhen Masters")的研究论文,它综合了历史学、文献学、地方志、考古学及人类学等多门学科的研究成果与研究方法,在立论与方法上均有创新,对西方的全真剧研究有较大影响。此文梳理的是全真剧的发展演变与作为历史存在的全真大师的真实历史活动之间的既有某些对应又有大量变形的微妙关系。霍克思以两部马丹阳剧为轴,讨论时

---

① David Hawkes,"The Decline of a Dynasty," in *Classical, Modern and Humane: Essays in Chinese Literature*, eds. John Minford & Siu-kit Wong, Hong Kong: The Chinese University Press, 1989, pp.287-298.

辐射所有的全真剧,为读者揭开全真教及全真大师由历史走向传奇的神奇变化之旅。文中,霍克思顺带探讨了"七朵金莲"与全真大弟子的数量并在行文末概括了各全真剧间的异同与演变规律。此文后收入霍克思汉学研究论文集中。

同年,为弟子黄兆杰编译的《中国古代文学批评》(Early Chinese Literary Criticism)一书作序①。序中霍克思简单阐述了其关于中国文学批评尤其是中国古代文学批评的一些看法,其主要观点有二:一、他认为中国古代文学批评非常重视和强调诗歌;二、中国文学批评中儒家正统思想无处不在:"中国文学批评受儒家思想偏见控制或者说威吓的程度极其之大。"霍克思指出黄兆杰书中译介的13篇中国历代文学诗话中均见儒家经典的影子。"这十三位评论家都在试图以这种或那种的方式处理儒家经典的问题,有的力图消解,有的旨在寻找某种契合。……整个中国文学批评可以说是从对《诗经》的理论探讨开始萌生的。"他感到中国人相信在那些发霉、学究气十足的文卷中包含了各个时代的所有智慧,这一想法不可思议:"所有的真、所有的美都包含在其中,后人的作品只有回应或模仿这些儒家经典才能获得文学价值。儒家经典犹如一个巨大的幽灵笼罩在中国文学的上空。"霍克思认为儒家经典中除《诗经》外文学价值并不高,这一观点不能说没有一点道理,但他对中国历代诗话如上的解读终究有些浅薄,且他对中国儒家经典价值的判断也有偏颇之嫌,因为儒家经典的文献价值更多是在思想、政治及哲学层面上而不是文学上。

同年,雷诺兹(Frank E. Reynolds)等人编撰的西方佛学研究工具书《佛教研究论文导读》(Guide to Buddhist Religion)②出版,书中也能找到霍克思《石头记》译文优秀的印证。该书不仅肯定了霍译本所保留的中国佛教信息对西方宗教研究所具有的重要史料价值,而且赞赏霍译本为《红楼梦》"新出的优秀译本"。

---

① David Hawkes, "Preface," in Early Chinese Literary Criticism, ed. Siu-kit Wong, Hong Kong: Joint Publishing Company, 1983, pp.vi-vii.
② C. f. Frank E. Reynolds, Guide to Buddhist Religion, Boston, Mass.: G. K. Hall, 1981.

1982 年　59 岁

春,美国汉学家葛浩文再度在《当代世界文学》第 56 卷第 2 期撰文①,向西方读者推荐霍克思《石头记》印第安纳布面本第 3 卷。他称霍克思的《石头记》三卷是"兴趣之作"(labor of love),并肯定地预测"当译文全部完成时,即是一部世界经典"。

本年,在《中国文学》第 4 卷第 2 期书评《屈原的神话》("Myths of Qu Yuan")②,评论美国史学家劳伦斯·施耐德(Laurence A. Schneider)《楚国的狂人:中国的忠诚和异端的神话》(A Madman of Ch'u: The Chinese Myth of Royalty and Dissent)一书,此文后辑入霍克思汉学论文集中。文中霍克思对施耐德结构主义式的文化人类学方法(structuralist anthropology)不以为然,他也不赞同以"狂人"一词来概括屈原,他认为"任何将文学形象完全抽离它所产生的文学的企图都是一种具体化抽象概念的行为,具有误导性"。对于施耐德有关中国民间伍子胥祭祀何以最终为屈原崇拜所取代问题上的结论,霍克思也不赞成,他强调其实并不是前者不受欢迎而是后者文学地位特殊,"答案很简单,即在屈原是中国的第一位诗人而伍子胥不是","如今屈原的重要就如曹雪芹的重要,他们都代表了一种真正伟大的艺术作品,从中后人均能发现一些新东西"。

同年,英国汉学家卜立德在《伦敦大学亚非学院学报》第 45 卷第 3 期发表短评③,推荐霍克思《石头记》第 3 卷布面本。卜立德注意到了霍克思译本所呈现的多样风格所具有的教育意义,他指出翻译虽依赖学术研究,但教育在翻译中的作用也同样重要。卜立德以霍克思译文中文体各异的两段文字为例说明霍克思作为"文体家的教育意义是无懈可击的"(One cannot fault the education of a stylist

---

① Howard Goldblatt, "(Untitled Review) Cao Xueqin. *The Story of the Stone* III: *The Warning Voice*. David Hawkes tr., Bloomington, Indiana: Indiana University Press, 1981," *World Literature Today*, Vol.56, No.2 (Spring 1982):402.

② David Hawkes, "Myths of Qu Yuan," in *Classic, Modern and Humane: Essays in Chinese Literature*, eds. John Minford & Siu-kit Wong, Hong Kong: The Chinese University Press, 1989, pp.299-303.

③ D. E. Pollard, "(Untitled Review) David Hawkes(tr.): Cao Xueqin: *The Story of the Stone*(*Dream of the Red Chamber*). Vol.3; *The Warning Voice*. [Chinese Literature in Translation.] Bloomington, Indiana: Indiana University Press, 1981," *Bulletin of the School of Oriental and African Studies*, University of London, Vol.45, No.3(1982):645.

who can range from…to…），他肯定《红楼梦》"是一部只要还有人看书就值得代代相传的作品"（It should be prolonged, as long as books are read），越多的版本将越有利于作品的流传。

同年，华裔学者刘若愚出版专著《语际批评家——中国古诗评析》（*The Interlingual Critic*：*Interpreting Chinese Poetry*）。他长年致力于比较诗学研究，书中多处行文通过与霍克思《杜诗入阶》的对话展开。

  按：如他在讨论《旅夜书怀》最后一联"飘飘何所似，天地一沙鸥"所蕴含的情感时，引用并反驳的就是霍克思关于此联的观点。他说："有的批评家在这最后一联只看到绝望，但我认为最后所表达的与其说是绝望不如说是放松，而且海鸥更应看成是自由而不是孤独的象征。因为多年前当杜甫还是一位充满自信的青年时就曾使用过同一意象，见杜甫《奉赠韦左丞丈二十二韵》中'白鸥没浩荡，万里谁能驯'。"此段话中刘若愚正好在"有的批评家"处作注，专门指出是霍克思《杜诗入阶》第 202 页的内容。① 另一处刘若愚在讨论《咏怀古迹》怀明妃一诗首句"群山万壑赴荆门"的主语问题时，他赞同的正是《杜诗入阶》第 177 页的处理。② 而《梦李白其二》最后一句"寂寞身后事"中有关"寂寞"一词的阐释，刘若愚引用的又是霍克思《杜诗入阶》中的翻译并针对之提出了自己不同的观点。③

同年，《石头记》第 4 卷《绛珠还泪》（*The Debt of Tears*）由企鹅书局出版，32 开本。霍克思就此卷封面插图的选择与闵福德一同曾向企鹅书局提出严重抗议。

  按：《石头记》第 4 卷由闵福德完成，题献给妻子 Rachel 即霍克思的大女儿梅瑞琦。该卷封面选自美国华盛顿弗里尔画廊（Freer Art Gallery）所藏《西厢记》插图，图中崔莺莺与张生情谊绵绵，牵线的红娘侍立在旁。对此插图霍克思与闵福德均觉啼笑皆非，他们担心这一《西厢记》插图在不知情的西方读者眼中俨然是宝、黛、钗三人的三角恋爱。他们联名向出版社提出严重抗议，希望更换这一极易引起误解的插图。但此时，企鹅书局已因为经济困难

---

① C. f. James J. Y. Liu, *The Interlingual Critic*：*Interpreting Chinese Poetry*, Bloomington, Indiana：Indiana University Press, 1982, p.94.
② Ibid., p.101.
③ Ibid., p.112.

由美国出版公司并购。美国商人从营销策略出发,最终一意孤行坚持按原议刊出,据说出版后销路还不俗。另此卷封面、封底"石头记"标题有个小变化,分别添加了"ALSO KNOWN AS THE DREAM OF THE RED CHAMBER" "also known by the title of The Dream of the Red Chamber"的字样,有意识地与西方市场已有译本形成呼应,较之前三卷多了一份宣传意识。

1983 年 60 岁

6月24日,在《泰晤士报文学增刊》发表书评《雄浑的时代》("The Age of Exuberance"),介绍汉赋的演变、其前身及后来的发展结果,最后评价推荐两本译书:康达维(David R. Knechtges)的《文选》(Selections)和白安尼(Ann Birell)的《玉台新咏》(New Songs from a Jade Terrace)。

8月,在《太平洋事务》第56卷第3期发表书评①,评论丹尼尔·伯莱恩(Daniel Bryant,汉名白润德)《南唐词人冯延巳和李煜》(Lyric Poets of the Southern T'ang. Feng Yen-ssu, 903-960, and Li Yü, 937-978)一书。此书评在肯定伯莱恩译著对研究词的学生而言不可或缺外,主要指出了译著的问题所在,即译著预设目标与译者心中读者群不明确。

本年,退休,始任牛津大学万灵学院荣休研究员直至去世。自本年始用两年时间陆续将自己珍藏多年的约4400册研究书籍悉数捐赠给位于阿伯里斯特威斯(Aberystwyth)的威尔士国家图书馆(the National Library of Wales),希翼东方文化有朝一日能移植到英伦三岛的西端——这块远离尘嚣、风景奇幽的山林。这批重要的东方语文藏书约五分之一为日文书籍,其余均为中文图书,内容囊括汉语、哲学与宗教、典籍研究、历史、艺术和考古、中国古代与现代文学(楚辞、诗歌、韵文、词曲、小说等)、中国音乐等。

按:此批捐赠的藏书可谓是霍克思的工作图书馆,很好地反映了霍克思的个人研究兴趣。并且藏书中还有不少知名汉学家的宝贵签名与注释,其中最引人注目的是原属韦利的《百衲本二十四史》(A Po-na Edition of the

---

① David Hawkes, "(Untitled Review) Lyric Poets of the Southern T'ang. Feng Yen-ssu, 903-960, and Li Yü, 937-978 by Daniel Bryant," Pacific Affairs, Vol.56, No.43 (Autumn 1983): 539-540.

Twenty-four Dynastic Histories），书中保留了韦利当年用铅笔写下的注语。另外藏书中也包含了霍克思1955年的博士论文。

同年，与妻子搬出牛津贝德福德大街59号，西去240千米外的威尔士山区兰德威·布莱菲（Landdewi Brefi）村庄居住。同时，为企鹅出版社古典丛书潜心修改其已绝版多年的《楚辞：南方之歌》，细加注订。

  按：位于贝德福德大街59号的书房是霍克思完成《红楼梦》前80回英译的地方。

同年，霍克思作序、黄兆杰编译的《中国古代文学批评》一书由香港三联书店有限公司（Joint Publishing Company）出版。

1984年　61岁

春、秋，在香港《译丛》第21、22期发表译诗五首（"Five Poems-by Cao Xueqin, Li He, Ruan Ji and Wei Zhuang"），包括曹雪芹《咏红梅》（"On A Branch of Red Plum Flower"）、李贺《神仙曲》（"Ballad of the Immortals"）和《神弦》（"Magic Strings"）、阮籍《咏怀诗第七十二首》（"Poem of My Heart：72"）及韦庄《归国遥》（"To the Tune of Kuei Kuo Yao"）。这些诗歌未及收入霍克思论文集中。

秋，买下威尔士山林西南部布林凯尔高格（Bryncaregog）的一处农舍及周边两英亩地，与西尔维亚·琼在那人烟稀少的山地过起隐居生活，锄地犁庭、伐木汲水、修庐编栏、饲鸡养羊。同时，学习威尔士语，阅读大量宗教史的书籍，此段经历后促成霍克思散文体书信集《来自不信神祖父的信札》（Letters from a Godless Grandfather）一书的诞生。

本年，《通报》二集第70卷第4、5合期上，法国著名汉学家雷威安（André Lévy, 1924—　）撰写长篇书评[1]，认为在现有的三个优秀译本（李治华、雅歌的法译本，杨、戴英译本和霍克思英译本）中，如若要选出最能引起读者愉悦的，毫不犹豫当是霍译本，可见其对霍克思《石头记》三卷本的评价之高。

---

[1] André Lévy, "(Untitled Review) David Hawkes (translator), *The Story of the Stone*, A Chinese Novel by Cao Xueqin in Five Volumes; Volume 1, 'The Golden Days', Harmondsworth: Penguin Books 1973, 542 p.; Volume 2, 'The Crab-Flower Club', Harmondsworth: Penguin Books 1977, 603 p.; Volume 3, 'The Warning Voice', Harmondsworth: Penguin Books 1980, 639 p.," *T'oung Pao*, second series, Vol. 70, No. 4/5(1984): 298-302.

按：雷威安，法国研究中国古典文学的知名学者及翻译家，在中国天津出生。小学时代在天津法租界度过，当时即萌发了对中国的兴趣。中学时代回到法国正逢二战，他在德占法的艰难时期完成了中学文科毕业会考。大学就读于法国巴黎大学，学习汉语及印地语。1958年雷威安开始在远东的一些法语学校教书，先后工作于河内、京都和香港等城市。1969年他成为波尔多大学汉语教授，此后一直担任此教席直至1994年退休。他一生从事汉学研究，译著颇丰，是法国汉学界的知名学者。他产生较大影响的译著有如下几部：《十六、十七世纪中国白话小说》《中国古典文学概览》《金瓶梅词话》《西游记》《聊斋志异》《牡丹亭》。

同年，宋淇惊闻霍克思归隐一事，写下长文《不定向东风——闻英美两大汉学家退隐有感》，并赠诗一首，遥祝所愿无违。

按：此诗为陶渊明《归园田居》五首之三，原诗内容如下：种豆南山下，草盛豆苗稀。晨兴理荒秽，带月荷锄归。道狭草木长，夕露沾我衣。衣沾不足惜，但使愿无违。宋淇请人代书做成屏条，赠于霍克思补壁，以表达其千里之外对友人的祝愿与理解。

同年，《印第安纳中国传统文学指南》(The Indiana Companion to Traditional Chinese Literature)出版，霍克思1959年的《楚辞》译本列入该书所提供的常用参考书目中，尤其是在诗歌一章的讨论中。

同年，美国汉学家佩普尔(Jordan D. Paper)《中国散文指南》(Guide to Chinese Prose)一书再版，他在书中多次提到霍克思的《石头记》，并给予了高度评价，推举为"几项主要的翻译壮举"①之一。

同年，苏格兰汉学家霍布恩鼓足勇气给霍克思写信，将其正在翻译的苏格兰语《水浒传》部分稿件寄给霍克思审阅，得到了霍克思的热情支持与慷慨鼓励。双方自此通信多年，并曾通过电话，但一直无缘相见。

按：霍布恩最早给霍克思写信的确切年份目前不知，霍布恩在其为霍克思八十寿诞所写的纪念文章中只提到了模糊的时间段"八十年代中期"②，今

---

① Jordan D. Paper, *Guide to Chinese Prose*, second version, Boston: G. K. Hall, 1984, p.xiii.
② Brain Holton, "Frae the Nine Sangs," in *A Birthday Book for Brother Stone: For David Hawkes, at Eighty*, eds. Rachel May & John Minford, Hong Kong: The Chinese University Press, 2003, p.291.

暂列于此，有待进一步查证。

1985 年　62 岁

2月12日，与香港中文大学签立版权出让书，将《中国文学散论：古典、现代和人文》(Classic, Modern and Humane: Essays in Chinese Literature)打印稿转交香港中文大学出版。

4月26日，回复月初收到的友人、中国红学专家冯其庸先生发自哈尔滨的国际红学研讨会邀请函。

5月，香港《联合报》副刊发表了宋淇《不定向东风——闻英美两大汉学家退隐有感》一文。

本年，《楚辞：南方之歌》修改定稿，易名为《南方之歌——屈原及中国古代其他诗人诗选集》(The Songs of the South: An Ancient Chinese Anthology of Poems by Qu Yuan and Other Poets, translated, annotated and introduced by David Hawkes)由企鹅书局出版。此版比1959年初译版增厚将近一倍，并增加了封面的中国汉代帛画图与封底的书籍推广语。（封面帛画选自中国长沙马王堆汉墓出土的一幅珍贵帛画，呼应译本中所涉及的那个神秘的异域世界，而封底则摘引霍克思的话点明《楚辞》英译及研究的重要性与紧迫性）另霍克思在此修订版中重新撰写了前言、导论及正文中主要诗篇的导读文字，或补充新材料或增加新观点。译文方面，在尽力保持原貌的基础上，对确定不妥的译文加以删改，并改用通用的汉语拼音系统来替代原威氏拼法以便现代读者阅读。

同年，燕卜荪研究者约翰·哈芬登(John Haffenden)来访威尔士，小住一段日子。霍克思与之畅聊燕卜荪。

1986 年　63 岁

春，《译丛》第25期首篇的醒目位置刊出霍克思早年的研究论文《〈石头记〉：一部象征主义的小说》(英文版)。

7月，美国汉学家何古理(Robert E. Hegel)在《中国文学》第8卷第1、2合期评论闵福德所译《石头记》第4卷和第5卷时，对整体《红楼梦》译本也有一番评价，从中可见霍、闵译本在西方的地位："到此为止《红楼梦》英译本出齐了，这是一件可喜可贺的事情:借此汉学家们可以拿它来向亲朋展示中国古典小说的精华,汉学系教师也可以在西方课堂上进行中西文学的比较研究。虽然译本中有些文化元素仍嫌陌生,但原作中一些具有普遍价值的东西已经在最新的译本中得到了呈现。这个新译本超过了此前所有的英译本。"①

本年,仍在荒凉的布林凯尔高格过着近乎自力更生的简朴生活。西尔维亚·琼每天自己挤山羊奶,霍克思研究之余则修补屋舍、从事园艺。

同年,闵福德完成《石头记》第5卷《万境归空》(*The Dreamer Wakes*)由企鹅书局出版平装本,32开本。此卷闵福德题献给自己亲爱的孩子们即霍克思的外孙(女):爱玛(Emma)、路加(Luke)、丹尼尔(Daniel)和劳拉(Laura)。至此,霍、闵合译的《红楼梦》120回英语全本大功告成。此卷封面选自美国纽约大都会博物馆所藏中国北宋宫廷画师高克明的山水代表作长卷《溪山雪意图》。封底较之第4卷多了《泰晤士报高等教育增刊》与《纽约评论》的评议文字,体现出更为明显的广告宣传意识。

同年,霍克思《杜诗入阶》一书列入香港中文大学"译丛文库"平装系列再版。能够收入此套大型中国文学作品英译丛书,霍译杜诗的价值可见。

> 按:此平装系列中还重印了霍译李煜诗《乌夜啼(二)》,此译诗曾在"译丛丛书"精装系列刊印。

1987年　64岁

11月底,收到牛津好友、当代英国基督研究专家韦密斯(Vermes Géza,1924—2013)复信,就请教的有关犹太宗教的四个问题即亚兰语(Aramaic)、天使学(Angelology)、鬼神学(Demonology)及作者归属错误(Pseudepigraphy)现象给霍克思做了解答。

本年,仍居住在偏僻、与世隔绝的布林凯尔高格山地。

同年,香港再版《杜诗入阶》。

---

① Robert E. Hegel, "(Untitled Review) *The Story of the Stone*; Vol.4, *The Debt of Tears*; Vol.5, *The Dreamer Wakes* by Cao Xueqin; E. Gao; John Minford," *Chinese Literature: Essays, Articles, Reviews*, Vol.8, No.1/2 (Jul. 1986):129.

1988年　65岁

初,与西尔维亚·琼在布林凯尔高格山地遭遇洪水,幸而安然无恙。

10—12月,美国汉学家卫斯理大学中文教授魏爱莲(Ellen Widmer)女士在《美国东方学会会刊》第108卷第4期发表书评评论闵福德《石头记》第5卷的译文,其中有一段对霍、闵译本的整体评价:"霍克思和闵福德共同完成了几乎不可能的任务,他们将曹、高的中文文字转译为英文,他们的译文既对得起各自的原作者,也对得起整部著作。"①

本年,剑桥大学音乐专业本科毕业生柯林(Colin Huehns)在剑桥西路音乐厅首演,曲目为他据霍克思《楚辞》译本谱曲的六首《九歌》诗作(Six Settings of Poems by Qu Yuan)(分别为《东皇太一》《东君》《云中君》《河伯》《湘夫人》《国殇》和《礼魂》)。

> 按:此六曲后柯林在英国伦敦著名的皮卡迪利圣雅各教堂(St. James Church,Piccadilly)音乐会上再次演绎。这段与《九歌》的遭际促使柯林日益频繁地体验东方艺术与音乐,他后来不仅游历了东亚和中亚的很多地方,甚至远居中国若干年。在中国的游历使他学习并爱上了中国乐器二胡与蒙古马头琴,回伦敦后他有时会拉奏或举行二胡展示会,向伦敦的乐迷们展示中华民族音乐的精髓。在后来的这些小型音乐会上,柯林才第一次见到了霍克思,两人很快成为好友。柯林的中国音乐之缘是霍克思汉学译介工作影响青年学子的又一佳例。

1989年　66岁

6月,美国芝加哥大学教授宗教与比较文学课程的华裔学者余国藩在《哈佛亚洲研究》第49卷第1期发表学术论文《情僧之求索:〈石头记〉的佛家暗示》("The Quest of Brother Amor:Buddhist Intimations in the Story of the Stone")。此文中凡摘引《红楼梦》之处均来自霍克思的译本,可见其对霍译本的认可。同年余

---

① Ellen Widmer, "Reviewed work: The Story of the Stone, Volume 5: The Dreamer Wakes," Journal of the American Oriental Society, Vol.108, No.4(Oct.–Dec. 1988):650-652.

国藩撰写《宗教与中国文学——论〈西游记〉的"玄道"》长文,对霍译《红楼梦》和《楚辞》均有肯定性评价:《红楼梦》英译"卷帙浩繁而又精雕细琢,如今广受称道",《楚辞》"译事之难,业经公认,但霍克思的译作不但精确无比,抑且令人振奋"。①

按:余国藩,香港人,1956年搭乘一条商船离港赴美求学,1969年3月获芝加哥大学宗教与文学博士学位,研究重心在西方语言、文学、哲学与宗教。1968年受母校邀请回校教授宗教与比较文学课程,中国研究遂成其又一研究的专业领域,致力于《西游记》《红楼梦》及唐诗宋词与中国宗教的历史及哲学性诠释。余国藩先后担任该校神学院、比较文学系、英语语言文学系、东亚语言文化系及社会思想委员会的教职,直至2005年以巴克人文学讲座教授之尊荣退。他是中华文化在海外的教育传播者,其最主要的译著有四卷本《西游记》(*The Journey to the West*, 1977—1983),重要论著有英文版《重访巴拿撒斯山》(*Parnassus Revisted: Modern Critical Essays on the Epic Tradition*, 1973)、《余国藩西游记论集》(李奭学译,1989)、英文版《重读石头记:〈红楼梦〉里的情欲与虚构》(*Rereading the Stone: Desire and the Making of Fiction in Dream of the Red Chamber*, 1997, 2004年由李奭学译为中文)、英文版《从历史与文本的角度看中国的政教问题》(*State and Religion in China: Historical and Textual Perspectives*, 2005)和2006年李奭学编译的《〈红楼梦〉、〈西游记〉与其他:余国藩论学文选》。

11月,接到好友骆慧敏回信,被安排至澳洲国立大学中国中心做访问学者。

本年,霍克思弟子闵福德、黄兆杰为纪念恩师退休合编的《中国文学散论:古典、现代和人文》,最终由香港中文大学出版社出版。此书前言由柳存仁亲笔书写,采用文言体高度评介霍克思的汉学成就;序言由闵福德和黄兆杰合写,正文经由霍克思本人校对并作页下注。全书收集了霍克思汉学研究二三十年间的主要汉学成果,是霍克思研究领域一批极具价值的珍贵文献。

同年,与西尔维亚·琼搬离布林凯尔高格山地,来到交通较便利的 Penuwch

---

① 余国藩:《〈红楼梦〉、〈西游记〉与其他:余国藩论学文选》,李奭学编译,北京:生活·读书·新知三联书店,2006年,第357页。

村庄居住。Penuwch村离威尔士国家图书馆不远,霍克思夫妇经常到馆里走动,为其捐赠藏书编目寻找合适人选。霍克思甚至亲任考官,足见他对此工作的重视。时在威尔士大学阿伯里斯特威斯分校(Aberystwyth)攻读哲学博士学位的吴建中(上海图书馆副馆长),精通中、日、英三国语言,与其他几位工作人员一同历时一年编成《霍克思文库》(The David Hawkes Collection)。这应也是为纪念霍克思从牛津退休而做的一项工作。编目期间,霍克思积极配合,无私地为这个项目奉献了不少时间以及自己的专业知识,至今参编者回忆起这段合作的日子都很愉快。编目完成时,霍克思很是赞赏,拿着书激动地用拉丁语连连称道:"太完美了!"

同年,美国学者、元曲研究专家章道犁(Dale Ralph Johnson)为霍克思、闵福德五卷本《石头记》编辑《红楼梦引得》(Indices to the Hung Lou Meng)。

1990年　67岁

夏,霍克思夫妇去新西兰的奥克兰看望大女儿梅瑞琦一家。

本年,美国纽约出版《名人录:1984—1985年度人物传记辞典》(Who's Who 1984-1985, An Annual Biographical Dictionary, One Hundred and Thirty-sixth Year of Issue, New York: St. Martin's Press, 1990),书中第1014页列有"大卫·霍克思"条目。尽管内容较简略,却是首次针对霍克思的整体介绍,较清晰地从宏观上展现了霍克思的生平与学术历程,包括学历、学术身份、出生、婚姻、教育和出版作品等信息,其中有些信息不仅是首次提供而且准确全面,如霍克思双亲及夫人的全名就是在此条目中列出的。

同年,美国汉学家罗溥洛(Paul S. Ropp)与发表著名篇章《出奇的冷漠》的英国汉学家巴雷特合编《中国的遗产:中国文明的当代视角》(Heritage of China: Contemporary Perspectives on Chinese Civilization)出版。此书在讨论到曹雪芹《红楼梦》创作时提及杨戴《红楼梦》译本和霍闵译本,并评价霍闵本"译文最优美"[1]。

同年,美国哈佛大学东亚语文及文明系博士韩献博(Bret Hinsch)《断袖之癖》

---

[1] Paul S. Ropp and Timothy Hugh Barrett, eds., Heritage of China: Contemporary Perspectives on Chinese Civilization, Berkley: University of California Press, 1990, p.328.

(Passions of the Cut Sleeve: The Male Homosexual Tradition in China)出版,书中在讨论《红楼梦》中的男同性恋现象时采用的是霍克思译本中的译文。

同年,周锡瑞(Joseph Esherick)和兰钦(Mary Backus Rankin)合著的《中国乡绅及其统治模式》(Chinese Local Elites and Patterns of Dominance)一书参看的也是霍克思的《石头记》三卷本。

1991年　68岁

本年,美国汉学家德克·鲍迪(Derk Bodde)出版专著《中国思想、社会和科学》(Chinese Thought, Society and Science: The Intellectual and Social Background of Science and Technology in Pre-modern China)。此书旨在研究进入现代社会前中国的科学技术所赖以产生的知识、社会背景,书中鲍迪采用霍克思1959年的《楚辞》英译本来讨论《天问》等内容。

同年,萨拉·艾兰(Sarah Allan)讨论中国商代神话思想的论著《龟之谜:中国早期神话,艺术和宇宙观研究》(The Shape of the Turtle: Myth, Art and Cosmo in Early China)问世,书中参看与引用了霍克思《楚辞》英译首版与修订版两部译本的成果。

按:艾兰博士,是当今西方一位对中国先秦古史的文字器物与思想哲学有着独到研究的汉学家,曾与中国夏商周断代工程首席科学家李学勤合著《欧洲所藏中国青铜器遗珠》。她在撰写专著《龟之谜》时,采取了与霍克思《楚辞》译本展开对话的方式。艾兰赞同霍克思把"荒"(《楚辞》第198页)译为"outland"的处理方法;她引用霍克思1985年版《楚辞》中的观点"强调夏、楚的关系而不是夏和商的关系",并认为"如果我在下一章中所论证的'夏在商的神话中是商的相反物'正确的话,那么这之间就没有矛盾"。[①] 而对于1962年版霍克思关于《天问》的一些讨论,她有保留地表示了支持。艾兰说:"在1962年版的《楚辞:南方之歌》中,霍克思认为《天问》创作时间可以追溯到公元前5世纪,这个观点我之前写的《太阳之子:神话与对图腾的信

[①] Sarah Allan, The Shape of the Turtle: Myth, Art and Cosmo in Early China, Albany, New York: State University of New York Press, 1991, p.180.

仰》(The Sons of the Sun: Myth and Totemism)一文也曾赞同。不过现在霍克思修正了此说法,虽然对他的新说法我有保留,认为时间可能还可以更早些,但在没有确切证据证明《天问》出现在屈原之前的情况下,我们只好谨慎地赞同这有可能错误的观点。"①

1992 年　69 岁

2月25日,去信公共出借报酬权委员会(Public Lending Right)录入员帕克博士(Dr. J. G. Parker),详列自己所有出版作品的信息,含书名、出版社、出版时间及书号,并对《石头记》第1—3卷和1985版《楚辞:南方之歌》两部译作的学术价值做了精简的论述。

本年,美国麻省大学汉学家迈克尔·拉法格(Michael LaFargue)翻译诠注的老子《〈道德经〉的道:翻译及评论》(The Tao of the Tao Te Ching: A Translation and Commentary)一书出版,书中作者参看了霍克思1985年的《楚辞》英译本。

1993 年　70 岁

本年,英译《鹿鼎记》试行版(2回)在澳洲国立大学学报《东亚史》(East Asian History)发表,其中第1回"纵横钩党清流祸,峭茜风期月旦评"由霍克思译就,此回后用作 The Deer and the Cauldron 的序篇(Prologue)。

同年,汉学家鲁惟一(Michael Loewe)编辑的《中国古代文本——书评式导读》一书(Early Chinese Texts: A Bibliographical Guide)由美国中国古代研究协会与加利福尼亚大学伯克利分校东亚研究学院联合出版。书中第48—55页刊载了由霍克思撰写的《楚辞》(Ch'u Tz'ŭ)导读文章。霍克思分别从《楚辞》成文、《楚辞》内容特征、作者与正宗性、注释与文本、版本、学习帮助、英语译本、日语版本和索引等九方面给予西方读者有关《楚辞》学习与研究较全面的引导。此文也是霍克思《楚辞》进一步研究心得的总结,在"霍克思楚辞研究"方面有史料价值。

同年,德裔汉学家、波士顿大学教授孔丽维(Livia Kohn)编译出版《道教体验

---

① Sarah Allan, The Shape of the Turtle: Myth, Art and Cosmo in Early China, Albany, New York: State University of New York Press, 1991, p.180.

文萃》(The Taoist Experience: An Anthology)一书,她在致谢中赞美霍克思《远游》译文是"极为优秀的文学译本"。且她两年前出版的另一部书《道家神秘主义哲学——西升经》(Taoist Mystical Philosophy: The Scripture of Western Ascension),在行文讨论中也参看了霍克思1959年版的《楚辞》英译本。

同年,印度裔英国作家赛思的代表作长篇英语小说《如意郎君》问世,牛津学者、华裔汉学家刘陶陶多年后指出霍克思的《石头记》与此书之间存在影响与被影响的关系,此观点值得关注:"赛思承认《石头记》对其小说的影响;从作品反映的面来看,两部作品都不仅是关注作为个体的人物而是大的社会;两部作品本质上看都是爱情故事,但爱情故事却均不占主导地位;在篇幅和深度上,该小说也可与《石头记》相媲美。形式上,赛思将小说各章的标题用押韵的双行诗表示,也像极了霍克思《石头记》中对曹雪芹章回标题的处理。"①

1994年　71岁

2月,霍克思夫妇前往堪培拉看望大女儿梅瑞琦一家。

3月10日,与柳存仁聚首。在澳期间,霍克思常与柳氏畅谈红学新问题与新成果。有一次霍克思甚至旧话重提,请教柳氏十几年前他曾就教的一个问题的新见。

> 按:此问题涉及戚本戚廖生序言中的一段文字。十几年前在澳洲国立大学的公开讲座上,霍克思注意到戚廖生将宝玉比历下琅琊、黛玉比桑娥石女的一段文字,他不明文字典故背后的真意,就教于柳存仁。当时即激起了柳氏的探究兴趣,柳氏因之多次与两位好友(北京的吴世昌、台北的潘重规)通函,尽抒己见。友人间终无定论,多年后霍克思不忘相问,可见其好学与执着。

本年,加州大学中国文学教授韩禄伯(Richard E. Strassberg)专著《书上的风景:中华帝国的游记作品》(Inscribed Landscapes: Travel Writing from Imperial China)出版。书中韩禄伯摘引霍克思《楚辞·离骚》译文中的一段文字论证骈文与散文

---

① Tao Tao Liu, "What Is the Point of Making Translations into English of Chinese Literature: Re-Examining Arthur Waley and David Hawkes," in *Style, Wit and Word-Play: Essays in Translation Studies in Memory of David Hawkes*, eds. Tao Tao Liu, Laurence K. P. Wong and Chan Sin-wai, Newcastle: Cambridge Scholars Publishing, 2012, p.29.

区别之一在对仗。

1995 年　72 岁

8月27日,晚抵挪威,准备旁听第二天在 Sor-Nesset 湖畔举行的欧美汉学家小型研讨会,议题为"中国传统文学中的心境"(Mental States in Traditional Chinese Literature),为承诺中的会议论文集序言做准备。

10月20日,与企鹅书局(Penguin UK)签订《石头记》出版补充条款,同意企鹅书局从《石头记》中摘录约15000字组成英语简本《红楼梦》(The Dream of the Red Chamber),作为企鹅经典丛书六十年庆典作品。

12月18日,致信闵福德,告知已完成《鹿鼎记》英译文第16章。

本年,从隐居十多年的威尔士山林搬到六七千米外的特里加伦镇居住。因为威尔士山林山风过大,西尔维亚·琼又不会开车,无论生病就医还是探望孩子,两位老人都日感不便。

1996 年　73 岁

3月,霍克思《鹿鼎记》英译已完成译作第17章全章及第18章的三分之一。

6月中旬,收到后辈苏格兰汉学家霍布恩来信,信中为霍克思抄录了图书馆查阅到的一些有关明成祖永乐帝练丹习道之文字。此信表明霍克思正着手《蟠桃会》的研究译介工作。

7月1日,霍克思《石头记》第1卷《枉入红尘》中部分内容以 The Dream of the Red Chamber 为书名在纽约与伦敦同时发行。此简易本共96页,属于企鹅书局为庆祝六十周年所出版的"企鹅六十周年系列文学经典丛书"(Penguin 60s Classics)之一。

7月底,与西尔维亚·琼经英法隧道转巴黎至法国南部纳博讷(Narbonne)蒂尚镇(Tuchan)度假,帮助身体不适的大女儿梅瑞琦照看患病的外孙女劳拉(Laura),稍后闵福德携子亦来会合。

9月,岭南大学文学与翻译研究中心成立。

12月下旬,参加燕卜荪夫人赫塔(Hetta Empson)的葬礼,遇见约翰·哈芬登。

本年,英文版《中国的科技与文明》七卷本(Science and Civilisation in China,

Vols.1-7)中的第6卷由英国剑桥大学出版社出版。书中有该书总编撰人兼英国文学院院士李约瑟(Joseph Needham,1900—1995)对霍克思《楚辞》翻译的评价:"译笔优美"①。

同年,罗伯特·凯帕尼(Robert Ford Campany)的汉学专著《奇异的写作:中古早期的反常记录》(*Strange Writing:Anomaly Accounts in Early Medieval China*)出版,书中作者参看了霍克思1985年版《楚辞》英译。

1997年　74岁

2月,偕西尔维亚·琼去香港与梅瑞琦一家团聚。

3月中旬,与西尔维亚·琼在牛津待了几天,和家中其他成员团聚,大家一同为西尔维亚·琼庆祝七十岁生日。

3月27日—4月11日,赴法国巴黎看望学生兼好友雅克·班巴诺,与班巴诺一家共度复活节周(Easter Week)。在巴黎看了不少展览,几乎被班巴诺说动将来搬去巴黎。

8月11日,霍克思改译短剧《蟠桃会》由澳洲友人代呈寿星柳存仁,众人皆赞译文好看,是为柳氏祝寿文集增色之作。

9月,霍克思《红楼梦》英译第2—80回亲笔手稿(共2210页)由香港中文大学中国文化研究所的翻译研究中心购入。16年后,这批手稿转移到香港中文大学图书馆,用于筹建"香港中文大学中国文学翻译文库"。

12月初,与西尔维亚·琼搬回牛津定居。

本年,《鹿鼎记》英译本第1卷(*The Deer and the Cauldron:A Martial Arts Novel*,the first book)共9章由牛津大学出版社出版。此本原作者为香港著名武侠小说作家金庸,由闵福德负责翻译,译文前译者作于该年6月的《译者导言》称霍克思为"好友",感谢其"多年来一贯的慷慨相助与指导",并指出"译文中多章有霍克思的功劳"。② 此处的"多章"具体是多少,后来闵福德在给友人范圣宇的电

---

① Joseph Needham, *Science and Civilisation in China*, Vol.6, Cambridge: Cambridge University Press, 1996, p.119.

② John Minford, "Translator's Introduction," in *The Deer and the Cauldron:A Martial Arts Novel*, the first book, tr. John Minford, Hong Kong: Oxford University Press, 1997, p.ix.

邮中提到了明确章回:霍克思实际译出了此卷的序言及第6—9回。① 另,译文前原作者金庸作于该年8月的《作者序言》也向霍克思表达了高度的敬意,感谢先生"在译本问世前所提供的巨大帮助"②,并忆起了多年前在牛津求学时未能遂愿投入霍克思门下的憾事。

同年,中国大陆出版的《中国翻译词典》第307页编有"霍克思"词条,由周发祥撰写,高度评价了霍克思的汉学与翻译成就。

  按:"霍克思"词条具体内容如下:霍克思(David Hawkes)当代英国汉学家,20世纪50年代在北京大学学习汉语,返英后继续在牛津大学深造。1961年任该校汉语教授,发表就职演说,题为《中文:古典的、现代的和文雅的》。在职期间勤于著译,未久声名大震,成为六七十年代英国汉学的中坚。学风谨严,译述认真,强调"译者有三责",即尽责于作者、尽责于读者并尽责于文本。但也承认"此三责决非同一之物,每每难于取得和谐"。译著颇见功力:《楚辞:南方的歌》(1959),几近全译,熔研究和翻译于一炉,填补了西方楚辞研究的空白;《杜诗入阶》(选译,1967),选杜诗名篇数十首,精译译注,堪称导读佳本;《石头记》(全译,1973—1983),博采各种版本之长,构成自己"折中的译本",此为翻译者另一种创造——面对多种原文择善而从之——的体现。翻译之外,尚有大量论文、书评,论及中国古典诗歌、戏曲和小说。有论文集一卷(他人所编,1989),卷首附著名学者柳存仁的赞语手迹。(周发祥)③

同年,夏含夷(Edward L. Shaughnessy),芝加哥大学中国古史研究教授,出版论著《孔子之前:中国经典形成研究》(*Before Confucius: Studies in the Creation of the Chinese Classics*)。书中作者选用霍克思1959年《楚辞》英译文来讨论《天问》诗篇。

---

① 范圣宇:《汉英对照版霍克思闵福德译〈红楼梦〉校勘记》,《红楼梦学刊》2015年第2辑,第305页。
② Louis Cha, "Author's Preface," in *The Deer and the Cauldron: A Martial Arts Novel*, the first book, tr. John Minford, Hong Kong: Oxford University Press, 1997, p.iv.
③ 引用此条资料时略作了修改,如《杜诗入阶》原书为《杜甫入门》。

1998 年　75 岁

5月18日,由刘绍铭、刘靖之(Liu Ching-chih)提议,通过闵福德新成立的岭南大学文学与翻译研究中心与霍克思取得联系,获得霍克思翻译《红楼梦》所作之笔记及约摄于1980年的反映霍克思于书房译介《红楼梦》工作状况的那枚珍贵照片。

6月上旬,收到香港岭南大学文学与翻译研究中心主任刘靖之关于接收《红楼梦》英译笔记的确认函。

12月7日,在牛津接受香港理工大学在读哲学硕士、闵福德学生陈霭心[1]的采访,详谈当年翻译《红楼梦》的情景。次年6月陈霭心提交了硕士论文《〈红楼梦〉的西游之旅:中英翻译史研究》(The Story of the Stone's Journey to the West: A Study in Chinese-English Translation History)。论文附录第229—335页完整的访谈记录,是研究霍克思翻译思想一份极其重要的文献。

本年,华裔学者吴福生(Wu Fusheng)出版专著《南朝至晚唐的中国诗歌:颓废的诗学》(The Poetics of Decadence: Chinese Poetry of the Southern Dynasties and Late Tang Periods),讨论中凡涉及《楚辞》吴先生均使用了霍克思的《楚辞》译本。

同年,汉学家亚历山大·迈克尔(Alexander Michael)出版专著《庞德的诗歌成就》(The Poetic Achievements of Ezra Pound),书中参看的是霍克思的《杜诗入阶》。

1999 年　76 岁

7月,岭南大学文学与翻译研究中心开始采用所得之霍克思翻译《红楼梦》笔记制作传真摹本。

本年,《鹿鼎记》英译本第2卷共10章(Chapters 10-19)由牛津大学出版社出版问世,此本为原作20章节内容的节译。《译者注》中,闵福德称霍克思为"隐姓埋名的合作者"[2],赞叹先生节译原文但不遗漏原作情节中任何重要点的高超本

---

[1] Chan Oi-sum Conniee 之中文名由香港理工大学包玉刚图书馆前主任李浩昌先生告知。不仅如此,李先生在年谱修缮过程中,无私为笔者多方搜集资料、提供研读线索且耐心答疑,霍谱的完善有赖李老之助,特此感谢。

[2] John Minford,"Translator's Note," in The Deer and the Cauldron: A Martial Arts Novel, the second book, tr. John Minford, Hong Kong: Oxford University Press, 1999, p.x.

领。霍克思实际译出的章回为第 15—19 章。[①]

同年,为好友、挪威汉学家艾皓德(Halvor Eifring)主编的《中国古代文学中的思想与心态》(Minds and Mentalities in Traditional Chinese Literature)一书作序(即 4 年前在挪威 Sor-Nesset 湖畔召开的小型欧美汉学研讨会"中国传统文学中的心境"的会议论文集序),阐发其对中国文学的一些见解。此文中有一细微之处值得注意,即霍克思对 Philology 做出的简单解释:"通过所使用的词汇来描述它们"[②]。霍克思汉学研究一直以文献学为基础,他早年完成的博士论文《楚辞创作日期及作者考订》主要也是基于文本内词语的分析来展开描述。他心目中文献学的研究方法到底何所指,在此序文中研究者能找到明确答案。

同年,汉学家马克·路易斯(Mark Edward Lewis)出版专著《中国上古时期的写作与权威》(The Writing and Authority in Early China)。讨论中引用了霍克思《九歌》及《天问》中的观点,并对霍克思提出的"此二诗是为表演而创作的诗歌"观点表示赞同。

同年,马克·米哈伊(Mark Csikszentmihalyi)与菲利普·艾芬(P. J. Ivanhoe)合撰《老子的宗教和哲学》(Religious and Philosophical Aspects of the Laozi)一书出版,书中参考与引用了霍克思的《楚辞》译本。

同年,汉学杂志《男女》(Nan Nü)发行创刊号,在讨论早期至帝国时代以来中国男人、女人与性问题时涉及《红楼梦》中人物,文中引用的是霍克思《红楼梦》译本。

2000 年　77 岁

5 月,香港岭南大学文学与翻译中心所制作的摹本以大 16 开精装形式正式问世,书名为《〈红楼梦〉英译笔记》(The Story of the Stone: A Translator's Notebooks)。闵福德所撰写的前言中不仅包含霍克思翻译《红楼梦》一些鲜为人知的细节,而且指出了此英译笔记的巨大价值。无疑,对于任何一位试图了解霍克

---

① 范圣宇:《汉英对照版霍克思闵福德译〈红楼梦〉校勘记》,《红楼梦学刊》2015 年第 2 辑,第 305 页。
② David Hawkes, "Preface," in Minds and Mentalities in the Traditional Chinese Literature, ed. Halvor Eifring, Beijing: Culture and Art Publishing House, 1999, p.xi.

思这位伟大翻译家思想动向的人来说,这部英译笔记都将是一手无价资料。

5月5日,霍克思夫妇金婚纪念日,在牛津庆祝与西尔维亚·琼结婚五十周年。

7月20日,在《伦敦书评》第 22 卷发表短信《宙斯做了什么?》("What Zeus Did?"),回应弗兰克·克默德(Frank Kermode)关于《燕卜荪诗歌全集》(The Complete Poems of William Empson edited by John Haffenden, April 2000)的书评。

7月22日,致函友人、香港学者刘靖之谈音乐方面的喜好。信中霍克思说到威尔第的《假面舞会》,他说其中有些曲词他自小就熟悉,当50多年后再在伦敦中心区广场亲眼观看时印象深刻。他喜欢《指环王》(The Ring),更爱《特里斯坦》(Tristan),歌剧帕西法尔(Parsifal)的音乐霍克思也认为挺不错。

  按:刘靖之(1935—),中国新音乐史研究专家、翻译家和文学研究者。出生于上海,13 岁去香港,学欧洲音乐出身。他早年毕业于英国伦敦大学,后在英国皇家音乐学院和英国圣三一音乐学院理论作曲系学习。1966—1972 年,在英国广播公司 BBC 做了六年译员,70 年代末、80 年代初他受聘任香港大学的行政人员兼研究员,同时在职完成香港大学哲学硕士与博士学位的攻读,以 20 世纪受到欧洲音乐影响的中国音乐即刘靖之所称的中国"新音乐"为研究对象,相继完成了不少论文,并陆续主办了五次中国新音乐的研讨会。1986 年始刘靖之兼任香港民族音乐协会会长和香港翻译学会会长。1988—1989 年为英国牛津大学现代中国研究所客座研究员。1993 年 1 月,赴德国海德堡大学访问。1995 年,香港大学退休,晚年为岭南大学翻译系教授和岭南大学文学与翻译研究中心主任。其 1998 年出版引起广泛关注及较大争议的《中国新音乐史论》一书,实基于其八九十年代的研究心得与成果。

11月23日下午,接受《中华读书报》记者赵武平的访谈。访谈内容后经赵武平整理成文《英国采访札记:"我不在乎别人的意见"——〈红楼梦〉英译者霍克思的访谈》刊发于《中华读书报》2001 年 1 月 17 日。

12月13日,给澳大利亚国立大学柳存仁同事兼好友雷夫·德克雷斯皮尼(Rafe de Crespigny, 1936— ,汉名张磊夫)发出电邮,附上《蟠桃会》英译文校对稿。

本年,美国哥伦比亚大学和香港大学联合推出由闵福德、刘绍铭编录的《含英咀华集》卷一(*Classical Chinese Literature*, *An Anthology of Translations*. Volume 1: *From Antiquity to the T'ang Dynasty*)。此书是中国古典文学西传"里程碑"之作,在2000年首版精装本后又很快推出了平装本(2002),不久即成为西方大学汉学系或东亚研究专业的重点书目。此卷有好几章涉及霍克思译文,其中第2章《天问:早期的神话与传说》(Chapter 2. Heavenly Questions: Early Myths and Legends)第1节刊录了霍克思英译文及译文前霍克思撰写的导读文字,第5章《南方之歌:巫术与诗歌》(Chapter 5. The Songs of the South: Shamanism and Poetry)整章摘自霍克思《楚辞:南方之歌》一书。另外,此书的第20章《杜甫:诗圣》(Chapter 20. Du Fu 712—770: The Sage of Poetry)首先选录的即是霍克思杜诗译作《杜诗入阶》中的七首译诗(Seven Poems, Chinese texts, with commentary, exegesis, and prose translations by David Hawkes):《望岳》《月夜》《春望》《月夜忆舍弟》《梦李白》《登高》与《登岳阳楼》。

同年,汉学家彼得·弗朗斯(Peter France)编辑、牛津大学出版社出版的权威字典类读物《牛津英语翻译文学指南》(*The Oxford Guide to Literature in English Translation*)问世。书中"翻译文学·东亚系"(Translated Literature: East Asian Languages)部分有两节内容提到霍克思的文学贡献:一是"中国诗歌",一是"中国小说"。"中国诗歌"部分由香港中文大学孔慧怡女士执笔,她描画了霍克思同代译者画像后笔峰一转,高度评价霍克思:"当然,在这一代译者中也有杰出的例外。霍克思1959年的《楚辞:南方之歌》、1965年的《杜诗入阶》,尤其是1973—1980年《石头记》中的诗歌,有力地表明他那一代中的杰出人才能够做到学术专长与韵律感的完美结合。上述作品均为杰作,体现出译者在风格和翻译方法上所能达到的多样性。"①"中国小说"部分由美国华裔学者吴燕娜(Wu Yanna)教授撰写,是综合西方世界近三十年来的霍译评议后的一个总结性概括,代表了西方世界对霍译本的总体看法。书中吴燕娜肯定了霍闵译本的译文质量,认为它们"为中国小说的翻译设立了新标准。……尽管不能免于一些小错误,但此译本在用语、语气及风格方面都是最优秀的。作为真正的杰作,它完整地重新创造了那个包罗万

---

① Eva Hung, "Chinese Poetry," in *The Oxford Guide to Literature in English Translation*, ed. Peter France, Oxford: Oxford University Press, 2000, p.227.

象的小说世界,成功地把原作中优雅的语言及生动的对话转译成英文。……霍克思和闵福德的成就是如此巨大,以至杨宪益和戴乃迭的《红楼梦》译本相形见绌"①。最后,吴燕娜对霍克思《石头记》于中国小说英译史上的地位进行了明确描述:"起着提升小说英译标准的作用,已往的小说翻译无论译者还是出版社都会改编原作以适应西方读者的品味与道德标准,常常不顾原文本的完整性及原作者的风格与创作意图。70年代始,在一批以霍克思为代表的译者的努力下,小说翻译走向更为负责与学术的道路,旨在译出足够保留原作风格与味道的全面、忠实的译作。通过仔细研究所译小说的文本与上下文语境,这些译者向读者传达的不仅是原作者的意图还有各种起作用的社会文化因素。"②

按:吴燕娜,哈佛大学博士毕业,任教于美国加利福尼亚大学河滨分校比较文学与外国语言系,编译《狮吼集——晚清中华帝国的泼妇故事》(The Lioness Roars: Shrew Stories from Late Imperial China,1995)及编著《中国妇女与文学论集》(1999)等。

同年,刘绍铭《情到浓时》一书由上海三联书店出版。书中有一篇《〈鹿鼎记〉英译漫谈》,在漫谈闵福德英译《鹿鼎记》时,表达了对霍译本《石头记》的赞叹:"我们细读霍氏译文,的确正如闵福德所说,丝毫不露翻译痕迹。如果曹雪芹的母语是英文,The Story of the Stone 的英文,就配得上说是他的手笔。"③

同年,威尔士阿伯里斯特威斯一位名叫约翰·克里斯·琼斯(John Christopher Jones,1927—)的科学设计师出版专著《网络与众生》(The Internet and Everyone)。书中有一章节仿照霍克思《石头记》创作而成。琼斯设想借助霍克思《石头记》的叙事模式创作一部《众生的教育》(The Education of Everyone)来谈自己关于人类教育的一种设计理念,书中的那些科幻成分与超前思想正好可以通过《石头记》中的超自然力得以表现。琼斯因之和霍克思通信进行了探讨,得到了霍克思的大力鼓励,不过最终成文的不是一本书而是一个章节,原书名《众生的教育》也就成了章节名出现在他2000年出版的论著《网络与众生》中。且琼斯

---

① Wu Yenna, "Chinese Fiction," in *The Oxford Guide to Literature in English Translation*, ed. Peter France, Oxford: Oxford University Press, 2000, pp.233-234.
② Ibid., p.235.
③ 刘绍铭:《〈鹿鼎记〉英译漫谈》,《情到浓时》,上海:上海三联书店,2000年,第207页。

在《众生的教育》开篇第 1 页左边写下了一段文字直接说明了其文与霍克思《石头记》的关系，值得在此全文引用："这篇文章的一些虽小但却重要的部分均借自企鹅书局 1973 年出版的霍克思《石头记》第 1 卷。非常感谢大卫·霍克思鼓励我尝试这一新的版本。"①

　　按：琼斯生活的家乡威尔士阿伯里斯特威斯，即霍克思晚年捐赠其所有研究书籍的威尔士国家图书馆所在地。琼斯毕业于剑桥大学工程设计专业，是英国设计方法改革运动的发起人，伦敦公开大学（Open University, London）的第一位设计教授。1970 年琼斯出版专著《设计方法》（Design Methods: Seeds of Human Future），提出了崭新的设计哲学。他打破了设计就是为即将生产或建造的事物画图的传统设计观，主张设计不仅可以设计单个产品也可以设计整个系统与环境如机场、交通运输、高级百货商店、教育课程、广播安排、福利计划、银行系统与电脑网络等；主张设计可以是参与性的，如公众就可以在设计决策过程中参与；主张设计也可以是创造性的，这是每个人身上都有的潜能；同时设计也可以是一门教育性的学科，它综合文理科，可以比分开的单科起更大的作用；而且这种没有产品的设计观本身就可以是一个生活的过程与一种生活的方式。琼斯的全新设计观带来了设计界的革命，他的《设计方法》出版后被公认为设计界的重要读物，陆续被翻译成日语、罗马尼亚语、俄语、波兰语和西班牙语等多国语言。他结合人类环境改造学、未来学进行创新设计研究，作为一位科学家，琼斯还兼具着文学家与艺术家的特质。

　　细读琼斯此章，我们惊叹曹雪芹笔下的那块顽石竟然神通广大现身英伦汉学界及文学界外的领域，更感慨霍克思《石头记》的莫大译介功劳。可以说《众生的教育》虚实相间，在作品的布局谋篇上受霍克思《石头记》启发的痕迹非常明显，难怪琼斯会说自己的创作是"一个新的版本"，可以说，琼斯的《众生的教育》犹如一篇未完的设计版《石头记》。有关《众生的教育》与《石头记》间关系的具体分析可参看本人刊发在 2012 年《红楼梦学刊》第 4 辑上的拙作《"石头"激起的涟漪究竟有多大?》。

---

① John Christopher Jones, "The Education of Everyone," in *The Internet and Everyone*, London: Ellipsis, 2000, p.444.

2001年　78岁

2月上旬,收到美国著名教科书出版社W.W.诺顿出版社(W. W. Norton)来函,请求准许在其即将出版的《诺顿世界名著选集》增补二版卷2(*Norton Anthology of World Masterpieces*.2nd Expanded Edition.Volume 2)中重印霍克思译作相关内容,并请霍克思就许可费提出自己的意见。

2002年　79岁

2月1日,美华裔汉学家夏志清(C. T. Hsia)自纽约发来短函为霍克思祝寿,表达了他"对霍克思的学术及作为《红楼梦》译者的杰出才能的真心仰慕之情"①。

2月上旬,闵福德代将霍克思改译的《柳毅传书》手稿(含21页长的英文导论和对白及唱词英译)寄往香港中文大学出版社。

2月18日,与妻子西尔维亚·琼在家接待忘年交陈美红(Chan Red),两人视陈美红如自家孙女。谈话间,陈美红提出欲建霍克思个人网站以兹纪念,未得二老响应。

2月19日,与香港中文大学签订《柳毅传书》英语改译本的出版协议。

2月24日,苏塞克斯大学柯律格(Craig Clunas)给霍克思写信,谈了自己近30年前在剑桥市场第一次偶然买下霍克思《石头记》第1卷的阅读惊喜。虽然只是一本打折的平装本新书,但正是该书使他突然意识到,他热望学习的中国文化一定非常有趣。从此,他热切期盼余下各卷的问世,一上市即买下,抛下手中一切书来将其尽情饱览。从此封信的内容可以感受到霍克思《红楼梦》译本的不凡魅力。②

三四月间,中东局势恶化,以色列对巴勒斯坦展开野蛮的军事侵略行动,阿拉法特被以色列军队围困在一幢孤立的大楼上。国际社会纷纷给予谴责,霍克思也强烈反对美国和英国军队介入中东事件,反对伊拉克战争,对于以色列对待巴勒斯坦的野蛮行径感到非常愤怒,并随后多次参加抗议游行。

---

① Rachel May and John Minford,"Editors' Introduction," in *A Birthday Book for Brother Stone*:*For David Hawkes*,*at Eighty*,Hong Kong:The Chinese University Press,2003,pp.ix-xi.

② Ibid.,p.xi.

4月2日,在香港翻译协会主办的《翻译季刊》(The Translation Quarterly)第21、22期发表中国明代尚仲贤所撰神话剧《柳毅传书》(Liu Yi and the Dragon Princess)的唱词英译。此举可见霍克思对戏曲唱词的重视,他敏锐地意识到唱词才是戏曲的精萃。

4月,香港城市大学中文、翻译及语言学系鄢秀女士受学校委派前往牛津大学中文系短暂工作,与霍克思夫妇在大学举办的一次聚会上初次相见。当时,霍克思像大多数中国人听到"鄢"姓后的反应那样,很亲切地问道:"你的姓很少嘛!是哪儿人?"这个细节给鄢秀留下了深刻印象。聚会上,霍克思热情邀请鄢秀去家中做客,会后鄢秀带着朋友们的各种问题手捧一束鲜花在牛津大学甘晓允老师陪同下首次登门拜访,后写成回忆性访谈文章《D. Hawkes 与中国语文》。全文以"全校唯一修读中文的学生""四书五经作教材""到中国去,现在就去""到北大求学""读《红楼梦》学中文"和"中国文化与中文学习"为脉,勾勒了霍克思的汉学生涯与中国情缘。文中作者充满对霍克思的敬仰,举之为中国的陶渊明。此文还有一处值得注意,即有关霍克思对典籍学习的态度。

按:面对鄢秀女士关于牛津教学内容的提问,霍克思的批评是犀利的:"古古古,都是这个,very……古代古代!"这导致霍克思牛津汉学专业毕业后"一个白话字都不懂",也不知道"中文该怎么发音",以至于1948年他抵京在燕卜荪帮助下注册为北大研究生时,他认为"这简直就是一个笑话,因为我什么'研究'也做不了——我连话都不会说。我只能旁听"。但当鄢老师追问"当年四书五经的安排对您真是一点用也没有吗",霍克思深思后的回答则见其对当年牛津文言与中国典籍学习的肯定。他认真地承认自己不该老拿四书五经来开玩笑,"他认为四书五经的学习为他日后的语言学习打下了扎实的基础"。实际上,霍克思自20世纪50年代末改革汉学教学大纲始,就没有摒弃中国典籍的研习,他主张的是文言与白话并重。他据切身的汉学经历知晓本科阶段典籍的学习是汉学科学生一项必经的磨炼,他坚决反对的只是抬高儒家经典思想、文学价值的做法,对于它们的语言学习作用并不否认。霍克思自己的中国古代文化积淀深厚,整个中国古代历史发展在他心中形成了一个相当清晰的脉络。他擅长在学术论文中旁征博引《山海经》《尚书》《国语》《左传》及《史记》等中国典籍中的文字来佐证自己的论证,其行文游刃有余,牛津中国典籍的学习功效展露无遗。

5月,汉学前辈龙彼得去世,为其写下讣文,并协助处理龙彼得身后遗下的大量书籍与资料。同月,给刚定居拉脱维亚里加市(Riga, Latvia)的汉学好友约翰·斯科特寄去龙彼得讣文副本及自己刚完成的《柳毅传书》节译本。

5月30日,美国汉学家艾朗诺(Ronald Egan),加州大学圣巴巴拉分校教授,在香港浸会大学翻译研究中心主办的翻译讲座上,作了题为"关于霍克思《红楼梦》翻译的思考"("Some Reflections on David Hawkes' Translation of *Hongloumeng*")的主题发言。艾朗诺是钱钟书《管锥编》的选译者,哈佛大学博士毕业,对中国北宋时代及诗人苏轼、欧阳修均颇有研究。作为中国文学作品的译者,他同样非常欣赏霍克思的翻译艺术,称霍克思译本为"汉语文学翻译的杰作"。

五六月间,霍布恩为霍克思八十寿诞写下颂文"Frae the Nine Sangs: A wee Pendicle ti 'Suddron Sangs' bi Dauvit Hawkes"。此文前半部分为据霍克思版《九歌》英译文翻译的苏格兰语《九歌三首》,后半部分题为"A Chuckie Stance for Hawkes",主要谈了《九歌》苏格兰语翻译中遇到的一些问题、采用苏格兰语翻译的原因及他的翻译事业与霍克思的渊源。尤其是最后一节,霍布恩谈了不少他与霍克思翻译之缘的细节。霍布恩将霍克思比作理雅格、韦利一般的巨人,感激地承认:"我的成绩绝大部分应该归功于霍克思,是霍克思的榜样作用和热情鼓励为我指明了前进的方向;作为文学翻译家,我们工作的优劣都应以最终有多接近霍克思的译作来评判。"①

6月29日,收到诗人、汉诗英译者加里·斯奈德来自加利福尼亚的贺寿短笺,回忆起他骑摩托车带着霍克思在京都飞驰的场景。②

8月21日,收到老友骆惠敏(Lo Hui-min, 1922—2006)因病托妻写来的贺寿

---

① Brian Holton, "Frae the Nine Sangs: A Wee Pendicle ti 'Suddron Sangs' bi Dauvit Hawkes," in *A Birthday Book for Brother Stone: For David Hawkes, at Eighty*, eds. Rachel May & John Minford, Hong Kong: The Chinese University Press, 2003, p.292.
② C. f. Rachel May and John Minford, "Editors' Introduction," in *A Birthday Book for Brother Stone: For David Hawkes, at Eighty*, Hong Kong: The Chinese University Press, 2003, p.x.

短函,信中提到其内心对霍克思怀着深深的敬意。①

　　按:骆惠敏,华裔历史学家、澳洲国立大学远东历史系教授,莫理逊研究专家。

9月5日,收到友人班巴诺的明信片,老友肯定其新出《柳毅传书》译文的同时,建议以皮影戏或傀儡戏的方式上演。

9月中旬,收到友人约翰·斯科特来自里加的复信。约翰非常喜爱霍克思的《柳毅传书》英译,对剧本中阴韵的成功使用大为赞赏,欣逢生日且为一份非比寻常的好礼。

9月17日,致函刘士聪,预祝本年10月即将在中国天津南开大学召开的全国《红楼梦》翻译研讨会成功。信中霍克思首先强调了《红楼梦》的魅力对这部中国古典名著翻译传播的重要作用。此外,霍克思还回忆了当年翻译《红楼梦》的时光,指出翻译过程中所享有的自由是使他深受鼓舞的动力,翻译虽缓慢但却从容。信末,霍克思还提到了自己最喜欢的英文译本及三位伟大的翻译家,其中有中国的杨宪益。

11月,在《译丛》第58期《〈中国诗词宝库〉预览》(*A Silver Treasury of Chinese Lyrics:A Preview*)发表李煜词《浪淘沙·帘外雨潺潺》(To the Tune "Waves Scour The Sands", First Line:With sounds of rippling rain outside)和《虞美人》(To the Tune "The Beauteous Lady Yu")的英译文,此二首皆未编入霍克思译著或研究论文集中。此部分内容是次年即将出版的《中国诗词宝库》一书精华辑录,于128首译诗中选登了27首,其中李煜词编者邀刊霍译表明了其对霍译二首的肯定。

本年,霍克思为好友澳大利亚华裔汉学家柳存仁先生祝寿创作的短剧《蟠桃会:贺柳教授大寿》(*The Magic Peaches:A Birthday Playlet for Professor Liu*)收入《汉学与亚洲研究:庆贺柳存仁教授八十五岁纪念》一书中,由澳大利亚国立大学出版社出版。该书收录了柳氏13位好友或同事的贺文,霍克思的祝寿短剧为第六篇,书中第101—119页。这些文章原写自1997年,为庆祝柳存仁八十寿诞,后因修改及延误,至柳先生85岁生日时才得以结集出版。

---

① C. f. Rachel May and John Minford, "Editors' Introduction," in *A Birthday Book for Brother Stone:For David Hawkes,at Eighty*,Hong Kong:The Chinese University Press,2003,p.x.

同年,《鹿鼎记》英译本第 3 卷共 9 章(Chapters 20—28)由牛津大学出版社出版,此本为原作第 4、5 卷的节译。译者闵福德在该年 8 月所作的《译者注》中称霍克思为其"师傅",肯定其在此功夫三部曲的最终完成中所凝聚的巧技。① 霍克思实际译出了此卷的大部分内容,包括第 22—27 回。② 至此,《鹿鼎记》英译全部出齐,从英译具体完成量来看,霍克思在译文中实际上比闵福德贡献更大,霍氏计上序言共译 16 章,而闵氏共译 13 章,但霍克思始终坚持不署名,从中可见其淡泊名利之心,亦可显其对英译事业的真诚热爱。

同年,闵福德英译《孙子兵法》(Sun-Tzǔ: The Art of War)由美维京企鹅图书公司(Viking Penguin)首印发行,此前新书清样霍克思曾做校阅。

同年,霍、闵《红楼梦》译本得到英国汉学同行、曾在中国外文出版社供职的詹纳尔(William John Francis Jenner)的认可。作为中国古典名著《西游记》的权威译者,詹氏肯定霍闵本、杨戴本同为"优秀的译本""杰出的译本";两者比较,霍闵本为"增补本",杨戴本为"简练本"。③

2003 年　80 岁

4 月初,收到香港中文大学翻译研究中心寄来的《版权出让书》(Copyright Assignment),请求霍克思同意在《中国诗词宝库》(A Silver Treasury of Chinese Lyrics, a Renditions Paperback)发表其《乌夜啼(二)》《浪淘沙·帘外雨潺潺》和《虞美人》英译文并转让上述译作的版权于翻译研究中心出版社。

7 月下旬,收到后辈同行、剑桥唐史研究专家麦大维(David Mcmullen)的复函,感谢其寄赠的《汉学与亚洲研究:庆贺柳存仁教授八十五岁纪念》一书,并对霍克思《蟠桃会》英译及其《杜诗入阶》赞誉有加。

按:麦大维,剑桥大学唐史研究专家,圣约翰学院院士(a Fellow at St. John's)及英国学术院院士(Fellow of the British Academy)。1959 年皇家空军

---

① John Minford, "Translator's Notes," in *The Deer and the Cauldron: A Martial Arts Novel*, the third book, tr. & eds. John Minford & Rachel May, Hong Kong: Oxford University Press, 2002, p.xi.
② 范圣宇:《汉英对照版霍克思闵福德译〈红楼梦〉校勘记》,《红楼梦学刊》2015 年第 2 辑,第 305 页。
③ William John Francis Jenner, "Is Translation Always Doomed to Fail?" 见李焯然主编:《汉学纵横》,香港:商务印书馆,2002 年,第 72—74 页。

基地服役后，入剑桥大学圣约翰学院东方研究系学习汉学，1962 年毕业后继续深造，1968 年剑桥大学博士毕业，其间曾到台湾大学和哈佛大学短暂访学。毕业后，留任剑桥东方研究系副讲师及讲师，1985—1987 年选任英国汉学研究协会会长（President of the British Association for Chinese Studies），1989—2006 年任剑桥大学第八位汉学教授（Professor of Chinese Studies），1994 年荣任英国学术院院士，2006 年自剑桥退休。

8 月 3 日，友人班巴诺收到寄送的新书《柳毅传书》，对于霍克思将此书献给自己与妻子西尔维亚（Sylvie）感到非常开心与自豪，并对霍克思的翻译天赋佩服不已。

10 月 14 日，曹雪芹逝世 240 周年纪念大会在中国北京召开，霍克思、闵福德翁婿因其出色的《红楼梦》英译荣获大会颁发的"《红楼梦》翻译贡献奖"。这一奖项的获得表明霍、闵《红楼梦》翻译工作在译作源语国赢得了专业的赞誉与官方的肯定。该纪念大会由中国艺术研究院、中国红楼梦学会、北京市对外文化交流协会、北京市人民政府新闻办公室及宣武区人民政府等五家单位联合举办，同获组委会授奖的共有中外 22 位学者，其中包括中国的杨宪益、戴乃迭伉俪，旅法的李治华、雅克琳鸳侣及德国知名汉学家弗朗茨·库恩等。

12 月，包含四首霍克思李煜词译的《中国诗词宝库》与读者见面，其中《浪淘沙（一）·往事只堪哀》英译为首次与读者见面的译作。

本年，香港中文大学出版霍克思翻译、改编的《柳毅传书》（*Liu Yi and the Dragon Princess: A Thirteenth Century Zaju Play by Shang Zhongxian*）。此为霍克思真正全译的第一部也是唯一一部戏剧，此后霍克思没有再翻译过中国戏曲，准确地说继此英译剧后霍克思已在中国文学译事上封笔。且此部英译剧还有一处更为重要的价值即它是中国戏曲英译史上一部难得的演出剧，译者明确表达了翻译舞台剧而非案头剧的愿望。作为可贵的尝试，此剧寄托了霍克思希冀中国戏曲能够在西方舞台演出的美好理想与他对元杂剧的无限热爱之情，是霍克思戏曲翻译的代表作，值得霍克思研究者及中国戏曲外传的研究者认真关注。此译本包含一个长达 28 页的导论、42 页的英译正文和一个长达 40 页的附录，很好地体现了霍克思竭尽全力在西方传播中国戏曲的拳拳之心。

同年，为庆祝霍克思八十岁寿诞，香港中文大学和香港翻译协会联合出版《石兄颂寿集》。此书由霍克思大女儿梅瑞琦与夫婿约翰·闵福德牵头联系并负责编辑。两人于两年前即开始向友人约稿。书中辑录了霍克思各方的同事、朋友与学生为庆祝石兄八十大寿所写的深情回忆或热切祝福，并包含了一些友人最新的研究成果。书首有柳存仁先生的书法题字，书中为我们展示了一个为人谦诚、为学勤勉、远离尘嚣的智者形象，他的身上透着一股浩然正气。

同年，挪威裔汉学家艾皓德编辑的莱顿大学汉学丛书之一《中国古代文学中的爱与情》(*Love and Emotions in Traditional Chinese Literature*)出版。此书属于汉学专业类书籍，其中汉学家何莫邪(Christoph Harbsmeier, 1946—)和编者艾皓德博士的论文中多处引用、谈及霍译文。

按：何莫邪《佛教前汉文中"情"的意义》("The Semantics of *Qing* 情 in Pre-Buddhist Chinese")一文有关《楚辞》诗句的讨论引自霍克思1985年修订版《南方之歌——屈原及中国古代其他诗人诗选集》。何莫邪高度称赞此译著为"一部最具启发意义的作品"。挪威汉学家艾皓德在此书中的学术论文，名为《〈石头记〉中的爱情心理》("The Psychology of Love in *the Story of the Stone*")，论述中多引用霍克思《石头记》三卷的译文，只在迫不得已的情况下才自行修改或是重新翻译。且书中霍克思的这位汉学同行解释了他之所以如此处理的原因所在："这些(笔者按：《石头记》前三卷)译文准确性不一，因为它们首要的目的是再创一个可读的文本而不是谨守语言学上的精确。我只在所选译文影响到我的论证时，才修改霍克思的译文或自己重新翻译。当我这样做时，我很清楚地意识到，其中的文学性也因之非常不幸地大量丧失了。"显然，艾皓德非常欣赏与肯定霍克思《石头记》所体现出的文学性，只要不影响他的论证，他在论文中还是偏爱引用霍克思的译例。

2004年　81岁

7月5日，收到大女儿梅瑞琦的电邮，消除了印刷出版方面的担忧。信中，梅瑞琦详列了她校对《来自不信神祖父的信札》一书后发现的一些小问题以请示霍克思，字里行间体现着女儿对父亲深深的关切，也再现了梅瑞琦在校样时的严谨与专业。

圣诞期间，霍克思书信体散文集《来自不信神祖父的信札》在香港自费出版，全书共310页。此书既是霍克思生前出版的最后一本论著,又是霍克思唯一一部非学术性的作品。虽然书中传达的内容不失严肃,包含了作者对人类语言、宗教和历史文化的最新思考,但其行文用语相对轻松随意,并且褪去学术写作的严谨,虚实相间,史实与虚构相连,注重趣味性的同时对所谓"宗教"的一派胡言给予了辛辣、逗噱的批评。此书极其珍贵,霍克思仅印行了500本,每本均有编号,由作者分送友人。最为神奇的或许是此书俨然是译者本人文学创作深受其翻译活动影响的鲜活之例。

  按:与前述仿作者琼斯不同,霍克思在他的书信体散文集中没有套用曹雪芹《红楼梦》的整个叙事模式,也没有渗入超自然力,他主要模仿的是曹雪芹虚实相生的写作手法。全书以虚构小说的形式展开,但书中很多细节的描写却又能与霍克思本人的生活片段相吻合,尤其是书信前的序言或者叫开场白,真假莫辨立时吸引住了读者,让人不禁想起曹雪芹那众说纷纭的《红楼梦》开篇。且序言末的落款很奇怪,不是通常的 D. H.(David Hawkes)而是 H. D.,让读者自阅读肇始就不敢坐实一切。可是序言中这个 H. D.的回忆又给人似曾相识的感觉。而接下来 H. D.叙述的本书的来历,则更是真假难辨。书中正文共有31封信件,选取威尔士语言、圣经、可兰经、犹太历史、耶稣到达尔文、信仰、战争、隐形的世界、科学及道德等话题展开深入探讨,对伪善的宗教给予了犀利的批判,向往没有战争、人人平等的世界。这些信件在表达真知灼见的同时交织着不少事实,如第 28 封信祖父与孙子谈论战争问题时提及了祖父的成长经历,这个祖父的回忆经历竟与霍克思本人的情况那么相符。祖父说他"出生在 1914—1918 年战争结束后差不多 5 年的时候",我们算算正好是 1923 年,与霍克思的出生年份相同。祖父说"我是六个孩子中最大的一个",这也与《名人传》(Who's Who)中有关霍克思的介绍"下有弟妹五人"相符。书中很多见解非常深刻,有关中国、有关宗教信仰等话题也是非霍克思这样汉学功底深厚的大家才能撰写的。那么,此书真为霍克思所作?可是书前明言该老人是他人之祖!虚实之中,让人感慨霍克思运用《红楼梦》手法的娴熟。[①]

---

① 具体分析可参看王丽耘:《"石头"激起的涟漪究竟有多大?》,《红楼梦学刊》2012 年第 4 辑,第 199—220 页。

本年,南京大学程章灿教授在中国集刊《国际汉学》第11辑上发表《阿瑟·魏理年谱简编》,开篇即深情感谢霍克思等汉学家为其完成此年谱所提供的生活与工作上的众多方便和帮助。

同年,美国《朗文世界文学选集(17至18世纪)》(*The Longman Anthology of World Literature Vol.D:The 17th and 18th Century*)出版,第4卷涉及中国名著《红楼梦》翻译时摘选了霍、闵的《石头记》译文。《朗文世界文学选集》是美国"世界文学史新建构"学派的力作,其摘选说明了此学派对霍克思、闵福德译文的肯定。

2005年　82岁

年初,妻子西尔维亚·琼摔了一跤,伤及耳、背,女儿薇雷蒂(Verity)回家照顾。痊愈后,老两口相互扶持,彼此照应,走过并不轻松的晚年生活。此时,霍克思感觉大脑衰朽,西尔维亚·琼则深受骨质疏松症和关节炎之苦。

2月1日,《北京人》(*Beijinger*)杂志新闻记者布兰登·奥凯恩(Brendan O'kane)在华结网留言。虽然其中语词有些偏激,但是反映普通西方知识分子对霍译本的看法。"以我的经验,中国作品翻译成英文大部分是垃圾,外文社的很多译作也难逃此运。……你最好想法读到霍克思、闵福德翻译,企鹅书局出版的《石头记》。他俩的译文是我心目中文学翻译的至高标准,译作本身就是杰作。"

按:华结网由旅居上海的英国人、语言学家约翰·帕斯顿(John Pasden)创办,他同时也是上海捷果商务信息咨询有限公司(AllSet Learning)的创办人(此公司2010年成立,旨在帮助上海地区的外国居民有效学习汉语)。约翰来自佛罗里达州西部港市坦帕(Tampa, Florida),2000年佛罗里达州立大学日语专业毕业,其间学习了汉语。毕业后来华长居,先在杭州落脚,一边教授英语一边狂热地练习汉语。2004年他搬到上海,在上海华东师范大学完成了应用语言学硕士学位的攻读。约翰执着关注第二语言认知与技术辅助,力图找到汉语学习的最好方法。自2002年始,他开始在华结网上分享自己学习汉语的经验,为西方人学习汉语、了解中国文化提供交流的平台,此网的宗旨是"理解中国,学习汉语"。留言的读者或为旅居中国的外国人士或是志在学习汉语、了解中国的外国人士。《北京人》由外国人迈克于2001年创办,杂志读者群主要是旅居北京的外籍人士。

年底，霍克思邀请好友、美国汉学家多尔·利维（Dore J. Levy）来家中喝茶，与客人聊起英译本《石头记》的成形记。利维非常激动，因为这让她忆起了自己当年是如何迫不及待地等待霍译《石头记》下卷的出版，如何不知不觉走进了贾家的世界。

本年，全球最著名的英语教育出版机构——朗文（Longman）出版其《袖珍朗文作家字典》（The Longman Pocket Writer's Companion）时，将霍、闵《石头记》五卷本的译例收录在册，表明其对霍克思、闵福德译文质量的肯定。

2006 年　83 岁

2月24日，友人杜希德在英国剑桥过世。霍克思与其相识于20世纪六七十年代，1983年退休离开牛津前还曾向杜希德拜习历史。

> 按：杜希德（1925—2006），十二卷《剑桥中国史》主编，中国隋唐史研究的奠基人。他与霍克思年龄相仿，汉学经历相似，彼此惺惺相惜。两人都是在战争期间的短暂日语培训后加入汉学；两人都接受了专业的汉学训练，霍克思于牛津大学、杜希德于剑桥大学东方学系获得博士学位，其导师为剑桥第四任汉学教授、德国汉学莱比锡学派的代表人物哈隆（Gustav Haloun, 1898—1951）；且两人今后的汉学道路也极其相似：完成学业后均进入英国高校教授汉学，此生孜孜不倦地从事汉学研究与译介。2003年霍克思八十寿诞，杜希德作为好友呈上研究新作《马与唐朝》（The Horse and the Tang State）助兴。他在祝寿词中深情回忆并高度评价霍克思："我非常钦佩他对中国文学和文化的深刻了解。我认为他是我们这个领域目前健在的最好的翻译家，是为我们的事业增辉添彩的最和善的人之一。"①

3月上旬，与结束伦敦大学亚非学院讲学顺道来牛津的友人多尔·利维再度会面。

3月—7月间，与汉学友人马尼克斯·韦尔（Marnix Well）连续通信，讨论中国戏曲唱词中的韵律（Prosody）、词谱、工尺、音高和律名等，并专列笔记记下了30

---

① "Notes on Contributors: Denis Twitchett," in A Birthday Book for Brother Stone: For David Hawkes, at Eighty, eds. Rachel May & John Minford, Hong Kong: The Chinese University Press, 2003, p.364.

多首中国民歌的词与谱。

4月,接到好友艾皓德电话,其挪威汉学同行、霍克思曾经的牛津学生、当代国际著名汉学家何莫邪六十寿诞,中国学者、山东大学儒学研究中心庞朴创作《祝何翁六十华诞》以示庆贺,艾氏请求霍克思帮忙将之译成英文。

按:何莫邪1946年出生于德国,1966—1973年于牛津大学攻读汉学硕士学位,1981年于哥本哈根汉学博士学位,研修方向中国古典语法。毕业后于奥斯陆、哥本哈根、挪威、剑桥、新加坡、巴黎、中国等各高校或研究机构教学与工作,是一位名副其实的国际汉学家。汉学著作等身,创办了庞大的汉学文典库(Thesaurus Linguae Sericae)。

5月中旬,完成庞朴《祝何翁六十华诞》("海德堡头初识公/奥斯陆城见真容/谁知学贯中西者/原是北海虬髯翁")一诗的英译:Acquaintance first in HEIDELBERG began,/But OSLO showed the full measure of the MAN:/Holder of learning EAST and WEST the key-/Who but old BRISTLEBEARD of the NORTHERN SEA!①

本年,去法国方特马提(Fontmarty)看望女儿梅瑞琦一家,并拍照留念。

同年,女婿闵福德《聊斋志异》英译本(*Pu Songling: Strange Tales from a Chinese Studio*)出版,问世前霍克思曾对全稿进行了全面细致的校订。

同年,香港中文大学出版社出版《〈石头记〉英汉对照选读本》(*Selected Readings from the Story of the Stone: A Bilingual Version*),共500页。此书由巴努茵(Barbara Barnouin)和余长更(Changgeng Yu)合编,选辑《红楼梦》中100个经典片段并配以霍、闵相关译文。该书不仅对于西方汉学学生、汉学教师或只为欣赏中国古典名著的普通读者而言极有裨益,它也是两位汉学家翻译成就的杰出体现。

按:此书作者芭芭拉·巴努茵为日内瓦国际研究院亚洲中心研究员;Changgen Yu即"余长更",中国人,真名冉勃隆,余长更为笔名。冉勃隆20世纪六七十年代一直在中国外交部工作。

---

① "Poem by Pang Pu, with an English translation by David Hawkes," in *Studies in Chinese Language and Culture-Festschrift in Honour of Christoph Harbsmeier on the Occasion of His 60th Birthday*, eds. Christoph Anderl & Halvor Eifring, Oslo: Hermes Academic Publishing and Bookshop, 2006, p.i.此文献由香港李浩昌先生提供,特此感谢。

2007年　84岁

1月29日,将友人香港城市大学中国文化中心郑培凯先生的贺岁诗翻译并回寄,题为《试译培凯公贺岁诗　霍克思献丑》,令郑先生大惊。

5月,在《中国现代文学与文化》(Modern Chinese Literature and Culture)发表研究中国现代诗歌的学术论文《刘洪彬的诗歌》("The Poetry of Liu Hongbin")。此文完成于一年前(2006),为霍克思生前发表的最后一篇研究论文,它说明霍克思晚年对中国当代诗歌有所关注。

8月14日,去信刘陶陶丈夫Cheng-ch'ien,向其请教中国诗人李季《王贵与李香香》"香香送到沟底里"一句中"沟底里"的所指。

本年,葛锐(Ronald Y. Gary),美国俄亥俄大学教师兼中国辽宁师范大学国际商学院外教,就西方《红楼梦》英译情况撰写了一篇综述论文《英语红学研究纵览》,发表在《红楼梦学刊》第3辑。此文评价杨戴本和霍闵本"均为精雕细琢的上乘之作",但指出霍、闵"合译本为西方人最常用的英译本"。作为一名高校教师,葛锐对《红楼梦》英译本的关注与他关于霍、闵本的定位,代表了西方普通知识分子的观点,值得注意。

2008年　85岁

6月3日晚,与牛津汉学院原主任杜德桥、现任卜正民三人受郑培凯和白先勇之邀一同专程乘火车从牛津赶往伦敦为中国戏剧的西传捧场。当晚是青春版中国明代传奇剧《牡丹亭》在英国的首演,剧场选择在萨德勒斯韦尔斯剧院。首演后此剧获得好评,英国第一大报《泰晤士报》剧评员唐诺·胡特拉(Donald Hutera)称赞《牡丹亭》"本质上是一出美极而又奇异的戏"。霍克思对演出评价也极好,散场后他兴奋地与编剧白先勇畅谈,告诉白先生"《红楼梦》里也有《牡丹亭》呀"。他向友人、此剧的另一编排者、白先勇师兄——郑培凯先生大大表扬白氏。

按:杜德桥,英国学术院院士、牛津大学学院院士,1959年始入剑桥大学马德林学院(Magdalene College)完成本、硕、博阶段的学习,1965年始至牛津大学汉学科任教整二十年,1985—1989年短暂回母校剑桥大学工作,自1989

年始出任牛津大学第八任汉学讲座教授，主张研究中国古典文学应结合中国古代社会文化史与生活史的研究。他主要出版的汉学译著有《〈西游记〉：十六世纪中国文学发展的研究》(*The Hsi-yu Chi: A Study of Antecedents to the Sixteenth-century Chinese Novel*, 1970)、《妙善的传说》(*The Legend of Miao-shan*, 1978)、《李娃传》(*The Tale of Li Wa: Study and Critical Edition of a Chinese Story from the Ninth-century*, 1983)和《唐代的宗教经历和凡俗社会》(*Religious Experience and Lay Society in T'ang China: A Reading of Tai Fu's 'Kuang-i Chi'*, 1995)。

6月中，给班巴诺写去长信，信中除老年人常有的关于晚年生活了无生趣及身体日益衰老的谈说，主要谈及白先勇、谈及白氏牡丹亭表演并询问班氏英译《牡丹亭》的可能性。此信可见霍克思身虽老心仍系中华文化。

8月底，企鹅出版集团(Penguin Group)将《石头记》第1—3卷列入当年电子书出版计划，寄来出版协议补充条款请求签署。

9月，妻子西尔维亚·琼健康状况有所好转，陪西尔维亚·琼接受了手术。

冬，闵福德完成《〈石头记〉翻译中的实与虚》("Truth and Fiction in the Translating of *The Story of the Stone*")，后经霍克思审阅发表。

2009年　86岁

2月13日，在《泰晤士报文学增刊》第13—15页评论栏目发表纪念师友威廉·燕卜荪的文章《我中有你，你中有我》("Mix Them Grain by Grain, Memories of William Empson and the Sources of His 'Chinese Ballad'")[①]。此文以燕卜荪生前每每最爱在诵诗会结尾时朗读的译诗《中国歌谣》(李季创作的中国民歌《王贵与李香香》的片段英译)开篇，在细节的回忆中，娓娓谈及燕卜荪英译此诗的背景、燕卜荪有关此诗源头的陈述及燕卜荪"泥人"之考等问题。霍克思就燕卜荪译诗片段的真正源头及这些诗行的本初含义深挖穷索，从金圣叹《西厢记》的评批之语到赵孟頫妻的答夫短诗再到现代版的信天游民歌，从20世纪40年代末的北京

---

① David Hawkes, "Mix Them Grain by Grain, Memories of William Empson and the Sources of His 'Chinese Ballad'," *The Times Literary Supplement*(London, England), Friday, February 13, 2009, pp.13-15.此文由李浩昌先生帮忙找到，特此感谢。

到50年代的汉普斯敦再到60年代的牛津,从秦始皇陵兵马俑、唐代仕女像到《红楼梦》中的泥捏人像,从蒋一葵《尧山堂外纪》、冯梦龙《挂枝儿》到李开光《词谑》,霍克思指出你中有我、我中有你团土为夫妻的意象讴歌,很可能诗人李季不是承自赵孟頫,也不是中国大多数学者所认为的赵妻管仲姬,也不是继自诗人自以为的边区信天游民歌,而是来自更为久远的影响即诗人少时家乡生活的印记。同时,此文中,读者还能窥见一位伟大的汉学大师为自己可能的错误勇敢担当的操守。霍克思行文中仔细追溯往事,真诚地认为自己很有可能就是当年燕卜荪关于李季《王贵与李香香》一诗认识偏差的源头(燕卜荪在各种场合多次提到《中国歌谣》译诗的原作是"一经典主题的现代白话重写版"①),深表歉意。

3月底,将纪念威廉·燕卜荪的文章《我中有你,你中有我》让女婿闵福德代寄好友法国著名汉学家雷威安。

4月4日,收到中国驻英大使馆戴庆利外交官发来的电邮,询问如何购得霍克思、闵福德企鹅版五卷本《石头记》,以便作为中国大使面见英国女王的礼物。

4月7日,中国驻英大使傅莹女士(2007年4月—2010年1月任职)向英女王伊丽莎白二世呈赠霍克思、闵福德企鹅版五卷本《石头记》作为友好礼物。此举表明《红楼梦》源语国对霍、闵译本的认可,值得纪念。

4月,一个晴朗温暖的午后,与西尔维亚·琼一同接待中国驻英大使傅莹女士的拜访。先生亲自下楼双手胸前作揖以地道的中国话"欢迎光临寒舍"迎接中国来使。在傅莹的眼中,如面前是一座不起眼的两层楼房,不经意间访客就会错过;先生的会客厅稍显狭窄,到处堆满了中国古典文学作品和一些当代中国文学。霍克思与夫人陪着客人在会客厅里畅谈,傅莹面赠一套唐诗茶具,茶具上的中国诗歌引起了霍克思的探究兴趣。几天后他通过邮件向傅莹请教,他怀疑茶具上的"唐诗"是明代唐寅的《事茗图》。后经傅莹查证先生所猜极是,此"唐诗"非彼"唐诗"。此次拜访不仅让世人见到先生平生的淡泊与怡然,更可见其直到辞世前仍不减当年的严谨治学之风与旺盛汉学之兴!

6月26日,去信范圣宇,信中霍克思提到霍(闵)英译全本《石头记》第120回

---

① David Hawkes, "Mix Them Grain by Grain, Memories of William Empson and the Sources of His 'Chinese Ballad'," *The Times Literary Supplement* (London, England), Friday, February 13, 2009, p.13.

的"归结诗"由其译出;并谈到自己在女婿闵福德译《鹿鼎记》中具体参与的章回数。

7月初,与女婿等游历英格兰苏塞克斯郡的查尔斯顿村落,那儿曾是20世纪声名远播的"布鲁姆斯伯里派"在乡间的聚会之地。霍克思一生对布鲁姆斯伯里文化圈怀着仰慕之情。当时,他在一片花景中留影,照片上的他,侧身微笑,仿佛听到了大自然对他的耳语,那么神往与专注。

7月24日,病重,被家人送往医院。①

7月26日,霍克思大女儿梅瑞琦给范圣宇转去霍克思入院前口述的邮件,邮件中霍克思提出了一条重要校勘原则:"不确定就不改"②。

7月31日早,霍克思在牛津家中平静离世,妻子西尔维亚·琼及其儿女均在身边守候。生前的几个月里,霍克思一直忙着修改《石头记》译文,因本年他与上海外语教育出版社商定了在中国发行《石头记》双语对照版的事宜。在霍克思看来,这是一项宏大的工程,他请女婿闵福德帮忙,并聘中国学者范圣宇博士协助闵福德做中文底本的校勘工作。霍克思去世前,此工程大部分细节已敲定,但最终的编定及推出则因霍克思的仙逝推迟到了三年后。

按:范圣宇(1976—),澳洲国立大学亚太学院中文系教师,福建寿宁人,《红楼梦》英译及爱默生研究领域中青年学者,红学的代表性论著有《〈红楼梦〉管窥——英译、语言与文化》(中国社会科学出版社,2004)。范氏课余从事英译汉工作,曾获韩素音青年翻译大奖赛(英译汉)三等奖。他20世纪90年代于福建师范大学外国语学院完成本、硕学习,2000年入北京师范大学文学院攻读比较文学与世界文学专业博士学位,2004年入北京师范大学外文学院从事博士后研究,2006年获哈佛大学霍顿图书馆访学资助出国留学。回国后,范氏一直在福建师范大学任教,2012年始赴澳州国立大学任中文系讲师一职。范圣宇与闵福德的友谊初始于2004年杭州的一次会议上,此后两人电邮往来,2009年范应邀加盟《石头记》汉英语对照版的校勘工作,2012年与闵福德成为同事。

---

① 范圣宇:《汉英对照版霍克思闵福德译〈红楼梦〉校勘记》,《红楼梦学刊》2015年第2辑,第307页。
② 同上,第267页。

8月2日,中国《红楼梦学刊》2009年第5辑上发表编委会撰写的《沉痛哀悼霍克思先生》一文,高度评价霍克思是"中国学界的老朋友","为中国文学走向世界做出了重大贡献"。

8月14日,举行葬礼。

按:此前一周,家人已通过《泰晤士报》分类广告栏刊发了葬礼公告。

8月16日,中国红楼梦学会会长张庆善致唁电于牛津大学万灵学院院长,代表学会及个人对霍克思的离世深表哀悼,并肯定了其英文本《红楼梦》为中英文化交流做出的巨大贡献。此文后来以 PDF 形式收录在澳洲国立大学《中国遗产季刊》(*China Heritage Quarterly*)同年9月人物专栏(Features)《再见:大卫·霍克思、柳存仁和安利斯泰尔·莫里森》("Vale: David Hawkes, Liu Ts'un-yan and Alistair Morrison")一文末。《再见》一文纪念的是三位同在本年离世的中国文学研究与爱好者,霍克思部分包括了《泰晤士报》上闵福德所写讣文及中国红楼梦学会会长的唁电。

8月16日,友人刘绍铭写下《屯门杂思录:Brother Stone》一文,深情回忆石兄霍克思一生的成就。

8月25日,《卫报》刊出霍克思曾经的学生,英国《卫报》派驻香港、上海的前东亚部编辑约翰·基廷斯撰写的整版讣文《大卫·霍克思:汉学领路人和〈红楼梦〉译者》("Obituary: David Hawkes: Scholar Who Led the Way in Chinese Studies and Translated *The Story of the Stone*")。讣文笔触细腻,娓娓道来恩师生平的一些细节,尤其是回忆到牛津汉学学习生活时,对老师在牛津汉学教学内容上的革新感激不尽。

8月28日,女婿闵福德在英国伦敦《泰晤士报》纪录栏目发表人物特写《大卫·霍克思》("David Hawkes: Scholar Whose Superb Translation of the Lyrical Chinese Novel *The Story of the Stone* is Regarded as a masterpiece in Its Own Right"),哀悼与纪念这位伟大的汉学家。

按:此文未标注作者,但次年闵福德在参加"中国文学英译研究国际会议"作《悼念石兄》("A Tribute to Brother Stone")发言时,谈及了此篇特写,指出此文原是其为岳父所写的讣文。①

9月2日，《中华读书报》第18版《大人物》栏目刊登记者康慨的报道《〈红楼梦〉英译者霍克思去世》，表达中国人民对这位伟大汉学家的深深悼念。

9月23日，驻英大使傅莹在《卫报》文艺版发表英文稿《忆大卫·霍克思》("Remembering David Hawkes")②。文中，她娓娓道出不久前赴先生家中拜访的场景，笔下充满对这位伟大汉学家的敬仰与惜别之情。她称颂霍克思"实现了目标，将一部几不可译的小说译成了英文"，"他精湛的文言文、高超的英语修辞力与孜孜不倦的努力使其越过文化边界将这部杰作原汁原味地呈现在了英国读者的心目中"。

9月24日，《牛津大学公报》(Oxford University Gazette)讣告栏万灵学院有霍克思离世的消息，非常简短的两行，包括了逝者姓名、学历、去世日期、身前与万灵学院的关系说明。

10月19日，香港东华专上书院通识教育及基础研习学部主任童元方女士完成《敬礼译者——悼英译〈红楼梦〉的霍克思》一文，此文次年在《中国文化》第2期上发表。

2010年　去世后第一年

4月15日—16日，香港中文大学翻译系和牛津大学中国研究院(Insititute for Chinese Studies, University of Oxford)及牛津大学中国中心(Chinese Centre, University of Oxford)联合在香港中文大学行政楼的祖尧堂举行中国文学英译研究的国际会议"文化交流：英译中国文学"(International Conference *Cultural Interactions: Chinese Literature in English Translation*, in Memory of David Hawkes)。大会标题昭示了主办方及与会者纪念霍克思之心。该会议共持续了两天，主要负责人为牛津大学荣休教授刘陶陶女士、香港中文大学翻译系主任陈善伟教授与副主任黄国彬教授，齐聚了来自澳大利亚国立大学、牛津大学、香港中文大学、岭南大学、华

---

① John Minford, "A Tribute to Brother Stone," in *Style, Wit and Word-Play: Essays in Translation Studies in Memory of David Hawkes*, eds. Tao Tao Liu, Laurence K. P. Wong and Chan Sin-wai, Newcastle: Cambridge Scholars Publishing, 2012, p.5.

② 傅莹全文参看网址 http://www.theguardian.com/books/booksblog/2009/sep/23/1。

盛顿大学、加州大学、斯坦福大学、耶鲁大学、波莫纳学院等知名高校关注与热心中国文学译介的一批研究学者。会上宣读了2篇纪念霍克思的悼文(John Minford:"A Tribute to Brother Stone"; Tao Tao Liu:"A Tribute to David Hawkes: Scholar and Translator")和15篇会议交流论文。这些参会论文(除康达维一文)两年后在英国由剑桥学者出版社(Cambridge Scholars Publishing)成书,取名《风格、机智和文字游戏:翻译研究论文集——纪念霍克思》(*Style, Wit and Word-Play: Essays of Translation Studies in Memory of David Hawkes*)付印,向世人公开了海外霍克思研究及中国文学英译研究的最新成果。

按:实际上,召开"中国文学英译研究"主题会早在2009年香港中文大学已经发起,筹备时期正是霍克思抱恙之时,当时曾请教病中的霍克思,霍克思非常支持会议的筹办,一向不爱开会的他甚至有意亲临会场。遗憾的是他的健康状况日趋恶化,会议尚未召开,他已离世。近一年后,会议终于召开,人们在大会标题末加上了"为纪念霍克思"这样的文字以纪念在世纪之交中国文学英译事业中贡献巨大的霍克思先生。

又:讣文中闵福德先生的《悼念石兄》一文向与会学者首次公开了不少有关霍克思生平的细节,如霍克思祖先的情况及霍克思少年时代的生活等都是第一手的生平信息,会上展示的照片和照片上霍克思当年为女儿梅瑞琦解说而留下的文字尤有价值。另外会议论文中有5篇讨论霍克思中国文学英译,包括黄国彬《散文体的诗歌:大卫·霍克思的〈杜诗入阶〉》("Poetry in Prose: David Hawkes's *A Little Primer of Tu Fu*")、科洛·斯塔(Chloë Starr)《注意差距:论〈石头记〉中闵福德和霍克思间的转换》("Mind the Gap: the Hawkes-Minford Transition in *The Story of the Stone*")、刘陶陶《英译中国文学成为英语文学的关键何在?》("What Is the Point of Making Translations into English of Chinese Literature?")、闵福德《兼学者、编者与一身的译者——关于英汉对照本〈石头记〉的新汉语文本编写问题》("The Translator as Scholar and Editor: On Preparing a New Chinese Text for the Bilingual *The Story of the Stone*")和康大维(David Knechtges)《论楚辞中植物名的翻译》("Translating Plant Names in Chu Ci")。其中闵福德先生一文不仅谈及霍克思翻译中集编、研、译于一身的特征,同时提供了即将在中国出版该本英汉双语对照版的最新信息,对于中国的霍译研究者无疑是一个极大的喜讯。

4月22日,《牛津大学公报》讣告一栏基督教堂学院下有霍克思过世信息,更为简短,只包括姓名、去世日期、在基督教堂学院时间及临终年岁四项。

本年,香港学者鄢秀在《明报月刊》第6期《人文随笔》栏目发表《淡泊平生,孜孜以求——记阿瑟·威利与霍克思》[1]一文纪念20世纪英语世界屈指可数的两位文学家兼翻译家,"两人的治学态度与人生观,可谓一脉相承——淡泊名利,对学问孜孜以求。后辈学人有幸与二位大师接触,即使是神交,也是一种福分"。文中,鄢秀回忆了其夫妇二人自与霍克思初识以来七年的交往点滴,从最初备着问题前往到后来一个电话就能过去相聊,再到后来回港后电邮探讨的君子之交,活脱脱一位淡泊平易、热情体贴、谦逊好学的汉学老人形象跃入眼帘,让人感佩与欣羡。文中提到的一个细节也呼应了霍克思去世当年《细细融汇》一文的创作并发表:从他汉学讲座教授就职演说至今,半个世纪以来霍克思一直很关注中国民歌传统"泥人儿"的历史演变,"泥人儿"困扰其良久,他因之电邮请教鄢秀夫君郑培凯。当《细细融汇》发表后,霍克思将之寄赠鄢秀伉俪,特别感谢郑先生为此文撰写所提供的材料。

同年,美国明尼苏达大学亚洲语言文学系华裔学者郝稷在《杜诗入阶》出版近半个世纪后再次提起它。郝稷在《杜甫研究学刊》2010年第3期发表《霍克思与他的〈杜诗初阶〉》,关注点仍是《杜诗入阶》的编写特色,他在论文中主要通过列举译本独特之处并从杜诗英译史的角度来回答译著的意义问题。[2]

2012年　去世后第三年

2月1日,香港中文大学翻译系和校大学图书馆共同举行"霍克思文献"捐赠展(The David Hawkes Papers: An Exhibition)暨香港中文大学翻译系四十周年系庆及香港中文大学翻译文献库(The Translation Archive)成立典礼。霍克思文献经夫人西尔维亚·琼首由女婿兼遗稿保管人闵福德先生捐出,成为新成立的翻译文库收藏的第一批重要文献。该批文献随即在香港中文大学新亚学院钱穆图书馆

---

[1] 鄢秀:《淡泊平生,孜孜以求——记阿瑟·威利与霍克思》,《明报月刊》2010年第6期,第71—71页。

[2] 郝稷:《霍克思与他的〈杜诗初阶〉》,《杜甫研究学刊》2010年第3期,第93—99页。

连续公开展出14天(2月1日—2月14日),5月里又举办了一次此批文献的展览(5月2日—5月20日)。展出期间,闵福德教授亲自为前来参观者一一介绍这批珍贵的藏品。据了解,"霍克思文献"不仅收藏有大量霍克思生前未发表的稿件如深入研究元杂剧全集的心得等,还包括霍克思译牛津大学出版社初版的《楚辞》英译全本,该本中留存了不少霍克思的亲笔标注,1985年版《楚辞》英译修订本即据此改定。此外,"霍克思文献"中还藏有不少信息量丰富的来往信件,如霍克思与企鹅书局几位编辑的通信及有关其《鹿鼎记》翻译的通信,这些信件都未曾公开发表,是霍克思研究不可忽略的一座学术宝库。

7月1日,闵福德、范圣宇完成霍克思遗愿,在中国上海成功推出汉英对照版《红楼梦》五卷本。此本由曹雪芹著,霍克思、闵福德译,范圣宇版本校勘,企鹅出版集团授权上海外语教育出版社有限公司出版。五卷封面中文名为竖排"红楼梦·壹—伍",英文名"THE STORY OF THE STONE 1-5",并每卷另加单卷名中英文:"枉入红尘 THE GOLDEN DAYS""海棠诗社 THE CRAB-FLOWER CLUB""异兆悲音 THE WARNING VOICE""绛珠还泪 THE DEBT OF TEARS""万境归空 THE DREAMERS WAKES"。此五卷本列入中国名著汉外对照文库,在保留霍、闵《石头记》完整全貌的前提下,不仅首次提供了与其译文相对应的中文文字(清晰展现译者在翻译中对无定本的原文所做的处置),且译本中包含了为数不少的英译文改动(这是霍克思第一次全面修订《石头记》译文并出版,可谓霍、闵《石头记》首个修订本),故之,此汉英对照五卷本具有极高的收藏与研究价值。

2013年　去世后第四年

本年,香港中文大学"霍克思文献"电子处理工作有可喜推进。文献中霍克思《红楼梦》英译手稿首次全面公开,除第1回打印后销毁外,第2—80回的翻译底稿均可供研究者网上查询。这不仅是意欲全面解读霍克思字迹难辨的《〈红楼梦〉英译笔记》者的福音,更是全面展现霍克思《红楼梦》英译过程不可或缺的重要材料。

2014年　去世后第五年

11月,闵福德历时12年的译作《易经》(*I Ching*,*The Essential Translaion of the*

Oracle and Book of Wisdom)问世,书中序言记录了霍克思病危时一段有关《易经》释译的谈话:"无论你怎么处理","一定要让你的读者明白每一句都有无数种解读方式,这是此书的奥秘所在,没有人能真正知道它确切的含义!"[1]从译著的最终面貌可见霍克思临终谆谕对闵福德译作的指导意义。

2015 年　去世后第六年

9 月 24 日,霍克思、闵福德新出汉英对照版《红楼梦》五卷本随中国国家主席习近平到访美国,与上海外语教育出版社出版的其他"中国名著汉外对照文库本"一同作为礼物馈赠美国塔科马市林肯高中(Lincoln High School,Tacoma)。可见,中国官方对霍、闵译本的肯定。

附录:大卫·霍克思作品索引

一、论著、译著

1. *Ch'u Tz'ŭ*,*The Songs of the South:An Ancient Chinese Anthology*,London/Boston:Oxford University Press/Beacon Press,1959/1962.

2. *A Little Primer of Tu Fu*,Oxford:Clarendon Press,1967.

3. *The Story of the Stone*,Volume 1–3.Harmondsworth:Penguin Books,1973–1980.

4. "Crows Cry in the Night No.2,"*Renditions Books*,1976.

5. *The Songs of the South:An Ancient Chinese Anthology of Poems by Qu Yuan and Other Poets*,Harmondsworth:Penguin,1985.

6. *Classic,Modern and Humane:Essays in Chinese Literature*,eds. John Minford & Siu-kit Wong,Hong Kong:The Chinese University Press,1989.

---

[1]　John Minford,*I Ching*,*The Essential Translaion of the Oracle and Book of Wisdom*,New York:Viking,2014,p.24.

7. *The Story of the Stone：A Translator's Notebooks*, Hong Kong：Centre for Literature and Translation, Ling Nan University, 2000.

8. "To the Tune 'The Beauteous Lady Yu'" & "To the Tune 'Waves Scour The Sands', No.1 and 2," *Renditions*, Vol.58, 2002.

9. "The Magic Peaches：A Birthday Playlet for Professor Liu," in *Sino-Asiatica：Papers dedicated to Professor Liu Ts'un-yan on the occasion of his Eighty-fifth Birthday*, eds. Wang Gungwu, Rafe de Crespigny, Igor de Rachewiltz, Canberra：The Australian National University, 2002.

10. *Liu Yi and the Dragon Princess*, Hong Kong：The Chinese University Press, 2003.

11. *Letters from a Godless Grandfather*, Hong Kong, Christmas, 2004.

二、论文

1. "(Review) *The Hall of Light：A Study of Early Chinese Kingship*. By W. E. Soothill," *The Hibbert Journal：A Quarterly Review of Religion, Theology and Philosophy*, Vol.50-51(1951).

2. "(Review) *Tu Fu, China's Greatest Poet*. By William Hung," *Journal of the Royal Asiatic Society of Great Britain and Ireland*, Nos. 3/4(Oct. 1953).

3. "(Review) *Han Shih Wai Chuan. Han Ying's Illustrations of the Didactic Application of the Classic of Songs：An Annotated Translation* by James Robert Hightower," *Journal of the Royal Asiatic Society of Great Britain and Ireland*, Nos. 3/4(Oct. 1953).

4. "(Review) *The Evolution of a Chinese Novel：Shui-hu-chuan*. By Richard Gregg Irwin," *Journal of the Royal Asiatic Society of Great Britain and Ireland*, Nos. 1/2(Apr. 1955).

5. "(Review) *The Literary Mind and the Carving of Dragons*. By Liu Hsieh. Tr. with an Introdution and Notes by Vincent Yu-chung Shih," *The Journal of Asian Studies*, Vol. 19, No.3(May 1960).

6. "(Review) *Chinese Literature：A Historical Introduction*. By Ch'en Shou-yi," *The Journal of Asian Studies*, Vol.21, No.3(May 1962).

7. "(Review) *Cold Mountain: 100 Poems by the T'ang Poet Han-shan* by Burton Watson," *Journal of the American Oriental Society*, Vol.82, No.4(Oct.-Dec. 1962).

8. "(Review) *Confucian Personalities* by Arthur F. Wright; Denis Twitchett," *Harvard Journal of Asiatic Studies*, Vol.24(1962–1963).

9. "(Review) *The Art of Chinese Poetry*. By James J. Y. Liu," *Journal of the Royal Asiatic Society*, Vol.95, Nos.3/4(Oct. 1963).

10. "(Review) *The Penguin Book of Chinese Verse*. Tr. by Robert H. Kotewall and Norman L. Smith; introduced and ed. by A. R. Davis," *Journal of the Royal Asiatic Society*, Vol.95, Nos.3/4(Oct. 1963).

11. "(Review) *Chinese Literature: A Historical Introduction*. By Ch'en Shou-yi," *Journal of the Royal Asiatic Society*, Vol.95, Nos.3/4(Oct. 1963).

12. "(Review) *The Art of Chinese Poetry*. By James J. Y. Liu," *Bulletin of the School of Oriental and African Studies*, *University of London*, Vol.26, No.3(1963).

13. "(Review) Jao Tsung-I: *Tz'ǔ-tsi K'ao: Examination of Documents Relating to Tz'ǔ*," *Bulletin of the School of Oriental and African Studies*, *University of London*, Vol.28, No.3(1965).

14. "(Review) *Intrigues: Studies of the Chan-kuo Ts'e* by J. I. Crump, Jr.," *Journal of the American Oriental Society*, Vol.86, No.3(1966).

15. "(Review) *Chinese Rhyme-prose* by Burton Watson," *Asia Major*, Vol.18, Pt.2 (1973).

16. "(Review) *A Further Collection of Chinese Lyrics and Other Poems*. Rendered into verse by Alan Ayling from the translations of the Chinese by Duncan Mackintosh in collaboration with Ch'eng His and T'ung Pingcheng," *Journal of the American Oriental Society*, Vol.93, No.4(Oct.-Dec. 1973).

17. 《霍克思教授致潘重规教授函》,《红楼梦研究专刊》,1976(12):附录1—4.

18. "(Review) *Dictionary of Oriental Literatures*. General editor Jaroslav Prusek. London: George Allen & Unwin, 1974," *The China Quarterly*, Vol.75(Sept. 1978).

19. "(Review) *Pacing the Void: T'ang Approaches to the Stars*. By Edward H.

Schafer," *Pacific Affairs*, Vol.51, No.4(1978).

20."Preface," *Early Chinese Literary Criticism*, ed. & tr. Siu-kit Wong, Hong Kong: Joint Publishing, 1983.

21."(Review) *Lyric Poets of the Southern T'ang. Feng Yen-ssu, 903-906, and Li Yü, 937-978* by Daniel Bryant," *Pacific Affairs*, Vol.56, No.43(Autumn 1983).

22."Ch'u Tz'ǔ 楚辞," *Early Chinese Texts: A Bibliographical Guide*, ed. Michael Loewe, Berkeley: the Society for the Study of Early China, 1993.

23."Preface," *Minds and Mentalities in the Traditional Chinese Literature*, ed. Halvor Eifring, Beijing: Culture and Art Publishing House, 1999.

24."The Poetry of Liu Hongbin," *Modern Chinese Literature and Culture*, May 2007.

中文文献（以主要责任者姓氏音序排列）

一、著作（含译著）

A

安旗,薛天纬.李白年谱.济南:齐鲁书社,1982.
安田朴.中国文化西传欧洲史.耿昇,译.北京:商务印书馆,2000.

B

白之.白之比较文学论文集.微周,等,译.长沙:湖南文艺出版社,1987.

C

蔡义江.红楼梦诗词曲赋评注.北京:北京出版社,1979.
曹广涛.英语世界的中国传统戏剧研究与翻译.广州:广东高等教育出版社,2009.
曹雪芹,高鹗.红楼梦.北京:人民文学出版社,1982.
陈受颐.中欧文化交流史事论丛.台北:台湾商务印书馆,1970.
陈伟,王捷.东方美学对西方的影响.上海:学林出版社,1999.

D

董解元.西厢记诸宫调.侯岱麟,校订.北京:文学古籍刊行社,1955.

都文伟.百老汇的中国题材与中国戏曲.上海:上海三联书店,2002.

杜平.想象东方:英国文学的异国情调和东方形象.上海:上海外语教育出版社,2007.

段安节.乐府杂录.北京:中华书局,1985.

段怀清.传教士与晚清口岸文人.广州:广东人民出版社,2007.

段怀清,周俐玲.《中国评论》与晚清中英文学交流.广州:广东人民出版社,2006.

F

范存忠.中国文化在启蒙时期的英国.上海:上海外语教育出版社,1991.

范圣宇.《红楼梦》管窥——英译、语言与文化.北京:中国社会科学出版社,2004.

冯庆华.红译艺坛——《红楼梦》翻译艺术研究.上海:上海外语教育出版社,2006.

冯庆华.母语文化下的译者风格——《红楼梦》霍克斯与闵福德译本研究.上海:上海外语教育出版社,2008.

G

葛桂录.雾外的远音——英国作家与中国文化.银川:宁夏人民出版社,2002.

葛桂录.他者的眼光——中英文学关系论稿.银川:宁夏人民教育出版社,2003.

葛桂录.中英文学关系编年史.上海:上海三联书店,2004.

葛桂录.跨文化语境中的中外文学关系研究.上海:上海三联书店,2008.

葛桂录.比较文学之路:交流视野与阐释方法.上海:上海三联书店,2014.

葛桂录.经典重释与中外文学关系新垦拓.北京:人民出版社,2014.

葛桂录.含英咀华:葛桂录教授讲中英文学关系.北京:中央编译出版社,2014.

葛桂录.雾外的远音——英国作家与中国文化.修订增补本.福州:福建教育出版社,2015.

葛桂录.中外文学交流史:中国-英国卷.济南:山东教育出版社,2015.

葛桂录.中英文学交流史(14—20世纪中叶).繁体字版.台北:万卷楼书局,2015.

葛校琴.后现代语境下的译者主体性研究.上海:上海译文出版社,2006.

故宫博物院明清档案部,福建师范大学历史系.清季中外使领年表.北京:中华书局,1985.

顾伟列.20世纪中国古代文学国外传播与研究.上海:华东师范大学出版社,2011.

H

海岸.中西诗歌翻译百年论集.上海:上海外语教育出版社,2007.

何培忠.当代国外中国学研究.北京:商务印书馆,2006.

何寅,许光华.国外汉学史.上海:上海外语教育出版社,2002.

洪湛侯.诗经学史.北京:中华书局,2002.

胡文彬,周雷.香港红学论文选.天津:百花文艺出版社,1982.

胡勇.中国镜像——早期中国人英语著述里的中国.苏州:苏州大学出版社,2012.

胡优静.英国19世纪的汉学史研究.北京:学苑出版社,2009.

黄长著,孙越生,王祖望.欧洲中国学.北京:社会科学文献出版社,2004.

黄鸣奋.英语世界中国古典文学之传播.上海:学林出版社,1997.

J

江岚.唐诗西传史论——以唐诗在英美的传播为中心.北京:学苑出版社,2009.

姜其煌.欧美红学.郑州:大象出版社,2005.

蒋天枢.楚辞校释.上海:上海古籍出版社,1989.

L

老子.老子.王弼,注.上海:上海古籍出版社,1989.

乐黛云,等.欧洲中国古典文学研究名家十年文选.南京:江苏人民出版社,1998.

李强.中西戏剧文化交流史.北京:人民音乐出版社,2002.

李盛平.中国近现代人名大辞典.北京:中国国际广播出版社,1989.

李时岳.李提摩太.北京:中华书局,1964.

李奭学.中西文学因缘.台北:联经出版事业公司,1991.

李玉良.《诗经》英译研究.济南:齐鲁书社,2007.

利奇温.十八世纪中国与欧洲的文化接触.朱杰勤,译.北京:商务印书馆,1962.

廖七一.胡适诗歌翻译研究.北京:清华大学出版社,2006.

林本椿.福建翻译家研究.福州:福建教育出版社,2005.

林庚.诗人李白.上海:上海古籍出版社,2000.

林煌天.中国翻译词典.武汉:湖北教育出版社,1997.

林健民.中国古诗英译.北京:中国华侨出版公司,1989.

林以亮.文思录.沈阳:辽宁教育出版社,2001.

林以亮.红楼梦西游记·细评红楼梦新英译.台北:联经出版事业公司,2007.

刘宓庆.汉英对比研究与翻译.南昌:江西教育出版社,1991.

刘士聪.红楼译评:《红楼梦》翻译研究论文集.天津:南开大学出版社,2004.

刘正.海外汉学研究——汉学在20世纪东西方各国研究和发展的历史.武汉:武汉大学出版社,2002.

刘正.图说汉学史.桂林:广西师范大学出版社,2005.

逯钦立.先秦汉魏晋南北朝诗(上、中、下).北京:中华书局,1983.

逯钦立.汉魏六朝文学论集.西安:陕西人民出版社,1984.

吕叔湘.中诗英译比录.北京:中华书局,2002.

罗锦堂.从赵氏孤儿到中国孤儿.台北:联经出版事业公司,1977.

M

马戛尔尼.乾隆英使觐见记.刘半农,译.上海:中华书局,1916.

马祖毅,任荣珍.汉籍外译史.武汉:湖北教育出版社,1997.

孟华.比较文学形象学.北京:北京大学出版社,2001.

莫东寅.汉学发达史.上海:上海书店出版社,1989.

P

潘文国.汉英对比纲要.北京:北京语言文化大学出版社,1997.

潘重规.红学六十年.台北:三民书局,1991.

R

荣广润,姜萌萌,潘薇.地球村中的戏剧互动:中西戏剧影响比较研究.上海:上海三联书店,2007.

阮元.十三经注疏附校勘记.北京:中华书局,1980.

S

萨本仁,潘兴明.20世纪的中英关系.上海:上海人民出版社,1996.

沙枫.中国文学英译絮谈.香港:大光出版社,1976.

沈福伟.西方文化和中国(1793—2000).上海:上海教育出版社,2003.

沈福伟.中西文化交流史.2版.上海:上海人民出版社,2006.

沈岩.船政学堂.北京:科学出版社,2007.

施建业.中国文学在世界的传播与影响.济南:黄河出版社,1993.

施叔青.西方人看中国戏剧.台北:联经出版事业公司,1976.

史景迁.文化类同与文化利用:世界文化总体对话中的中国形象.廖世奇,彭小樵,译.北京:北京大学出版社,1990.

宋柏年.中国古典文学在国外.北京:北京语言学院出版社,1994.

孙歌,陈燕谷,李逸津.国外中国古典戏曲研究.南京:江苏教育出版社,2000.

孙景尧.沟通——访美讲学论中西比较文学.南宁:广西人民出版社,1991.

T

谭树林.马礼逊与中西文化交流.杭州:中国美术学院出版社,2004.

谭载喜.西方翻译简史.北京:商务印书馆,1991.

唐敬杲.列子.北京:商务印书馆,1926.

唐玄龄.晋书.北京:中华书局,1974.

W

汪榕培,王宏.中国典籍英译.上海:上海外语教育出版社,2009.

王国强.《中国评论》(1872—1901)与西方汉学.上海:上海书店出版社,2010.

王宏印.《红楼梦》诗词曲赋英译比较研究.西安:陕西师范大学出版社,2001.

王丽娜.中国古典小说戏曲名著在国外.上海:学林出版社,1988.

王拾遗.白居易生活系年.银川:宁夏人民出版社,1981.

王晓路.西方汉学界的中国文论研究.成都:巴蜀书社,2003.

王琰.汉学视域中的《论语》英译研究.上海:上海外语教育出版社,2012.

王毅.皇家亚洲文会北中国支会研究.上海:上海书店出版社,2005.

王英志.袁枚评传.南京:南京大学出版社,2002.

王运熙,李宝均.李白.上海:上海古籍出版社,1979.

威妥玛.语言自迩集——19世纪中期的北京话.张卫东,译.北京:北京大学出版社,2002.

韦斯坦因.比较文学与文学理论.刘象愚,译.沈阳:辽宁人民出版社,1987.

魏尔特.赫德与中国海关.陈毁才,等,译.厦门:厦门大学出版社,1993.

吴伏生.汉诗英译研究:理雅各、翟理斯、韦利、庞德.北京:学苑出版社,2012.

吴戈.中美戏剧交流的文化解读.昆明:云南大学出版社,2006.

吴结平.英语世界里的《诗经》研究.成都:四川大学出版社,2008.

吴世昌.吴世昌全集.石家庄:河北教育出版社,2002.

X

奚永吉.文学翻译比较美学.武汉:湖北教育出版社,2000.

夏康达,王晓平.二十世纪国外中国文学研究.天津:天津人民出版社,2000.

夏写时,陆润棠.比较戏剧论文集.北京:中国戏剧出版社,1988.

香港中文大学中国古典文学翻译委员会.英美学人论中国古典文学.香港:香港中文大学出版社,1973.

谢天振.译介学.上海:上海外语教育出版社,1999.

谢天振.翻译研究新视野.青岛:青岛出版社,2003.

熊式一.王宝川.北京:商务印书馆,2006.

熊文华.英国汉学史.北京:学苑出版社,2007.

徐通锵.基础语言学教程.北京:北京大学出版社,2001.

徐学.英译《庄子》研究.上海:复旦大学出版社,2008.

许国烈.中英文学名著译文比录.西安:陕西人民出版社,1985.

许渊冲.楚辞:汉英对照.北京:中国对外翻译出版公司,2008.

Y

阎振瀛.理雅各氏英译论语之研究.台北:台湾商务印书馆,1971.

杨宪益.我有两个祖国——戴乃迭和她的世界.桂林:广西师范大学出版社,2003.

尹锡康,周发祥.楚辞资料海外编.武汉:湖北人民出版社,1986.

于曼玲.中国古典戏曲小说研究索引.广州:广东高等教育出版社,1992.

俞平伯.红楼梦研究.上海:复旦大学出版社,2004.

余石屹.汉译英理论读本.北京:科学出版社,2008.

岳峰.架设东西方的桥梁——英国汉学家理雅各研究.福州:福建人民出版社,2004.

Z

詹庆华.全球化视野:中国海关洋员与中西文化传播(1854—1950年).北京:中国海关出版社,2008.

张弘.中国文学在英国.广州:花城出版社,1992.

张西平.传教士汉学研究.郑州:大象出版社,2005.

张西平.欧美汉学研究的历史与现状.郑州:大象出版社,2005.

张西平.马礼逊研究文献索引.郑州:大象出版社,2008.

张星烺,朱杰勤.中西交通史料汇编.北京:中华书局,1977.

张芝联.中英通使二百周年学术讨论会论文集.北京:中国社会科学出版社,1996.

郑振铎.郑振铎古典文学论文集(上、下).上海:上海古籍出版社,1984.

郑振铎.中国文学史.北京:团结出版社,2006.

中国社会科学院.世界中国学家名录.北京:社会科学文献出版社,1994.

中国社会科学院近代史研究所翻译室.近代来华外国人名辞典.北京:中国社会科学出版社,1981.

周珏良.数百年来的中英文化交流//周珏良文集.北京:外语教学与研究出版社,1994.

朱安博.归化与异化:中国文学翻译研究的百年流变.北京:科学出版社,2009.

朱杰勤,黄邦和.中外关系史辞典.武汉:湖北人民出版社,1992.

邹霆.永远的求索:杨宪益传.上海:华东师范大学出版社,2001.

二、论文

B

白之.明传奇的几个课题与几种方法//微周,等,译.白之比较文学论文集.长沙:湖南文艺出版社,1987.

白之.元明戏剧的翻译与移植:困难与可能性//微周,等,译.白之比较文学论文集.长沙:湖南文艺出版社,1987.

C

曹广涛.文化距离与英语国家的中国戏曲研究.理论月刊,2007(8).

常雅婷.阿瑟·韦利的白居易诗歌翻译研究.首都师范大学比较文学与世界文学专业硕士论文,2009.

陈宏薇,江帆.难忘的历程——《红楼梦》英译事业的描述性研究.中国翻译,

2003(5).

陈怀宇.英国汉学家艾约瑟的"唐宋思想变革"说.史学史研究,2011(4).

陈惠.阿瑟·韦利翻译研究.湖南师范大学英语语言文学专业博士论文,2010.

陈惠.阿瑟·韦利诗歌翻译思想探究.湘潭大学学报,2011(3).

陈可培.沟通中西文化的有益尝试:论大卫·霍克思译《红楼梦》几首诗词.红楼梦学刊,2001(3).

陈可培.译者的文化意识与译作的再生——论 David Hawkes 译《红楼梦》的一组诗.天津外国语学院学报,2003(1).

陈可培.误读,误译,再创造:读霍克思译《红楼梦》札记.外语与翻译,2004(2).

陈亮.翟理斯与魏理关于《楚辞·大招》翻译的论争.聊城大学学报,2012(5).

陈受颐.十八世纪欧洲之中国园林.岭南学报,1931(1).

陈尧圣.英国的汉学研究//陶振誉,等.世界各国汉学研究论文集:第1辑.台北:中国文化研究所,1962.

陈友冰.英国汉学的阶段性特征及成因探析——以中国古典文学研究为中心.台北:汉学研究通讯,2008(107).

陈志明.汉语重叠式副词研究——以霍克斯的《红楼梦》英译本为例.河北师范大学英语语言文学专业硕士论文,2011.

程代熙.《红楼梦》与十八世纪的欧洲文学.红楼梦学刊,1980(2).

程钢.理雅各与韦利《论语》译文体现的义理系统的比较分析.孔子研究,2002(2).

程飘云.得意而又不忘形——阿瑟·韦利《九歌》"兮"字译法辨析.鸡西大学学报,2013(3).

程章灿.汉诗英译与英语现代诗歌——以魏理的汉诗英译及跳跃韵律为中心.江苏行政学院学报,2003(3).

程章灿.魏理的汉诗英译及其与庞德的关系.南京大学学报,2003(3).

程章灿.想象异邦与文化利用:"红毛番"与大清朝——前汉学时代的一次中英接触.南京审计学院学报,2004(2).

程章灿.阿瑟·魏理年谱简编//国际汉学:第11辑.郑州:大象出版社,2004.

程章灿.魏理与布卢姆斯伯里文化圈交游考.中国比较文学,2005(1).

程章灿.魏理眼中的中国诗歌史——一个英国汉学家与他的中国诗史研究.鲁迅研究月刊,2005(3).

程章灿.东方古典与西方经典——魏理英译汉诗在欧美的传播及其经典化.中国比较文学,2007(1).

程章灿.魏理文学创作中的"中国体"问题——中国文学在异文化语境中传播接受的一个案例//张宏生,钱南秀.中国文学:传统与现代的对话.上海:上海古籍出版社,2007.

程章灿.魏理及一个"恋"字.读书,2008(2).

崔永禄.霍克斯译《红楼梦》中倾向性问题的思考.外语与外语教学,2003(6).

D

戴清娥,杨成虎.《红楼梦》英译本饮食名称翻译的对比研究——以杨宪益和霍克思的英译本为例.云南师范大学学报,2009(4).

戴艳云.从互文性理论解读《聊斋志异》翟译本的创造性叛逆.安徽大学外国语言学及应用语言学专业硕士论文,2009.

邓艳.翟理斯和许渊冲的中国古诗英译比较研究——从文化和陌生化诗学的角度.中山大学外国语言学及应用语言学专业硕士论文,2011.

邓媛.《论语》四个英译本的比较研究.沈阳师范大学外国语言学及应用语言学专业硕士论文,2008.

邓云乡.英国汉学家霍克思教授//云乡琐记.石家庄:河北教育出版社,2004.

董春萍.翻译中的衔接——基于杨宪益和霍克斯的红楼梦英文译本的案例分析.山东大学英语语言文学专业硕士论文,2011.

董守信.翟理斯和他的《华英字典》.津图学刊,2002(2).

董艳,胡勤.想象的他者——翟理斯《聊斋志异》英译本研究.赤峰学院学报,2013(3).

都文伟.英语文本中的中国戏曲.中华戏曲,1998(21).

段怀清.理雅各《中国经典》的翻译缘起及体例考略.浙江大学学报,2005(3).

段怀清.理雅各与儒家经典.孔子研究,2006(6).

F

范圣宇.浅析霍克思译《石头记》中的版本问题.明清小说研究,2005(1).

冯舸.《庄子》英译历程中的权力政治.华东师范大学语言学及应用语言学专业硕士论文,2011.

傅勇.剑桥汉学管窥.中国文化研究,2004(2).

G

葛桂录."中国不是中国":英国文学里的中国形象.福建师范大学学报,2005(5).

龚云霞,王树槐.多棱折射的文化镜像——霍克斯的文化策略与文化心态透视.华南理工大学学报,2008(4).

顾卫星.马礼逊与中西文化交流.外国文学研究,2002(4).

顾真.文人著译第一流:汉学家翟理斯研究.上海外国语大学比较文学与世界文学专业硕士论文,2012.

管兴忠,马会娟.试析霍译《红楼梦》(第一卷)不足之处.解放军外国语学院学报,2003(1).

郭乐之.经典通俗化与译者行为——韦利《西游记》英译个案研究.扬州大学外国语言学及应用语言学专业硕士论文,2011.

郭鸣宇.《红楼梦》霍译本和乔译本中的语用充实对比研究.大连理工大学外国语言学及应用语言学专业硕士论文,2006.

H

海镇.论译者文化身份对翻译的影响——阿瑟·韦利和许渊冲中诗英译对比分析研究.东华大学外国语言学及应用语言专业硕士论文,2010.

韩辉."音美再现"——析 H. A. Giles 译《秋声赋》.广西大学学报,2008(1).

郝国栋.东学西渐译道德——以《道德经》理雅各、韦利、刘殿爵三译本为例的比较研究.山东大学中国古代史专业硕士论文,2011.

郝稷.霍克思与他的《杜诗初阶》.杜甫研究学刊,2010(3).

郝稷.英语世界中杜甫及其诗歌的接受与传播.中国文学研究,2011(1).

郝霞.从图形背景理论看《红楼梦》霍克斯译本中仿词的翻译.中南大学外国语言学及应用语言学专业硕士论文,2009.

何玲.社会符号学视角下《红楼梦》霍克斯译本的对联翻译研究.中南大学外国语言学及应用语言学专业硕士论文,2010.

《红楼梦学刊》编委会.沉痛哀悼霍克思先生.红楼梦学刊,2009(5).

洪涛.《红楼梦》英译与东西方文化的语言.红楼梦学刊,2001(4).

洪涛.《红楼梦》的典故与跨文化翻译问题.安徽师范大学学报,2002(2).

洪涛.论《石头记》霍译的底本和翻译评论中的褒贬——以《浅析霍克思译石头记中的版本问题》为中心.明清小说研究,2006(1).

洪涛.英国汉学家与《楚辞·九歌》的歧解和流传.漳州师范学院学报,2008(1).

胡文彬.《红楼梦》在西方的流传与研究概述.北方论丛,1980(1).

胡优静.英国汉学家伟烈亚力的生平与学术交往.汉学研究通讯,2006(98).

胡宇,廖文丽.阿瑟·韦利的文化身份与《论语》翻译研究.长江大学学报,2011(6).

滑彦立.从文化预设角度看阿瑟·韦利英译《道德经》.河北师范大学外国语言学及应用语言学专业硕士论文,2010.

黄鸣奋.近四世纪英语世界中国古典文学之流传.学术交流,1995(3).

黄鸣奋.英语世界中国先秦至南北朝诗歌之传播.贵州社会科学,1997(2).

黄鸣奋.二十世纪英语世界中国近代戏剧之传播.中华戏曲,1998(21).

黄勇.基于语料库的亚瑟·韦利《论语》译本的翻译风格研究.华中师范大学外国语言学及应用语言学专业硕士论文,2012.

霍克思.西人管窥《红楼梦》.红楼梦学刊,1980(1).

霍克思.读吴世昌先生七绝《扑蝶》学生霍克思次韵.红楼梦学刊,1980(4).

J

冀爱莲.阿瑟·韦利与丁文江交游考.福建论坛,2009(Z1).

冀爱莲.翻译、传记、交游:阿瑟·韦利汉学研究策略考辨.福建师范大学比较文学与世界文学专业博士论文,2010.

江帆.他乡的石头记——《红楼梦》百年英译史研究.复旦大学,比较文学与世界文学专业博士论文,2007.

江岚,罗时进.唐诗英译发轫期主要文本辨析.南京师大学报,2009(1).

江岚,罗时进.早期英国汉学家对唐诗英译的贡献.上海大学学报,2009(2).

姜俊.接受理论视角下的"金陵判词"霍译本研究.长沙理工大学外国语言学及应用语言学专业硕士论文,2010.

姜其煌.《红楼梦》西文译本序跋谈.文艺研究,1979(2).

姜其煌.《红楼梦》霍克思英文全译本.红楼梦学刊,1980(1).

姜其煌.《红楼梦》西文译本一瞥.读书,1980(4).

蒋林,余叶盛.浅析阿瑟·韦利《九歌》译本的三种译法.中国翻译,2011(1).

K

阚维民.剑桥汉学的形成与发展//国际汉学:第10辑.郑州:大象出版社,2004.

柯大翙.评霍克思英译《红楼梦》前八十回.北方论丛,1981(5).

L

雷慧慧.霍克斯英译本《柳毅传书》中的操纵性.武汉理工大学英语语言文学专业硕士论文,2010.

李冰梅.冲突与融合:阿瑟·韦利的文化身份与《论语》翻译研究.首都师范大学比较文学与世界文学专业博士论文,2009.

李冰梅.韦利创意英译如何进入英语文学——以阿瑟·韦利翻译的《中国诗歌170首》为例.中国比较文学,2009(3).

李冰梅.著名汉学家阿瑟·韦利二战中的中国情.兰台世界,2012(16).

李彩文.从关联理论视角看《红楼梦》中诗词的英译——以杨宪益和戴乃迭与大卫·霍克斯的译本对比分析.北方文学,2010(4).

李海军,彭劲松.翟理斯与《聊斋志异》在英语世界的经典化.广西师范大学学报,2010(6).

李海琪.试析《红楼梦》霍克思译本的底本使用问题.洛阳师范学院学报,2011(3).

李惠红.从寒山诗看韦利英译的共振与独蹈.江西社会科学,2012(4).

李倩.翟理思的《中国文学史》.古典文学知识,2006(3).

李倩.翟理斯汉学研究述论.南京大学中国古典文献学专业硕士论文,2007.

李涛,肖维青."知""感"互彰——霍克斯版《红楼梦》回目英译的审美特色分析.江西社会科学,2006(6).

李贻荫.霍克斯英译《楚辞》浅析.外语与外语教学,1992(4).

李贻荫.翟理斯巧译《檀弓》.中国翻译,1997(3).

李颖.唐诗英译中的意象问题研究——以庞德、韦利和许渊冲的译作为例.湖南师范大学英语语言文学专业硕士论文,2008.

李玉良,吕耀中.论阿瑟·韦利《诗经》翻译中的人类学探索.青岛科技大学学报,2012(1).

梁家敏.阿瑟·韦利为中国古典文学在西方打开一扇窗.编辑学刊,2010(2).

廖峥.阿瑟·韦利与中国古典诗歌翻译.国际关系学院学报,2000(4).

刘蕊.论译者的双性同体视角——以大卫·霍克斯的《红楼梦》英译本为例.鲁东大学英语语言文学专业硕士论文,2009.

刘重德.《论语》韦利英译本之研究——兼议里雅各、刘殿爵英译本.山东外语教学,2001(2).

龙春芳,熊欣.从跨文化翻译视角看《聊斋志异》两个英译本.华东交通大学学报,2012(3).

M

马学燕.中国典籍的顺向翻译对译者文化身份的影响——以韦利英译中国典籍为例.中国海洋大学英语语言文学专业硕士论文,2011.

P

潘伟斌.汉语学习何以无师自通?——翟理斯"Chinese without a Teacher"研究.语文学刊,2009(8).

彭郅洁.场域—惯习视阈下的译者抉择:以翟理斯《聊斋志异选》为例.上海外国语大学翻译学专业硕士论文,2012.

Q

钱林森,葛桂录.异域文化之镜:他者想象与欲望变形——关于英国作家与中国文化关系的对话.中华读书报·国际文化,2003-9-3.

钱亚旭,纪墨芳.《红楼梦》霍克思译本中佛教思想翻译的策略.湘潭大学学报,2013(2).

秦寰明.中国文化的西传与李白诗——以英、美及法国为中心.中国学术,2003(1).

邱进.论霍克斯的异化手法——对《红楼梦》霍译本的再思考.重庆文理学院学报,2008(5).

R

饶莉."心"的活力与"手"的约束——从意识形态看霍克斯的《红楼梦》译本.南开大学英语语言文学专业硕士论文,2005.

任东升.语篇翻译与译者的写作——以霍克斯"作者自云"译文为例.外语教学,2003(4).

任增强."媒、讹、化"与翟理斯《聊斋志异》英译.山东社会科学,2012(6).

S

帅雯霖.英国汉学三大家//阎纯德.汉学研究:第5集.北京:中华书局,2002.

孙斐斐.《红楼梦》中称谓词的翻译——杨宪益与霍克斯的英译本之比较.湖北大学英语语言文学专业硕士论文,2006.

孙洋.霍克思《红楼梦》人物话语翻译艺术研究.山东大学英语语言文学专业硕士论文,2012.

孙轶旻.翟理斯译《聊斋志异选》的注释与译本的接受.明清小说研究,2007(2).

T

唐青.试论霍克思英译《红楼梦》的创新.华东师范大学中国古代文学专业硕士论文,2008.

陶兰.理雅各、翟理斯、韦利及其中国典籍英译研究——以《论语》和《摽有梅》个案.中南大学外国语言学及应用语言学专业硕士论文,2009.

童元方.礼敬译者悼英译《红楼梦》的霍克思.中国文化,2010(2).

W

王次澄.伦敦大学亚非学院的传统中国学研究.国外社会科学,1994(2).

王国强.《中国评论》与19世纪末英国汉学的发展.台北汉学研究通讯,2007(103).

王国强.庄延龄与翟理斯《华英字典》之关系.辞书研究,2008(1).

王际真.《红楼梦》英文节译本序言(1929年).红楼梦学刊,1984(3).

王冀青.胡适与翟理斯关于《敦煌录》的讨论.敦煌学辑刊,2010(2).

王丽娜.《红楼梦》外文译本介绍.文献,1979(1).

王丽娜.《金瓶梅》在国外.河北大学学报,1980(2).

王丽娜.《西游记》外文译本概述.文献,1980(4).

王丽娜.《西厢记》的外文译本和满蒙文译本.文学遗产,1981(3).

王丽耘.大卫·霍克思汉学年谱简编.红楼梦研究,2011(4).

王丽耘.中英文学交流语境中的汉学家大卫·霍克思研究.福建师范大学比较文学与世界文学专业博士论文,2012.

王丽耘."石头"激起的涟漪究竟有多大?——细论《红楼梦》霍译本的西方传播.红楼梦学刊,2012(4).

王琳.从文章之学到文化之境——英国汉学家翟理斯的《聊斋志异选》研究.北京大学比较文学与世界文学专业硕士论文,2005.

王燕.英国汉学家梅辉立《聊斋志异》译介刍议.蒲松龄研究,2011(3).

王英.影响的焦虑:创造性叛逆中的译者主体性——以霍克斯英译《红楼梦》为例.中南大学外国语言学及应用语言学专业硕士论文,2009.

王绍祥.西方汉学界的"公敌"——英国汉学家翟理斯(1845—1935)研究.福州:福建师范大学博士学位论文,2004.

魏思齐.不列颠(英国)汉学研究的概况.台北汉学研究通讯,2008(106).

翁林颖.红楼"冷笑"艺术特色与大卫·霍克斯的细节化翻译.西南科技大学学报,2012(1).

吴世昌.红楼梦的西文译本和论文.文学遗产,1962(Z9).

X

咸慧.对《聊斋志异》翟理斯译本的三维分析.南开大学英语语言文学专业硕士论文,2005.

肖志兵.亚瑟·韦利英译《道德经》的文化解读:以"天"字为例.中南大学比较文学与世界文学专业硕士论文,2008.

肖志兵.亚瑟·韦利英译《国殇》中的文化缺失.湖南工业大学学报,2008(2).

谢军.霍克斯英译《红楼梦》细节化的认知研究.湖南师范大学英语语言文学专业博士论文,2009.

邢力.评阿瑟·韦利的蒙古族典籍《蒙古秘史》英译本——兼谈民族典籍翻译研究的学科定位.解放军外国语学院学报,2010(2).

胥瑾,张小红.会话合作原则视觉下显化与隐化翻译——以《红楼梦》霍克斯英译本为例.兰州学刊,2013(3).

许崇钰.《红楼梦》杨宪益、戴乃迭译本与霍克斯译本比较赏析.译苑,2010(4).

许渊冲.谈唐诗的英译.翻译通讯,1983(3).

薛晓瑾.《红楼梦》霍译本的文化冲突研究.华北电力大学英语语言文学专业硕士论文,2009.

Y

鄢秀.淡泊平生,孜孜以求——记阿瑟·威利与霍克思.明报月刊,2010(6).

阳栋.从《红楼梦》两个英译本看译者混杂文化身份对文化翻译的影响.湖南师范大学英语语言文学(翻译理论与实践)专业硕士论文,2006.

杨畅,江帆.《红楼梦》英文译本及论著书目索引(1830—2005).红楼梦学刊,2009(1).

杨国桢.牛津大学中国学的变迁.中国史研究动态,1995(8).

杨莎莎.亚瑟·韦利对《西游记》的创造性叛逆式翻译.首都师范大学比较文学与世界文学专业硕士论文,2008.

叶隽.伦敦大学亚非学院及其汉学研究.国际汉学,2004(11).

尹慧珉.近年来英美《红楼梦》论著评价.红楼梦研究集刊,1980(3).

余苏凌.翟理斯英译《聊斋志异》的道德和诗学取向.天津大学学报,2011(5).

余叶盛.从译者主体性角度分析阿瑟·韦利译作《九歌:古代中国巫文化研究》.浙江师范大学英语语言文学专业硕士论文,2011.

俞森林.中国道教经籍在十九世纪英语世界的译介与传播.社会科学研究,2012(3).

袁锦翔.评 H. A. Giles 英译《醉翁亭记》.中国翻译,1987(5).

岳峰,周秦超.理雅各与韦利的《论语》英译本中风格与译者动机及境遇的关系.外国语言文学,2009(2).

Z

曾冬梅.霍克思《红楼梦》翻译背后的规范.湘潭师范学院学报,2007(1).

曾冬梅.霍克思《红楼梦》翻译过程探究——图里规范理论解说.湖南师范大学英语语言文学专业硕士论文,2007.

曾冬梅.红学与霍克思《红楼梦》翻译.理论界,2008(5).

曾冬梅.霍克思《红楼梦》翻译中的抉择.邵阳学院学报,2013(1).

曾婳颖.从意识形态的视角看翟理斯对《红楼梦》的重写.华中师范大学英语语言文学专业硕士论文,2007.

曾婳颖.从意识形态的视角看翟理斯对《聊斋志异》的重写.华中师范大学英语语言文学专业硕士论文,2007.

张国刚.剑桥大学中国学的历史与现状.中国史研究动态,1995(3).

张国刚.关于剑桥大学中国学研究的若干说明.中国史研究动态,1996(3).

张嘉瑶.霍克斯《红楼梦》第二十八回翻译辨析.西安外国语大学学报,2008(2).

张敬.操纵与文化构建:霍克斯《红楼梦》英译本的文化翻译.中南大学外国语言学及应用语言学专业硕士论文,2011.

张敏慧.韦利及其楚辞研究.云林科技大学汉学资料整理研究所硕士论文,2007.

张西平.树立文化自觉,推进海外汉学(中国学)的研究.学术研究,2007(5).

张西平.在世界范围内考察中国文化的价值.中国图书评论,2009(4).

张晓.论英国汉学家韦利的《楚辞·九歌》研究.华东师范大学中国古代文学专业硕士论文,2010.

张晓磊.《中国诗一百七十首》研究.北京师范大学比较文学与世界文学专业硕士论文,2009.

张秀旭.《翟理斯汕广纪行》中的中国印象.黑龙江科技信息,2010(24).

赵武平.英国采访札记:"我不在乎别人的意见"——《红楼梦》英译者霍克思的访谈.中华读书报,2001-1-17.

郑锦怀.《红楼梦》早期英译百年(1830—1933)——兼与帅雯雯、杨畅和江帆商榷.红楼梦学刊,2011(4).

郑振铎.评 Giles 的中国文学史//郑振铎古典文学论文集.上海:上海古籍出版社,1984.

周发祥.《诗经》在西方的传播和研究.文学评论,1993(6).

周晓寒.从文化误译看译者的再创造——解读霍克思译《红楼梦》.湘潭师范学院学报,2009(5).

周珏良.读霍克斯英译本《红楼梦》.红楼梦研究集刊,1980(3).

周珏良.数百年来的中英文化交流//周一良.中外文化交流史.郑州:河南人民出版社,1987.

朱炳荪.读 Giles 的唐诗英译有感.外国语,1980(2).

朱耕.互文性理论视角下《红楼梦》书名涵义及其英译解读.东北师大学报,2012(3).

诸葛月新.翟理斯《百个最好的汉字》研究.上海师范大学语言学及应用语言

学专业硕士论文, 2012.

庄文婷.《红楼梦》霍译本中明喻翻译的逆向分析.大连海事大学英语语言文学专业硕士论文,2010.

英文文献(以主要责任者姓氏首字母顺序排列)

一、著作

A

Appleton, William W. *A Cycle of Cathay: The Chinese Vogue in English during the Seventeenth and Eighteenth Centuries.* New York: The Columbia University Press, 1951.

B

Bell, R. T. *Translation and Translating: Theory and Practice.* Beijing: Foreign Language Teaching and Research Press, 2001.

Birch, Cyril. *Stories from a Ming Collection.* London: Bodlay Head, 1958.

Birch, Cyril, ed. *Anthology of Chinese Literature from Earliest Times to the Fourteenth Century.* Harmondsworth: Penguin Books, 1967.

Birch, Cyril & Donald, Keene. *Anthology of Chinese Literature.* Volume Ⅰ, *From Early Times to the Fourteenth Century.* New York: Grove Press, 1994.

C

Chan, Leo Tak-hung, ed. *One into Many: Translation and the Dissemination of Clas-*

sical Chinese Literature. Amsterdam：New York，2003.

Ch'ien，Hsiao.*A Harp with a Thousand Strings.* London：Pilot Press，1944.

Chu Chia Chien.*The Chinese Theatre.* London：John Lane，The Bodley Head，1922.

Clark，T. Blake.*Oriental England：A Study of Oriental Influences in Eighteenth Century England as Reflected in the Drama.* Shanghai：Kelly & Walsh，1939.

Cranmer-Byng，Launcelot.*A Lute of Jade：Being Selections from the Classical Poets of China.* New York：E. P. Dutton，1909.

D

Davis，John Francis.*The Chinese：A General Description of the Empire of China and Its Inhabitants.* London：Charles Knight，1836.

——.*Poetry and Criticism.* London：Bradbury and Evans，1850.

——.*Chinese Miscellanies：A Collection of Essays and Notes.* London：J. Murray，1865.

——.*The Poetry of the Chinese.* London：Asher，1870.

Dawson，Raymond.*The Legacy of China.* Oxford：Clarendon Press，1964.

——.*The Chinese Chameleon：An Analysis of European Conceptions of Chinese Civilization.* London：Oxford University Press，1967.

E

Eifring，Halvor，ed.*Love and Emotions in Traditional Chinese Literature.* Leiden & Boston：Brill，2004.

F

Fletcher，W. J. B. *More Gems of Chinese Poetry.* Shanghai：The Commercial Press，1923.

G

Giles，Herbert Allen.*A Dictionary of Colloquial Idioms in the Mandarin Dialect.*

Shanghai：A. H. de Carvalho，1873.

——.*Synoptical Studies in Chinese Character.*Shanghai：Printed by A. H. de Carvalho，and sold by Kelly，1874.

——.*Chinese Sketches.*London：Trübner，Ludgate Hill，Shanghai：Kelly，1876.

——.*From Swatow to Canton：Overland.* London：Trübner，Shanghai：Kelly & Walsh，1877.

——.*Handbook of the Swatow Dialect，with a Vocabulary.* Shanghai：Kelly & Walsh，1877.

——.*A Glossary of Reference on Subjects Connected with the Far East.*Hong Kong：Lane，Crawford，Shanghai & Yokohama：Kelly & Walsh，London：Trübner，1878.

——.*Strange Stories from a Chinese Studio.*London：Thos. De la Rue，1880.

——.*Historic China and Other Sketches.*London：Thos. De la Rue，1882.

——.*Gems of Chinese Literature.* London：Bernard Quaritch，Shanghai：Kelly & Walsh，1884.

——. *Chuang Tzǔ，Mystic，Moralist，and Social Reformer.* London：Bernard Quaritch，1889.

——.*A Catalogue of the Wade Collection of Chinese and Manchu Books in the Library of the University of Cambridge.*Cambridge：Cambridge University Press，1898.

——.*A Chinese Biographical Dictionary.*London：Bernard Quaritch，1898.

——. *Chinese Poetry in English Verse.* London：Bernard Quaritch，Shanghai：Kelly & Walsh，1898.

——.*Chinese Without a Teacher：Being a Collection of Easy and Useful Sentences in the Mandarin Dialect with a Vocabulary.*Shanghai，Hong Kong，Yokohama & Singapore：Kelly & Walsh，1900.

——.*A History of Chinese Literature.*New York：D. Appleton，1901.

——.*China and the Chinese.*New York：Columbia University Press，1902.

——.*Religions of Ancient China.*London：Archibald Constable，1905.

——.*An Introduction to the History of Chinese Pictorial Art.*Shanghai：Kelly & Walsh，1905.

──.*A Chinese-English Dictionary*.second edition,revised & enlarged.Shanghai,Hong Kong,Singapore & Yokohama:Kelly & Walsh,London:Bernard Quaritch,1912.

──.*China and the Manchus*.Cambridge:Cambridge University Press,1912.

──.*How to Begin Chinese:The Hundred Best Characters*.Shanghai:Kelly & Walsh,1919.

──.*Gems of Chinese Literature:Verse*.Shanghai:Kelly & Walsh,1923.

──.*Gems of Chinese Literature:Prose*.Shanghai:Kelly & Walsh,1923.

──.*San Tzǔ Ching* 三字经,*Elementary Chinese*.second edition.New York:Frederick Ungar,1963.

Giles,Herbert Allen & Arthur Waley.*Select Chinese Verses*.Shanghai:The Commercial Press,1934.

Graham,A. C.,tr.*Poems of the Late T'ang*.Harmondsworth:Perguin Books,1965.

Gruchy,John Walter.*Orienting Arthur Waley——Japanism,Orientalism,and the Creation of Japanese Literature in English*.Honolulu:University of Hawaii Press,2003.

H

Hawkes,David.*Ch'u Tz'ǔ:The Songs of the South*.Cambridge:Cambridge University Press,1959.

──.*Ch'u Tz'ǔ,The Songs of the South:An Ancient Chinese Anthology*.London/Boston:Oxford University Press/Beacon Press,1959/1962.

──.*A Little Primer of Tu Fu*.Oxford:Clarendon Press,1967.

──.*The Story of the Stone*.Volumes 1-3. Harmondsworth:Penguin Books,1973-1980.

──.*The Songs of the South:An Ancient Chinese Anthology of Poems by Qu Yuan and Other Poets*.Harmondsworth:Penguin Books,1985.

──.*Classical,Modern and Humane*.Edited by John Minford & Siu-kit Wong,Hong Kong:The Chinese University Press,1989.

──.*The Story of the Stone:A Translator's Notebooks*.Hong Kong:Centre for Literature and Translation,Lingnan University,2000.

——. *Liu Yi and the Dragon Princess*. Hong Kong: The Chinese University Press, 2003.

——.*Letters from a Godless Grandfather*. Hong Kong, Christmas, 2004.

Higgins, Iain Macleod. *Writing East: The "Travels" of Sir John Mandeville*. Philadelphia: Pennsylvania University Press, 1997.

Honey, David B.*Incense at the Altar: Pioneering Sinologists and the Development of Classical Chinese Philology*. New Haven: American Oriental Society, 2001.

Honour, Hugh.*Chinoiserie: The Vision of Cathay*. London: J. Murray, 1961.

Hsia, Adrian, ed.*The Vision of China in the English Literature of the Seventeenth and Eighteenth Centuries*. Hong Kong: The Chinese University Press, 1998.

Hsiung, S. I., tr.*The Romance of the Western Chamber*. London: Methuen, 1935.

Hung, William. *Tu Fu, China's Greatest Poet*. Cambridge: Harvard University Press, 1952.

I

Impey, Oliver.*Chinoiserie: The Impact of Oriental Styles on Western Art and Decoration*. New York: Charles Scribner's Sons, 1977.

J

Johns, Francis A.*A Bibliography of Arthur Waley*. New Brunswick & New Jersey: Rutgers University Press, 1968.

L

Lefevere, André.*Translation, Rewriting and the Manipulation of Literary Fame*. London & New York: Routledge, 1992.

Legge, James. *The Chinese Classics: The She King*. Hong Kong: Hong Kong University Press, 1960.

Liu, James J. Y.*The Interlingual Critic: Interpreting Chinese Poetry*. Bloomington: Indiana University Press, 1982.

M

May, Rachel & John Minford, eds. *A Birthday Book for Brother Stone: For David Hawkes, at Eighty.* Hong Kong: The Chinese University Press, 2003.

Mayers, William Frederick. *The Chinese Reader's Manual: A Handbook of Biographical, Historical, Mythological, and General Literary Reference.* Shanghai: American Presbyterian Mission Press, 1874.

Merriam Company. *Webster's Third New International Dictionary.* Massachusetts: Merriam Company Publishers, 1976.

Minford, John & Joseph S. M. Lau, eds. *Classical Chinese Literature: An Anthology of Translations.* Vol.1. New York: The Columbia University Press & Hong Kong: The Chinese University of Hong Kong, 2000.

P

Purcell, V. W. W. S. *The Spirit of Chinese Poetry.* Shanghai: Kelly & Walsh, 1929.

Puttenham, George. *The Arte of English Poesie.* Edited by Gladys Doidge Willcock & Alice Walker, Cambridge: Cambridge University Press, 1936.

R

Reichwein, Adolf. *China and Europe: Intellectual and Artistic Contacts in the Eighteenth Century.* London: Routledge, 1925.

Ropp, Paul S. & Timothy Hugh Barrett, eds. *Heritage of China: Contemporary Perspectives on Chinese Civilization.* Berkley: University of California Press, 1990.

V

Venuti, Lawrence. *The Scandals of Translation: Towards an Ethics of Difference.* New York: Routledge, 1998.

——. *The Translation Studies Reader.* London: Routledge, 2000.

W

Waley, Arthur. *Chinese Poems*. London: Lowe Bros. & High Holborn Press, 1916.

——. *A Hundred and Seventy Chinese Poems*. London: Constable, 1918.

——. *Japanese Poetry: The Uta*. Oxford: Clarendon Press, 1919.

——. *The Poem Li Po A.D. 701-762*. London: East and West, 1919.

——. *More Translations from the Chinese*. London: George Allen & Unwin, 1919.

——. *The Temple and Other Poems*. London: George Allen & Unwin, 1923.

——. *Poems from the Chinese*. London: Ernest Benn, 1927.

——. *A Catalogue of Paintings Recovered from Tun-huang by Sir Aurel Stein*. London: The British Museum, 1931.

——. *The Book of Songs*. London: George Allen & Unwin, 1937.

——. *The Analects of Conucius*. London: George Allen & Unwin, 1938.

——. *Three Ways of Thought in Ancient China*. London: George Allen & Unwin, 1939.

——. *Translations from the Chinese*. New York: Alfred A. Knopf, 1941.

——. *Monkey*. London: George Allen & Unwin, 1942.

——. *The Great Summons*. Honolulu: The White Knight Press, 1949.

——. *The Life and Time of Po Chü-I, 772-846 A.D.* London: George Allen & Unwin, 1949.

——. *The Poetry and Career of Li Po 701-762 A.D.* London: George Allen & Unwin, 1950.

——. *The Nine Songs: A Study of Shamanism in Ancient China*. London: George Allen and Unwin, 1955.

——. *Yuan Mei: Eighteenth Century Chinese Poet*. London: George Allen & Unwin, 1956.

——. *Ballads and Stories from Tun-Huang: An Anthology*. London: George Allen & Unwin, 1960.

——. *The Secret History of the Mongols*. London: George Allen & Unwin, 1964.

Wang, Chi-Chen, tr. *Dream of the Red Chamber*. New York: Twayne Publishers, 1958.

Watson, Burton. *The Columbia Book of Chinese Poetry: From the Early Times to the 13th Century*. New York: The Columbia University Press, 1984.

Y

Yang Hsien-yi & Gladys Yang, tr. *The Li Sao and Other Poems of Ch'ü Yüan*. Peking: Foreign Languages Press, 1953.

——. *A Dream of Red Mansions*. Vols. 1-3. Beijing: Foreign Languages Press, 1978-1980 in hardback, 1994 1st edition.

Yang Xianyi. *White Tiger: An Autobiography of Yang Xianyi*. Hong Kong: The Chinese University of Hong Kong, 2002.

Yip, Wai-lim. *Diffusion of Distances: Dialogues between Chinese and Western Poetics*. Berkeley: The Regents of the University of California Press, 1993.

二、论文

C

Chan, Connie. "Appendix: Interview with David Hawkes." in *The Story of the Stone's Journey to the West: A Study in Chinese-English Translation History*. Conducted at 6 Addison Crescent, Oxford. December 7, 1998: 299-335.

D

Dobson, W. A. C. H. "(Review) *Ch'u Tz'ǔ, The Songs of the South: An Ancient Chinese Anthology*. By David Hawkes." *Journal of the American Oriental Society*, Vol.79, No.2(Apr.-Jun. 1959): 144-146.

E

Elvin, Mary. "Life of Tu Fu, the Poet, A.D.712-770." *Chinese Recorder and Educational Review* (Foochow), No.30(1899): 585-588.

G

Giles, Herbert Allen. "The Hsi Yuan Lu, or Instructions to Coroners." *The China Review*, Vol.3(1874):30-38,92-99,157-172.

——. "Mr. Balfour's *Chuang Tsze*." *The China Review*, Vol.11, No.1(1882).

——. "The Remains of Lao Tzǔ: Retranslated." *The China Review*, Vol.14, No.5 (1886).

——. "*The Tzǔ Erh Chi*: Past and Present." *The China Review*, Vol.15(1887).

——. "Dr. Legge's Crtical Notice of the Remains of Lao Tzǔ." *The China Review*, Vol.16(1888).

——. "Chinese Poetry in English Verse." *The Nineteenth Century*, Jan.1894.

——. "Lockhart's Manual of Chinese Quotations." *The China Review*, Vol.21 (1895):405-412.

——. "Confucianism in the Nineteenth Century." *The North American Review*, Vol.171, No.526(Sept. 1900).

——. "A Poet of the 2nd Cent. B.C." *The New China Review*, Vol.2, No.1(Feb. 1920).

——. "A Re-Translation." *The New China Review*, Vol.2, No.4(Aug. 1920).

——. "Mr. Waley and 'The Lute Girl's Song'." *The New China Review*, Vol.3, No.4(Aug. 1921).

——. "The Caps and Belts." *The New China Review*, Vol.4, No.5(Oct. 1922).

H

Hanan, Patrick. "The Development of Fiction and Drama." in *The Legacy of China*, Edited by Raymond Dawson, Oxford, 1964.

Hawkes, David. "Obituart of Dr. Arthur Waley." *Asia Major*, Vol.12, No.2(1966).

Hegel, Robert E. "Reviewed Work: *The Story of the Stone*; Vol.4, *The Debt of Tears*; Vol.5, *The Dreamer Wakes*." *Chinese Literature: Essays, Articles, Reviews*, Vol.8, Nos.1/2 (Jul. 1986):129.

Hervouet, Yves. "David Hawkes, *Ch'u Tz'ǔ, The Songs of the South: An Ancient Chinese Anthology.*" *T'oung Pao*, Vol.47(1959): 84-97.

Hightower, James R. "Foreword." in David Hawkes. *Ch'u Tz'ǔ: The Songs of the South*. Boston: Beacon Press, 1962: 5-6.

Hsu, Kai-Yu. "(Review) *A Little Primer of Tu Fu*. By David Hawkes." *The Journal of Asian Studies*, Vol.28, No.1(Nov. 1968): 154-155.

J

Jonker, D. R. "(Book Review) David Hawkes: 'A Little Primer of Tu Fu'." *T'oung Pao*, Vol.56(1970): 303-305.

L

Lau, Joseph S. M. "(Review) Cao Xueqin. *The Story of the Stone*. Volume 1 and 2. Translated by David Hawkes. Bloomington and London: Indiana University Press, 1979." *Chinese Literature: Essays, Articles, Reviews*, Vol.2, No.2(Jul. 1980): 300.

Loewe, Michael. "The Origins and Growth of Chinese Studies in the U. K." *European Association of Chinese Studies Survey*, No.7(1998).

M

Monroe, Habrriet. "Chinese Poetry." *Poetry*, Sept. 1915.

Morris, Ivan. "Arthur Waley." *Encounter*, Dec. 1966.

P

Parker, E. H. "Chinese Poetry: Two Translations of Tu Fu's Poems." *The China Review*, Vol.16, No.3(Nov. 1887): 162.

Pollard, D.E. "Review." *Bulletin of the School of Oriental and African Studies, University of London*, Vol.45, No.3(1982).

——. "(Review) *Classical, Modern and Humane: Essays in Chinese Literature*, by David Hawkes; John Minford; Siu-kit Wong." *Chinese Literature: Essays, Articles,*

Reviews, Vol.13 (Dec. 1991) :191-193.

Pym, Anthony. "Venuti's Visibility." *Target*, Vol.8, No.1 (1996) :165-177.

Q

Quennell, Peter. "Arthur Waley." *History Today*, Aug. 1966.

R

Redman, Vere. "Arthur Waley, the Disembodied Man." *Asahi Evening News*, Aug. 1966.

Roberts, Rosemary. "Chinese Literature Translation Workshop." *Asian Studies Review*, Vol.18, No.3 (1995) :134-135.

S

Shadick, Harold. "(Review) *Ch'u Tz'ŭ, The Songs of the South: An Ancient Chinese Anthology*. By David Hawkes." *The Journal of Asian Studies*, Vol.19, No.1 (Nov. 1959) :78-79.

T

Teele, Roy E. "(Review) David Hawkes. *A Little Primer of Tu Fu*." *Asia and Africa: China*, *Books Abroad*, Vol.43, No.1 (Winter 1969) :151.

W

Waley, Arthur. "A Chinese Picture." *Burlington Magazine*, Vol.30(1917).

——. "Notes on the 'Lute-girl's Song'." *The New China Review*, Vol.2, No.6 (1920).

——. "Our Debt to China." *The Asiatic Review*, Vol.36, No.127 (July 1940) : 554-557.

——. "Hymn to the Fallen." *Chinese Poems Selected from 170 Chinese Poems*. London: George Allen & Unwin, 1946: 35.

——."Chinese Poet." *The Times Literary Supplement*, Friday, Jan. 30 1953: 76.

——."(Review) *Ch'u Tz'ŭ*, *The Songs of the South: An Ancient Chinese Anthology*. By David Hawkes." *Journal of the Royal Asiatic Society of Great Britain and Ireland*, Vol.1/2(Apr. 1960): 64-65.

Wang, John C. Y. "(Review) *The Story of the Stone*(Vol.1), 'The Golden Days.' By Cao Xueqin. Translated by David Hawkes." *The Journal of Asian Studies*, Vol.35, No.2(1976): 303-304.

Whitaker, K. P. K. "(Review) David Hawkes(tr.): *Ch'u Tz'ŭ*, *The Songs of the South: An Ancient Chinese Anthology*." *Bulletin of the School of Oriental and African Studies, University of London*, Vol.23, No.1(1960): 169-170.

Widmer, Ellen. "Reviewed Work: *The Story of the Stone*, Volume 5: *The Dreamer Wakes*." *Journal of the American Oriental Society*, Vol.108, No.4(Oct.-Dec. 1988): 650-652.

Y

Yang, Gladys. "(Review) David Hawkes(tr.): *The Story of the Stone. A Novel in Five Volumes by Cao Xueqin*. Vol. Ⅰ: *The Golden Days*. Vol. Ⅱ: *The Crab-flower Club*. Bloomington, Ind.: Indiana University Press, 1979." *Bulletin of the School of Oriental and African Studies, University of London*, Vol.43, No.3(1980): 621-622.

——."Review." *Bulletin of the School of Oriental and African Studies, University of London*, Vol.43, No.3(1980).

中文人名索引（以姓氏拼音字母顺序排列）

A

阿丁顿（R. Aldington）　　153,174,175

阿赫伯（Herbert James Allen）　　85

阿克顿（Harold Acton）　　25,217,223,356

埃林,艾兰（Alan Ayling）　　337

埃斯库罗斯（Aeschylos）　　40

艾尔文,理查德（Richard Gregg Irwin）　　290

艾芬,菲利普（P. J. Ivanhoe）　　375

艾兰,萨拉（Sarah Allan）　　368

艾朗诺（Ronald Egan）　　382

艾略特（T. S. Eliot）　　24,154,158,160,209,252

艾斯库,弗洛伦斯（Florence Ayscough）　　26,170,181

艾约瑟（Joseph Edkins）　　54,68,72,73,298

奥凯恩,布兰登（Brendan O'kane）　　388

B

巴尔福（Frederic Henry Balfour） 67,68

巴雷特（Timothy Hugh Barrett） 287,307,367

巴蕾（James M. Barrie） 275

巴努茵,芭芭拉（Barbara Barnouin） 390

白安尼（Ann Birell） 360

白牧之（E. Bruce Brooks） 22

白之（Cyril Birch） 286,317,321,323,349

拜伦斯,查尔斯（Charles Balance） 129

班巴诺,安哈雷德（Angharad Pimpaneau） 315

班巴诺,雅克（Jacques Pimpaneau） 318,319,372

包华德（Howard L. Boorman） 336

鲍德里奇,塞勒斯（Cyrus Leroy Baldridge） 222

鲍迪,德克（Derk Bodde） 368

鲍尔,查尔斯·詹姆斯（Charles James Ball） 116

鲍纳斯,杰弗里（Geoffrey Bownas） 307

鲍润生（Franz Xaver Biallas） 298

本奈特,阿诺德（Arnold Bennett） 195

贝尔,克莱夫（Clive Bell） 150,160

贝尔,瓦纳萨（Vanessa Bell） 150,210

毕尔（Samuel Beal） 3,55,57

毕汉思（Hans Bielenstein） 277

裨治文（Elijah Coleman Bridgman） 43,68

壁利南（Byron Brenan） 101

宾,克莱默（L. Cranmer-Byng） 16,26,87,298

宾扬,劳伦斯（Laurence Binyon） 98,156,183,187,201,203

伯莱恩,丹尼尔（Daniel Bryant） 360

伯希和（Paul Pelliot） 107,184,197,198,204,213,239,256

卜弼德(Peter A. Boodberg)　346

卜立德(D. E. Pollard)　27,266,303,330,358

卜正民(Timothy Brook)　16,391

布莱希特(Bertolt Brecht)　166

布朗,詹姆斯(James Crichton Browne)　101

布雷南,杰拉尔德(Gerald Brenan)　257

布鲁斯,珀西(Percy Bruce)　122

C

陈霭心(Chan Oi-sum Conniee)　334,374

陈世骧(Shih-hsiang Chen)　34,240,356

D

戴德生(Hudson Taylor)　80

戴乃迭(Gladys Margaret Tayler,婚后改为 Gladys Yang)　274,298,326,334,336,338,340,342,345,348,353,354,378,385

戴维,胡伯特(Hubert David)　144,146,148

戴维,西吉斯蒙(Sigismund David)　144,148,149,151,154,158,159,167,171,186,190,204,207,212,222,224−227,231,233,236,239,243,247,251

戴维斯,里斯(T. W. Rhys Davids)　103

戴伟士(Albert Richard Davis)　316,324

但尼士(Nicholas Belfield Dennys)　52

当达斯(R. H. Dundas)　293,294,298,300

道格拉斯(Robert Kennaway Douglas)　105,131,254

道森,雷蒙(Raymond Dawson)　307,319

德庇时(John Francis Davis)　44,127,217

德尔维拉,戈布勒特(Goblet d'Alviella)　103

德效骞(Homer Hasenplug Dubs)　14,277,287,296,297,308,309,314,318

邓罗(Charles Henry Brewitt-Taylor)　45,122

狄庸（J. W. de Jong） 277

迪金森（Goldsworthy Lowes Dickinson） 8,149,151,152,160,189,217

迪金斯（F. V. Dickins） 102,174

丁韪良（William Alexander Parson Martin） 48,111

杜百胜（W. A. C. H. Dobson） 299

杜德桥（Glen Dudbrige） 16,307,391

杜里特尔（H. Doolittle） 153

杜威廉（William Dolby） 275,344,345

杜希德（Denis Crispin Twitchett） 3,292,314,389

E

厄尔，乔金（Jojn Earle） 54

F

法朗士，阿纳托尔（Anatole France） 151

法内尔（L. R. Farnell） 103

法显（Fa Hsien） 55,125,169

方根拔（Johannes von Gumpach） 43

菲利浦斯，瓦尔特·艾利森（Walter Alison Phillips） 105

费茨梅尔，奥古斯特（August Pfizmaier） 242

费诺罗萨（Ernest Fenollosa） 158,163

芬，凯瑟琳·玛丽亚（Catherine Maria Fenn） 47

弗莱，罗杰（Roger Fry） 151,160,220

弗朗斯，彼得（Peter France） 377

弗林特（F. S. Flint） 153

佛来遮（William John Bainbridge Fletcher） 17,26,130

福开森（John Calvin Ferguson） 42,98,130,133

福斯特（Edward Morgan Forster） 224,225,268

福特（F. M. Ford） 153,154,252

傅兰雅(John Fryer)　　　54

傅尚霖(Shang-Ling Fu)　　　86,105,122,131,132

G

盖斯特,夏洛特(Charlotte Guest)　　　52

戈登(H. P. Gordon)　　　110,150,188,207,210,250

戈蒂耶,朱迪特(Judith Gautier)　　　24,172

戈斯,艾德蒙(Edmund Gosse)　　　90,94

格迪斯,威廉·杜吉德(William Duguid Geddes)　　　83

格来斯顿(William Ewart Gladstone)　　　86

格兰特,邓肯(Duncan Grant)　　　150,223

格雷(G. B. Gray)　　　103,249

格罗斯比,瓦尔特·德(John Walter de Grucby)　　　25

格罗西,约翰·德(John Walter de Gruchy)　　　260

葛浩文(Howard Goldblatt)　　　348,358

葛兰言(Marcel Granet)　　　211,214

葛锐(Ronald Y. Gary)　　　391

葛瑞汉(Angus Charles Graham)　　　109

顾赛芬(Séraphin Couvreur)　　　211

郭德思(Patrick Devereux Coates)　　　57

H

哈代(Thomas Hardy)　　　17,275

哈格里夫斯,格兰杰(Grainger Hargreaves)　　　116

哈里斯,威尔逊(Wilson Harris)　　　107

哈隆,古斯塔夫(Gustav Haloun)　　　211,212,230,276,277

哈特兰(E. S. Hartland)　　　103

哈特利(Leslie Poles Hartley)　　　257

海涅(Heinrich Heine)　　　151,190

海陶玮(James Robert Hightower)　　237,288,289,296,314

韩大伟(David B. Honey)　　346

韩禄伯(Richard E. Strassberg)　　370

韩南(Patrick Hanan)　　349

韩献博(Bret Hinsch)　　367

豪厄尔(E. Butt. Howell)　　194

何古理(Robert E. Hegel)　　363

何莫邪(Christoph Harbsmeier)　　386,390

何四维(A. F. P. Hulsewé)　　277

洪业(William Hung)　　288,289

胡特拉,唐诺(Donald Hutera)　　391

怀特海(A. N. Whitehead)　　149

黄国彬(Laurence K. P. Wong)　　268,396,397

黄兆杰(Siu-kit Wong)　　321,322,348,357,361,366

惠特克(K. P. K. Whitaker)　　302

霍布恩(Brain Holton)　　27,338,362,371,382

霍克思,艾瓦特(Ewart Hawkes)　　269

霍克思(David Hawkes)　　13-17,21,24-31,201,242,249,250,252,255,257,266-283,285-349,351-400

霍克思,多萝西·梅(Dorothy May Hawkes)　　269

霍克思,杰西(Jesse Hawkes)　　269

J

基德(Samuel Kidd)　　3

基廷斯,约翰(John Gittings)　　296,395

吉尔斯,彼得(Peter Giles)　　112

加德纳(P. Gardner)　　103

加纳(Rene Louis Victor Cagnat)　　129

加斯特罗(M. Jastrow)　　103

贾尔斯,约翰·艾伦(John Allen Giles) 38-41,46-48,57,128

桀溺(Jean-Pierre Diény) 329

金斯密(Thomas William Kingsmill) 73

金璋(Lionel Charles Hopkins) 107

K

卡奈尔(Skipwith Cannell) 153

卡彭特,埃斯特林(Estlin Carpenter) 103

凯恩斯,梅纳德(John Maynard Keynes) 150,153,171

凯利,珍妮(Jeanne Kelly) 350

凯帕尼,罗伯特(Robert Ford Campany) 372

康达维(David R. Knechtges) 360,397

康纳利,西里尔(Cyril Vernon Connolly) 220

考狄(Henri Cordier) 133

考利(A. Cowley) 103

柯律格(Craig Clunas) 380

柯润璞(James Irving Crump,Jr.) 322,355

科恩(John Michael Cohen) 236

科克里尔,锡德尼(Sydney Cockerell) 153,155,158,159,161

克默德,弗兰克(Frank Kermode) 376

孔慧怡(Eva Hung) 325,377

孔丽维(Livia Kohn) 369

孔兹,爱德华(Edward Conze) 238

寇仁(George Nathaniel Curzon) 116

库寿龄(Samuel Couling) 59,114,169,170

夸里奇,伯纳德(Bernard Quaritch) 52,70

昆内尔,彼得(Peter Quennell) 251,254

L

拉法格,迈克尔(Michael LaFargue) 369

莱兹(E. A. Voretzch) 107

兰乔蒂(Lionello Lanciotti) 311

朗吉努斯(Longinus) 46,83

雷迪斯(Betty Radice) 333,334,341

雷慕沙(Jean Pierre Abel Rémusat) 44

雷纳克,所罗门(Salomon Reinach) 103

雷诺兹(Frank E. Reynolds) 357

雷威安(André Lévy) 361,362,393

李奇微,威廉(William Ridgeway) 112

李提摩太(Timothy Richard) 45,107

李蔚海(William Hyde Lay) 47,48

李约瑟(Joseph Needham) 372

理雅各(James Legge) 3,4,7,12,18,20,24,35,44,68-76,81,94,99,102,110,131,134,211,213,217,233,250,289,298,305,306,318

列维(Howard Seymour Levy) 256

林文庆(Lim Boon Keng) 98,298

刘靖之(Liu Ching-chih) 374,376

刘君若(Chun-Jo Liu) 317

刘若愚(James J. Y. Liu) 316,317,359

刘绍铭(Joseph S. M. Lau) 347,348,351,374,376,378,395

刘陶陶(Tao Tao Liu Sanders) 331,332,338,370,391,396,397

柳存仁(Liu Ts'un-yan) 252,256,279,283,295,296,329,343,347,366,370,372,373,376,383,384,386,395

龙彼得(Pier van der Loon) 277,382

卢公明(Justus Doolittle) 48,49

鲁惟一(Michael Loewe) 369

路易斯,马克(Mark Edward Lewis) 375

伦伍德(F. Lenwood) 126

罗溥洛(Paul S. Ropp) 367

罗奇,亨利(Henri Pierre Roche) 87

罗斯,爱德华·丹尼森(Edward Denison Ross) 195

罗素(Bertrand Russell) 149,160,174,217

罗伊(Roy Earl Teele) 331

罗郁正(Irving Yucheng Lo) 329

洛威尔(Amy Lowell) 153,181,193,196

骆惠敏(Lo Hui-min) 382,383

骆任廷(James Haldance Stewart Lockhart) 82,132,209,210

雒魏林(W. Lockhart) 68

M

马嘎尔尼(George MaCartney) 244,245

马礼逊(Robert Morrison) 3,18,41-43,89,245

马志尼(Giuseppe Mazzini) 152

迈克尔,亚历山大(Alexander Michael) 374

麦金托什,邓肯(Duncan Mackintosh) 337

麦卡锡,德斯蒙德(Desmond MacCarthy) 150

麦穆伦(Ian McMorran) 287,288,297,307,314,328

曼殊斐尔(Katherine Mansfield) 186

梅辉立(William Frederick Mayers) 52,60,64,86,99

梅瑞琦(Rachel May) 282,283,347,359,367,370-372,386,390,394,397

梅特林克,莫里斯(Maurice Maeterlinck) 151

蒙克利夫,斯科特(Scott Moncrieff) 148

米哈伊,马克(Mark Csikszentmihalyi) 375

闵福德(John Minford) 25,27,270,283-285,320,326,328,329,334,338,343,347,359,363-367,371-376,378,380,384-386,388-390,392-395,397-400

摩尔(George Edward Moore)　　8,149,151,152,201,276

莫里斯,伊文(Ivan Morris)　　24,159,199,236,251,255,258,303

默里,詹姆士(James Murray)　　80

慕阿德(Arthur Christopher Moule)　　126,133,210

慕稼谷(George E. Moule)　　66

慕维廉(W. Muirhead)　　66

O

欧德理(Ernest John Eitel)　　58

P

帕金斯,西尔维亚·琼(Sylvia Jean Perkins)　　279,282,285,324,352,361,364-366,371,372,376,380,388,392-394,398

帕森(W. Barclay Parson)　　95

帕斯顿,约翰(John Pasden)　　388

庞德(Ezra Pound)　　24,153,154,156,158,160,162,163,180,252,259,290,374

佩恩,罗伯特(R. Payne)　　298

佩普尔(Jordan D. Paper)　　362

皮特里,弗林德斯(Flinders Petrie)　　103

坡,爱伦(Edgar Allan Poe)　　111

珀尔马特,鲁斯(Ruth Perlmutter)　　257,258

浦安迪(Andrew H. Plaks)　　343,344

普赖斯(James Price)　　334

普雷斯科特,彼得(Peter Precott)　　13,270

普实克,雅罗斯拉夫(Jaroslav Prusek)　　345

Q

乔利(H. I. Joly)　　114

乔伊斯（James Joyce） 153

琼克尔（D. R. Jonker） 335

琼斯，阿尔弗雷德（Alfred G. Jones） 80

琼斯，约翰·克里斯（John Christopher Jones） 378

R

儒莲（Stanislas Aignan Julien） 44,45,317

瑞恰慈（I. A. Richards） 217,282

S

萨道义（Ernest Mason Satow） 116

萨义德，爱德华（Edward Said） 268

赛思，维克拉姆（Vikram Seth） 326

沙迪克，哈罗德（Harold Shadick） 299

沙畹（Emmanuel-Edouard Chavannes） 99,107,197

沈艾文（Irving Shain） 349

施耐德，劳伦斯（Laurence A. Schneider） 358

时钟雯（Chung-wen Shih） 344,345

史密斯，诺曼（Norman Lockhart Smith） 316

斯当东，乔治·托马斯（George Thomas Staunton） 127,244

斯蒂芬，莱斯利（Leslie Stephen） 149,150

斯科特，约翰（John Scott） 338,382,383

斯奎尔，约翰（John Squire） 185

斯奈德，加里（Gary Snyder） 240,313,382

斯帕罗，约翰（John Sparrow） 337

斯塔，科洛（Chloë Starr） 397

斯坦因（Aurel Stein） 22,120,159,163,170,178,191,201-206

斯特拉奇，利顿（Lytton Strachey） 104

宋淇（Stephen C. Soong） 267,283,340,341,343,347,349,355,362,363

苏慧廉(William Edward Soothill)　　116,126,128,286
苏理文,迈克(Michael Sullivan)　　310

T

泰勒(E. B. Tylor)　　61,103
汤普森(H. A. Thompson)　　122
特吕布纳,尼古拉斯(Nicholas Trübner)　　53
特维尔,罗伯特(Robert H. Kotewall)　　316
廷德尔(Edward Coe Taintor)　　52

W

王靖宇(John C. Y. Wang)　　342,350
威尔斯(Herbert George Wells)　　152,183
威克逊(L. P. Wilkinson)　　157,255
威妥玛(Thomas Francis Wade)　　3,4,42,43,47-49,51,57,69,74,83-85,94,101,108,125,133,309
微席叶(Arnold Vissiere)　　107
韦利,阿瑟·戴维(Arthur David Waley)　　140,141,145,158,254
韦利,艾莉森(Alison Waley)　　21,259
卫礼贤(Richard Wilhelm)　　199
卫三畏(Samuel Wells Williams)　　52,58,60,68,81
魏爱莲(Ellen Widmer)　　365
沃波尔(S. H. Walpole)　　57
沃尔夫(Humbert Wolfe)　　197
吴德明(Yves Hervouet)　　277,301
吴福生(Wu Fusheng)　　374
吴燕娜(Wu Yanna)　　377,378
伍尔夫,弗吉尼亚(Virginia Woolf)　　150,202
伍尔夫,伦纳德(Leonard Woolf)　　150,160,202

X

熙礼尔(Edward Guy Hillier) 74

西科特,奥斯瓦尔德(Oswald Sickert) 155

西蒙(Eugene Simon) 8

西塞罗(Cicero) 48

西特韦尔,奥斯伯特(Osbert Sitwell) 225,226,236

希尔,亚历克斯(Alex Hill) 85

奚如谷(Stephen H. West) 331

夏含夷(Edward L. Shaughnessy) 373

夏志清(C. T. Hsia) 380

萧伯纳(George Bernard Shaw) 275,276

小畑熏良(Shigeyoshi Obata) 127,129,186,193,196

谢和耐(Jacques Gernet) 237,277

谢立山(Alexander Hosie) 81,82,120

谢泼德,约翰(John Tresidder Sheppard) 154

谢文通(Hsieh Wen-tung) 212

熊古柏(Arthur Cooper) 333

休姆(T. E. Hulme) 24,153,154,156

修中诚(Ernest Richard Hughes) 214,272-274,277

秀耀春(F. Huberty James) 95

许芥昱(Kai-yu Hsu) 328

许洛斯,阿瑟·戴维(Arthur David Schloss) 141,145,156

许洛斯,戴维·弗雷德里克(David Frederick Schloss) 142,144-146,150,155

许美德(Ruth Hayhoe) 3

薛爱华(Edward H. Schafer) 346

Y

燕卜荪（William Empson） 14,217,278-280,282,363,371,376,381,392,393

杨格非（Griffith John） 80

杨联陞（Lien-sheng Yang） 292,310

杨宪益（Hsienyi Yang） 274,284,298,326,336,338,340,378,383,385

叶乃度（Eduard Erkes） 298

叶芝（William Butler Yeats） 24,154,160,210

伊得仙莫,伊莉斯·威廉敏娜（Elise Wilhelmina Edersheim） 69,86,120,128

伊懋可（Mark Elvin） 307

伊维德（Wilt L. Idema） 331

余长更（Changgeng Yu） 390

余国藩（Anthony C. Yu） 319,349,365,366

约翰,弗兰西斯（Francis A. Johns） 248,254,256,257

约翰逊（Samuel Johnson） 121,202,298

Z

赞克（Erwin von Zach） 196,248

扎纳（Robert Charles Zaehner） 345

翟兰思（Lancelot Giles） 89,95

翟理斯（Herbert Allen Giles） 3-13,16-21,24,26,35,37-49,51-63,65-87,89-135,137,162,167-169,175-177,180-182,184,185,208-210,217,289,298,313,318,325

翟林奈（Lionel Giles） 105,109,117,120,128,131,184,195,206,222,253

湛约翰（John Chalmers） 72,73

张邵兵（Shou-bin Chang） 121

章道犁（Dale Ralph Johnson） 367

周锡瑞（Joseph Esherick）　　368
朱尔典（John Newell Jordan）　　116
朱斯蒂,保罗（Paolo Emilio Giusti）　　87
庄延龄（Edward Harper Parker）　　47,49,58,72,73,99,107,125,298
佐特,贝丽尔·德（Beryl de Zoete）　　168,191,197,199,201-204,207,209,210,214,219,223,230,231,237,239,247,251,253,259

外文人名索引（以姓氏字母顺序排列）

A

Acton, Harold（阿克顿）　　25, 217, 223, 356

Aeschylos（埃斯库罗斯）　　40

Aldington, R.（阿丁顿）　　153, 174, 175

Allan, Sarah（萨拉·艾兰）　　368

Allen, Herbert James（阿赫伯）　　85

Ayling, Alan（艾兰·埃林）　　337

Ayscough, Florence（弗洛伦斯·艾斯库）　　26, 170, 181

B

Balance, Charles（查尔斯·拜伦斯）　　129

Baldridge, Cyrus Leroy（塞勒斯·鲍德里奇）　　222

Balfour, Frederic Henry（巴尔福）　　67, 68

Ball, Charles James（查尔斯·詹姆斯·鲍尔）　　116

Barnouin, Barbara（芭芭拉·巴努茵）　　390

Barrett, Timothy Hugh（巴雷特）　　287, 307, 367

Barrie, James M.(巴蕾)　　275

Beal, Samuel(毕尔)　　3,55,57

Bell, Clive(克莱夫·贝尔)　　150,160

Bell, Vanessa(瓦纳萨·贝尔)　　150,210

Bennett, Arnold(阿诺德·本奈特)　　195

Biallas, Franz Xaver(鲍润生)　　298

Bielenstein, Hans(毕汉思)　　277

Binyon, Laurence(劳伦斯·宾扬)　　98,156,183,187,201,203

Birch, Cyril(白之)　　286,317,321,323,349

Birell, Ann(白安尼)　　360

Bodde, Derk(德克·鲍迪)　　368

Boodberg, Peter A.(卜弼德)　　346

Boorman, Howard L.(包华德)　　336

Bownas, Geoffrey(杰弗里·鲍纳斯)　　307

Brecht, Bertolt(布莱希特)　　166

Brenan, Byron(壁利南)　　101

Brenan, Gerald(杰拉尔德·布雷南)　　257

Brewitt-Taylor, Charles Henry(邓罗)　　45,122

Bridgman, Elijah Coleman(裨治文)　　43,68

Brook, Timothy(卜正民)　　16,391

Brooks, E. Bruce(白牧之)　　22

Browne, James Crichton(詹姆斯·布朗)　　101

Bruce, Percy(珀西·布鲁斯)　　122

Bryant, Daniel(丹尼尔·伯莱恩)　　360

C

Cagnat, Rene Louis Victor(加纳)　　129

Company, Robert Ford(罗伯特·凯帕尼)　　372

Cannell, Skipwith(卡奈尔)　　153

Carpenter, Estlin(埃斯特林·卡彭特)　　103

Chalmers, John(湛约翰)　　72,73

Chan, Oi-sum Conniee(陈霭心)　　334,374

Chang, Shou-bin(张邵兵)　　121

Chavannes, Emmanuel-Edouard(沙畹)　　99,107,197

Chen, Shih-hsiang(陈世骧)　　34,240,356

Cicero(西塞罗)　　48

Clunas, Craig(柯律格)　　380

Coates, Patrick Devereux(郭德思)　　57

Cockerell, Sydney(锡德尼·科克里尔)　　153,155,158,159,161

Cohen, John Michael(科恩)　　236

Connolly, Cyril Vernon(西里尔·康纳利)　　220

Conze, Edward(爱德华·孔兹)　　238

Cooper, Arthur(熊古柏)　　333

Cordier, Henri(考狄)　　133

Couling, Samuel(库寿龄)　　59,114,169,170

Couvreur, Séraphin(顾赛芬)　　211

Cowley, A.(考利)　　103

Cranmer-Byng, L.(克莱默·宾)　　16,26,87,298

Crump, James Irving Jr.(柯润璞)　　322,355

Csikszentmihalyi, Mark(马克·米哈伊)　　375

Curzon, George Nathaniel(寇仁)　　116

D

d'Alviella, Goblet(戈布勒特·德尔维拉)　　103

Darwin, Charles(达尔文)　　387

David, Hubert(胡伯特·戴维)　　144,146,148

David, Sigismund(西吉斯蒙·戴维)　　144,148,149,151,154,158,159,167,171,186,190,204,207,212,222,224-227,231,233,236,239,243,247,251

Davids, T. W. Rhys(里斯·戴维斯)　　103

Davis, Albert Richard(戴伟士)　　316,324

Davis, John Francis(德庇时)　　44,127,217

Dawson, Raymond(雷蒙·道森)　　307,319

de Jong, J. W.(狄庸)　　277

Dennys, Nicholas Belfield(但尼士)　　52

Dickins, F. V.(迪金斯)　　102,174

Dickinson, Goldsworthy Lowes(迪金森)　　8,149,151,152,160,189,217

Diény, Jean-Pierre(桀溺)　　329

Dobson, W. A. C. H.(杜百胜)　　299

Dolby, William(杜威廉)　　275,344,345

Doolittle, H.(杜里特尔)　　153

Doolittle, Justus(卢公明)　　48,49

Douglas, Robert Kennaway(道格拉斯)　　105,131,254

Dubs, Homer Hasenplug(德效骞)　　14,277,287,296,297,308,309,314,318

Dudbrige, Glen(杜德桥)　　16,307,391

Dundas, R. H.(当达斯)　　293,294,298,300

E

Earle, Jojn(乔金·厄尔)　　54

Edersheim, Elise Wilhelmina(伊莉斯·威廉敏娜·伊得仙莫)　　69,86,120,128

Edkins, Joseph(艾约瑟)　　54,68,72,73,298

Egan, Ronald(艾朗诺)　　382

Eitel, Ernest John(欧德理)　　58

Eliot, T. S.(艾略特)　　24,154,158,160,209,252

Elvin, Mark(伊懋可)　　307

Empson, William(燕卜荪)　　14,217,278-280,282,363,371,376,381,392,393

Erkes,Eduard(叶乃度) 298

Esherick,Joseph(周锡瑞) 368

F

Fa Hsien(法显) 55,125,169

Farnell,L. R.(法内尔) 103

Fenn,Catherine Maria(凯瑟琳·玛丽亚·芬) 47

Fenollosa,Ernest(费诺罗萨) 158,163

Ferguson,John Calvin(福开森) 42,98,130,133

Fletcher,William John Bainbridge(佛来遮) 17,26,130

Flint,F. S.(弗林特) 153

Ford,F. M.(福特) 153,154,252

Forster,Edward Morgan(福斯特) 224,225,268

France,Anatole(阿纳托尔·法朗士) 151

France,Peter(彼得·弗朗斯) 377

Fry,Roger(罗杰·弗莱) 151,160,220

Fryer,John(傅兰雅) 54

Fu,Shang-Ling(傅尚霖) 86,105,122,131,132

G

Gardner,P.(加德纳) 103

Gary,Ronald Y.(葛锐) 391

Gautier,Judith(朱迪特·戈蒂耶) 24,172

Geddes,William Duguid(威廉·杜吉德·格迪斯) 83

Gernet,Jacques(谢和耐) 237,277

Giles,Herbert Allen(翟理斯) 3-13,16-21,24,26,35,37-49,51-63,65-87,89-135,137,162,167-169,175-177,180-182,184,185,208-210,217,289,298,313,318,325

Giles,John Allen(约翰·艾伦·贾尔斯) 38-41,46-48,57,128

Giles, Lancelot(翟兰思) 89,95

Giles, Lionel（翟林奈） 105,109,117,120,128,131,184,195,206,222,253

Giles, Peter(彼得·吉尔斯) 112

Gittings, John(约翰·基廷斯) 296,395

Giusti, Paolo Emilio(保罗·朱斯蒂) 87

Gladstone, William Ewart(格来斯顿) 86

Gladys Yang(戴乃迭) 274,298,326,334,336,338,340,342,345,348,353, 354,378,385

Goldblatt, Howard（葛浩文） 348,358

Gordon, H. P.(戈登) 110,150,188,207,210,250

Gosse, Edmund(艾德蒙·戈斯) 90,94

Graham, Angus Charles(葛瑞汉) 109

Granet, Marcel(葛兰言) 211,214

Grant, Duncan(邓肯·格兰特) 150,223

Gray, G. B.(格雷) 103,249

Grucby, John Walter de(瓦尔特·德·格罗斯比) 25

Gruchy, John Walter de(约翰·德·格罗西) 260

Guest, Charlotte(夏洛特·盖斯特) 52

Gumpach, Johannes von(方根拔) 43

H

Haloun, Gustav(古斯塔夫·哈隆) 211,212,230,276,277

Hanan, Patrick(韩南) 349

Harbsmeier, Christoph(何莫邪) 386,390

Hardy, Thomas(哈代) 17,275

Hargreaves, Grainger(格兰杰·哈格里夫斯) 116

Harris, Wilson(威尔逊·哈里斯) 107

Hartland, E. S.(哈特兰) 103

Hartley, Leslie Poles(哈特利) 257

Hawkes, David(霍克思)　　13-17,21,24-31,201,242,249,250,252,255,257,266-283,285-349,351-400

Hawkes, Dorothy May(多萝西·梅·霍克思)　　269

Hawkes, Ewart(艾瓦特·霍克思)　　269

Hawkes, Jesse(杰西·霍克思)　　269

Hayhoe, Ruth(许美德)　　3

Hegel, Robert E.(何古理)　　363

Heine, Heinrich(海涅)　　151,190

Hervouet, Yves(吴德明)　　277,301

Hightower, James Robert(海陶玮)　　237,288,289,296,314

Hill, Alex(亚历克斯·希尔)　　85

Hillier, Edward Guy(熙礼尔)　　74

Hinsch, Bret(韩献博)　　367

Holton, Brain(霍布恩)　　27,338,362,371,382

Honey, David B.(韩大伟)　　346

Hopkins, Lionel Charles(金璋)　　107

Hosie, Alexander(谢立山)　　81,82,120

Howell, E. Butt.(豪厄尔)　　194

Hsia, C. T.(夏志清)　　380

Hsieh Wen-tung(谢文通)　　212

Hsu, Kai-yu(许芥昱)　　328

Hughes, Ernest Richard(修中诚)　　214,272-274,277

Hulme, T. E.(休姆)　　24,153,154,156

Hulsewé, A. F. P.(何四维)　　277

Hung, Eva(孔慧怡)　　325,377

Hung, William(洪业)　　288,289

Hutera, Donald(唐诺·胡特拉)　　391

I

Idema, Wilt L.(伊维德)　331

Irwin, Richard Gregg(理查德·艾尔文)　290

Ivanhoe, P. J.(菲利普·艾芬)　375

J

James, F. Huberty(秀耀春)　95

Jastrow, M.(加斯特罗)　103

John, Griffith(杨格非)　80

Johns, Francis A.(弗兰西斯·约翰)　248,254,256,257

Johnson, Dale Ralph(章道犁)　367

Johnson, Samuel(约翰逊)　121,202,298

Joly, H. I.(乔利)　114

Jones, Alfred G.(阿尔弗雷德·琼斯)　80

Jones, John Christopher(约翰·克里斯·琼斯)　378

Jonker, D. R.(琼克尔)　335

Jordan, John Newell(朱尔典)　116

Joyce, James(乔伊斯)　153

Julien, Stanislas Aignan(儒莲)　44,45,317

K

Kelly, Jeanne(珍妮·凯利)　350

Kermode, Frank(弗兰克·克默德)　376

Keynes, John Maynard(梅纳德·凯恩斯)　150,153,171

Kidd, Samuel(基德)　3

Kingsmill, Thomas William(金斯密)　73

Knechtges, David R.(康达维)　360,397

Kohn, Livia(孔丽维)　369

Kotewall, Robert H. (罗伯特·特维尔) 316

L

LaFargue, Michael (迈克尔·拉法格) 369

Lanciotti, Lionello (兰乔蒂) 311

Lau, Joseph S. M. (刘绍铭) 347, 348, 351, 374, 376, 378, 395

Lay, William Hyde (李蔚海) 47, 48

Legge, James (理雅各) 3, 4, 7, 12, 18, 20, 24, 35, 44, 68–76, 81, 94, 99, 102, 110, 131, 134, 211, 213, 217, 233, 250, 289, 298, 305, 306, 318

Lenwood, F. (伦伍德) 126

Lévy, André (雷威安) 361, 362, 393

Levy, Howard Seymour (列维) 256

Lewis, Mark Edward (马克·路易斯) 375

Lim, Boon Keng (林文庆) 98, 298

Liu, Ching-chih (刘靖之) 374, 376

Liu, Chun-Jo (刘君若) 317

Liu, James J. Y. (刘若愚) 316, 317, 359

Liu, Ts'un-yan (柳存仁) 252, 256, 279, 283, 295, 296, 329, 343, 347, 366, 370, 372, 373, 376, 383, 384, 386, 395

Lo, Hui-min (骆惠敏) 382, 383

Lo, Irving Yucheng (罗郁正) 329

Lockhart, James Haldance Stewart (骆任廷) 82, 132, 209, 210

Lockhart, W. (雒魏林) 68

Loewe, Michael (鲁惟一) 369

Longinus (朗吉努斯) 46, 83

Loon, Pier van der (龙彼得) 277, 382

Lowell, Amy (洛威尔) 153, 181, 193, 196

M

MaCartney, George(马嘎尔尼) 244,245

MacCarthy, Desmond(德斯蒙德·麦卡锡) 150

Mackintosh, Duncan(邓肯·麦金托什) 337

Maeterlinck, Maurice(莫里斯·梅特林克) 151

Mansfield, Katherine(曼殊斐尔) 186

Martin, William Alexander Parson(丁韪良) 48,111

May, Rachel(梅瑞琦) 282,283,347,359,367,370-372,386,390,394,397

Mayers, William Frederick(梅辉立) 52,60,64,86,99

Mazzini, Giuseppe(马志尼) 152

McMorran, Ian(麦穆伦) 287,288,297,307,314,328

Michael, Alexander(亚历山大·迈克尔) 374

Minford, John(闵福德) 25,27,270,283-285,320,326,328,329,334,338,343,347,359,363-367,371-376,378,380,384-386,388-390,392-395,397-400

Moncrieff, Scott(斯科特·蒙克利夫) 148

Moore, George Edward(摩尔) 8,149,151,152,201,276

Morris, Ivan(伊文·莫里斯) 24,159,199,236,251,255,258,303

Morrison, Robert(马礼逊) 3,18,41-43,89,245

Moule, Arthur Christopher(慕阿德) 126,133,210

Moule, George E.(慕稼谷) 66

Muirhead, W.(慕维廉) 66

Murray, James(詹姆士·默里) 80

N

Needham, Joseph(李约瑟) 372

O

O'kane, Brendan(布兰登·奥凯恩) 388

Obata, Shigeyoshi(小畑熏良)　127,129,186,193,196

P

Paper, Jordan D.(佩普尔)　362

Parker, Edward Harper(庄延龄)　47,49,58,72,73,99,107,125,298

Parson, W. Barclay(帕森)　95

Pasden, John(约翰·帕斯顿)　388

Payne, R.(罗伯特·佩恩)　298

Pelliot, Paul(伯希和)　107,184,197,198,204,213,239,256

Perkins, Sylvia Jean(西尔维亚·琼·帕金斯)　279,282,285,324,352,361,364-366,371,372,376,380,388,392-394,398

Perlmutter, Ruth(鲁斯·珀尔马特)　257,258

Petrie, Flinders(弗林德斯·皮特里)　103

Pfizmaier, August(奥古斯特·费茨梅尔)　242

Phillips, Walter Alison(瓦尔特·艾利森·菲利浦斯)　105

Pimpaneau, Angharad(安哈雷德·班巴诺)　315

Pimpaneau, Jacques(雅克·班巴诺)　318,319,372

Plaks, Andrew H.(浦安迪)　343,344

Poe, Edgar Allan(爱伦·坡)　111

Pollard, D. E.(卜立德)　27,266,303,330,358

Pound, Ezra(庞德)　24,153,154,156,158,160,162,163,180,252,259,290,374

Precott, Peter(彼得·普雷斯科特)　13,270

Price, James(普赖斯)　334

Prusek, Jaroslav(雅罗斯拉夫·普实克)　345

Q

Quaritch, Bernard(伯纳德·夸里奇)　52,70

Quennell, Peter(彼得·昆内尔)　251,254

R

Radice, Betty(雷迪斯) 333,334,341

Reinach, Salomon(所罗门·雷纳克) 103

Rémusat, Jean Pierre Abel(雷慕沙) 44

Reynolds, Frank E.(雷诺兹) 357

Richard, Timothy(李提摩太) 45,107

Richards, I. A.(瑞恰慈) 217,282

Ridgeway, William(威廉·李奇微) 112

Roche, Henri Pierre(亨利·罗奇) 87

Ropp, Paul S.(罗溥洛) 367

Ross, Edward Denison(爱德华·丹尼森·罗斯) 195

Russell, Bertrand(罗素) 149,160,174,217

S

Said, Edward(爱德华·萨义德) 268

Sanders, Tao Tao Liu(刘陶陶) 331,332,338,370,391,396,397

Satow, Ernest Mason(萨道义) 116

Schafer, Edward H.(薛爱华) 346

Schloss, Arthur David(阿瑟·戴维·许洛斯) 141,145,156

Schloss, David Frederick(戴维·弗雷德里克·许洛斯) 142,144－146,150,155

Schneider, Laurence A.(劳伦斯·施耐德) 358

Scott, John(约翰·斯科特) 338,382,383

Seth, Vikram(维克拉姆·赛思) 326

Shadick, Harold(哈罗德·沙迪克) 299

Shain, Irving(沈艾文) 349

Shaughnessy, Edward L.(夏含夷) 373

Shaw, George Bernard(萧伯纳) 275,276

Sheppard, John Tresidder(约翰·谢波德)　　154

Shih, Chung-wen(时钟雯)　　344,345

Sickert, Oswald(奥斯瓦尔德·西科特)　　155

Simon, Eugene(西蒙)　　8

Sitwell, Osbert(奥斯伯特·西特韦尔)　　225,226,236

Smith, Norman Lockhart(诺曼·史密斯)　　316

Snyder, Gary(加里·斯奈德)　　240,313,382

Soong, Stephen C.(宋淇)　　267,283,340,341,343,347,349,355,362,363

Soothill, William Edward(苏慧廉)　　116,126,128,286

Sparrow, John(约翰·斯帕罗)　　337

Squire, John(约翰·斯奎尔)　　183

Starr, Chloë(科洛·斯塔)　　397

Staunton, George Thomas(乔治·托马斯·斯当东)　　127,244

Stein, Aurel(斯坦因)　　22,120,159,163,170,178,191,201-206

Stephen, Leslie(莱斯利·斯蒂芬)　　149,150

Strachey, Lytton(利顿·斯特拉奇)　　104

Strassberg, Richard E.(韩禄伯)　　370

Sullivan, Michael(迈克·苏理文)　　310

T

Taintor, Edward Coe(廷德尔)　　52

Taylor, Hudson(戴德生)　　80

Teele, Roy Earl(罗伊)　　331

Thompson, H. A.(汤普森)　　122

Travelyan, Robert Calvery(特里维廉)　　160,198,226

Trübner, Nicholas(尼古拉斯·特吕布纳)　　53

Twitchett, Denis(杜希德)　　3,292,314,389

Tylor, E. B.(泰勒)　　61,103

V

Vissiere, Arnold(微席叶)　107

Voretzch, E. A.(莱兹)　107

W

Wade, Thomas Francis（威妥玛）　3,4,42,43,47-49,51,57,69,74,83-85,94,101,108,125,133,309

Waley, Alison(艾莉森·韦利)　21,259

Waley, Arthur David(阿瑟·韦利)　4,7,21,22,24,87,113,139-261,263,277,295,303,315,318,323

Walpole, S. H.(沃波尔)　57

Wang, John C. Y.(王靖宇)　342,350

Wells, Herbert George(威尔斯)　152,183

West, Stephen H.(奚如谷)　331

Whitaker, K. P. K.(惠特克)　302

Whitehead, A. N.(怀特海)　149

Widmer, Ellen(魏爱莲)　365

Wilhelm, Richard（卫礼贤）　199

Wilkinson, L. P.(威克逊)　157,255

Williams, Samuel Wells(卫三畏)　52,58,60,68,81

Wolfe, Humbert(沃尔夫)　197

Wong, Laurence K. P.(黄国彬)　268,396,397

Wong, Siu-kit(黄兆杰)　321,322,348,357,361,366

Woolf, Leonard(伦纳德·伍尔夫)　150,160,202

Woolf, Virginia(弗吉尼亚·伍尔夫)　150,202

Wu Fusheng(吴福生)　374

Wu Yanna(吴燕娜)　377,378

Y

Yang, Hsienyi(杨宪益)　　274,284,298,326,336,338,340,378,383,385

Yang, Lien-sheng(杨联陞)　　292,310

Yeats, William Butler(叶芝)　　24,154,160,210

Yu, Anthony C.(余国藩)　　319,349,365,366

Yu, Changgeng(余长更)　　390

Z

Zach, Erwin von(赞克)　　196,248

Zaehner, Robert Charles(扎纳)　　345

Zoete, Beryl de(贝丽尔·德·佐特)　　168,191,197,199,201-204,207,209,210,214,219,223,230,231,237,239,247,251,253,259)

专有名词索引

A

阿伯丁大学(University of Aberdeen)　82-84,246

阿伯丁女士俱乐部(The Aberdeen Ladies' Club)　82

阿伯丁哲学学会(The Aberdeen Philosophical Society)　82

《阿伽门农》(Agamemnon)　40

阿普尔顿出版公司(D. Appleton)　95

《阿瑟·韦利书目》(A Bibliography of Arthur Waley)　248,256

阿斯隆出版社(Athlone)　257

B

巴黎中国学院(Institut des Hautes Etudes Chinoises de Paris)　315

《白居易的生平与时代》(The Life and Time of Po Chü-I 772-846 A.D.)　21,23,229-231,233

白骑士出版社(The White Knight Press)　233

《北华捷报》(North-China Herald)　65

北京东方学会(Peking Oriental Society)　71

别发洋行(Kelly & Walsh)　19,45,67,69,80,87,103,108,119,124,129,

130,170

《伯灵顿杂志》(Burlington Magazine)　　8,161-163,170,174,177,179,181-183,185,187,192,197,198,200,206

伯纳德·夸里奇出版公司(Bernard Quaritch)　　69,87

博睿公司(E. J. Brill)　　86

布莱克摩尔出版公司(The Blackamore Press)　　201

C

《禅宗及其与艺术的关系》(Zen Buddhism and Its Relation to Art)　　22,184,193

《诚报》(Ch'eng Pao)　　112

丛树出版社(Grove Press)　　95,187,212,241,321

D

《大不列颠及爱尔兰皇家亚洲学会会刊》(Journal of the Royal Asiatic Society of Great Britain and Ireland)　　27,109,288,290,301

大西洋高原出版社(Atlantic Highlands Press)　　257

《大西洋月刊》(The Atlantic Monthly)　　247

《大亚细亚》(Asia Major)　　187,190,191,233,248,250,254,255,257,323,330

《大英百科全书》(Encyclopaedia Britannica)　　105,153,155

《大英博物馆东方图片及绘画分部藏品之中国艺术家人名索引》(An Index of Chinese Artists Represented in the Sub-department of Oriental Prints and Drawings in the British Museum)　　9,183,184

《淡江评论》(Tamkang Review)　　347

"道学大战"(Grand Taoist War)　　12,72,75,123

《德臣报》(China Mail)　　56

《嶰山笔记》(Adversaria Sinica)　　99,100,102-104,106,107,109,111,115

《地平线》(Horizon)　　220,227,229,231

《奠酒人》(Choephorus)　40

《东方圣书》(The Sacred Books of the East)　74

《东方文学词典》(Dictionary of Oriental Literatures)　345

东方学大会(Oriental Congress)　97

东方学特别委员会(The Special Board for Oriental Studies)　97

《东方艺术》(Oriental Art)　246,300

东方语言学学士荣誉学位考试(The Oriental Languages Tripos)　97

东西方出版公司(East and West)　170

《东西方哲学》(Philiosophy East and West)　242

《杜诗入阶》(A Little Primer of Tu Fu)　25,266,324-330,335,338,359,364,373,374,377,384,398

《多伦多大学季刊》(University of Toronto Quarterly)　303

E

《阿房宫赋》("The Pleasance of O-Fang")　71

F

法国巴黎东方语言与文化学院(Institut National des Langues et Civilisations Orientales)　319

《翻译季刊》(The Translation Quarterly)　381

《佛国记》(Record of the Buddhistic Kingdoms)　5,20,55,120,126,129

《弗雷泽杂志》(Fraser's Magzine)　57

G

高恩国际图书馆(Gowan's International Library)　107

哥伦比亚大学出版社(Columbia University Press)　109,336

《古代中国的三种思维方式》(Three Ways of Thought in Ancient China)　22,214,215,218,222

《古典、现代和人文的汉学》("Chinese: Classical, Modern and Humane")

14,304

《古今诗选》(*Chinese Poetry in English Verse*)　　5,7,87,88,104,113,117,118,124,125

《古今姓氏族谱》(*A Chinese Biographical Dictionary*)　　20,79,80,82,85,86,130,133

《古文选珍》(*Gems of Chinese Literature*)　　4,5,7,68-71,118,124,125

《鼓浪屿简史》(*A Short History of Koolangsu*)　　56

《关于远东问题的参照词汇表》(*A Glossary of Reference on Subjects Connected with the Far East*)　　57,58,70,74,90

《观察家》(*Spectator*)　　129,186-188,291

《国家》(*The Nation*)　　165,167,190,191,202,268

H

《哈佛亚洲研究学报》(*Harvard Journal of Asiatic Studies*)　　310

哈珀兄弟公司(*Harper and Brother Publisher*)　　89

《海峡华人杂志》(*The Straits Chinese Magazine*)　　98

《汉英词典》(*A Chinese-English Dictionary*)　　20,42,74,80,86,104,106,108,117,120,121,130,133

《汉英韵府》(*A Syllabic Dictionary of the Chinese Language*)　　52

《汉语无师自通》(*Chinese Without a Teacher*)　　49,56,74,79,80,89,90,102,112,115

衡平法协会(The Chancery Bar)　　144

《猴王》(*Monkey*)　　13,21,223,272

《猴子历险记》(*The Adventures of Monkey*)　　21

《华洋通闻》(*Evening Gazette*)　　51-53

皇家苏格兰地理学会阿伯丁分会(The Aberdeen Branch of the Royal Scottish Geographical Society)　　81

皇家亚洲学会华北分会(North-China Branch of the Royal Asiatic Society)　　45,59,68,70,71,98,133

《皇家亚洲学会华北分会会刊》(*Journal of the North-China Branch of the Royal Asiatic Society*) 19,68,70,71,74,98,133

《霍克思文库》(*The David Hawkes Collection*) 268,293,367

J

基督教堂学院(Christ Church College) 271,292,293,298,398

基督圣体学院(Corpus Christi College) 38,128,144,327

《记事日报》(*Daily Chronicle*) 107

"家庭大学图书馆"书系(The Home University Library) 106

剑桥大学国王学院(King's College, The University of Cambridge) 8,150-153,155,157,224,226,230,277

《剑桥大学通讯》(*Cambridge University Reporter*) 85

《剑桥评论》(*The Cambridge Review*) 9,10,12,99,119,156,169,184

《剑桥杂志》(*Cambridge Magazine*) 109

《教务杂志》(*The Chinese Recorder and Missionary Journal*) 58,71,112

《捷报》(*China Gazette*) 54

《京报》(*Peking Gazette*) 71,80

《镜花缘》(*A Visit to the Country of Gentlemen*) 6,55,66,91

《九歌》(*The Nine Songs*) 21,241,242,249,292,293,298,299,302,321,365,375,382

K

康斯太保出版公司(Constable) 113,163-165,251

《科恩希尔杂志》(*Cornhill Magazine*) 226,227,229,230

《可爱的猴子》(*Dear Monkey*) 21,259

克拉伦登出版社(Clarendon Press) 173,175,201,296,298,304,311,324

克利夫顿公学(Clifton College) 145

L

拉格比公学(Rugby School)　　8,148-151

兰登书屋(Random House)　　222

《兰亭集序》(Preface to the Epidendrum-Pagoda Collection)　　158

劳氏兄弟出版社(Lowe Bros.)　　8,160

《李白的生平及诗集》(The Poetry and Career of Li Po 701-762 A.D.)　　21,23,234

"理雅各时代"(Leggian Epoch)　　75

《历史上的中国及其他概述》(Historic China and Other Sketches)　　5,6,20,66

《聊斋志异选》(Strange Stories from a Chinese Studio)　　5,6,20,56,59-62,93,103,104,112,122

《柳毅传书》(Liu Yi and the Dragon Princess)　　25,27,267,380-383,385

《龙须与蓝图》(The Dragon Beards Versus the Blueprints)　　225

卢扎克公司(Luzac)　　22,184

《鹿鼎记》(The Deer and the Cauldron:A Martial Arts Novel)　　283,284,369,371,372,374,378,384,394,399

《伦敦大学东方学院学报》(Bulletin of the School of Oriental Studies, University of London)　　8,113,159,161,163,167,169,178,180,184,197,202,205,209,214,216,332

《伦敦大学亚非学院学报》(Bulletin of the School of Oriental and African Studies, University of London)　　27,226,227,230,243,246,248,249,253-256,302,317,320,328,353,358

伦敦大学东方学院(Oriental School in London)　　159,161,167,214,332

伦敦公开大学(Open University, London)　　379

《伦敦和中国电讯报》(London and China Telegraph)　　66,108,111

《伦敦和中国快报》(London and China Express)　　89,102,103

伦敦会(London Missionary Society)　　3,272

伦敦市立学校(The City of London School) 38

《伦敦晚报》(The London Gazette) 142

伦敦中殿法学协会(Middle Temple) 38

《论语》(The Analects of Confucius) 20,22,69,77,213,214,222,274,297

《论崇高》(On the Sublime) 46,83

洛克公园初等学校(Locker's Park Prep School) 148,149

M

《马比诺吉昂》(Mabinogion) 52

曼彻斯特文法学校(Manchester Grammar School) 144

《曼德维尔游记》(The Travels of Sir John Mandeville) 2

《每日电讯》(Daily Telegraph) 54

《每日新闻》(Daily News) 107

《每日自由报》(Daily Free Press) 81

《美国东方学会会刊》(Journal of the American Oriental Society) 27,299,313,322,337,365

孟加拉亚洲学会(The Asiatic Society of Bengal) 67,112

《庙歌及其他》(The Temple and Other Poems) 21,175,186,187,189,196,197,199,211,214,226,227

N

《男女》(Nan Nü) 375

南洋华侨(Straits Chinese) 59

内务部(The Home Office) 41,57

牛津大学出版社(Oxford University Press) 250,295,320,335,336,352,355,372,374,377,384,399

《牛津大学公报》(Oxford University Gazette) 396,398

牛津大学沃斯特学院(Worster College) 41

"牛津东亚文学丛书"(Oxford Library of East Asian Literatures) 15,310

牛津基督文法学校(The Christ Church Grammar School)　　39,128

《纽约书评》(The New York Review of Books)　　349

女王诗歌奖章(Queen's Medal for Poetry)　　22,239

O

欧米伽工作室(Omega Workshops)　　160

《欧墨尼得斯》(Eumenides)　　40

欧内斯特·本恩出版公司(Ernest Benn)　　9,187,192,197

欧洲汉学学会(European Association of Chinese Studies)　　277

P

《蒲安臣使团》(The Burlingame Mission)　　43

Q

奇书俱乐部(Sette of Odde Volumes)　　52

《骑手评论》(Rider's Review)　　233

《千弦琴》(A Harp with a Thousand Strings)　　225

《千字文》(Thousand Character Essay)　　50,51,57

乔治·艾伦与昂温出版公司(George Allen & Unwin)　　9,22,172,174,180,181,187,191,192,196,198,204,206,207,211,213,215,223,227,231,234,238,241,243,248,249,253,272,292

乔治·劳特里奇父子出版有限公司(George Routledge & Sons)　　200,203

青年汉学家会议(The Junior Sinologues Conference)　　230,277

《清华学报》(The Tsing Hua Journal of Chinese Studies)　　329

全英援华会(China Campaign Committee)　　216

R

《人类》(Man)　　191,209

《日本能剧》(The Noh Plays of Japan)　　9,176,179,180,199,216,246

《日本诗歌：和歌选》(Japanese Poetry: The Uta)   173,175,176,178,199,325

儒莲奖(Prix Stanislas Julien)   85,105,236,287,317,318,321,339

S

《萨顿先驱报》(The Sutton Herald)   65

萨满(shaman)   241,242

《三字经》(Three Character Classic)   43,50,51,57,89,90,325

《散文诗》(Verset Prose)   87

《汕头方言手册》(Handbook of the Swatow Dialect)   56

上海广学会(Christian Literature Society, Shanghai)   45

烧炭党(The Carbonari)   151-153

《申报》(Shen-pao)   46,55,80

《神的本质》(De Natura Deorum)   48

《圣乔治杂志》(St. George's Magazine)   108

《诗经》(The Book of Songs)   14,20,21,23,30,88,160,165,210-212,214,216,217,222,226,227,274-276,290,297,314,329,357

《诗刊》(Poetry)   163,164,170-172,174-177

"诗人俱乐部"(The Poets' Club)   153,154

《诗人李白》(The Poem Li Po A.D.701-762)   21,167,170,186

《十八世纪中国诗人袁枚》(Yuan Mei: Eighteenth Century Chinese Poet)   21,23,243,246

《十九世纪》(Nineteenth Century)   58,81

《十九世纪及未来》(Nineteenth Century and After)   95,98,100,102

《石头记》(The Story of the Stone)   25,267,284,332,336-343,345,347-349,351-355,357-359,361-365,367-371,373,377-380,386,388,389,392-394,399

"使徒社"(Apostles)   148

《世界的伟大宗教》(Great Religions of the World)   89,110

"世界文学简史丛书"(Short Histories of the Literatures of the World) 90,94

《书剑恩仇录》(The Book and the Sword) 283

《双周评论》(The Fortnightly Review) 58,66

斯卡伯勒报告(Scarborough Report) 25,279

T

台北敦煌书局(Caves Books) 328

《太平洋事务》(Pacific Affairs) 27,201,249,317,346,360

《太上感应篇》(The Thai-Shang Tractate of Actions and Their Retribution) 20,67,74

《泰晤士报》(The Times) 110,111,113—115,117,122,124,126,163,352,391,395

《泰晤士报文学增刊》(The Times Literary Supplement) 27,163,172,226,233,236,239,250,268,302,343,344,350,356,360,392

《坦普尔栅门》(Temple Bar) 55,80

《桃花扇》(The Peach Blossom Fan) 356

《陶潜诗集》(Poetry of Tao Chien) 15,310

《天朝报》(Celestial Empire) 51,53,54,60

《天下月刊》(T'ien Hsia Monthly) 210

《听众》(The Listener) 215,220,222,224,228,230,240—242,245,246

《通报》(T'oung Pao) 184,204,301,329,335,356,361

《通闻西报》(Shanghai Courier) 48,49,54,56

《通闻西字晚报》(Shanghai Evening Courier) 49,51

W

万灵学院(All Souls College) 337,360,395,396

"万民伞"(A Ten Thousand Name Umbrella) 65

威廉·海涅曼出版公司(William Heinemann) 90,95

威廉斯-诺加特公司（Williams and Norgate） 106

威妥玛-翟理斯拼音法（Wade-Giles Romanization） 108

《围城》（Fortress Besieged） 350

《文汇》（Encounter） 239,240,255,290,339

《文汇报》（The Shanghai Mercury） 80

《文学副刊》（Literary Supplement） 113

《沃伯格和考陶尔德学院杂志》（Journal of the Warburg and Courtauld Institutes） 248

《五车韵府》（A Dictionary of the Chinese Language） 41-43

"午夜社"（Midnight Society） 148

X

《希伯特杂志》（The Hibbert Journal） 110,286

《洗冤录》（The Hsi Yuan Lu, or Instructions to Coroners） 20,52,91,129

《厦门钞报》（Amoy Gazette） 57,65

厦门商会执行委员会（The Committee of the Amoy Chamber of Commerce） 64

厦门洋商会（The Foreign Chamber of Commerce） 65

《先锋》（Pioneer） 70

先锋出版公司（Pilot Press） 225

香港大学出版社（Hong Kong University Press） 250,320

香港三联书店有限公司（Joint Publishing Company） 361

《小评论》（The Little Review） 162,163,171

《新共和》（The New Republic） 206,222

《新选集》（Nuova Antologia） 87

《新政治家》（New Statesman） 161,164,165,171,172,175,176,180,183,188,192,201,209-211,213,216,220,222,224,225,228,230,233

《新中国评论》（The New China Review） 8,10-12,113-120,122-125,172,175,176,181,182,184

Y

《亚宾格纪事》(*Abinger Chronicle*) 224

《亚洲研究》(*The Journal of Asian Studies*) 299,301,311,328,342

《亚洲艺术》(*Artibus Asiae*) 191,240

《一个中国官员的来信》(*Letters from a Chinese Official*) 8

《艺术与生活》(*Art and Life*) 175

"异教徒协会"(The Heretics) 104

《译丛》(*Renditions*) 315,342,344,354,361,363,383

印度行政参事会(Indian Civil Service) 40,41

英国19世纪合作运动(The Cooperative Movement) 269

英国汉学协会(The British Association of Chinese Studies) 356

英国皇家医学会(Royal Society of Medicine) 129

英国学术院(The British Academy) 111,226,384,385,391

《英华萃林韵府》(*A Vocabulary and Hand-book of the Chinese Language*) 48

英华书院(Anglo-Chinese College) 3

《英译中国诗》(*Poems from the Chinese*) 21,197

《用洋泾浜英语歌唱》(*Pidgin-English Sing-Song*) 54

《玉琵琶》(*A Lute of Jade*) 16

《玉书》(*Le Livre de Jade*) 24

《玉台新咏》(*New Songs from a Jade Terrace*) 360

《源氏物语》(*The Tale of Genji*) 9,183,188,191,192,195,196,198,204,206,210,216,239,246,247,250,260

《远东法兰西学院学报》(*Bulletin de l'Ecole Française d'Extrême-Orient*) 356

远东系中国文学客座讲师(Visiting Lecturer in Chinese Literature) 296

约翰·默里出版公司(John Murray) 100,105,109

《约翰中国佬的来信》(*Letters from John Chinaman*) 8

Z

翟理斯奖(Prix H. A. Giles)　106,111

《翟理斯汕广纪行》(From Swatow to Canton: Overland)　5,6,55,121

《真诚公报》(Sincerity Gazette)　112

《真实的唐三藏及其他》(The Real Tripitaka and Other Pieces)　22,201,226-228,230,231,233,238

《政治家》(The Statesman)　10,117

《中国城市》(La Cité Chinoise)　8

《中国丛报》(Chinese Repository)　19,43

《中国读者手册》(The Chinese Reader's Manual)　52,86

《中国概览》(Chinese Sketches)　5,20,53,54,66

《中国共济会》(Freemasonry in China)　59

《中国和满人》(China and the Manchus)　6,20,108

《中国画研究概论》(An Introduction to the Study of Chinese Painting)　9,184,187

《中国季刊》(China Quarterly)　345

《中国经典》(The Chinese Classics)　20,60,69,99,250

《中国科学美术杂志》(China Journal of Science and Arts)　129,130,133

《中国评论》(The China Review)　19,44,45,51,52,55,60,65,67,72,74,82

《中国人眼中的鸦片战争》(The Opium War Through Chinese Eyes)　248

《中国神话故事》(Chinese Fairy Tales)　107

《中国文学》(Chinese Literature: Essays, Articles, Reviews)　351,358,363

《中国文学史》(A History of Chinese Literature)　5,7,8,10,18,20,90,92-95,118,125,169,176,313

《中国现代文学与文化》(Modern Chinese Literature and Culture)　391

《中国笑话选》(Quips from a Chinese Jest-Book)　129,130

中国学会(China Society)　101,167

《中国遗产》(The Legacy of China)　319,342

《中国之文明》(The Civilization of China)　6,20,106

《中国之友》(Friend of China)　58

中国字声协会(Chinese Word-Sound Society)　108

《中华百科全书》(The Encyclopaedia Sinica)　58,169

《中日释疑报》(Notes and Queries on China and Japan)　60

《中西闻见录》(The Peking Magazine)　48

《钟》(The Bell)　228

《字林西报》(North-China Daily News)　49,58,71,122

《字学举隅》(Synoptical Studies in Chinese Character)　51

后　记

　　关于年谱编撰的史料价值与学术意义，我已在本书绪论中简要说明。我很敬重那些在其学术生涯中编撰出版过几部年谱的学者。在传统学界，年谱编制是个大学问，称得上是学术基础的基础，无论是对某一学术领域抑或学者本人来说都是如此。我在从事中英文学交流研究的近二十年时间内，出版了七八本专题著述，目前反响较多的著述之一就是那本20多万字的《中英文学关系编年史》（上海三联书店2004年，获得过政府学术奖励，该著不断增订中，已获国家出版基金项目资助，将于2018年刊行两卷本增订版）。在拙著《跨文化语境中的中外文学关系研究》（上海三联书店2008年）的"代后记"中，我也提及过这本《中英文学关系编年史》刊行之后的一些收获："本书出版不久，即得到来自国内比较文学界、外国文学界诸多专家同人的褒扬与鼓励。一本资料性的编年史著述出版后受到的关注，出乎我的意料。每当参加国内的一些学术会议，不少与我相识与不相识的人，碰到我时多提及过这本书。不少论著、论文援引书中的资料，一些高校将本书作为研究生参考书，一些研究生从中发现了论文选题。"（该著第470页）这更让我认识到资料性著述对学术研究的极端重要性。

　　在这本编年史著作及其增订本中，有很多材料涉及中国古典文学在英国传播与接受的史料信息，特别是英国汉学三大家翟理斯、阿瑟·韦利、大卫·霍克思的生平、汉学教学、译介与研究方面的编年条目，加上长期搜集到的关于这些汉学家的大量英文著述,促使我生出一个为他们编撰汉学年谱的念头。我邀请的三位合作者既有扎实的汉学学术基础,也发表过年谱方面的著述,深谙编谱的重要意义。加之我有幸带领我的学术团队参加张西平教授任首席专家的教育部人文社科重大攻关项目"20世纪中国古代文化经典在域外的传播与影响"的研究工作。衷心感谢张西平教授,他欣然应允将该选题列入重大攻关项目的子课题,否则,本书的写作计划将会推迟几年才能实施。

在研究过程中我们越来越明白,汉学家承担的正是中英文学、文化交流的媒介角色,他们的汉学活动为中国文学文化西传欧洲做出了重大贡献,故而他们是比较文学与汉学领域研究者不可忽视的研究对象。

本书试图立足于英国汉学发展的原典文献和19—20世纪中英文化交流的历史语境,以年谱编撰的形式,全面系统地梳理及考察英国汉学三大家翟理斯、阿瑟·韦利、大卫·霍克思在汉学翻译、汉学研究及汉学教学诸方面的杰出贡献,以展示三大汉学家毕生孜孜不倦的汉学活动及其在中西跨文化交流中的巨大媒介作用,并突出他们在传播中国古典文学方面的重大成就。

全书包括绪论及三大汉学家的年谱内容。绪论以三大汉学家为着眼点,以中国古典文学的西传为中心,概观19—20世纪英国汉学史的演变历程及基本特征,提示英国汉学在欧美汉学中的独特贡献。年谱的著录属于沉潜式的学术根基研究。"年谱之学,别为一家"(清人全祖望语);"年谱之效用,时极宏大"(梁启超语)。三大汉学家年谱的编撰,在关注中英交往事件、欧美汉学语境的基础上,以时间为经,以事实为纬,按年月记述谱主一生及其相关行迹,着重展示谱主的家世经历、汉学著述、汉学思想、交游考述等事迹,以展现考世知人的史料价值,并力图将身世年表考述、学术史与思想史等结合起来,拓展学术空间,使之更有引用价值及参考意义。

本书是汉语学界第一本全面展示英国汉学三大家的年谱著述,为深入研究与评介翟理斯、阿瑟·韦利、大卫·霍克思的汉学成就,奠定了坚实的文献基础与思考路径,以期为国内古典文学研究界提供有效的域外学术资源,并试图为中国文学"走出去"的战略提供必要的历史经验。

我们希望本书能成为一本以精慎翔实、严密丰富为旨归的年谱类著述。它不是简单的资料汇编或史实编年,书中应能显示出著者敏锐的史料辨识力及捕捉重要历史细节的洞察力。

全书撰写分工情况如下：

葛桂录负责策划、草拟大纲、设计撰写框架及全书的合成、通稿与文字修改润色、统一体例格式、定稿等工作。

绪论——葛桂录（写作过程中参考过冀爱莲、王丽耘的研究成果）

翟理斯（1845—1935）汉学年谱——陈斌、葛桂录

阿瑟·韦利（1889—1966）汉学年谱——冀爱莲

大卫·霍克思（1923—2009）汉学年谱——王丽耘

文献、索引——葛桂录

当然，年谱的编撰绝非易事，除了有长期的文献史料准备这种苦功夫，还应有深入的专题研究作基础，并对学术界的研究状况有比较充分的了解。参加本书年谱编撰者从事过年谱方面的编撰研究工作，有的博士论文做的就是相近选题，并主持着研究谱主的国家社科基金项目。这本汉学家年谱的写作尝试也为后续编撰汉学家年谱长编系列丛刊做了必要准备。

本书是张西平教授主持的 2007 年度教育部哲学社会科学研究重大课题攻关项目"20 世纪中国古代文化经典在域外的传播与影响"（项目批准号：07JZD0036）的结题成果之一，经过专家评审顺利结项之后，整套成果又由大象出版社以"20 世纪中国古代文化经典域外传播研究书系"为题申报 2016 年度国家出版基金项目，并如愿立项。为提高学术质量，在书稿修订完善出版的过程中，书系总主编张西平先生邀请一批专家对每一卷进行了审稿。承担本卷审稿工作的是北京外国语大学中国海外汉学研究中心的杨慧玲教授。杨教授在百忙之中仔细审读完本书稿后，提出了详细的修订意见，为本书稿的完善做出了辛勤努力，在此谨向杨慧玲教授致意，感谢她的精心把关与不吝赐教。在本书后期修订完善中，我所指导的在读博士生蔡乾在核查书稿里的中、英文史料信息及补充编订全书索引方面，做了不少工作，这也为他继续研究英国汉学积累了必要的经验。

本书也是我所主持的国家社科基金一般项目"中英文学关系史料学研究"（项目批准号：10BWW008）和福建省社科规划基地重大项目"中国文学在英国的传播与影响系年"（项目批准号：2014JDZ015）的阶段性成果之一。

在本书撰写过程中我们得到了学界同人的不少帮助，他们的高水平研究著述

给我们的编谱工作提供了诸多便利,谨致谢忱!年谱的编制没有止境,需要不断修订才能臻于完善,因此恳请广大专家学者和读者不吝赐教。

葛桂录

2015 年 5 月 28 日于福建师范大学寓所